25850

LE
NOUVEAU ET PARFAIT
NOTAIRE,
REFORMÉ
Suivant les nouvelles Ordonnances:

CONTENANT

LES FORMULES, STILES ET PROTOCOLES
pour dresser toutes sortes d'Actes
en matiere civile & beneficiale :

LE NOUVEAU TARIF DU CONTROLE
des Actes des Notaires, des Insinuations Laïques
& Ecclésiastiques, avec les Edits concernant les
fonctions des Nòtaires.

Par JEAN CASSAN.

F.
4386.

NOUVELLE EDITION 2.
Corrigée & augmentée considerablement
Par feu M. A. BRUNEAU, Avocat au Parlement.

A PARIS, AU PALAIS,
Chez THEODORE LEGRAS, au troisiéme
Pilier de la grande Salle, à l'L couronnée.

M. DCCXXIII.
Avec Approbation & Privilege du Roy.

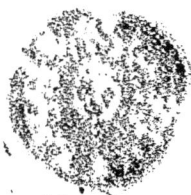

TABLE
DES CHAPITRES.

Fin de la Table des Chapitres.

LE
NOUVEAU ET PARFAIT
NOTAIRE

Réformé suivant les nouvelles Ordonnances.

Observations generales sur les Notaires.

LE Notaire est un Officier public établi pour rédiger par écrit en forme authentique les conventions des hommes, suivant les Loix, Ordonnances, Coûtumes, Arrêts & Reglemens, & dont l'effet est de former une hypotheque légale sur les biens, & de pouvoir être mises à execution après que le Sceau de la Jurisdiction dans l'étendue de laquelle le Notaire qui a passé l'Acte, est immatriculé, y aura été appliqué, sans qu'il

A

soit befoin de mandement ni de permiſſion du Juge.

Le nom de Notaire vient du mot *nota*, qui veut dire une note, minute, ou une écriture abregée, à la difference du nom de Tabellion, qui vient du mot *Tabella*, c'eſt-à-dire groſſe, parce que la fonction du Tabellion eſt de mettre en groſſe la minute de l'acte reçu par le Notaire, & de la délivrer aux parties après y avoir mis le ſceau.

En France les Notaires, à proprement parler, n'ont commencé que ſous Philippe le Bel en 1302, & leurs Offices n'ont été rendus héréditaires qu'en 1597, ſous Henri IV.

La fonction des Notaires eſt d'aſſurer la foi des actes par leur ſignature & leur témoignage. Les Notaires peuvent recevoir des actes tant entre vifs, qu'à cauſe de mort.

Comme ils ſont les dépoſitaires de la fortune des particuliers & du ſecret des familles, on ne doit recevoir à ces Offices que des perſonnes éclairées, d'expérience, & d'une probité reconnuë.

Les ſeuls laïcs peuvent être Notaires, & non les perſonnes conſtituées dans les Ordres ſacrez, ni les Religieux.

Il faut avoir vingt-cinq ans pour pouvoir poſſeder une Charge de Notaire ; & ce n'eſt pas ſans peine qu'on accorde des diſpenſes d'âge à cet égard.

Il y a dans le Royaume trois ſortes de Notaires, ſçavoir les Notaires Royaux, les

Notaires Apoftoliques, & les Notaires des Seigneurs.

Les Notaires Royaux peuvent paffer des actes entre toutes fortes de perfonnes, & en quelque lieu qu'elles demeurent, pourvû que les actes foient paffez dans le reffort de la Jurifdiction Royale où le Notaire qui a paf-fé l'acte eft immatriculé.

Mais il en eft autrement des Notaires des Seigneurs, qui ne peuvent recevoir des actes que dans leur reffort, & entre perfonnes do-miciliées dans les limites de leur Jurifdiction, à peine de nullité.

Il n'y a en France que les Notaires de Pa-ris, d'Orleans & de Montpellier, qui foient fondez en Ordonnance & Privilege particu-lier de pouvoir inftrumenter en toutes les Villes & Lieux de ce Royaume, Pays & Ter-res de l'obeïffance du Roi, où ils fe rencon-trent. Pour les autres Notaires ils ne peuvent faire aucun acte hors leur territoire & reffort qui porte hypoteque ; & s'ils avoient reçu un teftament hors de leur reffort, le tefta-ment feroit nul, par la raifon qu'un Notaire hors fon reffort n'eft point Notaire, mais une perfonne purement privée.

Un Notaire ne peut recevoir feul un acte tel qu'il foit, il faut qu'il le faffe figner par un autre Notaire, ou par deux témoins âgez au moins de vingt ans.

Les Notaires doivent faire leur demeure dans l'étendue du lieu où ils ont droit d'in-ftrumenter, A ij

On appelle *minute* en matiere d'actes devant Notaires, l'original de l'acte qui se passe
devant les Notaires, & sur lequel on délivre
l'expedition ; & la grosse est une expedition
en parchemin d'un contrat ou autre acte,
laquelle est délivrée par le Notaire qui en
a la minute , au particulier au profit duquel le contrat ou acte a été passé ; & cette
grosse est executoire après qu'elle a été
scellée.

Le Notaire qui a délivré la grosse d'un
acte , doit en faire mention sur la minute.

La grosse s'expedie & se délivre par *A tous
ceux qui ces Presentes verront , &c.*

CHAPITRE PREMIER.

Des Obligations en general.

IL faut observer que les obligations de
quelque nature qu'elles soient, sont des
contrats qui se font entre deux ou plusieurs
personnes ; que ceux qui s'obligent sont
appellez débiteurs, & ceux qui prêtent sont
qualifiez créanciers, lesquels sont quelquefois présens pour accepter lesdites obligations, même pour compter en la présence
des Notaires, pour lesquels les obligations
ont faites ; ce que l'on appelle obligation
aite pour argent prêté réellement devant
otaires.

Quand les créanciers font abfens , il ne
doit point être fait mention dans l'obligation d'aucune réalité d'efpece, fi ce n'eft que
quelqu'un pour le créancier accepte telle
obligation , & compte les deniers au débiteur en la préfence des Notaires, autrement
il fe trouveroit contradiction dans l'acte.

Il faut aufli obferver en toutes obligations
la caufe , le terme , l'élection du domicile
du débiteur, le lieu de la paffation ; & particulierement la date ; car fi le Notaire l'a-
voit obmis , telle obligation n'emporteroit
point d'hypoteque, & cauferoit un notable
préjudice au créancier ; & le Notaire qui
auroit fait une pareille faute , doit être condamné en fon nom au payement de la dette , après que le créancier aura juftifié que le
débiteur eft devenu infolvable ; la raifon eft
que le Notaire demeure tacitement garant
de fa faute , fans laquelle le créancier auroit pû être utilement colloqué & payé fur
les biens decretez fur fon débiteur.

Il eft encore à obferver que les Notaires
n'ont plus le pouvoir de paffer aucune obligation ou autre convention portant contrainte par corps contre les fujets du Roy ,
à l'exception des baux de terres & héritages
fituez à la campagne , pour lefquels les proprietaires peuvent ftipuler la contrainte par
corps. Voyez les VI. & VII. Articles du 30e
Titre de l'Ordonnance de 1667.

Définition de l'Obligation pour prêt.

LE *prêt* est une obligation par laquelle on prête quelque somme de deniers, ou quelque autre chose qui consiste en genre, dont on transfere la proprieté en la personne de celui qui emprunte pour s'en servir & en disposer à sa volonté, à la charge d'en rendre une pareille somme, ou une pareille quantité, de même qualité & de même valeur, dans un certain tems.

Formule d'Obligation pour prêt d'argent avec réalité d'especes.

PArdevant, *&c.* fut présent , *ou* Aujourd'hui est comparu pardevant les Notaires soussignez , *ou* le Notaire soussigné , Jacques &c. de tel état, demeurant à , &c. lequel a confessé devoir à Pierre, &c. demeurant à , &c. à ce present & acceptant la somme de cinq cens livres, pour pareille somme que ledit sieur créancier luy a prêtée , comptée , nombrée , & réellement délivrée presens lesdits Notaires soussignez , *ou* ledit Notaire & lesdits témoins soussignez , en louis d'or , écus d'argent , & autre bonne monnoie ayant cours , pour employer aux affaires particulieres dudit sieur débiteur , dont il s'est contenté & a promis de rendre & payer ladite somme de cinq cens liv. audit sieur créancier en sa maison à Paris, *ou* autre lieu , ou au porteur desdites présentes lettres pour luy, d'huy en un an prochain venant , à peine de tous dépens, dommages & interêts ; à quoi faire il a obligé , affecté & hypothe-

qué tous & un chacun ses biens, meubles & immeubles
présens, & à venir. Et pour l'execution des présentes
& leurs dépendances, ledit débiteur a élu son domicile
irrévocable en cette ville de Paris, *ou autre endroit*,
en sa maison sus-déclarée, auquel lieu il veut, consent
& accorde que tous les actes & exploits de Justice qui
y seront contre lui faits à cette occasion, soient autant
valables que s'ils avoient été donnez parlant à sa propre personne & domicile ordinaire, nonobstant toutes
choses à ce contraires. Promettant, &c. obligeant, &c.
renonçant, &c. Fait & passé à Paris, *ou autre lieu* ès
études desdits Notaires soussignez, *ou dudit Notaire
soussigné, le   jour de   &c.*

Nota. *Si la somme empruntée est destinée au payement
d'un autre créancier, ou à quelque autre emploi au profit du débiteur, il est nécessaire d'en faire mention dans
l'obligation, & d'y stipuler la subrogation du créancier,
aux droits & hypotheques de celui, ou de ceux qui reçoivent ses deniers. S'ils sont présens, il faut leur faire déclarer qu'ils ont été payez des deniers du prêteur, qu'ils
lui ont remis les titres de leur créance, & qu'ils le subrogent en leur lieu & place ; & s'ils ne sont pas présens, le
débiteur pourra déclarer l'emploi qu'il prétend faire des
deniers empruntez, & se soumettre de rapporter dans certain délai les pieces justificatives de cet emploi, & de les
mettre entre les mains du créancier, aux fins de ladite subrogation.*

*Quand le créancier a perdu ou égaré la premiere grosse
de son obligation, il présente sa requête au Juge pour en
avoir une seconde, sur laquelle le Juge met son Ordonnance en cette forme, Permis grossoyer pour seconde fois,
partie présente ou dûement appellée, & signé.*

*En vertu de cette Ordonnance on fait donner assigna-
tion à la partie en son domicile élû par ladite obligation,
de comparoir tel jour & heure, &c. pardevant tel Notaire, &c. [qui est celui qui a le brevet ou la minute de
ladite obligation en son Etude] pour voir délivrer une*

A iiij

seconde grosse de ladite obligation audit créancier : mais l'obligation ou le contrat n'emporte hypotheque que du jour de l'expedition de cette seconde grosse, principalement dans l'étendue du Parlement de Paris. Après cela le créancier apporte ou envoye ladite Requête, Ordonnance & Exploit audit Notaire qui expedie ladite seconde grosse de l'obligation, & l'en témoin d'icelle doit être en cette sorte.

En témoin de ce, nous à la relation desdits Notaires, avons fait mettre le scel de ladite Jurisdiction à cesdites présentes, qui ont été grossoyées & mises en cette forme pour seconde fois par lesdits Notaires, en vertu de l'Ordonnance du Juge, mise sur la Requête à lui présentée à cet effet, & de l'exploit étant ensuite de ladite Ordonnance, le tout transcrit en fin desdites présentes, & attaché au brevet ou minute d'icelles, qui furent faites & passées à   &c.

Nota. *Il faut transcrire à la fin de ladite seconde grosse ladite Requête, Ordonnance & Exploit : & ensuite lesdits Notaires signent ladite grosse ; mais auparavant que de la délivrer, il est nécessaire pour la décharge desdits Notaires de mettre sur ledit brevet ou minute, & sur la seconde grosse l'acte du délivré d'icelle, ainsi qu'il ensuit.*

Aujourd'hui telle heure de relevée est comparu pardevant les Notaires *soussignez*, ou *Notaire soussigné*, en l'Etude de tel, l'un d'iceux, ledit Pierre, &c. créancier nommé en l'Obligation cy-dessus écrite, lequel après avoir attendu en ladite Etude depuis ladite heure de, &c. jusqu'à telle heure sonnée & passée, a requis lesdits Notaires, ou *ledit Notaire*, de lui délivrer présentement la seconde grosse de ladite obligation, suivant & conformément à l'Ordonnance du Juge d'un tel lieu, cy-attachée (*à la grosse l'on met cy-dessus, transcrit*) attendu que ledit Jacques son débiteur ni autres pour lui, ne font venus ni comparus à l'affignation qui lui a été donnée en vertu de ladite Ordonnance, à comparoir audit lieu & heure de, &c. de relevée de cedit jour, par exploit de tel Sergent écrit enfuite de ladite Ordonnance, pardevant lefdits Notaires, & qu'il n'a formé aucun empêchement à l'expedition & délivrance de ladite feconde groffe ; ce qui a été octroyé audit créancier, & en ce faifant lui a été à l'inftant délivrée ladite feconde groffe par lefdits Notaires fouffignez, l'an   le, &c. & a ledit créancier figné.

Quand l'un defdits deux Notaires qui ont enfemble reçu un contrat ou obligation eft decedé, eft abfent, ou n'eft plus Notaire, & que l'on en veut avoir la groffe, l'on met l'en témoin comme il enfuit.

En témoin de ce, après que par l'infpection du brevet (ou minute) des préfentes, eft apparu à Maître Claude Quinot Avocat en Parlement, & Gardefeel de ladite Prevôté, les chofes fufdites être véritables ; & ainfi avoir été faites & paffées pardevant lefdits Notaires, ou *ledit Notaire*, nous avons fait mettre le fcel d'icelle Juftice à cefdites préfentes, qui ont été groffoyées & mifes en cette forme par ledit tel, Notaire, de lui feul fignées ce jourd'hui, &c. d'autant qu'à cedit jour ledit tel n'étoit plus Notaire, (*ou étoit decedé ou abfent*) ce fut ainfi fait & paffé comme deffus eft dit, &c. *Sur cette formule & ftile l'on peut groffoyer tous Contrats.*

Autre formule d'obligation pour prêt d'argent.

FUt préfent Ambroife, &c. lequel de fon bon gré & volonté a confeffé avoir reçu préfentement en bonnes efpeces ayant cours, fuivant l'Ordonnance de Pantaleon, &c. la fomme de   qui lui a été prêtée & délivrée par ledit Pantaleon, laquelle fomme il promet & s'engage de lui payer à pareil jour que la date de ces préfentes, d'hui en un an, à peine d'y être contraint par les voyes permifes par l'Ordonnance, à quoi faire il a obligé tous & chacun fes biens, préfens & à venir.

Nota. *Que le Notaire qui reçoit de pareilles obligations pour caufe de prêt, quand il y feroit même intervenu une caution, eft obligé d'en remettre l'original au créancier, parce que la feule remife de cet original fert de quittance au débiteur, quoi qu'elle emporte hypotheque fur fes biens pendant qu'elle eft entre celles du créancier. Il n'en demeure pas de minute entre les mains du Notaire.*

Formule d'obligation pour vente d'un cheval.

FUt préfent Machaire, &c. lequel de fon bon gré & volonté a confeffé devoir & promis payer à Hilarion, &c. la fomme de   pour caufe de vente & délivrance d'un cheval fous poil gris, ayant crin, queuë & oreilles, garni de fa felle, bride & licol, que ledit Hilarion lui a vendu & livré, & que ledit débiteur confeffe avoir eu de lui par achat & pour ledit prix, aux Us & Coûtume de Paris, ou autre lieu, & a promis & s'eft obligé, promet & s'oblige de payer ladite fomme de   audit créancier en fa maifon à Paris, ou autre lieu, ou au porteur, &c. d'hui en tel tems prochain. *Election de domicile, & le refte comme cy-devant.* Promettant, &c. obligeant, &c. renonçant, &c. Fait & paffé, &c.

Nota. *Que ces mots (Us & Couftume) rend celui qui vend le cheval garant durant huit jours de la maladie qu'il pourroit avoir pendant ledit tems, fuivant l'ufage des Marchez de Paris, ou autres lieux, comme fi ledit cheval eft morveux, pouffif, ou courbatu : & en ce cas le vendeur feroit obligé de reprendre le cheval, & d'en reftituer le prix qu'il en auroit touché. Et quand l'on vend le cheval tel qu'il eft, & que ces mots (tel qu'il eft) font mis dans le contrat, on n'a point de recours contre le vendeur pour ce regard.*

Formule d'obligation pour appréciation de grains.

FUt préfent Guillaume, &c. Laboureur demeurant à, &c. lequel a confeffé devoir à Antoine, &c. à ce préfent & acceptant la fomme de   à laquelle lefdites parties ont entre elles amiablement apprecié tous & chacuns les grains dûs par ledit débiteur audit créancier, pour deux années échûes au jour faint Martin d'hiver dernier paffé, à caufe des terres labourables qu'il tient à loyer dudit créancier, fifes au terroir de, &c. fuivant le compte de ce jourd'hui fait defdits loyers entre eux, & de tout le paffé jufqu'à ce jour : & a promis & s'eft obligé, promet & s'oblige de payer ladite fomme de   audit fieur créancier en fa maifon à Paris, ou au porteur, &c. d'huy en fix mois prochains, fans déroger au privilege ni à l'hypotheque du bail à loyer defdites terres fait audit débiteur, &c. *l'élection de domicile.* Promettant, obligeant, &c. Fait & paffé à   le   jour, l'an

---

Formule d'obligation pour dépenfe de bouche & logement.

FUt préfent André, &c. demeurant à, &c. de préfent à Paris, ou autre lieu, logé, &c. lequel a confeffé devoir à Louis, &c. à ce préfent & acceptant la fomme de, &c. pour refte de toutes les nourritures, gîtes & logemens que ledit creancier lui a fournis en sa maison à Paris ou autre lieu, de tout le passé jusques à huy, & de compte verbalement fait entre eux cedit jour, si comme, &c. dont, &c. à payer ladite somme de, &c. audit créancier en sa maison à Paris, ou autre lieu, ou au porteur, &c. dans tel tems, &c. *élection de domicile*, &c. promettant, obligeant, renonçant. Fait & passé à   le   jour, l'an

---

Formule d'obligation pour une consignation.

PArdevant les Notaires soussignez, *ou le Notaire soussigné*, fut présent Alexandre, &c. demeurant à, lequel &c. a reconnu & confessé combien que Me Jean, &c. Receveur des Consignations de telle Jurisdiction, lui ait ce jourd'hui baillé quittance de la somme de trois mille livres pour le prix de l'adjudication à lui faite par Sentence de tel Juge, le tel jour, d'une maison sise à, &c. ses appartenances & dépendances, saisie sur Mathieu, &c. à la requête de Nicolas, &c. Néanmoins la verité est que ledit Alexandre ne lui a payé & consigné que la somme de 1500 liv. que ledit sieur Jean ne lui a baillé ladite quittance de 3000 liv. qu'à la priere, requête, & pour la commodité des affaires dudit Alexandre pour lui faire plaisir ; c'est pourquoi ledit Alexandre a promis & promet audit sieur Jean, &c. absent, les Notaires soussignez stipulant & ce acceptant pour lui, de lui bailler & payer les autres 1500 liv. restant desdites 3000 livres en sa maison à Paris, ou autre lieu, ou au porteur, &c. d'huy en six mois prochains venans, & plûtôt s'il est ordonné que ladite somme de 3000 liv. soit délivrée par ledit sieur Jean à autre créancier utilement colloqué audit ordre préférablement à ses creances, &c. au payement de laquelle somme de quinze cens livres, ladite maison avec ses appartenances & dépendances demeurent specialement & par privilege & préference, affectée, obligée & hypothequée, avec tous & chacuns les autres biens, meubles & immeubles, présens & à venir dudit Alexandre, sans que lesdites obligations speciales & generales dérogent l'une à l'autre. *Élection de domicile*, &c.

Formule d'obligation pour composition & remise de dépens.

PArdevant les Notaires soussignez, *ou* le Notaire soussigné, est comparu Barthelemy, &c. demeurant, &c. lequel a confessé devoir à Michel, &c. demeurant à, &c. à ce présent & acceptant la somme de   à laquelle ledit créancier lui a par ces présentes volontairement remis & quitté tous & chacuns les frais, dépens & mises qu'il a faits à la poursuite du procès qu'il a eu contre ledit débiteur, pour raison de telle chose (*il faut dire en cet endroit le sujet du procès*) pardevant tel Juge où seroit intervenue Sentence au profit dudit créancier contre ledit débiteur, le tel jour, portant condamnation desdits dépens, si comme, &c. dont, &c. à payer ladite somme de   livres audit créancier en sa maison à Paris, ou au porteur, &c. dans tel tems sans déroger à ladite Sentence & adjudication desdits dépens, *élection de domicile*, &c. promettant, obligeant, renonçant, &c. Fait & passé, &c.

Formule d'obligation solidaire pour vente de grains.

FUrent présens Robert & Nicolle, &c. sa femme, qu'il autorise à l'effet des présentes, demeurans à &c. lesquels ont confessé devoir ensemblement, & so-

lidairement fans divifion, difcuffion, ni fidejuffion,
renonçans aufdits benefices, à Benoift, &c. Marchand
demeurant à, &c. abfent, &c. les Notaires fouffignez,
ftipulans & ce acceptans pour luy, la fomme de cinq
cens livres, pour la quantité de quarante feptiers d'a-
voine, bonne, loyale, & marchande, mefure de
que ledit créancier leur a vendue & livrée, & qu'ils reconnoiffent avoir eue & reçue de luy avant ces préfentes, par achat & pour ledit prix dont ils fe font contentez, & ont promis folidairement comme deffus, de
bailler & payer ladite fomme de 500 liv. audit créancier en fa demeure, ou au porteur, &c. d'huy en fix
mois prochains venans, fans déroger au privilege de ladite marchandife. *Election de domicile.* Promettant folidairement comme deffus, &c. renonçant, &c. Fait
& paffé, &c.

*Au cas que le débiteur ait donné d'autres gages pour
la fureté du créancier, l'on ajoûte ce qui fuit.*

ET pour plus grande fureté dudit payement, ledit
débiteur a prefentement baillé par forme de nan-
tiffement audit créancier un fervice de vaiffelle d'argent blanc, au Poinçon de Paris, *ou* autre lieu, confiftant (*en telles & telles pieces qu'il faut fpecifier en cet
endroit, & puis dire*) audit fieur débiteur appartenant,
ainfi qu'il a dit & affirmé pardevant lefdits Notaires,
ou ledit Notaire, lefquels nantiffemens ledit fieur
créancier promet de remettre ès mains dudit fieur débiteur, incontinent qu'il luy aura payé ladite fomme
de, &c. & à défaut dudit payement, au terme fufdit,
ledit fieur débiteur confent & accorde que ledit fieur
créancier faffe vendre lefdits nantiffemens après un
fimple Exploit de commandement fait à fa perfonne
ou domicile cy-après élu, pour des deniers en provenant être payé fur & tant moins ou jufques à la concurrence de fon deu, interêts, frais & dépens. *Election
de domicile*, &c. Promettant, obligeant, renonçant,
&c. Fait & paffé, &c.

Nota. *Que par le treiziéme article du 33. titre de l'Ordonnance de 1667. les bagues, joyaux & vaisselle d'argent, de valeur de trois cens livres ou plus, ne peuvent être vendus qu'après trois expositions, à trois jours de marchez differens, si ce n'est que le saisissant & le saisi en conviennent par écrit. Voyez ledit article.*

Reconnoissance portant Obligation.

AUjourd'huy est comparue pardevant les Notaires Gardenotes du Roy au Chastelet de Paris, soussignez, Marguerite Renard, veuve de Nehart vivant, &c. demeurants rue, &c. Paroisse saint, &c. laquelle a volontairement & de bonne foy reconnu & confessé que dès le　　　　par Obligation passée pardevant　　&c. &　　　Notaires audit Chastelet cy-dessus écrite, le sieur &c. . marchand dénommé en ladite obligation, auroit sur son assurance & cautionnement verbal prêté les huit cens livres contenus en ladite obligation ausdits Roger & Michelle du Pellé jadis sa femme, fille de ladite comparante, de laquelle obligation par le moyen du reçu cy-dessus ne reste plus que la somme de cinq cens cinquante livres, à cette cause & dautant que ledit Roger seroit decedé, & que ladite Michelle du Pellé a convollé en secondes noces avec le sieur Louis, &c. à présent son mary, lequel non plus que sa femme, ne tient compte de payer ladite somme audit Marchand, disant que si l'on les poursuit ils se pourvoiront contre ladite obligation, & demanderont que ladite du Pellé en soit restituée, attendu qu'elle étoit mineure lors de la passation d'icelle, joint que ladite comparante a prié & requis ledit Marchand pour ce présent de n'en faire aucune poursuite contre sadite fille sous l'assurance cy-après, icelle comparante a consenti & accordé que ledit Marchand touche & reçolve ladite somme de cinq

cens livres fur les plus clairs & apparens biens qui fe
trouveront appartenir à icelle comparante au jour de
fon decès, tant en meubles qu'immeubles, qu'elle a
à cette fin obligez & hypothequez, & ce préferablement à ce que fes enfans pourroient prétendre en fa
fucceffion & à toutes autres dettes; à la charge que ladite fomme fera déduite & précomptée fur la part que
ladite Michelle du Pellé pourroit prétendre en fa fucceffion, dont ladite comparante fait fon propre fait
& dette comme principale débitrice, & y oblige &
affecte dès à préfent tous & chacuns fes biens, préfens
& à venir, fans que les obligations dérogent l'une à
l'autre. Promettant, &c. obligeant, &c. renonçant,
&c. Fait & paffé à Paris en l'Etude de

Reconnoiffance portant quittance.

FUt prefent   Carré, Maître Chapelier, demeurant rue, &c. Paroiffe faint, &c. lequel a
reconnu & confeffé que   Bourdois Marchand
à Paris demeurant rue, &c. Paroiffe faint, &c. à
ce préfent, luy a en la préfence & du confentement
de   Cuify Maiftre Chapelier à Paris, demeurant,
&c. rendu & délivré une montre à boîte d'argent qui
avoit été baillée audit Bourdois par l'Enfant pour gages de la fomme de, &c. qu'il luy auroit prêtez fur
icelle, & laquelle montre s'eft trouvée appartenir audit Cuify auquel ladite montre a été préfentement rendue & délivrée par ledit Carré, moyennant le payement qui en a été préfentement fait audit Bourdois par
ledit Carré de ladite fomme de, &c. & de quarante
fols pour frais faits par ledit Bourdois contre ledit
l'Enfant aux Confuls pour avoir payement defdites
vingt livres, où il auroit obtenu Sentence par défaut
contre luy, dont de tout les parties fe quittent refpectivement; fauf audit Carré fon recours contre ledit
l'Enfant

l'Enfant ainſi qu'il aviſera. Promettant, &c. obligeant, &c. chacun en droit ſoy , &c. renonçant , &c. Fait & paſſé à Paris.

Formule d'obligation de deux perſonnes , portant transport , cautionnement & indemnité.

FUrent préſens Eſtienne , &c. & Catherine , &c. ſa femme , qu'il autoriſe à l'effet des préſentes, de-meurant à , &c. leſquels ont confeſſé devoir ſolidaire-ment ſans diviſion , diſcuſſion , ni fidejuſſion , renon-çant auſdits benefices ; à Maître Ambroiſe , &c. à ce preſent & acceptant la ſomme de pour dépens eſquels leſdits débiteurs ont été envers lui condamnez par Arrêt de la Cour de , &c. taxez à ladite ſomme par executoire du , &c. ou qui ont été reglez à l'amia-ble entre les parties par l'avis de leurs Procureurs ; & s'eſt ledit débiteur obligé & oblige par ces préſentes de payer ladite ſomme de audit créancier dans ſix mois prochains venans. Et pour faciliter ledit paye-ment, leſdits débiteurs ont preſentement baillé & mis ès mains dudit créancier une promeſſe de pareille ſom-me de faite au profit dudit Eſtienne , &c. par Denis , &c. auſſi Marchand , Bourgeois de le &c. avec une Sentence des Juges & Conſuls de cette Ville de du &c. portant condamnation de la-dite ſomme de contre ledit Denis , au profit du-dit Eſtienne : de laquelle ſomme de leſdits Eſtienne & ſa femme, en tant que beſoin eſt ou ſeroit , font par ces mêmes préſentes ceſſion & transport audit créancier , ce acceptant pour s'en faire par luy payer, & en diſpoſer ainſi que bon luy ſemblera, auſquelles fins leſdits débiteurs l'ont mis & ſubrogé en leur lieu & place, droits, hypotheques, noms, raiſons & action, ſans toutefois que ledit transport, ny l'acceptation d'i-celuy puiſſent nuire ny préjudicier à la préſente obli-

B

gation ny audit Arrêt, & executoire fufdatez, qui demeurent en leur entiere force & vertu, jufqu'au parfait payement de ladite fomme de   contre lefdits débiteurs : l'execution defquels Arrêt & executoire, ledit créancier a neanmoins furfis pour ledit tems de fix mois prochains d'huy au moyen des préfentes. A ce faire eft intervenu le fieur Georges auffi Marchand, Bourgeois de   * y demeurant, rue, &c. lequel s'eft par cefdites préfentes volontairement rendu & conftitué caution pour lefdits Eftienne & fa femme de ladite fomme de   envers ledit Ambroife, &c. créancier, auquel il promet & oblige de bailler & payer ladite fomme de   au lieu & terme fufdit, & à cette fin en a fait & fait par cefdites préfentes fa propre dette, en fon privé nom, pour lefdits Eftienne & fa femme folidairement, fans divifion, difcuffion, ny fidejuffion, renonçant aufdits benefices. De laquelle obligation & cautionnement, lefdits Eftienne & fa femme promettent auffi folidairement comme deffus, acquitter & indemnifer ledit fieur Georges, &c. tant en principal que dépens, dommages & interêts, qu'il pourroit fouffrir & encourir à cette occafion, à fa volonté & premiere demande, & par les mêmes voyes qu'il pourroit être tenu & contraint, & fans auffi que ladite indemnité puiffe nuire ny préjudicier audit fieur créancier. *Election de domicile*, &c. promettant, &c. obligeant chacun en droit foy, &c. lefdits débiteurs & caution folidairement comme deffus, &c. renonçant, &c. Fait & paffé, &c.

Obligation & Engagement pour aller aux Indes.

AUjourd'huy font comparus pardevant les Notaires Gardenotes du Roy au Chaftelet de Paris, fouffignez   Morillon Potier de terre, demeurant rue de, &c. Paroiffe faint, &c. &   Volant auffi

Potier de terre demeurant à &c. lesquels se sont obligez & obligent envers la Compagnie des Indes Occidentales, à ce présent & acceptant par noble homme Pierre &c. & Messire Robert &c. Directeurs generaux de ladite Compagnie, de servir ladite Compagnie en tout ce qui leur sera commandé de leurdit métier dans l'Isle de &c. pendant le tems de &c. consecutifs, moyennant quoy lesdits sieurs Directeurs promettent pour ladite Compagnie de les passer en ladite Isle, & les nourrir & les loger pendant lesdites années, & outre de leur payer pour leurs appointemens chacun la somme de par chacune d'icelles : Et en cas que lesdits Morillon & Volant ne pussent s'accommoder à l'air ou aux vivres du pays, il leur sera loisible de quitter en fin de la premiere année, car ainsi promettant, &c. obligeant, &c. chacun en droit soy, &c. lesdits Morillon & Volant corps & biens, &c. renonçant, &c. Fait & passé à Paris.

Formule d'Obligation solidaire, avec déclaration d'employ.

FUrent presens Pasquier &c. & Estiennette sa femme demeurants à &c. Lesquels ont confessé devoir & promis payer dans six mois pour tout délaï, à Isaac la somme de six mille livres pour pareille somme que ledit sieur créancier leur a prêtée, comptée, nombrée, & réellement déllivrée en presence des Notaires soussignez, en louis d'or, écus d'argent, & autre bonne monnoie ayant cours, pour employer à l'effet cy-après declaré, dont lesdits debiteurs se sont contentez, & ont promis solidairement l'un pour l'autre, l'un d'eux seul pour le tout, sans division ni discussion, de rendre & payer ladite somme de six mille livres aud. sieur creancier en sa maison à &c. ou au porteur des presentes d'huy en un an prochain, à peine de tous dépens, dommages & interêts : auquel payement

lesdits debiteurs ont specialement affecté, obligé &
hypotequé une maison sise à   rue &c. (*Il faut*
mettre en cet endroit les tenans & aboutissans de ladite
maison, puis dire) ausdits debiteurs appartenant, au
moyen de l'acquisition qu'ils en ont faite de Martin,
&c. par Contrat passé pardevant *tel Notaire le tel jour*,
& generalement tous & chacuns leurs autres biens,
meubles & immeubles, presens & à venir, sans que
lesdites obligations speciale & generale dérogent l'une
à l'autre, declarant lesdits debiteurs que ladite somme
de six mille livres qu'ils ont empruntée est pour employer avec autres leurs deniers, au payement de la
somme de dix-huit cens livres de principal qu'ils doivent de reste du prix de ladite maison, laquelle ils
ont fait decreter sur eux, & s'en sont rendus adjudicataires par le decret volontaire qui en a été fait au Châtelet de Paris *ou autre Jurisdiction*, & par la quittance
qu'ils retireront dudit payement, promettant faire declaration, que ladite somme de six mille livres provenue de la presente obligation y sera entrée, même de
faire subroger, de gré à gré, ou en Justice, ledit sieur
creancier aux lieu & place, droits, hypotheques,
privileges & preference dudit sieur Martin, &c. sur
ladite maison, jusques à la concurrence desdites six mille
livres de principal, & de ladite quittance qui portera
ladite subrogation, ou du moins ladite declaration,
fournir autant, signé des Notaires qui la passeront,
avec la Sentence de ladite subrogation, qui interviendra en Justice, sur le refus dudit Martin. Ensemble
copie collationnée par les Notaires soussignez desdits
Contrats de vente & decret audit sieur creancier dans
huit jours prochains pour plus grande sureté de son
payement & justification de ladite subrogation; à peine
de tous dépens, dommages & interêts, & d'être solidairement contraints audit payement & remboursement de six mille livres, si bon semble audit sieur
créancier, nonobstant le susdit terme, auquel lesdits debiteurs ont expressement derogé & renoncé pour ce

regard , & auffi fans que ladite deftination & employ des deniers puiffe préjudicier audit fieur creancier , à la fufdite obligation generale de tous lefdits biens prefens & à venir defdits debiteurs : car ainfi , &c. *Election de domicile comme deffus* , &c.

Obligation portant promeffe de payer plus grande fomme que celle portée à un bail.

AUjourd'huy eft comparu pardevant les Notaires &c. Langlois demeurant à   Lequel a reconnu que le prix du bail à lui fait prefentement par Mre Guillaume & par Mre Hugues &c. pour fix ans, du   prochain , de la Ferme de   &c. aux referves, & outre les charges y contenues, eft de la fomme de 28000 liv. pour chacune defdites fix années, encore que ledit bail ne porte que 16000 livres ; ce qui a été auffi fait pour des confiderations particulieres , & à condition de la prefente contrelettre qui eft de 12000 livres de plus annuellement que ledit fieur Langlois promet & s'oblige de bailler & payer conjointement avec lefdites 16000 livres aufdits Seigneurs   à ce prefens & acceptans par moitié chacune defdites fix années en leurs Hôtels à Paris , ou au porteur aux quartiers , fix femaines après chacun quartier échu , conformement audit bail ; revenant chacun quartier à la fomme de 7000 livres : auquel payement ledit fieur Langlois confent d'y être contraint en vertu des   & contraintes defdits Seigneurs , comme pour les deniers & affaires de Sa Majefté. Et a ledit Langlois élu fon domicile irrevocable , &c. Promettant , &c.

Formule d'obligation en forme de transaction ; portant élargissement.

FUrent préfens Paul , &c. Marchand bourgeois de Paris , demeurant , &c. maintenant prifonnier ès prifons de   atteint & mis entre les deux guichets d'icelles , pour faire & paffer ce qui enfuit , &c. & Madelaine &c. fa femme de lui autorifée à l'effet des préfentes , lefquels ont reconnu & confeffé devoir folidairement , fans divifion , difcuffion ni fidejuffion , renonçant aufdits benefices , à Maître Antoine , &c. bourgeois de Paris , demeurant rue , &c. à ce préfent & acceptant les fommes de 800 livres d'une part , & 600 livres d'autre part , pour refte de ce que lefdits Paul & fa femme doivent audit fieur creancier par plufieurs marchez & obligations de marchandifes de bois que ledit Paul eft tenu & obligé de fournir & livrer audit fieur creancier , pour laquelle fomme il a été emprifonné ès prifons , en vertu des Sentences des fieurs Juges-Confuls de   intervenues fur lefdits marchez & obligations les tels & tels jours , fi comme lefdites parties ont dit pardevant les Notaires fouffignez , ès mains defquels lefdits debiteurs ont promis folidairement comme deffus , de bailler & payer lefdites fommes de 800 liv. d'une part , & 600 liv. d'autre part , audit fieur creancier en fa maifon à Paris , ou au porteur à fa volonté ; & outre lefdits Paul & fa femme promettent folidairement comme deffus , de bailler & payer audit créancier à fa volonté & premiere demande , ce que ledit Paul fe trouvera luy devoir de refte de la fomme de 2000 liv. que ledit créancier luy a ci-devant fournie & baillée pour faire façonner & arriver à Paris les bois qu' Antoine &c. a vendus audit fieur creancier , provenans du fieur de , &c. aufquels bois ledit Paul avoit été établi Commiffaire fur la faifie qui en a été faite à la requête dudit fieur créancier. Pour liquider lequel reste de ladite somme de 2000 livres, ledit Paul promet rendre compte à l'amiable audit sieur crean-cier par un bref état pardevant deux Marchands, dont les parties conviendront aussi amiablement ensemble dans quinzaine ; au dire & arrêté duquel compte par lesdits Marchands, lesdites parties se soumettent, sans qu'elles puissent, ni qu'il soit besoin d'observer ni faire aucune formalité de Justice, pour raison dudit compte, parce que lesdites parties s'en rapportent dès à present à ce qui sera réglé & arrêté par lesdits deux Marchands qui seront ainsi par elle nommez & convenus pour ce sujet, auxquels payemens, entretenemens, & entier accomplissement de tout le contenu en cesdites pre-sentes, lesdits Paul & sa femme ont specialement af-fecté, obligé & hypotequé une maison sise au bourg de, &c. avec tant d'arpens de terre labourable en dé-pendans en plusieurs pieces(*il les faut declarer en cet en-droit, ou bien faire une declaration separée : & en ce cas dire*) que ladite maison & heritages sont à plein designez & specifiez par tenans & aboutissans en la declaration qu'ils en ont faite hors ces presentes, la-quelle ils ont en leurs consciences affirmée veritable pardevant les Notaires soussignez, & ont icelle decla-ration mise ès mains dudit sieur creancier, rès avoir été signée & paraphée *ne varietur*, par toutes lesdites parties & Notaires soussignez, laquelle maison & heri-tages, lesdits Paul & sa femme ont aussi affirmé leur appartenir à juste titre, & n'être chargez d'aucunes dettes ni hypoteques qu'envers ledit sieur creancier, & de mille livres une fois payées envers Joseph, &c. par obligation, & aussi de 500 livres une fois payées envers la Paroisse de, &c. pour un reste de compte, & gene-ralement tous & chacuns leurs autres biens, meubles & immeubles, presens & à venir, sans que lesdites obligations speciale & generale dérogent l'une à l'autre, ni aussi par cesdites presentes déroger aux privileges & hypoteques precedens, que ledit sieur creancier a sur les biens desdits debiteurs en vertu desdits marchez &

B iiij

Sentences, qu'il se reserve de faire executer avec ces
presentes, quand bon lui semblera : Et attendu ce que
dessus, ledit sieur creancier a consenti, par acte séparé, l'élargissement à pur & à plein de la personne dudit
Paul hors lesdites prisons, & en a déchargé & décharge d'abondant par cesdites presentes le Geolier &
garde d'icelles prisons, & pour l'execution des presentes,
a élu son domicile, &c. Promettant, &c. obligeant
solidairement comme dessus, renonçant &c. Fait &
passé   à   le   jour d   l'an

Formule d'obligation pour batterie & excès.

FUt present Isidore, &c. lequel de son plein gré
& volonté a confessé devoir, & promis payer à
Ursin &c. la somme de trois cens livres, à laquelle
ledit creancier lui a volontairement remis & quitté par
ces presentes tout l'interêt civil, reparation, dépens,
dommages & interests, & autres choses generalement
quelconques qu'il pouvoit prétendre, & demander
contre lui au sujet des excès & voyes de fait qu'il pré-
tendoit avoir été commis en sa personne par ledit debiteur, & ses complices, le tel jour, à telle heure,
en tel endroit, pour raison de quoy il y a instance pardevant tel Juge contre ledit debiteur & ses complices,
sur laquelle ledit creancier a obtenu decret de prise
de corps contre eux ; ensemble deux Sentences de provision, l'une de quatre-vingt livres, & l'autre de soixante ; laquelle instance, ensemble lesdits decrets &
Sentences de provision, & tout ce qui s'en est ensuivi
jusques à maintenant, ledit creancier consent & accorde être & demeurer le tout nul & sans effet à l'égard
dudit debiteur seulement, au moyen des presentes,
lesquelles ne pourront en façon quelconque nuire ni préjudicier audit creancier pour la continuation de ses
poursuites, qu'il se reserve de faire en la susdite instance contre lesdits complices, si comme &c. dont,

&c. à payer ladite fomme de trois cens livres audit creancier en fa maifon à   ou au porteur, &c. d'huy en un mois prochain ; à peine de tous dépens , dommages & interêts , & d'être déchu de la prefente remife & décharge , fi bon femble audit creancier , lequel en ce cas fe referve de faire executer lefdits decrets & fentences de provifion felon leur forme & teneur , & de continuer ladite procedure criminelle contre ledit debiteur , ainfi que contre fefdits complices ; à quoi faire lefdites prefentes ne lui pourront nuire ni préjudicier , & pour l'execution defdites prefentes , & leurs dépendances , ledit debiteur a élu & élit fon domicile irrevocable en cettedite Ville de en la maifon de , &c. auquel lieu , &c. nonobftant , &c. promettant , &c. renonçant, &c. Fait & paffé, &c.

Nota. *Que comme il n'eft plus permis aux Notaires d'obliger par corps les Sujets du Roi , que pour les loyers des heritages de la campagne , il eft à propos dans les Contrats & Actes obligatoires , procedans du fait de Marchandife , ou de procedures criminelles , d'en referver le privilege & l'execution des Sentences , afin de les faire mettre à execution felon leur forme & teneur , faute de payement.*

Sera auffi obfervé 1º, *Que l'Ordonnance du mois d'Août* 1670. *concernant les matieres criminelles , article* 19. *du titre* 10. *porte , qu'il ne fera decerné prife de corps contre les domiciliez , fi ce n'eft pour crime qui doive être puni de peine afflictive ou infamante.*

2º, *Que les prifonniers detenus pour dettes , feront élargis fur le confentement des parties qui les auront fait arrêter ou recommander , paffé pardevant Notaires , fans qu'il foit befoin d'obtenir aucun Jugement. Voyez le* 13e *article du* IIe *titre de ladite Ordonnance.*

3.º , *Que l'on ne peut recommander un prifonnier qu'en vertu d'un titre , qui porte contrainte par corps , parce que la recommandation fait le même effet que l'emprifonnement , & charge de même le Geolier de la perfonne du prifonnier.*

Formule d'une Declaration d'une obligation au profit d'un tiers.

FUt prefent Pachome, &c. Lequel a volontairement déclaré qu'il n'a & ne prétend rien en la fomme de 6000 livres contenue en l'obligation faite cejourd'hui à fon profit par Thomas, &c. & Marie fa femme, pardevant les Notaires fouffignez ; mais que ladite fomme eft & appartient entierement à Henry, &c. & à ce prefent & acceptant, auquel il n'a fait que prêter fon nom, en l'acceptation de ladite obligation, la verité étant, que pour parvenir à icelle, ledit fieur Henry lui avoit mis ès mains ladite fomme de fix mille livres en mêmes efpeces que celles qui font declarées en ladite obligation : Et ainfi ledit fieur Pachome, &c. ufant de bonne foy, confent & accorde, que ledit Henry faffe & difpofe de ladite fomme de fix mille livres, ainfi que bon luy femblera, & comme il pourroit faire, fi ladite obligation étoit conçue en fon nom & à fon profit, aufquelles fins il lui en a fait par cefdites prefentes les ceffions & fubrogations neceffaires ; & lui a prefentement delivré ladite obligation, dont ledit Henry fe contente & en décharge ledit Pachome, &c. même promet de l'acquitter de toutes pourfuites qui pourroient être cy-après faites au fujet d'icelle envers & contre tous, à fa premiere demande, & faire en forte qu'il n'en fouffre aucune perte ni dommage ; à peine de tous dépens, dommages & interêts. Promettant, obligeant, renonçant, &c. Fait & paffé, &c.

Remarques.

Sur ces formulaires d'obligation, & de déclaration, l'on peut aifément faire toutes fortes d'obligations , de quelque nature qu'elles foient.

Mais il faut obferver en toutes obligations & contrats obligatoires, l'élection de domicile, afin d'y pourfuivre les debiteurs & l'execution defdits Contrats, pour avoir payement du principal & interêts, lefquels interêts ne font dûs que du jour de la demande qui en eft faite en Juftice au domicile dudit debiteur, par un exploit qui porte affignation devant le Juge ordinaire dudit debiteur : Cela fait, ledit interêt a cours du jour dudit exploit, pourveu qu'il foit fuivi d'une condamnation prononcée par ledit Juge.

Il n'eft pas cependant neceffaire de preffer la Sentence pour l'adjudication defdits interêts, puifqu'il fuffit qu'elle foit rendue dans les trois ans du jour dudit exploit, parce que l'affignation dure trois ans, & auparavant l'expiration defdits trois ans , il n'y a point de peremption.

Cette affignation fe doit donner pardevant le Juge du domicile du creancier, fi le creancier n'a fes caufes commifes ailleurs ; auquel cas il peut choifir pardevant quel Juge il fera donner ladite affignation, qui font Meffieurs des Requêtes de l'Hôtel du Roi ou du Palais.

Si le debiteur a fes caufes commifes , & eft affigné au Châtelet ou autre Juge ordinaire, il peut en vertu de fon Committimus faire renvoyer l'affignation aufdites Requêtes à fon choix.

Et si au lieu d'obligation la somme étoit
adjugée par Sentence, l'assignation pour les
intérêts doit être donnée pardevant le
Juge qui a rendu ladite Sentence, sauf toûjours le privilege de Committimus pour l'une
ou l'autre des parties.

Pour sçavoir qui sont ceux qui ont droit
de Committimus du grand & petit sceau,
voyez le quatriéme titre de l'Ordonnance
du mois d'Août 1669. car il ne traite que de
cela & des gardes gardiennes.

C'est une maxime que cessant le privilege
du Committimus, l'on est obligé en l'execution des obligations & autres actes passez
sous le scel du Prevôt de Paris, de plaider
pardevant lui, parce que ledit scel est attributif de Jurisdiction, ainsi que ceux d'Orleans & de Montpellier, qui seuls ont ce
privilege, cessant lequel on ne peut poursuivre le debiteur que pardevant le Juge de
sa demeure ordinaire.

Cette attribution de Jurisdiction cesse
contre les heritiers de celui qui a contracté
pardevant les Notaires du Châtelet de Paris, lesquels heritiers demeurans ailleurs,
ne sont point obligez d'y répondre, lorsqu'ils
y sont assignez, pour voir declarer executoire sur eux les actes & obligations passées
par ledit défunt.

Pour les dépens adjugez, montant à
deux cens livres, & au dessus, & pour la
restitution des fruits, & pour les dommages

& interêts au-deſſus de deux cens livres, le creancier fera ſignifier le Jugement à la perſonne ou au domicile du debiteur, avec commandement de payer, & declaration qu'il y ſera contraint par corps après les quatre mois.

Ladite contrainte par corps après les quatre mois a lieu auſſi contre les Tuteurs & Curateurs, pour les ſommes par eux dûes de leur adminiſtration lorſqu'il y a Sentence, Jugement ou Arrêt diffinitif, & que la ſomme eſt liquide & certaine.

La contrainte par corps peut être decernée par le Juge en cas de réintegrande pour delaiſſer un héritage, pour ſtellionnat, pour dépôt neceſſaire, conſignation faite par Ordonnance du Juge, ou entre les mains des perſonnes publiques, repreſentation de biens par les Sequeſtres, Commiſſaires, Gardiens, Lettres de Change, quand il y a remiſe de place en place, & dettes entre Marchands pour la marchandiſe dont ils ſe mêlent, & entre gens qui ſont dans les affaires du Roi, Voyez les 2. 3. 4. 5. 10. & 11. articles du 34. titre de ladite Ordonnance de mil ſix cens ſoixante ſept.

L'élection de domicile ſert encore maintenant pour ſignifier aux débiteurs les ſaiſies de leurs biens meubles, & les pourſuites des decrets des immeubles, même pour avoir la délivrance des deniers provenus de la vente de meubles executez, & pour y parvenir, il convient de donner des affignations pardevant le Juge requis, & auffi lorfque le débiteur s'eft oppofé à quelques-unes des chofes fufdites, il le faut faire affigner pour en dire les caufes, & s'en voir débouter.

Quand on execute les meubles d'un débiteur, en vertu d'Obligation, Sentence ou Arrêt, s'il s'oppofe, on luy donne affignation comme il eft dit, elle ne furfeoit pas l'execution, mais empêche feulement qu'au bout de la huitaine on les puiffe vendre, fi auparavant on ne l'en a fait débouter.

Que fi après l'en avoir fait débouter, il furvient un tiers oppofant, l'on doit encore furfeoir le tranfport & la vente des meubles, jufques à ce que le tiers oppofant foit débouté de fon oppofition par Sentence ou Arrêt.

Après cela un autre peut encore s'oppofer & faire furfeoir, fi par la Sentence ou Arrêt précedent il n'eft dit, comme il fe pratique d'ordinaire, que les meubles feront vendus nonobftant oppofitions quelconques, faites ou à faire, encore fait-on difficulté de paffer outre.

Ces tiers oppofans, avant que de faire leurs oppofitions, doivent prendre garde s'ils y feront bien ou mal fondez ; car s'ils fuccombent, l'article 10. du titre 27. de ladite Ordonnance de 1667. veut qu'ils foient condamnez en 150. livres d'amende, pour les oppofitions faites aux executions des Arrêts, & en 75. livres d'amende pour celles faites aux executions des Sentences.

Par toutes lefquelles Sentences & Arrêts, le débiteur eft toûjours condamné aux dépens, lefquels il faut faire taxer avec luy, entre les Procureurs, & lever l'executoire, qui contient la fomme précife defdits dépens, pour lefquels s'ils montent à 200 livres & au deffus, le débiteur y fera contraint par corps après les quatre mois, au defir du 2. article du 34. titre de ladite Ordonnance de 1667.

Enfin en fait d'obligation, le Notaire doit fçavoir que des obligations pures & fimples, ne faifant pas mention d'autre chofe, c'eft-à-dire qui intereffent le créancier & le débiteur feuls, la minute ou brevet d'icelle doit être par lui délivrée au créancier, fitôt qu'elles font fignées des Notaires, fi le créancier la demande, & ne la lui peut refufer.

Mais fi l'obligation eft un contrat auquel le debiteur auffi-bien que le créancier ait intereft à fa confervation pour le benefice ou utilité qui lui en doit venir ; en ce cas le Notaire gardera la minute dans fon regiftre, & en délivrera des expeditions à l'une & à l'autre des parties.

Il doit auffi quand on lui rapporte des brevets d'obligation pour les groffoyer, prendre garde s'il y a des écrits ès marges ou au dos d'iceux ; & s'il y a des reçus, en faire mention au bas de la groſſe en ces termes : *Et au dos du brevet des préſentes eſt écrit ce qui ſuit*, Reçu, &c.

Il eſt bon auſſi, quand il paſſe obligation, par laquelle les debiteurs affectent & hypothequent leurs biens meubles & immeubles, ſpecialement tel & tel heritage, de faire declaration deſdits heritages par conſiſtance, tenans & aboutiſſans d'iceux, & enſuite dire, *ſans que les obligations ſpeciale & generale dérogent l'une à l'autre.*

Il ne doit délivrer la groſſe en forme executoire de l'obligation ou contrat obligatoire, qu'au créancier ; mais il en peut délivrer au debiteur pluſieurs extraits ou brevets.

※※※※※※※※※※※※※※※※※※※※※※※※※※

CHAPITRE II.

DES QUITTANCES.

LA Quittance eſt un acte conſenti par-devant Notaire, ou ſous ſeing privé, par un créancier au profit de ſon débiteur, par lequel il le déclare quitte de ſa dette.

Elle peut être generale, ſi les parties ont compté enſemble de toutes les affaires qu'elles avoient entre elles, ou particuliere pour une ſeule affaire, auquel cas le créancier ne doit pas y omettre la clauſe, *ſans préjudice d'autres dûs, droits, noms, raiſons & actions*, pour

empêcher

empêcher le débiteur de s'en prévaloir pour d'autres dettes que celle qu'il a payée.

La remiſe du titre original de la créance, s'il n'a pas trait à d'autres choſes, eſt la meilleure quittance que l'on puiſſe donner.

Formule de quittance pour loyer de maiſon.

FUt preſent, &c. demeurant, &c. lequel a confeſſé avoir reçu comptant de tel , la ſomme de pour un terme échu au jour de S. Jean Baptiſte dernier paſſé, à cauſe d'une maiſon & lieux en dépendans, fiſe à Paris rue , &c. que ledit tel tient à loyer de luy, à raiſon de par chacun an , dont , &c. quittant , &c. Fait & paſſé , &c.

Quittance de ſalaires & ſervices.

FUt preſent André , &c. ſortant de la maiſon & ſervice du ſieur &c. Bourgeois de demeurant rue , &c. lequel a confeſſé avoir reçu dudit ſieur &c. ſon Maître, la ſomme de pour tous & chacuns ſes ſalaires & ſervices qu'il luy a rendus durant trois ans entiers , écheans ce jourd'huy, qu'il a demeuré en ſa maiſon & ſervice , dont , &c. quittant , &c. & de toutes choſes generalement quelconques juſques à cedit jour. Fait & paſſé , &c.

Autre quittance à même ſujet.

FUt preſent André , &c. lequel a reconnu & confeſſé avoir été entierement payé & ſatisfait par ledit ſieur ſon Maître de tous ſes ſalaires & ſervices qu'il luy a rendus depuis le premier jour qu'il eſt

C

entré en fa maifon, jufqu'à ce jourd'huy, dont, &c.
quittant, &c. & de toutes chofes quelconques jufqu'à
cedit jour. Fait & paffé, &c.

Quitance d'arrerages de rente fur particuliers.

FUt prefent Euftache, &c. lequel a reconnu avoir
reçu de Fabius, &c. la fomme de   pour un
quattier échû le dernier jour de Juin dernier paffé, à
caufe de   de rente que ledit tel luy doit par
chacun an par contrat paffé par Gautier Notaire, le
&c. dont il fe tient content & en quitte ledit Fabius
& tous autres. Promettant, &c. Fait & paffé, &c.

Quittance pour un legs teftamentaire.

FUt prefent, &c. Bonaventure   demeurant, &c. lequel confeffe avoir reçu de
Marchand   au nom & comme executeur du
teftament & ordonnance de derniere volonté de Louis
          &c. Bourgeois de   paffé pardevant
Notaire, le   la fomme de   à luy
donnée & leguée par fondit teftament; de laquelle fomme il quitte ledit   la fucceffion dudit défunt
& tous autres. Promettant, &c. obligeant, &c. dont
quittant, &c.

Quittance d'une fomme adjugée par une Sentence.

FUt prefent, &c. Noel   lequel confeffe avoir
reçu de, &c. la fomme de   en quoy il a été
condamné vers luy par Sentence du   pour
          & ainfi que le contient la Sentence, dont, &c.
quittance, &c.

Quittance generale du prix d'une ferme.

FUt preſent Jean   lequel a reconnu avoir
été entierement payé & ſatisfait auparavant ce jour
par Louis   de la ſomme de   pour ſix années qui ont commencé au jour de   17
& fini à pareil jour de l'année   de la Ferme,
Terre & Seigneurie de   que ledit Louis
avoit priſe dudit Jean   pour leſdites ſix années,
à raiſon de   par an, ſuivant le bail fait au
Conſeil le   jour de   de laquelledite
ſomme de   qui a été payée à pluſieurs & di-
verſes fois, ledit Jean s'eſt tenu & tient content & en
quitte ledit Louis   & tous autres: Et ne ſerviront les quittances particulieres dudit ſieur Jean,
même une quittance generale par luy baillée audit
Louis, en date du   au bas d'une expédition en
parchemin dudit bail, & la preſente que d'un ſeul &
même acquit. Promettant, &c. obligeant, &c. renonçant, &c. Fait, &c.

Pour le reſte du prix de la vente d'un Office.

EN la preſence des Notaires, &c. Mᵉ Bonaventure   confeſſe avoir reçu de Marc   &c.
à ce preſent, qui luy a baillé, payé, compté & délivré, preſens les Notaires ſouſſignez, en louis d'or &
d'argent, & autre monoie, le tout bon, &c. la ſomme
de   pour reſte & parfait payement du prix de
la vente qui luy a été faite de ſondit Office de
par contrat paſſé pardevant   Notaires audit
Châtelet le   jour de   de laquelle ſomme
de   ledit Bonaventure   ſe contente & en
quitte ledit Marc   & tous autres, enſemble des interêts qui luy étoient dûs d'icelle ſomme de

depuis le jour de juſques à ce jour, &c.
moyennant lequel payement conſent & accorde que
ſur la minute & groſſe dudit contrat il ſoit fait mention ſommaire du contenu cy-deſſus en vertu des Preſentes, ſans que ſa preſence y ſoit néceſſaire, le tout
qui ne ſervira enſemble que d'un ſeul & même acquit.
Promettant, &c. obligeant, renonçant, &c.

Quittance d'une ſomme de deniers donnée par
le pere à ſon fils en déduction de ſa ſucceſſion
future.

FUt preſent Jean Porteſin Marchand à Paris, y demeurant en la maiſon du ſieur Gamart ſon beaufrere rue Trouſſevache, Paroiſſe, &c. lequel a reconnu & confeſſé avoir eu & reçu d'André Porteſin,
auſſi Marchand Bourgeois de Paris, & Françoiſe Trin-
quart ſa femme, ſes pere & mere, la ſomme de
pour employer aux frais du voyage & établiſſement
qu'il va faire en l'Iſle de Cayenne, ſuivant les conceſ-
ſions qu'il en a obtenues de Meſſieurs de la Compagnie
des Indes Occidentales, & en execution de la ſocieté
qu'il a faite avec le ſieur Oſmont : de laquelle ſomme
de ledit Jean Porteſin ſe contente, en quitte
& décharge ſeſdits pere & mere, & promet en tenir
compte venant par luy à leurs ſucceſſions futures. Promettant, &c. obligeant, &c. renonçant. Fait & paſſé &c.

Quittance de droits d'indemnité portant déclara-
tions de part & d'autre.

EN la preſence des Notaires Gardenotes du Roy
au Châtelet de Paris, ſouſſignez, Illuſtriſſime &
Reverendiſſime Seigneur Hardouin de Perefixe, Ar-

chevêque de Paris, Conseiller du Roy en ses Conseils, Chancelier & Commandeur de ses Ordres, demeurant en son Palais Archiepiscopal au cloître de l'Eglise de Paris, a confessé avoir eu & reçu de &c. tous Maîtres, Gouverneurs & Administrateurs de l'Hôtel-Dieu & de l'Hôpital des Incurables de cette Ville de Paris par les mains de Me Cocaigne Receveur dudit Hôpital des Incurables aussi à ce present, qui luy a de l'Ordonnance desdits sieurs Gouverneurs & Administrateurs, baillé, payé, compté, nombré, & délivré, presens les Notaires soussignez, en, &c. & monnoie ayant cours, la somme de trois mille cent livres, à quoi monte le droit d'indemnité deu audit Archevêché, à cause de l'acquisition faite au profit dudit Hôpital, d'une maison sise à Paris rue des Prouvaires, vendue par, &c. par contrat passé pardevant, &c. Notaires audit Châtelet de Paris, le, &c. jour de, &c.

De laquelle somme de trois mille cent livres mondit Seigneur Archevêque se contente, en a quitté & quitte lesdits sieurs Gouverneurs & Administrateurs, ledit Hôpital & tous autres: Et a mondit Seigneur Archevêque promis employer ladite somme de trois mille cent livres par luy presentement reçue, au payement de partie de la somme de douze mille cinq cens livres, pour laquelle il doit acquerir de Messire Victor Meliand, Conseiller-Aumônier du Roy & de la Reine mere de Sa Majesté, Abbé de Saint-Estienne de Passac, cinquante arpens ou environ de terre située au terroir d'Ivry, pour être unis à la Ferme Seigneuriale de Millepas dépendante dudit Archevêché, dont il promet passer contrat, & par iceluy ou quittance particuliere qui en sera retirée, déclarer que ladite somme de trois mille cent livres fera partie dudit payement, & en fournir copie collationnée par les Notaires ausdits sieurs Gouverneurs & Administrateurs dudit Hôpital, dans, &c. pour tenir lieu de l'employ dudit droit d'indemnité, sans préjudice à mondit Seigneur Archevêque de de Cens que doit ladite

maifon ; ledit cens portant lots, vente, faifine & amende quand le cas y échet, que ledit Hôpital fera tenu
de payer & continuer audit Seigneur Archevêque, fon
Receveur , ou au porteur, &c. tant & fi longuement
qu'il fera proprietaire de ladite maifon, partie ou portion d'icelle, au jour qu'il eft payable ; déclarant lefdits fieurs Adminiftrateurs que ladite fomme de trois
mille cent livres. provient & fait partie de fept mille
livres que Marguerite & Louife Boullard, fœurs, filles
majeures, ont donné audit Hôpital, à la charge de leur
payer cinq cens livres de rente viagere par contrat
paffé pardevant Leboucher & Lemoine Notaires audit
Châtelet de Paris le trentiéme jour d'Octobre de la
prefente année mil fix cens foixante-cinq ; au defir duquel ils font la prefente déclaration. Promettant . &c.
obligeant , &c. renonçant , &c. Fait & paffé à Paris,
fçavoir à l'égard dudit Seigneur Archevêque , audit
Palais Archiepifcopal ; & à l'égard defdits fieurs Gou-
ve..eurs , au Bureau dudit Hôtel-Dieu au Parvis Notre-Dame, l'an mil fix cens foixante cinq , le
jour de   à   midy , & ont figné.

Quittance portant conftitution de penfion viagere à fonds perdu.

FUt prefent en fa perfonne noble homme Grofte$te
Confeiller & Prefident au Grenier à fel de, &c.
y demeurant, étant de prefent à Paris logé rue, &c.
Paroiffe faint, &c. en la maifon où pend pour enfeigne , &c. tant en fon nom que comme Procureur de
Damoifelle Genys fa femme, fondé de fa Procuration
fpéciale à l'effet qui enfuit, paffée pardevant Nicolas
Notaire Royal audit, &c. le , &c. lequel fieur Grof-
te$te èfdits noms a reconnu & confeffé avoir eu & re-
çeu de Pierre, Sieur de Cormont, Confeiller, &c.
demeurant rue, &c. Paroiffe faint, &c. à ce pre-

fent & acceptant, qui luy a baillé, compté, nombré
& délivré, prefens les Notaires fouffignez, en louis d'or
& d'argent, & monnoie, &c. la fomme de 6600 liv.
dont il fe contente & promet èfdits noms folidairement
un feul pour le tout, fans divifion ni difcuffion, renonçant aux benefices defdits droits & à la forme de
fidejuffion, de bailler & payer audit fieur de Cormont,
fa vie durant, en fa maifon à Paris, franchement &
quittement, trois cens livres par chacun an aux quatre quartiers accoûtumez également, à quoy monte
la rente d'icelle fomme, à raifon du denier vingt-
deux, dont le premier quartier de payement écherra le
dernier jour de, &c. prochain & auffi continuer d'année en année, de quartier en quartier, pendant la vie
dudit fieur de Cormont ; après lequel viage finy, ledit
fieur Groftefte Prefident fera tenu, promet & s'oblige
èfdits noms folidairement comme deffus, de payer &
continuer lefdites trois cens livres par chacun an, aufdits quatre quartiers, par forme de penfion alimentai-
re, à Claude Jollivet petit neveu dudit fieur de Cormont, auffi la vie durant dudit Jolivet, fans que ladite penfion puiffe être faifie par aucuns creanciers dudit
Jollivet, comme luy étant donnée pour fondit aliment,
au payement & continuation defquelles trois cens liv.
par an aufdits quatre quartiers, tant audit fieur de
Cormont, qu'audit Jollivet, leur vie durant, ledit
fieur Groftefte Prefident èfdits noms, a obligé, affecté
& hypotbequé tous & chacuns les biens, meubles &
immeubles, prefens & à venir, de luy & de ladite Damoifelle fa femme, fans qu'il puiffe y avoir aucun retardement ny diminution pour quelque caufe & occafion que ce puiffe être, parce qu'autrement & fans cer-
te condition expreffe, ledit fieur de Cormont n'auroit
fourny ladite fomme ; & après le decès dudit Jollivet
ledit fieur Groftefte, ladite Damoifelle fa femme, leurs
biens, hoirs & ayans caufe, feront & demeureront
quittes & déchargez du payement & continuation defdites trois livres, le fonds & fort principal de la-

quelle qui est ladite somme de six mille six cens liv. ce
acceptant pour ledit sieur Grosteste èsdits noms, ledit
sieur de Cormont en fait dès-à-present & par ces Presentes don & délaissement irrévocable, aux charges,
clauses & conditions susdites, transportant tous droits
de propriété, dessaisissant, &c. voulant, &c. Procureur, &c. le Porteur, &c. donnant pouvoir, &c. &
pour, si besoin est, faire insinuer ces Presentes au
Greffe des Insinuations du Châtelet de Paris, & par-
tout ailleurs où il appartiendra, lesdites Parties ont fait
& constitué leur Procureur le Porteur des Presentes,
auquel ils donnent pouvoir de ce faire & tout ce qu'au
cas appartiendra : Et pour l'execution des Presentes ledit sieur Grosteste èsdits noms, a élu son domicile irrevocable dans cette Ville de Paris en la maison de
&c. auquel lieu nonobstant, &c. Promettant, &c.
obligeant, &c. ledit sieur Grosteste èsdits noms solidairement, &c. renonçans comme dessus, &c. Fait &
passé, &c.

- - -

Quittance de rente sur l'Hôtel de Ville.

JAcques   confesse avoir reçu de Messire
            Conseiller du Roy, Receveur & Payeur
des Rentes, la somme de   pour les
mois de la presente année, à cause de   de rente
sur les Aydes & Gabelles, constituée le
dont, &c. Fait & passé, &c.

- - -

Quittance de rente viagere sur l'Hôtel de Ville.

EN presence des Notaires soussignez, Pierre
    confesse avoir reçu de Messire, &c. la somme
de   pour les arrerages échus depuis le
jusqu'au   de   de rente viagere constituée audit sieur Pierre sur les Aydes & Gabelles, en-

registrée en la claffe par contrat paffé pardevant
le   dont, &c. quittant, &c. Fait & paffé
&c. & a figné, après que lefdits Notaires l'ont attefté
être actuellement vivant, pour s'être repréfenté devant eux, à l'effet de paffer la prefente quittance.

Quittance fur le Clergé.

CLaude   confeffe avoir reçu de
la fomme de   pour le   quattier
de l'année   à caufe de   de rente fur le
Clergé, conftituée le   dont, &c. quittant,
&c.

Nota. *Que toutes les Rentes tant fur le Roy, l'Hôtel-*
de-Ville, les Aides, & le Clergé, ayant été fupprimées
par divers Arrêts du Confeil donnez au commencement
du Regne de Louis XV. & les proprietaires remboursez
de leurs capitaux, tous les modeles des fufdites quittances
ne peuvent fervir qu'au cas que les chofes viennent à être
rétablies comme auparavant.

Quittance donnée au Garde du Tréfor Royal, d'une fomme contenue en une Ordonnance.

EN prefence des Notaires   Chriftophe
confeffe avoir reçu de   Confeiller du
Roy en fes Confeils, Garde de fon Tréfor Royal, la
fomme de   ordonnée par Sa Majefté être
payée audit Chriftophe, pour *telle chofe ;* de laquelle
fomme de   ledit Chriftophe fe tient content,
en quitte fa Majefté, ledit fieur   & tous autres.
Fait, &c.

Autre quittance au même effet par un particulier comme Procureur.

EN présence, &c. Pierre   au
nom & comme Procureur de Louis de Beaufort,
fondé de fa Procuration fpeciale paffée pardevant
le   controllée & fcellée, l'original de laquelle paraphé dudit fieur   Pierre, & à fa requifition des
Notaires fouffignez, fera fourni au fieur
cy-après nommé ; a ledit fieur Pierre   audit nom
confeffé avoir reçu de   Confeiller du
Roy en fes Confeils, Garde de fon Tréfor Royal, qui
luy a payé comptant en l'acquit de fa Majefté, la fomme de fix mille livres, ordonnée par le Roy être payée
audit de Beaufort, pour   De laquelle
fomme de fix mille livres ledit fieur Pierre audit nom
fe tient content, en quitte fa Majefté, ledit fieur
& tous autres. Fait & paffé, &c.

Quittance pour les Gages des Gardes du Corps du Roy.

EN préfence des Notaires, &c. Jean, &c. Ecuyer
Sieur de, &c. l'un des Gardes du Corps de Sa Majefté fous la charge de Monfieur, &c. Capitaine defdits Gardes, a confeffé avoir reçu comptant de noble
homme Pierre, &c. Confeiller du Roy, Tréforier &
Payeur defdits Gardes, la fomme de ; &c. à luy ordonnée à caufe de fadite Charge, pour fes gages ordinaires, droit de guet, & entretenement de Hoqueton
durant le quartier d'Avril, May & Juin de la prefente année   De laquelle fomme, &c. ledit fieur,
&c. fe contente & en quitte ledit fieur, &c. Tréforier fufdit, & tous autres, promettant, &c. obligeans,
&c. renonçant, &c. Fait & paffé, &c.

Autre quittance quand l'un desdits Gardes a servi au lieu & place d'un autre Garde.

EN préfence des Notaires, &c. Jean Ecuyer, Sieur de   l'un des Gardes du Corps de Sa Majefté, fous la charge de Mr   Capitaine defdits Gardes du Corps, a confeffé avoir reçu comptant de noble homme   Confeiller du Roy, Tréforier & Payeur des Gages defdits Gardes, la fomme de   à lui ordonnée à caufe de fadite Charge, pour avoir fervi près & autour de la perfonne de Sa Majefté durant les fix premieres ou dernieres femaines du quartier d'Avril, May & Juin de la préfente année   au lieu & place d'Antoine, &c. Ecuyer, Sieur de, &c. auffi l'un defdits Gardes, dont & de laquelle fomme de, &c. ledit fieur Jean fe contente & en quitte ledit fieur   Tréforier fufdit & tous autres. Promettant, &c. obligeant, &c. renonçant, &c. Fait & paffé, &c.

Nota. *La même chofe s'obferve aux quittances pour les gages des Gardes du Corps & autres Officiers de la Reine & des Fils de France.*

Quittance d'appointemens d'un Officier d'armée.

PArdevant, &c. eft comparu (*ici il faut mettre le nom & les qualitez de l'Officier*) lequel confeffe avoir eu & reçu comptant en cette Ville de Paris (ou en tel autre lieu) de noble homme, &c. Confeiller du Roy, & Tréforier general de, &c. la fomme de à lui ordonnée pour fon état & appointement durant les mois de Mars & Avril de la préfente année 17 à raifon de   pour chacun Soldat, & de pour chacun par mois, éfquels fufdits mois, montre &

revûe auroit été faite de ladite Compagnie, le tout suivant & ainsi qu'il est déclaré par l'Ordonnance de Sa Majesté, portant ladite somme de   pour les causes susdites, en date du 25. jour de May audit an, signé Louis ; *& plus bas,*   de laquelle somme de   ledit tel se tient content, & en a quitté & quitte ledit sieur, &c. Trésorier general & tous autres, promettant, &c. obligeant, &c. renonçant, &c. Fait & passé, &c.

Quittances des Gages d'un Archer.

EN présence des Notaires, &c. François, &c. Archer de la Connétablie & Maréchaussée de France, demeurant, &c. a confessé avoir reçu comptant de Maître Estienne, &c. Conseiller du Roi, Trésorier & Payeur de ladite Compagnie la somme de à lui ordonnée pour ses gages ordinaires à cause de sadite Charge d'Archer susdit durant le quartier d'Avril, May & Juin de la présente année   De laquelle somme de, &c. ledit François, &c. se contente & en quitte ledit sieur, &c. Payeur susdit & tous autres, promettant, &c. obligeant, &c. renonçant, &c. Fait & passé, &c.

Quittance pour grains appreciez.

FUt présent Jacques, &c. demeurant, &c. lequel a confessé avoir reçu comptant de Pierre, &c. à ce présent & acceptant la somme de   à quoi lesdites parties ont entre elles apprecié tous & chacuns les grains, tant bled froment, metell, avoine, qu'orge, que ledit Pierre, &c. peut devoir audit Jacques, &c. à cause de la Ferme & terres labourables sises au terroir de, &c. qu'il tient à loyer dudit Jacques suivant le compte fait entre eux ce jourd'hui, de tout le paſſé juſqu'au jour de Pâques, dont, &c. quittant, &c. Fait & paſſé, &c.

Quittance d'ouvrage de Maſſonnerie.

EN préſence des Notaires souſſignez, Chriſtophe, &c. Maître Maſſon à Paris, demeurant rue, &c. a confeſſé avoir reçu comptant d Maître Guillaume, &c. la ſomme de   pour les ouvrages de maſſonnerie par lui faits en une maiſon ſiſe à appartenante audit ſieur Guillaume, &c. dont, &c. quittant, &c. Fait & paſſé, &c.

Quittance generale d'un Maſſon en execution d'un marché.

EN préſence des Notaires souſſignez, Pierre, &c. Maître Maſſon à Paris, demeurant rue, &c. a confeſſé avoir reçu de Guillaume, &c. Bourgeois de Paris, demeurant rue, &c. la ſomme de restante à lui payer de celle de   à laquelle ſe ſont trouvez monter tous les ouvrages de maſſonnerie, charpenterie & couverture que ledit Pierre a faits & fournis pour ledit ſieur Guillaume en une maiſon qu'il a fait bâtir & conſtruire de neuf en cette Ville de Paris, rue, &c. ſuivant le plan qui en a été fait entre eux pardevant tel & tel Notaires à Paris, le tel jour, ainſi qu'il eſt porté par le toiſé qui en a été fait par tels Maîtres Maſſons à Paris, & convenus pour cet effet par leſdites parties, ainſi que le contient ledit toiſé reçu par Maître, &c. Greffier de l'Ecritoire, le tel jour que ledit Pierre a préſentement mis ès mains dudit ſieur Guillaume, &c. de laquelle ſomme de ledit Pierre s'eſt contenté, & en a quitté & quitte ledit ſieur Guillaume & tous autres, même promet de le faire tenir quitte & déchargé de tous leſdits ouvra-

ges envers les ouvriers qui ont travaillé audit bâtiment
& tous autres qu'il appartiendra : comme auffi ledit
fieur Guillaume, &c. reconnoît, &c. que lefdits ouvrages de maffonnerie, charpenterie, & couverture,
font bien & dûement faits au defir du fufdit marché,
dont il en quitte & décharge pareillement ledit Pierre
& tous autres : Et en ce faifant lefdites parties fe font
quittées & quittent reciproquement l'une l'autre de
toutes chofes generalement quelconques jufqu'à cejour,
à la referve toutefois que ledit Pierre, &c. demeurera garant defdits bâtimens envers ledit fieur Guillaume, &c. ainfi qu'il eft ufité à Paris : Et fous ladite
réferve lefdites parties confentent que du contenu en
ces Préfentes, & en vertu d'icelles, foit par tous Notaires premiers requis fait fommaire mention fur lefdits marché & toifé, fans que leur préfence y foit néceffaire ; ce qui ne fervira avec ces Préfentes, & les
quittances particulieres du payement du furplus dudit
prix defdits ouvrages, que d'une feule & même chofe.

Nota. *Que la Coûtume de Paris ne dit rien contre les*
Maîtres Maffons pour la garantie de leurs bâtimens, &
il n'y a que le feul ufage, qui eft tourné en Coûtume, qui
les y oblige à la garantie de dix ans à Paris.
    Pour être fubrogé au lieu & place des Maffons & au-
tres Entrepreneurs d'ouvrages & bâtimens dans leurs
quittances, il convient mettre ce qui fuit.

Declarant ledit fieur Guillaume, &c. que ladite
    fomme de   par lui cy-deffus payée,
a été par lui & telle   fa femme, empruntée
de Maître Jean, &c. Bourgeois de Paris, auquel ils en
ont folidairement conftitué rente par contrat paffé
pardevant tels Notaires, le   des préfens mois
& an, au defir duquel il a fait la préfente déclaration.
Et en confequence fur fon requifitoire, ledit
Pierre a par cefdites Préfentes mis & fubrogé ledit
Jean, &c. en fon lieu & place, droits, hypotheques,

privileges, preferences, noms, raison, & actions qu'il
avoit en vertu du susdit marché & toisé desdits ouvrages sur ladite maison dudit sieur Guillaume & ses autres biens, jusques à la concurrence desdites   liv.
sans toutefois lui être tenu d'aucune garantie, restitution de deniers ni recours quelconque en quelque sorte
& maniere que ce soit, sinon de ses faits & promesses
seulement, promettant, &c. obligeant, &c. Fait &
passé, &c.

Quittance de Charpenterie.

EN presence des Notaires, &c. Antoine Sevin &c.
Maître Charpentier à   demeurant, &c.
a confessé avoir eu & reçu de Nicolas, &c. la somme
de trois cens livres sur & tant moins des ouvrages de
Charpenterie par luy faits & à faire, & qu'il est obligé de faire faire & fournir par ledit Nicolas, &c. en
une maison qu'il fait bâtir & construire de neuf en cette
Ville de   rue, &c. suivant le marché de ce fait
entre eux, dont, &c. quittant, &c. Fait & passé,
&c.

Nota. *Que les quittances pour les autres artisans qui
travaillent aux maisons, comme sont Menuisiers, Ser-
ruriers, Vitriers, Plombiers, Paveurs & autres, se
doivent faire, même les generales, conformément aux
projets ou formulaires de celles des Massons & Charpen-
tiers ci-dessus, à la reserve que l'on ne doit pas mettre
la garantie des ouvrages, comme l'on fait à celles des
Massons, qui seuls demeurent garans de leurs bâtimens,
ainsi qu'il est usité à Paris, laquelle garantie usitée dure
dix ans entiers.*

Quittance portant compte & obligation.

FUrent prefens Jean , &c. Marchand demeurant à &c. d'une part, Antoine, &c. de tel état, demeurant à &c. d'autre part ; lefquelles parties ont reconu & confeffé avoir ce jourd'huy compté enfemble, & à l'amiable, tant de ce que ledit Jean , &c. pouvoit devoir audit Antoine jufques à ce jour , à caufe des payemens à lui faits , & à autres perfonnes en fon acquit, fuivant les quittances que ledit Jean lui en a prefentement rapportées, à valoir fur le prix des marchandifes (ou autres chofes) que ledit Antoine lui a ci-devant fournies & prêtées fur fes billets , cedules , obligations & autres écrits (*ou bien pour raifon de telles autres chofes que l'on voudra énoncer en cet endroit*) par lequel compte toutes déductions faites , ledit Jean s'eft encore trouvé redevable envers ledit Antoine de la fomme de

laquelle fomme ledit Jean promet & s'oblige de bailler & payer audit fieur Antoine ce acceptant , en fa maifon à   ou au porteur , &c. d'huy en fix mois prochains venans ; & au moyen du prefent compte , lefdites parties fe font rendues prefentement l'une à l'autre les fufdites quittances , cedules , promeffes , obligations & papiers qu'elles avoient l'une de l'autre , comme nuls & fans effet pour leur regard , & s'en déchargent reciproquement , veulent & confentent que s'il s'en trouve d'autres , qu'ils foient & demeurent nuls & fans effet , promettant de ne s'en aider ni fervir à l'avenir directement ni indirectement l'un à l'encontre de l'autre , en quelque forte & maniere que ce foit , comme étant compris au fufdit compte , ces prefentes demeurant neanmoins en leur force & vertu jufques à l'actuel payement de ladite fomme de   livres ; car ainfi le tout a été accordé , &c. *Election de domicile* , &c. promettant , &c. obligeant chacun en droit foy , &c. renonçant , &c. Fait & paffé , &c.   *Quittance*

Quittance & accord entre un garçon & une fille
pour raison de la copulation charnelle qu'ils
ont eu ensemble.

FUrent presens Jean, &c. demeurant
d'une part, & Marie ‑ demeurante
fille de Claude demeurant de lui
pour ce present assistée d'autre part ; lesquelles parties
font convenues & demeurées d'accord de ce qui enfuit:
c'est à fçavoir que ladite Marie du confentement de fondit pere, a par ces prefentes quitté &
déchargé ledit Jean de toutes chofes generalement quelconques qu'elle avoit droit de prétendre
contre lui ; pour raifon de la compagnie charnelle qu'il
auroit eu avec elle, dont elle eft enceinte de fix mois
ou environ ; & ce moyennant la fomme de
que ladite Marie confeffe avoir reçû dudit Jean, &c,
dont, &c. quittant , &c. & à laquelle fomme de
elle s'eft bien voulu reftraindre pour toutes
chofes generalement quelconques, qu'elle pouvoit prétendre à l'encontre dudit Jean, pour raifon de ce que
deffus, & outre, à condition qu'icelui Jean , &c.
fera tenu, ainfi qu'il s'y oblige, de prendre foin de
ladite Marie, &c. pendant le temps de fa groffeffe,
lors du terme de laquelle il fera tenu de payer les frais
de fes couches, & ne lui laiffer manquer de rien en
icelles, même de fe charger de l'enfant qui en proviendra, comme de fait il s'en charge dès à prefent,
pour le faire batifer fur les fonts de la Paroiffe de
& le faire nourrir, élever & inftruire en la
Religion Catholique, Apoftolique & Romaine,
comme auffi lui faire apprendre un métier, & faire
comme un pere de famille eft tenu & obligé de faire
pour fes enfans legitimes, & le reprefenter toutefois
& quantes qu'il en fera requis par ledit & a
fille ; fans laquelle fomme de ci-devant don-
D.

née , charges , clauſes & conditions ci-devant énoncées , le preſent n'auroit été paſſé. Et pour l'execution
duquel ledit Jean , &c. élit ſon domicile , &c.

Quittance & accord pour injures & batteries.

FUrent preſens Jean , &c. demeurant , &c. d'une
part ; & Pierre , &c. demeurant , &c. d'autre part : leſquels volontairement ſe ſont quittez & déchargez reciproquement par ces preſentes de tout l'in-
tereſt civil, reparation , dépens , dommages & interêts , & autres choſes generalement quelconques qu'ils
euſſent pû avoir , & pourroient prétendre & demander l'un contre l'autre pour raiſon des excès & voyes
de fait par eux commis le tel jour , environ les huit
heures de relevée , en tel endroit , dont ils auroient
fait leurs plaintes & informations reſpectives , ſur leſquelles auroit été decreté : conſentent & accordent que
leſdites plaintes , informations, decrets & autres procedures faites en conſequence juſques à maintenant ,
ſoient & demeurent nulles & ſans effet , promettant
reſpectivement de ne s'en aider ni prévaloir directement
ni indirectement l'un contre l'autre : Cette quittance
& décharge faite après que leſdites parties ſe ſont tenues & reconnuës l'un l'autre pour gens de bien &
d'honneur ſans aucun blâme ni ſcandale , ſe prient
l'un l'autre de s'excuſer , & à la charge que chacune
d'elle payera ſon Procureur & ſon Chirurgien , ſans
aucuns autres dépens , dommages ni interêts de part
ni d'autre ; car ainſi , &c. promettant , &c. obligeant
chacun en droit ſoy , &c. renonçant, &c. Fait & paſſé,
&c.

Autre formule pour injures & batteries.

FUt prefent Jean, &c. lequel ne fe voyant pas, quant à prefent, en état de pourfuivre plus avant la plainte par lui ci-devant donnée à M. le Juge de, &c. contre Pierre, &c. pour raifon des excès commis en fa perfonne par ledit Pierre, actuellement detenu prifonnier en la Conciergerie de, &c. & autres fes complices, abfens & dûement contumacez, reconnoît par ces prefentes avoir fait ceffion & tranfport à Jacques, &c. prefent, ftipulant, & acceptant de tous les droits, noms, raifons & actions, reparations civiles, & dépens, dommages & interêts qui peuvent lui competer & appartenir contre ledit Pierre, réfultant de ladite accufation, circonftances & dépendances, à telle fomme que le tout puiffe fe monter ; à l'effet de quoi il a fubrogé & fubroge ledit Jacques en fon lieu & place, à tous lefdits droits, noms, raifons & actions, fans être néanmoins tenu d'aucune garantie, ni reftitution de deniers, pour quelque caufe que ce foit ; la prefente ceffion ainfi faite aux perils, rifques & fortunes dudit ceffionnaire, moyennant la fomme de, &c. qu'il a reçue manuellement & tout comptant dudit Jacques, en bonne monnoie ayant cours ; fauf l'interêt de Monfieur le Procureur General pour la vindicte publique, auquel il n'eft en rien dérogé par ces prefentes.

Nota. *L'on fe fert ordinairement pour cela d'un ami de l'accufé, qui abandonne la pourfuite ou s'en défifte.*

Quittance portant tranfport à un debiteur contre son coobligé.

FUt prefent Jean, demeurant, &c. au rom, & comme ayant droit par tranfport de François,

&c. par acte passé pardevant tels Notaires le tel jour, lequel a volontairement reconnu & confessé avoir eu & reçû comptant de Pierre, &c. à ce present & acceptant, qui lui a baillé, payé, compté, nombré, & réellement delivré, presens les Notaires soussignez, la somme de cinq cens livres ; sçavoir trois cens livres de principal, en quoi ledit Pierre est solidairement obligé avec Jacques, envers ledit François pour les clauses portées en leur obligation passée pardevant tels Notaires le   ·   &c. & 200 livres pour tous & chacuns les interêts de ladite somme principale, frais & dépens adjugez audit François, &c. contre lesdits Pierre, & Jacques, &c. par Sentence rendue en telle Justice, le tel jour, revenant lesdites deux sommes ensemble à la susdite premiere de 500 livres, de laquelle somme ledit Jean, &c. s'est contenté & en a quitté & quitte ledit Pierre, &c. & tous autres ; auquel en ce faisant, ledit Jean a presentement baillé & delivré ladite obligation avec lesdites Sentence & Executoire susdatez, ensemble le susdit transport, pour en vertu de ces pieces se pourvoir contre ledit Jacques son coobligé & autres qu'il appartiendra, tant pour le recouvrement de la moitié de ladite somme principale, que pour lesdits interêts, frais & dépens, & autrement en faire & disposer ainsi que bon lui semblera : auquel effet & en tant que besoin seroit, ledit Jean lui en a fait & fait par cesdites presentes, cession & transport, & le subroge en tous ses droits, lieu & place, noms, raisons, actions & hypotheques, même à la saisie & execution faite sur les meubles dudit Jacques, &c. faute de payement de ladite somme principale, interêts & dépens, le tout sans lui être ledit Jean, &c. tenu d'aucune garantie, restitution de deniers, ni recours quelconque, sinon de sesdits faits & promesses seulement ; auquel Pierre, &c. ledit Jean, &c. a par cesdites presentes fait & baillé pleine & entiere mainlevée pure & simple des saisies & executions sur lui faites à sa requête, pour avoir payement de ladite dette :

Confent & accorde que les Commiffaires & Gardiens
y établis en foient & demeurent valablement quittes &
dechargez. Et de fait ledit Jean, &c. en tant qu'à lui
eft, & pour fon regard les en quitte & décharge par
cefdites prefentes, fauf audit Pierre, &c. fon recours
comme dit eft, contre ledit Jacques, promettant,
&c. obligeant, &c. renonçant, &c. Fait & paffé à

Nota. En fait de quittance tous les brevets fe delivrent
à la partie, fi ce ne font quittances de confequence ou qui
portent Contrat.

CHAPITRE III.

Des Baux à loyer & à rente, & amphi-theotiques.

LE Bail à loyer eft un Contrat par lequel le proprietaire d'une maifon ou
d'un heritage, permet à un autre d'en jouir
& d'en faire les fruits fiens, moyennant une
certaine retribution par année, payable en
grain ou en argent.

Le Bail peut être paffé, non-feulement
par le proprietaire, mais encore par l'ufu-
fruitier, le tuteur des mineurs, & toute autre perfonne fondée d'une procuration fuffifante.

Il ne peut jamais devenir titre de proprieté pendant quelque long efpace de tems,
qu'il ait été continué : rien au contraire ne

la prouve moins : *Res semper pro Domino cla-*
mat ; ni se ceder par le locataire, sans le consentement du proprietaire.

Il est susceptible de toutes les conditions
qu'il plaît aux parties d'y inserer, pourveu
qu'il n'y en ait aucune qui soit contre les
bonnes mœurs.

Il est quelquefois rompu, quand le proprietaire veut habiter lui-même sa maison,
ou faire valoir son heritage par ses mains, ou
qu'il vend son fonds, sans obliger l'acquereur de continuer le bail ; auquel cas le fermier dans quelques coutumes, peut obtenir contre lui des dommages & interêts.

Formule de bail à loyer de maison.

FUt present Jean, &c. bourgeois de Paris, demeurant rue, &c. lequel a confessé avoir baillé &
délaissé par ces presentes à titre de loyer & prix d'argent, du jour & fête de Noël prochain venant jusques à
six ans aussi prochains & ensuivans consecutifs, finis
& accomplis ; promet durant ledit temps garantir &
faire jouir à Daniel, &c. à ce present & acceptant,
preneur pour lui une maison à porte cochere, consistant en un corps de logis, cave, salle, cuisine,
chambre, cabinets, garderobe, grenier au-dessus,
une court & puits en icelle, avec une écurie, les lieux
ainsi qu'ils se poursuivent & comportent, sans rien retenir ni reserver de ladite maison & ses dépendances,
size à Paris, rue, &c. audit Jean, &c. appartenante ;
de plus ample declaration de laquelle maison & lieux,
tenans & aboutissans, ledit preneur s'est tenu & tient
content, disant la bien sçavoir & connoître, l'ayant

vûe, & visitée de toutes parts, pour en jouir par lui audit titre, durant ledit temps. Ce bail fait, moyennant le prix & somme de 1200 livres de loyer pour chacune desdites six années, que ledit preneur promet & s'oblige de payer audit sieur Jean, &c. en sa maison & demeure à Paris, ou au porteur, &c. aux quatre termes accoûtumez également: Le premier d'iceux échéant au jour de Pâques prochain, & continuer de là en avant le payement desdits loyers de terme en terme après ensuivant jusques à la fin du present bail : Et outre à la charge par ledit preneur de garnir & tenir durant ledit temps ladite maison & lieux de biens meubles exploitables à lui appartenans, suffisans pour sûreté, & sortissans nature dudit loyer : Entretenir icelle maison & lieux de toutes menues reparations locatives & necessaires à y faire durant ledit temps, même le pavé de la court & de la rue, au devant & au dedans d'icelle maison. Et en fin dudit temps, le tout rendre & délaisser en bon état desdites menues reparations & pavez ; comme aussi de souffrir & endurer faire les grosses reparations, si aucunes il y convient faire durant ledit temps ; payer & acquitter par ledit preneur tous les deniers, ausquels ladite maison est & pourra être pendant ledit temps taxée & cottisée pour les pauvres, boues, chandelles, lanternes, pavez, & autres charges de Ville ordinaires & accoûtumées être payées par les autres maisons de cette Ville de Paris ; payer aussi les cens & droits Seigneuriaux, dont ladite maison est chargée annuellement, & en fournir les quittances audit sieur bailleur, à la fin dudit present Bail : Et encore fournira ledit preneur à ses dépens, autant des presentes en forme executoire audit sieur bailleur dans trois jours prochains, le tout sans diminution desdits loyers : Ne pourra ledit preneur ceder ni transporter son droit du present Bail, partie ni portion d'icelui, à qui que ce soit, sans le consentement par écrit dudit sieur bailleur : Bien pourront lesdites parties respectivement se désister & départir dudit present Bail, quand

bon leur femblera , en avertiffant l'un l'autre fix mois
auparavant , lefquels fix mois n'échéront qu'au jour
de Pâques , ou de Saint Remy ; quoi faifant , ledit
préfent Bail demeurera nul & refolu , pour le temps
qui en reftera alors à expirer , fans aucuns dépens ,
dommages ni interêts de part ni d'autre : Demeurera
néanmoins cedit Bail executoire pour le payement des
loyers , qui en feront lors deus , entretenement , & entier accompliffement des fufdites charges ; laquelle
maifon & lieu ledit fieur bailleur tiendra clofe & couverte aux Us & Coutume de Paris , *ou autre lieu* ; & a
ledit bailleur renoncé & renonce par ces prefentes au privilege de proprietaire , n'entendant l'e-
xecuter pendant le cours du prefent Bail : car ainfi , &c.
Promettant , &c. obligeant chacun en droit fol , &c.
renonçant , &c. Fait & paffé , &c.

Continuation de Bail à loyer.

ET le   eft comparu pardevant
ledit fieur   lequel a renouvellé & continué le Bail à loyer ci-deffus , pour le temps de
à commencer au   qu'il finit ; & ce aux mêmes
charges , claufes & conditions portées par icelui , &
moyennant le prix de   par an , que ledit
preneur y nommé à ce prefent , promet & s'oblige
bailler & payer audit fieur   aux termes portez
par ledit bail ; car ainfi , &c.

Transport de Bail.

FUt prefent L. lequel a dit & declaré qu'il n'a & ne
prétend rien au Bail à loyer à lui fait par , &c. de
la maifon &c. pour la fomme de &c. lequel Bail eft pour
& au profit de M. à la requifition duquel ledit L. auroit
accepté ledit bail ; & en tant que befoin feroit, ledit L.

fait toutes declarations, transports & subrogations necessaires audit M. lequel jouira de ladite maison, tout ainsi & de même que si ledit Bail avoit été passé en son nom, au moyen des presentes ; à l'effet de quoi ledit M. s'oblige de payer le prix mentionné audit Bail, & satisfaire aux charges & conditions y portées ; en sorte que ledit L. n'en sera aucunement recherché, poursuivi ni inquietté. Promettant, &c.

Desistement de Bail.

AUjourd'hui sont comparus pardevant les Notaires, &c. Jean, &c. demeurant, &c. d'une part ; & Daniel, &c. demeurant rue ·, &c. d'autre part : lesquels se sont par ces presentes volontairement desistez & se desistent du bail à loyer que ledit Jean, &c. a cy-devant fait audit Daniel, pardevant tels Notaires le tel jour, de la maison où ledit Daniel est à present demeurant, veulent, consentent & accordent respectivement que ledit bail soit & demeure nul, & resolu sans aucuns dépens, dommages ni interêts de part ni d'autre, pour le temps qui en restera à expirer, du jour de Pâques prochain, auquel jour ledit Daniel sera tenu & promet de vuider ladite maison & lieux, & la rendre nette & libre, en bon état, de menues reparations audit Jean, &c. pour en disposer comme bon lui semblera, & encore de lui payer dans le jour de Pâques prochain tous les loyers qui en seront pour lors dûs, conformement audit bail, qui pour ce regard demeure en son entier, force & vertu ; car ainsi, &c. promettant, &c. obligeant, &c. chacun en droit soy, &c. renonçant, &c. Fait & passé, &c.

Sous-bail par un principal Locataire à des particuliers , d'une partie des lieux par lui occupez.

FUt prefent   principal Locataire d'une maifon fife rue   y demeurant fuivant le bail à lui fait par   Proprietaire d'icelle , pardevant   le   lequel en la qualité fufdite a foue-loué dès le premier du prefent mois , pour cinq années & demie qui reftent à expirer de fondit bail , & promet faire jouir à   &   fa femme de lui autorifée , demeurans   à ce prefens , preneurs pour eux audit titre , durant ledit temps , les lieux qui enfuivent : fçavoir , &c. ainfi qu'ils fe pourfulvent & comportent, & defquels lefdits preneurs font contens , pour les avoir vûs & vifitez , pour en jouir , &c. ce bail fait , moyennant la fomme de par chacune defdites cinq années , & à proportion pour lefdits fix mois , que lefdits preneurs promettent & s'obligent folidairement , fans divifion , &c. jufques à fouffrir les groffes reparations , pendant ledit temps, pourvû qu'elles ne durent que quinze jours au plus. Car ainfi , &c. promettant , &c. obligeant , &c. chacun en droit foi , &c. renonçant , &c. Fait & paffé , &c.

Bail du temporel d'une Cure.

FUt prefent Maître Jean , &c. Prêtre , Curé de l'Eglife Paroiffiale S. Pierre de , &c. lequel a volontairement reconnu & confeffé avoir baillé & delaiffé par ces prefentes à titre de loyer & prix d'argent du jour & fête de S. Martin d'hiver prochain venant, jufques à neuf ans après enfuivant auffi prochains ,finis, revolus & accomplis , & promet durant ledit tems garantir & faire

jouir à Maître Joseph , &c. à ce present & acceptant,
preneur & retenant pour lui audit titre tout le revenu
temporel de ladite Cure de S. Pierre , avec le logis &
maison Presbyterale size près ladite Eglise, auquel ledit
preneur est demeurant , sans aucune chose en excepter
ni reserver par ledit sieur Curé ; declarant ledit sieur
preneur bien sçavoir à quoi se peut monter & consister
ledit revenu temporel , dont il se contente , encore
qu'il n'en soit ici fait une particuliere description en détail , pour par lui en jouir en tous fruits , profits , revenus & émolumens quelconques , durant ledit temps,
tout ainsi que ledit sieur Curé & ses prédecesseurs Curez de ladite Paroisse en ont bien & dûement jouy , ou
dû jouir ; Ce bail & prise ainsi faits , à la charge par
ledit sieur Joseph preneur , de faire dire , chanter &
celebrer le Service divin dû & accoutumé être chanté
& celebré en ladite Eglise Saint Pierre, faire la prédi-
cation tous les Dimanches de l'année , jours de Fêtes,
& durant les Avents deux fois la semaine , & le long
du Carême , les jours de Dimanche , Mercredi , &
Vendredi par un Prêtre , Religieux , ou personne capable & approuvée par l'Ordinaire ; en telle sorte que
ledit bailleur n'en reçoive aucune plainte ni méconten-
tentement des Paroissiens dudit lieu , &c. Plus de
payer par ledit sieur preneur les cens & droits Seigneuriaux , que les terres & heritages dépendans de ladite
Cure peuvent devoir par chacun an durant le temps
du present Bail aux Seigneurs ou Dames dont ils sont
mouvans , les Decimes & autres impositions dont
ladite Cure peut être chargée , même d'entretenir ladite maison & lieu Presbyteral , de toutes menues reparations , & à la fin dudit temps la rendre & délaisser en bon état audit sieur bailleur , & lui fournir les
quittances desdits cens & droits Seigneuriaux, Decimes
& autres impositions ; le tout sans diminution du prix
cy-après declaré , & outre moyennant le prix & somme
de mille livres de pension , & loyer pour chacune desdites neuf années , que ledit sieur preneur a promis &

s'oblige de bailler & payer audit fieur Jean, &c. ou au porteur, &c. par chacune defdites années, à deux termes & payemens égaux, de fix mois en fix mois, dont le premier échéra au jour de faint Jean-Baptifte de l'année prochaine &c le fecond au jour de Noël fuivant, & ainfi continuer de payer lefdits loyers & penfions, d'an en an à chacun defdits termes, jufques à la fin defdites neuf années. Ne pourra ledit fieur preneur ceder ni tranfporter fon droit dudit prefent bail à perfonne quelconque fans l'exprès confentement par écrit dudit fieur bailleur, auquel & à fa premiere demande, ledit fieur preneur fournira à fes dépens, le prefent bail en forme executoire, fans diminution dudit loyer ; car ainfi, &c. promettant, &c. obligeant, chacun en droit foi, &c. renonçant, &c. Fait & paffé, &c.

Bail de Terre Seigneuriale.

FUt prefent Meffire Jean, &c. Chevalier Seigneur, &c. demeurant, &c. lequel a reconnu & confeffé avoir baillé & délaiffé par ces prefentes à titre de loyer & prix d'argent du jour de faint Martin d'hiver prochain venant, jufques à neuf ans auffi prochains & enfuivans, finis & accomplis, & promet durant ledit temps garantir & faire jouir Jacques, &c. Laboureur demeurant à, &c. à ce prefent & acceptant, preneur & retenant pour lui, audit titre la Terre & Seigneurie de Montlieu, fize à, &c. qui confifte en Château & lieu Seigneurial, granges, étables, écuries, jardins, parcs, garennes, prez, terres labourables, domaines, bois, vignes, dixmes, cens, rentes, droits, devoirs, revenus, & autres appartenances & dépendances quelconques, à quelque prix & valeur que le tout fe puiffe confifter, & comme ci-devant en jouiffoit, ou devoit jouir Antoine, &c. precedent fermier, fans aucune chofe de ladite Terre & Seigneurie

excepter, retenir, ni referver, finon ce qui fera ci-
après declaré ; fçavoir tous les droits & profits de
fief, quints, requints, aubeines, mortes mains,
épaves, confifcations, deshérences, bâtardifes, lods
& ventes, faifines & amendes quand le cas y échet,
excedantes pour chacune fois la fomme de cent livres ;
& où ils n'excederont ladite fomme de cent livres,
feront & appartiendront audit preneur. Pourvoira
ledit fieur bailleur d'Officiers, pour exercer la juftice
en fadite Terre & Seigneurie, pour de tout ce que
deffus baillé aufdites referves, jouir par ledit preneur
audit titre durant ledit temps de neuf ans, en tous fruits,
profits, revenus & émolumens quelconques : ce bail
& prife ainfi faits aux conditions & referves fufdites.
Et encore à la charge que ledit preneur fera tenu, promet & s'oblige de payer les gages des Officiers dudit
fieur bailleur en ladite Terre & Seigneurie jufques à
la fomme de, &c. Plus, de faire exercer la juftice de
ladite Seigneurie, bien & deuement ; garder & conferver les droits d'icelle, fans laiffer ufurper aucune
chofe des droits y appartenans : Que fi aucun procès fe
meut pour raifon des droits de ladite Seigneurie, &
recouvrement d'iceux, où il ne foit queftion que de
dix livres feulement, tellement que ledit fieur bailleur
ou ledit preneur pour lui, en vertu de fon Committimus ne les puiffe attirer, & faire renvoyer aux Requêtes du Palais ; ledit preneur fera tenu les mener,
& conduire à fes dépens, jufques à Sentence diffinitive inclufivement, faifant fiens les dépens qui feront
adjugez. Et quant aux autres procès, dont la matiere
excedera ladite fomme de   ledit preneur
les fera renvoyer aufdites Requêtes du Palais en vertu
du Committimus que ledit fieur bailleur fera tenu de
lui fournir par chacune defdites neuf années ; quoy
faifant, ledit preneur fera auffi tenu de lés mener &
conduire auffi à fes dépens aufdites Requêtes du Palais,
jufques à conteftation en caufe feulement ; le tout
fans diminution du prix cy-après declaré, lefquels

procès ne pourront néanmoins être intentez fans le confentement dudit fieur bailleur : Et outre eft le préfent bail fait moyennant la fomme de fix mille livres de loyer & ferme, pour chacune defdites neuf années, que pour ce, ledit preneur a promis, fera tenu, promet & s'oblige de bailler & payer audit fieur Jean, &c. en fa maifon à Paris, ou au porteur, &c. dorefnavant par chacun an, à deux termes & payemens égaux, qui feront les jours de faint Jean-Baptifte & de Noël, dont le premier échéra au jour de faint Jean-Baptifte prochain, & ainfi continuer ledit payement d'an en an, & à chacun defdits termes précifément, juf-ques en fin defdites neuf années ; outre lequel loyer, & fans diminution d'icelui, fera tenu & promet ledit pre-neur de faire & accomplir les charges fuivantes ; fçavoir eft de faire entretenir les édifices de ladite Seigneurie, de toutes menues réparations, jufques à la fomme de vingt livres par chacun an, s'il en échet : Plus fera tenu ledit preneur de faire labourer, fumer & cultiver bien & dûement les terres de ladite Seigneurie par foles & faifons convenables, fans les deffoler ni deffaifonner, convertir les fouares qui en proviendront en fiens, les enfumer, & amender, près & loin, tenir les prez nets & en bonne nature de fauche ; entretenir les éclufes étant efdits prez, comme elles font à préfent. Et en fin dudit temps, le tout rendre & délaiffer en bon & fuf-fifant état defdits entretenemens : Et pour donner plus de moyens & de facilité audit preneur de percevoir lef-dites rentes, cenfives, & autres droits de ladite Sei-gneurie, lui feront baillez les papiers cenfiers de re-cette, & autres papiers concernans lefdits droits de ladite Seigneurie, lefquels il promet auffi de rendre à la fin du préfent bail felon l'inventaire qui lui en fera baillé, avec le nouveau papier de recette qu'il aura fait defdits cens, qui contiendra les noms, furnoms des détenteurs & propriétaires des héritages fujets aufdits cens, avec la déclaration nouvelle des tenans & abou-tiffans defdits héritages, pour raifon defquels lefdits

cens & rentes font dûs , & payez à ladite Seigneurie :
Ne pourra ledit preneur couper ni faire couper les bois
taillis , finon par coupes ordinaires , & en femblable
quantité qu'il eſt accoûtumé d'en couper ſans avancer
ni reculer leſdites coupes , laiſſera en chacun arpent
vingt baliveaux , venans de pied ou de brin de l'âge
deſdits bois , ſans toucher ni couper aucuns arbres anciens ni modernes , ni aucuns autres fruits en quelque
ſorte & maniere que ce ſoit. A été expreſſément accordé , que durant ledit temps du preſent bail , ledit ſieur
bailleur , ſes enfans & famille pourront aller & venir à
pied & à cheval , audit lieu & Seigneurie de Montlieu,
y loger & demeurer , tant & ſi longuement que bon
leur ſemblera ; même d'y cueillir fruits, herbes, fleurs,
& autres choſes ès jardins dudit lieu , aller à la chaſſe
ès bois, & ſe promener ; le tout ſans diminution du prix
de ladite ferme. Ne pourra ledit preneur ceder ni tranſporter ſon droit du preſent bail à perſonne quelconque,
ſans le gré & conſentement par écrit dudit ſieur bailleur ; mais s'il étoit défaillant de payer leſdits loyers &
redevance par chacun deſdits termes deux mois après
l'un d'iceux échû , en ce cas ledit preſent bail demeurera nul & reſolu , ſi bon ſemble audit ſieur bailleur ,
pour le temps qui en reſtera lors à expirer. Et néanmoins pourra ledit ſieur bailleur faire contraindre ,
même par corps , ledit preneur au payement de ce
qu'il devra lors du prix de ladite ferme , & à l'accompliſſement de toutes leſdites charges , pour raiſon de
quoi ſeulement , ledit preſent bail demeurera en ſa
force & vertu : Auquel ſieur bailleur & à ſa volonté ,
ledit preneur fournira auſſi à ſes dépens autant dudit
preſent bail en forme executoire, ſans diminution dudit
loyer ; & pour l'execution des preſentes & de leurs dépendances , ledit preneur a élû & élit ſon domicile irrevocable en cette Ville de Paris , en la maiſon de
Maître , &c. ſize rue , &c. auquel lieu , nonobſtant,
&c. car ainſi , &c. Promettant , &c. obligeant , &c.
chacun en droit ſoi , &c. Fait & paſſé , &c.

Bail à loyer d'une Ferme & Métairie à deux personnes.

FUt prefent Vincent, &c. demeurant, &c. lequel a volontairement reconnu & confeffé avoir baillé & delaiffé par ces prefentes à titre de ferme & loyer du jour de faint Martin d'hiver prochain, jufques à neuf ans & neuf dépouilles entieres & confecutives, finies & accomplies ; & promet durant ledit temps garantir, faire jouir à Laurent, &c. Laboureur, & à Jeanne, &c. fa femme, qu'il autorife en cette partie, demeurant à, &c. à ce prefens & acceptans, preneurs & retenans pour eux audit titre ledit temps durant, une Ferme & Métairie fize près Reaulmont, vulgairement appellée la Ferme de, &c. qui confifte en une maifon manable, granges, étables, écuries, bergerie, cour devant, avec toutes & chacune les terres labourables, vignes, bois taillis & chofes dépendantes d'icelle Ferme, comme le tout fe pourfuit & comporte : De laquelle Ferme & fes dépendances, tenans & aboutiffans defdites terres, lefdits preneurs fe font contentez, difant la bien connoître, & avoir le tout vû & vifité de toutes parts, pour de tout ce que deffus baillé, jouir par lefdits preneurs audit titre durant ledit temps, en tous fruits, profits & revenus appartenans à ladite Ferme, & felon que Jacques, &c. precedent Fermier d'icelle Métairie, en a bien & dûement joui ou dû jouir : Ce bail ainfi fait, moyennant la quantité de trois muids de bled ; les deux tiers pur froment, & l'autre tiers meteil ; le tout bon grain, fec, net, loyal & marchand ; mefure de Paris à deux fols près du meilleur, & rendu en ladite Ville ès greniers dudit fieur bailleur, & la fomme de cinq cens livres en argent ; le tout de ferme, & loyer pour chacune defdites neuf années, que lefdits preneurs ont promis, feront tenus, promettent & s'obligent folidairement fans divifion vision, discussion ni fidejussion, renonçant ausdits benefices, de fournir, bailler & payer audit sieur bailleur en sa maison à Paris, ou au porteur, par chacun an du present bail ; sçavoir ledit bled au jour de saint André, & lesdits deniers au jour de Pâques, dont la premiere année de payement & livraison desdits loyers & fermages se fera & écherra aux jours de Pâques & saint André de l'année prochaine & ainsi continuer d'an en an, de terme en terme après ensuivant, le payement desdits loyers & Ferme jusqu'à la fin dudit temps ; outre lequel loyer & sans diminution d'icelui, seront tenus lesdits preneurs solidairement comme dessus, de faire & accomplir les charges qui ensuivent ; sçavoir, &c. de bailler & apporter audit sieur bailleur en sadite maison à Paris par chacune desdites neuf années au jour de saint Martin d'hiver six coqs d'inde gros ; plus de labourer, fumer, & cultiver lesdites terres bien & dûement par soles & saisons convenables, sans les dessoler ni dessaisonner, convertir les fouares en fumiers, & enfumer & amender lesdites terres près & loin, tenir les prez nets & en bonne nature de fauche ; & en fin dudit temps le tout rendre & délaisser en bon état & labour. Plus seront tenus lesdits preneurs de rétablir & reparer èsdits lieux ce qu'ils y feront démolir, & de garnir ladite maison & lieux de biens meubles exploitables & suffisans, à eux appartenans pour sûreté dudit loyer & sortissans nature d'icelui, entretenir ladite maison & lieux dépendans de ladite Ferme de menues reparations necessaires à y faire durant ledit temps jusques à la somme de dix livres par chacun an, si tant se montent : Plus de payer les cens & droits seigneuriaux que ladite ferme & heritages en dépendans peuvent devoir aux jours accoûtumez aux Seigneurs ou Dames à qui ils sont dûs, & en acquitter ledit sieur bailleur durant ledit temps, & en fin d'icelui lui en fournir les quittances sans diminution desdits loyers. Ne pourront lesdits preneurs ceder ni transporter leur droit du present bail à qui que ce soit, sans

E

le confentement par écrit du ¹it fieur bailleur , lequel
fera tenu de mettre le logis & couverture de ladite ferme en bon & fuffifant état avant que lefdits preneurs y
entrent. Et encore feront lefdits preneurs tenus de bailler & délivrer audit fieur bailleur à fa volonté le prefent bail en forme executoire auffi fans diminution dudit loyer. Et pour l'execution des prefentes, lefdits preneurs ont élû leur domicile irrevocable, &c. car ainfi,
&c. Promettant , &c. obligeant chacun en droit foi ,
&c. lefdits preneurs folidairement comme deffus , corps
& biens , &c. renonçant , &c. Fait & paffé , &c.

Continuation dudit Bail.

FUrent prefens Vincent , &c. demeurant , &c.
d'une part, & Jeanne , &c. veuve de feu Laurent,
&c. d'autre part : lefquels ont volontairement reconnu & conneffé avoir fait & accordé entr'eux ce qui enfuit : c'eft à fçavoir que ledit Vincent a par ces prefentes continué & continue à ladite Jeanne , &c. ce
acceptant le bail par lui fait audit défunt Laurent & à
elle , pardevant tels Notaires le tel jour, de fa ferme
& métairie de , &c. terres & heritages en dépendans ;
le tout fitué au terroir & Paroiffe de , &c. ainfi que le
tout eft mentionné & declaré audit bail , pour en jouir
par ladite Jeanne , &c. audit titre , durant les deux
ou trois années qui reftent à expirer dudit bail, à compter du jour de faint Martin d'hiver prochain, tout ainfi
que ledit défunt & elle avoient droit d'en jouir par
ledit bail , & aux mêmes charges, claufes & conditions y contenues , que ladite Jeanne , &c. dit bien
fçavoir par la lecture qui lui a été prefentement faite
mot à mot dudit bail par l'un des Notaires fouffignez,
l'autre prefent , aufquelles elle promet de fatisfaire entierement, & outre moyennant la quantité de trois
muids de bled , les deux tiers de froment, & l'autre
tiers meteil ; le tout bon grain , fec , net, loyal &

marchand, mesure de Paris, à deux sols près du
meilleur, & rendu en ladite Ville ès greniers dudit
sieur Vincent, & la somme de cinq cens livres en argent ; le tout de ferme & loyer par chacune desdites
années, qui est le même prix porté audit Bail, que
ladite Jeanne, &c. promet aussi de bailler, payer &
fournir audit sieur Vincent en sa maison à Paris, ou
au porteur, &c. sçavoir ledit bled au jour de saint André, & lesdits deniers au jour de Pâques, dont le premier payement & livraison desdits loyers & fermages
écherra & se fera aux jours de Pâques & de S. André
de l'année prochaine   & ainsi continuer d'an
en an, & de terme en terme, le payement desdits
loyers & fermages jusques à la fin dudit temps. Reconnoissant lesdites parties avoir ce jourd'hui compté ensemble à l'amiable des loyers & fermages qui sont
dûs de ladite ferme & heritages, du passé jusques audit
jour de saint Martin d'hiver prochain. Et par ledit
compte toutes déductions faites ; même des reparations
que ledit défunt a fait faire en ladite métairie, s'est
trouvé être dû audit sieur Vincent par ladite Jeanne
& ledit défunt son mari, la somme de   en
argent, & la quantité de deux muids de bled froment, & un muid de bled meteil de la qualité & mesure portée audit bail ; laquelle somme de, &c. &
bled susdit, ladite Jeanne promet & s'oblige d'abondant par cesdites presentes, de bailler, fournir & payer
audit sieur Vincent en sadite maison à Paris, ou au
porteur, &c. dans le jour de Pâques prochain, sans
déroger ni préjudicier aux hypoteques & privileges
dudit bail, au moyen de quoi tous les fruits qui sont
de present pendans par la racine sur lesdites terres &
ferme, appartiendront entierement à ladite Jeanne,
&c. pour en disposer ainsi que bon lui semblera ; car
ainsi, &c. Promettant, &c. obligeant chacun en droit
soi, &c. ladite veuve, corps & biens, renonçant, &c.
Fait & passé, &c.

Bail à loyer d'une vache.

FUt préfent Vincent, &c. demeurant à, &c. lequel a reconnu avoir baillé à loyer & prix d'argent de ce jourd'hui jufques à trois ans prochains venans & accomplis à Claude, &c. Laboureur demeurant à, &c. à ce préfent & acceptant pour lui audit titre une vache laitiere fous poil noir, âgée de quatre ans ou environ, que ledit preneur a dit avoir été ce jourd'hui mife en fa poffeffion par ledit fieur bailleur, dont il fe contente, pour en tirer par icelui preneur tous les profits qui en proviendront durant ledit tems. Ce bail fait à la charge que ledit preneur fera tenu & promet de nourrir & heberger ladite vache bien & dûement durant ledit tems, & à la fin d'icelui la rendre faine & en bon état audit fieur bailleur, & outre moyennant le prix & fomme de   de loyer par chacune defdites années, que pour ce ledit preneur a auffi promis & s'oblige de bailler & payer audit fieur Vincent en fa maifon à   ou au porteur, &c. chacun an à pareil jour que ce jourd'hui, dont la premiere année & jour de payement écherra d'hui en un an prochain, & ainfi continuer le payement dudit loyer d'an en an jufques à la fin dudit tems, & où ladite vache viendroit à mourir de fa mort naturelle, ledit preneur en certifiera ledit fieur bailleur par gens dignes de foi, & en demeurera quitte en lui apportant la peau d'icelle : Que fi au contraire la mort de ladite vache arrivoit par la faute dudit preneur ou de fes gens, ledit preneur fera tenu & promet de bailler & payer auffitôt audit bailleur la fomme de   livres, qui eft le prix auquel ladite vache a été appreciée entre lefdites parties ; car ainfi, &c.

Bail d'un Greffe d'Election.

FUt préfent Maître Jean, &c. demeurant, &c. propriétaire du Greffe ancien de l'Election de, &ç. lequel a par ces Préfentes baillé & délaiffé à titre de ferme & prix d'argent durant trois années, l'exercice & fonction dudit Greffe, à commencer, fçavoir la premiere defdites trois années au premier jour de Janvier prochain 17 la feconde à pareil jour 17 & la troifiéme à femblable jour premier Janvier 17 & promet durant ledit tems garantir & faire jouir fors du fait du Prince feulement, à François, &c. demeurant, &c. à ce préfent & acceptant, preneur & retenant pour lui audit titre ledit Greffe ancien de ladite Election de, &c. pour en jouir par lui & en percevoir à fon profit tous les droits, fruits, profits, revenus & émolumens y attribuez & appartenans durant ledit tems, defquels droits, fruits, profits, revenus & émolumens, exercice & fonction dudit Greffe, ledit preneur a dit avoir bonne & entiere connoiffance, & s'en tient content, encore qu'ils ne foient particulierement exprimez ni déclarez en ces préfentes. Ce bail ainfi fait, à la charge que ledit preneur fera tenu & promet de bien & fidellement exercer ledit Greffe, & le faire exercer durant ledit tems par gens capables & de probité qu'il y commettra, dont il demeurera garant, fera faire bons & fideles Regiftres dudit exercice, lefquels il fera tenu de mettre ès mains dudit fieur bailleur à la fin du préfent bail, & faire en forte que le public n'en reçoive aucun préjudice, ni ledit fieur bailleur aucune plainte, perte ni dommage fur les peines en tel cas introduites, & de tous dépens, dommages & interêts. Et outre moyennant le prix & fomme de d'une part, & deux bons faumons frais d'honnête & fuffifante groffeur, d'autre part; le tout de ferme, loyer & admodiation pour chacune defdites trois années, que pour ce, ledit preneur a promis & s'oblige de bailler, payer & fournir audit sieur bailleur en sa maison à ou au porteur, sçavoir lesdites de six mois en six mois également, qui écherront ès jours de S. Jean-Baptiste & de Noël de chacune desdites trois années. Et quant ausdits saumons frais, aux saisons propres pour cet effet. Le premier desdits termes & payement de ladite ferme écherra au jour de Saint Jean-Baptiste de ladite année 17 & lesdits saumons en chacun desdits termes de S. Jean, & ainsi continuer lesdits payemens à chacune desdites années d'exercice dudit Greffe sus déclarées ausdits termes jusques à la fin du présent bail. Et pour plus grande sûreté du payement desdits loyers & admodiation, charges, clauses & conditions du présent bail, ledit preneur promet de fournir audit bailleur dans trois mois prochains bonne & suffisante caution solvable, reseante & domiciliée en cette Ville de au gré dudit sieur bailleur, avec certificateur d'icelle, laquelle s'obligera solidairement avec ledit preneur au payement dudit prix, charges, clauses, & conditions susdites, ainsi que ledit preneur y est tenu & obligé envers ledit sieur bailleur, dont ladite caution fera son propre fait & detté, & desdits cautionnement & certification, en fournir les actes obligatoires en bonne forme à ses dépens audit sieur bailleur dans ledit tems de trois mois prochains, à peine de tous dépens, dommages & interêts, & de résolution du présent bail, si bon semble audit sieur bailleur, qui en ce cas pourra & lui sera loisible de faire nouveau bail dudit Greffe à telle autre personne que bon lui semblera à la folle enchere dudit preneur, sans qu'icelui preneur s'en puisse plaindre ni prétendre aucuns dommages ni interêts contre ledit sieur bailleur, lequel sans cette condition expresse ne lui auroit fait ledit présent bail, la grosse duquel en forme executoire ledit preneur fournira aussi à ses dépens audit sieur bailleur dans trois jours ; car ainsi, &c. *Election de domicile*, &c.

Bail à loyer d'un moulin bannal à eau.

FUt préfent Maître Louis, &c. Receveur de la Terre & Seigneurie de   demeurant au Château Seigneurial dudit lieu, lequel a volontairement reconnu & confeffé avoir baillé & délaiffé par ces Préfentes à titre de ferme & penfion de grain par an & par femaine, à commencer du premier jour de Janvier prochain, jufques à trois ans après enfuivans confecutifs, revolus & accomplis, & promet durant ledit tems, garantir & faire jouir à François Marchand demeurant audit lieu de   à ce préfent & acceptant, preneur & retenant audit titre pour lui le moulin bannal & moulte dudit lieu de   affis fur la riviere de Loing (*il faut dire l'endroit*) à condition de mouture au douziéme, & ce fuivant & conformément à l'Arrêt de Noffeigneurs de la Cour de Parlement de Paris, obtenu par ledit Seigneur de   contre fes habitans & fujets. Outre ce ledit fieur bailleur a par cefdites préfentes délaiffé audit preneur la jouiffance de l'Ifle de, &c. contenant demi-arpent de pré ou environ, & encore lui permet de pêcher avec l'echiquier & naffe en ladite riviere de Loing appartenant audit Seigneur, durant ledit tems de trois ans, & ce depuis l'un des bouts de la chauffée dudit moulin jufques à l'autre bout feulement, pour de tout ce que deffus ainfi baillé, jouir par ledit preneur audit titre durant ledit tems à fon plaifir & volonté au moyen des préfentes. Ce bail, ainfi fait, comme dit eft, moyennant la quantité de trente boiffeaux de bled meteil par chacune femaine, mefure dudit lieu de, &c. bon grain loyal & marchand rendu au grenier Seigneurial dudit lieu de, &c. avec la moulte du grain que pourra faire moudre ledit fieur bailleur franche pour fa maifon feulement, fans que ledit preneur en prenne aucune chofe. Et par cef-

dites préfentes ledit preneur a promis, promet & s'o-
blige de bailler & payer lefdits trente boiffeaux de
grain, de la qualité & mefure ci-deffus, & le rendre
par chacune femaine, ainfi que dit eft, à commencer le
premier payement & livraifon au huitiéme jour dudit
mois de Janvier prochain, & delà en avant continuer
pareil payement par chacune femaine, jufques à la fin
defdites trois années. Plus fera tenu ledit preneur d'aller querir la fournée dudit fieur bailleur, & icelle rapporter audit Château à fes frais : femblablement d'ouvrir & déboucher le pertuis aux montans & avalans.
Fournira ledit fieur bailleur audit preneur, de batteau
pour porter la corde feulement ; à la charge par ledit
preneur d'entretenir ledit batteau bien & dûement durant ledit tems, & auffi d'aller ou envoyer par ledit
preneur querir la clef dudit pertuis au Château Seigneurial, & icelle rapporter audit lieu. Outre ce de
payer durant ledit tems de trois ans, & par chacun d'i-
celui cinq fols pour le droit de paffage de lui & de fes
gens, famille & beftial, & ce fur ladite riviere : Comme pareillement ledit preneur fera tenu des menues réparations qu'il conviendra faire audit moulin, entretenir les chauffées & pertuis bien fermées & bouchées, &
faire enforte que ledit fieur bailleur n'en foit aucunement recherché ni inquieté en façon quelconque ; à la
charge toutefois que ledit fieur bailleur fournira de
bois & pierre pour l'entretenement dudit moulin,
chauffée & pertuis, fur le bord de la riviere & proche ledit moulin, lequel bois & pierre ledit preneur
fera employer à fes dépens, aux réparations qu'il conviendra faire audit moulin, chauffée & pertuis pendant ledit tems, comme arbre, roues, rouet du moulin & autres chofes néceffaires, battre des pieux èfdites chauffées quand befoin en fera, mettre & paffer
fers & barres audit pertuis, fi befoin eft. Et pendant
ledit tems, femblablement fera tenu ledit preneur de
relever les pierres qui tomberont des chauffées durant
ledit tems, & à la fin d'icelui rendre ledit moulin,

chauffées & pertuis en bon état & valeur, selon la visitation qui en sera faite en entrant en jouissance du
présent bail; & quant aux meules seront jaugées de
l'épaisseur qu'elles auront lors du commencement du
présent bail, afin que ledit bailleur en puisse avoir
récompense en fin d'icelui, à raison de trente sols pour
chacun pouce, que ledit preneur a promis & s'oblige
aussi de bailler & payer audit sieur bailleur en fin dudit tems. D'abondant ledit sieur bailleur a délaissé &
délaisse audit preneur, ce acceptant pour ledit tems
de trois ans, la pêche du pertuis à la chûte des an-
guilles, moyennant la somme de douze livres, & deux
chapons par chacun an, que ledit preneur promet pareillement & s'oblige de bailler audit bailleur & payer
par chacun an à deux termes égaux, qui écherront
audit jour S. Jean-Baptiste & à Noël, dont le premier d'iceux écherra au jour S. Jean-Baptiste prochain, & continuer de là en avant ledit payement de
terme en terme après ensuivant, durant ledit tems de
trois ans. Aussi jouira ledit preneur pendant ledit tems
de la pêche du Montoy, en toute moitié, en l'exer-
çant par ledit preneur & fournissant par lui de nasse,
& à condition qu'il ne pourra lever ladite nasse, sans
y appeller ledit sieur bailleur, ou gens pour lui, pour
être fait le partage en leur présence & emporter chacun sa moitié, de laquelle ledit sieur bailleur ou ceux
de ses gens qui y seront appellez pour lui, auront le
choix après que ledit preneur en aura fait les lots.
Plus sera tenu ledit preneur à ses dépens, de planter
ou faire planter par chacun an, la quantité de deux
cens d'aulnette, & deux cens de machault sur les
chauffées dudit moulin, à la charge qu'icelui preneur
pourra prendre sans rien payer audit sieur bailleur ni
à qui que ce soit, le plan tant ès prez qu'ès chauffées
dudit lieu de   appartenant audit Seigneur. Ledit
preneur sera encore tenu de bailler audit sieur bailleur
un gasteau de fleur de froment la veille du jour des
Rois par chacun an. Et quant à la visite dudit moulin,

chauſſée & pertuis, elle ſe fera entre leſdites parties,
avant que ledit preneur entre en jouiſſance dudit préſent bail, & par gens à ce connoiſſans, dont les parties conviendront amiablement, ſans forme ni figure
de procès, à peine de tous dépens, dommages & intérêts par le contrevenant à cette clauſe. Et pour recevoir par ledit preneur les réparations que tel, &c.
précédent Fermier dudit moulin & ſes dépendances,
doit laiſſer en fin de ſon bail qui écherra au dernier
jour de Décembre prochain, audit moulin, chauſſées
& pertuis, ledit bailleur a conſtitué ſon Procureur
ſpécial & general, ledit preneur & le porteur deſdites
préſentes, auſquels il en donne tout pouvoir, même
de pourſuivre ledit précédent Fermier à ce ſujet par
toutes voyes de droit en Juſtice, leſquelles pourſuites
ledit preneur ſera tenu faire auſſi à ſes dépens, ſans
pouvoir prétendre aucun rembourſement d'iceux contre ledit ſieur bailleur en quelque ſorte & maniere que
ce ſoit. Mais s'il y en a d'adjugez contre ledit précédent Fermier, ils appartiendront entierement audit
preneur, lequel pour plus grande aſſurance audit ſieur
bailleur de tout le contenu ci-deſſus, a promis d'y faire ſolidairement obliger avec lui aux renonciations requiſes, Pierre, &c. & de ladite obligation en fournir
lettre en bonne forme audit ſieur bailleur avant que
d'entrer en jouiſſance dudit préſent bail, à peine de
tous dépens, dommages & interêts. Et en faveur dudit
préſent bail, ledit preneur promet auſſi de bailler &
donner pour le pot de vin d'icelui audit ſieur bailleur,
la ſomme de   ſçavoir moitié dans ledit premier
jour de Janvier prochain, & l'autre moitié ſix mois
après; car ainſi, &c. promettant, obligeant chacun
en droit ſoy, &c. même ledit preneur ſon corps, &c.
renonçant, &c. Fait & paſſé, &c.

Autre Bail d'un moulin à eau.

FUt préfent Nicolas   lequel a reconnu avoir baillé & délaiffé à titre de loyer & prix d'argent du jour de Pâques prochain jufques à fix ans après enfuivans, finis & accomplis, & promet garantir & faire jouir pendant ledit tems à Jacques   à ce préfent & acceptant, preneur pour lui audit titre, ledit tems durant, un moulin à eau faifant bled farine, fis fur la riviere de   garni de fes meules, tournans & travaillans, & autres uftenfiles audit bailleur appartenans, pour en jouir par ledit preneur audit titre durant ledit tems. Le préfent bail fait moyennant le prix & fomme de   par chacune defdites fix années que ledit preneur promet & s'oblige de bailler & payer audit fieur bailleur, ou au porteur des préfentes, &c. en quatre payemens égaux, de trois mois en trois mois, dont le premier d'iceux écherra au dernier jour de Mars prochain, & ainfi continuer à payer lefdits loyers de trois mois en trois mois après enfuivans par chacun an, jufques à la fin du préfent bail. Et outre à la charge par ledit preneur de fatisfaire à toutes les charges, claufes & conditions qui enfuivent, fans diminution defdits loyers; fçavoir eft d'entretenir bien & dûement, comme il appartient durant ledit tems, ledit moulin, tournans & travaillans d'icelui, enfemble les vannes & chauffées dudit moulin, en telle forte que l'eau ne fe perde ni déperiffe; & à la fin dudit tems rendre & délaiffer le tout en bon & fuffifant état defdits entretenemens, & de pareille valeur qu'il lui fera baillé. Aufquelles fins, prifée & eftimation fera faite de l'état dudit moulin, tant auparavant que ledit preneur entre en jouiffance d'icelui, qu'à la fin du préfent bail, par gens à ce connoiffans, dont lefdites parties conviendront amiablement. Ne pourra ledit preneur ceder fon droit des Préfentes à qui que ce foit,

sans le consentement exprès & par écrit dudit sieur
bailleur, auquel il fournira autant des Présentes à ses dépens en bonne forme à sa premiere demande ; car ainsi, &c. promettant, &c. obligeant chacun en droit
soy, & ledit preneur son corps, &c. renonçant, &c.
Fait & passé, &c.

Clauses particulieres pour un moulin à vent:

Il faut observer aux baux à moulin à vent, qu'au
lieu de chaussées & vanne dont on n'y parle point, il
faut mettre : Sera ledit preneur tenu d'entretenir les
vollans & toiles d'iceux, l'arbre du moulin, tournans
& travaillans d'icelui, & le tout rendre, &c.

Bail pour un moulin à papier.

FUt présent Antoine, &c. ouvrier Papetier demeurant à   &c. lequel a reconnu & confessé
avoir fait marché, promis & promet par ces présentes au sieur François, &c. proprietaire dudit moulin
à papier, situé sur la riviere de   &c. à ce présent
& acceptant, de fabriquer & faire fabriquer incessamment & sans discontinuation, avec nombre d'ouvriers
suffisans bien & dûement comme il appartient, au dire
d'ouvriers & gens à ce connoissans, toute la quantité
de papier qui se pourra faire & fabriquer audit moulin
à papier durant le tems & espace de deux années entieres, qui ont commencé au premier jour de ce mois,
& finiront à tel jour : laquelle fabrique sera faite suivant les deux formes que ledit sieur François & les pareilles qu'il lui fournira à l'avenir, au fur & à mesure
qu'il en aura besoin, lesquelles sont & seront marquées,
l'une de la marque du pot & l'autre de celle de
en l'une & l'autre desquelles marques seront imprimées
ces deux lettres *F* & *G*, signifians le nom & surnom
dudit François, & lequel sera pareillement tenu &

promet de fournir auſſi inceſſamment durant ledit
tems audit entrepreneur, tous les drapeaux, feutres,
colle, toilletes, fiſſelles & cloux qui feront néceſſaires pour la manufacture & fabrique dudit papier, même de faire faire toutes les réparations & rétabliſſe-
mens néceſſaires, tant au bâtiment & habitation dudit moulin à papier, qu'aux uſtenſiles ſervans à ladite
fabrique, tournans & travaillans dudit moulin, dans
lequel & dans l'habitation d'icelui ledit entrepreneur,
ſa famille & ouvriers ſeront tenus de faire leur demeure & réſidence actuelle durant ledit tems, ſans que ledit ſieur François lui puiſſe demander ni prétendre
aucune choſe pour le loyer durant ledit tems, dont il
l'en a dès-à-préſent quitté & déchargé en faveur du
préſent marché, & lui abandonne par la même conſidération, auſſi ſans rien payer durant ledit tems, la
jouiſſance de ſa petite maiſon ſituée proche ledit moulin à papier, & du jardin en dépendant, à la réſerve
de la moitié de tous les fruits qui croîtront dans ledit
tems ſur les arbres fruitiers qui y ſont plantez ſeulement. Ce marché ainſi fait, à la charge que ledit entrepreneur ſera tenu & promet de fournir & livrer à
ſes dépens audit ſieur François, &c. en ſa maiſon à Paris, tout ledit papier qui ſera fabriqué durant ledit
tems audit moulin, moyennant & à raiſon de
pour chaque rame dudit papier marqué au pot, &
de   pour chacune rame dudit papier marqué
de telle autre marque. Tout lequel papier ſera compoſé de vingt-cinq feuilles à la main, & de vingt mains
à la rame, bon, loyal & marchand, y compris les premiere & derniere mains de chacune deſdites rames, leſquelles premiere & derniere mains de chacune deſdites rames ſeront reçues pour bonnes, quoiqu'elles ſe
trouvent cordées ou caſſées. Leſquelles livraiſons ledit
entrepreneur ſera tenu & promet de faire, comme
deſſus, audit ſieur François, &c. en ſadite maiſon à
Paris ou au porteur, de mois en mois durant ledit
tems, ſans qu'il puiſſe divertir, vendre ni débiter au-

cun papier de ladite fabrique à qui que ce soit, à peine de cinq cens livres, qu'il sera tenu & promet de
payer audit sieur François pour chacune contravention, pour ses dommages & intérêts, sans que ladite
peine puisse être réputée comminatoire. Tout le prix
duquel papier ledit sieur François, &c. promet aussi
de bailler & payer audit entrepreneur en cette Ville
de   ou au porteur, &c. au fur & à mesure de
ladite livraison d'icelui bien & dûement conditionnée
comme dit est; & encore de payer & acquitter ledit
entrepreneur de tous les droits qui se trouveront dûs
au Roi pour ledit papier; car ainsi, &c.

Bail d'un troupeau.

FUt présent André, &c. lequel a reconnu & confessé avoir baillé & délaissé par ces Présentes, à
titre de loyer & moitié croît & profit de ce jour d'hui
date des présentes, jusques à trois ans prochains venans
finis & accomplis, & promet durant ledit tems faire
jouir à Estienne, &c. & à Jacqueline, &c. sa femme
qu'il autorise, demeurans à   &c. à ce présens & acceptans, preneurs pour eux audit titre, un troupeau de
bêtes à laine, composé de deux cens brebis & six be-
liers, le tout appartenant audit sieur bailleur, que lesdits preneurs reconnoissent avoir en leur possession dont
ils se contentent, pour en jouir par lesdits preneurs audit titre durant ledit tems. Ce bail ainsi fait à la charge que lesdits preneurs ont promis, seront tenus, promettent & s'obligent solidairement, de nourrir, loger, heberger & faire conduire ledit troupeau aux
champs en tems & saison convenable; en prendre le
soin nécessaire, en telle sorte qu'il n'en arrive perte ni
dommage, & à la fin dudit tems rendre ledit troupeau
en bon état audit sieur bailleur. Que si par la faute ou
négligence desdits preneurs ou de leurs gens arrivoit
la mort de la totalité ou de partie desdites bêtes à lai-

ne, lesdits preneurs promettent solidairement, comme
dessus, d'en payer la valeur audit sieur bailleur à sa
premiere demande, à raison de
pour chacune d'icelles, qui est le prix pour ce convenu
entre lesdites parties. Que si au contraire elles viennent
à mourir de leur mort naturelle, lesdits preneurs en
seront quittes & dechargez envers ledit sieur bailleur,
lui rapportant les peaux, sans qu'ils puissent rien prétendre ni demander, pour raison desdites nourritures
qu'ils auront fournies audit troupeau durant lesdites
trois années, lesquelles seront entierement portées en
pure perte par lesdits preneurs. Et de plus est le present bail fait à la charge & condition que tous les ac-
croissemens qui proviendront desdites bêtes à laine par
chacune desdites trois années, seront partagez également & par moitié entre ledit sieur bailleur & lesdits
preneurs, lesquels preneurs seront aussi tenus à leurs
propres frais & dépens de nourrir & payer les tondeurs
qui feront la tonture dudit troupeau, & de faire tous
les autres frais à ce nécessaires ; même de faire apporter
aussi à leurs frais, la moitié desdites laines qui appartiendra audit sieur bailleur, au lieu où la vente en sera
faite, sans qu'ils puissent prétendre que ledit sieur
bailleur y contribue aucune chose en quelque sorte &
maniere que ce soit, pour raison dequoi ils seront aussi tenus solidairement l'acquitter envers & contre tous,
& faire ensorte qu'il ne lui en soit rien demandé par
qui que ce soit. Ne pourront lesdits preneurs ceder ni
transporter, &c.

Nota. *Il faut observer que le bailleur d'un troupeau
ne peut pas faire obliger le preneur par corps ; parce que
l'Ordonnance de 1667. Titre 34. article 7. ne permet
de stipuler la contrainte par corps, que pour les terres &
héritages situez à la campagne ; ainsi elle exclut tacitement tous les baux des autres choses.*

Des Baux à rente.

LE Bail à rente est un contrat par lequel le proprietaire d'une maison ou
d'un héritage se démet & défaisit entierement à perpétuité de toute la proprieté, &
la transfere en la personne du preneur, pour
en jouir comme il faisoit, moyennant une
certaine pension payable par chaque année,
soit en argent, ou en grains, ou autres especes.

Bail à rente.

FUt présent Alexandre, &c. demeurant, &c. lequel a volontairement reconnu & confessé avoir
baillé, cedé, quitté, transporté & delaissé par ces Présentes dès maintenant à toûjours, promis & promet
garantir de tous troubles & empêchemens generalement quelconques, à Noël &c. demeurant rue
&c. à ce présent & acceptant pour lui, ses hoirs &
ayans cause, un arpent de vigne en une piece sise à
&c. (*il faut déclarer en cet endroit le lieu, tenans &*
aboutissans de ladite piece d'héritage) audit bailleur
appartenant de son propre, étant en la censive d'un tel
Seigneur, & envers lui chargé de tant de cens payable chacun an au jour de S. Remy pour toutes & sans
autres charges, dettes, ni hypotheques quelconques,
ainsi que ledit bailleur a affirmé présentement pardevant les Notaires soussignez, franc & quitte des arrerages desdits cens & droits Seigneuriaux de tout le
passé jusques à ce jour, pour de lad. piece de vigne jouir
& disposer audit titre de rente par ledit preneur, sesdits hoirs & ayans cause, comme de chose audit preneur

ñeur appartenante au moyen des préſentes. Ce bail &
priſe à rente ainſi faits, à la charge deſdits cens &
droits Seigneuriaux ſeulement, & outre moyennant
quarante livres de rente annuelle & perpetuelle foncière de bail dudit héritage, & nouvelle charge première & privilegiée après ledit cens, que pour ce ledit
preneur promet pour lui & ſeſdits hoirs & ayans cauſe de bailler & payer audit Alexandre, &c. en ſa maiſon à Paris & ſeſdits hoirs & ayans cauſe ou au porteur, &c. chacun an à pareil jour que ce jourd'hui,
dont la premiere année & jour de payement écherra
d'hui en un an prochain venant (*ou bien à tels au-*
tres termes que l'on voudra accorder) & continuer
de-là en avant le payement de ladite rente par chacun
an auſdits termes, tant & ſi longuement qu'elle ſera
dûe, en & ſur ſpecialement ledit arpent de vigne ci-
deſſus déclaré, qui en eſt & demeure par préference &
privilege ſpecial chargé, affecté, obligé & hypothequé par ceſdites préſentes : Et encore à la charge que
ledit preneur ſera tenu & promet de faire bâtir ſur ladite piece de vigne un tel bâtiment pour ſa commodité dans deux ans prochains : Et icelui bâtiment entretenir de toutes réparations qu'il y conviendra faire,
tant qu'il ſera détenteur & propriétaire dudit héritage, tellement & ſi bien que ladite rente y puiſſe être
aiſément priſe & perçue par chacun an, comme dit
eſt, & generalement ſur tous & chacuns les autres biens
meubles & immeubles préſens & à venir dudit Noel,
&c. preneur, & ſur ceux de ſeſdits hoirs & ayans cauſe les plus clairs & mieux apparans d'iceux répondans
& principalement obligez pour les autres, chacune
piece & portion d'iceux pour le tout, au choix & option
dudit bailleur ; que ledit preneur en a auſſi dès-à-préſent chargez, affectez, obligez & hypothequez avec les
ſuſdits, à garantir, fournir & faire valoir ladite rente,
bonne, ſolvable & bien payable par chacun an, ainſi
que dit eſt, ſans aucun déchet ni diminution, nonobſtant toutes choſes à ce contraires, & ſans que leſdites

F

obligations fpeciale & generale dérogent l'une à l'autre, pour de ladite rente jouir & difpofer par ledit
bailleur, fefdits hoirs & ayans caufe à toûjours, comme bon leur femblera, au moyen des préf tes; tranfportant par ledit bailleur (à la charge & tention de
ladite rente) tous droits & proprietez, &c. fe défaif-
fiffans au profit l'un de l'autre, &c. même ledit preneut
de tous fes autres biens & héritages jufques à la valeur
& concurrence de ladite rente, voulant, &c. Procureur &c. le porteur, &c. donnant pouvoir, &c. rachetables à toûjours lefdites quarante livres de rente, en
baillant & payant par le rachetant en un feul payement
audit Alexandre ou à fefdits hoirs & ayans caufe, la
fomme de huit cens liv. avec les arrerages qui en feront
lors dûs, échûs & entrez pour portion de tems, frais,
mifes & loyaux coûts. Pourra ledit preneur quand bon
lui femblera, faire couper & prendre à fon profit les
arbres fruitiers qui font plantez dans ledit arpent de
vigne pour en difpofer à fa volonté; car ainfi, &c.
élection de domicile, &c. promettant, &c. obligeant chacun en droit foi, &c. renonçant, &c. Fait & paffé, &c.

Titre nouvel de ladite rente.

FUrent préfens Bonaventure, &c. & Louife, &c.
qu'il autorife, demeurant rue, &c. héritiers à caufe d'elle de feu Noel, &c. fon pere, lefquels ont volontairement reconnu & confeffé que comme héritiers
fufdits, ils font détenteurs, proprietaires & poffeffeurs
d'un arpent de vigne en une piece, fur laquelle y a un
tel bâtiment affis en tel lieu, &c. (*il le faut déclarer
au long par tenans & aboutiffans en cet endroit*) & que
fur ledit héritage Pierre, &c. comme étant aux droits
de Jacques, &c. qui les avoit d'Alexandre, &c. a droit
de prendre & percevoir chacun an quarante livres de
rente annuelle & perpetuelle de bail d'héritage & nouvelle charge, payable chacun an à tel jour, à la char-

ge de laquelle rente entre autres ledit défunt Noel,
&c. auroit pris dudit défunt Alexandre le fufdit héritage par contrat de bail à rente paffé pardevant tels
Notaires le tel jour.: Et partant lefdits reconnoiffans
comme héritiers fufdits, & encore en leurs propres &
privez noms, ont promis, promettent & s'obligent en
chacun d'iceux noms folidairement fans divifion, difcuffion, ni fidejuffion, renonçans aufdits benefices, de
bailler & payer lefdites quarante livres de rente audit
Pierre, &c. en fa maifon à Paris, ou au porteur, &c.
par chacun an à tel jour, &c. (*ou aux quatre quartiers
de l'an accoûtumez également*) premiere année *ou* quartier de payement échéant au dernier jour de, &c. prochain venant & continuer, &c. en & fur ledit heritage ci-deffus déclaré qui en demeure toûjours fpecialement & par privilege & préference, chargé, affecté,
obligé, hypothequé; à garantir, fournir & faire valoir ladite rente bonne, folvable & bien payable par
chacun an, comme dit eft à toûjours, & generalement
fur tous & chacuns les autres biens, meubles, & immeubles, préfens & à venir defdits reconnoiffans, qu'ils en
ont auffi chargez, affectez, obligez & hypothequez pour
payer & continuer ladite rente, ainfi que dit eft, tant &
fi longuement qu'ils feront détenteurs & propriétaires
dudit arpent de vigne, nonobftant toutes chofes à ce
contraires, & fans que lefdites obligations fpeciale
& generale dérogent l'une à l'autre; ce qui a été accepté par ledit Pierre, &c. demeurant rue, &c. pour ce
préfent, fans déroger à fes anciennes hypotheques, privileges & préference, & fans préjudice auffi des arrerages qui font dûs de ladite rente. *Election de domicile, &c.*

Indemnité d'une rente.

FUt préfent Louis, &c. demeurant rue, &c. léquel a reconnu & confeffé qu'à fa priere & pour lui faciliter le preft de la fomme ci-après déclarée, Nicolas &c. demeurant à &c. a ce jourd'hui avec lui folidairement conftitué cinq cens livres de rente à prendre fur tous les biens, fpecialement & generalement obligez à ladite rente par le contrat de ladite conftitution paffé pardevant tels Notaires, moyennant la fomme de dix mille livres qu'ils en ont reçue de tel pour le principal de ladite conftitution, de laquelle ledit Nicolas n'a rien touché ni profité avec ledit Louis feul, qui l'a prife entierement pour l'employer à fes affaires particulieres : Et partant icelui Louis a promis & promet par ces Préfentes audit Nicolas à ce préfent & acceptant de l'acquitter & indemnifer, enfemble fes hoirs & ayans caufe de ladite rente, tant en fon fort principal qu'arrerages, frais & dépens, qu'ils pourroient fouffrir à cette occafion ; même de payer & continuer à leur décharge, les arrerages de ladite rente & en faire le rachat de fes deniers audit tel, & d'en rapporter quittance ou décharge valable audit Nicolas dans trois ans prochains, & faire enforte qu'il n'en foit recherché ni inquieté, & n'en reçoive aucune perte ni dommage. Et néanmoins &c. ou au porteur, &c. incontinent, &c. à la volonté, &c. fur les mêmes peines, &c. car autrement & fans cette promeffe d'indemnité, ledit Nicolas ne fe feroit obligé avec lui à ladite rente, & pour l'execution des préfentes. *Election de domicile*, &c.

Autre indemnité d'une obligation.

FUt préfent Abel, &c. demeurant rue, &c. lequel
a reconnu & confeffé qu'à fa priere & pour lui
faire plaifir, Pierre, &c. demeurant rue, &c. s'eft
avec lui folidairement obligé envers Mathurin, &c.
de la fomme de mille cinq cens livres pour argent à eux
prêté, comme le contient plus au long l'obligation de
ce paffée ce jourd'hui pardevant tels Notaires. Que de
ladite fomme de mille cinq cens livres, ledit Pierre n'a
pris ni touché aucune chofe, mais ledit Abel feul pour
l'employer à fes affaires particulieres, & partant icelui
Abel promet & s'oblige par ces prefentes envers ledit
Pierre, &c. à ce préfent & acceptant, de payer à fa
décharge ladite fomme de 1500. liv. audit Mathurin,
&c. & lui en rapporter quittance valable dans un an
prochain venant, qui eft le terme porté par ladite obligation, & de ce en acquitter & indemnifer ledit Pierre
&c. enfemble de toutes pertes, dépens, dommages &
interêts qu'il en pourroit fouffrir à cette occafion. Et
néanmoins s'il y étoit pourfuivi ou contraint, lui rendre, bailler & payer ou au porteur, &c. tout ce que
payé, frayé & débourfé auroit, ou contraint feroit,
incontinent le cas avenu à la volonté & premiere requête dudit Pierre, &c. par les mêmes voies & contraintes qu'il y pourroit être tenu avec tous fes dépens,
dommages & interêts; car autrement & fans cette promeffe d'indemnité, il ne feroit entré en ladite obligation. *Election de domicile.*

Bail à rente d'une maison de particulier
à particulier.

FUt préfent Sulpice, &c. demeurant rue , &c. lequel a volontairement reconnu & confeffé avoir baillé, cedé, quitté, tranfporté & délaiffé par ces préfentes à titre de rente annuelle & perpetuelle, dès maintenant à toûjours, & promet garantir, délivrer & défendre envers & contre tous de tous troubles, dettes, hypotheques, évictions, alienations & autres empêchemens generalement quelconques, à Mathurin, &c. demeurant rue , &c. à ce préfent & acceptant , preneur & retenant pour lui, fes hoirs & ayans caufe,une maifon à porte cochere, couverte d'ardoife , fife à Paris rue , &c. confiftant en un corps de logis fur le devant , une cour, deux autres corps de logis en icelle , & un jardin derriere, les lieux ainfi qu'ils fe pourfuivent, comportent & étendent de toutes parts & de fond en comble , tenant la totalité d'un côté à, &c. d'autre côté, &c. d'un bout par derriere à, &c. & pardevant fur la rue , &c. audit vendeur appartenant (*dire en cet endroit par quel moyen, fi c'eft de propre ou d'acquifition*) étant icelle maifon & lieux en la cenfive de Meffieurs l'Abbé   Religieux & Couvent de, &c. & chargée envers ladite Abbaye & Couvent de deux fols fix deniers payables chacun an au jour S. Martin d'hiver , lefdits cens portant lods & ventes, faifines & amendes quand le cas y échet, pour toutes & fans autres charges, dettes ni hypotheques quelconques, franche & quitte néanmoins des arrerages defdits cens & droits Seigneuriaux de tout le paffé jufques à huy , pour de ladite maifon, jardin & lieux jouir & difpofer par ledit fieur preneur, fes hoirs & ayans caufe, ainfi que bon lui femblera au moyen des préfentes.Ce préfent bail & prife à rente ainfi faits à ladite charge des cens &droits Seigneuriaux pour l'avenir,

& outre moyennant sept cens cinquante livres de rente
annuelle & perpetuelle, fonciere de bail dudit héritage & nouvelle charge premiere & privilegiée après
ledit cens, que pour ce ledit preneur a promis, sera
tenu, promet & s'oblige par lui, sesdits hoirs & ayans
cause, de bailler & payer audit Sulpice, &c. en sa
maison à Paris & à ses hoirs & ayans cause, ou au porteur, &c. par chacun an aux quatre quartiers accoutumez également. Le premier d'iceux pour portion de
tems, écheant au dernier jour de Décembre prochain,
&continuer de-là en avant le payement de ladite rente
de quartier en quartier après ensuivant à toûjours, en
& sur ladite maison & lieux cy-dessus baillez audit
titre de ladite rente, qui en sont & demeurent par privilege & préference, specialement chargez, affectez,
obligez & hypothequez par cesdites présentes. Et parce
que ladite maison & lieux sont en péril éminent & me-
nacent de ruine, ledit preneur sera tenu & promet d'y
faire rebâtir de neuf aux endroits nécessaires, & de les
remettre en bon état & valeur à ses dépens dans trois
ans prochains de ce jourd'huy, & iceux entretenir &
maintenir en bon état & valeur de toutes réparations,
comme il appartient, en telle sorte que lesdites sept
cens cinquante livres de rente y soient & puissent être
bien & aisément prises & perçues par chacun an ausdits quatre quartiers à toûjours, comme generalement
sur tous & chacuns les autres biens, meubles & immeubles présens & à venir d'icelui Mathurin preneur,
sesdits hoirs & ayans cause sur chacune partie & portion d'iceux pour le tout, les plus clairs & mieux apparens répondans, & principalement obligez pour les
autres, au choix & option dudit Sulpice, &c. & de
sesdits hoirs & ayans cause, que ledit Mathurin preneur a aussi dès à-présent chargez, affectez, obligez
& hypothequez par cesdites présentes à garantir, fournir & faire valoir ladite rente bonne & valable par
chacun an ausdits quatre quartiers à toûjours, ainsi
que dit est, sans aucun déchet ni diminution, nonob-

ſtant toutes choſes à ce contraires, & ſans que leſdites
obligations ſpeciale & generale dérogent l'une à l'autre, pour deſdites ſept cens cinquante livres de rente
jouir & diſpoſer par ledit bailleur, ſeſdits hoirs &
ayans cauſe, comme bon leur ſemblera au moyen des
préſentes, laquelle rente ſera & demeurera toûjours
rachetable, en baillant & payant par le rachetant en
un ſeul payement audit Sulpice, &c. ou à ſeſdits hoirs
& ayans cauſe la ſomme de quinze mille livres, avec
les arrerages qui en ſeront lors dûs & échûs, tous frais,
miſes & loyaux coûts : Et aux charges & conditions
ſuſdites, ledit bailleur a en outre tranſporté tous droits
de proprieté, fonds, très-fonds, noms, raiſons, actions,
ſaiſines, poſſeſſions & autres choſes generalement quelconques qu'il avoit & pourroit avoir, prétendre & demander ſur ladite maiſon, jardin & lieux dont il s'eſt
deſſaiſi, démis & devêtu, à la réſerve de ladite rente,
tant en principal qu'arrerages au profit dudit preneur,
lequel s'eſt pareillement déſſaiſi de tous ſeſdits biens &
héritages au profit d'icelui bailleur juſques à la valeur
& concurrence de ladite rente en principal & arrerages; voulant, conſentant & accordant reſpectivement
leſdites parties, que chacune d'elles en droit ſoy, en
ſoit & demeure ſaiſie, vêtue, miſe & reçue en bonne
& ſuffiſante poſſeſſion & ſaiſine, par qui & ainſi qu'il
appartiendra en vertu deſdites préſentes; conſtituant
à cette fin leur Procureur ſpecial & general le porteur
d'icelles, lui en donnant tout pouvoir, &c. car ainſi,
&c. *Election de domicile par les parties de part & d'autre*, &c. promettant, &c. obligeant chacun en droit
ſoy, &c. renonçant de part & d'autre, &c.

Bail à rente non rachetable d'une bannalité.

FUt préſent Maître Abraham, &c. Chanoine en
l'Egliſe de   Prevôt de   en telle
Egliſe, diſant qu'à cauſe de ladite Prevôté lui appartient

pluſieurs beaux droits de Châtellenie, haute, moyenne & baſſe Juſtice, entre autres la Châtellenie de
& à cauſe d'icelle, par la Coûtume de
le droit de bannalité, qui eſt que les ſujets de ladite
Châtellenie ſont tenus faire moudre leurs bleds & grains
au moulin, ſoit à eau, ou à vent, appartenant audit
ſieur Prevôt de, &c. en ladite Châtellenie de
moyennant que ledit moulin ſoit au dedans de la banlieue : Et pour ce que ledit ſieur Abraham, &c. ni ſes
prédeceſſeurs n'ont eu par le paſſé, & n'ont à préſent
moulin à eau ni à vent, tellement que ladite bannalité
ne lui eſt d'aucun revenu ni profit, à ſon grand préjudice & dommage de ſeſdits ſujets, ledit ſieur Abraham, &c. déſirant faire ſon profit & celui de ſes ſucceſſeurs en ladite charge de Prevôt ſuſdit, garder &
conſerver leſdits droits pour le ſoulagement de ſeſdits
ſujets, auroit jugé à propos de bailler à perpetuité ledit droit de bannalité, à la charge de quelque redevance, & de faire bâtir & conſtruire un ou pluſieurs
moulins à eau ou à vent aux endroits les plus commo-
des au dedans de la banlieue de ladite Châtellenie de
ce qu'ayant ledit ſieur Abraham fait publier par trois
Dimanches conſecutifs aux Prônes des Egliſes Paroiſ-
ſiales de ladite Châtellenie, & aux autres Egliſes les
plus prochaines, à cauſe des grands frais qu'il convient
faire pour le bâtiment d'un ou de deux moulins à eau
ou à vent, dont le revenu ne ſeroit pas ſuffiſant pour
en payer l'interêt, il ne ſe ſeroit trouvé perſonne qui
eût voulu faire meilleure la condition dudit ſieur Prevôt & de ſeſdits ſucceſſeurs que le ſieur Jules, &c.
Ecuyer, Sieur de la Morelle, lequel s'étant adreſſé audit ſieur Prevôt, lui auroit offert de prendre ladite
bannalité à perpetuité, à la charge de faire bâtir un ou
deux moulins, ſi beſoin étoit ; ce qu'ayant ledit ſieur
Prevôt communiqué à ſon Conſeil, de l'avis d'icelui
porté par le reſultat d'un tel jour, &c. ci-attaché,
ledit ſieur Prevôt pour accroître à l'avenir le revenu
de ladite Prevôté, a par ces préſentes de ſon bon gré

reconnu & confeſſé avoir baillé, cedé, quitté, tranſporté, & délaiſſé dès maintenant & à toûjours, à titre
de cens & rente annuelle & perpetuelle, ledit cens portant lods & ventes, défauts, faiſines & amendes quand
le cas y écherra ſelon la coûtume du pays, a promis
& promet audit nom de Prevôt, garantir de tous troubles, évictions, alienations & autres empêchemens generalement quelconques audit ſieur de la Morelle, demeurant à, &c. à ce préſent & acceptant pour lui, ſes
hoirs & ayans cauſe tous les droits de bannalité, &c.
& autres droits & privileges dont ledit ſieur bailleur &
ſeſdits ſucceſſeurs comme Seigneurs Châtelains dudit
ont droit de jouir & uſer ſur leurſdits ſujets ſelon la coûtume du pays & Duché de &c.
Ces préſens bail & priſe faits à la charge & moyennant,
ſçavoir douze deniers de cens portant lods & ventes,
défauts, faiſines & amendes quand le cas y écherra,
& la ſomme de douze cens livres de rente fonciere &
Seigneuriale annuelle & perpetuelle, amortie & non
rachetable, leſquels cens & rentes de la nature & condition ſuſdite, ledit ſieur de la Morelle promet bailler,
payer, & continuer par lui, ſes hoirs & ayans cauſe
audit ſieur Prevôt, à ſon Procureur, Receveur ou au
porteur, &c. par chacun an en ſa maiſon Seigneuriale
dudit lieu de, &c. au jour de S. Remi, ſur peine d'a-
mende pour le regard dudit ce, la premiere année de
payement écheant au jour Saint-Remi prochain venant, & ainſi continuer d'an en an après enſuivant à
toûjours à pareil jour Saint-Remi, en & ſur ledit
droit de bannalité, comme auſſi ſur le moulin ou moulins à vent ou à eau que ledit preneur promet & ſera
tenu de faire bâtir, conſtruire & édifier à ſes dépens,
ſoit ſur la Terre Seigneuriale de la Morelle ou ſur la
Terre & Seigneurie de ladite Prevôté, ſi ledit preneur
y a place commode au choix dudit preneur dans deux
ans prochains venans. Lequel moulin ou moulins ſeront & demeureront ſpecialement & nommément chargez, affectez, obligez & hypothequez au payement

& continuation defdits cens & rente, & generalement
fur tous & chacuns les biens, meubles & immeubles
préfens & à venir dudit preneur, fefdits hoirs & ayans
caufe, qu'il en a auffi dès-à-préfent chargez, affectez,
obligez & hypothequez par cefdites préfentes, à fournir
& faire valoir léfdits douze deniers de cens, & douze
cens livres de rente fonciere, bonne, folvable & bien
payable par chacun an audit jour Saint-Remi à toûjours, ainfi que dit eft, nonobftant mutation de monnoie, changement de détenteurs, proprietaires, pref-
cription, laps de tems, difcontinuation de payement,
& autres chofes à ce contraires, & fans que lefdites
obligations fpeciale & generale dérogent l'une à l'autre : Et pour plus grande fureté audit fieur preneur de
tout le contenu en cefdites préfentes, ledit fieur bailleur a promis & promet de faire ratifier, approuver
& homologuer le préfent contrat valablement, & par
effet par Meffieurs les Doyen, Chanoines & Chapitre
dudit lieu de, &c. capitulairement affemblez en leur
Chapitre, & en délivrer lettres en bonne forme audit
preneur dans trois mois prochains venans ; car ainfi,
&c. promettant, &c. obligeant chacun en droit foy,
&c. ledit fieur bailleur à la garantie dudit droit de bannalité tout le revenu temporel de fadite Prevôté ; &
ledit preneur au payement defdits cens & rente, & entretenement defdites charges, tous & chacun fefdits
biens, &c. renonçant de part & d'autre, &c. Fait &
paffé, &c.

Faculté de grace ou Remeré.

FUt préfent Regnaud, &c. demeurant rue, &c.
lequel a par ces préfentes de grace & bonne volonté donné pouvoir & faculté de Remeré à Laurent
&c. demeurant à &c. à ce préfent & acceptant, d'a-
voir & retirer de lui par retrait tel héritage affis en tel
lieu, que ledit Laurent lui a ce jourd'hui vendu pour

la fomme de   , aux charges & ainfi que
le tout eft au long porté au contrat de ladite vente. paffé pardevant tel Notaire, en lui rendant & payant par
ledit Laurent d'hui en deux ans prochains, & non
après , en un feul payement , pareille fomme de
avec tous fes frais, mifes & loyaux coufts, promettant,
&c. obligeant, &c. renonçant, &c. Fait & paffé,
&c.

Rembourfement fait fur ledit Remeré.

FUt préfent Regnaud , &c. demeurant rue, &c.
lequel pour fatisfaire aux offres que Laurent, &c.
lui a ce jourd'hui faites par exploit de Pierre, &c. Sergent, controllé par   a volontairement reconnu
& confeffé avoir eu & reçu comptant dudit Laurent,
&c. à ce préfent & acceptant , qui lui a baillé , payé,
compté, nombré, & réellement délivré , préfens les
Notaires fouffignez, en louis d'or & autre bonne monnoie ayant cours, la fomme de   pour
fon rembourfement de pareille fomme de
que ledit Laurent avoit reçue de lui pour le prix de la
vente à faculté de Remeré qu'il avoit faite audit Re-
naud , &c. d'un tel héritage fis en tel lieu, qui appartient audit Laurent, ainfi que le contient plus au long
le contrat de ladite vente , paffé pardevant tels Notaires le tel jour, & de deux cens cinquante livres pour les
frais de ladite vente, mifes & loyaux coufts, revenant
lefdites deux fommes enfemble à celle de mille quatre
cens cinquante livres, de laquelle ledit Regnaud s'eft
contenté & en a quitté ledit Laurent & tous autres :
auquel Laurent il a en tant que befoin eft ou feroit, retrocedé & délaiffé fans aucune garantie ni reftitution
de deniers le fufdit héritage pour en jouir, faire & difpofer par ledit Laurent, ainfi qu'il eut fait ou pû faire
auparavant ladite vente : Et à ces fins ledit Regnaud
lui a préfentement rendu l'original dudit contrat de

vente, fur lequel & fa minute il confent que par tous
Notaires premiers requis foit fait fommaire mention
du préfent rembourfement, fans que fa préfence y foit
néceffaire. Ce qui ne fervira avec ces préfentes que
d'une même chofe, promettant, &c. obligeant, &c.
renonçant, &c. Fait & paffé, &c.

Bail à rente fonciere & non rachetable.

FUt préfent. Meffire H. de Malon de Bercy Préfident au Grand-Confeil, lequel a par ces préfentes
cedé, tranfporté & délaiffé à titre de rente fonciere,
annuelle, perpetuelle & non rachetable du tout dès
maintenant à toûjours, & promet garantir à
à ce préfent, preneur & acquereur audit titre de rente
fonciere & amortie pour lui, fefdits hoirs & ayans
caufe, un arpent de terre en une piece, plus ou moins,
fi plus ou moins y a, la piece ainfi qu'elle fe pourfuit
& comporte, fans en rien diminuer ni parfaire, fe contentant ledit preneur d'icelle en l'état qu'elle eft, pour
l'avoir vûe & vifitée à fon loifir, fans que ledit Seigneur bailleur foit fujet à faire autre mefure, dont ledit preneur le décharge, ledit arpent de terre fis à
&c. au lieu tenant de   audit Seigneur de Bercy appartenant, étant en la Cenfive des Seigneurs dont
fe meut & chargé envers eux de tel Cens que fe peut,
devoir, que lefdites parties n'ont fçû déclarer, de ce
faire enquis fuivant l'Ordonnance, pour en jouir, &c.
à commencer ladite jouiffance du jour prochain : ces
bail & prife à rente amortie ainfi faits à la charge dudit Cens & arrerages qui fe trouveront dûs d'icelui, &
outre moyennant   livres de rente annuelle &
perpetuelle amortie & non rachetable, que ledit preneur acquereur promet & s'oblige bailler & payer audit Seigneur de Bercy en fon Château dudit Bercy ou
au porteur &c. par chacun an à toûjours, au jour &
Fête S. Martin d'hiver, dont la premiere année de

payement échera à pareil jour de l'année prochaîne, &
de-là en avant continuer, en & fur fpecialement ledit
arpent de terre, ou environ, baillé que ledit preneur fera
tenu, promet & s'oblige faire clore de murs fur le devant feulement, & y faire bâtir une maifon logeable
à fes frais & dépens dans   ans prochains venans
pour plus grande fureté & affurance de ladite rente
amortie, laquelle maifon & bâtimens qui y feront faits
font & demeurent dès-à-préfent affectez avec ledit arpent de terre, obligez & hypothequez par privilege
fpecial, & à cette fin promet & s'oblige ledit preneur
les entretenir, maintenir & foûtenir en bon état, tellement & fi bien que ladite rente amortie y foit & puiffe
être bien & aifément perçue & prife par chacun an à
toûjours audit jour S. Martin, comme generalement
fur tous & chacuns fes biens, meubles & immeubles
quelconques, préfens & à venir, qu'il en a auffi chargez, obligez & hypothequez, nonobftant &c. fans que
lefdites obligations dérogent l'une à l'autre, transportant par ledit Seigneur bailleur aufdites charges tous
droits de proprieté qu'il avoit & pouvoit prétendre
audit arpent de terre ou environ, duquel il s'eft deffaifi au profit dudit preneur, & au femblable s'eft icelui
preneur deffaifi de tous fefdits biens jufques à la valeur
& concurrence de ladite rente de   amortie & non rachetable, voulant refpectivement &c. Procureur &c.
ledit preneur fournira une groffe des préfentes à fes dépens audit Seigneur bailleur, ainfi qu'il a été accordé.
Promettant, &c.

Bail emphitéotique.

FUt préfent Nicolas .   Religieux de
l'Abbaye de   demeurant, &c.
lequel, comme Procureur general de ladite Abbaye,
a déclaré audit nom qu'il appartient une place vague
de fept toifes de longueur fur trois toifes de large, fur

laquelle y avoit ci-devant une petite maison bâtie tenant d'une part , &c. d'autre à , &c. d'un bout par
derriere à &c. & pardevant sur la rue , &c. laquelle
pl..e lesdits Religieux auroient fait publier au Prône
de telles & telles Paroisses , être à bailler à longues années , à la charge de trois deniers de Cens par chacun
an , payables au jour S. Remi à la Recette de ladite
Abbaye, lesdits cens portant lods & ventes , saisines ,
défauts & amendes quand le cas y écherra , & d'y faire bâtiment & telle autre commodité de bâtiment que
l'on voudroit , pour icelui dûement entretenir de toutes réparations , grosses & menues , entieres couvertu-
res & voûtes, de rendre le tout en bon état à la fin du
tems aux Religieux de ladite Abbaye , ausquels ou à
leur Procureur & Receveur , &c. ceux qui acquerroient seroient en outre tenus de bailler & payer chacun an franchement & quittement lesdits trois deniers
de Cens, & soixante sols de surcens & rente annuelle.
Et que s'il y avoit aucun qui desirât avoir icelle place , volontiers lesdits sieurs bailleurs la lui bailleroient
à ces conditions : Qu'ayant lesdits sieurs fait faire plusieurs fois les proclamations , & communiqué d'icelle,
& dudit bail entr'eux & en general en l'assemblée tenue en leur Chapitre le tel jour, ils auroient toûjours
eu la même délibération pour le bien & accroissement
du revenu de ladite Abbaye : Et après plusieurs meures délibérations sur les offres & encheres faites par divers particuliers, ne se seroient trouvées autres personnes que Maître Marcel, &c. qui en aye plus offert &
voulu faire meilleure condition de ladite Abbaye. C'est
pourquoi & pour empêcher l'entiere détérioration de
ladite place, a ledit Nicolas   &c. audit nom
de Procureur de ladite Abbaye & Convent en ensuivant la conclusion Capitulaire d'icelui, en date du
&c. volontairement baillé, cedé, quitté, transporté &
délaissé par ces présentes dès maintenant pour le tems
de quatre-vingt-dix-neuf années seulement, commen-
çantes au premier jour de Janvier prochain , & pro-

met audit nom garantir de tous troubles, dettes, hypotheques, évictions & autres empêchemens generalement quelconques audit Marcel, &c. à ce présent & acceptant, preneur pour lui, ses hoirs & ayans cause, ladite place où il y avoit autrefois une petite maison bâtie, ainsi qu'elle est ci-dessus déclarée, que ledit Marcel, &c. a dit avoir vûe & visitée, & s'est contenté de l'état & disposition d'icelle, pour en jouir & disposer par lui, sesdits hoirs & ayans cause audit titre durant lesdites quatre-vingt-dix-neuf années à leur plaisir & volonté au moyen des presentes : Ce bail, cession, transport & délaissement ainsi fait à la charge desdits trois deniers de Cens, portant lods & ventes, saisine, défaut & amende, le cas y écheant, ainsi que dit est, payables comme dessus. Et aussi que ledit sieur Marcel, &c. sera tenu de faire bâtir & construire à ses dépens sur ladite place, maison manable, grange, étable & jardin, les entretenir en bon état de tous amandemens & réparations grosses & menues durant ledit tems ; & à la fin d'icelui le tout rendre en bon état & valeur ausdits sieurs Religieux & Couvent, leurs successeurs & ayans cause, sans prétendre aucune chose pour le remboursement desdits bâtimens & jardin ni autrement, en quelque sorte & maniere que ce soit. Et encore à la charge que ledit Marcel sera tenu & promet pour lui, sesdits hoirs & ayans cause, de bailler & payer ausdits sieurs Religieux, leur Procureur, Receveur ou au porteur, franchement & quittement chacun an audit premier jour de Janvier, lesdits soixante sols de surcens & rente annuelle, dont la premiere année de payement écherra au dernier jour de Décembre de l'année prochaine & continuer de là en avant le payement desdits soixante sols de surcens & rente par chacun an après ensuivant à pareil jour dernier Décembre, jusqu'enfin desdites quatre-vingt-dix-neuf années expirées sur ladite place, lieux, & jardin qui y seront construits & édifiez en icelle, & generalement sur tous & chacuns les autres biens,

meubles

meubles & immeubles, présens & à venir dudit preneur, qu'il a avec ladite place dès-à présent chargez, affectez, obligez & hypothequez pour payer, continuer, fournir & faire valoir lesdits soixante sols de rente par chacun an, comme dit est, sans aucun déchet ni diminution, nonobstant toutes choses à ce contraires, & sans que lesdites obligations speciale & generale dérogent l'une à l'autre; laquelle rente demeurera éteinte & amortie du jour que ledit Marcel, sesdits hoirs & ayans cause auront fini le susdit tems & délaissé la jouissance de ladite place, bâtimens, &c. en bon état, comme dit est, audit Couvent, transportant, &c. dessaisissant, voulant, &c. procureur, &c. le porteur, &c. donnant pouvoir; car ainsi, &c. promettant, &c. obligeant chacun en droit soy esdits noms, &c. renonçant, &c. Fait & passé, &c.

Stile · & forme de grossoyer ledit bail emphytéotique.

A Tous ceux qui ces présentes Lettres verront; le   Prevôt de
Salut. Sçavoir faisons, &c.   que pardevant
&c.   fut présent Nicolas
Religieux de, &c. lequel, &c. a baillé, cedé, &c. à ce présent & acceptant pour lui, ses hoirs & ayans cause, &c. ou au porteur des présentes Lettres pour lui, &c. & continuer delà en avant par chacun an audit jour, &c. sans discontinuation, &c. & aux charges & conditions susdites; ledit Nicolas audit nom a transporté tous droits de proprieté, fruits & possession que ledit Couvent a & peut avoir sur ladite place cy-dessus baillée, de laquelle il s'est dessaisi au nom dudit Couvent ausdites charges & conditions, au profit dudit sieur Marcel & des siens, voulant qu'ils en soient & demeurent saisis & mis en bonne possession, par qui & ainsi qu'il appartiendra en

G

vertu deſdites préſentes. Pour quoi faire, conſtitué le Procureur general & ſpecial de ladite Abbaye & Couvent, le porteur d'icelles, auquel il en a audit nom donné tout pouvoir, & de faire à ce ſujet tout cequi ſera néceſſaire ; car ainſi tout ce que deſſus a été ſtipulé, convenu & accordé entre les parties èſ-dits noms. Promettant en outre icelles parties èſdits noms ceſdites préſentes, & tout le contenu en icelles entretenir & avoir agréable à toûjours ſans y contreve-nir, à peine de tous dépens, dommages & interêts, ſous l'obligation & hypotheque de tous & chacuns les biens & revenus quelconques de ladite Abbaye, & de tous les biens, meubles & immeubles, préſens & à venir dudit Marcel, &c. & de ſeſdits hoirs & ayans cauſe, que leſdites parties èſdits noms chacune à ſon égard, ont pour ce ſoûmis & ſoûmettent à la Juriſdi-ction & contrainte de ladite Prevôté, & à toutes au-tres qu'il appartiendra ; & renoncer en ce faiſant de part & d'autre èſdits noms à toutes choſes generale-ment quelconques, à ceſdites préſentes lettres, leur ef-fet & teneur contraires : Et au droit diſant generale renonciation non valoir. En témoin de ce nous, &c. après que par l'inſpection du brevet ou minute des préſentes eſt apparu à Me Claude

Avocat au Parlement & Gardeſcel de ladite Prevô-té, les choſes ſuſdites être véritables & ainſi avoir été faites & paſſées pardevant leſdits Notaires, nous avons fait mettre le Scel d'icelle Prevôté à ceſdites Préſentes qui ont été groſſoyées & miſes en cette for-me par ledit   Notaire, de lui ſeul ſignées ce jourd'hui, &c. Ce fut ainſi fait & paſſé, &c.

Autre bail à cens , surcens , & rente emphy-
téotique.

FUr préſent Maître Jean , &c. Prieur Commendataire de , &c. demeurant à , &c. lequel a volontairement reconnu & confeſſé avoir baillé , cedé,
quitté , tranſporté & délaiſſé par ces préſentes à titre
de cens , ſurcens , rente & penſion emphytéotique, dès
maintenant & pour le tems cy-après déclaré, ledit cens
portant lods & vente , ſaiſines , défauts & amendes,
quand le cas écherra , & promet audit nom de Prieur,
tant pour lui que pour ſes ſucceſſeurs Prieurs dudit
Prieuré , garantir de tous troubles & empêchemens
generalement quelconques à Guillaume , &c. à ce préſent & acceptant, preneur pour lui , ſes hoirs & ayans
cauſe , juſques à quatre-vingt-dix-neuf années accomplies du jour des préſentes après enſuivantes conſecutives l'une après l'autre , finies & accomplies : c'eſt à
ſçavoir la Ferme & Métairie de , &c. conſiſtant , &c.
(il faut mettre en cet endroit au long le nom & la conſiſtance de ladite Métairie , Ferme & ſes dépendances)
pour en jouir , uſer & poſſeder par ledit preneur , ſes
hoirs , & ayans cauſe juſques à quatre-vingt-dix-neuf
années lors prochaines & conſecutives ſans intervale de
tems , à compter du jour du décès du dernier decedé
deſdits enfans, ainſi que bon leur ſemblera , au moyen
des préſentes : Ce préſent bail & priſe fait moyennant
& pour cinq ſols & deux chapons de cens ; ledit cens
portant lods , ventes , ſaiſines , défauts & amendes,
quand le cas y écherra , & cinquante ſols de ſurcens
& rente annuelle de bail d'héritage & penſion emphytéotique , amortie & non rachetable , le tout payable au lieu de , &c. au jour de , &c. Leſquels cens,
ſurcens & rente , ledit preneur tant pour lui que pour
ſeſdits hoirs & ayans cauſe, a promis , promet & s'o-
blige de payer par chacun an pendant ledit tems de

quatre-vingt-dix-neuf ans audit ſieur Prieur & à ſes
ſucceſſeurs Prieurs, dudit Prieuré, à leur Procureur,
Receveur, ou au porteur, &c. audit jour & lieu de,
&c. la premiere année & terme de payement échu au
jour de S. Martin d'hiver de l'année prochaine 17
& ainſi continuer de-là en avant le payement deſdits
cens, ſurcens, rente & penſion emphythéotique par
chacun an audit jour de   juſques
auſdites quatre-vingt dix-neuf années expirées, ſur leſdits lieux & héritages ci deſſus baillez & déclarez, leſquels en demeurent dès à-préſent chargez, affectez,
obligez & hypothequez, & que ledit preneur pour lui,
ſeſdits hoirs & ayans cauſe, ainſi que dit eſt, ſera tenu & promet entretenir & maintenir en bon état &
valeur, enſemble de toutes réparations, groſſes &
menues, ſi bien que leſdits cens, ſurcens & rente emphythéotique y puiſſent être aiſément pris & perçus par
chacun an audit jour, &c. & auſſi à la charge que leſdits héritiers, hoirs & ayans cauſe feront tenus, &
ainſi ledit preneur le promet & s'oblige pour lui &
ſeſdits hoirs & ayans cauſe, de rendre leſdits lieux à
la fin dudit tems en bonne & ſuffiſante réparation,
tant groſſes que menues, & de pareille valeur qu'ils
ſont à préſent, ſelon la priſée & eſtimation qui en ſera
faite par gens à ce connoiſſans dont les parties conviendront. Leſquels lieux ledit ſieur bailleur & ſes
ſucceſſeurs pourront faire viſiter de ſix ans en ſix ans,
pour ſçavoir & connoître s'ils ſont bien entretenus &
dûement réparez, & y contraindre les détenteurs: &
auſſi à la charge que ſi ledit preneur, ſeſdits hoirs &
ayans cauſe étoient défaillans de payer leſdits cens,
ſurcens, rente ou penſion emphythéotique, par trois
ans conſecutifs l'un l'autre; en ce cas le préſent bail
demeurera nul, ſi bon ſemble audit ſieur bailleur &
à ſeſdits ſucceſſeurs Prieurs, ſans aucune ſommation,
formalité de procès, ni d'autre ſolemnité de Juſtice
pour ce garder ni obſerver; & néanmoins pourront
être contraints à payer les arrérages qui en ſeront lors

dûs , & à satisfaire & accomplir toutes lesdites charges. Et pour plus grande validité , effet & execution
des présentes, ledit sieur preneur sera tenu & promet
de les faire approuver & homologuer, tant par les Religieux & Couvent de, &c. capitulairement assemblez
au son de la cloche, que par leur Supérieur, selon &
ainsi qu'il appartiendra dans six mois, aux dépens toutefois dudit preneur, & pour faire & consentir ladite
homologation , lesdites parties ont respectivement fait
& constitué leur Procureur special & irrevocable, le
porteur desdites présentes, lui en donnant tout pouvoir;
car ainsi promettant , &c. obligeant chacun en droit
soy & esdits noms, ledit preneur solidairement , &c.
renonçant , &c. Fait & passé , &c.

Bail à nouveau cens.

Fut présent Maître Louis , &c. Seigneur de , &c.
demeurant à , &c. lequel volontairement a reconnu & confessé avoir baillé, cedé, quitté, transporté &
délaissé par ces présentes à titre de nouveau cens, profit de lods & ventes, saisines, défauts & amendes quand
le cas y écherra, dès maintenant & à toûjours , promis & promet garantir de tous troubles & empêchemens generalement quelconques à Jean , &c. demeurant à , &c. à ce présent & acceptant, preneur & retenant audit titre pour lui, ses hoirs & ayans cause à
l'avenir , deux arpens & demi de terre en une piéce en
friche assise au terroir de, &c. audit lieu, &c. tenant
d'une part à, &c. d'autre à , &c. d'un bout à, &c.
& d'autre bout par bas à , &c. ledit héritage tenu &
mouvant en Censive de ladite Seigneurie de , &c. &
chargé envers elle par ces présentes de cinq sols & un
demi-chapon, le tout de cens, pour chacun arpent
payable par chacun an au jour Saint-Remi , ledit cens
portant droit de lods & ventes , saisine & amende,
quand le cas y écherra , avec droit de retenue & sujet

au moulin & preſſoir bannal d'icelle Seigneurie de,
&c. pour de ladite piece de terre jouir & uſer pleinement & paiſiblement audit titre par ledit preneur, ſeſdits hoirs & ayans cauſe, comme bon leur ſemblera,
au moyen des préſentes : Ce bail ainſi fait à la charge
deſdits cens & droit de bannalité, & auſſi que ledit
preneur ſera tenu de faire bâtir & conſtruire ſur ledit
héritage dans deux ans prochains de ce jourd'hui, une
maiſon habitable, & icelle entretenir & maintenir par
chacun an & à toûjours en bon état & valeur, tellement & ſi bien que ſur icelle & ſur le reſte dudit héritage, leſdits cens & droits s'y puiſſent aiſément prendre & percevoir par chacun an, audit jour comme dit
eſt. Ce que ledit preneur tant pour lui que pour ſeſdits
hoirs & ayans cauſe, promet & s'oblige faire, & de
payer leſdits cens audit Seigneur de, &c. ou à ſon Receveur, ou au porteur, audit jour Saint-Remi par
chacun an, dont la premiere année de payement échera au jour Saint-Remi prochain venant, ou au jour
que ledit Seigneur bailleur fera ſa recette en ſadite
Seigneurie de, &c. & continuer de-là en avant ledit
payement à pareil jour, tant & ſi longuement qu'il
ſera détenteur & poſſeſſeur dudit héritage, ou de
partie & portion d'icelui ; auquel payement ledit
preneur a auſſi obligé & hypothequé tous & chacuns ſes biens, meubles & immeubles, préſens & à venir, ſans que leſdites obligations ſpeciale & generale
dérogent l'une à l'autre : Et ſi ledit preneur avoit man-
qué de faire bâtir & conſtruire ladite maiſon dans ledit
tems de deux ans prochains, ainſi que dit eſt, en ce cas
pourra ledit ſieur bailleur, ſi bon lui ſemble, rentrer
dans ledit héritage, ſans aucune forme ni figure de procès, demeurant néanmoins ces préſentes en leur force
& vertu, pour les arrerages qui en ſeront lors dûs à
cauſe dudit cens, lequel preneur ſera tenu en outre
de fournir à ſes dépens autant deſdites préſentes en
bonne & dûe forme, audit ſieur bailleur, dans trois
jours ; car ainſi, &c. promettant, &c. obligeant cha-

cun en droit foy , &c. renonçant, &c. Fait & paſſé , &c.

***

Bail à titre de fief.

FUt préſent Meſſire Charles Benoiſe Conſeiller du
Roy , &c.   Prieur du Prieuré des
deux Jumeaux Dioceſe de   demeurant
à Paris rue , &c.   Paroiſſe Saint , &c.
lequel a par ces préſentes pour le bien & utilité dudit
Prieuré & de ſes ſucceſſeurs baillé & délaiſſé à titre de
fief du tout dès maintenant à toujours , & promet en
ladite qualité garantir de tous troubles & empêchemens generalement quelconques à   Patou
Ecuyer, Sieur de Saint-Remi , étant de préſent en
cette Ville de Paris, logé rue, &c. Paroiſſe Saint, &c.
en la maiſon où pend pour enſeigne , &c.
à ce préſent & acceptant pour lui , ſes hoirs & ayans
cauſe , une piece de terre en friche ſiſe en la Paroiſſe
des   appellée , &c.   tenant à , &c.
ainſi qu'elle ſe pourſuit & comporte de plus ample déclaration, de laquelle ledit Sieur de Saint-Remi ſe
contente, diſant en avoir bonne connoiſſance, pour par
icelui ſieur de Saint-Remi , ſeſdits hoirs & ayans
cauſe , en jouir, ordonner, faire & diſpoſer comme de
ſa choſe : Ce bail fait moyennant la ſomme de , &c.
de fief que ledit ſieur de Saint-Remi , ſeſdits hoirs &
ayans cauſe, ſeront tenus de bailler & payer audit ſieur
Prieur & ſes ſucceſſeurs doreſnavant par chacun an au
jour de S. Michel, dont la premiere année de payement écherra le jour de S. Michel prochain, & ainſi
continuer d'année en année perpetuellement & à toûjours, ſans en pouvoir faire aucun rachat ni rembourſement, ſous quelque pied & prétexte que ce ſoit ; auquel payement ladite piece de terre ſera & demeurera
par privilege & préference obligée & hypothequée, &
à cette fin ledit ſieur de Saint-Remi & ſeſdits hoirs &

ayans cause seront tenus de l'entretenir & maintenir en bon état & valeur, en sorte que ladite redevance y soit & puisse être prise & perçue aisément à toûjours par chacune année au jour que dessus & aux conditions susdites: Ledit sieur Prieur en ladite qualité, a cedé & transferé audit sieur de Saint-Remy, sesdits hoirs & ayans cause, tous les droits de proprieté qu'il avoit en ladite piece de terre, dont il s'est dessaisi à leur profit, voulant qu'ils en soient saisis & mis en possession par qui & ainsi qu'il appartiendra; & à cette fin constitue son Procureur le porteur des présentes, auquel il donne pouvoir de ce faire, & outre ledit sieur Benoise en ladite qualité donne pouvoir à Me.

Moyne, Prêtre, Curé des deux Jumeaux, de, pour lui audit nom, faire faire procès verbal par le Juge des lieux, de l'état, mesure, situation, bouts & côtez de ladite piece de terre, aux frais dudit sieur de Saint-Remi, afin qu'on puisse connoître d'autant plus & à l'avenir les ameliorations & augmentations que ledit sieur de Saint-Remi ou ses hoirs & ayans cause pourront avoir faites; car ainsi. Et pour l'execution, &c.

✂✂✂✂✂✂✂✂✂✂✂✂✂✂✂✂✂✂✂✂✂✂✂✂✂✂✂✂✂✂

CHAPITRE IV.

Des Actes qui concernent les fiefs, la foy & hommage, le retrait lignager, & féodal.

TOus les immeubles qui sont en d'autres mains qu'en celles des Ecclésiastiques ou des Communautez, sont tenus en fief ou en roture: quelques Coûtumes en reconnoissent qui sont tenus en franc-aleu: les autres disent positivement que nulle Terre sans Seigneur.

Le fief eſt un héritage autrefois poſſedé par un grand Seigneur qui l'a donné à un Gentilhomme, pour le poſſeder, lui & ſes deſcendans, ſous la preſtation de certains droits honorifiques & utiles, auſquels le vaſſal eſt obligé dans les cas & en la maniere preſcrite par la Coûtume.

L'on a dit à un Gentilhomme, parce que les Roturiers ne doivent pas en poſſeder, & que les Rois impoſent de vingt en vingt ans une certaine ſomme ſur ceux qui en jouiſſent pour les diſpenſer de cette regle, qui etoit autrefois generale dans toute la France, & qui s'obſerve encore à la rigueur dans les Coûtumes où les fiefs ſont de danger, c'eſt-à dire qu'ils ſont ſujets à confiſcation, ſi étant tombez entre les mains d'un Roturier, il n'a pas ſoin de s'en défaire dans l'année.

Le poſſeſſeur du fief n'en a à proprement parler que le domaine utile; le domaine direct demeure toûjours pardevers le Seigneur dominant.

L'on a impoſé au nouveau vaſſal la néceſſité de reconnoître ſon Seigneur dès qu'il eſt entré en poſſeſſion du fief, & d'aller lui en faire la foi & hommage en ſon hôtel avec toutes les ceremonies preſcrites par la Coûtume du lieu où le fief dominant eſt ſitué: c'eſt par celle là que doivent ſe regler les arriere-fiefs qui en ſont mouvans.

Il y a des Coûtumes qui exigent des vaſfaux une nouvelle foi & hommage toutes les fois qu'il arrive un changement, soit de la part du Seigneur, soit de la part du vassal, dans le fief ou dans l'arriere-fief.

Il y en a qui n'exigent du nouveau vassal que la bouche & les mains, sans qu'il ait à payer au Seigneur aucun droit ni redevance : d'autres, outre la foi & hommage, donnent au Seigneur la jouissance de l'arriere-fief pendant une année, & de tous les fruits & profits qui en dépendent, soit naturels, soit casuels, droit qu'elles appellent *rachat*, lorsque l'arriere-fief est venu au vassal à titre de succession directe ou collaterale.

Si le vassal a acheté le fief, il en est dû au Seigneur la cinquiéme partie du prix, & la cinquiéme d'un autre cinquiéme, c'est-à-dire six de vingt-cinq : S'il s'agit d'une roture, ce droit est appellé *lods & ventes* : il est plus ou moins fort selon la difference des Coûtumes ; quelques-unes en font même une entre les differentes qualitez des biens : les uns en payent plus que les autres.

Si le nouveau vassal est en demeure de faire la foi & hommage, & de payer les droits dûs au Seigneur, il peut faire saisir féodalement l'arriere-fief, & en faire les fruits siens, jusqu'à ce que le vassal ait satisfait à ces devoirs. Coûtume de Paris art. 1. à laquelle toutes les autres sont conformes.

Si le vassal se trouve mineur, son tuteur est obligé d'aller faire la même ceremonie,

& de demander au Seigneur fouffrance pour fon mineur, jufqu'à ce qu'il foit parvenu à l'âge de majorite : Elle vaut foi tant qu'elle dure, difent nos Coûtumes.

C'eft pour en faire reffouvenir le proprietaire, qu'il eft obligé de lui rendre certains devoirs, plus ou moins grands, fuivant qu'ils font marquez par les Coûtumes à chaque mutation de vaffal, foit par fucceffion, foit par achat. Au premier cas, le Seigneur dominant eft quelquefois en droit de prendre le relief ou rachat, c'eft-à dire la jouiffance d'une année : au fecond cas, le vaffal acquereur eft obligé de lui payer les lods & ventes, tels qu'ils font reglez par la Coûtume où ils font fituez.

Les rotures font des héritages originairement concedez à des Roturiers, fur lefquels le Seigneur concedant ne s'eft réfervé que des preftations utiles, qui fe payent chaque année, & des lods & ventes, en cas d'achat. Le Roy n'y prend rien que la Taille & les autres impofitions ordinaires & extraordinaires : les Gentilshommes peuvent les poffeder comme les Roturiers.

Quelques unes de nos Coûtumes admettent encore des *francs-aleus*, c'eft-à-dire des héritages qui ne relevent de perfonne ; au lieu que les Allemans comprennent fous le terme d'*allodialia*, tout ce qui n'eft point fief, foit meuble, foit roture. Il y en a qui ne laiffent pas de compofer une Seigneurie, laquelle, quoiqu'elle ne reconnoisse pas de Seigneur dominant, a pourtant des sujets & des droits semblables à ceux des Seigneurs. C'est ce qu'on appelle Franc-aleu noble pour le distinguer du Franc-aleu roturier qui n'a non plus de sujets qu'il reconnoît de supérieur.

Les droits honorifiques des fiefs, outre le patronage qui leur est souvent annexé, consistent en l'obligation où se trouvent les vassaux d'aller leur prêter la foi & hommage du fief qui leur est acquis par succession, ou par contrat, au lieu même du fief dominant en propre personne, s'il ne plaît au Seigneur de les en dispenser & de la recevoir par Procureur, & en un autre lieu. Chaque Coutume a reglé les ceremonies que l'on doit observer en cette occasion, dont il n'est pas permis au vassal de se dispenser; dans une Coutume qui veut que le Seigneur baise le vassal à la joue, une vassale belle & délicate, ayant refusé ce baiser, elle y fut condamnée par Arrêt rapporté par Mareschal, dans son traité des Droits honorifiques.

Ces Coutumes ont été établies pour apprendre aux vassaux le respect qu'ils doivent avoir pour leur Seigneur dominant, & au Seigneur même la protection qu'il est obligé de leur donner en certaines occasions. La félonie du vassal envers le Seigneur, le simple desaveu emporte confiscation du fief; l'outrage fait au vassal est quelquefois puni par la perte de tous les droits qu'il pouvoit lui devoir pendant sa vie. Du tems que les Seigneurs des grands fiefs étoient obligez de fournir des troupes au Roi, & de les commander pour le service de Sa Majesté, le principal devoir des vassaux étoit de les accompagner à la guerre, avec chacun un certain nombre de soldats qu'ils levoient à leurs dépens : mais depuis la réunion des grands fiefs à la Couronne, il n'est plus permis qu'au Roi de lever des troupes, ou à ceux à qui il en a fait expedier des Commissions.

Acte de foi & hommage.

AUjourd'hui en la compagnie & assisté des Notaires, &c. Louis, &c. Ecuyer Sieur des Loges, demeurant à, &c. s'est transporté au Château Seigneurial de Pilliers, Paroisse de, &c. appartenant à, &c. & à la principale porte & entrée dudit Château, où étant, ayant ledit sieur des Loges frappé à la porte, est à l'instant survenu Jacques, &c. serviteur dudit sieur de Pilliers, auquel serviteur ayant ledit sieur des Loges demandé si ledit sieur de Pilliers son maître étoit en son Château, ou autres personnes pour lui, ayant charge de recevoir les vassaux à foi & hommage, ledit serviteur lui a dit que ledit sieur son maître y étoit, & qu'il l'alloit avertir ; ce qu'ayant été fait, ledit sieur de Pilliers seroit aussitôt comparu, & ledit sieur des Loges s'étant incontinent mis en devoir de vassal, sans épée, ni éperons, tête nue & un genouil en terre, a dit audit sieur de Pilliers qu'il lui faisoit & portoit la foi & hommage qu'il est tenu de lui faire & porter à cause de sa Terre & Seigneurie des Loges, relevant en plein fief, foi & hommage dudit sieur de Pilliers, lequel fief des Loges appartient audit sieur Louis, &c. au moyen de l'acquisition qu'il en a faite de, &c. par contrat passé pardevant tels Notaires le tel jour (*ou bien dire à quel autre titre il lui appartient*) requerant ledit sieur de Pilliers qui lui plaise le recevoir à ladite foi & hommage, à laquelle ledit sieur de Pilliers a reçu & reçoit ledit sieur Louis, &c. à la charge de bailler son aveu & dénombrement suivant & dans le tems de la Coûtume: Reconnoissant ledit sieur de Pilliers avoir été payé & satisfait par ledit Louis, &c. des droits qu'il lui devoit à cause de ladite acquisition de ladite Terre des Loges, dont il le quitte & tous autres. Ce fut ainsi fait & passé à la principale porte & entrée dudit Château de Pilliers, l'an &c.

Quand l'acte de foi & hommage se fait en la présence dudit Seigneur féodal, il faut le faire signer tant par le Seigneur féodal que par le vassal. Si le fief étoit alors saisi, pour les droits féodaux, le Seigneur féodal en doit bailler main-levée, laquelle on met dans ledit acte de foi & hommage avant ces mots : Ce fut fait & passé, &c. *en cette forme.*

Ce faisant, ledit Seigneur de Pilliers s'est par ces Présentes désisté & départi de la saisie féodale qui a été faite à sa requête sur ledit fief des Loges par exploit de Pierre, &c. Sergent, le tel jour, de laquelle ledit sieur de Pilliers en fait & baille pleine & entiere main-levée pure & simple audit sieur Louis, &c. Ce fut ainsi fait, &c.

Si l'acquisition du fief pour lequel est faite la foi & hommage, fait partie de plus grande acquisition, il faut offrir au Seigneur féodal de lui payer les droits à lui dûs selon la liquidation & estimation qui en sera faite sur le pied total de sadite acquisition, ainsi qu'il appartiendra

Foi & hommage fait hors le lieu seigneurial.

Quelquefois les Seigneurs féodaux dispensent les vassaux d'aller au lieu Seigneurial, & les reçoivent à ladite foi & hommage en autre lieu où ils se trouvent, & en ce cas l'acte se fait de cette maniere.

AUjourd'hui en la compagnie & assisté, &c. comme *dessus*, ledit sieur   s'est adressé à la personne dudit sieur de Pilliers trouvé en tel lieu, auquel après s'être ledit Louis mis en devoir de vassal, suivant la Coûtume des lieux, il a fait & porté les foi & hommage qu'il est tenu faire & porter audit sieur de Pilliers à cause du fief des Loges, relevant en plein fief, foi & hommage dudit sieur de Pilliers, à cause de sa Terre, fief & Seigneurie dudit Pilliers ; lequel fief des Loges lui appartient, au moyen de l'acquisition qu'il en a faite de, &c. à laquelle foi & hommage ledit sieur de Pilliers l'a reçu & reçoit, le dispensant pour cette fois seulement d'aller audit lieu Seigneurial & sans tirer à conséquence : Duquel sieur des Loges ledit Seigneur de Pilliers reconnoît avoir été payé & satisfait des droits & profits de fief à lui dûs à cause de ladite acquisition, dont il le quitte & décharge, à condition de lui bailler son aveu & dénombrement dans le tems de la Coûtume. Ce fut ainsi fait & passé, &c.

Foi & hommage fait en l'absence du Seigneur féodal.

Quelquefois il y a des Seigneurs féodaux, qui, pour vexer leurs vassaux, évitent tant qu'ils peuvent de se trouver, ni autre pour eux au lieu Seigneurial, pour recevoir leurs foi & hommage, tellement que pour y re-

*medier il suffit au vassal, après avoir frappé trois fois
à la porte & principale entrée du Château, de mettre
en l'acte ce qui suit.*

AUjourd'hui, &c. *comme dessus*, auquel lieu étant
ledit sieur des Loges a frappé par trois diverses fois
à la porte & principale entrée du Château, & a appellé à haute & intelligible voix Monsieur de Pilliers,
& dit : Monsieur de Pilliers, je vous fais & porte la
foi & hommage que je suis tenu de vous faire & porter à cause de mon fief des Loges, ses appartenances
& dépendances, relevant en plein fief, foi & hommage de votre Terre & Seigneurie de Pilliers, lequel
fief des Loges m'appartient au moyen de l'acquisition
que j'en ai faite de Messire Hugues, &c. par contrat
passé pardevant tel Notaire le tel jour, vous déclarant
que je vous offre payer les droits Seigneuriaux & féodaux que je vous en dois, vous requérant me recevoir
à ladite foi, hommage, à la charge de vous offrir mon
aveu & dénombrement suivant la Coûtume de, &c.
au-dedans de laquelle ledit fief des Loges est situé &
assis, dont & de tout ce que dessus, ledit sieur des Loges a requis acte ausdits Notaires soussignez, qui lui
ont octroyé le présent pour lui servir & valoir ce que
de raison. Fait comme dit est à la principale porte &
entrée dudit Château de Pilliers l'an mil sept cens,
&c.

Foi & hommage avec main-levée de la saisie féodale.

AUjourd'hui en la compagnie & avec les Notaires Gardenotes, &c. Louis, &c. Ecuyer, Sieur
des Loges, demeurant, &c. s'est transporté pardevers
Messire Jean, &c. Chevalier, Seigneur & Baron de
Pilliers, trouvé en son hôtel à Paris rue, &c. où étant
après que ledit sieur des Loges a fait apparoir audit
Seigneur

Seigneur Baron de Pilliers de la foi & hommage qu'il lui a fait & porté en son Château Seigneurial dudit Pilliers, par acte reçu par tels Notaires le tel jour, au sujet de son fief des Loges, mouvant & relevant en plein fief, foi & hommage de ladite Seigneurie de Pilliers. Et en conséquence, après aussi que ledit sieur des Loges s'est derechef mis en devoir de vassal, sans épée ni éperons, tête nue & un genouil en terre en la présence dudit Seigneur Baron de Pilliers, auroit réïteré, fait & porté audit Seigneur Baron de Pilliers lesdites foi, hommage & serment de fidelité à droit de rachat, quint denier, cheval de service, & à tous autres droits & redevances dont il lui est tenu suivant la Coûtume des lieux pour raison dudit Fief, Terre & Seigneurie des Loges à lui appartenant au moyen de l'acquisition qu'il en a faite de Messire Hugues, &c. par contrat passé pardevant tels Notaires le tel jour, qu'il a montré & communiqué audit Seigneur Baron de Pilliers; lequel Fief, Terre & Seigneurie des Loges est mouvant & relevant en plein fief, foi & hommage, ainsi que dit est, dudit Seigneur de Pilliers, à cause de sadite Baronnie & Seigneurie de Pilliers, requerant qu'il lui plaise de le recevoir à la foi & hommage, & le dispenser de retourner sur les lieux, offrant de lui payer tous les droits qui lui sont dus à cause de ce suivant la Coûtume, avec les frais de la saisie faite auparavant les susdites offres, & de lui bailler l'aveu & dénombrement dans le tems de ladite coûtume: Lequel sieur de Pilliers a reçu & reçoit ledit sieur Louis, &c. à lad. foi & hommage pour raison de ladite Terre, Fief & Seigneurie des Loges, & l'a dispensé de la faire sur les lieux, pour cette fois seulement, sans tirer à conséquence pour l'avenir, à la charge d'en bailler l'aveu & dénombrement dans le tems de la Coûtume : Reconnoissant ledit Seigneur de Pilliers que ledit sieur des Loges l'a payé & satisfait de tous les droits & profits de fief qu'il lui devoit au sujet de ladite acquisition ; & lui a remboursé douze livres pour

H

les frais de la faisie féodale faite aud. fief des Loges dont led. Seigneur de Pilliers fe contente & en quitte de tout ledit fieur des Loges & tous autres. Ce faifant icelui Seigneur de Pilliers s'eft défifté & défifte de ladite faifie féodale qu'il confent être & demeurer nulle, de laquelle il en fait & baille pleine & entiere main-levée audit fieur des Loges : dont & de tout ce que deffus ledit fieur des Loges a requis acte aufdits Notaires, qui lui ont octroyé le préfent pour lui fervir & valoir ce que de raifon. Ce fut ainfi fait & paffé à Paris, &c.

Les Mineurs peuvent faire la foi & hommage par leurs Tuteurs & Curateurs, à moins que le Seigneur ne leur donne délai & fouffrance jufques à leur majorité feodale ; & la demande en fouffrance fe fait par le Tuteur & Curateur, & non par le vaffal mineur.

Acte de fouffrance pour Mineur.

AUjourd'hui en la compagnie & affifté des Notaires, &c. Philbert &c. Ecuyer, Sieur de Lignieres, demeurant, &c. au nom & comme tuteur honoraire de François, &c. âgé de dix-huit ans, &c. Chriftophe âgé de feize ans, & de Damoifelle Chriftine âgée de dix ans, s'eft adreffé à la perfonne de Meffire Benoift, &c. Seigneur de Tournefol, trouvé en fon Hôtel à Paris rue, &c. & parlant à lui ledit fieur de Lignieres a déclaré audit fieur de Tournefol, que par le decès de feu Jerôme, &c. oncle paternel defdits mineurs, leur eft avenu le fief de la Caillette, fes appartenances & dépendances, fitué dans la Paroiffe dudit lieu de Tournefol, que ledit fief de la Caillette, & fes dépendances eft tenu & mouvant en foi & hommage dudit fieur de Tournefol, à caufe de ladite Terre & Seigneurie de Tournefol : mais parce que lefdits mineurs n'ont encore l'âge requis en la Coûtume pour lui faire & porter par eux-mêmes le

foi & hommage & ferment de fidelité qu'ils font tenus
pour raifon dudit fief de la Caillette, ledit fieur de
Lignieres a par ces préfentes prié & requis ledit fieur
de Tournefol d'accorder fouffrance aufdits mineurs
jufques à ce qu'ils ayent atteint l'âge requis par la
Coûtume, pour lui faire & porter lefdites foi & hommage & ferment de fidelité au défir de ladite Coûtume, & cependant leur donner main-levée de la faifie
féodale faite fur ledit fief de la Caillette faute de ladite foi & hommage, offrant de lui payer fes droits,
frais & dépens ; laquelle fouffrance ledit fieur de
Tournefol a par ces préfentes volontairement octroyée
aufdits mineurs jufques audit tems & âge, à la charge qu'auffitôt qu'ils feront venus en âge au défir de la
Coûtume, ils porteront lefdites foi & hommage & ferment de fidelité, & bailleront leur aveu & dénombrement dudit fief de la Caillette audit fieur de Tournefol : Reconnoiffant ledit fieur de Tournefol avoir
reçu dudit fieur de Lignieres qui lui a baillé & payé
comptant pardevant les Notaires fouffignez, en louis
d'or & autre bonne monnoie, le tout bon & ayant cours,
la fomme de huit cens livres, à laquelle lefdites parties èfdits noms ont compofé enfemble, tant pour les
profits féodaux qui font dûs audit fieur de Tournefol
au fujet de ladite mutation dudit fief de la Caillette,
que pour les fruits qui lui font acquis en pure perte,
frais de ladite faifie féodale, établiffement de Commiffaires & autres quelconques, dont, &c. quittant,
&c. Ce faifant main-levée comme ci devant, dont
acte.

Perte de fruits qu'il faut mettre dans les actes de souffrance au lieu de la reconnoissance du payement.

EN ce faisant ledit sieur de Tournesol a par ces présentes fait & baillé pleine & entiere main-levée audit sieur de Lignieres audit nom, de la saisie féodale faite à sa requête sur ledit fief de la Caillette, qu'il consent & accorde être & demeurer nulle & sans effet, même acquitte & décharge par ces présentes lesdits mineurs de tous les profits du fief qu'ils lui devoient, à cause de ladite mutation dudit fief de la Caillette : Ensemble des frais de ladite saisie féodale & établissement de Commissaires & autres quelconques : le tout au moyen de ce que ledit sieur de Lignieres audit nom a délaissé en pure perte au profit dudit sieur de Tournesol les fruits dudit fief de la Caillette, & des terres & héritages en dépendans pour la présente année seulement, lesquels il prendra & fera siens, en remboursant les Fermiers de leurs labours & semences, & se servira des granges, greniers & lieux suivant la Coûtume, si mieux il n'aime se contenter du prix de la ferme & moison dudit fief, suivant le bail qui en a été fait ausdits Fermiers, après que ledit sieur de Lignieres a affirmé que ledit bail a été fait de bonne foi & sans fraude.

Aux actes de souffrance des Mineurs, leurs Tuteurs sont tenus de déclarer précisément leurs noms & âges, autrement le Seigneur ne leur accordera pas la souffrance, laquelle peut être demandée au Seigneur dominant par le Mineur sans l'autorité de son Tuteur; & cela empêchera la saisie & perte de fruits, d'autant que le Seigneur ne la peut refuser au mineur quand il la requert. Voyez les articles 41. & 45. de la Coûtume de Paris.

A mesure que les mineurs parviennent à l'âge auquel la Coûtume les rend capables de faire & porter la foi & hommage, qui est pour le regard des mâles vingt ans, & pour les filles quinze ans, ils sont desiors tenus de la faire au Seigneur pour leur part & portion, autrement elle peut être saisie par le Seigneur qui en fera les fruits siens, parce qu'à l'égard du mineur devenu majeur, la souffrance a pris fin, & ne subsiste que pour les autres qui sont encore mineurs.

La même chose peut être faite par chacun des héritiers majeurs pour sa part, & le Seigneur sera tenu de lui bailler mainlevée de sa part quoiqu'indivise.

Aussi le Seigneur ne peut être assuré de la foi & fidelité de son vassal, que par son vassal même détenteur de l'héritage féodal ; c'est pourquoi notre Coûtume de Paris article 61. dit, que tant que le vassal dort le Seigneur veille, & tant que le Seigneur dort le vassal veille ; c'est-à-dire qu'il faut que le vassal rende tous ses devoirs à son Seigneur. Voyez l'article 62. de la Coûtume.

Messieurs les Conseillers de la Cour ne peuvent être contraints d'aller faire la foi & hommage sur le lieu, durant la séance du Parlement ; mais ils ne peuvent pas se dispenser de la faire faire par Procureur, si mieux le Seigneur dominant n'aime bailler surséance jusques aux vacances, ou autre premiere commodité.

Dans la Procuration qui sera faite à ce sujet, ou au sujet de la maladie, ou pour quelques autres affaires importantes au Roi, il en faut necessairement faire mention & dire, que cela retient & empêche le constituant de se transporter en personne sur le lieu, pour par lui faire & porter lesdites foi & hommage, requerir le Seigneur ou ses Officiers de les recevoir quoique portées par ledit Procureur pour cette fois & sans tirer à conséquence ; & à cette fin d'admettre & recevoir l'excuse, & l'exoine de la personne dudit sieur constituant, icelle affirmer en son ame véritable, ou bien requerir surséance & délai, jusques à ce qu'il puisse se transporter sur le lieu du fief dominant pour faire lesdites foi & hommage, à la charge

H iij

dé bailler par ledit sieur constituant l'aveu & dénombrement dans le tems de la Coûtume : requerir mainlevée
des saisies en payant les frais, & faire au surplus toutes
les offres nécessaires, & de tout prendre acte.

Erection d'une roture en fief.

FUt présent tres-haut & puissant Prince Monseigneur Henry, &c. Duc de, &c. Marquis de Courlieres, Baron de Saint Desir, & autres lieux, étant
maintenant en cette ville de Paris en son Hôtel rue,
&c. Paroisse, &c. lequel désirant gratifier Cesar, &c.
Ecuyer Sieur de la Riviere, demeurant à, &c. des
bons & fideles services qu'il lui a rendus près sa personne depuis dix ans, & l'honorer des preuves de son
amitié & bienveillance, a volontiers agréé la priere
que ledit sieur de la Riviere, à ce présent, lui a faite
d'ériger en un seul fief & noble tenement sa métairie
de l'Aigle, & héritages en dépendans, ci-après déclarez,
situez dans la Jurisdiction dudit Marquisat de Courlieres, afin de lui donner plus de sujet de remettre en
valeur lesdits héritages notablement déperis, & de faire la dépense nécessaire pour y édifier bâtimens, le
tout à la décoration desdits héritages & dudit Marquisat ; c'est pourquoi son Altesse a par ces présentes
créé & érigé en un seul fief, & noble tenement, qu'il
a nommé le fief de l'Aigle, tous les susdits héritages,
lesquels consistent en la dite métairie de l'Aigle, deux
cens arpens de bois taillis & haute futaye, cinq cens
arpens de terre labourable, vingt arpens de prez, &
douze arpens de vignes, le tout en une seule piece,
séparée en deux par une telle riviere, ou bras d'eau,
qui passe au milieu, tenans & bornans lesdits héritages d'un côté, &c. *Il faut mettre en cet endroit tous*
les tenans & aboutissans desdits héritages: & s'il y a plu-
sieurs pieces au lieu d'une, les déclarer piece à piece par

tenans & aboutiffans, puis fuivre ainfi, le tout audit
fieur de la Riviere appartenant par tel & tel moyen,
qu'il faut auffi déclarer en cet endroit : Et outre fadite
Alteffe a par ces prefentes permis audit fieur de la Riviere, fes hoirs & ayans caufe, de faire quand bon leur
femblera, bâtir maifon fur lefdits héritages à l'endroit
qu'ils jugeront le plus commode & utile au choix dudit fieur de la Riviere ; même de faire clore & fermer de foffez ladite maifon & pourpris d'icelle, y
faire pont-levis, planchettes, tours, tourelles, & toutes autres chofes néceffaires pour la garde & défenfe
de ladite maifon : Enfemble un colombier à pied, au
dedans ou dehors de ladite maifon, & une garenne
fermée de murailles. Deplus fadite Alteffe a par ces
prefentes attribué & concedé audit fieur de la Riviere, moyenne & baffe Juftice fur tous lefdits héritages, & tous droits & prérogatives, & encore de
jouir en droit de huez en tout le terroir dudit fief de
l'Aigle, étangs, prez en dépendans, fans que qui ce
foit y puiffe faire paître ni prendre aucun ufage, fans
l'exprès confentement dudit fieur de la Riviere & de
fes fucceffeurs & ayans caufe : pour ledit fief de l'Aigle, fefdites appartenances & dépendances, tenir &
poffeder dorefnavant par ledit fieur de la Riviere, fefdits hoirs & ayans caufe, & en jouir noblement aufdits
droits de prérogatives de Noble & Gentilhomme. Et
à cette fin fadite Alteffe a du tout affranchi, quitté
& déchargé à toûjours ladite métairie, terre & héritages ci-deffus déclarez, de toutes charges & redevances cenfuelles & roturieres dont ils étoient ci-devant
tenus & chargez envers fadite Alteffe à caufe de fondit Marquifat de Courlieres, ou autrement, à la charge & réferve toutefois de la haute Juftice audit Marquifat de Courlieres, & des foi & hommage que ledit fieur de la Riviere, fefdits hoirs, fucceffeurs &
ayans caufe feront tenus faire & porter à fadite Alteffe
& à fes fucceffeurs Marquis de Courlieres, quand le
cas y écherra, au défir de la Coûtume du lieu : & dès

à-prefent, pour cette fois feulement, après que ledit
fieur de la Riviere s'eft mis en devoir de vaffal & qu'il
a fait & porté les foi, hommage & ferment de fidelité
à fadite Alteffe, pour raifon dudit fief de l'Aigle, &
payé les droits à elle dûs à ce fujet; fadite Alteffe l'a
reçu & reçoit à ladite foi & hommage, & l'a quitté
& déchargé defdits droits, à la charge auffi qu'à chacune mutation les fucceffeurs dudit fieur de la Riviere faifant ladite foi & hommage feront tenus de faire
prefent à fadite Alteffe & à fes fucceffeurs au Château dudit Marquifat de Courlieres, d'une épée à garde d'argent doré, de valeur de quarante livres, outre
les droits de relief & profits féodaux fuivant ladite
Coûtume: car ainfi fadite Alteffe l'a voulu & accordé:
Mandant fadite Alteffe par cefdites prefentes au Bailli
& autres Officiers dudit Marquifat, préfens & à venir, de laiffer jouir & ufer pleinement & paifiblement
ledit fieur de la Riviere, fes fucceffeurs & ayans caufe, du contenu en cefdites préfentes, ainfi qu'il eft
accoûtumé à l'endroit des autres vaffaux dudit Marquifat, fans permettre ni fouffrir qu'il y foit fait aucun
empêchement, nonobftant l'ancienne qualité cenfuel-
le & roturiere defdits héritages, laquelle fadite Alteffe
a abolie & amortie, & fur ce impofé filence perpetuel à fon Procureur Fifcal & Receveur audit lieu, &
à tous autres fes Officiers & Sujets, dont & de tout ce
que deffus ledit fieur de la Riviere a très humblement
remercié fadite Alteffe, promis & promet tant pour
lui que pour fes fucceffeurs & ayans caufe d'entretenir & accomplir tout le contenu en icelles préfentes felon leur forme & teneur, obligeant, &c. renonçant,
&c. Fait & paffé, &c.

*Nota. Que tel fief ne peut appartenir par préciput à
l'aîné comme feroit un ancien fief par la Coûtume; mais fi
l'aîné le veut avoir, il lui demeurera en payant pour cette fois à fes puifnez leur part également de la valeur d'i-
celui, fuivant la prifée qui en fera faite du total, parce*

que telle érection nouvelle n'estant qu'un desir du pere ne
peut faire tort aux puisnez, qui sans icelle auroient partagé l'héritage également ; mais ensuite ce fief passant de
la main dudit aisné en d'autres mains, l'aisné venu de lui
ou d'autres ses successeurs, aura & lui appartiendra ledit
fief entierement suivant ladite Coûtume, à raison de ce
que par tel changement de main un tel fief est devenu
ancien.

Quand la foy & hommage est faite, il faut bailler
l'aveu & denombrement en cette forme.

Aveu & dénombrement.

AUjourd'hui est comparu pardevant les Notaires
&c. Louis, &c. Sieur des Loges, demeurant,
&c. lequel a reconnu & confessé être homme & sujet
de Messire Jean, &c. Seigneur & Baron de Pilliers,
& de lui avoue tenir noblement en plein fief & hommage, rachat, & quint denier, & à cheval de service, & à tel autre droit que peut être tenu son fief ci-
après déclaré, à cause de sadite Baronie & Seigneurie
de Pilliers ; sçavoir est le Fief, Terre & Seigneurie
des Loges, consistant en telle chose, (*il faut declarer en*
cet endroit tout le fief, terre, censives, justices, droits,
devoirs, & generalement tout ce qui en depend sans rien
obmettre ; puis dire) auquel fief sont plusieurs hommes
& sujets qui lui devoient par chacun an plusieurs rentes & deniers, grains, chapons, poules & corvées
montans en deniers à la somme de
en grains à   boisseaux mesure dudit lieu. A
cause desquelles choses ci-dessus déclarées, & sur icelles est dû audit Seigneur Baron de Pilliers les foi &
hommage, rachats, quint denier & cheval de service,
quand le cas y échet, droit de Coûtume, tant par les
hommes en proche fief que par les Marchands forains,
vendans & étalans aux foires dudit lieu de Pilliers,
en arriere-fief les jours de marché ; Comme aussi ap-

partient audit sieur Baron de Pilliers toute connoissance de Justice, haute, moyenne & basse, & le reconnoît être son Supérieur, & lui devoir obéissance telle
qu'au Seigneur dominant appartient. De plus s'il y a
quelque chose d'obmis au présent aveu & dénombrement, promet ledit sieur des Loges de l'y mettre &
ajoûter sitôt qu'il en aura connoissance : Et s'il y a
moins, proteste que le présent aveu ne lui pourra nuire ni préjudicier, dont acte, &c. Fait & passé, &c.

*Nota 1°, que le vassal doit laisser au Seigneur une
copie signée de lui, de son dénombrement, & en garder
une autre au bas de laquelle le Seigneur ajoûte, Reçu le
présent dénombrement le tel jour, sauf de le blâmer
en tems & lieu, & sans préjudice du droit d'autrui, à
l'effet de quoi sera ledit dénombrement publié à l'issue de
la Messe Paroissiale de tel lieu.*

*2°, que le dénombrement ainsi reçu & publié sert de
titre, tant au Seigneur féodal pour justifier la mouvan-
ce de l'arriere-fief qu'au vassal pour se conserver la propriété & la possession de tout ce qui y est énoncé.*

*3°, que s'il est contesté, & que si le Seigneur persiste à
le refuser, les parties sont obligées de s'adresser au
Bailli ou au Sénéchal, pour les regler & faire ordonner
qu'il sera reçu, corrigé ou rejetté.*

Du Retrait lignager & féodal.

LE Retrait lignager est un droit qui est
acquis à tous les parens du vendeur d'un
héritage, qui descendent en ligne directe de
celui qui l'a mis en la famille, de le retirer,
lorsqu'il a été vendu à un étranger, qu'il
peut exercer dans l'an & jour du contrat,
en rendant le prix, frais & loyaux coûts. Il

étoit déja établi dans la Loi de Moïse ; il est
en usage dans les pays mêmes qui se regissent
par le droit écrit, quoiqu'il n'en soit fait nulle mention dans les Loix Romaines.

Lorsqu'il y a contestation entre deux retrayans, quelques Coûtumes, comme celle
de Paris, l'adjugent au plus diligent ; d'autres comme celle de Poitou, le donnent au
plus proche parent : il ne tend qu'à conserver le bien dans les familles : il est par conséquent très-favorable, quoiqu'assujetti aux
formalitez qui sont prescrites par chaque
Coûtume.

Il n'est pas cessible : l'on peut demander
le serment au retrayant, si c'est pour lui-même qu'il l'exerce.

Le Retrait féodal est un droit par lequel
un Seigneur peut retraire des mains de l'acquereur un fief mouvant de lui qui a été vendu par le vassal, pourvû que le retrait se fasse
dans quarante jours, à compter, non pas du
jour que la vente a été faite, mais du jour
qu'elle a été notifiée par le vassal au Seigneur
par copie du contrat de vente à lui baillée
par le vassal.

Retrait lignager avec declaration que partie du prix a été empruntée par l'acquereur.

AUjourd'hui en la compagnie & presence des No-taires soussignez, &c. Robert, &c. demeurant rue, &c. s'est transporté en la maison de Sulpice, &c. sise à Paris, rue, &c. où étant parlant audit Sulpice, en execution de la Sentence rendue au Châtelet de Paris ce jourd'hui, ledit Robert, &c. a presentement offert bourse & deniers à découvert en especes de louis d'or, écus d'argent, & autre bonne monnoie ayant cours, presens lesdits Notaires, de bailler & rembourser audit Sulpice la somme de vingt mille livres ; sçavoir dix-neuf mille livres pour le principal de l'acquisition que ledit Sulpice a fait d'Honoré, &c. d'une maison où est l'enseigne d'Orphée, sise à Paris, rue, &c. adjugé par la susdite Sentence audit Robert, &c. comme lignager dudit défunt Honoré son oncle paternel, auquel ladite maison étoit échue en partage fait des biens de la succession de défunt Baltazard,&c. son pere, & ayeul dudit Robert : neuf cens livres que ledit Sulpice auroit payées, & à quoi il avoit composé pour les droits de lods & vente de ladite acquisition, & cent livres pour les frais & loyaux coûts, sauf à repeter ou à augmenter s'il y échet, après que la liquidation d'iceux en sera faite. Et outre lui a offert bourse & deniers à découvert comme dessus, en pareilles especes de louis d'or & écus d'argent, & à parfaire suivant la coutume, sommant & interpellant ledit Sulpice de recevoir lesdits deniers offerts, lui en bailler quittance & décharge, lui délaisser la libre possession & jouissance de ladite maison comme lignager dudit Honoré au desir de ladite Sentence, & lui délivrer ledit contrat d'acquisition avec les anciens titres de la proprieté de ladite maison que ledit Honoré lui a baillez en passant ledit contrat : Autrement & à faute par

ledit Sulpice de satisfaire presentement à ladite sommation , ledit Robert proteste d'aller presentement consigner lesdits deniers affectez , aux dépens , risques ,
perils & fortunes dudit Sulpice , ès mains du Receveur des Consignations dudit Châtelet ; même de se
pourvoir en Justice pour recouvrer contre lui toutes
pertes , dépens , dommages & interêts qu'il pourroit
souffrir à cette occasion , & de tout ce qui peut & doit
porter en cette partie : Et a ledit Robert élu son domicile irrévocable en sa maison & demeure sus-declarée ,
pour y recevoir tous actes & exploits de Justice à ce
sujet. Lequel Sulpice a requis copie des presentes offres
pour en communiquer à son conseil , ce que ledit Robert a pris pour refus , & persisté en sesdites offres ,
sommations & protestations , & fait emporter ses deniers pour les consigner ès mains de Maître
Receveur desdites Consignations du Châtelet de Paris , demeurant rue , &c. Et à cette fin a été notifié
audit Sulpice , qu'il eût à comparoir & se transporter
presentement en ladite maison dudit sieur
Receveur desdites Consignations sus-declarée , pour
voir faire ladite consignation , à ce qu'il n'en ignore :
dont & de tout ce que dessus , ledit Robert a requis
acte ausdits Notaires soussignez , qui lui ont octroyé
le present pour lui servir & valoir ce que de raison , &
d'icelui laissé copie audit Sulpice ; ce fut ainsi fait ,
requis & octroyé à Paris en la maison & demeure dudit Sulpice , l'an 17

Et à l'instant ledit Robert , &c. & lesdits Notaires
étant sortis de ladite maison dudit Sulpice , icelui Sulpice ayant mandé après eux , & à ce mandement étant
ensemble retournez pardevers ledit Sulpice en sadite
maison & demeure , icelui Sulpice leur auroit dit qu'il
étoit prêt , & offroit de recevoir presentement lesdits
deniers offerts , & de satisfaire de sa part à ladite sommation ; le tout pour éviter à procès , frais & dépens.
En consequence de quoi ledit Robert a baillé , payé ,
compté , nombré & delivré réellement , presens lesdits

Notaires fouffignez, en louis d'or, écus d'argent &
autre bonne monnoie ayant cours, audit Sulpice,
&c. la fufdite fomme de vingt mille livres cy deffus
offerte pour le prix principal dudit retrait lignager,
frais, mifes & loyaux coûts, dont & de laquelle fomme de vingt mille livres, ledit Sulpice s'eft contenté,
en a quitté & quitte ledit Robert & tous autres : Ce
faifant, a confenti & accordé, confent & accorde par
ces prefentes, que ledit Robert jouiffe & difpofe pleinement & paifiblement de ladite maifon de l'enfeigne
d'Orphée comme bon lui femblera, au moyen de la
fufdite Sentence & des prefentes ; le tout aux charges,
claufes & conditions de fondit contrat de ladite acquifition : l'original duquel portant quittance du payement fait des deniers dudit Sulpice du prix d'icelle acquifition, ès marges duquel eft la faifine faite d'icelui
le tel jour, fignée tel ; ledit Sulpice a prefentement
baillé & delivré audit Robert avec tous les anciens titres
de la propriété de ladite maifon, tels que ledit Honoré
les lui a baillez en paffant ledit contrat d'acquifition,
& ainfi qu'ils y font énoncez, dont ledit Robert le
décharge pareillement, fans préjudice aux parties de
parfaire ou reparer le plus ou le moins defdits loyaux
coûts, après que la liquidation en fera faite : Declarant ledit Robert qu'en ladite fomme de vingt mille
livres ci deffus payée, il y en a dix mille livres qu'il a
empruntées de Maître Etienne, &c. Procureur en
Parlement, auquel il en a conftitué cinq cens livres de
rente, par contrat paffé pardevant tels Notaires un tel
jour : Au defir duquel, ce requerant ledit Robert,
ledit Sulpice a par ces mêmes prefentes mis & fubrogé
jufques à cette concurrence ledit Etienne, &c. en fon
lieu & place, droits, privileges, preference, hypotheques, noms, raifons & actions, fans toutefois
lui être tenu d'aucune garantie, reftitution de deniers
ni recours quelconque en quelque forte & maniere que
ce foit. Promettant, &c. obligeant, &c. renonçant,
&c. Fait & paffé, &c.

Autre retrait lignager.

AUjourd'hui   en la preſence & compagnie
des Notaires , Maître Alexandre , &c. lequel
pour effectuer le retrait lignager adjugé à Hugues,&c.
par Sentence renduë au Châtelet de Paris , le tel jour,
du quart au total de la maiſon de l'Eſperance, ſize
à Paris ruë , &c. par ledit Alexandre acquiſe de François, &c. par contrat paſſé pardevant tels Notaires le
tel jour (*ou adjugée par decret , &c.*) en lui rembour-
ſant par ledit Hugues le ſort principal de ladite acquiſition , & tous frais & loyaux couſts comme le contiene
ladite Sentence ; a ledit Alexandre volontairement
conſenti & accordé ledit retrait lignager ; ce faiſant ,
a quitté & délaiſſé , & par ceſdites preſentes quitte &
délaiſſe par forme & faculté de retrait lignager audit
Hugues & Marie ; &c. ſa femme , demeurant ruë ,
&c. ledit Hugues, à ce preſent & acceptant, tant
pour lui que pour ſadite femme , le ſuſdit quart par
indivis de ladite maiſon de l'Eſperance cy-deſſus deſi-
gnée par tenans & aboutiſſans ; & ce aux mêmes charges, clauſes & conditions portées par ledit contrat d'acquiſition (*ou decret*) pour en jouir, faire & diſpoſer par ledit Hugues & ſa femme comme de choſe à eux
appartenante. Ce délaiſſement ainſi fait moyennant la
ſomme de trois mille livres que ledit Hugues a baillée ,
payée, comptée , nombrée , & réellement délivrée ,
preſens les Notaires ſouſſignez , en louis d'or & écus
d'argent, & autre bonne monnoie ayant cours , audit
Alexandre , &c. ſçavoir deux mille huit cens livres pour
le prix principal de ladite acquiſition , cent cinquante
livres tournois pour les droits de lods & vente payez
par ledit Alexandre au ſujet d'icelle ; & cinquante livres à quoi leſdites parties ont amiablement compoſé
pour les frais & loyaux coûts que ledit Alexandre pouvoit prétendre & demander auſſi au ſujet de ladite ac-

quisition jusques à huy : ainsi de ladite somme de trois
mille livres, ledit Alexandre s'est contenté & en à
quitté & quitte ledit Hugues & tous autres : Ce faisant, a presentement delivré audit Hugues l'original
dudit contrat *ou decret* de ladite acquisition, sur lequel est la saisine que ledit Alexandre en avoit prise le
tel jour, signée tel : Et encore lui a baillé le bail qu'il
avoit fait dud. quart de maison à un tel, passé pardevant
tels Notaires le tel jour, desquelles pieces ledit Hu-
ques se contente & en décharge ledit Alexandre & tous
autres. Promettant, &c. obligeant, &c. renonçant,
&c. Fait & passé, &c.

Nota. Qu'aux offres en matière de retrait lignager,
il faut necessairement observer les mots de la Coutume de
Paris article 140. *sçavoir,* bourse, deniers à découvert en telles & telles especes, *qu'il ne faut pas ob-*
mettre de déclarer, ni oublier le mot de parfaire ; *car si*
ces mots & à parfaire *n'y étoient pas mis ; & que les de-*
niers offerts ne fussent pas suffisans pour le payement du
prix principal, frais, mises & loyaux coûts, telles
offres seroient déclarées nulles, & le retrayant déchu de
son retrait, nonobstant la consignation qu'il auroit faite
desdits deniers: Observez aussi de faire ladite consignation
partie presente ou appellée, & executez le tout dans les
vingt-quatre heures après l'adjudication dudit retrait que
l'acquereur aura mis ses lettres au Greffe, & affirmé le
prix, & que les especes soient les mêmes en la consigna-
tion qu'aux offres. Voyez les articles 129. *&* 137. *de*
ladite Coutume.

Retrait Feodal.

AUjourd'hui en la presence & en la compagnie des
Notaires, &c. Maître Honoré, &c. demeurant, &c. pour éviter à frais & dépens, ayant été
conseillé de satisfaire à la sommation qui lui a été faite
à la

à la requête de Messire Laurent, &c. Seigneur de la
Butte, par exploit de Silvestre, Sergent, le tel jour,
portant assignation pardevant Messieurs des Requêtes
du Palais, pour se voir condamner à lui délaisser une
telle métairie, & tels heritages en dépendans, situez
en la Paroisse de Meneton, mouvans de ladite Seigneurie de la Butte, qu'il a droit de r'avoir & retirer par
puissance de fief, & aussi tels autres heritages situez
en tels lieux, en lui remboursant, ainsi que ledit Laurent lui a offert par ladite sommation, pour éviter contestation sur la ventilation desdits heritages sujets audit
retrait feodal, l'entier prix qu'il a payé de l'acquisition qu'il a faite de tous lesdits heritages de Christophe, &c. par contrat passé pardevant tels Notaires
le tel jour, ensemble ses frais, mises & loyaux coûts,
a ledit Honoré par ces presentes volontairement quitté,
délaissé & transporté dès maintenant à toujours, sans
aucune garantie que de ses faits & promesses seulement
audit sieur Laurent, demeurant, &c. à ce present &
acceptant pour lui, ses hoirs & ayans cause, pour
réunir à sadite Seigneurie de la Butte la susdite métairie de, &c. & heritages en dépendans ci-dessus
declarez, situez dans ladite Seigneurie, ensemble
tous les autres heritages que ledit Honoré a acquis par
le susdit contrat au long mentionnez & declarez en icelui, sans en rien retenir ni reserver aux charges contenues audit contrat, pour en jouir, faire & disposer
par ledit sieur Laurent, sesdits hoirs & ayans cause,
comme bon lui semblera au moyen des presentes : Ausquelles fins ledit Honoré l'a mis & subrogé par cesdites presentes sans autre garantie que dessus, en son
lieu & place, droits, noms, raisons & actions, &
lui a presentement delivré l'original en parchemin dudit contrat d'acquisition susdaté, portant quittance du
payement entier du prix desdits heritages : Plus toutes
les pieces & anciens titres concernans la propriété d'i-
ceux heritages que ledit Christophe lui avoit baillez par
ledit contrat, dont ledit sieur Laurent le décharge.

I

Ce délaissement & transport pour les causes & aux charges susdites, & outre moyennant la somme de trois mille deux cens cinquante livres que ledit Honoré a confessé avoir eue & reçûe comptant dudit sieur Laurent, qui lui a icelle somme baillée, payée, comptée, nombrée, & réellement delivrée, presens lesdits Notaires soussignez, en louis d'or, écus d'argent & autre bonne monnoie ayant cours; sçavoir trois mille livres pour son remboursement de pareille somme qu'il a payée audit Christophe pour le prix principal de ladite acquisition, dont il lui a baillé quittance par ledit contrat d'acquisition, & deux cens cinquante livres, à quoi les parties ont composé entre elles pour les frais & loyaux coûts de ladite acquisition. Et partant de ladite somme de trois mille deux cens cinquante livres, ledit Honoré s'est contenté & en a quitté & quitte ledit sieur Laurent & tous autres. Et à l'égard des interêts que ledit Honoré pouvoit demander & prétendre depuis le jour dudit contrat d'acquisition, jusques à present, lesdites parties en ont aussi fait compensation avec les fruits, revenus & loyers que ledit Honoré a touchez & reçûs à cause desdits heritages ci-dessus délaissez jusques à maintenant, dont lesdites parties se quittent pareillement l'une l'autre, & moyennant tout ce que dessus sur la susdite assignation, lesdites parties se sont mises hors de cour & de procès sans dépens; car ainsi, &c. promettant, obligeant, &c. chacun en droit soi, &c. renonçant, &c. Fait & passé, &c.

Si l'intention du retrayant feodal n'est pas de réunir à son fief lesdits heritages qu'il retire & qui en sont mouvans, il en doit faire mention dans le contrat dudit retrait en ces termes (declarant ledit sieur Laurent qu'il ne veut & n'entend réunir à sondit fief de la Butte lesdits heritages, au contraire les posseder à toujours comme terres roturieres,

Nota. Le retrait feodal aussi-bien que le lignager, est

très-favorable en faveur des Seigneurs de fief , & des familles pour leur manutention & conservation , encore plus
au lignager qu'au Seigneur de fief , d'autant que par la
Coutume , articles 22. & 159. ce benefice de retirer &
retenir appartient par preference au lignager , lequel peut
en cette qualité retirer du Seigneur feodal l'heritage par
lui acquis. Mais l'un & l'autre des retrayans ne peuvent
retirer les heritages sujets au retrait , quand il y a d'autres heritages vendus avec iceux par un même contrat qui
ne contient qu'un seul prix , s'il ne retire le tout selon le
80. article de la Coutume de Mante ; car autrement , celui qui , pour sa commodité , auroit acquis tels heritages,
sujets à retrait , se trouveroit obligé d'en garder d'autres
à lui inutiles , & souffriroit une perte notable , si l'inutile lui restoit , & l'utile lui étoit ôté , pour le prix d'une
ventilation faite en Justice , dont l'estimation sans doute
seroit beaucoup au-dessous du prix que l'acquereur en auroit payé pour les avoir ; ce qui ne seroit pas raisonnable ,
étant plus à propos que le retrayant ait le tout , & qu'il
en porte la perte , puisque de son propre mouvement il
évince l'acquereur : Autre chose est quand le contrat de
vente de plusieurs heritages contient la diversité des prix
d'iceux , auquel cas le retrayant peut retirer les uns , &
laisser les autres , parce que la pluralité des choses , avec
la pluralité des prix , fait la pluralité des ventes , & non
la pluralité des contrats ; car un même contrat peut contenir plusieurs ventes.

La femme , ni ses heritiers ne peuvent pretendre , aucune chose en la proprieté des choses , que son mari a re-
tirées , par puissance de fief , durant leur communauté :
Cette nature de retrait n'est point conquêt , mais seulement acquêt , qui tourne entierement au profit dudit
Seigneur de fief , en remboursant par lui , ou ses heritiers à ladite femme ou à ses heritiers , la moitié du prix
dudit retrait , appellé vulgairement mi-denier ; quoi
faisant , tout ledit heritage ainsi retiré , quoique la valeur en eût triplé , lors de la dissolution de ladite communauté , appartiendra audit mari ou à ses heritiers. Ainsi

jugé : La raison en est, que tel retrait est de droit naturel, entierement acquis au fief, & lui est propre, & que la femme ni ses heritiers n'ont rien à cette proprieté.

Quand l'acquereur d'un heritage n'en paye pas entierement le prix, & qu'il promet de le payer dans certain temps, ou qu'il en constitue rente à son vendeur, le retrayant, pour effectuer son retrait doit s'adresser au vendeur, lui offrir en deniers à découvert, tout ce qui lui est dû de reste dudit prix, tant en principal qu'arrerages & interêts, le sommer de recevoir lesdites offres, de lui en bailler quittance, ou en décharger l'acquereur, & accepter l'obligation du retrayant à la place de celle dudit acquereur ; ce qui s'observe de la maniere suivante.

Quittance aux fins d'un retrait lignager.

EN la presence des Notaires, &c. Barthelemy, &c. demeurant rue, &c. s'est transporté pardevers & à la maison du sieur François, &c. & de Guillemette, &c. sa femme, demeurant rue, &c. où étant & parlant à leurs personnes, ledit Barthelemy, &c. leur a presentement & en la presence desdits Notaires, offert deniers à découvert en louis d'or, écus d'argent & autre bonne monnoie, le tout bon & ayant cours, bailler & payer la somme de dix mille cinq cens livres ; sçavoir dix mille livres pour le rachat, sort principal & amortissement de cinq cens livres de rente de bail d'heritage, à la charge de laquelle entr'autres ledit François & sa femme ont baillé & délaissé, tant à titre de vente que de ladite rente, à Eustache & Jeanne, &c. sa femme, une maison à Paris, rue, &c. plus au long declarée au contrat de ce passé pardevant tels Notaires le tel jour, & cinq cens livres pour une année d'arrerages de ladite rente, écheant ce jourd'hui, le sommant & interpellant de recevoir lesdits deniers offerts pour les causes susdites ; lui en bailler quittance, si mieux n'aiment lesdits Franç

çois & sa femme décharger dès à présent lesdits Eustache & sa femme de ladite rente, tant en principal
qu'arrerages, frais, mises & loyaux coûts, & leur
en bailler présentement quittance, rendre ledit contrat, & consentir que sa minute & grosse en soient déchargées. aux offres que fait aussi ledit Barthelemy,
&c. de s'obliger à la garantie du sort principal & payement des arrerages de ladite rente au lieu & place desdits Eustache & sa femme; pour par ledit Barthelemy,
leur fournir l'une ou l'autre desdites deux quittances,
aux fins de parvenir au retrait qu'il entend faire de la
susdite maison, comme lignager dudit François, &c.
suivant & au désir de la Sentence ce jourd'hui rendue
au Châtelet, & portant adjudication dudit retrait: Autrement & à faute par lesdits François & sa femme d'accepter l'une ou l'autre desdites offres, ledit Barthelemy
leur a déclaré & protesté qu'il consignera lesdits deniers
offerts aux risques, perils & fortunes, dépens, dommages
& intérêts de qui il appartiendra, entre les mains du Receveur des Consignations, & en outre de tout ce qu'il
peut & doit protester en cette partie. Lequel François,
&c. & sa femme ont fait réponse qu'ils étoient prêts &
offro'ent de recevoir lesdits deniers offerts pour les causes susdites, en bailler quittance & décharge valable audit Barthelemy, en leur faisant par lui apparoir de
ladite Sentence & adjudication de ladite maison à son
profit comme leur lignager, & non autrement; faute
de quoi ont par ces présentes protesté & protestent
contre ledit François, que lesdites offres & sommations ne leur pourront nuire ni préjudicier, ni ausdits
Eustache & sa femme; Sur quoi après que ledit Barthelemy a montré & exhibé l'original de ladite Sentence signée & scellée, & d'icelle baillé copie collationnée par lesdits Notaires soussignez ausdits François
& sa femme, & que par ladite Sentence leur est apparu
de la susdite adjudication faite au profit dudit Barthelemy; icelui Barthelemy leur a fourni, baillé & payé
présens lesdits Notaires soussignez, ès especes que des-

I iij

fus, la fufdite fomme de dix mille cinq cens livres
pour le rachat du fort principal & arrerages qui étoient
dûs de ladite rente de bail d'heritage jufqu'à huy,
dont & de laquelle fomme de dix mille cinq cens livres
pour les caufes que deffus reçûe, lefdits François & fa
femme fe font contentez, & en ont quitté & quittent
ledit Barthelemy, &c. Euftache, fa femme & tous
autres. Ce faifant, ont prefentement rendu & mis ès
mains dudit Barthelemy la groffe originale dudit contrat de vente, fur laquelle & fur fa minute, enfemble
fur l'autre expedition dudit contrat, qui eft ès mains
defdits Euftache & fa femme, lefdits François & fa
femme confentent que par tous Notaires premiers requis
foit fait fommaire mention du prefent rachat, fans que
leur prefence y foit neceffaire ; ce qui ne fervira avec
lefdites prefentes que d'une même chofe, promettant,
&c. obligeant, &c. renonçant, &c. Fait & paffé &c.

Cette quittance fe peut faire autrement, & en la forme
fuivante.

L'expofé entierement comme ci-deffus, & puis fuivre
ainfi.

Sur quoi ledit François & fa femme ont fait réponfe
qu'ils acceptent l'obligation dudit Barthelemy, & que
moyennant icelle ils déchargeront lefdits Euftache
& fa femme de ladite rente en principal & arrerages
pour l'avenir. Et en confequence de ce, iceux François, &c. & Guillemette, &c. fa femme, qu'il autorife, ont par ces prefentes volontairement quitté &
déchargé à pur & à plein, dès maintenant à toujours
lefdits Euftache & fa femme abfens, lefdits Notaires
fouffignez ce acceptans pour eux, tant du fort principal
defdites cinq cens livres de rente que des arrerages d'i-
ceux échus & à écheoir, frais, mifes & loyaux coûts, &
promettant de ne les en rechercher ni inquieter à l'avenir fous quelque fujet & prétexte que ce foit. Et à ces
fins ont prefentement baillé & delivré audit Barthelemy la groffe originale qu'ils avoient dudit contrat de
vente & bail à rente de la fufdite maifon dudit jour,

&c. Et confentant que fur icelui fa minute & autres
actes qu'il appartiendra, foit en vertu des prefentes,
fait fommaire mention de la prefente quittance & décharge par tous Notaires premiers requis, fans que
leur prefence y foit neceffaire ; au moyen de quoi ledit
Barthelemy, &c. s'eft par cefdites prefentes chargé
defdites cinq cens livres de rente, tant en principal
qu'arrerages, a promis & promet icelle rente garantir,
fournir & faire valoir, payer & continuer par chacun
an à toujours & aux quatre quartiers accoutumez, fans
aucun déchet ni diminution, nonobftant toutes chofes
à ce contraires, aufdits François & fa femme en leur
maifon à Paris, & à leurs hoirs & ayans caufe ou au
porteur, &c. felon & ainfi que lefdits Euftache & fa
femme y font tenus & obligez par ledit contrat, tant
& fur fpecialement la fufdite maifon de la rue, &c.
qui en eft & demeure à toujours fpecialement & par
privilege & preference, chargée, affectée, obligée
& hypotequée au defir dudit contrat, fans pour ce regard y déroger ; comme generalement fur tous & chacuns les autres biens meubles & immeubles prefens & à
venir dudit Barthelemi, & de fadite femme, qu'ils en
ont auffi chargez, affectez, obligez & hypotequez à cet
effet, fans que lefdites obligations fpeciale & generale
dérogent l'une à l'autre: reconnoiffant lefdits François
& fa femme avoir reçû comptant dudit Barthelemy, qui
leur a baillé & payé, prefens lefdits Notaires fouffignez,
en écus d'argent & autre bonne monnoie ayant cours,
la fomme de trois cens foixante & quinze livres pour
trois quartiers d'arrerages qui leur étoient dûs de ladite
rente, échéans ce jourd'hui, dont ils fe contentent &
en quittent ledit Barthelemy & tous autres, promettant, &c. obligeant, renonçant, &c.

Nota. Cette quittance fert au retrayant, pour ôter à
l'acquereur le pretexte qu'il auroit de dire que tous fes biens
particuliers font obligez envers fon vendeur, à la garan-
tie & payement de la rente qu'il a conftituée fur iceux à

cause de ladite vente, n'étant pas juste que d'un côté i
fut évincé par un retrayant de la chose par lui acquise de
bonne foy, & que de l'autre ses biens particuliers fussent
encore chargez de ladite rente, à raison de quoi l'acquereur auroit droit de prétendre d'être & demeurer proprietaire dudit heritage, & de faire décheoir le retrayant dudit retrait, parce que la Coutume veut non-seulement
que le vendeur purge entierement l'acquereur, & le rende
quitte de tout ce que ses biens pourroient être tenus & obligez, en quelque sorte & maniere que ce soit, par son
contrat d'acquisition de la chose ainsi retirée par droit de
retrait lignager ou feodal, mais encore qu'il lui rembourse
tout ce qu'il a déboursé du prix de l'acquisition, ensemble
tous frais, mises & loyaux coûts; laquelle quittance
doit être fournie par le retrayant audit acquereur, & en
faire mention dans le contrat dudit retrait, parce qu'elle
doit faire partie des offres du retrayant, &c.

CHAPITRE V.

Des Procurations.

LA procuration est un acte, par lequel
celui qui n'est pas en état d'agir par soi-
même, soit à cause de la distance des lieux,
soit par quelque autre raison, donne pouvoir à
un autre d'agir pour lui, & de faire tout ce
qu'il feroit, s'il s'y trouvoit en personne. Elle
est susceptible de toutes sortes de conditions,
& de restrictions, que le Procureur constitué n'est pas en droit d'exceder.

Elle finit toujours par la mort du constituant, quand le Procureur auroit commencé

d'agir, pourvû que cette mort soit bien ave-
rée.

Le mari est toujours censé le Procureur de
sa femme, pour agir dans les affaires qui la
concernent, sans autre procuration de sa
part, à moins qu'ils ne soient separez : la
femme peut agir pour son mari, mais il faut
qu'elle en ait une procuration generale pour
toutes ses affaires, ou speciale pour celle
dont il s'agit.

La procuration peut être revoquée toutes-
fois & quantes, mais il faut que la revocation
soit signifiée, & elle subsiste tant qu'elle n'est
pas revoquée ; ainsi quand on dit qu'une procuration est revoquée de plein droit après un
an, c'est une erreur.

*Formule d'une Procuration generale d'un Mar-
chand à son facteur, commissionnaire ou agent.*

FUt present le sieur François, &c. Marchand de
demeurant, &c. lequel a fait & constitué
son Procureur special & general Antoine   son
facteur & agent à ce present & acceptant, lui donnant
pouvoir de pour & au nom dudit sieur constituant se
transporter ès Villes de Lion, Grenoble, Marseille,
Montpellier, Toulouse, Bourdeaux, & en toutes
les autres Villes & lieux des Provinces de Lyonnois,
Dauphiné, Provence, Languedoc & Guyenne, où
ledit sieur constituant a de present, & pourra avoir affaire à cause de son trafic & commerce, suivant les
instructions & memoires tant verbales que par écrit,
que ledit sieur François lui en a données & lui pourra

envoyer ci-après : Ce faisant, en tous lesdits lieux, foires & marchez où ledit Antoine se trouvera gerer & negocier bien & dûement, comme il appartient, les biens, marchandises & droits dudit sieur François, vendre & débiter lesdites marchandises en gros ou en détail, soit à credit ou argent comptant & autrement, selon & ainsi que ledit Antoine avisera pour le mieux, recevoir les deniers qui proviendront desdites ventes ; ensemble toutes & chacunes les sommes de deniers qui sont & seront dûes audit sieur constituant èsdites Provinces & ailleurs, par promesses, cedules, obligations, lettres de change, Sentences, Arrêts, & autrement, en quelque sorte & maniere que ce soit ; convertir les deniers qu'il touchera en lettres de change, pour les faire tenir audit sieur François en sa maison à Paris, ou bien en achat d'autres marchandises, dont il en pourra faire ou faire faire ladite vente ès foires & marchez desdites Villes & lieux, tenir bon & fidele registre de compte desdits achats, ventes & envois desdites lettres de change ; ensemble bon & fidele bilan de tout ce qu'il negociera èsdites foires & marchez, tant en marchandises que lettres de change ; payer & acquitter les lettres de change & autres dettes actives qui lui seront ordonnées par ledit sieur François, selon les avis qu'il lui en envoyera par écrit, si besoin est, & selon que la necessité des affaires dudit sieur François le requerra. Pourra ledit Antoine tirer sur lui à Paris telles lettres de change qu'il jugera necessaires, lesquelles ledit sieur François promet d'accepter & d'acquitter au temps d'icelles, conformément aux avis que ledit Antoine sera aussi tenu de lui en donner par écrit, pour éviter à surprise & à falsification des lettres que l'on pourroit lui contrefaire. Pourra aussi ledit Antoine commettre jusqu'à deux ou trois personnes, pour lui aider seulement à la garde & conservation desdites marchandises èsdites foires & en ses magasins, à la charge qu'il demeurera garant de la fidelité de sesdits Commis envers ledit sieur François; comme aussi ledit fieur Antoine demeurera garant de tout ce qu'il recevra, en vertu des prefentes, de quoi il baillera les quittances & décharges neceffaires, au lieu dudit fieur confti-tuant. Pourra ledit fieur Antoine en cas de refus de payement par les debiteurs dudit fieur François, les y faire contraindre par les voyes dûes & raifonnables, à ce fujet faire contre eux telles fommations, proteftations defdites lettres de change, inftances, & autres actes de Juftice qu'il conviendra, même plaider par-devant tous Juges, oppofer & appeller de tous torts & griefs, l'appel relever & pourfuivre, ou y renon-cer, fubftituer un ou plufieurs Procureurs au fait de plaidoirie feulement, les revoquer fi bon lui femble, & en fubftituer d'autres en leur lieu, faire executer toutes les Sentences, Obligations & Arrêts felon leur forme & teneur, même faire emprifonner les debiteurs s'ils s'y trouvent condamnez, executer & vendre leurs biens, meubles & immeubles en la maniere accoûtu-mée, fi ledit Antoine le juge à propos ; confentir & donner toute main-levée defdits emprifonnemens, fai-fies & executions defdits biens, meubles & immeubles defdits debiteurs : Et encore ledit fieur François donne pouvoir à Antoine de traiter & compofer defdites det-tes ou de partie d'icelles, par voie d'arbitre ou autre-ment, ou bien en faire ceffions & tranfports, & don-ner termes, le tout ainfi que ledit Antoine le jugera pour le mieux ; acquiefcer à toutes Sentences arbi-trales, ou en appeller ; Et fur le tout faire & paffer tous contrats d'accords, tranfactions, ceffions, tranf-ports, compromis, acquiefcemens, quittances, main-levées, décharges, & autres actes qui feront necef-faires ; & à l'entretenement de tous lefdits contrats & actes, y obliger ledit fieur conftituant & tous fes biens, meubles & immeubles, prefens & à venir, tant & fi avant que le cas le requerra, élire domicile en tous lieux & endroits que bon femblera audit Antoine, pour l'execution de tout ce qui fera fait, en vertu defdites prefentes, & generalement en tout ce que deffus, circonstances & dépendances faire pour ledit sieur François, tout ainsi & comme il pourroit faire, s'il y étoit présent en personne, encore que le cas requît mandement plus special que ces presentes. Promettant ledit sieur constituant agréer & ratifier, si besoin est, toutefois & quantes tout ce que par ledit Antoine sera fait, en vertu desdites presentes, sous l'obligation & hypoteque de tous & chacuns ses biens, meubles & immeubles, presens & à venir, qu'il a pour ce soumis & soumet à Justice; à peine de, &c. En témoin de ce, nous, à la relation desdits Notaires, avons fait mettre le scel d'icelle Justice à cesdites presentes, qui ont été faites & passées à   &c.

Nota. *Que pour la sûreté dudit sieur constituant, il est necessaire que son facteur lui donne une assurance de son maniement, & qu'il regle ses appointemens: ce qui se fait, comme il ensuit.*

AUjourd'hui est comparu pardevant les Notaires soussignez, Antoine, &c. facteur & agent du sieur François, &c. Marchand, &c. lequel a reconnu & confessé que ledit sieur François, &c. à ce present & acceptant, lui a presentement mis ès mains la grosse en parchemin, signée & scellée d'une procuration generale, que ledit sieur François, &c. lui a ce jourd'hui passée pardevant lesdits Notaires soussignez, pour se transporter ès Villes de Lion, Grenoble, Marseille, Montpellier, Toulouse, Bourdeaux, & en toutes les autres Villes & lieux des Provinces mentionnées en ladite procuration, pour en vertu d'icelle, en tous lesdits lieux, foires & marchez y établis, où ledit comparant se trouvera gerer pour lui, negocier, vendre & débiter les marchandises, y exercer les autres droits & effets dudit sieur François, selon que le tout est plus au long porté en ladite procuration. Ce que ledit Antoine, &c. promet & s'oblige de faire au mieux & plus diligemment & fidelement qu'il lui sera possible, & avec toute l'assiduité requise & necessaire: Et à ces fins de partir de cette Ville de Paris, dès demain

prochain, pour se rendre incessamment en ladite Ville
de Lion & autres lieux, selon les occurrences, &
que les affaires dudit sieur François le requerront,
sans en rien negliger, dont il sera tenu, & promet
pareillement de rendre bon & fidele compte, & de
tout ce qu'il en fera audit sieur François, &c. Icelui
Antoine sera tenu, sitôt qu'il aura fini toutes les affaires de François dans tous les lieux où il aura été
obligé de se transporter, de s'en retourner en cette
Ville de Paris, & de s'y rendre incessamment, & le
plûtôt que faire se pourra, avec toutes les marchandises & effets qui lui resteront pour lors, afin de les
remettre ès mains dudit sieur François, avec ledit compte & les pieces justificatives d'icelui ; à peine de tous
dépens, dommages & interêts. Dans lequel compte
ledit sieur François promet de passer & allouer les nourritures & appointemens dudit Antoine, &c. à raison
de   qu'il lui accorde par ces presentes pour chacun jour durant le temps de son employ, à compter dudit jour de demain prochain, qu'il
partira de cettedite Ville de Paris, jusques au jour
de son retour audit Paris & non plus : en ce compris
les nourritures & appointemens de ceux qu'il voudra
commettre & avoir à son service, au desir de ladite
Procuration ; de laquelle somme de
par jour, comme dit est, ledit Antoine se payera par
ses mains sur les deniers de son maniement. Cela fait,
s'il y a du reliquat en deniers par l'arrêté & clôture
dudit compte, sera ledit reliquat à l'instant payé par
celui qui en sera debiteur à l'autre des parties : car ainsi,
promettans, &c. obligeans chacun en droit soi, &c.
renonçans, &c. Fait & passé, &c.

Procuration generale.

FUt present Charles Beguin Bourgeois de Paris,
demeurant rue, &c. Paroisse S. &c. lequel a par
ces presentes fait & constitué son Procureur, &c. aus

quel il donne pouvoir & puissance , de pour lui & en
son nom agir en toutes les affaires qu'il a & aura ci-
après , avec toutes & telles personnes que ce soient ,
régir , gouverner & administrer ses droits , actions &
prétentions en la forme & maniere , & ainsi qu'il avisera à propos , recevoir de toutes personnes qu'il appartiendra , toutes & chacunes les sommes de deniers
qui en sont ou seront dûes audit constituant , tant par
promesses , obligations , transports , remises , compositions , lettres de change , condamnations & autrement , en quelque sorte & maniere que ce soit , &
à quelque somme que le tout se puisse monter ; du reçû , bailler quittances & décharges valables , rendre
les pieces , ou consentir être renduës ; & au deffaut
de payement , faire toutes sommations , protestations
& diligences necessaires ; & comparoir pardevant tous
Juges à toutes assignations , tant en demande que défense , faire toutes affirmations en tels cas requis & accoutumez , poursuivre les instances pendantes & indé-
cises , tant en la Cour de Parlement , au Châtelet , &
pardevant les sieurs Juges & Consuls , qu'ailleurs ,
contre   Beguin fils dudit sieur constituant , Marie , &c. sa femme , & Pierre , &c. son pere , &
autres qu'il appartiendra , même contre tous & chacuns
les créanciers dudit sieur constituant , dire , requerir ,
soutenir & défendre , former oppositions , déduire les
moyens , bailler contredits , former incidens , & nouvelles faire submissions , demander & donner mainlevée diffinitivement , ou par provision , prêter consentement , consentir élargissement , traiter , composer & transiger de tous procès , actions , prétentions,
dettes & effets , & autres droits quelconques, à telles
sommes , remises , charges , clauses & conditions que
ledit Procureur conviendra , se soumettre à arbitres &
amiables compositions , recevoir ce qui en proviendra , demander ou donner délais , presenter &
signer toutes Requêtes & écritures ; & si besoin est ,
sans que pour aucune cause que ce soit , ledit Procu-

reur constitué soit en aucun cas prévû & non prévû,
garant d'aucune chose ; plaider , &c. opposer , &c.
appeller , &c. relever , &c. élire domicile , substituer,
&c. & generalement , &c. Promettant , &c. obligeant , &c. Fait & passé , &c.

Procuration generale faite par le mari à sa femme.

FUt present François, &c. demeurant , &c. lequel
a fait & constitué sa Procuratrice speciale & generale Dame Marie , &c. sa femme , qu'il autorise pour
tout ce qu'elle fera en vertu des presentes , lui donnant pouvoir de pour & en leurs noms , regir , gouverner & administrer tous & chacuns leurs biens & affaires , bailler à ferme , loyer & prix d'argent , & à
moison de grains , leurs maisons sises à   & leurs
terres & heritages situez à la campagne en divers lieux ,
à telles personnes & pour tels temps , prix , charges ,
clauses & conditions que ladite Dame verra bon être.
Même si elle le trouve à propos , vendre toutes lesdites
maisons , terres , Seigneuries , heritages & autres
leurs biens , meubles & immeubles , de quelque nature , qualité & condition qu'ils soient , ou telle partie
d'iceux que ladite Dame avisera pour le mieux , aussi
à telles personnes & pour tels prix , charges , clauses ,
& conditions que bon lui semblera , emprunter toutes
& chacunes les sommes de deniers qu'elle trouvera à
constitution de rente , ou par obligation , & icelles
recevoir : Comme aussi à demander & recevoir par ladite
Dame toutes & chacunes les sommes de deniers qui
leur sont & pourront être ci-après dûes pour arrerages
de rentes , fermes , loyers , cedules , promesses , obligations , lettres de change , pensions , appointemens,
gages , droits : (*Quand c'est un Marchand ou Artisan , on y ajoûte*) parties arrêtées ou non arrêtées , ou
autrement en quelque sorte & maniere que ce soit , suivant les pieces & memoires dont ladite Procuratrice sera

saisie. Encore ledit sieur constituant donne pouvoir à
sadite femme de transiger, composer & accorder par
voie d'arbitres ou autrement, ainsi qu'elle estimera
pour le mieux, de tous procès & differends mûs & à
mouvoir en demandant ou défendant, ou bien faire
cession & transport de leurs droits, accorder & donner
terme, recevoir aussi tout ce qui en proviendra, ou
bien promettre dans les temps qui seront stipulez, de
payer ce qui sera dû & accordé de la part dudit sieur
constituant & de sadite femme, accepter toutes donations de quelque nature & condition qu'elles pourroient
être faites à leur profit & avantage, aux charges que
ladite Dame Procuratrice jugera raisonnable, de les
faire insinuer, si besoin est, par tout où il appartiendra : Comme aussi d'accepter & recevoir toutes & telles
gratifications, récompenses & bienfaits qu'il plaira à
Sa Majesté & autres Princes & Seigneurs de leur faire;
même pour accomplir l'effet desdites donations, gratifications, récompenses & bienfaits, soit qu'ils procedent d'aubeine, confiscations, bâtardises, deshe-
rence ou autrement, y associer telles personnes qu'elle
jugera à propos, pour telle part & portion que bon
lui semblera, ou bien prendre telle part qu'on lui voudra accorder aux donations, gratifications, recom-
penses & bienfaits qui pourroient être faits à d'autres
personnes, aux conditions qu'elle stipulera avec elles,
même en l'un & en l'autre cas se servir de leur pouvoir
& autorité en l'execution desdits dons, droits & gratifications, & en consequence prendre possession en la
maniere accoutumée de toutes lesdites choses, pour
ce qui en appartiendra audit sieur constituant & à sadite
femme & procuratrice, même faire rendre compte aux
comptables de tous les deniers & autres choses mobiliaires qui leur en appartiendront par les lots & partages
ou traitez qu'elle en aura faits en vertu des presentes,
& en recevoir les reliquats. De plus, ledit sieur constituant donne pouvoir à ladite Dame son épouse,
& d'accepter recueillir par benefice d'inventaire ou autrement

trement, ainsi qu'elle avisera, toutes les successions &
legs qui leur pourront écheoir, ou bien y renoncer ;
sinon d'en traiter & composer comme elle avisera, &
en recevoir tout ce qui en proviendra, même en cas
de refus de payement de tout ce qui est dès-à-présent ,
& se trouvera ci-après dû ausdits sieur François & sa
femme, pour quelque cause, sorte & maniere que ce
soit; y faire contraindre les débiteurs par les voies dûes
& raisonnables, même déposseder les fermiers & locataires des maisons, terres & héritages qu'ils tiennent
de lui, ou bien leur continuer leurs baux ; ou les bailler à d'autres aussi pour tel tems, prix, charges, clauses & conditions qu'il plaira à ladite Procuratrice : Et
si besoin est, plaider, &c. opposer, appeller, &c. renoncer, &c. affirmer, &c. élire domicile, &c. substituer, &c. par ladite Procuratrice, un ou plusieurs
Procureurs, en tout ou partie du pouvoir ci-dessus,
les revoquer, si bon lui semble, & en leur lieu en substituer d'autres, ces présentes demeurant néanmoins
en leur entiere force & vertu ; & sur le tout faire &
passer tous contrats de vente, cessions, transports,
constitutions, obligations, compromis, transactions,
donations, associations, partages, clôtures, arrêtez de
compte, baux à ferme & à loyer, quittances, décharges & autres actes qui seront nécessaires, & à l'entretenement d'iceux, garantie des choses vendues, garantie,
payement & continuation des rentes qui seront constituées, & icelles fournir & faire valoir, tant en sort
principal, cours d'arrerages, que rachat & payement
des deniers qui seront pris par obligations aux termes
qui seront stipulez, & de ceux portez par lesdites transactions & Sentences arbitrales aussi aux termes qui
seront convenus, entretenement & entier accomplissement des charges desdites donations, associations, &
desdits partages, y obliger ledit sieur constituant avec
sadite femme & Procuratrice solidairement aux renonciations accoûtumées ; & tous & chacuns leurs biens,
meubles & immeubles présens & futurs, tant & si avant

K

que le cas le requerra ; & élire domicile suivant l'Ordonnance, & generalement, &c. promettant ledit sieur
constituant d'agréer & ratifier, si besoin est, toutes fois
& quantes tout ce que par sadite femme, &c. ses substituez & chacun d'eux, sera fait en vertu desdites
présentes, à peine de tous dépens, dommages & interêts, sous l'obligation & hypotheque de tous & chacuns sesdits biens, meubles & immeubles présens & à
venir, qu'il a soûmis & soûmet pour ce du tout à la
Jurisdiction & contrainte de ladite Prevôté, & à toutes
autres qu'il appartiendra. Fait & passé, &c.

Procuration generale faite par une femme à son mari.

FUt présente Damoiselle   épouse de Nicolas, &c. demeurante, &c. autorisée dudit sieur
son mari à l'effet des présentes ; laquelle a fait & constitué son Procureur general & special ledit sieur
son mari, auquel elle a donné pouvoir de pour elle
& en son nom se présenter pardevant tous Juges, Notaires & autres personnes qu'il appartiendra, faire toutes poursuites pour la conservation de ses droits, actions
& biens, faire partage d'iceux ; & s'il y échet, les vendre, aliener & engager à telles personnes & à telles
sommes, charges, clauses & conditions que ledit Procureur avisera ; en recevoir le prix, & en donner toutes quittances & décharges valables, recevoir toutes
& chacunes les sommes qui lui sont & pourront être
dûes ci-après, soit pour loyers, fermages, arrerages
de rentes, Billets, Promesses, Obligations, retour de
partage, ou autrement ; du reçu en donner toutes quittances, transiger & accorder des sommes qui sont &
pourront être dûes, avec telles personnes & aux conditions qu'il jugera être à propos : & en cas de refus de
payement, faire toutes poursuites, contraintes & diligences nécessaires ; même si besoin est, plaider, op-

poſer, appeller, élire domicile, ſubſtituer, arrêter, donner mainlevée, conſtituer Procureur, les revoquer, en conſtituer d'autres, & generalement, &c.

Nota. Quand une femme paſſe Procuration à ſon mari, il faut qu'il y ſoit préſent pour l'autoriſer & y mettre ces mots : dudit .... ſon mari, pour ce comparant, autoriſée à l'effet des préſentes.

De même quand le mari paſſe Procuration à ſa femme, il faut qu'il l'autoriſe pareillement, autrement la Procuration eſt défectueuſe : & l'on ne peut valablement contracter avec elle, ſi elle n'eſt autoriſée de ſon mari par ſa Procuration, à l'effet d'agir en conſéquence.

Que ſi le mari a beſoin d'une Procuration de ſa femme qui eſt éloignée de lui, il faut qu'il faſſe dreſſer la formule de la Procuration, & qu'il paſſe un Acte au bas de ladite formule pardevant Notaires en cette façon.

Fut préſent Jacques, &c. lequel a dit & déclaré qu'il autoriſoit & autoriſe par ces préſentes Marie, &c. ſa femme, pour paſſer la Procuration dont la formule eſt ci-devant écrite. Fait & paſſé, &c.

Procuration generale pour recevoir des deniers en ce Royaume, & pays étranger.

FUrent préſens Jean & Pierre, &c. Marchands en compagnie, Bourgeois de Paris, demeurans rue, &c. leſquels ont fait & conſtitué leur Procureur general & ſpecial François, &c. lui donnant pouvoir de pour & en leurs noms demander & recevoir toutes & chacunes les ſommes de deniers qui leur ſont & pourront être ci-après dûes par quelques perſonnes que ce ſoit en ce Royaume & en Pays étranger, tant par obligations, promeſſes, billets, Lettres de change, envois de marchandiſes, tranſports, Sentences, qu'autrement, le tout ſuivant les pieces, extraits & mémoires dont le

dit Procureur fera porteur, & en bailler toutes quittances & décharges néceffaires. A refus de payement y
faire contraindre les débiteurs & tous autres qu'il appartiendra par les voies de droit & de Juftice ; obtenir telles condamnations que befoin fera, & en vertu d'icelles faire emprifonner les débiteurs, faifir &
executer leurs biens, meubles & immeubles, les faire
vendre & décreter en la maniere accoûtumée, & faire
les autres pourfuites jufqu'à parfait payement, & que
lefdits fieurs conftituans foient payez de leur dû. Ce
fait, ou en donnant par lefdits débiteurs des affuran-
ces fuffifantes aufdits conftituans pour le payement de
leur principal, interêts, frais & dépens, change & rechange au choix dudit Procureur ; confentir que les
prifonniers foient élargis de prifon & mis en liberté,
même leur donner mainlevée, fi befoin eft, defdites faifies & executions, & en tout ce qui fera de befoin, pour
l'effet & execution de cette Procuration, plaider, &c.
oppofer, &c. appeller, &c. renoncer, &c. affirmer,
&c. élire domicile, &c. fubftituer, &c. un ou plufieurs Procureurs en fon lieu & place, & leur donner
tel, pareil & femblable pouvoir que celui ci-deffus; les
revoquer fi bon lui femble, & en fubftituer d'autres,
cefdites préfentes demeurant toûjours en leur entier:
même lui donnent pouvoir lefdits fieurs conftituans de
tranfiger & compofer ainfi qu'il avifera avec lefdits
débiteurs de ce qui eft & fera par eux dû aufdits fieurs
conftituans, leur accorder delai, fi befoin eft; faire
telles ceffions & tranfports qu'il avifera, recevoir auffi
tout ce qui en proviendra & en bailler quittance, &
fur le tout faire & paffer tous contrats, accords, com-
pofitions, quittances, décharges, mainlevées, élar-
giffemens & autres actes néceffaires, & generalement,
&c. promettans lefdits fieurs conftituans agréer & ratifier tout ce que par leurdit Procureur, fes fubftituez,
& chacun d'eux fera fait en vertu defdites préfentes, à
peine de tous dépens, dommages & interêts, fous l'o-
bligation, &c. Fait & paffé, &c.

Procuration portant pouvoir de passer Sentence
de condamnation d'interêts.

PArdevant les Notaires Gardenotes du Roi au Châtelet de Paris, soussignez, fut présent Me Antoine &c. Secretaire du Roi, demeurant rue, &c. Paroisse, &c. lequel a fait & constitué son Procureur M. Louis &c. auquel il donne pouvoir de pour lui & en son nom passer Sentence de condamnation d'interêts de la somme de   au profit de Maistre Pierre, &c. Bourgeois de Paris, auquel il doit ladite somme par obligation passée pardevant, &c. & &c. Notaires au Châtelet de Paris le   jour d à la charge toutefois que l'execution de ladite Sentence sera sursise pendant le tems de   ans prochains, après lesquels finis il pourra être contraint au payement de ladite somme & interêts qui en seront dûs si bon semble audit sieur Pierre, &c. & generalement &c. promettant, &c. obligeant, &c. Fait & passé à Paris l'an   &c.

Acte d'apport d'une ratification étant ensuite d'une copie de contrat pour être annexé à la minute, lequel acte j'ai vû dresser & mettre au bas de ladite minute du contrat en la forme qui suit.

LEdit sieur Maton acquereur dénommé au contrat devant écrit, reconnoît & confesse que ledit sieur Robert aussi y nommé, a apporté l'acte de ratification fait par ledit sieur Mariette aussi y nommé du susdit contrat devant écrit, passé pardevant Notaires Royaux à   le   étant écrit ensuite de copie collationnée par Lestrie & Charles l'un des Notaires soussignez, le   jour de 17 d'icelui contrat devant écrit; lequel acte icelui sieur Maton a requis être annexé à la présente mi-

nute pour icelui tranfcrire en fin de l'expédition d'icelle, ce qui lui a été accordé, duquel acte de ratification
il décharge icelui fieur Robert qui le lui avoit promis fournir par ledit contrat, à condition qu'il demeurera garant de la verité d'icelui. Promettant, &c. obligeant, &c. renonçant, &c. Fait & passé, &c. & a
signé.

Procuration pour faire & passer un cautionement.

AUjourd'hui, &c. M. Jean Raullet, &c. demeurant, &c. au nom & comme Procureur de
Jean, Pierre, Louis, &c.   fondé de leur Procuration fpeciale à l'effet qui enfuit, paffée pardevant
         Notaire à &c. le   demeurée annexée
à ces préfentes, pour y avoir recours & être tranfcrite
aux expéditions qui en feront délivrées après avoir été
paraphée *ne varietur* dudit fieur Raullet & des Notaires
fouffignez ; lequel fieur Raullet audit nom de Procureur & en vertu de ladite Procuration defdits fufnommez, les a rendu & conftitué cautions & répondans
envers la Compagnie des Indes Occidentales, ce acceptant par   Directeurs generaux de ladite
Compagnie pour ce préfens : de la fidelité & probité
de Grency habitant de la Ville de   jufques à
concurrence de la fomme de   dans
les Emplois & Commiffions qui lui pourront être données par ladite Compagnie ou les Agens d'icelle, foit
en France ou dans les Ifles de l'Amerique ou autres
endroits où il plaira à ladite Compagnie ; & promet
ledit fieur Raullet audit nom de Procureur defdits
En cas qu'icelui Grency faffe quelque tort ou dommage à ladite Compagnie, de le reparer & amender auffitôt le cas advenu, jufqu'à la fomme de
à quoi il a obligé audit nom lefdits fieurs
folidairement l'un pour l'autre, chacun d'eux feul pour
le tout, fans divifion ne difcution, avec tous & cha-

cuns leurs biens, meubles & immeubles préfens & à venir, & dont il fait audit nom leur propre fait & dette, comme principaux débiteurs; lequel fieur Raullet audit nom a élû leur domicile en la maifon de auquel lieu nonobftant, &c. promettant, &c. obligeant, &c. audit nom, renonçant, &c. Fait & paffé le

---

Procuration pour acheter une rente, & pour le prix en conftituer une autre au profit du vendeur.

FUrent préfens en leurs perfonnes J. B. Ecuyer de Lieutenant de la Vennerie du Roi, & Dame M. B. fon époufe, de lui dûement autorifée à l'effet des préfentes, demeurant en cette Ville de Bourges, rue de Bourbonnon, Paroiffe S. Jean des Champs; lefquels ont fait & conftitué leur Procureur general & fpecial Me J. M. Sieur de leur beaufrere, Avocat au Parlement & aux Confeils du Roi, auquel ils ont donné charge & pouvoir de pour eux & en leurs noms paffer contrat pardevant deux Notaires au Châtelet de Paris, avec Me A. B. Avocat au Parlement, portant vente, ceffion & transport à leur profit de cinquante livres de rente par chacun an, montant en principal à neuf cens livres, conftituée au profit dudit fieur B. par M. P. G. & Damoifelle Louife P. fa femme, par contrat paffé pardevant Dorléans & Bonodat, Notaires au Châtelet de Paris le 3 Janvier 1669. à laquelle rente Me Ch. G. leur frere, Prêtre, Chanoine de Saint Urfin de Bourges, fe feroit folidairement obligé avec eux par autre contrat paffé pardevant Delamothe & Garnier Notaires au Châtelet le 13. Mars 1694 enfemble de tous les arrerages de ladite rente, frais, mifes, loyaux coûts, voyages, féjours, qui peuvent être dûs audit fieur B. par lefdits G. & P. jufques à ce jour, avec claufe de fubrogation

au profit des Sieur & Dame constituans de tous ses
droits & hypotheques, noms, raisons & actions pour
raison de ladite rente, arrerages & frais, le tout sous
la garantie de ses faits & promesses seulement & sans
aucune autre garantie ; à la charge par les Sieur &
Dame constituans de déduire sur iceux toutes les
quittances qui ont été données tant par ledit sieur B.
que autres pour lui, & ce qu'il peut avoir touché suivant ses reçûs ; en ce faisant retirer par ledit Procureur constitué les contrats de constitution de ladite rente devant datez, avec toutes pieces, poursuites & procedures faites par ledit sieur B. contre lesdits G. P. &
leurs débiteurs, tant au Châtelet de Paris qu'au Parlement, Cour des Aides qu'ailleurs, & lui en donner
bonne & valable décharge ; Et au moyen de ladite
vente, cession & transport donnent pouvoir lesdits Sieur
& Dame de   constituant audit sieur M. leur
Procureur constitué, de pour eux & en leurs noms
vendre, créer & constituer solidairement par le même
contrat au profit dudit sieur B. soixante livres de rente
montant en principal à douze cens livres, à laquelle
somme a été convenu & accordé entre eux, pour la
vente, cession & transport de ladite rente, en principal, arrerages & frais qui en sont dûs, ci-dessus vendus & cedez, à prendre sur lesdits G. & P. rachetable à toûjours icelle rente en baillant & payant par le
rachetant ou rachetans pareille somme de douze cens
livres en un seul payement, en avertissant trois mois
auparavant, avec tous les arrerages, frais & loyaux
coûts qui seront dûs & échûs lors dudit rachat & remboursement, à quoi lesdits Sieur & Dame constituans
s'obligent solidairement, un seul & pour le tout, sans
division ni discution ; ensemble tous les biens, meubles
& immeubles présens & à venir, &c. Et par hypotheque & privilege special, ladite rente qui sera vendue à leur profit à prendre sur lesdits G. & P. que ledit sieur B. vendeur se pourra réserver pour plus grande sureté de la rente qui lui sera créée, sans que la ge-

nerale obligation déroge à la speciale, ni la speciale à
la generale ; même ledit sieur B. s'oblige de faire ratifier d'abondant ladite Dame son épouse lorsqu'elle aura atteint l'âge de majorité , à l'effet de quoi il l'a dès-
à-présent autorisée ; payables lesdites soixante livres de
rente par chacun an aux quatre quartiers ordinaires
& accoûtumez, audit sieur B. en la Ville de Paris, le
tout sous l'obligation comme dit est , de tous les biens
qu'ils ont affectez , obligez & hypothequez , à fournir
& faire valoir ladite rente en principal & arrerages
bonne, solvable & bien payable, frais & loyaux-coûts;
faire par ledit sieur Procureur constitué pour les Sieur
& Dame constituans , élection de domicile en la maison en laquelle il est demeurant en la Ville de Paris,
pour l'execution du contrat qui sera par lui pour eux
passé, circonstances & dépendances , avec obligation
de leur faire ratifier icelui quinzaine après la passation, pour l'avoir agréable , à quoi dès-à-présent ils
s'obligent & aux autres clauses qu'il trouvera à propos de mettre , de quoi ils lui donnent pouvoir, quoique non ici exprimé , promettant , &c. obligeant, &c.
renonçant , &c. Fait & passé à Bourges en la maison
des Sieur & Dame constituans, devant déclarée, avant
midi, l'an 1689. le 29. Juin ès présences de , &c.
& ont les parties & témoins signé avec le Notaire soussigné, RAGNEAU.

Procuration pour recevoir le reste d'une Lettre de Change.

FUt présent Jean, &c. lequel a fait & constitué son
Procureur special & general Jacques , &c. lui
donnant pouvoir de recevoir du sieur Antoine, &c.
ou autres qu'il appartiendra , la somme de deux cens
pistoles , restante à payer de celle de dix-huit cens pistoles & un tiers de pistoles d'Espagne , contenue en
une Lettre de change datée à Paris du 20. Juin 17

tirée par le sieur Nicolas, &c. sur le sieur Noel Marchand à Amsterdam, qui auroit laissé protester icelle, laquelle est payable au sieur Ambroise, &c. ou ordre, qui l'auroit passé au sieur Jean-Baptiste, &c. de ladite Ville d'Amsterdam, pour valeur reçue dudit sieur constituant, qui déclare avoir reçu sur & tant moins d'icelle la somme de   par les mains de, &c. du reçu en bailler les quittances & décharges nécessaires, à refus de payement y faire contraindre ledit sieur Antoine, &c. par toutes voyes de droit & de Justice, plaider, &c. opposer, &c. appeller, &c. renoncer, &c. affirmer, & élire domicile, &c. substituer, &c. & generalement, &c. promettant, &c. obligeant, &c. Fait & passé, &c.

Procuration d'un particulier à celui qui lui a cédé la dette qui est à recevoir en vertu de ladite Procuration.

FUt présent Antoine   lequel a fait & constitué son Procureur special & general Jacques, &c. lui donnant pouvoir de pour & au nom dudit constituant, en vertu du transport que ledit Procureur lui a ce jourd'hui fait pardevant les Notaires soussignez, dont ledit Procureur sera porteur, demander & recevoir d'Henry, &c. ci devant Marchand, Bourgeois de Paris, à présent demeurant en la Ville de Rouen, ou autres qu'il appartiendra, la somme de mille cinq cens livres de principal, interêts d'icelle, frais & dépens qui sont & seront dûs lors dudit payement, & en quoi ledit Henry a été condamné par Sentence desdits sieurs Juges Consuls de Paris, du trentiéme jour d'Août dernier, & autres Intervenues en conséquence, le tout à cause de pareille somme de 1500 livres contenue en un billet dudit Henry, fait au profit dudit Procureur, & qu'il a cedé audit constituant

par le susdit transport, duquel Billet & Sentence ledit Procureur sera aussi porteur : de ce que ledit Procureur recevra, faire & bailler toutes quittances & décharges nécessaires ; à refus de payement faire executer lesdites Sentences selon leur forme & teneur, &
faire à ce sujet toutes les poursuites & contraintes requises & nécessaires, plaider, &c. opposer, &c. appeller, &c. affirmer, &c. élire domicile, &c. substituer, &c. & generalement, &c.

Procuration pour recevoir le contenu d'une Lettre
de change, dont le constituant a reçu la
valeur, & en demeure garant.

FUt présent Pierre, &c. lequel a fait & constitué
par ces présentes son Procureur special & general
la personne de François, &c. lui donnant pouvoir de
demander & recevoir des sieurs Maximilien & compagnie, Marchands à Lyon, ou autres qu'il appartiendra, la somme de 3000 livres contenue en une Lettre de change sur-enterinée par le sieur Barthelemy,
&c. le 12. Juin dernier, payable au prochain payement des Rois audit sieur constituant, ou à son ordre,
pour valeur reçue du sieur Isaac, &c. du reçu se tenir par ledit Procureur content, & en bailler les quittances & décharges nécessaires. A refus de payement
faire protester ladite Lettre de change & toutes les
autres poursuites & diligences requises : plaider, &c.
opposer, &c. appeller, &c. renoncer, &c. affirmer,
&c. élire domicile, substituer, &c. & generalement,
&c. Cette Procuration ainsi faite pour valeur que ledit
constituant a reçue de ladite Lettre de change des
sieurs Baltazar & Christophe, Marchands en compagnie à Paris, dont il se contente & les en quitte, au
moyen dequoi il demeure envers eux garant & respon-
sable de l'évenement de ladite Lettre de change,

promettant, &c. obligeant, &c. Fait & passé, &c.

Nota qu'au refus de payement il faut faire assigner lesdits débiteurs & tous autres qu'il appartiendra, pour s'y voir condamner & contraindre, & faire à ce sujet tous exploits & autres actes nécessaires, & generalement, &c.

Procuration pour faire rendre compte.

FUt présent Nicolas, &c. lequel a fait & constitué son Procureur special & general Gabriel auquel il donne pouvoir de pour lui & en son nom, faire rendre compte au sieur Alexandre, &c. Marchand de la Ville d'Amsterdam, & à tous autres qu'il appartiendra, de toutes & chacunes les marchandises que ledit sieur constituant lui a envoyées, tant pour vente, compte à moitié, que pour le compte particulier dudit sieur constituant. Ensemble des Lettres de change que ledit sieur Alexandre a tirées sur ledit sieur constituant, & qu'il a acquittées, comme le tout est plus au long déclaré au mémoire que ledit sieur constituant en a fait & certifié véritable, dont ledit Procureur sera porteur. S'il se trouve aucune desdites marchandises en nature, ledit Procureur les fera saisir & arrêter, & tirer des mains de ceux qui les ont en leur possession, & les mettra en d'autres pour la sureté dudit sieur constituant, ouir, examiner, débattre, clorre & arrêter ledit compte, former les débats, donner soûtenemens qu'il jugera à propos contre les articles d'icelui, s'en départir s'il trouve que bon soit, recevoir tous les deniers & autres choses qui se trouveront dûes & appartenir audit sieur constituant par ladite clôture dudit compte, & en bailler les quittances & décharges nécessaires : Et au cas que ledit sieur Alexandre fasse refus de rendre ledit compte & en payer le reliquat, l'y faire contraindre par Justice, & à cet effet plaider, appeller, élire domicile, substituer, &c. Fait & passé, &c.

Procuration d'une veuve pour recevoir les dettes de son mari.

FUt préfente Marguerite, &c. veuve de Julien, &c. demeurant, &c. tant en fon nom, qu'à cau-fe de la communauté de biens qui a été entre ledit dé-funt fon mari & elle, laquelle a fait & conftitué fon Procureur fpecial & general François, &c. lui don-nant pouvoir de pour elle & en fondit nom & qualitez fufdites, demander & recevoir de tous les débiteurs dudit défunt ou autres qu'il appartiendra, toutes & chacunes les fommes de deniers & autres chofes par eux dûes à la fucceffion & communauté dudit défunt fon mari & d'elle, pour quelque caufe & prétexte que ce foit ; à refus de payement y faire contraindre lefdits débiteurs & tous autres que befoin fera, par les voyes de droit & de Juftice : plaider, &c. oppo-fer, &c. appeller, &c. renoncer, &c. affirmer, &c. élire domicile, &c. fubftituer, &c. même faire faifir & vendre par toutes voies de Juftice les biens, meu-bles & immeubles defd. débiteurs : le tout pour la fureté des deniers dotaux & conventions matrimoniales que led. défendeur a accordées à ladite conftituante par leur contrat de mariage ; de tout ce que ledit Procureur recevra, en bailler les quittances, décharges, mainle-vées & autres actes que befoin fera : & generalement, &c. à la charge de lui en rendre enfuite bon & fidele compte, & de lui en payer le reliquat, que la confti-tuante pourra lui demander toutes fois & quantes, &c.

Procuration pour racheter une rente.

FUt préſent Jerôme, &c. lequel a conſtitué ſon
Procureur ſpecial & general la perſonne de Mathieu, &c.   lui donnant pouvoir de pour & au
nom dudit conſtituant racheter ès mains de Louis,
&c. ou autres qu'il appartiendra, ayant droit ou pouvoir de lui, cent livres de rente, que ledit ſieur conſtituant lui doit par contrat paſſé pardevant tel Notaire, le tel jour, lui payer les arrerages qui ſe trouveront
dûs lors dudit rachat, enſemble tous les frais, miſes &
loyaux coûts qui en ſeront auſſi dûs dudit payement
& rachat, retirer quittance & décharge valable avec
la groſſe dud. contrat de création & autres pieces concernant ladite rente, que ledit Louis, &c. a pardevers
lui ; faire faire mention dudit rachat, à la marge de la
minute originale dudit contrat, & faire à ce ſujet tout
ce qui ſera néceſſaire, élire domicile, & generalement, &c.

Autre Procuration pour recevoir ledit rachat.

FUt préſent Barthelemy   lequel a fait &
conſtitué pour ſon Procureur general & ſpecial
Pierre, &c. lui donnant pouvoir de pour & au nom
dudit ſieur conſtituant recevoir de Barthelemy , &c.
tous les arrerages échûs & à écheoir de cent livres de
rente, que ledit Barthelemy lui devoit par contrat d'un
tel jour paſſé par , &c. pardevant tels Notaires , enſemble le rachat & ſort principal de ladite rente, s'il
eſt offert, avec les frais, miſes & loyaux coûts , & en
bailler les quittances , décharges & ſubrogations qu'il
appartiendra, ſans garantie que des faits & promeſſes
dudit ſieur conſtituant, rendre la groſſe dudit contrat
& toutes les autres pieces dont ledit Procureur ſera

porteur concernant ladite rente, & confentir que fur
fcelle & leur minute foient mifes les décharges de ladite rente ; au refus de payement defdits arrerages,
faire les pourfuites, contraintes & diligences néceffaires, plaider, &c. oppofer, &c. appeller, &c. renoncer, &c. élire domicile, &c. fubftituer, &c. & generalement , &c.

Procuration pour accepter ou refufer une fuccef-fion, faire inventaire & partage.

FUt préfent André, &c. demeurant, &c. habile à
fe dire, porter & nommer héritier par bénéfice
d'inventaire , ou autrement de défunt Philippe, &c.
fon oncle paternel, vivant, &c. lequel audit nom a
fait & conftitué fon Procureur fpecial & general Me
François, &c. lui donnant pouvoir de pour & au nom
dudit fieur conftituant en la qualité fufdite , conjointement & avec les autres préfomptifs héritiers dudit
défunt, faire faire inventaire & defcription en la
maniere accoûtumée, de tous & chacun les biens &
effets délaiffez par ledit défunt fon oncle, & qui fe
trouveront tant en la maifon où il eft decedé en cette
ville de Paris, qu'en fes maifons de la campagne, fur
lefquels biens & effets étant en ladite maifon de Paris,
fcellé a été mis & appofé par le Commiffaire, &c.
convenir de Notaires pour la confection dudit inventaire , & de Sergens pour la prifée & vente des biens,
meubles, uftenfiles d'hôtel, habits, linges & hardes de
ladite fucceffion, confentir, fi befoin eft, la clôture
dudit inventaire, & laiffer tous lefdits effets entre les
mains de telle perfonne que ledit Procureur jugera à
propos, laquelle s'en chargera par ledit inventaire,
pour les repréfenter toutes fois & quantes, faire faire
ladite vente defdits meubles & hardes, en la maniere
accoûtumée, le tout fous telles proteftations que ledit
Procureur avifera être néceffaires. Ce fait & après

qu'icelui Procureur aura eu entiere connoissance de tous les biens & effets de ladite succession & des dettes passives d'icelles, s'il y en a, accepter ou répudier pour ledit sieur constituant ladite succession, l'acceptant faire proceder aussi au partage de tous lesdits biens & effets dudit défunt avec ses autres coheritiers. Et pour y parvenir, convenir & nommer ensemble d'Experts pour faire la prisée & estimation des immeubles & en dresser les lots, faire jetter au sort lesdits lots, ainsi qu'il est accoutumé; accepter celui qui écherra audit constituant, aux charges, clauses & conditions qui y seront contenues: Ce faisant, demander & recevoir de tous ceux qu'il appartiendra, tous & chacuns les deniers qui se trouveront lui être dûs, au desir du lot, à refus de payement y faire contraindre les debiteurs & autres qu'il appartiendra par les voies de droit & de Justice. Et si lesdits présomptifs cohéritiers dudit constituant étoient négligens ou refusans de faire proceder audit inventaire & partage, faire contre eux telles sommations & protestations que besoin sera à ce sujet; même en ce cas faire faire à sa requête & diligence par autorité de Justice ledit inventaire & partage, ensemble la vente desdits meubles & hardes, & aussi faire rendre compte à Noel, &c. de l'administration & maniment qu'il a eu des biens d'icelui défunt pendant le tems qu'il a été son Curateur, ouir, examiner, clore & arrêter ledit compte, fournir aux articles d'icelui tels debats & soûtenemens qu'il jugera raisonnables, & s'en départir s'il trouve que bon soit; recevoir aussi le reliquat qui se trouvera dû, & aux fins susdites, si besoin est, plaider, &c. opposer, &c. appeller, &c. renoncer, &c. affirmer, &c. élire domicile, &c. substituer, &c. Et encore ledit constituant donne pouvoir à sondit Procureur de vendre, ceder, quitter, transporter, échanger & autrement aliener tout ce qu'il peut prétendre & lui pourra écheoir par ledit partage des biens de ladite succession, à telles clauses, conditions, & contre tels autres biens & effets

fets qu'il avisera ; recevoir pareillement lesdits prix de tout ce que ledit Procureur recevra en vertu desdites présentes, en bailler les quittances & décharges néceffaires : Et fur tout le contenu ci-deffus, circonftances & dépendances, faire & paffer tous contrats de vente, ceffions, tranfports, partages, échanges, compromis, fommations, proteftations, inventaires, quittances, décharges, tranfactions, & autres actes qui feront néceffaires, que ledit conftituant veut être autant valables, que s'il les avoit faits & fignez ; & pour l'accompliffement & execution d'iceux, élire domicile en tels lieux & endroits que ledit Procureur jugera à propos, & generalement, &c. promettant ledit conftituant avoir agréable, & ratifier, fi befoin eft, toutes fois & quantes tout ce que par fondit Procureur fera fait en vertu des préfentes, fous l'obligation, &c.

Procuration pour faire la régie, recette & gouvernement des droits d'Aides.

FUt préfent François, &c. au nom & comme Procureur de Maître Claude, &c. Fermier general des Aides de France, & droits y joints, fuivant le bail qui lui en a été fait au Confeil d'Etat du Roi le tel jour, en la jouiffance duquel bail ledit Claude, &c. a été maintenu & confervé pour le tems qui en refte à expirer, moyennant l'augmentation du prix d'icelui, par Arrêt dudit Confeil du, &c. dernier, qui permet de réfoudre, ou entretenir les fous-baux qu'il a cidevant faits, & encore ledit Claude continué en la jouiffance de fondit bail pour trois ans, par refultat dudit Confeil dudit jour, &c. (*c'eft le même jour dudit Arrêt*) lequel audit nom & en vertu de la Procuration dudit Claude, paffée pardevant tel Notaire, tel jour, a par ces préfentes fait, conftitué & fubftitué le Procureur fpecial & general dudit fieur Claude, &c. la perfonne de Bertrand, &c. lui donnant pouvoir de

L

pour ledit Claude, regir, gouverner & administrer les Fermes d'Aides & droits y joints, non alienez des lieux ci après déclarez, qui sont la Ferme des droits d'Aides de la Ville & Election de, &c. à la reserve de tout ce qui en est aliené & hors la main du Roi. *Item*, la Ferme de la permission de tenir Hôtellerie, Tavernes, Cabarets, & vendre vin en gros par toutes les Villes, Bourgs, Villages & lieux de ladite Election de, &c. à la réserve desdites alienations, consistant ledit droit en six livres par an, pour chacun Tavernier, Cabaretier, & generalement pour la regle desdites Fermes faire tout ce qui sera nécessaire, demander & recevoir de toutes sortes de personnes exemptes & non exemptes, privilegiées & non privilegiées les droits desdites Fermes d'Aides de ladite Ville & Election de, &c. à commencer du premier jour de Janvier prochain, tels qu'ils doivent être perçus en ladite Election, & tout ainsi que pourroit faire ledit Claude en vertu de sondit bail general & desdits Arrêts & Resultat ci-dessus datez. A cette fin établir par ledit Procureur, tous Bureaux & Gardes nécessaires en tels lieux & endroits qu'il jugera à propos, commettre audit recouvrement & recette telles personnes que bon lui semblera, les revoquer quand il avisera bon être, & en leur lieu en établir d'autres, faire rendre compte ausdits Commis de leur recette & maniment, voir, ouir, examiner, clore & arrêter leursdits comptes, recevoir les reliquats d'iceux ; de tout ce que ledit Procureur recevra bailler les quittances, décharges & autres actes nécessaires, payer les charges locales & autres choses qui sont & peuvent être assignées & dûes sur lesdites Fermes, en tirer toutes les quittances & décharges nécessaires, sous-affermer lesdites Aides & droits de ladite Election par Paroisse ou autrement, à telles personnes & pour tel tems, prix, charges, clauses, conditions & réserves que ledit Procureur avisera bon être, recevoir le prix desdites sous-Fermes, même les avances qui seront faites en conséquence, sur ce faire & passer tels sous-baux, quittances & décharges que besoin sera ; au refus de payement soit desdits reliquats de compte, soit desdits droits ou du prix des sous-Fermes & avances, faire toutes poursuites, contraintes, saisies, executions, emprisonnemens & autres diligences nécessaires, comme pour les propres deniers & affaires du Roi, plaider, & la personne dudit sieur constituant, representer en jugement & dehors, opposer en tous cas & à toutes fins, appeller de tous torts & griefs, l'appel relever & poursuivre, ou y renoncer si besoin est, elire domicile, faire telles affirmations qu'il appartiendra par raison ; bailler main-levée de toutes saisies, executions & élargissemens des prisonniers quand ledit Procureur le jugera à propos, composer & accorder de tous procès & differends qui pourroient survenir au sujet desdites Fermes des Aides & droits de ladite Election de, &c. avec telles personnes & telles charges, clauses & conditions qu'il avisera : substituer à tout le pouvoir ci-dessus, ou à partie d'icelui, un ou plusieurs Procureurs, les revoquer si bon lui semble, & en substituer d'autres : Et generalement faire par ledit Procureur pour ladite régie, gouvernement & administration desdites Aides & droits y joints de ladite Election de, &c. circonstances & dépendances d'icelles, comme feroit & pourroit faire ledit sieur constituant, s'il étoit présent, encore que le cas requît plus special mandement que ces présentes. Promettant, &c. obligeant, &c. Fait & passé, &c.

Procuration pour affermer les dixmes d'une Cure.

FUt présent Maître Alexandre, &c. Prêtre & Curé du Prieuré-Cure de, &c. lequel a fait & constitué son Procureur special & general Jacques, &c. lui donnant pouvoir de pour & au nom dudit sieur constituant bailler à ferme à telles personnes, & pour tel

tems, prix, charges, claufes & conditions qu'il avifera, toutes & chacunes les dixmes, tant groffes que
menues, vertes & domeftiques qui appartiennent audit fieur conftituant, à caufe de fondit Prieuré-Cure
de, &c. & fans aucune réferve, pour en jouïr par les
Fermiers durant le tems de leurs baux, & les appliquer à leur profit, tout ainfi que les précedens Fermiers en ont ci devant joui, & que ledit fieur conftituant en jouit à préfent. Sur ce faire & paffer tous cón-
trats de bail à ferme néceffaires, même bailler quittance aux nouveaux Fermiers de ce qui fera par eux payé
& avancé audit Procureur avant que d'entrer en jouïf-
fance defdites dixmes, élire domicile, &c. & generalement, &c. promettant, &c. obligeant, &c. Fait &
paffé, &c.

Nota. *Que pour connoitre lefdites dixmes on les diftin-
gue les unes des autres par ces mots, groffes, menues,
vertes & domeftiques; les groffes font du bled, orge &
avoine; les menues & vertes font pois, feves, oignons,
& autres femblables denrées; & les domeftiques font celles qui proviennent au dedans de la maifon, comme vaches, brebis, porcs, & autres femblables animaux.*

Procuration pour prendre à ferme les dixmes.

FUt préfent Maître   demeurant
à, &c. lequel a fait & conftitué fon Procureur
fpecial & general Ifaac, &c. lui donnant pouvoir de
pour & au nom dudit conftituant, prendre à ferme
pour tel tems, prix, charges, claufes & conditions
qu'il avifera de Maître Alexandre, &c. Prêtre, Prieur
& Curé de, &c. toutes & chacunes les dixmes qui appartiennent audit fieur Curé à caufe de fondit Prieuré-
Cure de, &c. & en paffer avec ledit fieur Curé ou
autre ayant charge & pouvoir de lui, tous baux néceffaires, & par iceux obliger ledit fieur conftituant,

tous ses biens meubles présens & à venir au payement
dudit prix , & entier accomplissement desdites charges , clauses & conditions , tant & si avant que le cas
le requerra élire domicile, & si besoin est se joindre
avec ledit sieur Curé pour la cassation & nullité du
prétendu bail ci-devant fait à Pierre, &c. comme ayant
surpris défunt Messire Barthelemy, &c. des charges de
gros dûs tant audit sieur constituant, qu'au Chapelain
d'un tel lieu, &c. demander pour ledit constituant la
préference dudit bail pour ledit prix , ainsi qu'il jugera à propos : Et au surplus plaider, &c. opposer,
&c. appeller, &c. renoncer, &c. affirmer, &c. élire
domicile , &c. substituer , &c. & generalement, &c.

Procuration pour prendre possession d'un héritage adjugé par decret.

FUt présent François , &c. lequel a fait & constitué son Procureur special & general Estienne, &c.
lui donnant pouvoir de pour & au nom dudit sieur
constituant , prendre possession en la maniere accoûtumée de toutes les maisons , terres & héritages audit
sieur constituant, adjugez à la Barre de la Cour de
Parlement de, &c. le tout saisi réellement & decreté
sur Jacques , &c. au sujet de ladite prise de possession
faite tout ce qui sera nécessaire : Et en cas d'oppositions ou empêchemens faire assigner tous ceux qu'il
appartiendra pardevant Nosseigneurs de ladite Cour de
Parlement, pour en dire les causes, plaider, &c. opposer, &c. appeller, &c. renoncer, &c. affirmer, &c.
élire domicile , &c. substituer , &c. bailler à ferme,
loyer & prix d'argent lesdites maisons & héritages à
telles personnes & pour tel tems, charges, clauses &
conditions que ledit Procureur avisera. Recevoir tout
ce qui en proviendra, même les pots de vin qui seront donnez en faveur desdits baux ; faire faire les réparations nécessaires esdites maisons & héritages, à ces

fins convenir de prix avec les ouvriers, & paſſer avec
eux tous marchez dont il ſera beſoin, après toutefois
que leſdites maiſons & héritages auront été viſitez, &
que leſdites réparations ſeront permiſes par Juſtice, à
cauſe du retrait qui pourroit arriver deſdites maiſons
& héritages : Et ſur le tout faire & paſſer tous contrats, marchez, quittances, décharges, & autres actes
à ce néceſſaires, & generalement, &c.

Autre pour paſſer titre nouvel.

FUt préſent Pierre   lequel a donné pouvoir à Jean   de pour & au nom dudit ſieur
conſtituant paſſer titre nouvel & reconnoiſſance au
profit de   de la rente de cent livres
rachetable de deux mille livres que ledit conſtituant
lui doit, à prendre ſur une telle maiſon ſize à Paris,
rue, &c. tenant à tels & tels, de laquelle ledit conſtituant eſt à préſent détenteur & proprietaire, au moyen
de l'acquiſition qu'il en a faite d'Eſtienne, &c. par contrat paſſé pardevant tels Notaires, le tel jour ; laquelle
eſt ſpecialement affectée & hypothequée à ladite rente
par le contrat de conſtitution que ledit Eſtienne, &c.
en a fait audit Pierre, &c. pardevant tels Notaires, le
tel jour ; & par ledit titre nouvel obliger ledit ſieur
conſtituant & tous ſes biens, meubles & immeubles
préſens & à venir, ſpecialement ladite maiſon au payement de ladite rente, tant en principal qu'arrerages
envers ledit Pierre, &c. ſes hoirs & ayans cauſe, conformément audit contrat de conſtitution, ſans déroger à ſes hypotheques & privileges, ni que leſdites
obligations ſpeciale & generale dérogent l'une à l'autre ; ce faſſant, que l'Inſtance pendante au Châtelet de
Paris pour raiſon dudit titre nouvel, ſera & demeurera éteinte & aſſoupie entre leſdites parties ; *élire
domicile*, & generalement, &c.

Autre Procuration pour exercer une charge de Messager-Juré.

FUt préfent Pierre, &c. Messager-Juré, en l'Univerfité de Paris, y demeurant rue, &c. lequel a fait & conftitué fon Procureur fpecial & general Louis &c. lui donnant pouvoir de pour & au nom dudit conftituant, fa perfonne reprefenter par tout où befoin fera pour faire l'exercice & fonction de fadite Charge de Messager-Juré de ladite Univerfité, & faire pour cet effet tout ainfi & comme ledit conftituant pourroit faire s'il y étoit préfent en perfonne. Et en cas de troubles ou empêchemens audit exercice & fonction de ladite Charge de Messager-Juré, ledit conftituant lui donne encore pouvoir de pourfuivre & faire affigner tous ceux qu'il appartiendra pardevant Monfieur le Prevôt de Paris, ou Monfieur fon Lieutenant Civil, en vertu de fes Lettres de protection & *pareatis*, à ces fins fi befoin eft plaider, &c. oppofer, &c. appeller, &c. renoncer, &c. affirmer, élire domicile, fubftituer, &c. & generalement, &c.

Procuration pour nommer à un Office vacant par mort.

FUrent préfens Dame Heleine, &c. veuve de feu Maiftre Louis, &c. vivant Procureur Tiers Referendaire en la Cour de Parlement à Paris, Cour des Aides, Bailliage & autres Jurifdictions de l'enclos du Palais, demeurant rue, &c. au nom & comme tutrice des enfans mineurs dudit défunt & d'elle, & Maiftre Eftienne, &c. tant en fon nom que comme fubrogé tuteur defdits mineurs François, &c. majeur & jouiffant de fes biens & droits, demeurant avec ledit fieur Eftienne fon frere aîné du premier lit dudit défunt leur

pere, icelui fieur Eftienne avec ledit François & lef
dits mineurs héritiers dudit défunt ; lefquels comparans èfdits noms & qualitez ont par ces préfentes nommé & nomment au Roi notre Sire, Monfeigneur fon
Chancelier, & autres ayans à ce pouvoir, la perfonne
de Chriftophe, &c. ancien Clerc au Palais, pour être
pourvû dudit Office de Procureur Tiers-Referendaire
héreditaire en ladite Cour de Parlement, Cour des
Aides, & autres Jurifdictions de l'enclos du Palais,
dont ledit défunt Louis, &c. étoit pourvû & jouïffant
lors de fon décès : Et pour confentir au nom defdits
comparans èfdits noms & qualitez, que toutes Lettres
de provifion lui en foient expediées, fcellées & délivrées en bonne forme, iceux comparans ont fait &
conftitué leur Procureur fpecial & general le porteur
defdites préfentes, auquel ils en ont èfdits noms &
qualitez donné & donnent tout pouvoir, & de faire à
ce fujet tout ce qui fera néceffaire, & generalement,
&c.

Autre nomination à un Office.

FUt préfent Antoine, &c. légataire de feu Monfieur Maiftre Eftienne fon pere, vivant Confeiller
du Roi en fa Cour de Parlement de, &c. entre autres
chofes dudit Office de Confeiller de Sa Majefté en ladite Cour de Parlement, lequel en conféquence dudit
legs, & du décès enfuite arrivé dudit fieur fon pere,
ayant payé dans les fix mois de l'Ordonnance le droit
de réfignation aux Parties cafuelles, pour fe faire recevoir audit Office : Et maintenant ledit fieur Antoine
ne défirant plus de s'y faire pourvoir, il a par ces préfentes nommé & préfenté au Roi & à Monfeigneur le
Chancelier Garde des Sceaux de France, la perfonne
de François, &c. pour être pourvû & reçû audit Office de Confeiller du Roi en ladite Cour de Parlement
de, &c. confentant que toutes Lettres de provifion à

re neceffaires lui en foient expediées, fcellées & délivrées, & generalement, &c. Fait & paffé, &c.

Démiffion d'un Office fur la furvivance.

Ujourd'hui eft comparu pardevant les Notaires
&c. Antoine, &c. pourvû en furvivance par le
Roi de l'Office de Confeiller de Sa Majefté en telle
Jurifdiction, dont jouiffoit défunt Maiftre François,
&c. fon pere au jour de fon décès, lequel s'eft par ces
préfentes volontairement démis & démet ès mains de
Sadite Majefté, de Monfeigneur fon Chancelier, Garde des Sceaux, & autres ayans à ce pouvoir, de fondit Office de Confeiller du Roi en ladite Cour de,
&c. pour en être pourvû en la perfonne de, &c. &
non d'autres ni autrement, confentant que toutes Lettres de provifion à ce néceffaires lui en foient expediées
& délivrées ; pourquoi faire & requerir, ledit comparant a fait & conftitué fon Procureur fpecial & general le porteur des Préfentes, lui en donnant tout pouvoir, & generalement, &c. promettant, &c. obligeant, &c. Fait & paffé, &c.

Démiffion d'un Office chez le Roi.

Ujourd'hui eft comparu pardevant les Notaires
&c. Jean, &c. Chef du Gobelet de la bouche
du Roi ; lequel s'eft purement & fimplement démis &
démet par ces préfentes de fondit état & office de
Chef de Gobelet de la bouche du Roi, pour & au nom
& profit de Pierre, &c. confentant & accordant fous
le bon plaifir de Monfeigneur le grand Maiftre de
France, & autres ayans à ce pouvoir, que ledit Pierre
foit reçu & admis audit état & office ; à cette fin,
que toutes Lettres de Provifion & autres à ce néceffaires lui en foient expediées & délivrées ; pour quoi fai-

re & requerir ledit Jean a conftitué fon Procureur
fpecial & general le porteur des préfentes, lui en donnant tout pouvoir, & generalement, &c.

Démiſſion d'une Charge d'Archer.

FUt préfent Bernard, &c. lequel s'eſt volontairement par ces préfentes fous le bon plaifir de, &c.
démis & démet de fondit état & charge d'Archer de
ladite Compagnie de, &c. pour & au profit de, &c.
non d'autre, confentant que toutes Lettres de provifion lui en foient expediées & délivrées, generalement, &c.

Procuration pour réſigner un Office.

FUt préfent Maiſtre Pierre,&c. Conſeiller du Roi
en fa Cour de Parlement de Paris, demeurant,
&c. rue, &c. lequel a fait & conftitué fon Procureur
fpecial & general
lui donnant pouvoir de pour & au nom dudit fieur
conftituant, réfigner & remettre ès mains du Roi notre Seigneur, de Monfeigneur fon Chancelier, Garde des Sceaux, & autres ayans à ce pouvoir, fondit état
& office de Conſeiller du Roi en ladite Cour de Parlement, dont ledit fieur conftituant eſt pourvû &
jouiſſant, à lui appartenant ; fupplier Sa Majeſté d'admettre ladite réfignation au nom & profit de François,
&c. & non d'autre ni autrement, & lui en faire expedier & délivrer toutes Lettres de provifion à ce néceffaires, & generalement, &c.

Procuration pour faire foi & hommage.

FUt préfent Nicolas, &c. Ecuyer Sieur & proprietaire du fief de, &c. demeurant à, &c. lequel
a fait & conftitué fon Procureur fpecial & general
lui donnant pouvoir de pour & au nom dudit fieur
conftituant, fe tranfporter pardevers Monfeigneur le
Duc d'Orleans & de Chartres, fils de France, & au
dedans de la Grand'Salle du Palais Royal dudit Chartres, lieu accoûtumé de porter à fon Alteffe Royale
les foi-hommage que fes vaffaux dudit Duché de Chartres lui doivent. Et là après que ledit Procureur pour
ledit fieur conftituant fe fera mis en devoir de vaffal,
fupplier fadite Alteffe Royale de vouloir recevoir la
foi & hommage & ferment de fidelité, que ledit Procureur pour ledit fieur conftituant lui fera & portera en
vertu des préfentes à caufe dudit fief & cenfives de,
&c. relevant dudit Duché de Chartres, & qui appartiennent audit fieur conftituant, au moyen de l'acquifition qu'il en a faite de, &c. par contrat paffé pardevant tel Notaire le tel jour (*ou bien dire par quel autre
moyen ce fief lui appartient*) payer à fadite Alteffe Royale tous les droits qui lui font dûs à ce fujet, & offrir
de lui bailler dans le tems de la Coûtume l'aveu & dénombrement dudit fief & de fes dépendances, conformément aux anciens aveus & dénombremens, iceux
préalablement communiquer; ce faifant, requerir mainlevée de la faifie féodale que fadite Alteffe Royale ou
fes Officiers ont fait faire fur les fruits & revenus
dudit fief, élire domicile, &c. & generalement, &c.

Autre pour faire la foi & hommage.

FUt présent Benjamin, &c. Ecuyer Sieur de Beau-
lieu, demeurant à, &c. au nom & comme ayant
la garde-noble des enfans mineurs de lui & de feu Damoiselle Jeanne, &c. sa femme, lequel audit nom a
fait & constitué son Procureur special & general
lui donnant pouvoir de se transporter pardevers le sieur
de la Riviere, duquel à cause de son fief de la Riviere situé en tel lieu, releve la Terre & Seigneurie de la
Paille & illec & par tout ailleurs où il appartiendra,
faire & porter audit sieur de la Riviere la foi & hommage & serment de fidelité qu'icelui sieur constituant audit nom lui est tenu faire & porter à cause de ladite
Terre & Seigneurie de la Paille, ausdits mineurs appartenant par le décès de ladite Damoiselle leur mere,
faire les soûmissions accoûtumées, & toutes les offres
nécessaires ; même de payer les droits Seigneuriaux &
féodaux si aucuns en sont dûs, & de bailler l'aveu &
dénombrement de ladite Terre & Seigneurie de la
Paille, au desir de la Coûtume dudit lieu ; ce faisant,
requerir main-levée des saisies qui pourroient avoir
été faites à cause de ce, & de tout requerir & lever
les actes nécessaires, élire domicile, &c. & generalement, &c.

Procuration pour recevoir les deni *d'un retrait.*

FUt présent André, &c. demeurant à, &c. lequel
a fait & constitué pour son Procureur special &
general Paul, &c.   lui donnant pouvoir de pour & au nom dudit sieur constituant
recevoir de celui qui voudra faire le retrait des héritages qu'il a acquis de Noel, &c. par contrat passé

pardevant tels Notaires le tel jour, tant le prix principal porté par ledit contrat, que les frais & loyaux-
coûts qui s'en trouveront dûs, de bailler quittance, &
en ce faisant délaisser lesdits héritages ausdits retrayans
sur ce, faire & passer tous actes nécessaires, & generalement, &c.

Procuration pour un apprentissage.

FUt présent Ambroise, &c. demeurant à &c. lequel a fait & constitué pour son Procureur special & general, la personne de Crepin, &c. lui donnant pouvoir de pour & au nom dudit constituant,
mettre en apprentissage pour tel tems, prix, charges,
clauses & conditions, & avec telles personnes que ledit
Procureur avisera d'un tel métier, Nicolas, &c. son
fils, âgé de treize ans ou environ, le certifier fidele,
obliger ledit constituant au payement du prix dudit
apprentissage, aux termes qui seront stipulez, à reparer tout le tort, perte ou dommage que ledit appren-
tif pourroit faire à son Maître durant le tems dudit
apprentissage : sur ce faire consentir & passer tel brevet que besoin sera, élire domicile, & generalement,
&c.

Procuration pour le marché d'un bâtiment.

FUt présent Hyacinthe, &c. demeurant à
lequel a fait & constitué pour son Procureur special & general, la personne de   lui
donnant pouvoir de pour & au nom dudit constituant
faire marché avec telles personnes, & pour tel prix,
charges, clauses & conditions qu'il avisera, pour la
construction & bâtiment d'une maison que ledit constituant desire faire bâtir sur une place à lui appartenante, contenant tant de toises, &c. sise à Paris rue,

&c. obliger ledit conſtituant au payement du prix du
dit marché, & à entretenir les charges, clauſes, & conditions d'icelui, tant & ſi avant que le cas le requerra,
élire domicile, & generalement, &c.

Procuration pour payer le droit annuel.

FUt préſent Auguſtin, &c. demeurant à
lequel a fait & conſtitué pour ſon Procureur ſpecial & general, Martial, lui donnant pouvoir de pour
& au nom dudit ſieur conſtituant, payer ès mains de
Monſieur le Tréſorier des Parties Caſuelles ou de ſes
Commis au Bureau qui ſera ouvert le tel jour (ou qui
eſt préſentement ouvert) en tel lieu, le droit annuel
que ledit conſtituant à cauſe de ſondit Office de Conſeiller, &c. doit à Sa Majeſté pour l'année prochaine,
&c. dudit payement retirer quittance, faire controller
icelle, & ſigner l'ampliation, & generalement, &c.

Procuration pour recevoir la montre d'un Gendarme & comparoir à la montre.

FUt préſent Jacques, &c. Ecuyer Sieur de, &c.
l'un des Gendarmes de la Garde du Roi, demeurant à, &c. lequel a fait & conſtitué ſon Procureur ſpecial & general Louis, lui donnant pouvoir
de pour & au nom dudit conſtituant, comparoir à la
montre qui ſe fera de ladite Compagnie pour le quartier de Juillet, Aouſt & Septembre de la préſente année 17   Ce fait recevoir de Maiſtre
Conſeiller du Roi, Tréſorier & Payeur de la Gendar-
merie de France & de ladite Compagnie, la ſomme
de   pour ſes états & appointemens
dudit quartier, & en bailler quittance au dos de la
préſente, même ſigner les rolles de ladite montre, prê-

ter le serment de fidelité à Sa Majesté ès mains des Commissaires & Controlleurs qui seront à ce départis, & generalement, &c.

Autre Procuration pour recevoir la montre d'un Chevauleger.

FUt présent Augustin, &c. demeurant à lequel a fait & constitué pour son Procureur special & general, Martial, &c. lui donnant pouvoir de pour & au nom dudit sieur constituant, comparoir, & sa personne representer pardevant les Commissaires & Controlleurs des Guerres où ils seront, & illec faire serment de bien & fidellement servir le Roi en ladite Charge, en tel lieu qu'il lui plaira commander, si besoin est, signer les rolles des montres qui seront faites de ladite Compagnie, recevoir les deniers qui lui seront dûs & ordonnez pour ses appointémens à cause de sadite Charge, & bailler les quittances necessaires, & generalement, &c.

Procuration pour recevoir la paye des chevaux employez au service du Roi.

FUt présent Eloy, &c. demeurant à   lequel a fait & constitué son Procureur special & general, Georges, &c. lui donnant pouvoir de pour & au nom dudit sieur constituant, recevoir de Messieurs les Trésoriers de l'Artillerie de France la paye de trente chevaux audit constituant appartenans, & qui ont été mis à l'attirail du canon pour le service du Roi, à raison de 40. sols par jour chacun cheval, Iceux chevaux vendre ou troquer, recevoir le prix, & sur le tout faire & bailler les quittances & décharges necessaires, & generalement, &c.

Procuration pour une indemnité.

FUt préfent Martel &c. demeurant à , &c. lequel a fait & conftitué fon Procureur fpecial & general Germain, &c. lui donnant pouvoir de pour & au nom dudit conftituant, faire & confentir au profit de Pierre, &c. telles lettres d'indemnité que befoin fera, au fujet de la rente de   livres, tant en principal qu'arrerages, frais, mifes & loyaux coûts, à laquelle ledit Pierre s'eft folidairement obligé avec ledit conftituant envers, &c. moyennant la fomme de   livres qu'ils ont reçue de lui pour le principal de ladite rente fous la faculté de rachat ftipulée au contrat de la conftitution d'icelle, ce jour-d'hui paffée pardevant les Notaires fouffignez, d'autant que la verité eft que ladite fomme de   eft entierement tournée au profit dudit fieur conftituant, pour employer à fes affaires particulieres, fans que ledit Pierre en ait rien profité ni touché aucune chofe, parce qu'il n'eft entré en ladite conftitution qu'à la priere dudit fieur conftituant, & pour lui faciliter fous fon nom ledit prêt ; de fe paffer tous actes néceffaires, même obliger ledit fieur conftituant de rapporter quittance ou décharge valable de fadite rente audit Pierre dans le tems qui fera convenu entre eux, élire domicile, & generalement, &c.

Procuration pour confentir qu'un contrat foit déclaré executoire contre l'héritier d'un défunt.

FUt préfent Louis, &c. demeurant à lequel a fait & conftitué fon Procureur fpecial & general, Charles, &c. lui donnant pouvoir de comparoir à l'affignation qui lui a été donnée pardevant
Noffeigneurs

Nosseigneurs des Requêtes du Palais le tel jour, par
exploit de tel Sergent, à la requête de Bertrand, &c.
& là & par tout ailleurs où besoin sera, consentir,
pour & au nom dudit constituant, que le contrat de
constitution de   livres de rente rachetable
de   livres, fait au profit dudit Bertrand par
défunt Maistre Estienne, &c. pardevant tels Notaires
un tel jour, soit déclaré executoire contre icelui constituant, comme héritier dudit défunt Estienne, son
pere, tout ainsi qu'il l'étoit contre ledit défunt : Et
en ce faisant, offrir de passer titre nouvel, reconnoissance de ladite rente, & de payer les arrerages qui en
sont & seront dûs audit sieur Bertrand, à ce sujet subir telles Sentences & condamnations que besoin sera
au profit dudit sieur Bertrand, pour & au nom
dudit sieur constituant, & encore pour & au nom
d'icelui constituant, passer aussi condamnation au
profit dudit Bertrand de la somme de
livres, contenue & mentionnée en certaine promesse
& écrit signé de la main dudit constituant, qui est en
la possession d'icelui Bertrand : Et à cet effet requerir
terme & délai de six mois pour le payement de ladite
dette, aux offres que fait ledit sieur constituant de lui
bailler bonne & suffisante caution d'icelle, & au surplus de ladite cause & instance faire tout ce que besoin
sera, élire domicile, & generalement, &c.

Procuration pour assister à la taxe de dépens adjugez par Arrêt.

FUt présent Louis, &c. lequel a fait & constitué
son Procureur spécial & general Maistre François,
&c. Procureur en Parlement, pour plaider, &c. opposer, &c. appeller, &c. renoncer, affirmer, &c. élire domicile, substituer, & par spécial de pour & au
nom dudit sieur constituant, comparoir en l'Etude du
Procureur tiers, au jour & heure qui sera cottée par

M

la sommation qui sera faite audit constituant de s'y trouver, à la requête d'Antoine, &c. pour voir arrêter les dépens contenus en la déclaration qui en a été faite, & adjugez audit Antoine par Arrêt de la Cour du Parlement le tel jour contre ledit constituant, & en ladite taxe faire telles offres que ledit Procureur avisera, signer icelle déclaration, ou appeller de ladite taxe, croiser les articles qu'il jugera à propos, même transiger & composer ainsi qu'il avisera : Et sur le tout faire par ledit Procureur ce qui sera nécessaire, élire domicile, & generalement, &c.

Nota, *Que le Procureur qui a occupé dans l'Instance n'a pas besoin de cette Procuration, & qu'il est au contraire obligé d'assister à la taxe des dépens, à moins qu'elle ne soit donnée pour en transiger.*

Autre Procuration pour assister à la taxe d'autres dépens adjugez par Sentence du Châtelet.

AUjourd'hui est comparu Michel, &c. demeurant à   lequel a fait & constitué son Procureur special & general, Gabriel   lui donnant pouvoir de plaider, &c. opposer, &c. appeller, &c. renoncer, &c. affirmer, &c. élire domicile, &c. substituer, &c. Et par special de pour & au nom dudit sieur constituant, comparoir pardevant les sieurs Conseillers, Commissaires dudit Châtelet, ou autre personne qu'il appartiendra, & assister à la taxe & liquidation des frais, dépens, salaires, & mises obtenus par Nicolas, &c. contre ledit constituant, &c. par Sentence rendue audit Châtelet le tel jour, iceux dépens croiser & débattre, même en transiger & composer s'il trouve que bon soit, ou en appeller, élire domicile, & generalement, &c.

Procuration pour emprunter deniers par obligation, ou constitution.

AUjourd'hui est comparu Ambroise, &c. demeurant à . . . . . . lequel a fait & constitué son Procureur special & general la personne de Martin, &c. lui donnant pouvoir de pour & au nom dudit sieur constituant, prendre, &c. emprunter de telles personnes qu'il trouvera, soit par obligation, constitution de rente ou autrement, jusques à la somme de livres de principal pour employer aux affaires particulieres dudit sieur constituant, telles qu'elles seront déclarées par sondit Procureur, & s'obliger au payement des deniers qui seront pris par obligation aux termes qui seront convenus, garantie du sort principal, payement & continuation des arrerages des rentes qui seront constituez en vertu des présentes, & à icelles fournir & faire valoir, obliger tous & chacuns les biens, meubles & immeubles présens & à venir dudit sieur constituant specialement tels & tels héritages (*il les faut déclarer en cet endroit*) audit sieur constituant appartenans de son propre, lesquels seront déclarez par ledit Procureur être francs & quittes, ainsi que le déclare & affirme ledit constituant par ces présentes, à la reserve de la somme de livres une fois payée, qu'il doit à tel particulier, par contrat de constitution passé pardevant tels Notaires, le tel jour, sans que lesdites obligations speciale & generale dérogent l'une à l'autre. Sur ce faire, passer tout contrat de constitution de rente, obligations & autres actes nécessaires, que ledit constituant promet de ratifier si besoin est, toutes fois & quantes, avec puissance de substituer & élire domicile, & generalement, &c.

Nota, *Que le Notaire qui en vertu de ladite Procuration passe contrat de constitution ou obligation, doit dé-*

charger ladite Procuration s'il en est requis, de la somme contenue en son contrat pour sureté du créancier, & ladite décharge se doit faire sur la minutte de ladite obligation, comme il ensuit.

Décharge sur ladite Procuration.

FUt présent Mathurin, &c. demeurant à lequel en vertu de la présente Procuration a emprunté & pris par obligation ou contrat de constitution la somme de livres du sieur tel, comme le contient plus au long ledit contrat ou obligation passée pardevant les Notaires soussignez, ce jourd'hui, &c.

Procuration pour accepter une donation qui ne l'a pas été sur le champ par le donataire.

FUt présent Jean, &c. lequel après avoir pris connoissance de la donation faite à son profit par Guillaume, &c. le, &c. pardevant, &c. Notaire, a déclaré qu'il accepte purement & simplement ladite donation, & les clauses & conditions qu'il a plû audit donateur d'y inserer, à l'execution desquelles il soumet & hypotheque dès-à-présent tous ses biens, meubles & immeubles présens & futurs, à l'effet desquelles acceptation, & soumission ci dessus, il constitue son Procureur general, special & irrévocable, Me Cyprien, &c. & lui donne ausdites fins, tout pouvoir & procuration, même de faire insinuer ladite donation par tout où besoin sera.

Procuration pour faire insinuer une donation
qui ne l'a pas été dans les quatre mois
de l'Ordonnance.

FUt présent René   lequel a déclaré que
le tel jour par contrat passé pardevant tels Notaires, il a fait don entre-vifs à Pierre, &c. de
livres de rente rachetable de   liv. à la reserve
de l'usufruit sa vie durant, à prendre sur une telle maison appartenante à Louis, &c. qui lui a constitué ladite rente par contrat passé pardevant tels Notaires, le
tel jour : Et d'autant que ledit contrat de donation
n'est encore insinué, & que ledit donateur veut qu'il
sorte son plein & entier effet : A ces causes, icelui donateur en confirmant par cesdites présentes ladite donation, aux charges, clauses & conditions y contenues,
au profit dudit Pierre, &c. à ce présent & acceptant,
consent & accorde qu'icelui contrat de donation susdaté, & ce présent acte, soient insinuez au Greffe des
Insinuations du Châtelet de Paris, & par tout ailleurs
où besoin sera ; pour quoi faire, requerir & consentir
être ainsi fait, lesdites parties ont constitué leur Procureur special & general le porteur desdites présentes,
auquel elles en ont donné & donnent tout pouvoir, &
d'en lever acte, promettant, obligeant, renonçant.
Fait & passé, &c.

Procuration pour encherir à un decret.

FUt présent Claude, &c. demeurant à
lequel a fait & constitué son Procureur special &
general Nicolas, &c. lui donnant pouvoir de plaider,
&c. opposer, &c. appeller, &c. renoncer, &c. affirmer, &c. élire domicile, &c. substituer, &c. & par

special, de pour & au nom dudit constituant, enchesrir & mettre à prix une maison sise en tel lieu ou demeure, &c. saisie réellement, & mise en criée sur tel, à la requête de tel, à la charge des frais des criées, du cens, & de payer & constituer la rente de liv. rachetable de liv. dûe à tel sur ladite maison, & ce jusques à la somme de & au dessous, y compris ladite rente qui sera continuée, signer l'enchere, élire domicile, & generalement, &c.

Procuration pour s'opposer à des criées.

FUt présent Blaise, &c. demeurant à lequel a fait & constitué son Procureur special & general la personne de Julien, &c. lui donnant pouvoir de plaider, &c. opposer, &c appeller, &c. renoncer, &c. affirmer, &c. élire domicile, & par special de pour & au nom dudit constituant s'opposer aux criées encommencées & poursuivies en tel lieu, des biens & héritages qui appartiennent à tel, pour sur les deniers provenans de l'adjudication desdits biens, être ledit constituant utilement colloqué & mis en ordre, pour être payé de la somme de trois mille livres de principal, intérêts d'icelle, frais & dépens que ledit tel lui doit suivant son obligation, Sentence, & pieces, dont ledit Procureur sera porteur, élire domicile, & generalement, &c.

Procuration pour une inscription en faux contre un testament.

FUt présent Mathieu, &c. demeurant à lequel a fait & constitué son Procureur special & general, Jean, &c. auquel il a donné pouvoir de pour & au nom dudit constituant s'inscrire en faux contre

le prétendu testament de défunt Antoine, &c. & à ce
sujet former son inscription au Greffe, consigner l'a-
mende, & bailler tels moyens de faux qu'il faudra, &
au cas qu'ils soient déclarez pertinents & admissibles,
demander d'être admis à en faire preuve, tant par
comparaison d'écritures, qu'autrement, düement, faire juger ladite inscription, & faire à cet effet toutes
poursuites requises & nécessaires, élire domicile, &c.
& generalement, &c.

Nota, *Que de toutes Procurations pour agir en inscri-*
ption de faux, le Notaire en doit garder la minute pour
en éviter la perte, & assurer le Procureur de sa partie
qui a voulu faire ladite inscription en faux, afin qu'elle
réponde de son action au cas qu'elle en fût déboutée &
condamnée en quelques dépens, dommages & intérêts
comme chicaneur & téméraire plaideur. Il y a des débi-
teurs si mauvais payeurs, qui pour chagriner un légitime
créancier, & lui faire perdre son dû s'ils pouvoient, se
servent insolemment de cette voie d'inscription en faux
contre leurs propres écritures & signatures; aujourd'hui
l'on convertit le plus souvent les moyens de faux en moyens
de nullité, quand la piece inscrite de faux paroît de peu
de consequence: autrement les Juges sévissent contre l'ac-
cusé, jusqu'à le condamner aux Galeres, même quelque-
fois à la mort. Il y en a un titre dans l'Ordonnance cri-
minelle de 1670. L'on en a vû des exemples depuis peu.

Procuration pour demander renvoi devant son
Juge naturel.

FUt présent Charles, &c. demeurant à
lequel a fait & constitué son Procureur spécial &
general, André, &c. lui donnant pouvoir de pour &
au nom dudit constituant comparoir pardevant le
Bailly de, &c. à l'assignation qui lui a été donnée à la
requête de, &c. & là dire & remontrer pardevant ledit

M iiij

Bailli, ou tels autres Juges qu'il appartiendra, même affirmer comme il a préfentement fait pardevant lef; d'ts Notaires fouffignez, qu'icelui conftituant eft fujet & jufticiable en premiere Inftance d'un tel Juge, devant lequel ledit Procureur requerra ladite Inftance avec les parties être renvoyées, & fi befoin eft plaider, &c. oppofer, &ç. & en cas de déni de renvoi en appeller, comme auffi de tous torts & griefs, élire domicile, &c. & generalement, &c.

Procuration Eifcale.

FUt préfent Claude, &c. Ecuyer Sieur du Vivier, demeurant, &c. lequel a fait & conftitué fon Procureur fpecial & general André, &c. Procureur Fifcal en fadite Terre & Seigneurie du Vivier, auquel & en ladite qualité, ledit fieur conftituant a donné & donne pouvoir de pourfuivre & défendre par tout où befoin fera les biens & droits dudit fieur conftituant, en ce qui regarde fadite Terre du Vivier, & à cet effet faire convenir & appeller pardevant le Bailli dudit lieu, & tous autres Juges & perfonnes qu'il appartiendra, tant les fujets dudit fieur conftituant, qu'autres qui lui feront redevables, pour quelque caufe que ce foit, pour les faire reconnoître & payer ce qu'ils devront légitimement à ladite Seigneurie, & fes appartenances. Comparoir pour ledit fieur du Vivier aux jours & heures de plaidoirie, pour illec garder & défendre les droits dudit fieur du Vivier, même aux affifes qui fe tiendront, tant dedans, que dehors ledit lieu du Vivier, y faire garder & obferver la Police & les Ordonnances Royaux, comme tous Seigneurs doivent faire, & ne fouffrir qu'il y foit commis aucun abus ni malverfation, à peine d'en répondre par ledit Procureur en fon propre & privé nom, faute d'en avoir fait la plainte en la Juftice dudit lieu, & fait les requifitions néceffaires & accoûtumées, pour de tout

ce que deſſus jouir aux prérogatives & droits y appartenans, tant & ſi longuement qu'il plaira audit ſieur
du Vivier & non plus, ſe réſervant ledit ſieur conſtituant la faculté de revoquer la préſente Procuration
quand bon lui ſemblera ; ce que ledit André, &c. pour
ce préſent a conſenti, accordé & accepté ladite Procuration à cette charge & condition : Et encore promet audit cas de revocation de rendre audit ſieur du
Vivier icelle préſente Procuration. Outre a ledit ſieur
du Vivier conſtituant, donné pouvoir audit André,
&c. faire informer & ſe rendre partie pour la réparation & connoiſſance des délits, crimes & autres actes
illicites qui ſe pourroient commettre en ladite Terre du
Vivier & lieux en dépendans, & pourſuivre leſdites
Inſtances criminellement, tant & ſi avant que le cas
le requerra, & aux choſes d'importance, & qui concerneront les biens & affaires dudit ſieur du Vivier,
lui en donner avis ſelon l'occurrence des cas, pour
ſur ce ſçavoir ſa volonté ; au ſurplus ledit André aura pouvoir de revendiquer en toutes Inſtances les ſujets & juſticiables dudit ſieur conſtituant qui y auront
été appellez en premiere inſtance, & de faire ce qu'il
appartiendra pour ce ſujet, & pour raiſon de tout ce
que deſſus ſi beſoin eſt plaider, &c. oppoſer, &c. appeller, &c. renoncer, &c. affirmer, élire domicile,
&c. ſubſtituer un ou pluſieurs Procureurs, & generalement, &c.

Procuration pour vendre une maiſon.

FUrent préſens Louis, &c. & Marguerite, &c. ſa
femme, qu'il a autoriſée à l'effet des préſentes,
demeurant, &c. leſquels ont fait & conſtitué leur Procureur ſpecial & general Nicolas, &c. lui donnant
pouvoir de pour & au nom deſdits conſtituans, vendre, ceder, tranſporter & aliener à telles perſonnes &
à telles charges, clauſes & conditions que ledit Pro-

cureur avisera, & outre moyennant le prix & somme de quinze mille livres, payables aux termes & ainsi qu'il sera convenu entre ledit Procureur & l'acquereur, une maison ausdits constituans appartenante de
leur conquêt (*il la faut entierement désigner & déclarer en cet endroit*) & autres ses appartenances & dépendances, le tout couvert de tuile, les lieux ainsi
qu'ils se poursuivent, comportent & étendent de toutes parts, & de fond en comble, sans aucune chose en
excepter, retenir ni réserver. Déclarer que ladite maison est en la Censive de , &c. & chargée envers lui de
six deniers de Cens, payable à tel jour par chacun an,
en tel lieu qu'il est dû. ledit Cens portant lods & ventes, saisines & amendes quand le cas y échet, pour toutes & sans autres charges, dettes ni hypotheques quelconques, franc & quitte des arrerages desdits Cens &
Droits Seigneuriaux, de tout le passé jusques au jour
que le contrat de ladite vente sera passé, même stipuler par icelui que l'acquereur fera faire si bon lui semble, à ses frais & diligences, le decret de ladite maison
& lieux dans le tems qui sera convenu entre lui & ledit Procureur, & lors de la passation dudit contrat de
vente, faire délivrance à l'acquereur, ou bien promettre par icelui contrat, de lui délivrer dans le tems
qui sera aussi convenu entre eux, tous les titres concernans la jouissance & proprieté de ladite maison, même faire intervenir & comprendre audit contrat Dame
Jeanne, &c. veuve Estienne, &c. qui s'obligera solidairement avec ledit constituant à la garantie de ladite maison envers l'acquereur, & à toutes les charges,
clauses & conditions dudit contrat : Et encore déchar-
gera ladite maison & lieux de tous les droits, demandes & prétentions qu'elle pourroit avoir & prétendre
sur icelle maison pour ses droits & conventions matrimoniales, portées par le contrat de mariage d'entre ledit défunt & elle, ensemble toutes autres dettes &
hypotheques quelconques qu'elle pourroit prétendre,
en quelque sorte & maniere que ce soit, sur ce faire

& paſſer tous contrats de vente & autres actes néceſſaires à l'entretenement d'iceux, garantir de ladite vente & entier accompliſſement deſdites charges, clauſes
& conditions qui y ſeront ſtipulées, & obliger leſdits
conſtituans & tous leurs biens, meubles & immeubles
préſens & à venir ſolidairement aux renonciations accoûtumées, tant & ſi avant que le cas requerra, élire
domicile, & generalement, &c.

Procuration pour aſſiſter à un contrat de mariage.

FUt préſent Gabriel, &c. demeurant, &c. lequel
a fait & conſtitué ſa procuratrice ſpeciale & generale Marguerite ſa femme, qu'il autoriſe à l'effet des
préſentes, lui donnant pouvoir de pour & en leurs
noms aſſiſter au contrat de mariage qui ſera fait entre
Philippes, &c. d'une part, & Nicole leur fille d'autre part, donner leur conſentement à la célebration d'i-
celui, même par ledit contrat conſtituer en dot à ladite Nicole la ſomme de quinze cens livres, & au
payement d'icelle au terme qui ſera accordé; obliger
ledit conſtituant avec ladite procuratrice ſa femme, &
tous leurs biens préſens & à venir ſolidairement aux
renonciations requiſes, tant & ſi avant que le cas le
requerra, élire domicile, & generalement, &c.

Nota. *Dans les Procurations generales, & autres
importantes, le Notaire en garde minute le plus ſouvent,
& non des autres qui ſont ſimples & ſingulieres.*

*Il ſe faut garder d'y mettre le mot de renonçant,
parce qu'on les peut revoquer quand le conſtituant le
veut.*

*Le mot ſubſtituer, &c. s'entend ſeulement au fait de
plaidoirie, s'il n'y eſt dit en tout le pouvoir ſuſdit ou
partie.*

Quand une femme paſſe Procuration à ſon mari, il

faut qu'il y foit préfent pour l'autorifer, & y mettre ces mots, dudit tel fon mari, pour ce comparant, autorifée à l'effet des préfentes.

Aufli fi le mari paffe Procuration à fa femme, il faut qu'il l'autorife pareillement, autrement la Procuration eft défectueufe, & l'on ne peut valablement contracter avec elle, fi elle n'eft autorifée de fon mari par fa procuration.

Que fi le mari avoit befoin d'une Procuration de fa femme qui fut éloignée de lui, il faut qu'il faffe dreffer le modele de ladite Procuration, & qu'il paffe un acte au bas dudit modele pardevant Notaire, comme il fuit.

Antoine, &c. a dit & déclaré qu'il autorifoit & autorife par ces préfentes Jeanne, &c. fa femme, pour paffer la Procuration, dont le modele eft ci-devant écrit. Fait & paffé, &c.

Sur les modeles & formules des Procurations ci-deffus, l'on peut facilement en faire de toutes fortes.

CHAPITRE VI.

Des Transports.

NOus ne fommes pas toûjours en état de faire valoir les droits qui nous appartiennent : l'on fe trouve même quelquefois contraint de s'en dépouiller pour fe délivrer des embarras qui furviennent ; ainfi l'on peut les négocier, & les ceder à un autre qui veut bien en accepter la ceffion, aux conditions dont on convient avec lui.

L'on y eft même quelquefois contraint par un créancier qui les fait faifir entre les mains du débiteur, l'on peut alors en consentir la délivrance, ou lui en faire une cession pour ne pas entrer dans une plus longue contestation.

Tout cedant est naturellement garant, non seulement que la chose est dûe, mais encore que le débiteur est en état de la payer, à moins que le cessionnaire n'ait accepté la cession à ses périls, risques & fortunes, ce qui doit être bien nettement expliqué dans la cession même. Toûjours le cedant est-il obligé de remettre au cessionnaire les titres justificatifs de sa créance, & de faire voir que *debitum subest*, qu'il est véritablement créancier.

Si quelqu'un se trouvoit avoir cedé ou vendu la même chose à deux personnes differentes, il pourroit être poursuivi comme *stellionataire*, par l'un ou par l'autre, & condamné du moins en de gros dommages & interêts.

Transport d'obligation, Cedulle, ou Sentence.

FUt présent Claude, &c. demeurant à , &c. lequel a reconnu & confessé avoir cedé & transporté par ces présentes, & promet garantir, fournir & faire valoir à Jacques, &c. à ce présent & acceptant (ou bien, dire absent) les Notaires soussignez, stipulant & ce acceptant pour lui, la somme de cent livres, que ledit cedant a dit & affirmé lui être bien & légitimement dûe par Jean, &c. pour les causes portées en son obligation passée pardevant tels Notaires le tel

jour (ou bien en la promesse d'un tel jour , ou Sentence contre lui rendue au Châtelet de Paris ou autre
Jurisdiction au profit dudit cedant le tel jour) laquelle obligation, Sentence ou promesse, ledit cedant
a presentement baillée & mise ès mains dudit Jacques,
&c. (ou bien s'il est absent dire) que ledit cedant a dit
être ès mains dudit Jacques dont il le fait porteur, &
de ladite somme cedée véritable demandeur, Procureur & Receveur ; l'a mis & subrogé en son lieu &
place, droits, hypotheques, privileges, noms, raisons
& actions, pour en faire & disposer comme bon lui
semblera au moyen des présentes. Ce transport ainsi
fait moyennant pareille somme de cent livres que ledit
cedant a confessé avoir eue & reçue comptant dudit
Jacques, présens les Notaires soussignez, en louis d'argent & autre monnoie ayant cours, dont, &c. quittant, &c. & pour l'execution des présentes , ledit cedant a élû son domicile , &c.

Si le cessionnaire est absent il faudra dire.

Ce transport fait moyennant pareille somme de cent
livres, que ledit cedant a confessé avoir reçue comptant
ayant ces présentes dudit Jacques, & en telles especes,
& le reste comme ci-dessus.

*Si c'est pour demeurer quitte par le cedant , il faudra
mettre.*

Ce transport fait pour demeurer par ledit cedant
quitte de pareille somme de cent livres qu'il doit audit
Jacques pour telle chose) (s'il y a obligation , promesse , ou Sentence il le faut dire) qui demeure nulle au
moyen des présentes , élection de domicile , *& le reste
comme ci-dessus.*

Si le transport se fait sans garantie , il faut mettre ;
sans aucune garantie, restitution des deniers ni recours
quelconques, sinon de ses faits & promesses seulement.

Déclaration d'un transport.

AUjourd'hui est comparu pardevant les Notaires, &c. Louis, &c. demeurant rue, &c. lequel volontairement a déclaré, reconnu & confessé qu'il n'a & ne prétend rien en la somme de trois cens livres que François, &c. lui a ce jourd'hui cedée par transport passé pardevant lesdits Notaires soussignez, à prendre sur Jacques, &c. qui lui en est débiteur pour les causes portées en son obligation, Sentence, promesse ou autre écrit, *qu'il faut dater en cet endroit.* La verité étant que ledit Louis comparant n'a payé aucune chose du prix dudit transport audit François, &c. Encore qu'il l'aye autrement reconnu par icelui transport, auquel il n'a fait que prêter son nom audit François, &c. pour la facilité & commodité de sesdites affaires : ainsi icelui sieur Louis, &c. usant de bonne foi, consent & accorde que ledit François, &c. se fasse payer de ladite dette sous le nom dudit Louis, &c. en vertu du susdit transport, & autrement qu'il en dispose comme bon lui semblera, ainsi que de chose à lui appartenante, & tout ainsi qu'il pouvoit faire avant ledit transport, ausquelles fins il lui en fait les retrocessions & subrogations nécessaires, à la charge que ledit François, &c. à ce présent & acceptant sera tenu & promet de l'acquitter de l'évenement, reconnoissant ledit François, &c. avoir pardevers lui l'original dudit transport avec les pieces y mentionnées, dont il décharge ledit Louis, &c. & tous autres, promettant, &c. obligeant, &c. renonçant, &c. Fait & passé, &c.

Transport de rente sur particulier sans garantie.

FUt présent Vincent , &c. lequel a volontairement
reconnu & confessé avoir vendu, cedé, quitté,
transporté & délaissé par ces présentes dès maintenant
à toûjours sans aucune garantie, restitution de deniers, ni recours quelconque en quelque sorte & maniere que ce soit , sinon de ses faits & promesses seulement , à Jacques , &c. demeurant à, &c. à ce présent & acceptant acquereur pour lui , ses hoirs &
ayans cause à l'avenir , deux cens livres de rente annuelle & perpetuelle , rachetable de la somme de quatre mille liv. avec les arrerages qui en sont dûs depuis
tel jour jusqu'à huy , le tout appartenant audit sieur
Vincent , & lui a été ladite rente constituée par Pierre , &c. & Jeanne sa femme solidairement , par contrat passé pardevant tels Notaires le tel jour , à prendre sur tous leurs biens specialement & generalement
obligez audit contrat de constitution , la grosse duquel en forme executoire signée desdits Notaires &
scellée , ledit sieur Vincent a présentement baillée &
délivrée audit Jacques, de laquelle il le fait porteur,
& de ladite rente , tant en principal qu'arrerages , le
met & subroge sans autre garantie que dessus en son
lieu & place , droits, hypotheques , privileges, préferences , noms , raisons & actions , pour d'icelle rente , tant en sort principal qu'arrerages, jouir , faire &
disposer par ledit Jacques , &c. lesdits hoirs & ayans
cause , ainsi que bon lui semblera , au moyen des présentes. Cette vente , cession , transport & délaissement
ainsi faits, sçavoir pour ledit principal moyennant pareille somme de quatre mille livres pour laquelle ladite rente est rachetable : Et pour lesdits arrerages bon
payement & satisfaction d'iceux , ainsi que ledit sieur
Vincent a confessé & confesse avoir eu & reçu comptant dudit sieur Jacques , présens les Notaires soussignez.

signez, en louis d'or , écus d'argent , &c. le tout bon
& ayant cours, dont , &c. quittant, &c. transportant,
&c. désaisissant, &c voulant, &c. donnant pouvoir ,
&c. car ainsi , &c. promettant , &c.

Transport de rente sur le Roi.

FUt présent Antoine , &c. demeurant , &c. lequel à
reconnu & confessé avoir vendu , cedé , quitté ,
transporté & délaissé par ces présentes dès maintenant
à toûjours, promis & promet garantir de tous troubles
& empêchemens generalement quelconques , fors &
excepté du fait du Prince seulement , à Estienne , &c.
à ce présent & acceptant acquereur pour lui , ses hoirs
& ayans cause à l'avenir, mille livres de rente annuelle
& perpetuelle, avec tous les arrerages qui en sont dûs,
laquelle rente appartient audit sieur Antoine,&c. & lui
a été constituée par Messieurs les Prevôt des Marchands & Echevins de cette Ville de Paris , par contrat passé pardevant tels Notaires le tel jour , à prendre sur les trois millions de livres de rente alienez par le Roi à ladite Ville sur les deniers de ses Gabelles, la grosse duquel contrat imprimée en parchemin, ledit sieur Antoine , &c. a présentement baillée
& délivrée audit Estienne , &c. de laquelle il le fait
porteur, & de ladite rente, tant en principal qu'arrerages, ci-dessus cedée, le met & subroge en tous ses
droits, noms, raisons & actions , pour de ladite rente
en principal & arrerages , jouir, faire & disposer par
ledit sieur Estienne , lesdits hoirs & ayans cause, comme de chose à lui appartenante , au moyen des présentes. Cette vente, cession & transport ainsi faits moyennant , pour ledit principal de ladite rente la somme de
neuf mille livres , pour laquelle elle est rachetable suivant la Declaration du Roi du 9. Décembre 17
vérifiée en la Chambre des Comptes le lendemain , &
pour lesdits arrerages bon payement & satisfaction

N

d'iceux , le tout que ledit Antoine confesse avoir reçu comptant dudit Estienne, &c. en louis d'or, écus d'argent,&c. le tout bon & ayant cours,dont,&c. quittant, &c. transportant , &c. désaississant , &c. voulant , &c. donnant, &c. pouvoir , &c. Et pour purger les hypotheques qui pourroient être sur ladite rente, a été accordé entre les parties , qu'il sera loisible audit sieur Estienne de la faire decreter sur lui à ses frais & diligences d'huy en six mois en telle Jurisdiction de cette Ville de Paris que bon lui semblera : Et icelle encherir & faire encherir à tel & si haut prix qu'il en soit & demeure adjudicataire, sans que les parties puissent prétendre de part ni d'autre, plus ni moins que le prix de la présente vente : Et si audit decret y avoit ou intervenoit des oppositions & empêchemens procedans du fait dudit sieur Antoine ou de ses auteurs , il sera tenu de les faire cesser, lever & ôter incessamment, & au plûtard huit jours après qu'elles lui auront été signifiées , & faites sçavoir en son domicile ci-après élû, & faire en sorte que ledit decret & adjudication ne soit retardée ; que si à cause desdites oppositions il convenoit consigner , ledit sieur Antoine sera tenu & promet de consigner tout le prix de ladite adjudication, aussitôt qu'elle sera faite, à la charge dudit acquereur, à peine de tous dépens , dommages & interêts , lequel decret avec ces présentes , ne serviront ensemble que d'un seul & même titre de ladite acquisition ; car ainsi , &c. & pour l'execution des présentes ledit Antoine a élû son domicile , &c.

Transport de bail à loyer.

FUt présent Charles , &c. lequel a cedé & transporté par ces présentes, & promet garantir & faire jouir à Guillaume, demeurant à , &c. à ce présent & acceptant pour lui le droit de bail que Pierre , &c. lui a fait pardevant tels Notaires le tel jour , &c. de la

maison où ledit cedant est demeurant à plein déclarée
audit bail, que ledit acceptant preneur a dit bien connoître, l'avoir vûe & visitée, dont il s'en contente,
pour en jouir à commencer du jour de Noel prochain
jusques à trois ans après ensuivant, qui est le reste du
tems porté par le susdit bail. Ce transport fait moyennant & à la charge que ledit Guillaume sera tenu &
promet bailler & payer audit cedant par chacune desdites années, aux quatre termes accoûtumez en la maison à Paris, ou au porteur, &c. la somme de
livres de loyer, qui est pareille somme pour laquelle
ladite maison & lieu lui a été louée par le susdit bail,
le premier terme & jour de payement écheant au jour
de Pâques aussi prochain venant, & continuer de-là en
avant le payement dudit loyer d'an en an à chacun
desdits termes, jusques en fin desdites trois années : Et
à la charge que ledit Guillaume sera tenu, promet
d'accomplir toutes les charges, clauses & conditions
dudit bail, duquel lui a été présentement fait lecture,
d'icelui baillé copie collationnée par les Notaires soussignez, dont il s'est pareillement tenu content : comme aussi sera tenu ledit preneur à ses dépens, de bailler & délivrer audit cedant autant des présentes en forme executoire à sa premiere demande, le tout sans diminution dudit loyer ; car ainsi, &c. promettant, &c.

Transport de droits successifs.

FUrent présens Hugues, &c. & Nicole, &c. sa femme, qu'il autorise à l'effet des présentes, demeurant, &c. lesquels ont volontairement reconnu &
confessé avoir vendu, cedé, quitté, transporté, &
délaissé par ces présentes dès maintenant à toûjours,
sans aucune garantie, restitution de deniers, ni recours
quelconque en quelque sorte & maniere que ce soit, à
Noel, &c. & à Catherine, &c. sa femme, qu'il autorise pareillement en cette partie, demeurant rue,

&c. à ce préſent & acceptant acquereurs pour eux,
leurs hoirs & ayans cauſe à l'avenir tout & tel droit
ſucceſſif mobiliaire & immobiliaire, fruits & revenus
d'iceux, noms, raiſons, actions, récindans & réciſoi-
res, & autres choſes generalement quelconques qui
auſdits Hugues & ſa femme à cauſe d'elle, peuvent
competer & appartenir, & lui ſont échus par le décès de feu Alexandre, &c. ſon pere, en quoi qu'ils
puiſſent monter & valoir, & en quelques lieux & endroits qu'ils ſe trouvent ſituez, ſans aucune exception
ni réſerve, pour de tous leſdits droits ſucceſſifs jouir,
faire & diſpoſer par iceux Noel & ſa femme, leurſdits
hoirs & ayans cauſe, ainſi que bon lui ſemblera, &
comme de choſe à eux appartenante de leur conquêt,
au moyen des préſentes, auſquelles fins leſdits cedans
les ont ſubrogez & ſubrogent, ſans autre garantie que
deſſus en leur lieu & place, droits, noms, raiſons &
actions : Cette vente, ceſſion, tranſport & délaiſſement ainſi faits, à la charge par leſdits Noel & ſa
femme de payer & acquitter toutes & chacunes les
rentes foncieres, annuelles & viageres, dont leſdits
biens ſe trouveront chargez envers les Seigneurs à qui
ils dûs ſont, & d'en acquitter leſdits Hugues & ſa
femme : Enſemble de toutes les autres ſommes de deniers que ladite ſucceſſion dudit défunt Alexandre peut
devoir, tant par promeſſes, obligations, conſtitutions
de rente, & autrement en quelque ſorte & maniere
que ce ſoit, à quoi que le tout ſe puiſſe monter, &
faire en ſorte que leſdits Hugues & ſa femme n'en
ſoient recherchez ni inquietez : & outre moyennant la ſomme de ſix mille livres ſur laquelle leſdits
Hugues & ſa femme confeſſent avoir reçu comptant
deſdits Noel & ſa femme qui leur ont baillé, payé,
compté, nombré, & réellement délivré, préſens les
Notaires ſouſſignez, en telle & telle eſpece & autre
bonne monnoie ayant cours, la ſomme de 2000 liv.
dont, &c. quittant, &c. & les quatre mille livres reſtant, iceux Noel & ſa femme promettent & s'obligent

solidairement sans division, discussion ni fidejussion,
renonçant ausdits benefices, de les bailler & payer ausdits Hugues & sa femme en leur maison à Paris ou au
porteur, d'huy en un an prochain venant avec l'interêt d'iceux, à raison de l'Ordonnance jusques au parfait & entier payement desdites quatre mille livres restant ; ausquels payemens lesdits acquereurs ont specialement affecté, obligé & hypothequé par préference & privilege special tous lesdits droits successifs
ci dessus présentement vendus, & generalement tous
& chacuns leurs autres biens, meubles & immeubles
présens & à venir, sans que lesdites obligations speciales & generales dérogent l'une à l'autre, & aux charges & conditions susdites, lesdits Hugues & sa femme ont en outre transporté tous les droits de proprieté, fonds, très-fonds, noms, raisons, actions, saisines & possessions qu'ils ont & pourroient avoir & prétendre sur les choses ci-dessus vendues, s'en déssaisis-
sent lesdites parties reciproquement, &c. Et encore
lesdits acquereurs de tous leursdits biens & héritages
au profit desdits vendeurs, jusques à la concurrence &
valeur des quatre mille livres, restant dudit prix &
interêts d'iceux : voulans, consentant lesdites parties
respectivement, que chacune d'elles en droit soy en
soient & demeurent saisies par qui & ainsi qu'il appartiendra en vertu desdites présentes, constituans à ces
fins leur Procureur, &c. porteur, &c. donnant, &c.
pouvoir, &c. Et quant aux titres & papiers concernant ladite succession, lesdits Noel & sa femme reconnoissent les avoir en leur possession, dont ils en déchargent lesdits Hugues & sa femme, & tous autres ;
car ainsi, &c. élection de domicile.

Transport avec garantie portant acceptation par les débiteurs sur lesquels la somme est à prendre.

FUt préfent le fieur Guillemot Marchand Bourgeois de Paris, y demeurant rue & Paroiffe lequel a volontairement cedé & tranfporté par ces préfentes & promet garantir, fournir & faire valoir, même payer la fomme ci après déclarée, faute de payement d'icelle par les débiteurs dans .... prochain après un fimple exploit de demande ou fommation faite à leurs perfonnes ou domicile, fans autres pourfuites, difcuffion ni diligences faire, fi bon ne femble à à ce préfent & acceptant la fomme de .... livres dûe audit fieur Guillemot par les fieurs Jolly & Bilatne, Marchands, & qu'ils fe feroient obligez de lui payer audit .... prochain pour le fecond payement de la fomme de .... contenue en leur obligation folidaire par eux paffée au profit dudit Guillemot pardevant .... Notaire, le .... jour de .... 17 pour les caufes y contenues, fur laquelle fomme ils n'ont payé audit fieur Guillemot que .... livres pour le premier payement qui étoit payable au .... dernier, ainfi qu'il eft mentionné en marge de l'expédition en papier de ladite obligation, laquelle expédition ledit fieur Guillemot a préfentement délivrée & mife ès mains du fieur acceptant, pour en vertu d'icelle fe faire payer par lefdits fufnommez de ladite fomme cedée, le mettant & fubrogeant en fes droits & hypotheques jufques à cette concurrence, pour, & après le payement de ladite fomme cedée, ladite obligation être renduë audit fieur Guillemot, pour fe faire payer du furplus de fon dû y contenu : Ce tranfport fait moyennant pareille fomme de .... que ledit fieur Guillemot confeffe avoir eu & reçu du dit sieur acceptant, qui lui a ladite somme baillée, comptée, nombrée & délivrée, présens les Notaires soussignez en   & monnoie ayant cours, dont, &c. quittant, &c. à laquelle garantie & promesse de payer lesdites   livres dans le susdit tems, ledit sieur Guillemot oblige & hypotheque le surplus du contenu en ladite obligation, a lui dû par lesdits Jolly & Billaine, montant à   & generalement tous & chacuns ses autres biens, meubles & immeubles présens & à venir, sans que ledit sieur Guillemot puisse toucher, ni que lesdits Jolly & Billaine puissent payer ledit surplus qu'après avoir payé ladite somme cedée ; à ce faire sont intervenus lesdits Jolly & Billaine, demeurant rue   lesquels après avoir eu communication & pris lecture du présent transport, ont icelui accepté & tenu pour signifié : ce faisant se sont obligez solidairement de payer ladite somme de   livres cedée audit acceptant dans ledit jour prochain, à peine de tous dépens, dommages & interêts, sans qu'ils puissent faire ledit payement plûtôt, du moins que ce ne soit un mois entier avant les décris qui pourront arriver, comme ayant été ainsi convenu ; à quoi ledit sieur Guillemot s'oblige pareillement, sans que ladite acceptation & promesse de payer préjudicie à la garantie & promesse de payer dudit Guillemot : Et pour l'execution des présentes lesdits Guillemot, Jolly & Billaine ont élû leur domicile irrévocable en cette Ville de Paris, ès maisons où ils sont demeurans sus déclarées ; auquel lieu, nonobstant, &c. promettant, &c. obligeant, &c. chacun à son égard, lesdits Jolly & Billaine solidairement, renonçant, &c. Fait & passé, &c.

Transport d'interêts civils sans garantie.

PArdevant les Notaires Gardenotes du Roi au Châtelet de Paris, soussignez, fut présent Estienne de la Bastis Cadet au Regiment des Gardes dans la Compagnie du sieur Castellan Capitaine audit Regiment, demeurant au fauxbourg S. Germain des Prez rue de Grenelle Paroisse S. Sulpice, lequel a volontairement cedé & transporté sans néanmoins aucune garantie, restitution de deniers, ni recours quelconques en quelque sorte & maniere que ce soit, sinon de ses faits & promesses seulement, à Louis, &c. à ce présent & acceptant tous les interêts civils, réparations, dépens, dommages & interêts, & autres choses generalement quelconques qu'il pourroit prétendre & demander à l'encontre des nommez du Bain Tabletier, Dechars Corroyeur, Sauvage pere & fils, & six quidans que l'on dit être artisans, Garçons Chapeliers, Tabletiers & Papetiers, pour raison des excès & voies de fait commis en la personne dudit cedant le 〃 jour des présens mois & an en la rue des Arcis vers l'heure de midi, pour raison de quoi ledit cedant auroit fait informer, & sur l'information obtenu decret de prise de corps & Sentence de provision au Châtelet de Paris, de la somme de cent livres, en date des douze desdits présens mois & an, laquelle somme de cent livres de provision ledit cedant cede & transporte sans garantie comme dessus audit acceptant, auquel à l'effet du présent transport, il a présentement délivré & mis ès mains ledit decret & Sentence de provision sus-datez, avec l'acte de reception de caution du jour d'hier, & subrogeant du tout en son lieu & place, droits & actions pour en faire & disposer par ledit acceptant, comme de chose à lui appartenant ; ce présent transport fait moyennant, sçavoir pour ladite provision pareille somme de cent livres, & pour lesdits interêts foit bon payement & fatisfaction, le tout que ledit cedant confeffe avoir reçu dudit fieur acceptant, dont, &c. quittant, &c. promettant, &c. obligeant, &c. renonçant, &c. Fait & paffé ès Etudes des Notaires fouffignez, l'an mil fept cens le feptiéme jour de Juillet après midi, ledit cedant, a &c.

Transport en forme de donation.

FUt préfent Jacques, &c. demeurant, &c. lequel defirant reconnoître les foins particuliers que prend journellement Mathieu   fon coufin en toutes fes affaires, lui a tranfporté par ces préfentes avec toute forte de garantie quelconque même en cas d'infolvabilité, promet & s'oblige de fournir & faire valoir, même payer le principal & les arrerages, ce acceptant ledit Mathieu   pour lui fa vie durant feulement, quatre cens livres de rente au principal de huit mille livres, vendue & conftituée au profit dudit fieur Jacques, par défunt Nicolas Roland, ainfi qu'il paroît par contrat paffé pardevant, &c laquelle rente eft à préfent dûe par le nommé Pierre Roland fils & héritier dudit défunt fon pere, lequel auroit en ladite qualité paffé titre nouvel de ladite rente, au profit dudit fieur Jacques paffé pardevant, &c. pour d'icelle rente en principal & arrerages, jouir par ledit acceptant par ufufruit fa vie durant feulement, à l'effet de quoi ledit fieur Jacques a mis & fubrogé ledit acceptant en tous fes droits, actions, privileges & hypotheques, & lui a mis ès mains la fufdite groffe originale dudit contrat de conftitution & titre nouvel, le tout devant daté. Ce tranfport de rente ainfi fait pour reconnoître les peines & foins dudit acceptant, & pour autres confiderations particulieres dudit fieur cedant, & parce que telle eft fa volonté, déffaififfant, &c. tranfportant, &c. & pour faire, fi befoin eft, infinuer ces préfentes, &c.

Transport d'une somme à prendre sur les Rece-
veurs des Consignations.

FUt préfent lequel a reconnu
& confeffé avoir cedé & tranfporté, & promet
garantir, fournit & faire valoir à Euftache Rolin, à
ce préfent & acceptant, la fomme de trois mille livres
à prendre en la fomme de trente mille livres que ledit
cedant doit recevoir de
Receveur des Confignations de, &c. fuivant la Sentence, &c. pour de ladite fomme de trois mille livres
jouir, faire & difpofer par ledit acceptant; à l'effet de
quoi ledit cedant a promis d'aider ledit acceptant de
l'original de ladite Sentence; ce faifant, le met &
fubroge en tous fes droits, noms, raifons & actions,
jufques à la concurrence, &c. Ce tranfport fait moyennant & pour demeurer quitte de pareille fomme contenue en une obligation faite, &c. Promettant, &c.

Contrelettre de tranfport.

AUjourd'hui eft comparu devant les Notaires fouffignez, Nicolas, &c. demeurant
lequel a reconnu & confeffé que quoique Denis lui ait
par acte paffé pardevant
ce jourd'hui, dont n'eft point demeuré de minute, fait
tranfport de la fomme de deux cens livres à prendre &
recevoir de Pierre & Jacques & autres nommez audit
tranfport, & pour les caufes y énoncées, moyennant
pareille fomme de deux cens livres que ledit Denis auroit reconnu avoir reçu de lui; néanmoins la verité eft
qu'il ne lui en a payé aucune chofe, n'ayant fait que
prêter fon nom audit Denis en l'acceptation dudit tranfport à fa priere, & pour lui faire plaifir, confentant
qu'il jouiffe, faffe & difpofe defdites deux cens livres,

ainsi qu'il auroit pû faire avant ledit transport, lui en faisant par ces présentes toute retrocession sans garantie ; consentant aussi que ledit sieur Denis fasse sous son nom toutes les poursuites qu'il conviendra, pour faire le recouvrement desdites deux cens livres, de l'évenement desquelles ledit Denis présent, demeurant à &c. sera tenu d'acquitter, garantir & indemniser ledit Nicolas, &c. & faire ensorte qu'il n'en soit aucunement recherché ni inquieté, à peine, &c. reconnoissant avoir en ses mains l'original dudit transport, & les pieces y énoncées. Et pour l'execution, &c.

Transport sous seing privé, sans garantie, d'une somme contenue en une obligation.

JE soussigné reconnois avoir cedé & transporté ; sans toutefois aucune garantie quelconque à Maistre Jean la somme de quatre mille livres, contenue en l'obligation faite à mon profit par Sebastien Huré, tant en son nom, que comme se faisant fort de Marie sa femme, passée pardevant le pour par ledit sieur Jean recevoir ladite somme, & en faire & disposer comme de chose à lui appartenante, à l'effet de quoi je le mets & subroge en mes droits & hypotheques, sans garantie comme dit est, lui ayant mis ès mains ladite obligation. Ce transport fait moyennant pareille somme de quatre mille livres que je reconnois & confesse avoir reçu dudit sieur Jean, dont je me contente & le quitte. Fait à Paris le, &c.

Reconnoissance pardevant Notaires du transport ci-dessus, mise au bas d'icelui, qu'il faut transcrire sur papier timbré auparavant.

AUjourd'hui est comparu devant les Notaires soussignez Christophe le Moyne demeurant lequel a reconnu & confessé avoir écrit & signé le transport ci dessus transcrit (*quand l'acte sous seing privé est sur papier timbré, l'on met l'acte ci-devant écrit*) qu'il a dit contenir verité, & consent qu'il sorte son plein & entier effet, selon sa forme & teneur ; ce que ledit sieur Jean y nommé à ce présent, demeurant a accepté. Promettant, &c.

Transport des profits de fiefs, & de retrait féodal.

FUt présent Maistre Henry, &c. Seigneur du Fief & Seigneurie de   lequel a volontairement cedé & transporté à Maistre Nicolas, &c. à ce présent & acceptant, les droits de quints, requints & autres profits feodaux qui seront dûs audit Maistre Henry, à cause de la vente & adjudication par decret qui se poursuit au Bailliage de de la Terre & Seigneurie du fief du & ses appartenances, sise audit Bailliage, saisie & mise en criées sur les héritiers de défunt Pierre, &c. relevant ladite Terre & dépendances d'icelle dudit Maistre Henry, à cause de sadite Terre & Seigneurie de ensemble cede & transporte ledit Maistre Henry audit Maistre Nicolas, ce acceptant, le droit de retenue de ladite Terre & Seigneurie de par puissance de fief, pour cette fois seulement, consentant qu'il fasse ledit retrait sous le nom dudit Maistre Henry, lequel à cette fin lui baillera sa procuration, sitôt ladite vente, soit par decret ou volontaire

ment, pour defdits droits ci-deffus cedez, qui feront
dûs & acquis audit Maiftre Henry, jouir & les percevoir par ledit Maiftre Nicolas, à quelque fomme
qu'ils puiffent monter, ainfi que pourroit faire ledit
Maiftre Henry, qui dès à préfent comme pour lors,
y a fubrogé & fubroge du tout en fon lieu ledit Maiftre Nicolas; même en cas qu'il s'en rende adjudicataire
ou acquereur, il en demeurera quitte & déchargé envers ledit Maiftre Henry. Cette ceffion faite moyennant la fomme de, &c.

Transport d'un droit de desherence.

FUt préfent Meffire Claude, &c. Seigneur de la
Terre & Seigneurie de
lequel a volontairement reconnu & confeffé avoir
vendu, cedé, quitté & délaiffé dès maintenant à toûjours, fans toutefois aucune garantie, reftitution de
deniers, ni recours quelconque, finon de fes faits &
promeffes feulement, qui font qu'il n'a cedé les droits
ci-près déclarez à qui que ce foit, à Maiftre Joseph
&c. à ce préfent & acceptant, acquereur pour lui, ies
hoirs & ayans caufe, tout tel droit qu'audit Seigneur
vendeur peut competer & appartenir par droit de des-
herence, à faute d'hoirs en la Terre de
& autres biens étant de la fucceffion de Mathurin, &c.
Seigneur de ladite Terre de   pour
raifon de quoi il y a procès pendant en la Cour de Parlement, entre ledit Seigneur cedant, d'une part;
& ledit fieur acquereur, comme ayant don de fa Majefté du droit qu'il préter doit en ladite Terre & fucceffion, d'autre part: Et encore entre les fieurs André
& Denis prétendans être héritiers dudit Claude, d'autre part: defquels droits vendus & cedez ci-deffus, ledit fieur acquereur a dit fçavoir la confiftance, & s'en
tient content, aufquels droits ledit fieur Claude l'a fubrogé en fon lieu & place, fans aucune garantie, comme dit eft. Cette vente & ceffion faite moyennant la
fomme de, &c.

Transport de gages d'Officier portant accord.

FUt présent François, &c. demeurant, &c. lequel a cedé & transporté par ces présentes, & promet garantir, fournir & faire valoir à Louis, &c. Bourgeois de Paris, demeurant rue, &c. à ce present & acceptant, la somme de trois cens livres, que ledit cedant a dit & affirmé lui être bien & legitimement dûe pour une année de ses gages, à cause de sondit Office de, &c. échûe au dernier jour de Décembre dernier passé, pour recevoir laquelle somme de noble homme Estienne, &c. Conseiller du Roi, & Trésorier general de sa Maison, ledit cedant a présentement baillé & mis ès mains dudit sieur Louis, &c. quatre quittances desdits gages pour ladite année derniere, passées pardevant tels Notaires le tel jour, desquelles il fait ledit acceptant porteur, & de ladite somme cedée vrai demandeur, Procureur, Receveur & quitteur, le met & subroge pour & du tout en son lieu & place, droits, noms, raisons & actions, pour en faire ainsi que bon lui semblera. Ce transport fait pour demeurer par ledit cedant quitte envers ledit Louis, tant de la somme de deux cens quatre-vingt livres, en laquelle il est obligé envers lui par, &c. passée pardevant tels Notaires le tel jour, que de tous les frais & dépens & mises d'execution qu'il a faites jusques à maintenant pour avoir payement de ladite dette, à laquelle somme de trois cens livres, ledit acceptant a par cesdites presentes volontairement remis & quitté audit cedant la susdite somme principale, frais & dépens susdits. Et lui a en ce faisant fait & baillé pleine & entiere mainlevée pure & simple, des saisies & executions faites à sa requête sur les biens meubles dudit cedant. Consent & accorde que lesdites saisies & executions soient & demeurent nulles, & que les gardiens & débiteurs desdites choses saisies & executées, les rendent & en vui-

dent leurs mains en celles dudit cedant : quoi faisant,
ils en soient & demeurent bien & valablement quittes
& déchargez , & de fait ledit Louis, &c. pour son regard & en tant qu'à lui est, les en décharge par cesdites présentes. Et au surplus la susdite obligation , pieces & procedures demeurent nulles & sans effet du
consentement desdites parties au moyen des présentes,
car ainsi , &c. élection de domicile , &c.

Quittance desdites trois cens livres en consequence dudit transport.

EN présence des Notaires, &c. Louis, &c. au
nom & comme ayant les droits de François, &c.
par transport passé pardevant tels Notaires un tel jour,
à confessé avoir reçu comptant de noble homme Maître Estienne , &c. Conseiller du Roi, Trésorier general de sa Maison, à ce présent & acceptant, qui lui a
baillé & payé, présens les Notaires soussignez , en
louis d'or & autre bonne monnoie ayant cours, la somme de trois cens livres ordonnée audit François à cause de sondit Office , &c. pour une année de ses gages
échûe le dernier jour de Décembre dernier , de laquelle somme de trois cens livres ledit Louis s'est contenté, & en a quitté & quitte ledit sieur Estienne Trésorier susdit & tous autres ; ce faisant lui a présentement baillé & délivré le susdit transport avec les quatre quittances comptables dudit François des susdits
gages y mentionnez , qui ne serviront avec la présente que d'une même chose, promettant , &c.

*Sur les modeles ci-dessus , l'on peut aisément
faire toutes sortes de transports.*

Les Notaires retiennent les minutes des
transports qu'ils passent , exceptez ceux

qui font pour fommes modiques, ou de peu
de conféquence.

Si quelqu'un avoit fait tranfport d'une portion à lui appartenante dans une fucceffion
commune, ou de droits litigieux, ou autres
non liquidez, pour un prix bien au deffous de
la valeur de fa portion, ou defdits droits, fes
cohéritiers, ou ceux contre qui ces droits feroient à exercer, pourroient revenir contre
un pareil tranfport en rendant & payant pareille fomme que le ceffionnaire en auroit débourfé.

En tranfport de dette avec promeffe de
fournir & faire valoir, la difcuffion n'eft pas
requife entre Marchands.

Pareillement entre Marchands la garantie
n'eft pas neceffaire en tranfport de dette pure & fimple, il fuffit que la fomme foit dûe.

L'explication des mots *défaififfant*, &c. *voulant*, &c. *Procureur*, &c. *le porteur*, *donnant*,
&c. *pouvoir*, &c. *promettant*, &c. *obligeant*,
&c. *renonçant*, &c. fe trouvera ci-après à la
groffe d'un contrat de vente.

Quand l'on tranfporte une chofe mobiliaire, qui eft ordinairement une fomme dûe
par Obligation, Promeffe, Sentence, ou Arrêt, c'eft une maxime generale que quand
on ne promet point garantie, le cedant demeure toûjours feulement garant de fes faits
& promeffes, & cette efpece de garantie eft
foufentendue; ce qui s'entend que la chofe
eft dûe à celui qui la cede, qu'elle n'eft point

faific

saisie pour ses dettes, & qu'il ne l'a point transportée à d'autres.

Lorsque l'on veut promettre une garantie,
elle se peut mettre en trois façons.

La premiere, c'est celle des faits & promesses du cedant ci-dessus expliquée.

La deuxiéme & la commune, est celle sous
ces mots, *garantir, fournir & faire valoir,* laquelle garantie oblige le cedant à rendre la
somme qu'il a transportée avec les interêts,
frais & dépens faits pour en avoir payement,
après que le cessionnaire a rendu insolvable
le débiteur par la vente de ses meubles, &
le decret de ses immeubles, tant héritages
que rentes ; ce qui s'appelle vulgairement,
après discussion faite, & qu'il rapporte la preuve que s'étant opposé aux decrets, il n'a pû
venir utilement en ordre ; je dis utilement,
car l'on met en ordre tous les creanciers pour
lesquels il se trouve du fonds pour les payer
sur le prix de l'adjudication, après que le Receveur des Consignations aura pris ses droits
de consignation.

Après lesdits droits de consignation, l'on
prend sur le prix de l'adjudication les frais
extraordinaires des criées qui sont faits par le
poursuivant, & dont il est remboursé avant
aucun creancier, selon la taxe qui en est faite
entre son Procureur, celui du saisi, qui les doit,
& le plus ancien Procureur des creanciers
opposans.

Ces frais extraordinaires des criées sont la

O

plûpart composez de chicanes & fuites que
fait le saisi pour empêcher la vente de son
bien, comme s'il appelle du congé de criées,
ou du congé d'adjuger, & qu'il faille obtenir
des Arrêts, & aussi des contestations qui se
font entre quelques particuliers, entre toutes
lesquelles poursuites & chicanes, le poursuivant est toûjours partie pour les faire finir,
tant pour son interêt particulier que pour celui de tous les autres creanciers, qui se repo-
sent sur sa diligence ; car ce seroit trop de peine si tous les Procureurs des creanciers opposans, qui sont quelquefois en grand nombre,
étoient obligez de défendre aux oppositions
qui sont formées, on consommeroit par cette
multiplicité de procedures une partie saisie en
frais.

Les frais extraordinaires ne comprennent
pas la dépense ordinaire d'un decret, sçavoir
la saisie réelle, le procès verbal de criées, la
certification d'icelles, les affiches, le congé
d'adjuger, l'expedition, la signature & le sceau
du decret, & autres frais qu'on appelle ordinairement *frais ordinaires des criées*, d'autant
que c'est l'adjudicataire qui en est tenu, & que
l'adjudication se fait à cette charge, outre le
prix.

Après les droits de consignation & les frais
extraordinaires payez, l'on distribue le surplus du prix aux creanciers opposans, selon
la priorité de leurs privileges & hypotheques,
parce qu'il y a quelquefois des créanciers pri-

vilegiez dont on ne considere pas l'ancien-
neté de l'hypotheque, mais le privilege de
leur dette, comme si un homme avoit vendu
l'héritage décreté, & que le prix lui en fut dû,
ou qu'il eût prêté de l'argent pour payer l'héritage, & qu'il fût fait mention dudit prêt
dans la quittance du payement de l'héritage
quand il a été acquis, sans quoi il n'y auroit
point de privilege, quoique par l'obligation
ou contrat de l'emprunt il y eut déclaration
que ce fût pour ledit héritage.

Il y a encore d'autres privilegiez, comme
les Massons, & les autres ouvriers, qui ont fait
des bâtimens, ou ceux qui ont prêté de l'argent pour les payer, pourvû que dans les
quittances desdits ouvriers, il soit fait mention dudit emprunt, sans quoi il n'y auroit
point pareillement de privilege, mais il faut
observer que ces sortes de quittances ne portent point de privilege si elles ne sont données par les Maîtres de la vacation pour l'ouvrage pour lequel elles sont faites.

Toute cette distribution du prix doit être
auparavant reglée par une Sentence, qui se
donne entre tous les creanciers opposans, par
le Juge du decret, sur le vû de leurs pieces,
ce que l'on appelle *Sentence d'ordre*; les arrerages & intérêts sur le saisi courent jusques
au jour de cette Sentence: Et comme quelquefois il y a appel de cette Sentence par
quelque creancier qui prétend que l'on en a
mis un autre devant lui en ordre, l'execu-

tion de ladite Sentence est surfise à l'égard
desdits deux creanciers & de tous les autres
suivans, & elle s'execute seulement pour les
autres creanciers qui sont avant mis en ordre;
mais à l'occasion duquel appel il faut faire
dire par la Sentence qu'en cas d'appel le
creancier de la collocation duquel il y aura
appel, recevra & touchera sa collocation *par
provision en baillant caution*, auquel cas il fournit une caution de rapporter, s'il perd sa
cause par Arrêt, laquelle caution il faut faire
recevoir avec le creancier appellant, c'est-à-
dire faire faire par la caution une soumission
au Greffe; tout cela se doit faire avec le creancier appellant, à peine de nullité.

Que si l'appellant débat la solvabilité de
la caution, il faut que celui qui la produit,
fasse preuve des biens de la caution, par la
production de ses titres & contrats, si ce n'est
que la caution soit assez connue pour la faire
recevoir à l'Audiance.

Est à noter que si le cessionnaire avoit man-
qué à s'opposer au decret de quelque bien
sur lequel il eut pû venir utilement en ordre,
il ne pourroit plus avoir de recours contre le
cedant.

Que si ledit cessionnaire soûtient que le débiteur est insolvable, c'est au cedant à s'informer s'il ne reste point de bien du débiteur,
qui n'ait point été vendu, & en ce cas de
l'indiquer au cessionnaire; ce qui se fait en se
défendant en Justice de la poursuite en re-

cours de garantie : & souvent on condamne
ledit cedant à mettre ès mains du cessionnaire deniers suffisans pour faire vendre le
bien indiqué.

La troisiéme est quand on cede une somme à prendre sur un débiteur qui a beaucoup
de terres, & de biens immeubles, dont la discussion seroit fort longue, & même se pourroit faire en divers lieux que le cessionnaire
ne connoîtroit pas ; en ce cas il faut ajoûter à
ces mots, *de garantir, fournir & faire valoir, mê-*
me payer la somme ci-après déclarée, ou les arre-
rages de la rente en question, de quartier en quar-
tier, après un simple commandement fait à la
personne ou domicile du débiteur, sans que le ces-
sionnaire soit obligé de veiller ni de s'opposer à la
discussion des biens du débiteur. Ce qu'étant ainsi
mis dans le contrat du transport, c'est au cedant à veiller lui-même à ladite discussion.

Cette promesse de payer *après un simple*
commandement, se doit mettre autrement au
transport d'une promesse faite sous signature
privée qu'en celui d'une Obligation, Sentence ou Arrêt, car en celui-là il faut mettre,
même payer la somme ci-après déclarée à faute
de payement d'icelle par le débiteur après une
simple sommation faite à sa personne ou domici-
le ; & en celui-ci, *après un simple commande-*
ment. La raison de cette difference est que l'on
peut faire un commandement de payer en
vertu d'une obligation, d'une Sentence & d'un
Arrêt, & non en vertu d'une promesse sous

signature privée, pour laquelle on ne peut faire qu'une simple sommation au débiteur pour
la payer ; & pour parvenir au commandement, il faut obtenir auparavant Sentence de
condamnation, & quelquefois un Arrêt ; ce
qui engage le cessionnaire à une longue poursuite, de laquelle il ne se charge point quand
il ne s'oblige qu'à faire faire une simple sommation au débiteur de payer.

CHAPITRE VII.

Des Marchez & des Apprentissages.

IL se fait ordinairement de deux sortes de
marchez, les uns sont assez peu considérables pour ne pas mériter d'être redigez par
écrit ; les autres le sont assez pour demander
que les conventions en soient reglées par un
acte autentique qui puisse servir à celle des
parties qui auroit lieu de se plaindre de l'ine-
xecution. C'est proprement le contrat que les
Romains appelloient *do ut facias:* l'une s'oblige de faire telle, ou telle chose, de bâtir une
maison, &c. L'autre s'oblige de donner une
somme, payable de telle, ou de telle maniere.

Le contrat produit une action de la part
de l'ouvrier qui entreprend, pour être payé
du prix convenu ; & une autre action de la
part de celui qui fait faire l'ouvrage, à ce qu'il

soit bien & dûement fait, & dans le temps
porté par le contrat ; il seroit même bien fondé à demander des dommages & interêts pro-
portionnez à ce qu'il peut souffrir par le défaut ou le retardement de l'entrepreneur.

Marché d'ouvrages de Massonnerie.

On doit faire auparavant le devis dans lequel il
faut énoncer l'ouvrage, & il doit être intitulé de cette
maniere.

*Devis des ouvrages de Massonnerie, qu'il convient
faire pour la construction d'une maison appartenante, &c.
sise à tel endroit, &c.*

FUt présent Jean, &c. Maître Masson à Paris, demeurant rue, &c. lequel a reconnu & confessé
avoir fait marché, promis & promet par ces présentes
à François, &c. demeurant, &c. à ce présent & acceptant, de faire & construire de neuf bien & dûement, comme il appartient, au dire d'ouvriers, & gens
à ce connoissans, une maison composée d'une salle
basse, chambre haute, & grenier au dessus, (*il faut en
cet endroit décrire les édifices que l'on desire être faits,*) &
pour ce faire, fournir par ledit Entrepreneur toute la
pierre de taille, moilon, chaux, sable, & autres materiaux nécessaires, payer la peine des Ouvriers, &
rendre la place nette, à commencer de travailler, &
faire travailler ausdits ouvrages dans Lundi prochain
ou tel autre jour que l'on voudra, & le tout rendre fait
& parfait bien & dûement comme dit est, &c. le marché fait moyennant & à raison de tant pour chacune
toise desdits ouvrages, qui seront toisez aux Us &
Coûtumes de Paris, sur quoi ledit Entrepreneur a confessé avoir reçu dudit sieur François la somme de

livres, dont, &c. quittant, &c. Et le surplus de ce
quoi monteront lesdits ouvrages, ledit sieur François
promet de le payer audit Entrepreneur au fur & à mesure qu'il travaillera ausdits ouvrages, & le dernier
payement incontinent après que lesdits ouvrages seront
faits & paraphez, rendus & reçus comme dit est ; car
ainsi, &c.

Autre marché au bas d'un devis suivant le dessein.

FUt présent Jean, &c. Maître Masson à Paris,
demeurant rue, &c. lequel a reconnu & confessé
avoir fait marché, promis & promet par ces présentes
au sieur Barthelemy, &c. à ce présent & acceptant,
de faire & parfaire bien & dûement comme il appartient, au dire d'ouvriers & gens à ce connoissans, tous
& chacuns les ouvrages de Massonnerie mentionnez
au devis ci-dessus & devant écrit, signé & paraphé
desdites parties le tout suivant le dessein dudit bâtiment, dont chacune desdites parties en a autant signé
& paraphé, ne varietur, d'elles & des Notaires soussignez. Et pour cet effet ledit sieur Barthelemy fournira toute la pierre de taille, moilon, chaux, sable, &
autres materiaux nécessaires, sans que ledit Entrepreneur soit tenu de fournir autre chose que sa peine &
celle des ouvriers avec les outils, rendre la place nette
& faire emporter les gravois aux champs, à commencer de travailler dans Lundi prochain, & continuer
avec nombre d'ouvriers suffisans, sans discontinuer, &
le tout rendre bien & dûement fait & parfait comme
dit est dans   au plûtard : Ce
marché fait moyennant & à raison de tant pour chacune toise desdits ouvrages, qui seront toisez aux Us
& Coûtumes de Paris, sur quoi ledit Entrepreneur a
confessé & confesse avoir eu & reçu comptant dudit
sieur Barthelemy la somme de

dont, &c. quittant, &c. Et le surplus de ce à quoi se montent lesdits ouvrages, ledit sieur Barthelemy promet de le payer audit Entrepreneur au fur & à mesure qu'il travaillera, & le dernier payement sitôt que lesdits ouvrages seront faits, parfaits, rendus & reçus comme dit est ; car ainsi, &c.

Marché pour ouvrage de Charpenterie.

Il faut faire le devis des ouvrages de Charpenterie convenables pour la construction d'une maison.

FUt présent Michel, &c. Maître Charpentier demeurant à, &c. lequel a confessé avoir fait marché, promis & promet à Maître Alexandre, &c. à ce présent & acceptant, de faire & parfaire bien & dûement comme il appartient au dire d'ouvriers & gens à ce connoissans, tous & chacuns les ouvrages de Charpenterie nécessaires pour la construction d'une grange, qui sera assise & construite sur tel lieu, laquelle grange sera composée de tant de toises de long, tant de large, & tant de haut : Et pour cet effet ledit sieur Alexandre fournira tout le bois qu'il conviendra, & autres choses nécessaires pour le bâtiment de ladite grange, sans que ledit Michel soit tenu de fournir autre chose que les outils & la peine des ouvriers, à commencer de travailler ausdits ouvrages Lundi prochain, & iceux continuer avec nombre d'ouvriers suffisans sans discontinuer, jusqu'à la perfection d'iceux, lesquels ledit Entrepreneur promet de rendre faits & parfaits, comme dit est, dans, &c. le tout suivant le devis ci-devant écrit, signé desdites parties, le marché fait moyennant & à raison de tant pour chacune toise desdits ouvrages. Surquoi ledit Entrepreneur a confessé avoir reçu comptant dudit sieur Alexandre la somme de   dont, &c. quittant, &c. & le surplus de ce à quoi monteront lesdits ouvrages, le-

dit sieur Alexandre promet de bailler & payer audit
Entrepreneur à mesure qu'il avancera iceux, & le dernier payement sitôt que lesdits ouvrages seront faits &
parachevez comme dit est ; car ainsi, &c.

Marché pour façons & entretiens de vignes.

FUt présent Germain, &c. Vigneron, demeurant à
&c. étant maintenant en cette Ville de Paris, lequel a confessé avoir fait marché, promis & promet à
Jacques, &c. à ce présent & acceptant, de labouter,
provigner, fumer, cultiver, tailler, échalasser, lier,
biner, & faire toutes les autres façons nécessaires en
tems & saisons convenables, en trois arpens de vignes
en une piece audit Jacques appartenant, assise au terroir de, &c. & icelle vigne entretenir bien & dûement comme s'ils étoient ses propres vignes durant tant
d'années, pourquoi faire ledit Jacques lui fournira le
fumier & échalas nécessaires, que ledit Entrepreneur
sera tenu d'aller prendre en la maison dudit Jacques,
sise audit lieu de, &c. Ce marché fait moyennant &
à raison de tant par chacun arpent desdites vignes que
ledit Jacques promet de bailler & payer audit Entrepreneur, au fur & à mesure qu'il fera lesdites façons ;
car ainsi, &c.

Marché de voiture de bois.

FUt présent Louis, &c. Voiturier, demeurant, &c.
lequel a promis & promet par ces présentes à Claude, &c. demeurant à, &c. à ce présent & acceptant, de
mener, conduire & voiturer depuis tel lieu jusques à tel
lieu, &c. la quantité de cent cinquante cordes de bois
audit Claude appartenant, & qui sont à présent sur ledit
lieu de, &c. & commencer de faire ladite voiture par
ledit Entrepreneur Lundi prochain avec ses trois che-

vaux & harnois, & continuer fans difcontinuer, jufques à ce que ledit bois foit arrivé & voituré audit
lieu de, &c. Ce marché fait moyennant & à raifon de
tant par corde dudit bois, que ledit Claude promet
bailler & payer audit Entrepreneur au fur & à mefure qu'il fera ladite voiture dudit bois, & le dernier
payement incontinent que tout ledit bois fera arrivé
audit lieu de, &c. car ainfi, &c.

Marché de peaux de Veaux, Moutons & Brebis.

FUt préfent François, &c. Marchand Boucher à
Paris, demeurant, &c. lequel a reconnu & confeffé avoir vendu, & promet fournir & livrer à Antoine, &c Megiffier demeurant à, &c. à ce préfent
& acceptant, toutes les peaux de veaux, moutons, brebis & agneaux qui proviendront de fon abatis durant
la préfente année   à commencer du jour de
Pâques prochain, finiffant au jour de Carême prenant
enfuivant, lefquelles peaux ledit Antoine fera tenu
d'aller prendre & faire enlever en l'échaudoir, ou
abatis dudit François à Paris, par chacune femaine,
pour raifon de laquelle livraifon fera faite une taille,
dont ledit François aura la fouche, & ledit Antoine
l'échantillon, de laquelle taille la croix vaudra dix,
la demie cinq, & la hoche une peau. Seront tenues lefdites parties de compter fur ladite taille de mois en
mois; ce marché fait à raifon de tant pour chacun
cent defdites peaux l'une portant l'autre, à compter
cent quatre pour cent, & vingt-fix pour quarteron;
lequel prix ledit Antoine promet & s'oblige de bailler
& payer audit François, &c. en fa maifon à Paris, de
fix mois en fix mois, car ainfi, &c.

Nota; *Qu'à l'égard des marchez de peaux de bœuf*
& de vache, l'on met, ce marché fait moyennant & à

raison de tant pour chacun cent pesant desdites peaux, *& le reste comme ci-dessus.*

Marché & societé.

FUrent présens Jean, &c. Maître Masson, demeurant, &c. d'une part ; & Marin, &c. aussi Maître
Masson demeurant à , &c. d'autre part ; lesquels sont
volontairement demeurez d'accord de ce qui ensuit :
C'est à sçavoir que ledit Jean a associé & associe avec
lui ledit Marin ce acceptant, en tous les ouvrages de
Massonnerie qu'il a entrepris de faire pour Maître
François, &c. en tel lieu, mentionnez au marché qu'il
en a fait avec ledit sieur François pardevant tels Notaires le tel jour, dont lecture a été présentement faite mot à mot, par l'un des Notaires soussignez, l'autre
présent, audit Marin, qui a dit l'avoir bien entendue,
& sçavoir tout le contenu audit marché. Et encore ledit Jean associe avec lui ledit Marin, ce acceptant
comme dessus, en tous les autres ouvrages de Massonnerie qu'il pourra ci après entreprendre de faire pour
ledit François, & pour quelques autres personnes que
ce soit , sans aucune reserve. Cette association ainsi
faite, à la charge que lesdites parties seront tenues, &
promettent l'une à l'autre de contribuer chacune pour
moitié à tout ce qu'il conviendra faire, payer & a-
bourser pour accomplir, tant le susdit marché déja
fait avec ledit sieur François, que tous les autres marchez qui seront faits & entrepris ci-après par ledit Jean
pour ouvrage de Massonnerie durant trois ans prochains de ce jourd'hui, lesquels ouvrages icelles parties
s'obligent reciproquement, comme dit est, de faire &
faire faire & parfaire dans le tems, & ainsi que le tout
est stipulé par le susdit marché, & qu'il le sera par les
autres marchez qui seront faits ainsi que dit est, &
faire ensorte qu'ils n'encourent l'un pour l'autre aucuns dépens, dommages ni interêts, dont lesdites par-

tles promettent respectivement s'acquitter l'une l'autre, & les deniers provenans desdits ouvrages seront de même reçûs par chacune desdites parties indifferemment, dont elles compteront ensemble, & porteront également la perte s'il y en a, ce que Dieu ne veuille; comme aussi s'il y a du profit sera partagé entre elles moitié par moitié : ne pourra ledit Marin transporter sa part de ladite societé à qui que ce soit, sans le consentement par écrit dudit Jean, &c. car ainsi, &c.

Marché pour la vuidange d'une fosse à privé.

FUt présent Philbert, &c. Maître des basses œuvres à Paris, y demeurant, &c. lequel a confessé avoir fait marché, promis & promet à Sebastien, &c. à ce présent & acceptant, de vuider & nettoyer bien & dûement jusques à vif fond ou vives eaux la fosse & chausse à privé de la maison où est l'enseigne de l'image S. Christophe sise à Paris rue, &c. appartenant audit sieur Sebastien, & commencer de travailler à ladite vuidange demain au soir, & continuer avec nombre d'ouvriers & tonneaux suffisans sans discontinuer, jusques à ce que ladite fosse & chausse à privé soit entierement vuidée & nettoyée, faire emporter les matieres fecales aux champs, & rendre place nette. Et pour cet effet ledit Entrepreneur fera ouvrir & fermer à ses dépens ladite fosse. Ce marché fait moyennant la somme de . . . . sur laquelle ledit Entrepreneur confesse avoir reçu dudit sieur Sebastien qui lui a baillé & payé présens les Notaires soussignez, en écus d'argent & autre bonne monnoie, le tout bon, &c. la somme de . . . . &c. quittant, &c. & le restant, ledit sieur Sebastien, &c. sera tenu, promet & s'obliga de le bailler & payer audit Entrepreneur ou au porteur, &c. après que ladite vuidange sera entierement faite, les matieres emportées aux champs, & l'ouverture de ladite fosse bien & dûement refermée, & scellée comme dit est, car ainsi, &c.

Nota. Quelquefois pour dégorger une fosse, l'on ne fait tirer que partie de la matiere, & l'on fait le marché à raison de tant par muid de ladite vuidange, ou de toise d'icelle, & le reste du marché suit comme dessus.

Marché pour vente de bois.

FUt présent Honoré, &c. Marchand de bois, demeurant à, &c. lequel a reconnû & confessé avoir vendu & promet fournir & livrer à ses dépens sur le port de, &c. à Paris dans trois mois prochains à Hilaire, &c. aussi Marchand de bois demeurant à Paris rue, &c. à ce présent & acceptant, la quantité de mille cordes de bois de chêne & chêneaux, le tout bon, loyal, & marchand, la corde de huit pieds de large, & quatre de haut bâton sur mesure, franc & quitte de tous droits de peages & passages, moyennant le prix & somme de tant pour chacune corde dudit bois, lequel sera cordé & visité sitôt qu'il sera arrivé à Paris audit port, en la présence dudit acheteur, sur lequel prix ledit Honoré, &c. confesse avoir reçu comptant dudit Hilaire, &c. qui lui a baillé, payé, compté, nombré & delivré, présens les Notaires soussignez, en écus d'argent & autre monnoie, le tout bon & ayant cours, la somme de .... dont, &c. quittant &c. & le surplus dudit prix ledit acheteur promet de le bailler & payer audit vendeur en cette Ville de Paris, sitôt que tout ledit bois sera arrivé audit Port à Paris, cordé & reçu comme dit est. Et à cette fin sera tenu ledit vendeur de faire avertir ledit acheteur de se trouver sur ledit port, &c. incontinent que ledit bois y sera arrivé, car ainsi, &c. *Election de domicile, &c.*

Quand le compte & la visite du bois se fait sur le lieu de la coupe, il faudra adjoûter.

ET le surplus dudit prix ledit acheteur sera tenu & promet de le bailler & payer audit vendeur sitôt qu'il lui aura livré ladite marchandise de bois audit port de, &c. à Paris, laquelle marchandise ledit acheteur sera tenu de visiter, & d'en compter la quantité de cordes sur le lieu de la coupe dudit bois, même de le voir charger dans les bateaux, & pour la garde dudit bois y mettre des personnes aux dépens dudit acheteur, jusques à ce qu'il soit livré audit port. Que si par ledit compte qui sera fait de la vente dudit bois en détail, le nombre desdites cordes ne s'y trouve, ledit acheteur n'en pourra rien repeter contre ledit vendeur, mais bien contre ceux qu'icelui acheteur aura commis pour y prendre garde, tant dedans que dehors lesdits bateaux. *Election de domicile, & le reste comme ci-dessus.*

Marché d'un Rotisseur pour faire la fourniture d'une maison.

FUt présent Barthelemy, &c. Maître Rotisseur à Paris, demeurant rue, &c. lequel a reconnu & confessé avoir fait marché, promis & promet à très-haut, très-puissant & très excellent Prince Monseigneur Henry, &c. à ce présent & acceptant, de lui fournir & livrer durant deux ans prochains, à commencer au premier jour de Janvier prochain, tant pour sa bouche que pour sa maison & suite de son Hôtel à Paris, & à la campagne, aux armées où son Altesse sera employée pour le service du Roi dedans & dehors le Royaume, toutes & chacunes les viandes, gibier, volailles, & autres sortes de poulailles necessaires, telles qu'elles sont contenues & mentionnées au mémoire ci-devant écrit en   feuillets de papier, le pré-

sent compris pour & moyennant les prix portez par
ledit memoire, que son Altesse a promis & promet de
bailler & payer ou faire payer par son Tresorier audit
Barthelemy, &c. ou au porteur, &c. de mois en mois
sur les extraits de ladite fourniture ; laquelle sera écrite sur le livre dudit Barthelemy par le Maître-d'Hôtel ou Controlleur de la maison de sadite Altesse à
mesure de ladite livraison, sans que durant ledit tems
les parties puissent demander ni prétendre plus haut
ni moindre prix que celui arrêté par ledit memoire.
Pour faire lesquelles fournitures pendant que son Altesse sera à la campagne & aux armées, comme dit est,
ledit Barthelemy sera tenu de suivre sadite Altesse en
tout lieu, & de mener avec lui un ou deux hommes
pour lui aider en son emploi, lesquels seront nourris
avec ledit Barthelemy aux dépens de sadite Altesse
comme ses autres Officiers du commun : Et leur sera
encore fourni aux dépens de sadite Altesse les chevaux
nécessaires pour les porter, & pour porter lesdites viandes, gibier & volailles si besoin est, avec des couver-
tures de charge aux livrées & armes de sadite Altesse ;
sans que de tout le tems que ledit Barthelemy sera à la
suite de sadite Altesse, il puisse prétendre pour lui ni
pour ses serviteurs aucuns gages ni appointemens de
sadite Altesse. Et si ledit Barthelemy étoit défaillant
de faire ladite fourniture par chacun jour ; en tout
lieu comme dit est, sadite Altesse la pourra faire prendre ailleurs par ses Officiers pour le compte & aux
frais dudit Barthelemy ; car ainsi, &c.

Nota. *Les marchez pour le pain & le vin se font de
la même maniere : ainsi il est inutile d'en rapporter des
formules.*

Marché de foin.

FUt présent François, &c. Laboureur demeurant
à, &c. lequel a reconnu & confessé avoir vendu
& promis fournir & livrer à Henry, &c. en sa maison à Paris sus déclarée, au fur & à mesure qu'il en
aura besoin (ou bien dans tel tems) la quantité de huit
milliers de bottes de foin, bon, loyal & marchand,
chaque botte liée à trois liens, & du poids de quinze
livres, pour en faire par ledit Henry ce que bon lui
semblera. Ce marché fait moyennant & à raison de
deux cens livres pour chacun millier desdites bottes de
foin, sur lequel prix ledit François confesse avoir reçu
dudit sieur Henry qui lui a baillé & payé pardevant
les Notaires soussignez, la somme de
quittant, &c. & le surplus dudit prix ledit Henry
promet de le bailler & payer audit François ou au porteur, &c. au fur & à mesure qu'il lui fera la dite livraison, & le dernier payement aussitôt que tout ledit
foin lui sera entierement livré comme dit est ; car ainsi, &c. Election de domicile, &c.

Marché pour fourniture de quatre colonnes de marbre pour le Val-de-Grace à Paris.

FUrent présens Jean Legreve & Hierôme Derbeay,
Marbriers à Paris ; demeurans rue, &c. Paroisse,
&c. lesquels ont par ces présentes fait marché & promis
l'un pour l'autre, chacun d'eux seul & pour le tout sans
division ni discussion, renonçant aux benefices desdits
droits & de fidejussion, à la Reine mere du Roi ce
acceptant pour Sa Majesté Messire Jacques Tubeuf,
Chevalier Baron de Blanzac, Conseiller ordinaire du
Roi en tous ses Conseils, President en la Chambre
des Comptes, Surintendant des Finances, Domaines

P.

& Affaires, & Intendant des Bâtimens de madite Dame Reine, demeurant rue, &c. à ce préfent.

De fournir & livrer aux frais & rifques defdits Legreve & Derbeay, déchargé à terre en cette Ville de Paris au port des Tuilleries, pour être employé au principal Autel de l'Eglife que madite Dame Reine a fait conftruire en l'Abbaye Royale Notre-Dame du Val-de-Grace fife au fauxbourg S. Jacques de cette Ville.

Quatre colonnes torfes de dix-fept pieds de haut chacune, & de deux pieds dix pouces de diametre, de trois morceaux chacune colonne, de marbre noir & blanc des carrieres de Barbanfon, le plus vif & le plus beau qu'il fe pourra trouver, conforme aux échantillons que lefdits Legreve & Derbeay en fourniront, & qui feront arrêtez; lefquelles quatre colonnes lefdits Legreve & Derbeay rendront ébauchées en leurs torfes; fuivant les modeles qui leur feront donnez par les fieurs le Muet & le Duc, Architectes des Bâtimens de Sa Majefté, à un pouce près de leurs nœuds, audit port des Tuilleries, déchargées à terre à leurs frais & rifques, comme dit eft; fçavoir deux dans & les deux autres dans   à peine de tous dépens, dommages & interêts. Ce marché fait à ladite condition, moyennant la fomme de dix-fept cens livres pour chacune defdites colonnes, que lefdits Legreve & Derbeay fourniront voitures par terre au moins jufques au pont Aners, & dudit lieu jufques au port des Tuilleries, où par terre ou par eau, comme ils aviferont pour le mieux, revenant pour les quatre à fix mille huit cens livres, en ce compris la gratification que ledit Seigneur Prefident Tubeuf leur a accordée pour les exciter à bien fervir Sa Majefté, & fatisfaire exactement & ponctuellement à ce préfent marché, fur le prix duquel ledit Seigneur Prefident Tubeuf a promis audit nom de faire payer comptant par avance aufdits Legreve & Derbeay, par le fieur Tréforier general des Maifon & Finances de madite Dame Reine, trois

mille liv. & le surplus au fur & à mesure qu'ils fourniront & livreront lesdites colonnes audit Port des
Tuilleries. A ce faire étoit présent Hubert Misson aussi Marbrier à Paris, demeurant aux Tuilleries, lequel
du consentement desdits Legreve & Derbeay, est entré
au présent marché, & s'oblige solidairement avec eux
à l'execution d'icelui, promettant, &c. obligeant, &c.
chacun en droit soy, &c. lesdits Legreve, Derbeay &
Misson solidairement, ledit Seigneur President Tubeuf audit nom, même iceux Legreve, Derbeay &
Misson, corps & biens, comme pour les affaires de sa
Majesté, renonçant, &c. Fait & passé à Paris en l'hôtel
dudit Seigneur President Tubeuf, l'an mil six cens
soixante-cinq le 21. Février, & ont signé.

Des Brevets d'Apprentissage.

LE brevet d'apprentissage est un acte par
lequel un particulier s'oblige à demeurer chez un Maître pendant un tems, pour
apprendre un négoce, art ou métier, moyennant une certaine somme.

Ce brevet d'apprentissage est d'autant plus
necessaire, sur tout à Paris, que nul ne peut
être reçu Maître dans quelque profession que
ce soit, qu'il n'ait fait son apprentissage, pendant le tems marqué par les Statuts, du commencement duquel le contrat ou brevet d'apprentissage marque l'époque, comme la quittance du Maître avec lequel il s'est engagé,
en marque la fin.

L'apprenti peut s'obliger tout seul lorsqu'il
est majeur. S'il est mineur, il doit être assisté
de son tuteur qui ne doit pas negliger d'y fai-

re intervenir les plus proches parens, pour sa sureté, afin que l'on n'ait rien à lui reprocher dans la famille.

Outre le chagrin de ne pouvoir être reçu Maître auquel s'expose l'apprenti qui ne satisfait pas à son brevet, il peut encore avoir celui d'être condamné en des dépens, dommages & interêts envers son Maître, s'il n'a pas travaillé pendant le tems porté par son brevet.

Ce contrat comme tous les autres est *initio voluntatis, postea necessitatis.*

La contrainte par corps étant abrogée par le 6e article du 34. Titre de l'Ordonnance de 1667, contre les Sujets du Roi, elle ne peut pas avoir lieu contre les apprentis pour cause civile : au moyen de quoi au lieu de cette contrainte par corps contre l'apprenti il est bon de mettre dans son brevet d'apprentissage, *qu'il renoncera au métier s'il ne l'acheve avec le Maître auquel il est obligé,* afin de contenir ledit apprenti en son devoir.

Il y a plusieurs Métiers, comme Tissutiers, Rubaniers, &c. dont les Statuts portent que les Maîtres ne peuvent prendre apprentis sans appeller aux brevets desdits apprentis un ou deux Jurez dudit métier pour éviter les abus; en ce cas après le *car ainsi*, &c. l'on met ce qui suit.

Ce fait en la présence & du consentement de Jacques, &c. aussi Maître, & à présent Juré dudit métier.

Nota. *Qu'aux brevets des apprentis Orfé-*
vres, Sculpteurs, Peintres, Enlumineurs, Im-
primeurs, Chirurgiens, Apoticaires, il faut dire
que le Maître promet de montrer son Art,
au lieu qu'aux autres l'on dit son métier.

Et qu'aux brevets des apprentis Marchands,
il faut dire que le Maître promet de montrer
sa vacation, & la Marchandise dont il se mêle
& entremet en icelle.

A ces sortes de brevets le consentement des
Maîtres & Gardes de la vacation n'est point re-
quis, mais au lieu de cela les brevets des ap-
prentis doivent être inscrits & registrez dans le
livre de leur Communauté, conformément à leurs
Reglemens.

* * *

Brevet d'apprentissage, par un pere de son fils.

FUt présent Louis, &c. lequel pour faire le profit
d'André, &c. son fils âgé de treize ans, a reconnu & confessé l'avoir baillé & mis en apprentissage &
service de ce jourd'hui jusques à cinq ans prochains finis
& accomplis, avec Jacques, &c. Maître
à Paris y demeurant rue, &c. à ce présent & acceptant,
qui l'a pris & retenu à son service, & apprenti pour
ledit tems, durant lequel tems il promet de lui montrer
& enseigner à son pouvoir sondit métier de
autant qu'il lui sera possible, & outre le nourrir & loger, traiter humainement comme il appartient, à la
charge que ledit bailleur son pere l'entretiendra de
tous ses habits, linges, chaussures & autres ses nécessitez
honnêtes selon sa condition, pour lequel apprentissage
lesdites parties ont convenu à la somme de
sur laquelle ledit preneur a confessé avoir reçu com-

ptant dudit Louis, &c. en écus d'argent & autre bonne monnoie ayant cours, la somme de
dont, &c. quittant, &c. & le restant, ledit Louis promet & s'oblige de les bailler & payer audit preneur
en sa maison a Paris, ou au porteur dans un tel tems ;
à ce faire étoit présent ledit apprenti, qui a eû ce que
dessus agreable, promis & promet d'apprendre ledit
métier de   du mieux qu'il lui sera
possible, & servir ledit preneur son Maître fidelement
& diligemment, & lui obéïr en toutes choses licites
& honnêtes qu'il lui commandera, faire son profit, &
l'avertir de son dommage s'il vient à sa connoissance,
sans s'absenter ni aller ailleurs servir durant ledit tems;
auquel cas d'absence ou fuite ledit Louis, &c. son pere, sera tenu & promet de le chercher & faire chercher par cette ville & banlieue de Paris. Et si le trouver le peut, le renvoyer audit preneur son Maître pour
parachever le tems susdit ; car ainsi, &c. en la présence d'un Juré dudit métier qui a agréé ledit apprentissage, &c.

Les Tailleurs ne prennent point d'apprenti s'il n'est de
main-neuve pour satisfaire à leurs nouveaux Statuts,
qui veulent qu'ils soient tels ; c'est-à dire qu'il n'a encore
rien été montré ni enseigné dudit métier à l'apprenti par
qui que ce soit lorsqu'on l'oblige, c'est pourquoi dans leurs
brevets d'apprentissage l'on met ; l'avoir baillé & mis
en apprentissage & service comme apprenti de main-
neuve, & le reste comme ci-devant, jusques au car ainsi, que l'on met en cette forme ; car ainsi a été accordé
entre les parties en la présence de François, &c. aussi
Maître, & à présent Juré dudit métier à Paris pour
ce comparant, demeurant, &c. lequel audit nom de
Juré a eû le présent brevet agreable, après que le sieur
bailleur & apprenti lui ont présentement en la présence desdits Notaires certifié & affirmé en leurs ames
que ledit apprenti est de main-neuve, & qu'il ne lui a
été encore rien enseigné dudit métier, promettant, &c.
obligeant, renonçant, &c.

Remise d'un apprentissage.

FUt présent Jacques, &c. Marchand à Paris, demeurant, &c. en consideration des bons services qu'il espere recevoir d'André, &c. son apprenti, durant les quatre premieres années des cinq portées par son brevet d'apprentissage passé pardevant les Notaires soussignez ce jourd'hui, a par ces présentes volontairement donné, remis & quitté audit apprenti à ce présent, acceptant & remerciant, la derniere desdites cinq années, & à cet effet consent ledit Jacques, &c. que ledit apprenti aille demeurer chez tel autre Marchand que bon lui semblera durant ladite année de sondit apprentissage, si mieux il n'aime demeurer chez ledit Jacques son Maître, promettant icelui Jacques à la fin desdites cinq années de lui rendre & quittancer sondit brevet, comme s'il avoit durant ledit tems travaillé chez lui sans discontinuer, promettant, &c. obligeant, &c. renonçant, &c. Fait & passé, &c.

Quittance dudit brevet d'apprentissage.

LEdit Jacques nommé au brevet d'apprentissage écrit ci-dessus a déclaré & reconnu que ledit André son apprenti aussi y nommé, l'a bien & fidellement servi pendant les cinq années portées audit brevet; comme aussi lui a payé la somme convenue par ledit brevet dont il se contente & en quitte & décharge sondit apprenti, consentant & accordant qu'il aille servir où bon lui semblera, dont & de ce que dessus ledit apprenti a requis acte aux Notaires soussignez, à lui octroyé, pour lui servir & faire valoir en tems & lieu, ainsi que de raison. Fait & passé, &c.

Quelquefois les Maîtres & les apprentis ne pouvant comparoir ensemble, le Maître remet le brevet aux Jurez

pour le ceder à un autre Maître, ou bien il fait lui-même
le transport en la forme suivante.

Transport d'apprentissage par un Maître à un
autre, en présence des Jurez.

FUt présent Jacques, Maître
demeurant rue, &c. lequel en présence & du conlentement de Guillaume, &c. & Antoine, &c. auſſi
Maîtres, & à présent Jurez en charge de leur Communauté, à ce présens, a reconnu & confeſſé avoir
cédé & transporté à François, &c. pareillement Maître demeurant, &c. à ce présent &
acceptant, les trois années sept mois six jours qui restent à expirer des cinq portées par le brevet d'apprentiſſage d'André, &c. son apprenti, & obligé par ledit brevet paſſé pardevant tels Notaires, un tel jour,
pour durant ledit tems restant montrer & enseigner
comme ledit François promet faire audit apprenti ledit métier, le nourrir & loger tout ainſi que ledit Jacques y est tenu & obligé par ledit brevet, l'original
duquel en parchemin ledit cedant a présentement baillé & mis ès mains dudit François preneur, auquel en
ce faisant appartiendront les cent livres qui restent à
payer dudit apprentiſſage ; & lui en fait ledit Jacques
pareillement ceſſion & transport en tant que besoin seroit en faveur des présentes pour en faire comme bon
lui semblera : Auquel effet ledit Jacques le subroge en
son lieu & place, droits, hypothèques, privilèges,
noms, raiſons & actions, sans toutefois lui être tenu
d'aucune garantie ni recours quelconque : Et au moyen
du présent transport ledit apprenti à ce présent & conſentant, a promis, sera tenu & promet audit François,
&c. à présent son Maître, de satisfaire envers lui à
tout ce à quoi il est obligé par ledit brevet ; car ainſi.
*Quand les apprentis ne se plaisent pas au métier, il
faut faire un désistement comme il est ci-après.*

Défiftement d'apprentiffage.

FUt préfent Jacques, &c. Maiftre demeurant, &c. d'une part, & Jean, &c. demeurant &c. & André, &c. fon fils apprenti dudit Jacques, &c. d'autre part, lefquelles parties fe font volontairement par ces préfentes défiftées & fe défiftent refpectivement du brevet d'apprentiffage dudit André, fait avec ledit Jacques pardevant tels Notaires un tel jour. Veulent, confentent & accordent reciproquement que ledit brevet foit & demeure nul comme non fait, & fans dépens, dommages & intérêts prétendre de part ni d'autre, fe quittant lefdites parties l'une l'autre de toutes chofes generalement quelçonques pour cet égard du paffé jufques à huy, après toutefois que ledit apprenti a déclaré avoir renoncé & renonce par cefdites préfentes audit métier ; car ainfi, &c.

Apprentiffage d'un garçon qui s'oblige lui-même.

FUt préfent André âgé de, &c. ou environ, fils de tel, & de telle fa femme, demeurant à, &c. lequel pour faire fon profit, a reconnu & confeffé s'être mis en apprentiffage & fervice de ce jourd'hui jufques à trois ans prochains finis & accomplis, avec Chriftophe, &c. de tel métier, demeurant rue, &c. à ce préfent & acceptant, qui l'a pris & retenu à fon fervice & apprenti pour ledit tems, durant lequel il promet de lui montrer & enfeigner à fon pouvoir fondit métier de, &c. & tout ce dont il fe mêle & entremet en icelui, le nourrir, loger & traiter doucement & humainement comme il appartient, & lui faire blanchir fon linge ; & ledit apprenti s'entretiendra de tous fes

habits, linges, chauffures, & autres ſes néceſſitez honnêtes ſelon ſa condition. Et encore ledit apprenti promet d'apprendre ledit métier de, &c. au mieux & plûtôt qu'il lui ſera poſſible , & ſervir ledit preneur ſon
Maiſtre fidelement & diligemment , & lui obéïr en
toutes choſes licites & honnêtes qu'il lui commandera,
faire ſon profit , & l'avertir de ſon dommage s'il vient
à ſa connoiſſance , ſans s'abſenter ni aller ailleurs ſervir durant ledit tems , auquel cas d'abſence ou fuite,
ledit preneur ſon Maiſtre pourra le chercher & faire
revenir chez lui pour paracheyer le ſuſdit tems , ſi
mieux ledit apprenti n'aime renoncer audit métier ,
pour lequel apprentiſſage & ſervice ne ſera payé aucune choſe de part ni d'autre ; car ainſi, &c.

CHAPITRE VIII.

Des Renonciations , des Oppoſitions , des Déſiſtemens, des Mainlevées, des Prote-ſtations , & des Reconnoiſſances.

Des Renonciations en general.

IL eſt ordinairement permis à toutes ſortes
de perſonnes de renoncer au droit qui eſt
établi en leur faveur, ſi ce n'eſt aux femmes
mariées qui ne peuvent le faire valablement,
ſans l'autorité de leurs maris, & aux mineurs
qui ont beſoin de l'aſſiſtance de leur tuteur,
& de l'avis de leurs parens.

Les renonciations les plus ordinaires ſont
celles qui ſe font par les filles que l'on marie,

aux successions directes & collaterales à échéoir, en faveur de leurs freres, contre lesquelles elles peuvent être restituées, si elles n'avoient alors ni pere ni mere, & si elles étoient mineures. Au cas contraire il y a des Coûtumes qui les excluent de toutes ces successions quand elles ont été mariées par leurs peres & meres, ne leur eut-on donné en dot qu'un chapeau de fleurs.

Celles qui se font par des héritiers présomtifs aux successions qui leur sont échûes, tant en ligne directe que collaterale, ou par les femmes, à la communauté qu'elles avoient avec leurs maris, l'Ordonnance de 1667, & la plûpart des Coûtumes donnent aux uns & aux autres trois mois pour faire inventaire, & quarante jours pour délibérer, de peur d'être surpris, & de se trouver chargez des dettes d'une succession ou d'une communauté, qui seroient capables d'absorber tout le bien qu'ils ont d'ailleurs.

Ceux qui ont accepté ou renoncé en minorité, peuvent se faire restituer jusques à ce qu'ils ayent atteint 35. ans complets.

Les actes de renonciation à une succession ou à la communauté, sont sujets à insinuation.

Les Notaires ne doivent point délivrer aux parties ces sortes d'actes sans en garder minute.

Par Arrêt du Parlement du 14. Février 1701, il est enjoint aux Notaires qui recevront des actes d'acceptation ou renonciation à une succession ou communauté, d'en garder des minutes sans les laisser aux parties, à peine de nullité desdits actes.

Lorsqu'un héritier craint qu'une succession ne lui soit plus onereuse que profitable, & qu'après l'avoir acceptée il ne soit obligé de payer les dettes dont il n'a pas de connoissance, & qui pourroient se monter plus haut que la succession, alors il obtient des lettres d'héritier par benefice d'inventaire ; & n'est tenu des dettes que jusques à la concurrence de l'inventaire & de ce qu'il a reçu.

Renonciation à une succession.

AUjourd'hui est comparu pardevant Louis demeurant rue Paroisse lequel déclare qu'il a renoncé, comme par ces présentes il renonce à la succession de Maistre Philippe son oncle, pour lui être ladite succession plus onereuse que profitable, jurant & affirmant ledit sieur comparant, comme il a présentement fait devant les Notaires soussignez, n'avoir pris & apprehendé aucuns biens & effets de ladite succession dudit feu sieur son oncle, ni s'être immiscé en icelle en façon quelconque : & pour faire insinuer ces présentes au Greffe des Insinuations du Châtelet de Paris, & par tout ailleurs où besoin sera, & les faire signifier à qui il appartiendra, ledit sieur comparant a fait & constitué son Procureur le porteur, &c. auquel il donne pouvoir ; dont acte, &c. promettant, &c. obligeant, &c. renonçant, &c. Fait & passé, &c.

Renonciation par un fils tant à la succession de son pere, qu'aux dispositions testamentaires par lui faites à son profit.

AUjourd'hui est comparu devant les Notaires souf-signez Jean

demeurant   lequel a par ces présentes renoncé & renonce tant à la succession de   son pere, qu'aux dispositions testamentaires, qualifiées d'avoir été faites au profit dud. sieur comparant par ledit feu sieur son pere, par son te-stament, pour lui être tout plus onereux que profi-table ; déclarant icelui sieur comparant n'avoir pris ni détourné aucuns effets de ladite succession, & ne s'être aucunement immiscé en icelle, se tenant à la portion du douaire qui lui appartient, constituée par contrat de feue Marie   sa mere, au jour de son decès femme dudit sieur   pour raison de laquelle & des droits, actions & hypothe-ques dudit sieur comparant, il se reserve & conserve en tous les droits & privileges qui lui sont acquis, sans aucunement y déroger ni innover, & pour faire signi-fier ces présentes, &c.

Renonciation d'une fille par son contrat de mariage à la succession de son pere & de sa mere.

EN faveur duquel mariage lesdits Pierre & Marie   pere & mere de la future épouse, lui ont constitué en dot la somme de moyennant laquelle elle s'est tenue pour bien partagée de leurs futures successions, ausquelles elle a renoncé & renonce par ces présentes, & à toutes autres directés & collaterales au profit de sesdits pere & mere, de ses freres, & de leurs enfans nez & à naître en loyal mariage, sauf & reservée nouvelle & loyale eschoitte, c'est-à-dire au cas que les freres meurent sans enfans, auquel cas les sœurs de la mariée ne sçauroient se prévaloir de la renonciation. Car ainsi, &c.

Renonciation par une femme à la communauté de feu son mari.

AUjourd'hui est comparu pardevant les Notaires, &c. Marie, &c. veuve de feu Jacques, &c. demeurante, &c. laquelle a dit & déclaré avoir renoncé & renonce par ces présentes à la communauté de biens qui a été entre elle & ledit défunt son mari, après qu'elle a affirmé en son ame pardevant lesdits Notaires n'avoir pris ni apprehendé aucune chose de ladite communauté, & ne s'être en façon quelconque immiscée en icelle, sur les biens de laquelle & autres biens dudit défunt, ladite veuve entend prendre & avoir ses conventions matrimoniales, & tout ce qui lui a été accordé par son contrat de mariage fait avec ledit défunt, à quoi elle s'est tenue & se tient par ces présentes, dont & de tout ce que dessus ladite comparante a requis & demandé acte ausdits Notaires, qui lui ont octroyé le présent pour lui servir & valoir ce que de raison. Fait & passé, &c.

Des Oppositions.

IL se fait quantité d'actes qui doivent être precedez de publications, à peine de nullité, pour avertir ceux qui ont interêt de les empêcher, de faire paroître les raisons qu'ils ont de s'y opposer. Il est aisé de savoir à qui

on doit s'adresser pour former les oppositions
& pour les faire décider.

Les principales sont celles qui se font à la
célébration des mariages, qui doivent être
faites entre les mains du Curé qui en a publié
les annonces ou bancs ; il ne peut aller plus
avant dès qu'elles lui ont été signifiées, que
les contractans ne les ayent fait lever par
le Juge auquel il appartient d'en connoître,
qui est pour l'ordinaire l'Official.

Elles peuvent être formées par le pere ou
le tuteur de l'une des parties qui veulent se
marier, ou par une autre personne qui pré-
tendroit avoir contracté auparavant avec elle,
ou qu'elle a déja pris des engagemens qui l'en
empêchent. Un parent charitable peut faire
en cette occasion la fonction de pere ou de
tuteur.

Celles qui se forment à l'engagement d'un
jeune homme qui pretend entrer dans les Ordres sacrez, ce qu'il ne peut faire sans trois
publications precedentes, afin d'avertir ceux
qui y sont interessez, comme une fille avec
laquelle il auroit eu des engagemens pour le
mariage, & des creanciers, s'il en a, parce
qu'il va être élevé à un état dans lequel il sera
de plus difficile convention. Il n'est pas même permis aux Moines de recevoir ces gens-
là à profession.

L'on peut encore s'opposer à la vente des
biens saisis réellement, après les criées qui en
ont été faites, & former quatre oppositions

differentes. La premiere, afin d'annuler, soit
par la partie saisie qui prétend que l'on a mal
observé les formalitez prescrites par les Ordonnances & par la Coûtume des lieux: celle-
ci doit se proposer lors de la certification des
criées, soit par quelque autre personne in-
teressée qui prétend que la saisie réelle a été
faite *pro non debito*, ou *super non Domino*.

La seconde est l'opposition afin de distrai-
re une partie des biens saisis, qu'un tiers prétend ne pas appartenir à la partie saisie, ou
n'être pas sujet à l'hypotheque du poursuivant. Ces deux dernieres oppositions doivent
être formées avant le congé d'adjuger, par
lequel il doit y être fait droit, de même que
que sur l'opposition à fin de charge, faute de
quoi elles sont converties en oppositions à fin
de collocation ou d'hypotheque, c'est-à-dire
que l'on vend tous les héritages compris dans
la saisie réelle, exemts de toutes sortes de charges, mais l'on fait dans la Sentence d'ordre
une estimation des biens dont la distraction
avoit été demandée, & de la charge dont on
avoit demandé la conservation, à une somme
certaine, pour laquelle l'opposant est colloqué preferablement à tous les autres créanciers.

Les oppositions à fin de collocation, ou
d'hypotheque, doivent être formées dans les
vingt-quatre heures de la prononciation de
l'adjudication par decret, si elles ne l'ont pas
été auparavant, parce qu'il n'y a que le Sceau
qui

qui puiffe les purger, & qu'il eft défendu par l'Edit des Criées de l'appofer auparavant.

Oppofition à un mariage.

FUt préfent Bafile, &c. lequel a déclaré qu'ayant appris par bruit public le prétendu mariage propofé entre lui & fon fils, ou fon pupille avec Madeleine, dont les bans ont été publiez en la Paroiffe de, &c. il ne peut & ne veut confentir qu'il foit paffé outre audit mariage, & qu'il s'y oppofe pour les caufes & moyens qu'il déduira quand il fera affigné pardevant un Juge compétent. Protefte au furplus de fe pourvoir comme il verra être à faire par les voies qu'il avifera, pour faire déclarer ledit prétendu mariage non valablement contracté, & de faire intimer le Curé ou Prêtre qui aura entrepris de le celebrer, & à ce que Me Symphorien, &c. Prêtre Curé de ladite Paroiffe n'en ignore, lui fera la préfente oppofition dûement fignifiée, dont il a requis acte.

Autre Oppofition.

FUt préfente Radegonde, &c. fille majeure ufante de fes droits, laquelle a déclaré que fe trouvant à la Meffe de Paroiffe du Village de, &c. le Dimanche   du préfent mois, elle a été furprife d'y entendre publier les bans du prétendu mariage de Sebaftien, &c. avec Chriftine, &c. qu'il ne peut & ne doit contracter au préjudice des promeffes par lui ci-devant faites à ladite Radegonde, ou de la parenté qui eft entre lui & ladite Chriftine, du fecond au troifième degré, ou de ce que ladite Chriftine eft déja mariée avec Innocent, &c. C'eft pourquoi elle s'oppofe formellement audit mariage prétendu, à ce que ledit fieur Curé n'ait à paffer outre à la célebration, ni

Q

donner aucun congé à autre Prêtre de le faire ; protestant, &c. de nullité de tout ce qui pourra être fait au préjudice de la présente opposition, dont elle a requis acte.

Procuration pour former opposition à un decret.

FUt présent Athanase, &c. lequel a constitué son Procureur-general, special & irrevocable, Me Didier, &c. Procureur au Bailliage de, &c. auquel il a donné & donne par ces présentes plein pouvoir & procuration aux fins de pour lui & en son nom former opposition à la vente & adjudication par decret des biens d'Anselme, &c. réellement saisis à la requête de Denis, &c. comme lesdits biens appartenans audit Athanase, & non audit Anselme, ou, pour requerir distraction être faite au profit dudit Athanase ; du tiers ou autre partie desdits biens saisis, laquelle n'a jamais appartenu audit Anselme, ou pour la conservation de la rente annuelle de 1000 livres à lui dûe sur lesdits biens, comme foncière & non rachetable, ou pour être ledit Athanase colloqué en son rang & ordre de son hypotheque, par préference à tous autres creanciers posterieurs & non privilegiez, pour la somme de douze cens livres à lui dûe par obligation du, &c. ensemble pour les interêts & frais tant des condamnations par lui ci-devant obtenues contre ledit Anselme, que de la présente opposition, les pieces justificatives de laquelle il a présentement remises audit Didier, ou qu'il promet de lui fournir en tems & lieu, pour être produites au congé d'adjuger, ou à la Sentence d'ordre qui interviendra. Promettant, &c.

Oppofition à une vente de meubles.

AUjourd'hui eft comparu pardevant les Notaires &c. Ifaac, &c. demeurant rue, &c. lequel a dit & déclaré qu'il s'eft oppofé & s'oppofe par ces préfentes à la vente & délivrance que l'on voudroit faire des biens meubles faifis fur Noel, &c. à la requête de Jofeph, &c. par exploit de Nicolas, &c. Sergent, &c. en date du tel jour, pour les caufes & moyens qu'il déduira en tems & lieu, dont il a requis acte aufdits Notaires, qui lui ont octroyé le préfent pour lui fervir ce que de raifon. Et pour faire fignifier cefdites préfentes à qui il appartiendra procedant à ladite vente & autrement, ledit Ifaac a fait & conftitué fon Procureur fpecial & general le porteur d'icelles, auquel il en a donné & donne tout pouvoir, & de faire à ce fujet tout ce qui fera neceffaire, *élection de domicile*, &c. Ce fut ainfi fait & paffé à Paris ès Etudes, &c.

DES DESISTEMENS.

Défiftement d'un procès pour injure.

FUrent préfens Noel, &c. d'une part, & Philippes, &c. d'autre part ; lefquelles parties fe font volontairement par ces préfentes défiftées & défiftent de l'inftance pendante entre elles au Châtelet de Paris, pour raifon de quelques injures reciproquement dites, & proferées l'une à l'autre, & dont elles étoient fur le point d'informer & entrer plus avant en procès, pour lequel éviter & tout ce qui s'en pourroit fuivre, entretenir paix & amitié entre elles, icelles parties fe font quittées & quittent refpectivement de toutes prétentions & demandes qu'elles pouvoient faire l'une à l'autre au fujet ci-deffus, circonftances & dépendan-

ces, veulent, confentent & accordent que tout ce qui
en a été fait foit & demeure nul & comme non avé-
nu : fe reconnoiffant au furplus lefdites parties pour
gens de bien & d'honneur, & promettant ne méfaire
ni médire à l'avenir l'uhe à l'autre, car ainfi, &c.

Défiftement d'affignation.

FUrent préfens Nicolas, &c. demeurant; &c. d'u-
ne part, & Louis, d'autre part : lefquels font convenus de ce qui fuit : fçavoir que ledit Nicolas s'eft
bien voulu défifter par ces préfentes de l'affignation
qu'il a fait donner pardevant   audit
Louis pour raifon de, &c. enfemble donner mainlevée de là faifie faite à fa requête de, &c. Ce préfent
défiftement fait moyennant la fomme de
que ledit Louis promet payer, &c. Fait & paffé, &c.

Défiftement d'une convention.

FUrent préfens Mathieu Iforé
& Marie Leblond fa femme qu'il autorife à l'effet
qui fuit, demeurans   d'une
part, & François Vialard demeurant
d'autre part : lefquelles parties fe font par ces préfentes
défiftées de la convention paffée entre eux pardevant
Notaires à Paris, le
au fujet du recouvrement qui eft à faire de ce qui refte
dû tant en principal qu'intérêts de la fomme de cinquante mille livres par Sa Majefté, pour le recouvrement qu'elle devoit faire des maifons déclarées en ladite convention ; confentans qu'icelle convention foit
& demeure nulle & fans aucun effet ; & en ce faifant
ledit fieur   a préfentement remis
& délivré audit fieur Vialard l'expédition en papier de
ladite convention annullée, & toutes les pièces qui

avoient été délivrées audit fieur   par
icelle, dont ils le déchargent, fans aucuns dépens, &c.
confentans que dès-à-préfent mention-foit faite par
tous Notaires fur la minute de ladite convention, pour
ne fervir avec les préfentes que d'une même chofe:
dont acte, &c. Fait & paffé, &c.

Défiftement d'une demande faite en retrait.

FUt préfent Jean, &c.
lequel pour fe redimer des differends & conteftations qui pourroient arriver entre lui & Voulges
fur l'affignation donnée audit Voulges à fa requête au
Châtelet par exploit de   enfuite d'autre
exploit du   à ce que ledit Voulges eût à lui
quitter & délaiffer   qu'il a acquis
de   fa fœur   procédant de fon
propre par contrat paffé   Et n'ayant
pas de quoi rembourfer audit Voulges le prix de ladite acquifition, s'eft par ces préfentes volontairement
défifté & départi au profit dudit Voulges à ce préfent
& acceptant de ladite action & droit de retrait, &
confent que ledit Voulges demeure proprietaire in-
commutable defdites chofes, & à cette fin que lefdits
exploits demeurent nuls, & pour fi befoin eft paffer
Sentence de débouter dudit droit, aux frais toutefois
dudit Voulges ledit Jean, &c. a fait & conftitué fon
Procureur le porteur, auquel il donne pouvoir, & a
ledit Jean, &c. mis ès mains dudit Voulges lefdits
deux exploits fans dépens prétendre de part ni d'autre. Promettant, &c.

DES MAINLEVE'ES.

Mainlevée de Saisie & Arrèt.

FUt préfent Eugene, &c. lequel au moyen du payement à lui fait avant ces préfentes par Nicolas,
&c. de la fomme de, &c. à lui dûe par ledit Nicolas,
par promeffe fignée de fa main, du   lui a accordé
& accorde par ces préfentes mainlevée pure & fimple de la faifie faite à fa requête entre les mains de
Gautier, &c. par exploit de Favre Huiffier du
lequel il a préfentement remis entre les mains dudit
Nicolas, avec la permiffion qu'il en avoit obtenue de
Monfieur le Lieutenant Civil, & ladite promeffe comme folue & acquittée: confent qu'au moyen de la remife defdites pieces ledit Nicolas fe faffe payer dudit
Gautier par les voies & ainfi qu'il avifera : car ainfi,
&c.

Mainlevée d'une faifie réelle, ou d'une opposition.

FUt préfent Amable, &c. lequel, en conféquence
du payement à lui préfentement fait par Barnabé,
&c. de la fomme de, &c. de laquelle il avoit obtenu
condamnation à fon profit par Sentence rendue au
Bailliage de, &c. le   & faute du payement de laquelle il avoit fait faifir réellement le fief de
fis en la Paroiffe de, &c. où il auroit formé fon oppofition aux criées, vente & adjudication par decret
d'une maifon appartenante audit Barnabé, fife en la
Ville de, &c. faifie réellement fur ledit Barnabé, à la
requête de Nicaife, &c. a accordé audit Barnabé
mainlevée pure & fimple de ladite faifie réelle, dont il
lui a préfentement remis toutes les procedures avec

les titres de fa créance, à laquelle il l'a fubrogé &
fubroge par ces préfentes, pour s'en fervir contre les
autres créanciers oppofans poftérieurs & moins privilegiez, ainfi qu'il avifera. Veut & confent que ladite
faifie réelle foit rayée & biffée des Regiftres où elle
fe trouvera enregiftrée, & que ledit Barnabé retire des
mains du Commiffaire établi au regime & gouvernement defdits biens faifis les prix des baux qui en ont
été faits, qui ne fe trouveront pas confommez : Déclare au furplus qu'il a été ci-devant rembourfé des
frais tant ordinaires qu'extraordinaires, qu'il avoit
avancez tant pour parvenir à ladite faifie réelle, fur le
bref état qu'il avoit communiqué audit Barnabé ; car
ainfi.

Nota, Qu'une pareille mainlevée avec fubrogation, ne
fe fait gueres que fous le nom d'un tiers, lequel en confé-
quence peut la demander en Juftice, où elle ne lui eft gue-
re refufée qu'il n'y ait quelque foupçon de fraude & de
collufion avec la partie faifie, au préjudice des creanciers
oppofans, chacun defquels a interêt de faire avancer le
decret, & peut demander la refubrogation, au cas que
le premier fubrogé demeure dans l'inaction.

Mainlevée de Saifie & Arrèt, de meubles & de deniers.

AUjourd'hui eft comparu pardevant, &c. Bonaventure, &c. lequel a par ces préfentes fait &
baillé pleine & entiere mainlevée pure & fimple à
Laurent, &c. des faifies & arrêts faits à fa requête
fur les biens meubles dudit Laurent, & fur les deniers qui lui font dûs par Eftienne, &c. par exploit de
Guillaume, &c. Sergent, en date du tel jour. Confent & accorde que lefdites faifies & arrêts foient &
demeurent nulles & comme non faites, que lefdits
meubles & deniers foient rendus & payez audit Lau-

Q iiij

rent ; quoi faifant ; que les gardiens & débiteurs d'i
ceux en foient & demeurent quittes & déchargez com.
me par ces préfentes ledit Bonaventure comparant les
en quitte & décharge en tant qu'à lui eft. Promettant;
&c.

Mainlevée pure & fimple au fujet de deniers faifis.

AUjourd'hui eft comparu pardevant les Notaires
fouffignez , &c.   demeurant
lequel confent & accorde que ledit tel vuide fes mains
defdits deniers faifis en celles dudit Laurent; quoi fai,
fant, qu'il en foit & demeure déchargé, & de fait ledit
Bonaventure l'en décharge pour fon regard par ces
préfentes , &c.

Mainlevée generale.

FUt préfent Sebaftien , &c. lequel a fait & accordé
pleine & entiere mainlevée à Chriftophe , &c. de
toutes & chacunes les faifies & arrêts faits à la requête dudit Sebaftien, entre les mains de fes débiteurs,
locataires & autres perfonnes que ce foit, même des
executions de fes meubles ; confentant & accordant ledit Sebaftien que lefdites faifies, arrêts & executions
foient & demeurent nuls & de nul effet, comme non
faits ni avenus ; & que lefdits débiteurs, locataires &
gardiens, payent & vuident leurs mains , & rendent
audit Chriftophe tout ce qu'ils peuvent devoir & avoir
appartenant audit Chriftophe, quoi faifant ils en feront & demeureront valablement déchargez, comme
par ces préfentes il les décharge. Promettant , &c.

Mainlevée de loyers avec reserve portant quittance de frais.

AUjourd'hui eſt comparu devant les Notaires ſouſſignez Barthelemy   lequel a fait & donné mainlevée pure & ſimple à Thomas   des ſaiſies & arrêts qu'il a fait faire entre les mains de ſes locataires & débiteurs; conſent & accorde qu'elles demeurent nulles & ſans effet, & que leſdits locataires & débiteurs payent & vuident leurs mains en celles du ſieur Morin ou autre qu'il appartiendra ; quoi faiſant qu'ils en ſoïent & demeurent bien & valablement déchargez, comme par ces préſentes ledit ſieur comparant les en quitte & décharge en tant qu'à lui eſt, ſans préjudice de ſes dûs, droïts, actions & hypotheques, dans leſquels il demeure bien & valablement déchargé, ſans novation, reconnoiſſant avoir été payé de ſes frais. Promettant, &c.

Mainlevée d'une ſaiſie réelle.

AUjourd'hui eſt comparu devant les Notaires ſouſſignez, René   lequel a par ces préſentes fait & baillé pleine & entiere mainlevée pure & ſimple à Louis, &c. de la ſaiſie réelle & établiſſement de Commiſſaire faite à ſa requête d'un tel héritage ſis en tel lieu audit Louis appartenant, faute de payement de telle ſomme, comme le contient l'exploit de ladite ſaiſie réelle fait par tel Sergent tel jour : Conſent & accorde que ladite ſaiſie ſoit & demeure nulle comme non faite, que les Commiſſaires établis à ladite ſaiſie réel'e & autres qu'il appartiendra, rendent compte audit Louis, &c. de tout ce qu'ils ont reçu, fait & geré en vertu de leur commiſſion au ſujet de ladite ſaiſie réelle : Payent audit

Louis, &c. tout ce qui fe trouvera lui être dû de reliquat dudit compte ; quoi faifant, qu'ils en foient &
demeurent déchargez, comme par ces préfentes ledit
comparant entant qu'à lui eft ; & pour fon regard les
en quitte & décharge par cefdites préfentes, promettant, &c. obligeant, &c. renonçant, &c. Fait & paffé, &c.

*Nota, Quand le créancier baille ladite mainlevée fans
être payé de fon dû, il eft bon de mettre dans le corps d'i-
celle mainlevée, fans préjudice de fon dû, frais & dépens qu'il fe réferve pour s'en faire payer par fon débiteur.*

DES PROTESTATIONS.

PRoteftation eft une déclaration que l'on
fait par quelque Acte contre la fraude,
l'oppreffion & la violence de quelqu'un, ou
contre la nullité d'une action, d'un jugement,
d'une procedure, portant qu'on a deffein de
fe pourvoir en tems & lieu. Les proteftations
fe font quelquefois pardevant Notaires, par
un acte par lequel on protefte de nullité de
quelque autre acte que l'on a déja paffé, où
qu'on eft fur le point de paffer. Mais les proteftations fecretes qui fe font chez les Notaires ne fervent que de conjectures, & on n'y
a pas beaucoup d'égard, fi elles ne font appuyées de preuves qui juftifient du contenu
aux proteftations.

*Proteftation contre & avant la paffation d'une
obligation.*

AUjourd'hui eft comparu pardevant les Notaires,
Louis, &c. demeurant à, &c. lequel a dit &
déclaré, que pour éviter aux frais & confommations de
fon bien, il eft forcé & contraint de paffer avec Jeanne, &c. fa femme, une obligation de feize cens livres,
au profit de Maiftre Louis, & de fuppofer ladite obligation pour argent prêté ; quoique la vérité foit que
ledit Louis ne leur fournira aucuns deniers, mais feulement fera faite pour demeurer quitte par ladite Jeanne de quelques deniers que ledit Louis lui a prêtez par
obligation : A cette caufe, & pour avoir mainlevée de
la faifie réelle que ledit Louis a fait faire de, &c. icelui comparant avec ladite Jeanne, &c. fa femme, font
contraints comme dit eft, de faire la fufdite obligation
au profit dudit Louis, &c. C'eft pourquoi ledit comparant, tant pour lui que fadite femme, a par ces préfentes protefté & protefte que ladite obligation qui
fera par eux ainfi faite au profit dudit Louis, &c. ne
leur pourra nuire ni préjudicier, & de fe pourvoir
contre icelle par les voyes de droit ; même de s'en faire relever & reftituer en tems & lieu ; comme ayant ledit Louis furpris ladite Jeanne, &c. pour lui faire faire lefdites obligations & promeffes, au fujet defquelles
ils font forcez, ainfi que dit eft, de faire la fufdite
obligation au profit dudit Louis, &c. & en outre protefte de tout ce qu'il peut & doit, efdits noms prote-
fter en cette partie, dont & de tout ce que deffus ledit
comparant a requis acte aufdits Notaires qui lui ont
octroyé le préfent pour lui fervir & valoir efdits noms,
ce que de raifon. Ce fut ainfi fait & paffé, &c.

Protestation d'un Religieux contre ses vœux.

FUt présent Joseph de Saint Martin, à présent No-
vice en l'Abbaye de Saint, &c. lequel considerant que le tems de faire ses vœux approche, & qu'il y
sera sans doute forcé par sa famille, pour profiter in-
dûement des biens temporels qu'il a plû à Dieu de lui
départir, quoiqu'il ne se sentît nullement appellé à
cette vocation, & qu'il n'ait demeuré dans ladite Abbaye depuis le   jour de son ingression &
vêture, ausquelles il a été en quelque maniere forcé
par sesdits parens, en sorte qu'il ne lui a pas été loisible d'y resister, a déclaré & déclare qu'il proteste so-
lennellement contre lesdits vœux faits & à faire, &
que son cœur n'aura aucune part au sens des paroles
que sa bouche prononcera dans cette terrible action:
Protestation dont il a requis acte, pour s'en servir en
tems & lieu à se faire restituer contre lesdits vœux,
dès que la violence qui y donnera lieu aura cessé, &
qu'il se trouvera en liberté de le faire avec sureté, dont
il lui a été octroyé acte pour lui servir & valoir en
tems & lieu ce que de raison.

*Il y auroit très peu de changemens à faire à cet acte,
quand la Profession se trouveroit déja faite. Il peut être
fait par un jeune homme, ou par une jeune fille, qui se
trouveroit dans le cas. Il donnera lieu à la restitution
contre les vœux, si l'on reclame dans les cinq ans, autrement non.*

Des Reconnoissances.

REconnoissance de promesse ou autre écrit sous seing privé, est un acte par lequel on demeure d'accord d'une dette contenue dans une simple cedule, qu'on affirme contenir vérité, & qu'on promet executer selon sa forme & teneur. Les promesses & autres écritures sous seing privé ne peuvent jamais être suivies de contrainte ; elles ne produisent qu'une action qui doit être portée pardevant le Juge du domicile du défendeur; ainsi pour produire une action hypothecaire, & une contrainte, il faut les faire reconnoître pardevant le Juge, ou pardevant un Notaire, qui leur imprime le Sceau Royal, ou Seigneurial, après quoi elles valent autant qu'une obligation.

Reconnoissance de Promesse, ou autre écrit sous seing privé.

AUjourd'hui est comparu pardevant les Notaires soussignez, Maistre Pierre, &c. demeurant à &c. lequel a reconnu & confessé avoir écrit & signé de sa main, & signature ordinaire dont il a accoûtumé user en ses affaires, la promesse, *ou autre sorte d'écriture ou convention privée ci-dessus écrite*, qu'il a dit & affirmé contenir verité, & promet de l'entretenir & accomplir de point en point selon sa forme & teneur, sans y contrevenir en façon quelconque, directement ni indirectement, à peine de tous dépens, dommages

& interêts, promettant, &c. obligeant, &c. Fait &
passé, &c.

Quand les écritures privées portent promesse de payer
ou fournir quelque chose, il faut mettre aux actes de reconnoissance d'icelles, l'élection du domicile du débiteur
comme aux obligations.

Si le reconnoissant n'avoit pas écrit le corps de la promesse
ou convention, en ce cas il faut mettre ce qui ensuit.

A reconnu & confessé avoir fait écrire, & signé de
sa main la promesse ci-dessus écrite, & le reste comme
dessus.

Pareillement quand deux ou plusieurs personnes ont fait
un écrit sous seing privé, que l'un d'eux en a écrit le
corps, & que tous ensemble le reconnoissent, il faut mettre.

Sont comparus pardevant tels Notaires, &c. tel &
tel, lesquels ont reconnu & confessé avoir signé de
leurs mains & signatures ordinaires, dont ils ont accoûtumé user en leurs affaires, la promesse ou convention ci-dessus écrite, qu'ils ont dit & affirmé contenir verité, même ledit tel avoir écrit le corps d'i-
celle promesse ou convention, promettant lesdites
parties reciproquement chacune d'elles en droit soy,
l'entretenir, satisfaire & accomplir selon sa forme &
teneur, sans y contrevenir en façon quelconque directement ni indirectement, à peine de tous dommages
& interêts, promettant, &c. obligeant, &c. Fait &
passé, &c.

Reconnoissance portant obligation.

AUjourd'hui est comparue pardevant les Notaires
Gardenotes du Roy au Châtelet de Paris soussignez, Marguerite Renard, veuve de Nezart vivant,
&c. demeurant rue, &c. Paroisse Saint, &c. laquelle a volontairement & de bonne foi reconnu &
confessé que dès le, &c.   par obligation passée

pardevant, &c. & &c. Notaires audit Châtelet, ci-
deſſus écrite, le ſieur, &c. Marchand dénommé en
ladite obligation, auroit ſur ſon aſſurance & cautionnement verbal prêté les huit cens livres contenues en
ladite obligation auſdits Roger & Michelle du Pellé
jadis ſa femme, fille de ladite comparante, de laquelle
obligation par le moyen du reçu ci-deſſus, ne reſte
plus que la ſomme de cinq cens livres : A cette cauſe
& d'autant que ledit Roger ſeroit decedé, & que ladite Michelle du Pellé a convollé en ſecondes noces
avec le ſieur Louis   à préſent ſon mari, lequel
non plus que ſa femme ne tient compte de payer ladite ſomme audit Marchand, diſant que ſi l'on les
pourſuit ils ſe pourvoiront contre ladite obligation,
& demanderont que ladite du Pellé en ſoit reſtituée,
attendu qu'elle étoit mineure lors de la paſſation d'i-
celle, joint que ladite comparante a prié & requis ledit Marchand pour ce preſent, de n'en faire aucune
pourſuite contre ſadite fille, ſous l'aſſurance ci-après,
icelle comparante a conſenti & accordé que ledit Marchand touche & reçoive ladite ſomme de cinq cens
livres ſur les plus clairs & apparens biens qui ſe trouveront appartenir à icelle comparante au jour de ſon
décès, tant en meubles qu'immeubles, qu'elle a à cette
fin obligez & hypothequez, & ce préferablement à ce
que ſes enfans pourroient prétendre en ſa ſucceſſion &
à toutes autres dettes, à la charge que ladite ſomme
ſera déduite & précomptée ſur la part que ladite Michelle du Pellé pourroit prétendre en ſadite ſucceſſion,
dont ladite comparante fait ſon propre fait & dette,
comme principale débitrice, & y oblige & affecte dès
à préſent tous & chacuns ſes biens préſens & à ver,
ſans que les obligations dérogent l'une à l'autre, promettant, &c. obligeant, &c. renonçant, &c. Fait &
paſſé à Paris en l'Etude de Bruneau.

Reconnoissance portant quittance.

FUt présent   Carré Maistre Chapelier demeurant rue, &c. Paroisse Saint, &c. lequel a reconnu & confessé que   Bourdois Marchand à Paris, demeurant rue, &c. Paroisse saint &c. à ce présent, lui a en la présence & du consentement de   Cuisy, Maistre Chapelier à Paris, demeurant, &c. rendu & délivré une montre à boîte d'argent qui avoit été baillée audit Bourdois par Lenfant pour gages de la somme de qu'il lui auroit prêtez sur icelle, & laquelle montre s'est trouvée appartenir audit Cuisy, auquel ladite montre a été presentement rendue & délivrée par ledit Carré, moyennant le payement qui en a été presentement fait audit Bourdois par ledit Carré de ladite somme de   & de quarante sols pour frais faits par ledit Bourdois contre ledit Lenfant aux Consuls, pour avoir payement desdites vingt livres, où il auroit obtenu Sentence par défaut contre lui, dont de tout les parties se quittent respectivement, sauf audit Carré son recours contre ledit Lenfant, ainsi qu'il avisera, promettant, &c. obligeant, &c. chacun en droit soy, &c. renonçant, &c. Fait & passé à, &c.

CHAPITRE IX.

Des Transactions.

LA Transaction est une convention qui se fait entre deux ou plusieurs personnes, touchant la décision d'un procès ou d'un differend, dont l'évenement soit douteux & incertain, en donnant, promettant ou retenant quelque chose par l'une des parties, sans quoi ce ne seroit pas une transaction, mais un acte par lequel le demandeur renonceroit liberalement aux droits qu'il pouroit prétendre à l'encontre du défendeur. Cet acte est tellement favorable, qu'il arrive rarement que personne se fasse restituer contre, à moins qu'il n'y fust intervenu du dol & de la fraude de la part de l'une des parties, encore n'y est on plus recevable après dix ans.

Transaction sur plusieurs differends & compensation de diverses sommes de deniers.

FUrent présens Pierre, &c. Perrine, &c. sa femme, qu'il autorise à l'effet des présentes, demeurant rue, &c. ladite Perrine fille & héritiere de défunt tel & telle ses pere & mere d'une part, & Genevieve, &c. veuve en dernieres nôces dudit défunt tel, demeurant rue, &c. d'autre part. Disant lesdites parties, esdits noms, qu'ayant plusieurs differends &

R

affaires à vuider & terminer ; enfemble diverfes demandes , & prétentions refpectives , l'une contre l'autre , tant pour raifon de la fucceffion defdits défunts pere & mere de ladite Perrine , &c. qu'autres chofes , (*il les faut fpecifier*) concernant lefdites demandes & prétentions, & leurs dépendances , dont chacune defdites parties auroit fait & dreffé un bref état & mémoire , par l'un defquels étoit demandé ; fçavoir par lefdits Pierre , &c. Perrine fa femme efdits noms à ladite veuve qu'elle leur payât la fomme de , &c. (*il faut mettre toutes les prétentions contenues audit mémoire , & après le dernier article dire*) & outre que ladite Geneviéve leur payât ou rendît telle chofe. Et de la part de ladite Geneviéve étoit demandé aufdits Pierre & fa femme audit nom la fomme de , & dont ils lui étoient redevables comme héritiers fufdits pour telle & telle chofe , (*il le faut dire tout au long ,*) fur toutes lefquelles prétentions & autres generalement quelconques defdites parties , après qu'elles ont pris l'avis & confeil de tel & tel leurs Procureurs, aufquels pour cet effet elles auroient communiqué & fait voir & confiderer à loifir en leur préfence , tant les inventaires faits après le décès de ladite défunte , & après le décès defdits défunts pere & mere de ladite Perrine, les contrats de mariage d'icelui défunt avec ladite défunte , & de ladite Geneviéve fa feconde femme , à préfent fa veuve , ledit don mutuel d'icelui défunt & de fadite veuve, & l'acte de reception de caution pour la jouiffance dudit don mutuel, que tous les contrats, quittances & autres piéces inventoriées aufdits inventaires , & autres concernans lefdites demandes & prétentions. Et après avoir par lefdites parties & leurfdits confeils exactement examiné & calculé lefdits deux inventaires , quittances , mémoires , & chacun article d'iceux ; ont pour éviter aux frais d'un compte, & tous procès & differends , frais & longueurs de procedures , compofé , tranfigé & accordé fur le tout ainfi qu'il enfuit : c'eft à fçavoir qu'après que ledit calcul &

compte fommaire a été ainfi refpectivement fait amiablement entre lefdites parties, s'eft trouvé être dû par
ladite Geneviéve, &c. aufdits Pierre, &c. & Perrine
fa femme éfdits noms, la fomme de quinze cens livres
& par lefdits Pierre & fa femme à ladite Geneviéve
éfdites qualitez, & pour les deniers par elle avancez,
la fomme de huit cens livres. Et partant appert qu'a-
près toutes déductions & compenfations faites entre
lefdites parties fur leurdit dû ci-deffus, que ladite Geneviéve, &c. doit aufdits Pierre & Perrine fa femme
la fomme de fept cens livres : laquelle fomme de fept
cens livres lefdits Pierre & fa femme confeffent avoir
reçû préfentement de ladite Geneviéve, &c. en louis
d'or & autre bonne monnoie ayant cours, dont, &c.
quittant, &c. Et à l'égard des cinquante livres de
douaire accordé par ledit défunt à ladite Geneviéve
par leurdit contrat de mariage, elle en quitte pareillement lefdits Pierre & fa femme, d'autant qu'elle en
eft payée & fatisfaite, parce qu'ils font entrez au fufdit compte & compenfation. Et au moyen de tout ce
que deffus lefdites parties éfdits noms fe font quittées,
fe quittent & déchargent réciproquement de toutes
chofes generalement quelconques, qu'elles fe pourroient demander l'une à l'autre en quelque forte &
maniere que ce foit, de tout le paffé jufques à huy,
confentant & accordant icelles parties que chacune
d'elles jouiffe pleinement & paifiblement par indivis
des immeubles defdits défunts *tel* & *telle*, & de ce qui
leur eft échû chacun à fon égard, & en difpofe, foit
par échange, vente ou autrement ainfi que bon leur
femblera. Et en ce faifant fe font lefdites parties mifes
& fe mettent refpectivement hors de Cour & de procès, déclarant être contentes & fatisfaites l'une de
l'autre, & fe font reciproquement rendus tous leurs
titres & papiers ci-deffus concernans leurs acquits &
décharges des chofes y mentionnées, dont pareillement
elles fe quittent l'une l'autre ; fur lefquelles pieces,
leurs minutes & autres actes qu'il appartiendra, lef-

dites parties confentent en tant que befoin feroit, que par tous Notaires premiers requis, foit fait fommaire mention defdites compenfations & quittances réciproques en vertu des préfentes, fans que leur préfence y foit néceffaire : ce qui ne fervira avec cefdites préfentes que d'une même chofe. Et quant aux mémoires defdites demandes & prétentions, ont été par chacune defdites parties en ce qui les concernoit, préfentement déchirez & lacerez comme nuls & fans effet, pour n'avoir fervi aufdites parties que pour parvenir à la préfente tranfaction, promettant, &c. obligeant chacun en droit foy, &c. lefdits Pierre, &c. & Perrine fa femme folidairement fans divifion, difcuffion, ni fidejuffion, renonçant aufdits bénéfices. Fait & paffé, &c.

Tranfaction au fujet du rétabliffement d'un mur mitoyen.

FUrent préfens Claude Lemoine & Damoifelle Marie du Four fa femme qu'il autorife pour l'effet des préfentes, & Thomas Blandin & Damoifelle Catherine Lenoble fon époufe qu'il autorife auffi pour l'effet des préfentes, tous demeurans à   rue   Paroiffe de   lefquelles parties défirant fuivre l'avis de leurs amis & confeils qui les engagent à fortir à l'amiable de tous les differends qu'ils ont les uns contre les autres au fujet des maifons que lefdites parties fus-nommées ont chacune en particulier en la fufdite rue   où ils font demeurans, & défirans conferver le refpect qu'ils ont pour leurs amis, & l'amitié qu'ils ont entre eux, & afin qu'elle foit ftable à toûjours, ont tranfigé & accordé ainfi qu'il enfuit : c'eft à fçavoir que lefdits fieurs Blandin demeureront garants pendant un an feulement, à compter du jour de la réfection du mur mitoyen entre eux & ledit Lemoine & fa femme. A été

aussi convenu que lesdits Lemoine & sa femme seront
tenus payer au nommé Mathieu Masson, ce que chacun d'eux peut lui devoir pour les ouvrages qu'il a
faits pour chacun d'eux, & y fera, & pour l'execution
des présentes les parties ont élû leurs domiciles en leurs
demeures   ausquels lieux nonobstant,
&c. Fait & passé, &c.

Transaction au sujet de prétendus dégats faits
en un héritage.

FUt présent T. d'une part, & N. demeurant, &c.
d'autre part, lesquels pour éviter les actions & demandes faites par ledit T. pour raison de quelques prétendus dégâts faits par ledit N. & autres, en une partie
d'héritage appartenant, &c. sise &c. sont lesdites parties demeuré d'accord de ce qui suit : sçavoir que ledit héritage demeure & appartienne audit N. suivant
la prisée & estimation qui en sera faite ; ensemble des
dégradations qui y pouvoient avoir été faites tant par
ledit N. qu'autres ; & à cet effet ledit T. a nommé de
sa part Michel, & ledit N. a nommé aussi de sa part,
Barthelemy ; lesquels feront à leur conscience ladite
prisée & estimation, pour être par icelui N. baillé &
payé comptant d'hui dans un mois audit T. la somme
qui sera par eux arbitrée & évaluée d'hui en trois
jours, pour la valeur du fonds dudit héritage, au
moyen duquel payement ledit N. demeurera subrogé
au lieu & place dudit T. pour disposer par lui, ses
hoirs & ayans cause dudit héritage ; & aussitôt que ledit payement sera fait, ledit T. mettra ès mains dudit
N. le contrat d'acquisition qu'il a faite dudit héritage,
consistant en, &c. sans préjudice audit N. de l'action
qu'il prétend exercer pour raison desdites dégradations
faites par autres que par lui & sans préjudice pareillement audit T. des frais par lui faits contre ledit N. &
autres pour parvenir à ce que dessus, & faute par ledit

N. de faire le susdit payement dans ledit mois, lesdites parties sont demeurées d'accord que le présent contrat demeurera nul & résolu, avec dépens, dommages & interêts de la part dudit N. car ainsi, &c.

Quittance en consequence du susdit contrat.

ET le   jour   est comparu pardevant les Notaires soussignez, ledit T. lequel a reconnu & confessé avoir reçu dudit N. acquereur, en présence desdits Notaires, en louis d'or & autre monnoie ayant cours, la somme de quatre cens livres à laquelle ledit héritage a été prisé & estimé par lesdits Michel & Barthelemy, Experts nommez dans le susdit contrat, de laquelle somme ledit vendeur s'est tenu pour content, & en a quitté & quitte ledit sieur N.   lequel a reconnu que la grosse du contrat d'acquisition du susdit héritage lui a été mise entre les mains par ledit T. Fait & passé, &c.

Transaction portant constitution.

FUrent présens Jean, &c. Bourgeois de Paris, demeurant rue, &c. d'une part, & Guillaume, &c. *de tel état*, & Laurent, &c. d'autre part ; disant les parties que pour avoir par ledit Jean payement de la somme de deux mille livres de principal, en quoi Barthelemy, &c. & Alexandre, &c. ses tuteurs à présent défunts, sont demeurez vers lui redevables pour le reliquat du compte qu'ils lui ont rendu de la tutelle & administration de ses biens durant sa minorité pardevant Monsieur le Prévôt de Paris, ou son Lieutenant Civil *le tel jour*, ainsi que le contient plus au long l'arrêt dudit compte & jugement dudit sieur Lieutenant Civil, étant ensuite d'icelui compte ; ledit Jean, &c. après le décès desdits Barthelemy & Alexandre

auroit fait assigner lesdits Guillaume & Laurent leurs
héritiers, & les auroit poursuivis pardevant ledit Prevôt de Paris, afin de voir déclarer ledit jugement contre eux executoire en ladite qualité pour ladite somme de deux mille livres, ainsi qu'il étoit contre lesdits
défunts leurs peres : En laquelle instance tant auroit
été procedé, que par Sentence dudit Prevôt *du tel*
jour, la susdite Sentence & Jugement portant condamnation du payement dudit reliquat de compte, a
été déclarée executoire contre lesdits Guillaume &
Laurent comme héritiers susdits. En vertu de laquelle
Sentence ont été faites plusieurs saisies sur les biens,
meubles & immeubles desdits héritiers avec établissement de Commissaire aux fins de parvenir à un decret,
si bien que les criées & les proclamations desdits biens
saisis, ayant été parachevées & certifiées, & la Sentence de congé d'adjuger rendue audit Châtelet *le tel*
jour, lesdits héritiers pour en retarder l'execution,
publication & apposition des affiches, s'y seroient op-
posez ; sur laquelle opposition seroit intervenue autre
Sentence *le tel jour*, par laquelle lesdits héritiers auroient été déboutez de leur opposition, & ordonné
qu'il seroit passé outre à la vente & adjudication par
decret desdits biens saisis & mis en criées, comme le
contient plus au long ladite Sentence. De laquelle lesdits héritiers ayant appellé & relevé leur appel en la
Cour de Parlement, & le procès distribué à Monsieur
tel, Conseiller en icelle & prêt à juger ; lesdites parties pour éviter à plus grands frais, & se mettre en repos, ont par l'avis de leurs amis & conseil, transigé,
composé & accordé sur le tout, ainsi qu'il ensuit :
C'est à savoir qu'icelles parties se sont désistées & dé-
parties, se désistent & départent par ces présentes respectivement desdits procès, differends & poursuites
dudit decret, même lesdits héritiers du susdit appel,
auquel ils ont renoncé & renoncent, consentent &
accordent à cette fin que toutes les pieces & procedures faites de part & d'autre, tant audit Châtelet de

Paris qu'en ladite Cour de Parlement, soient & demeurent nulles & sans effet, comme chose non avenue, & ce moyennant la somme de deux mille cinq cens livres, à laquelle lesdites parties ont convenu & composé amiablement pour toutes & chacunes les demandes & prétentions que ledit Jean, &c. pourroit avoir, prétendre & demander contre lesdits héritiers pour raison du reliquat de compte, tant en principal, qu'accessoire, & generalement en quelque sorte & maniere que ce soit ou puisse être. Pour laquelle somme de deux mille cinq cens livres ledit *tel & telle* héritiers susdits, ont par ces présentes reconnu & confessé avoir vendu, créé, constitué, assis & assigné dès maintenant à toûjours, & promettent èsdites qualitez, même en leurs propres & privez noms, & en chacun d'iceux noms & qualitez solidairement, sans division, discussion, ni fidejussion, renonçant ausdits benefices, garantir de tous troubles & empêchemens generalement quelconques audit Jean, &c. ce acceptant & acquerant pour lui, ses hoirs & ayans cause, cent vingtcinq livres de rente annuelle & perpetuelle à les avoir & prendre par ledit acquereur en sa maison à Paris, & à sesdits hoirs & ayans cause ou au porteur, &c. lesdits vendeurs constituans, seront tenus, promettent & s'obligent solidairement comme dessus de les bailler & payer par chacun aux quatre quartiers accoûtumez également. Le premier d'iceux pour portion de temps écheant au dernier jour de Décembre prochain venant, & continuer, &c. en & specialement une maison sise à Paris rue, &c. où est pour enseigne l'image S. Jacques. *Item*, une autre maison & quinze arpens de terre labourable en dépendans, le tout situé au Village & terroir de, &c. lesdites deux maisons & héritages appartenans audit Guillaume, &c. *Item*, sur une maison où est l'enseigne de sainte Catherine, appartenante audit Laurent, &c. située en cette Ville de Paris, rue, &c. lesquelles maisons & héritages lesdits vendeurs constituans ont déclaré & affirmé être francs

& quittes de toutes dettes & hypotheques quelconques fors des cens & droits Seigneuriaux accoûtumez, & de cent livres de rente rachetable de deux mille livres envers Nicolas, &c. & generalement fur tous & chacuns leurs autres biens meubles & immeubles préfens & à venir, que lefdits vendeurs conftituans ont dès-à-préfent chargez, affectez, obligez & hypothequez avec les fufdits à garantir, fournir & faire valoir ladite rente de cent vingt cinq livres bonne, folvable & bien payable par chacun an aufdits quatre quartiers à toûjours, fans aucun déchet ni diminution, nonobftant toutes chofes à ce contraires, fans que lefdites obligations fpeciale & generale dérogent l'une à l'autre, & auffi fans par ledit acquereur innover ni préjudicier à fes anciennes hypotheques & privileges de ladite dette qu'il fe referve, & pour lefquels feulement la fufdite Sentence du *tel jour* rendue contre lefdits défunts, fubfiftera jufques au rachat de ladite rente, prefentement conftituée : pour d'icelle rente joüir & difpofer par ledit acquereur, fefdits hoirs & ayans caufe comme bon leur femblera au moyen des préfentes. Et à ces fins lefdits vendeurs conftituans èfdits noms & qualitez, fe font par cefdites préfentes défaifis, démis & devêtus de leurfdits biens & héritages jufques à la valeur & concurrence de ladite rente au profit dudit acquereur, voulans, confentans & accordans qu'il en foit & demeure faifi, &c. conftituans leur Procureur, &c. le porteur, &c. donnant pouvoir, &c. rachetable à toûjours ladite rente en rendant, baillant & payant par le rachetant en un feul payement audit acquereur ou à fefdits hoirs & ayans caufe, pareille fomme de deux mille cinq cens livres, avec les arrerages qui en feront lors dûs, échûs & entrez pour portion de tems, frais, mifes & loyaux coûts. Et au moyen de ce que deffus ledit Jean, &c. a par cefdites préfentes, fait & baillé pleine & entiere mainlevée pure & fimple aufdits Guillaume & Laurent des faifies réelles, établiffement de Commiffaires fait à fa requête fur leurs immeubles , & des saisies mobiliaires aussi faites sur leurs meubles. Consent & accorde pareillement que toutes lesdites Saisies & Arrêts demeurent nuls, que les Commissaires , débiteurs & gardiens desdits biens saisis en vuident leurs mains en celles desdits Guillaume & Laurent, &c. chacun à leur égard ; quoi faisant, qu'ils en soient & demeurent quittes & déchargez , comme par ces présentes ledit Jean pour son regard les en quitte & décharge. A ce sont intervenus Florent, &c. & Martin, &c. demeurans rue, &c. lesquels se sont volontairement & solidairement rendus & constituez par privilege , cautions desdits Guillaume, &c. & Laurent, &c. envers ledit acquereur ce acceptant : auquel & à sesdits hoirs & ayans cause, ils promettent & s'obligent de bailler & payer lesdites cent vingt-cinq livres de rente au lieu & terme susdit, tant & si longuement que ladite rente sera dûe, de laquelle tant en principal qu'arrerages , frais & loyaux coûts, ils répondent, s'obligent & font leur propre fait & dette en leurs privez noms pour lesdits Guillaume &c. & Laurent, &c. solidairement l'un pour l'autre , chacun d'eux seul & pour le tout, sans division , discussion, ni fidejussion, renonçant ausdits benefices; duquel cautionnement & obligation solidaire , lesdits sieurs Guillaume & Laurent promettent aussi solidairement comme dessus, acquitter & indemniser lesdites cautions, tant en principal que dépens, dommages & interêts qu'ils en pourroient souffrir, & ce à leur premiere demande , & par les mêmes voies & contraintes qu'ils pourroient être tenus & contraints, sans aussi que ladite promesse d'indemnité puisse nuire ni préjudicier audit acquereur ; car ainsi le tout a été accordé entre les parties en faisant & passant ces présentes, pour l'execution desquelles & leurs dépendances , lesdits vendeurs constituans & leurs cautions ont élû leurs domiciles irrevocables & perpetuels en cette Ville de Paris en leurs maisons sus-déclarées , ausquels lieux, &c. nonobstant, &c. promettant, chacun en droit soi,

&c. lefdits vendeurs conftituans & leurs cautions folidairement, comme dit eft, renonçant aufdits benefices, &c. Fait & paffé, &c.

Tranfaction pour terminer un procès.

FUrent préfens Germain, &c. demeurant, &c. au
nom & comme fe difant avoir charge, fe faifant
& portant fort en cette partie, de Nicolas, &c. par
lequel il promet de faire ratifier ces préfentes & à l'entretenement d'icelles les faire obliger, & de ladite ratification & obligation en fournir lettres en bonne forme à la partie ci-après nommée en fa maifon à Paris,
dans un mois prochain venant, à peine de tous dépens,
dommages & intérêts en fon propre & privé nom d'u-
ne part, & Noel, &c. demeurant, &c. d'autre part :
difant lefdites parties qu'il y a procès pendant & in-
decis entre elles pardevant *tel Juge*, fur la demande que
ledit Nicolas faifoit audit Noel d'une fomme de dix-
huit cens livres qu'il prétend lui être dûe par ledit
Noel, au fujet de plufieurs marchandifes que ledit Nicolas lui a fournies & livrées pour fon compte, ainfi
qu'il offroit & étoit prêt de lui vérifier par fon livre
journal : de laquelle fomme de dix-huit cens livres &
des intérêts d'icelle, ledit Nicolas, &c. pourfuivoit
la condamnation : Et outre ce concluoit à ce que ledit
Noel fût tenu de lui rendre telle chofe ; (*il faut en cet
endroit déduire toutes les autres demandes & prétentions,*)
& par ledit Noel étoit dit & foûtenu le contraire ; (*il
faut pareillement déclarer toutes les défenfes,*) fur lequel
procès & differend, & pour icelui vuider & terminer
à l'amiable, entretenir paix & amitié entre les parties :
icelles parties par l'avis & confeil de leurs amis, ont
volontairement tranfigé & accordé en la forme & maniere qui fuit ; c'eft à favoir que ledit Germain audit
nom & ledit Noel fe font volontairement defiftez & fe
défiftent par cefdites préfentes dudit procès & diffe-

rend, & de ce qui s'en est ensuivi : Veulent, consentent & accordent que toutes les procedures qui ont été
faites en icelui de part & d'autre, soient & demeurent
nulles & sans effet, & en ce faisant a ledit Germain
audit nom remis & quitté audit Noel ladite somme de
dix-huit cens livres. Comme aussi ledit Noel quitté &
remet audit Nicolas les prétentions, &c. *Si ensuite de ce
il y a obligation ou transport, il le faut écrire en cet endroit, puis dire :* Et en consequence de tout ce que
dessus, lesdites parties èsdits noms se sont quittées &
quittent reciproquement de toutes choses generalement quelconques jusques à huy ; car ainsi, &c.

CHAPITRE X.

Du Contrat de vente.

LE contrat de vente est un acte fait par
un particulier proprietaire d'un heritage, par lequel il en transfere la proprieté à
un autre, moyennant le prix dont ils sont
convenus, dans lequel doivent être expliquez
la chose & le prix, avec promesse de garantir, fournir & faire valoir de la part du vendeur.

Le prix se paye au vendeur, s'il n'est délé-
gué à ses créanciers par le contrat ; ou s'il
n'est depuis saisi à leur requeste entre les
mains de l'acquereur. S'il veut bien prendre
ses suretez, & prevenir toutes sortes d'actions
hypothecaires, il doit stipuler par le contrat
que le prix de la vente demeurera entre ses

mains jufqu'après le decret volontaire qu'il s'oblige de faire faire inceffamment à fes frais, auquel feront appellez tous les créanciers du vendeur qu'il eft obligé d'indiquer.

L'on peut acquerir en France toutes fortes d'immeubles, même les mineurs qui n'ont pas même befoin de tuteur. L'acquereur majeur ne peut eftre reftitué contre le contrat qui a été parfaitement libre de fa part : le vendeur peut l'eftre, parce qu'il peut ne l'avoir pas été entierement, & qu'il y a été forcé par le mauvais état de fes affaires.

Quoique les biens Eccléfiaftiques foient inaliénables fuivant nos loix, il n'eft pas cependant impoffible de les faire rentrer dans le commerce, foit par échange, après dûe information *fuper commodo & incommodo*, mefme par achat, pourvû que le prix foit employé en achat de quelque autre héritage d'égale valeur, & plus commode au titulaire du benefice, ce qui paroît par l'information.

Contrat de vente de maifon à la charge de decret.

FUrent préfens Timothée, &c. demeurant, &c. lequel a volontairement reconnu & confeffé avoir vendu, cedé, quitté, tranfporté & délaiffé par ces préfentes dès maintenant à toûjours, promis & promet garantir de tous troubles & empêchemens generalement quelconques, à Noel, &c. demeurant, &c. à ce préfent & acceptant, acquereur pour lui, fes hoirs &

ayans caufe à l'avenir, une maifon couverte de tuile,
affife à, &c. confiftant en tant de chambres, baffe-
court devant, & jardin derriere clos de murailles,
contenant le tout enfemble deux arpens, ainfi que ladite maifon, jardin, & lieux fe comportent, & étendent de toutes parts & de fond en comble, fans aucune
chofe en excepter ni referver par ledit vendeur, tenant la totalité de la maifon, jardin & lieux d'un côté à, &c. (*il faut mettre tous les tenans & aboutiffans*
en cet endroit) audit fieur vendeur appartenant, tant
de fon propre que d'acquifition, (*il faut énoncer la*
proprieté) étant icelle maifon & lieux en la Cenfive de
tel Seigneur, & envers lui chargée de *tels cens & rede-*
vances, que peut devoir, que lefdites parties quant à
prefent n'ont fçu dire ni déclarer, de ce interpellées
par les Notaires fouffignez, pour toutes & fans autres
charges, dettes, redevances ni hypotheques quelconques, ainfi que ledit vendeur a dit & affirmé, franche
& quitte neanmoins des arrerages defdits cens & droits
Seigneuriaux de tout le paffé jufques à huy, pour de
ladite maifon, jardin, & lieux prefentement vendus,
joüir & difpofer par ledit fieur acquereur, fefdits hoirs
& ayans caufe comme de chofe à lui appartenante au
moyen des préfentes, à commencer ladite joüiffance de
cedit jour en avant & à toûjours. Cette vente ainfi faite
à la charge defdits cens & droits Seigneuriaux feulement, & outre moyennant le prix & fomme de vingt
mille livres, fur laquelle ledit vendeur confeffe avoir
eu & reçu prefentement comptant dudit fieur acquereur qui lui a baillé, payé, compté, nombré & réellement délivré, préfens les Notaires fouffignez, en
louis d'or, écus d'argent & autre bonne monnoie ayant
cours, la fomme de trois mille livres, dont, &c. quittant, &c. & les dix-fept mille livres reftant dudit
prix, ledit acquereur promet & s'oblige de les bailler
& payer audit fieur vendeur en fa maifon à Paris ou
au porteur, &c. fitôt & incontinent que le decret ci-
après ftipulé, lui aura été délivré, figné, & fcellé fans

aucune opposition subsistante de la part dudit sieur vendeur ou de ses auteurs, & jusques audit payement ledit acquereur lui en payera l'interêt au denier vingt, à compter de ce jourd'hui; à tous lesquels payemens ladite maison, jardin & lieux sont & demeurent specialement & par privilege & préference dès-à-présent chargez, affectez, obligez & hypothequez avec tous & chacuns les autres biens, meubles & immeubles, présens & à venir dudit acquereur, sans que lesdites obligations speciale & generale dérogent l'une à l'autre. Et ausdites charges & conditions susdites, ledit vendeur a en outre transporté tous & tels autres droits de propriete, fonds, très-fonds, noms, raisons, actions, saisines, possessions & autres choses generalement quelconques qu'il pourroit avoir, demander & prétendre sur ladite maison, jardin & lieux présentement vendus, dont il s'est par cesdites présentes désaisi & dénué & devêtu pour & au profit dudit acquereur, voulant qu'il en soit & demeure saisi, & mis en bonne & suffisante possession & saisine par qui & ainsi qu'il appartiendra en vertu desdites presentes, constituant à cette fin son Procureur special & general le porteur d'icelles, lui en donnant tout pouvoir, auquel acquereur ledit vendeur promet de fournir & délivrer tous les titres de la propriete de ladite maison, jardin & lieux lors du payement desdites dix-sept mille livres restant dudit prix. Et cependant pour purger les hypotheques qui pourroient être sur icelle maison, jardin & lieux présentement vendus, a été accordé que ledit acquereur les fera decreter sur lui à ses frais & dépens, poursuites & diligences d'huy en six mois prochains, en telle Jurisdiction de cette ville de Paris que bon lui semblera: Et icelle maison, jardin & lieux encherir & faire encherir à tel & si haut prix, qu'il en soit & demeure adjudicataire, sans que lesdites parties puissent prétendre de part ni d'autre, pour raison de ce, plus grand ni moindre prix que celui ci-dessus. Et si audit decret intervenoit des oppositions & empêchemens,

soit afin de diſtraire , conſerver , autrement , procédant du fait dudit ſieur vendeur ou de ſes auteurs ,
icelui ſieur vendeur ſera tenu & promet de les faire
ceſſer , lever & ôter à ſes dépens huit jours au plûtard après qu'elles lui auront été ſignifiées & faites à
ſçavoir à ſon domicile cy-après élû , & faire en ſorte
que ladite adjudication par decret ne ſoit retardée , à
peine de tous dépens , dommages & interêts. Que ſi à
cauſe deſdites oppoſitions & empêchemens il convenoit conſigner , ledit ſieur acquereur ne ſera tenu de
conſigner que leſdites dix-ſept mille livres qui reſtent
en ſes mains dudit prix , & ledit ſieur vendeur ſera tenu & promet auſſi de conſigner auſſitôt le ſurplus ſi
beſoin eſt , à la charge dudit ſieur acquereur , même
de l'acquitter & indemniſer à ſa premiere demande de
tous les frais extraordinaires des criées dudit decret ,
avec lequel ces préſentes ne ſerviront enſemble que
d'un ſeul & même titre de ladite acquiſition. A ce faire eſt intervenue Thereſe   femme
dudit ſieur vendeur , qui l'a autoriſée & l'autoriſe en
cette partie , laquelle a volontairement déclaré & déclare qu'elle approuvoit , & par ces préſentes approu-
ve , ratifie & confirme , & a pour agréable la préſente
vente de ladite maiſon , jardin , & lieux qu'elle veut ,
conſent & accorde ſortir ſon plein & entier effet :
Et en ce faiſant a ladite Thereſe   renoncé
& renonce à toutes demandes & prétentions qu'elle a
& pourroit avoir & prétendre ci-après ſur icelle maiſon , jardin & lieux , tant pour ſes dot , douaire & conventions matrimoniales à elle accordées par le contrat
de mariage d'entre ledit ſieur Timothée & elle , qu'autres droits & hypotheques generalement quelconques
en quelque ſorte & maniere que ce ſoit ou puiſſe être ,
dont & du tout elle a par ceſdites préſentes quitté &
déchargé dès-à-préſent entierement ladite maiſon , jardin & lieux , & promet de n'en rechercher ni inquieter directement ou indirectement à préſent ni à l'avenir ledit ſieur acquereur ni ſeſdits hoirs & ayans cauſe ;
mais

mais au contraire les laiffer jouir pleinement & paifiblement à toûjours defdites chofes ci-deffus vendues,
comme appartenantes audit fieur acquereur au moyen
de la préfente acquifition ; car ainfi, &c. pour l'execution des préfentes. *Election de domicile , &c.*

Nôta, *Quand l'acheteur acheve de payer le refte du
prix , il faut mettre la quittance fur la minute , & fur
la groffe du contrat , foit au bas , foit en marge , comme
il fuit.*

Quittance du précedent Contrat.

ET le tel jour eft comparu pardevant les Notaires,
&c. Timothée, &c. lequel a confeffé avoir reçu
comptant dudit Noel, &c. acquereur nommé au contrat ci-deffus, à ce préfent & acceptant, qui lui a
baillé, payé, compté, nombré, & réellement délivré,
préfens lefdits Notaires fouffignez, en louis d'or & autre
bonne monôie ayant cours, la fomme de dix-fept mille
livres, que ledit Noel lui devoit de refte de celle de
vingt mille livres, pour laquelle ledit Timothée par
contrat lui a vendu la maifon, jardin, & lieux déclarez & mentionnez en icelui, dont & de laquelle fomme de dix-fept mille livres, ledit fieur Timothée s'eft
contenté, & en a quitté & quitte ledit fieur Noel &
tous autres : enfemble des intérêts qui étoient dûs defdites dix-fept mille livres, depuis le jour dudit contrat
de vente jufques à huy, au moyen du payement que
ledit Noel lui en a auffi fait en pareilles efpeces que
deffus ; Ce faifant, ledit Noel reconnoît que ledit Timothée lui a prefentement fourni & délivré tous les
titres qu'il avoit pardevers lui concernans la proprieté
de ladite maifon, jardin, & lieux qui font, fçavoir un
extrait du partage fait entre lui & fes cohéritiers ès
fucceffions de fes feu pere & mere, pardevant *tels Notaires un tel jour*, faifant mention qu'une portion de

S

ladite maison, jardin & lieux lui est échûë par ledit
partage : Plus l'expedition en parchemin du contrat
d'acquisition qu'il a faite du surplus de ladite maison
& lieux de, &c. passé pardevant *tels Notaires le tel
jour : plus, telles & telles pieces, (il les faut specifier en
cet endroit, ou bien faire un état sommaire de tous lesdits
titres à part, & dire par la quittance ou décharge desdites pieces, que le vendeur a délivré à l'acquereur tous
les titres de la propriété de la chose vendue, suivant le
bref état ou inventaire qui en a été fait, qui est demeuré
annexé à la minute de ladite décharge, après qu'il a été
signé & paraphé des parties & Notaires,)* dont & de
toutes lesquelles pieces ledit Noel s'est contenté, & en
a quitté & déchargé ledit Timothée & tous autres,
promettant, &c. obligeant, &c.

Ratification d'une vente de maison, avec délegation de payement.

AUjourd'hui est comparu Jacques, &c. lequel a
reconnu avoir pris communication du contrat
passé devant, &c. Notaires, le tel jour, par lequel G.
fondé de la procuration dudit, &c. ci-devant mentionnée, a vendu à M. une maison sise, &c. aux charges,
clauses & conventions d'icelui ; duquel contrat, sur
une expedition representée par ledit G. & à lui à l'instant renduë, a été fait lecture par l'un desdits Notaires, qu'il a dit bien sçavoir & entendre, & a icelui
volontairement agréé & ratifié, consent qu'il sorte son
effet selon sa forme & teneur ; & par ces mêmes présentes, ledit sieur G. a délegué sur le susdit prix de
M. ses créanciers ci-après nommez. Premierement,
Maistre tel, pour être payé de la somme de
pour le rachat & sort principal d'une rente, &c. avec
les arrerages qui se trouveront dûs de ladite rente, &
qui écherront jusques au jour du rachat dicelle, suivant que le tout est plus au long exprimé par ledit con-

trat: Plus, &c. tous lesquels susdits payemens, ledit
sieur M. acquereur de ladite maison, sera tenu faire
en consequence de la présente délegation, en déduction
& sur & tant moins du susdit prix de, &c. en faisant
lesquels payemens, il en demeurera d'autant quitte &
déchargé, ainsi que ledit sieur G. l'en quitte & décharge par ces présentes, audit cas de payement, &
promet ledit sieur l'en faire tenir quitte & déchargé,
& faire valoir lesdits payemens envers & contre tous,
& faire ensorte qu'il n'en soit inquieté ni recherché, à
peine, &c. desquels payemens il sera tenu de rapporter les quittances, ou en fournir les expeditions nécessaires audit sieur G. dans tel tems. Et pour l'execution,
&c.

Autre vente en vertu de procuration.

FUt présent Charles, &c. demeurant, &c. au nom
& comme Procureur de Timothée, fondé de sa
procuration passée pardevant *tels Notaires un tel jour,*
speciale à l'effet des présentes, ainsi qu'il a fait apparoir de ladite procuration ci-attachée, après qu'elle
a été signée & paraphée par ledit Charles, l'acquereur
ci-après nommé, & les Notaires soussignez, par lequel
sieur Timothée, ledit Charles a promis & promet de
faire ratifier ces présentes, & à l'entretenement d'i-
celles & garantie de la maison & lieux ci-après vendus, le faire d'abondant obliger, & de ladite ratification en fournir lettres en bonne forme à l'acquereur ci-
après nommé d'huy en un mois prochain, à peine de
tous dépens, dommages & interêts en son propre &
privé nom, cesdites présentes néanmoins tenans. Lequel audit nom a reconnu & confessé avoir vendu,
cedé, quitté, transporté & délaissé par cesdites présentes dès maintenant à toûjours, & promet audit nom
en vertu de ladite procuration, garantir, délivrer &
défendre envers & contre tous de tous troubles, det-

tes, hypotheques, executions, alienations, douaires, substitutions, & autres empêchemens generalement quelconques à Noel, &c. à ce présent & acceptant acquereur pour lui, ses hoirs & ayans cause une maison, &c. & *le reste comme au précedent contrat.*

Vente d'une maison par un homme, tant en son nom que comme Procureur de sa femme.

FUt présent Benjamin, &c. Bourgeois de Paris, demeurant, rue, &c. tant en son nom que comme Procureur d'Estiennette, &c. sa femme, fondé de sa Procuration passée pardevant *tels Notaires le tel jour* ci-attachée, & par laquelle femme ledit Benjamin promet de faire ratifier ces présentes, & à l'entretenement d'icelle & garantie de la présente vente, la faire d'abondant solidairement obliger avec lui aux renonciations ci-après, & de ladite ratification & obligation en fournir lettres en bonne forme au sieur acquereur ci-après nommé dans quinze jours prochains, à peine de tous dépens, dommages & intérêts en son nom, cesdites présentes néanmoins tenans ; aux fins de laquelle ratification ledit sieur Benjamin a dès-à-present autorisé & autorise par cesdites présentes ladite Estiennette sa femme. Lequel èsdits noms & en vertu de ladite procuration a reconnu & confessé avoir vendu, cedé, quitté, transporté & délaissé par cesdites présentes dès maintenant à toûjours, promis & promet en chacun d'iceux noms solidairement sans division, discussion ni fidejussion, renonçant ausdits benefices, garantir de tous troubles, dons, douaires, dettes, hypotheques, évictions, alienations & autres empêchemens generalement quelconques à Louis, &c. demeurant, &c. à ce présent & acceptant acquereur pour lui, ses hoirs & ayans cause à l'avenir, une maison sise à   consistant
en un corps de logis appliqué à porte cochere, cui-

fines, falle baffe, deux chambres attenantes, deux autres chambres hautes avec leurs garderobes à côté de
chacune d'icelles, & grenier au deffus, caves au deffous
ledit corps de logis, une cour derriere, puits en icelle,
une écurie à loger douze chevaux, & un jardin derriere ladite cour clos de murailles, contenant un arpent
planté d'arbres fruitiers, ladite maison, jardin &
lieux ainfi qu'ils fe pourfuivent & comportent & étendent de toutes parts & de fond en comble, tenant d'u-
ne part à, &c. d'autre part à, &c. d'un bout par derriere à, &c. & pardevant fur ladite grande rue. Item,
deux arpens de vigne en une piece fife au terroir dudit lieu de, &c. tenant, &c. (*il faut mettre les tenans*
& aboutiffans, déclarer auffi au long les autres herita-
ges que l'on vend, & puis dire,) fans aucune chofe en
excepter, retenir ni referver, audit vendeur èfdits noms
appartenant, *par tel & tel moyen*, étant lefdites maifons & héritages en la Cenfive du Seigneur dudit
lieu   & envers
lui chargez de cinq fols de cens payables chacun an au
jour S. Martin d'hiver, pour toutes & fans autres
charges, dettes ni hypotheques quelconques, francs
& quittes néanmoins des arrerages defdits cens &
droits Seigneuriaux de tout le paffé jufques à huy,
pour de ladite maison & héritages ci-deffus vendus,
jouir, faire & difpofer par ledit acquereur, fefdits
hoirs & ayans caufe, comme de chofe à lui appartenant de fon acquêt au moyen des préfentes, à commencer ladite jouiffance du premier jour de Janvier
prochain venant en avant & à toûjours. Cette préfente
vente, ceffion, tranfport & delaiffement ainfi faits, à la
charge defdits cens & droits Seigneuriaux feulement,
& outre moyennant le prix & fomme de trois mille fix
cens livres, francs deniers revenans bons au profit
dudit vendeur èfdits noms ; Sur laquelle icelui vendeur efdits noms, a confeffé avoir reçu comptant dudit
acquereur, qui lui a baillé, payé, compté, nombré,
& réellement délivré pardevant les Notaires fouffignez,

en louis d'or & autre bonne monnoie ayant cours, la
somme de deux mille livres, dont, &c. quittant, &c.
& les seize cens livres restantes ledit acquereur promet
& s'oblige de les bailler & payer sans aucun interêt
audit vendeur ou au porteur, &c. lorsqu'il lui fournira la susdite ratification au susdit tems, auquel payement ladite maison & héritages ci-dessus vendus, sont
& demeureront specialement par privilége & préference affectez, obligez & hypothequez avec tous &
chacuns les autres biens, meubles & immeubles présens & à venir dudit acquereur, sans que lesdites obligations speciale & generale dérogent l'une à l'autre, &
aux charges & conditions susdites : ledit vendeur esdits noms a en outre transporté tous & tels autres
droits de proprieté, &c. désaisissant, &c. voulant,
&c. Procureur, &c. le porteur, &c. donnant, &c.
pouvoir, &c. auquel acheteur ledit vendeur a présentement baillé & délivré les titres de ladite maison &
desdits héritages, *il les faut specifier l'un après l'autre,*
date par date, dont il quitte & décharge ledit vendeur esdits noms, & promet de lui en aider s'il le
poursuivoit ci-après en recours de ladite garantie; car
ainsi, &c. *Election de domicile,* &c.

Ratification dudit contrat de vente, portant quittance du restant du prix.

ET le tel jour est comparue pardevant les Notaires
&c. ladite Estiennette, &c. femme dudit Benjamin, &c. nommée au contrat de vente ci-devant écrit,
laquelle en la présence dudit Benjamin son mari pour
ce comparant, qui l'a d'abondant autorisée en cette
partie, après lecture à elle présentement faite mot à
mot par l'un desdits Notaires soussignez, l'autre présent, du susdit contrat de vente, qu'elle a dit avoir
bien & au long entendu de son bon gré, pure, franche & libre volonté, a dit & déclaré qu'elle avoit & a

ledit contrat de vente pour agréable, & par ces préfentes l'a ratifié, approuvé & confirmé, veut, confent & accorde qu'il vaille, tienne, aye lieu, & forte
fon plein & entier effet felon fa forme & teneur : Promet l'entretenir & accomplir, & à la garantie de la
maifon & héritages vendus par icelui, charges, claufes & conditions y contenues : ladite Eftiennette, &c.
s'eft auffi par cefdites préfentes d'abondant obligée &
s'oblige folidairement avec ledit Benjamin fon mari,
fans divifion, difcuffion ni fidejuffion, renonçans aufdits benefices envers ledit Louis, &c. acquereur auffi
y dénommé à ce préfent & acceptant ; & en ce faifant, ledit Louis a préfentement baillé, payé, compté,
nombré, & réellement délivré, préfens lefdits Notaires
fouffignez, aufdits Benjamin & fa femme qui ont de
lui reçu en louïs d'or & autre bonne monnoie ayant
cours, la fomme de feize cens livres qu'il leur devoie
de refte du prix de ladite acquifition, dont, &c. quittant, &c. promettant, &c. obligeant lefdits Benjamin
& fa femme folidairement comme deffus, &c. renonçant, &c. Fait & paffé, &c.

Ratification d'un contrat de vente feparé de fa minute.

FUt préfente Antoinette, &c. femme de Jerôme,
&c. fon mari, demeurant rue, &c. pour ce préfent, d'abondant autorifée en cette partie; laquelle après
avoir entendu la lecture qui lui a préfentement été
faite mot à mot par l'un defdits Notaires fouffignez,
l'autre préfent; du contrat paffé pardevant *tels Notaires le tel jour*; contenant la vente faite par ledit Jerôme, tant en fon nom, que s'étant fait fort de ladite
comparante fa femme, au fieur Guillaume, &c. de
trente arpens de terre labourable, en tant de pieces,
affifes au terroir de, &c. La première contenant deux
arpens au lieu dit, &c. tenant d'un côté à, &c. d'au-

S iiij

tro côté à, &c. (*il faut declarer en cet endroit la quan-*
tité defdites pieces par tenans & aboutiffans, & puis fui-
vre.) Aux charges y déclarées, & moyennant le prix &
fomme de deux mille livres ; payables aux termes, &
ainfi que ces chofes & autres font plus au long portées
audit contrat de vente, que ladite Antoinette a dit
bien fçavoir & tout le contenu en icelui, de fon bon
gré a déclaré, reconnu & confeffé avoir ledit contrat
de vente & tout ce qu'il contient, agréable ; l'a par cefdites préfentes loué, approuvé, ratifié & confirmé,
veut, confent & accorde qu'il vaille, tienne, aye lieu,
& forte fon plein & entier effet felon fa forme & teneur, comme ayant été fait felon fon defir & intention ; ce faifant, à la garantie defdits héritages vendus
ladite Antoinette, &c. s'eft par cefdites préfentes obligée & oblige avec ledit Jerôme fon mari folidairement,
fans divifion, difcuffion ni fidejuffion, renonçant aufdits benefices envers ledit Guillaume, tout ainfi que
fondit mari s'y eft obligé par ledit contrat ; ce qui a
été accepté par ledit Guillaume pour ce préfent &
comparant, promettant, &c. obligeant, &c. folidairement comme dit eft, &c. renonçant, &c. Fait &
paffé, &c.

Nota, *Que d'une telle ratification il en doit être gar-*
dée minute par le Notaire, & en mettre autant fur la
groffe & autres expeditions du contrat de vente.

Déclaration, ceffion ou transport au sujet de la vente d'une maison.

Ujourd'hui eft comparu pardevant les Notaires,
&c. Pierre, &c. demeurant rue, &c. lequel a
volontairement reconnu & confeffé que bien que Guillaume, &c. lui aye par contrat paffé par *tels Notaires*
le tel jour, vendu & promis garantir une maifon & fes
appartenances, fife à Paris rue, &c. tenant à tel & tel,

moyennant le prix & fomme de vingt-cinq mille livres
payées comptant, en efpeces déclarées audit contrat,
que l'enfaifinement d'icelui aye été fait au defir dudit
contrat, il s'en foit rendu adjudicataire. Neanmoins la
verité eft que ledit Pierre, &c. n'a prétendu & ne prétend aucune chofe en ladite maifon & lieu en dépendant ; mais qu'elle a tofijours appartenu & appartient
encore de préfent à Bertrand, &c. qui lui auroit avant
la paffation dudit contrat de vente, baillé & fourni de
fes deniers, tant ladite fomme de vingt-cinq mille livres pour parvenir à ladite acquifition, que tous les
autres deniers qu'il a convenu débourfer pour les lods
& vente d'icelle, frais dudit contrat & dudit decret,
& de tout ce qui s'en eft enfuivi, n'ayant ledit Pierre,
&c. accepté ladite acquifition, & ne s'étant rendu adjudicataire de ladite maifon que pour prêter fon nom
audit Bertrand : Et partant ledit Pierre ufant de bonne foi, a par ces préfentes entant que befoin eft ou
feroit, fait déclaration, ceffion & tranfport de ladite
maifon au profit dudit Bertrand, demeurant rue, &c.
à ce préfent & acceptant, & de tous les droits, noms,
raifons & actions qu'il a & pourroit avoir & prétendre en icelle par le moyen defdits contrats de vente &
decret, & autrement en quelque forte & maniere que
ce foit, pour de ladite maifon jouir, faire & difpofer
par ledit Bertrand, fes hoirs & ayans caufe, comme
de chofe à lui appartenante, & tout ainfi que fi ledit
contrat de vente & decret d'icelle maifon avoient été
faits en fon nom & profit, fans toutefois lui être tenu
d'aucune garantie, ni recours quelconque, finon de
fes faits & promeffes feulement : Et en ce faifant ledit
Pierre lui a prefentement baillé & délivré les originaux du contrat de vente & dudit decret : enfemble
toutes les pieces qui lui furent baillées par ledit Guillaume lors dudit contrat de vente, dont ledit Bertrand
l'en décharge, promettant, &c. obligeant, &c. renonçant, &c. Fait & paffé, &c.

Nota, *Que telles déclarations fe font quand un de-*

biteur ne veut acheter l'héritage des deniers de son créancier, qu'au lieu de caution il fait passer le contrat de vente sous le nom dudit créancier, afin qu'il ne le puisse vendre ni engager sans le consentement dudit créancier, & venant à payer tel créancier, ledit créancier lui en fait déclaration comme dessus.

Déclaration ou reconnoissance des droits censuels, ventes, & autres droits Seigneuriaux dûs à quelques Seigneurs censiers.

Aujourd'hui est comparu pardevant les Notaires, &c. François, &c. demeurant, &c. au nom & comme tuteur des enfans mineurs de feu Antoine, &c. & Jeanne, &c. sa femme ; lequel audit nom a volontairement reconnu & confessé qu'ausdits mineurs appartient plusieurs héritages sis au terroir de, &c. tenus & mouvans en censive du Seigneur des Landes en la Paroisse de, &c. chargez de cens portans lods & ventes, défauts, saisines & amendes quand le cas y échet, desquels héritages & terre la teneur ensuit :

Premièrement, deux arpens de terre labourable en une pièce sise proche les Bordes, tenant d'un côté à, &c. chargée au fur de cinq deniers de cens par arpent.

Item, un quartier de pré sis auprès des Bordes proche le petit étang, tenant d'une part à, d'un bout à, &c. chargé au fur de quinze deniers de cens l'arpent.

Notá, *En telles déclarations & selon le nombre des articles qu'il peut y avoir, il convient les mettre & ajoûter comme dessus, & user à cet effet du même stile ; & puis mettre à la fin desdits articles ce qui suit.*

Lequel cens ci-dessus ledit François, &c. audit nom de tuteur (*ou bien l'on peut changer si c'est en son propre & privé nom*) a promis & sera tenu & promet payer, & continuer par chacun an audit Seigneur,

&c. au jour de Saint-Remi premier Octobre (*ou à tel autre jour qu'il fera dû*) aux lieux accoûtumez, tant & fi longuement qu'il fera détenteur, proprietaire & poffeffeur defdits héritages, ou de partie ou portion d'iceux, fi comme, &c. promettant, &c. obligeant, &c. renonçant, &c. Fait & paffé, &c.

Vente de Terres.

Fut préfent Meffire   Meliand
Confeiller   Abbé de
demeurant à Paris, rue   Paroiffe
Saint   lequel a reconnu & confeffé
avoir vendu, cedé, quitté, tranfporté & délaiffé par ces préfentes du tout dès maintenant à toûjours, & promet garantir de tous troubles, dons, douaires, dettes, hypotheques, évictions, fubftitutions, & autres empêchemens generalement quelconques, à Illuftriffime & Reverendiffime Seigneur Hardouin de Perefixe, Archevêque de Paris, Confeiller du Roi en fes Confeils, Chancelier & Commandeur de fes Ordres, demeurant en fon Palais Archiepifcopal au Cloître de l'Eglife de Paris, à ce préfent & acceptant acquereur pour ledit Archevêché & fes fucceffeurs Archevêques.

Les Terres ci après déclarées au nombre de cinquante arpens & demi, neuf perches fituées au terroir d'Ivry en plufieurs pieces, lefquelles fe trouvent jointes ou aux environs de celles de la Ferme Seigneutiale de Millepas, dépendant dudit Archevêché, pour y être unies & en rendre par ce moyen le revenu plus confiderable.

La premiere defdites pieces contenant fix arpens, fituée à   audit terroir, lieu dit le
tenant d'une part à   d'autre à
aboutiffant d'un bout à   & d'autre bout à
Item, &c.

. Les pieces ainfi qu'elles fe pourfuivent & comportent fans aucune chofe en excepter, retenir, ni referver; & neanmoins ledit fieur vendeur fera tenu n'en
garantir que jufques à la quantité de cinquante arpens
ou environ.

Lefdites Terres appartenantes audit fieur vendeur,
tant au moyen du délaiffement qui lui en a été fait
entre autres chofes par feu Meffire

Meliand fon pere, vivant, &c. Seigneur de Brevian-
de, pour fes droits fucceffifs de défunte Dame Geneviéve, &c. fa mere, & de fes freres & fœurs decedez;
ainfi qu'il appert par le contrat dudit délaiffement,
paffé pardevant, &c. Notaires au Châtelet de Paris,
le

Qu'en confequence du contrat d'échange fait entre
ledit fieur vendeur, & Me Claude, &c. de partie
defdites terres délaiffées, en contr'échange d'autres à
lui baillées par ledit fieur Claude, &c. & déclarées audit échange paffé pardevant, &c. Notaires, le

Etant lefdites Terres en la Cenfive des Seigneurs
dont elles font mouvantes en partie dans celle de ladite Seigneurie de Millepas, & chargées envers lefdits
Seigneurs de tels cens qu'elles peuvent devoir, que les
parties n'ont fçu dire ni déclarer, de ce enquifes par
les Notaires fouffignez, pour fatisfaire à l'Ordonnance, fans autres charges, dettes, ni hypotheques quelconques, franches & quittes des arrerages defdits
Cens de tout le paffé jufques à ce jour.

Pour defdites Terres jouir, faire & difpofer par
mondit Seigneur Archevêque & fes fucceffeurs comme
des autres biens & revenus temporels dudit Archevêché, à commencer ladite jouiffance du

Cette vente faite à la charge defdits Cens pour l'a-
venir. Et outre moyennant le prix & fomme de
que ledit fieur vendeur confeffe avoir eue & reçue de
mondit Seigneur Archevêque, lequel lui a fait compter,
nombrer & délivrer ladite fomme, préfens les Notaires fouffignez, en louis d'or & d'argent, & monnoie

ayant cours. Et de laquelle dite fomme de
ledit fieur Meliand vendeur s'eft tenu content, en a quitté & quitte ledit Seigneur Archevêque & tous autres,
auquel il a cedé & transferé tous les droits de proprieté, noms, raifons & actions qu'il avoit efdites terres vendues, dont il s'eft deffaifi au profit dudit Seigneur
Archevêque, voulant qu'il en foit faifi & mis en poffeffion
par qui il appartiendra : Et à cette fin conftitue fon
Procureur le porteur des préfentes, auquel il en donne
pouvoir ; ce faifant ledit fieur Meliand a délivré audit Seigneur Archevêque un extrait préfentement fait
par les Notaires fouffignez dudit contrat de délaiffement à lui fait par ledit fieur fon pere, concernant lefdites Terres , devant daté, ledit contrat d'échange dudit jour , &c. Un autre contrat d'échange fait entre
ledit fieur Meliand pere, & ledit fieur Claude, &c.
paffé pardevant, &c. Notaires, le   L'expedition
en papier du bail fait defdites Terres par ledit fieur
Abbé Meliand à Michel, &c. paffez pardevant
Notaires , le   moyennant quatre livres de ferme
par arpent par an , & aux conditions y contenues, lequel bail eft préfentement fini , avec le mefurage defdites Terres vendues , fait par Pierre   Arpenteur,
réfidant à   le   dernier , figné en fin , &c. par
lequel eft fait mention qu'il s'eft trouvé defdites Terres ladite quantité de   de terres le tout compris ,
defquelles pieces ledit Seigneur Archevêque s'eft tenu
content, & en a déchargé ledit fieur Meliand , fans
que ledit bail & mefurage puiffent obliger ledit fieur
vendeur de fournir & livrer plus grand nombre defdites Terres que lefdits cinquante arpens ou environ qu'il
a promis garantir audit Seigneur Archevêque & fes
fucceffeurs comme il eft dit.

A ce faire eft intervenu Meffire   Meliand
Seigneur de   Confeiller du Roi en fon Grand
Confeil, demeurant avec ledit fieur Abbé Meliand
fon frere , fife rue   Paroiffe Saint   lequel a
confenti & approuvé la préfente vente, & en tant que

besoin est ou seroit, s'est obligé & oblige solidairement
avec ledit sieur son frere, à la garantie desdits cinquante arpens de terre ou environ par lui ci-dessus vendus
audit Seigneur Archevêque, tout ainsi que ledit sieur
son frere s'y est obligé par le présent contrat, dont il
fait son propre fait & dette en son propre & privé
nom, sans division, ni discussion, à quoi il renonce,
comme principal vendeur : Et a mondit Seigneur déclaré que ladite somme de   par lui
présentement payée pour le prix de ladite présente acquisition provient, sçavoir, &c. qu'il a reçu de haut
& puissant Seigneur Messire Jean-Jacques de Mesmes
Chevalier Comte d'Avaux, Seigneur de Cramayel &
de Moissy, Conseiller du Roi en ses Conseils, Maistre
des Requêtes ordinaire de son Hôtel, pour le prix de
la Seigneurie dudit Moissy, acquise d'Illustrissime &
Reverendissime Seigneur Jean-François de Gondy Archevêque de Paris, par haut & puissant Seigneur Messire Jean - Antoine de Mesmes son pere, par contrat
passé pardevant   Notaires au Châtelet de Paris
le   laquelle Seigneurie ledit Seigneur Président
de Mesmes auroit délaissé audit sieur Comte d'Avaux
son fils, à la charge de payer ladite somme lorsqu'il
auroit été trouvé occasion de l'emploi en autre fonds
au profit dudit Archevêché : Cinq mille livres que
mondit Seigneur Archevêque a pareillement reçues de
Messire   de Faucon Seigneur de Ris,
Conseiller du Roi au Parlement de Normandie, qu'il
lui a payé par forme de supplement d'alienation du
fief de Ris, dixmes & dependances, en execution du
contrat de transaction passé entre eux pardevant
& Baudry l'un des Notaires soussignez, le
Trois mille deux cens livres reçues par mondit Seigneur
Archevêque de Messieurs les Gouverneurs & Administrateurs de l'Hôpital des Incurables, pour le droit
d'indemnité dû audit Archevêché à cause de l'acquisition faite au profit dudit Hôpital d'une maison sise à
Paris rue, &c. vendue par Louis   par contrat passé

pardevant · · Notaires au Châtelet de Paris, le · ainsi
que du reçu desdites sommes, appert par les quittances
que monditSeigneur en a données ausd. SeigneursComte d'Avaux, de Ris, & Administrateurs dudit Hôpital ;
celle dudit sieur de Ris pardevant · · le · & les autres
pardevant les · .Pour satisfaire auxquelles quittances
mondit Seigneur fait la présente déclaration, afin que
lesdites Terres ainsi acquises par le présent contrat,
tiennent lieu de l'emploi de fonds audit Archevêché,
en échange des choses susdites, & qu'elles soient obligées & hypothequées par privilege & preference à la
garantie desdites alienations & sureté de l'emploi desdits prix ; supplement & droit d'indemnité, comme
mondit Seigneur le consent suivant & au desir desdits contrats d'alienation, transaction & quittance susdatées ; car ainsi, &c. Et pour l'execution des présentes ledit sieur Abbé Melland vendeur, & sieur son
frere, ont élu leur domicile solidaire & irrevocable en
cette Ville de Paris, en la maison où ils sont ensemble
demeurans sus-déclarée, auquel lieu, nonobstant, &c.
Promettant, &c. obligeant, &c. solidairement comme dit est, renonçant, &c. Fait & passé à Paris audit
Palais Archiepiscopal.

Vente d'un fief & des rotures qui en dépendent.

FUt présent Baltazard, &c. Ecuyer Seigneur de
l'Etang & autres lieux, demeurant à Paris rue,
&c. lequel a reconnu & confessé avoir vendu, cedé,
quitté, transporté & délaissé dès maintenant à toûjours,
promis & promet par ces présentes garantir de tous troubles, dettes, hypotheques, douaires, substitutions,
évictions, alienations, & autres empêchemens generalement quelconques, à Messire Gabriel, &c. Chevalier
Seigneur Baron de Beauregard, & autres lieux, demeurant rue, &c. à ce présent & acceptant acquereur
pour lui, ses hoirs & ayans cause, le Fief, Terre &

Seigneurie de l'Etang, situé dans la Paroisse de Saint Martin, avec toutes les appartenances & dépendances, tant en fief que roture, ainsi que le tout sera ci-après déclaré, consistant en un Château & Maison Seigneuriale, Justice haute, moyenne & basse, cens, rentes, tant en grains, volailles, qu'en argent, droit de chasse & de rivière & étang ; ladite Maison Seigneuriale appliquée à plusieurs logemens, cour basse, cour haute, colombier à pied, le tout fermé de fortes & hautes murailles, flanquée de tours & tourelles, pont-levis, entourée de profonds fossez à eaux vives, peuplez de poisson.

Item, le grand jardin étant au devant de l'entrée dudit Château aussi fermé de murailles, contenant environ trente arpens, dans lequel sont plantez plusieurs arbres fruitiers, parterres, allées, palissades, hayes hautes, fontaines jaillissantes, & un vivier de trois arpens aussi peuplé de poisson, ledit jardin separé du Château par un grand chemin qui est entre deux d'environ cent pas de large.

Item, une garenne de soixante arpens derriere ledit jardin, peuplée de lapins, un bois de haute futaye de six-vingt arpens à l'un des côtez de ladite garenne, & de l'autre côté un bois taillis de quatre-vingt-dix arpens ; deux cens arpens de terre labourable en plusieurs pieces ; une piece de pré appellée le grand pré, contenant soixante arpens, le tout en fief, situé au dedans de ladite Paroisse de S. Martin, & relevant en arriere-fief de ladite Baronie de Beauregard.

Item, cinquante arpens de terres labourables en roture en plusieurs pieces, & quinze arpens de pré en une piece aussi en roture, pareillement situez dans ladite Paroisse S. Martin, étant en la Censive dudit fief de l'Etang, & generalement tout ce qui est & dépend dudit fief de l'Etang, tant en fief que roture audit sieur vendeur appartenant, sans aucune chose en excepter ni réserver, & ainsi que le tout est avenu & échu à icelui sieur vendeur par le decès de feu Messire
Isaac

Ifaac, &c. fon pere, vivant Chevalier Seigneur dudit lieu de l'Etang & autres lieux, par le partage fait
entre lui & fes cohéritiers de la fucceffion dudit défunt pardevant *tels Notaires le tel jour*, franc & quitte
de toutes dettes & hypotheques quelconques jufques à
huy : ayant ledit fieur vendeur préfentement délivré
audit fieur acquereur l'extrait ce jourd'hui fait par les
Notaires fouffignez fur l'original dudit partage, concernant le fufdit Fief, Terre & Seigneurie de l'Etang,
des chofes ci-deffus vendues, avec tous les autres titres, anciens aveus, dénombremens & déclarations de
ladite Terre & Seigneurie de l'Etang & fes dépendances, tant en fief que roture qu'il avoit pardevers lui,
felon que le tout eft énoncé au bref état qui en a été
fait feparé des préfentes, figné defdites parties & Notaires fouffignez, dont ledit acquereur fe contente &
promet d'en aider audit fieur vendeur fous fon recepiffé,
s'il le pourfuivoit ci-après en recours de ladite garantie : pour dudit Fief, Terre & Seigneurie de l'Etang,
fes appartenances & dépendances, tant en fief que roture, fans aucune referve comme dit eft, jouir & difpofer par ledit fieur acquereur, fefdits hoirs & ayans
caufe comme bon lui femblera au moyen des préfentes, à commencer ladite jouiffance du jour S. Martin
d'hiver prochain, jufques auquel jour ledit fieur vendeur s'eft refervé les loyers & les fermages de ladite
Terre & Seigneurie de l'Etang & chofes ci-deffus vendues, & à la charge d'entretenir par ledit fieur acquereur le bail que ledit fieur vendeur en a fait à Rôland,
&c. pardevant *tels Notaires un tel jour*, durant les trois
années reftantes à expirer d'icelui, dudit jour S. Martin d'hiver prochain. Cette vente, ceffion, tranfport
& délaiffement ainfi faits à ladite charge dudit bail
feulement, & outre moyennant le prix & fomme de
cent cinquante mille livres que ledit fieur acquereur a
promis & s'oblige de bailler & payer audit fieur vendeur en fa maifon à Paris, ou au porteur, fçavoir cinquante mille livres dans ledit jour S. Martin d'hiver

T

prochain ; autres cinquante mille livres dans le jour de
Pâques enſuivant , & les autres cinquante mille livres
reſtantes dans le jour S. Martin d'hiver auſſi enſuivant,
avec l'interêt de toute ladite ſomme de cent cinquante
mille livres à raiſon de l'Ordonnance , à compter dudit jour S. Martin d'hiver prochain ſeulement en avant
juſques au parfait & entier payement deſdites cent cinquante mille livres, ſans que ledit ſieur vendeur puiſſe
prétendre ni demander aucuns interêts dudit prix de
ce jourd'hui juſques au jour S. Martin d'hiver prochain , à meſure deſquels payemens ledit interêt diminuera à proportion d'iceux : Auquel payement dudit principal & interêt, ledit Fief, Terre & Seigneurie de l'Etang & autres choſes ci-deſſus vendues, ſont
& demeurent ſpecialement & par preference & privilege chargez , affectez , obligez & hypothequez avec
tous & chacuns les autres biens meubles & immeubles
preſens & à venir dudit ſieur acquereur, ſans que leſdites obligations ſpeciale & generale dérogent l'une à
l'autre. Et aux conditions ſuſdites , ledit ſieur vendeur
a en outre tranſporté tous droits de proprieté , fonds,
très-fonds, noms, raiſons, actions, ſaiſines & poſſeſſions qu'il a & pourroit avoir , prétendre & demander
en & ſur toutes les choſes ci-deſſus vendues , dont il
s'eſt deſaiſi , démis & devêtu par ceſdites preſentes,
pour & au profit dudit ſieur acquereur & de ſeſdits
hoirs & ayans cauſe, voulant, conſentant & accordant
qu'il en ſoit & demeure ſaiſi , vêtu , mis & reçu en
bonne & ſuffiſante poſſeſſion & ſaiſine, par qui &
ainſi qu'il appartiendra en vertu deſdites preſentes en
la maniere accoûtumée. Declarant ledit ſieur acquereur qu'il veut & entend que ledit Fief, Terre & Seigneurie de l'Etang , choſes par lui ci-deſſus acquiſes
tant en fief que roture, ſoient & demeurent ſeparées à
toûjours de ſadite Baronie de Beauregard, comme ſi
ladite acquiſition n'étoit point par lui faite, & ainſi
proteſte ledit ſieur acquereur d'en jouir & d'en diſpoſer par lui, ſes hoirs & ayans cauſe , comme de ſon

acquêt feparément, fans les confondre l'un avec l'autre. Ce faifant que ledit fief de l'Etang foit mouvant & releve en arriere-fief de ladite Baronie de Beauregard; Et auffi que lefdites rotures foient & demeurent en roture à toujours, & ainfi fujettes à partage entre coheritiers également fans aucun droit d'aîneffe & prérogative, tout de même qu'elles l'étoient auparavant ladite acquifition, le tout nonobftant icelle acquifition, laquelle pour ce regard ne pourra nuire ni préjudicier à l'intention, volonté & proteftation ci-deffus dudit fieur acquereur. Lequel pour purger les hypotheques qui pourroient être fur ladite Terre, Fief & Seigneurie de l'Etang & chofes ci-deffus vendues, pourra & lui fera loifible de les faire decreter, à fes frais, dépens, pourfuites & diligence en telle Jurifdiction, &c. (*fuivre le refte de la claufe des decrets comme aux autres acquifitions des maifons & héritages*) *Election de domicile de part & d'autre des parties,* promettant, &c. obligeant, &c. chacun en droit foy, &c. renonçant, &c. Fait & paffé, &c.

Claufe en confequence d'un douaire conftitué fur la chofe vendue.

DE laquelle fomme de ledit acquereur a retenu entre fes mains celle de pour fureté du douaire préfix conftitué par ledit fieur vendeur, pour & au profit de Damoifelle fa femme par leur contrat de mariage en date du d'une rente de en faifant & payant par ledit acquereur audit vendeur les interêts de ladite fomme à raifon du denier ce qu'il a promis faire aux quatre quartiers de l'année. Et pour la fureté defdits arrerages & du principal, fera & demeurera ladite maifon fpecialement affectée & hypothequée, &c.

Clause de garantie.

ET en outre promet ledit vendeur garantir l'acquereur de tous troubles & empêchemens, même de prendre le fait & cause dudit sieur acquereur, auffitôt qu'il lui aura dénoncé les troubles à lui faits, & ce à peine de tous dépens, dommages & interêts; & pour raison de laquelle garantie ledit sieur vendeur a obligé, affecté & hypothequé tous & chacuns ses biens tant présens qu'à venir, &c.

Clause, qu'en cas d'éviction, le vendeur ne sera tenu que de rendre à l'acquereur le prix payé sans dommages & intèrets.

ET où ledit acquereur sera évincé de ladite maison venduë, en ce cas ledit vendeur ne sera tenu d'aucuns dépens, dommages & interêts, & sera quitte & déchargé du présent contrat, promesses & dépendances d'icelui, en rendant par lui lors de ladite éviction avenue ladite somme de
qu'il a présentement reçue pour le prix de ladite vente; laquelle en ce cas demeurera nulle & resolue.

Vente de coupe de bois.

FUt présente Dame Catherine, &c. veuve de feu Messire Camille, vivant Chevalier Seigneur de la Liance, demeurante, &c. laquelle a reconnu & confessé avoir vendu, promis & promet garantir de toutes revendications & empêchemens generalement quelconques à Pierre, &c. Marchand de bois demeurant à, &c. à ce présent & acceptant, la coupe pour une fois seulement d'un arpent de bois taillis en deux pieces de demi-arpent chacune, sises au terroir dudit lieu de la Liance, & dépendance de ladite Terre au lieu dit, &c. (*il faut mettre les tenans & aboutissans,*) pour par ledit Pierre, &c. faire ladite coupe dudit bois dans le mois de May prochain, & icelui ôter ou enlever à la fin dudit mois, à peine de tous dépens, dommages & intérêts, & en disposer ainsi que bon lui semblera, en laquelle vente de bois sont compris tous les chênes & chêneaux qui se trouveront sur lesdites deux pieces. Cette vente faite moyennant la somme de   sur laquelle ladite Dame confesse avoir reçu comptant dudit Pierre présens les Notaires soussignez, en écus d'argent & autre bonne monnoie ayant cours, celle de dont, &c. quittant, &c. & ladite somme restante, ledit Pierre promet la bailler & payer à ladite Dame en sa maison à Paris ou au porteur, &c. dans tel jour prochain; car ainsi, &c.

Quand l'on fait la vente de la coupe & tonture d'une grande piece de bois, pour être coupé aux coupes ordinaires, l'on fait le marché comme il suit.

Premierement, les qualitez comme dessus, puis suivre: C'est à sçavoir toute la coupe & tonture de tant d'arpens de bois taillis à prendre en la forêt de, &c. d'un tel côté, dont le mesurage & livraison de ladite quantité d'arpens sera faite audit Pierre, &c. par ladite Dame, ou les Officiers de sadite Terre & Seigneurie de, &c. dans un mois prochain, laquelle coupe & tonture dudit bois ledit Pierre sera tenu de faire dans neuf années aux coupes ordinaires, à raison de tant d'arpens par chacune d'icelles aux saisons accoûtumées, qui sont depuis la S. Martin d'hiver jusques au mois de May, lequel bois qui sera ainsi coupé par chacune desdites années, à commencer audit jour S. Martin d'hiver prochain, ledit Pierre sera tenu de faire ôter & enlever chacune année desdites coupes dans la fin du mois de May, à peine de tous dépens, dommages & intérêts, pour en faire & disposer comme bon lui femblera. Et fi fera tenu ledit Pierre de laiffer en chacun arpent defdits bois douze gros chênes qui lui feront marquez par les Officiers de ladite Dame avec dix huit baliveaux de l'âge defdits bois. Ce marché ainfi fait moyennant le prix & fomme de pour chacun arpent de ladite coupe dudit bois, revenant à pour chacune defdites neuf années, que ledit Pierre, &c. promet & s'oblige de bailler & payer à ladite Dame en fa maifon à Paris, ou au porteur, &c. à deux termes & payemens égaux , qui feront les jours de Noel & de la mi-Aouft : le premier d'iceux échéant au jour de la mi-Aouft prochain , & continuer de là en avant ledit payement de terme en terme après enfuivant, jufques à la fin defdites quatre années ; (*s'il y a d'autres charges il les faut mettre en cet endroit.*) Car ainfi , &c. *Election de domicile,* &c.

Vente d'une Ifle.

FUrent préfens en leurs perfonnes
Diel Sieur d'Enneval , demeurant à étant
de préfent à Paris logé, rue où eft pour enfeigne
au nom & comme Procureur de Diel
Ecuyer Sieur de la Foffe d'Enneval. & de Clermont, tuteur honoraire & principal des nobles enfans mineurs de défunt Meffire Diel vivant Chevalier Seigneur du Parquet , proprietaire, Senechal & Gouverneur pour le Roi de l'Ifle Martinique fituée en l'Amerique, & de Dame Bonnard fon époufe, fondé de fa procuration fpeciale à l'effet qui enfuit, paffée pardevant Tabellion Royal en la Vicomté de & fon Ajoint le dernier, demeurée attachée à ces préfentes après avoir été paraphée *ne varietur* dudit fieur d'Enneval & des Notaires fouffignez, ledit fieur de la Foffe audit nom ayant pouvoir des parens paternels & maternels defdits mineurs, par leurs avis homologuez par Sentences du

Châtelet de Paris des   &   derniers, auffi
attachées à ces préfentes pour y avoir recours fi befoin
eft, d'une part : & Meffire Bechameil Confeiller du
Roi, &c. & Meffire   Directeurs generaux
de la Compagnie des Indes Occidentales, d'autre part:
lefquelles parties éfdits nòms ont volontairement reconnu & confeffé avoir fait & accordé entre elles ce
qui enfuit : C'eft à fçavoir que ledit fieur d'Enneval
audit nom a vendu, cedé, quitté & tranfporté, vend,
cede, quitte & tranfporte par ces préfentes du tout à
toûjours à ladite Compagnie des Indes Occidentales
établi par Edit du Roi   du mois   de
l'année   ce acceptant pour elle par lefdits fieurs
Directeurs fus nommez, la Seigneurie, fonds & proprieté de ladite Ifle Martinique, forts, canons, armes,
munitions, maifons, meubles meublans, habitations,
Sucreries, uftenfiles fervans aufdites Sucreries, Negres,
beftiaux, Indigoteries & autres chofes appartenans aufdits fieurs mineurs, droits Seigneuriaux confiftans en
Capitation fur les habitans dans ladite Ifle, & generalement tous leurs droits réels, refcindans & réfcifoi-
res, fans aucune chofe referver, ainfi que le tout fe
confifte & comporte préfentement, que lefdits fieurs
Directeurs éfdits noms ont dit bien fçavoir & connoître pour être ladite Compagnie en poffeffion de ladite
Ifle en execution des Arrrêts du Confeil d'Etat du
Roi des   à la referve feulement des dettes qui
peuvent être dûes aufdits fieurs mineurs dans ladite
Ifle, defquelles ladite Compagnie promet de faciliter
le payement autant qu'il fera à fon pouvoir : pour par
icelle Compagnie difpofer defdites chofes vendues
comme bon lui femblera, la fubrogeant fans aucune
garantie, finon des empêchemens qui pourroient pro-
venir de leur chef & fait, en tous les droits, noms, raifons & actions defdits fieurs mineurs, pour le regard
de ladite Ifle Martinique : Comme auffi pour le regard de l'Ifle de Saint-Alouzie de préfent poffedée par
les Anglois, auffi appartenant aufdits mineurs. Cette

vente, cession & transport ainsi faits moyennant la somme de   francs deniers audit sieur vendeur, sur laquelle somme en a été présentement payé la somme de   par Maistre Nicolas le Mercier Caissier de ladite Compagnie, pour ce présent, en especes de, &c. & lesquels comptez & livrez ont été mis ès mains de Messire Diel des Hameaux pour employer en acquisition au profit desd. mineurs: Et quant au surplus lesdits sieurs Directeurs promettent & s'obligent pour & au nom de ladite Compagnie de bailler & payer ausdits sieurs mineurs ou au porteur dans   prochain sans aucun interêt, pour être les deniers remplacez en fonds de terre par avis desdits sieurs parens, sans que ladite Compagnie puisse demander aucune autre garantie pour le remplacement desdits deniers, ni retarder le payement d'iceux pour quelque cause que ce puisse être, sitôt que par avis desdits sieurs parens le prix desdites terres aura été arrêté avec les vendeurs d'icelles : Et outre à la charge que lesdits sieurs mineurs jouiront de la moitié qui leur devoit revenir des droits de Capitation & de la totalité des droits des poids jusques au premier jour de Juillet, laquelle moitié revenant au profit desdits sieurs mineurs sera prisée pour le regard desdits droits de Capitation, sur ce qui en est ou sera payé pendant la présente année, préferablement à l'autre moitié qui reviendra au profit de ladite Compagnie: Comme aussi jouiront lesdits sieurs mineurs de tout le profit, revenu & aménagemens desdites habitations, maisons, Sucreries, Indigoteries, Negres, bestiaux & autres meubles, dans lesquelles habitations ils pourront faire couper, lever & aproffiter tous les petuns & cannes de sucres, maniocq, patates & autres marchandises, vivres & denrées qui sont ou seront en existence & maturité jusques au premier jour de Novembre prochain, & se servir pour la confection desdites marchandises du travail des Negres, bestiaux & autres choses à ce nécessaires, sans être néanmoins tenus ni responsables de la mortalité, pertes,

fultes, & de tous autres accidens qui pourroient arriver en les nourriffant & entretenant comme il faut,
lefquelles marchandifes & effets appartenans aufdits
fieurs mineurs, ladite Compagnie promet leur em-
barquer dans les premiers Vaiffeaux qui partiront de
ladite Ifle Martinique fans délai, & fitôt que les
Agens ou Commis en feront requis, en acquittant le
fret ordinaire & autres charges & conditions ufitées
dans les cargaifons defdits Vaiffeaux. Sera tenue ladite Compagnie de tenir & entretenir toutes les conceffions des terres, & pareillement de faire décharger
& indemnifer lefdits fieurs mineurs de toutes les claufes & conditions aufquelles ils font obligez par le contrat d'acquifition defdites Ifles envers la premiere
Compagnie de l'Amerique, & en ce faifant lefdits
fieurs Directeurs audit nom, fe font défiftez & départis de l'effet & execution defdits Arrêts du Confeil que
ladite Compagnie a obtenus contre lefdits fieurs du
Parquet pour raifon defdites Ifles, lefquels pour leur
regard demeureront nuls & de nul effet ; car ainfi a
été accordé entre lefdites parties par ces préfentes :
pour l'execution defquelles lefdits fieurs Directeurs audit nom ont obligé folidairement tous les biens & effets de ladite Compagnie préfens & à venir, & fpecialement & par privilege fpecial & primitif, lefdites
Ifles Martinique & Sainte-Alouzie & chofes vendues
fans que les obligations fpeciale & privilegiée dérogent l'une à l'autre, fans que pour le regard defdits
mineurs ni dudit fieur d'Enneval audit nom ladite
Compagnie puiffe prétendre aucune garantie que ce
puiffe être, finon des empêchemens provenans de leur
fait & chef, comme il eft dit, & à condition que le
préfent contrat fera homologué au Parlement de Paris avec Monfieur le Procureur General dudit Parlement, & lefdits mineurs, aux frais de ladite Compagnie, auquel effet lefdites parties ont conftitué leur
Procureur   auquel il donne pouvoir de faire tout
ce qui fera néceffaire, &c. Et pour l'execution des

préfentes & dépendances lefdites parties èfdits noms ont élû leurs domiciles irrévocables en cette Ville de Paris, fçavoir ledit fieur d'Enneval audit nom en la maifon de   & lefdits fieurs Directeurs audit nom pour ladite Compagnie, en la maifon de   aufquels lieux, &c. nonobftant, &c. promettant, &c. obligeant chacun en droit foy èfdits noms, renonçant de part & d'autre, même lefdits fieurs Directeurs audit nom pour ladite Compagnie, à toutes Lettres d'Etat & autres à ce contraires, dont elle ne fe pourra fervir ni préva-loir pour quelque caufe que ce foit à l'égard dudit fieur du Parquet. Fait & paffé en préfence de Meffire Diel des Hameaux Confeiller ordinaire du Roi en tous fes Confeils d'Etat & Privé, après que lefdites parties ont eu plufieurs conférences avec lui fur ces préfentes, au Bureau de la Direction generale de la-dite Compagnie, l'an

---

Vente de meubles.

FUt préfent Meffire Louis, &c. demeurant, &c. lequel a reconnu & confeffé avoir vendu, & pro-met garantir de toutes revendications & autres empê-chemens generalement quel: onques, à Maiftre Jean, &c. demeurant, &c. à ce préfent & acceptant, les meubles qui enfuivent, que ledit fieur Louis a dit & affirmé lui appartenir, fçavoir une tenture de tapiffe-rie de haute-liffe de Bruxelles, contenant huit pieces, à perfonnages, rehauffée de foye, garnie de toile au-tour, & en plufieurs autres endroits, un miroir glace de Venife de trois pieds de haut, & de deux pieds & demi de large, garni de fa bordure d'orféverie & de fes cordons de foie jaune & verte; deux douzaines de Tableaux de diverfes grandeurs & réprefentations, tous peints fur cuivre, garnis de leurs bordures de bois doré; un lit double garni de drap d'Efpagne vio-let par bandes nuancées en broderie de laine, rehauffée

de foie, doublée de fatin à fleurs, avec fa courte-
pointe de même fatin, huit fieges de tapifferie relevez
de foie ; une Imperiale d'étoffe d'Italie faite à la Tur-
que, chamarée d'un paffement d'or à jour ; un tapis
de Turquie fervant d'eftrade, & un de table, tous lefquels meubles ledit Jean, &c. acheteur, a dit avoir
en fa poffeffion dont il fe contente, pour en faire &
difpofer comme bon lui femblera, au moyen des préfentes : cette vente faite moyennant la fomme de
laquelle fomme ledit vendeur a confeffé avoir reçu dudit acheteur préfens les Notaires fouffignez, en louis
d'or & autre bonne monnoie ayant cours, dont, &c.
quittant, &c. Et par ces mêmes préfentes ledit Jean,
&c. a baillé & délaiffé à titre de loyer tous lefdits
meubles audit Seigneur Louis, &c. ce acceptant pour
en jouir par lui audit titre durant une année prochaine, à compter de ce jourd'hui. Et à cette fin lui a
préfentement délivré & remis en fa poffeffion iceux
meubles, à la charge de les conferver bien & dûement, & de les rendre à la fin de ladite année, ainfi
qu'il promet & s'oblige audit fieur Jean, &c. en bon
état & valeur comme ils font à préfent, hormis ufure
raifonnable, & outre moyennant la fomme de
livres de loyer que ledit Seigneur Louis, &c. promet
& s'oblige auffi de bailler & payer audit fieur Jean,
&c. ou au porteur, &c. en quatre termes & payemens égaux, dont le premier écherra d'hui en trois
mois prochains & continuez, &c. & a ledit Seigneur
Louis, &c. *Election de domicile*, &c.

Vente de droit fucceffif, portant conftitution de rente.

FUt préfente Marie, &c. veuve de feu Claude,
&c. demeurante, &c. heritiere pour une troifiéme
partie, les trois faifant le tout, de défunts Claude,
&c. & Nicole, &c. fes pere & mere, laquelle a re-

connu & confeſſé avoir vendu, cedé, quitté, tranſporté & délaiſſé dès maintenant à toujours ſans garantie, en quelque ſorte & maniere que ce ſoit, ſinon de
ſes faits, promeſſes & obligations ſeulement à Etienne,
&c. ſon frere, demeurant, &c. à ce preſent & acceptant acquereur pour lui, ſes hoirs & ayans cauſe à
l'avenir, tous les droits ſucceſſifs, mobiliers & immo-
biliers, fruits & revenus d'iceux droits, noms,
raiſons & actions, reſcindans & reſciſoires à ladite
Marie, &c. appartenant, & qui lui ſont avenus &
échûs par le décès deſdits défunts ſes pere & mere, en
quelques lieux & endroits que leſdits biens & droits
ſucceſſifs ſe trouvent dûs, ſituez & aſſis, en quoi
qu'ils ſe puiſſent conſiſter, monter & valoir, ſans
aucune choſe en excepter, reſerver ni retenir par ladite Marie, &c. encore qu'ils ne ſoient ici particulierement exprimez ni declarez par le menu ; diſant
leſdites parties le tout bien ſçavoir & connoître, pour
en jouir, faire & diſpoſer par ledit acquereur, ſeſdits
hoirs & ayans cauſe, comme de choſe à lui appartenant au moyen des preſentes, vrai & loyal acquêt.
Cette vente, ceſſion, tranſport & délaiſſement ainſi faits, à la charge des cens & droits Seigneuriaux
que peuvent devoir les heritages compris en la preſente
vente envers les Seigneurs dont ſe meuvent, que leſdites parties n'ont ſçû declarer de ce interpellées par les
Notaires ſouſſignez, & à condition que ledit acquereur
ſera tenu, promet & s'oblige d'acquitter ladite Marie, &c. de ſa part de toutes les dettes paſſives qui lui
pourroient être demandées par qui que ce ſoit à cauſe
deſdites ſucceſſions ſeulement : Enſemble des frais funeraires deſdits défunts, &c. & de faire en ſorte qu'elle
n'en ſoit recherchée ni inquiettée, à peine de tous
dépens, dommages & interêts : Et outre moyennant
le prix & ſomme de quatre mille cinq cens livres, pour
laquelle ledit Etienne, &c. a par ces mêmes preſentes
vendu, créé, conſtitué & aſſigné dès maintenant à
toujours, & promet garantir de tous troubles & empê-

thcmens generalement quelconques à ladite Marie,
&c. ce acceptant pour elle, ses hoirs & ayans cause,
deux cens vingt-cinq livres de rente annuelle & perpetuelle, à les avoir & prendre, recevoir & percevoir,
& que ledit Etienne, &c. a promis, sera tenu, promet & s'oblige de bailler & payer à ladite Marie, &c.
& à sesdits hoirs & ayans cause par chacun an en sa
maison à Paris, ou au porteur, &c. aux quatre quartiers accoûtumez également. Le premier d'iceux échéant
au dernier jour de Decembre prochain venant, & continuer de là en avant le payement de ladite rente de
quartier en quartier après ensuivant, tant & si longuement qu'elle sera due en & sur tous & chacuns lesdits
biens & droits successifs presentement vendus, qui en
sont & demeurent dès à present par preference & privilege spcial chargez, affectez, obligez & hypothequez avec tous & chacuns les autres biens, meubles &
immeubles, presens & à venir dudit Etienne, &c. à
garantir, fournir & faire valoir ladite rente bonne,
solvable & bien payable par chacun an ausdits quatre
quartiers à toujours sans aucun déchet ni diminution,
nonobstant toutes choses à ce contraires, & sans que
lesdites obligations speciale & generale dérogent l'une
à l'autre, pour lesdites deux cens vingt-cinq livres de
rente, jouir & disposer par ladite Marie, &c. sesdits
hoirs & ayans cause, comme de sa propre chose, vrai
& loyal acquêt: rachetables à toujours lesdites deux cens
vingt-cinq livres de rente, en rendant, baillant &
payant par le rachetant à une fois & seul payement à
ladite Marie, &c. ou à sesdits hoirs & ayans cause,
pareille somme de quatre mille cinq cens livres, avec
les arrerages qui en seront lors dus & échûs, tous frais,
mises & loyaux coûts. Et aux charges & conditions
susdites, ladite Marie, &c. a en outre transporté tous
& tels droits de proprieté, fonds, tres-fonds, noms,
raisons, actions, saisine, possession, & autres choses
generalement quelconques qu'elle avoit & pourroit
avoir & prétendre, & demander en & sur tous lesdits

droits succeffifs fus vendus, dont elle s'eft par cefdites
prefentes deffaifie, démife & dévêtue pour & au profit dudit Etienne, lequel s'eft auffi defaifi, démis &
dévêtu de tous lefdits biens & heritages jufques à la
valeur & concurrence de ladite rente, tant en fort
principal, qu'arrerages, frais, mifes & loyaux coûts
au profit de ladite Marie, &c. voulans, confentans
& accordans lefdites parties reciproquement que chacune d'elles en droit foi, en foit & demeure faifie,
mife & reçue en bonne & fuffifante poffeffion & faifine
par qui & ainfi qu'il appartiendra en vertu defdites
prefentes, conftituant à cette fin leur Procureur fpecial & general le porteur d'icelles, lui en donnant tout
pouvoir; car ainfi, &c. & pour l'execution des prefentes & leurs dépendances, lefdites parties ont élu
leurs domiciles irrevocables en cette Ville de Paris ès
maifons où elles font demeurantes, fus declarées, aufquels lieux, &c. nonobftant, &c. promettant, &c.
obligeant chacun en droit foi, &c. renonçant, &c.
Fait & paffé, &c.

Vente d'une rente.

FUt préfent de Riviere Chanoine, lequel a reconnu & conteffé avoir vendu, cedé, quitté, tranfporté & délaiffé par ces préfentes du tout dès maintenant à toujours, & promet garantir de tous troubles
& empêchemens generalement quelconques, fors des
faits du Prince à Maiftre Louis, &c. Notaire dénommé, à ce préfent & acceptant acquereur pour lui, fes
hoirs & ayans caufe, quatre cens livres de rente conftituées le dernier jour, &c. de   fur le fcel appartenant audit fieur de Riviere, au moyen de l'acquifition qu'il en a faite de   par contrat
paffé pardevant, &c. le, &c. lequel contrat, avec la
groffe dudit contrat de conftitution, il a préfentement
délivré & mis ès mains dudit acceptant, & l'a fubro-

gé en ſes droits, pour en jouir, à commencer ladite
jouiſſance du, &c. Cette vente faite moyennant le
prix & ſomme de, &c. que ledit ſieur vendeur confeſſe avoir reçu dudit acceptant qui lui a baillé, payé,
compté, nombré & délivré préſens les Notaires ſouſſignez, en eſpeces & monnoie ayant cours, dont,
&c. quittant, &c. tranſportant, &c. voulant, &c.
Procureur, &c. le porteur, &c. donnant pouvoir,
promettant, &c. obligeant, &c. renonçant, &c.
Fait & paſſé, &c.

CHAPITRE XI.

De la Vente des Offices.

Omme les Offices ſont differens, auſſi
en ſont les traitez: les grands Offices
de la Maiſon du Roi & de la Reine, & les
Gouvernemens s'appellent Charges, & les autres on les ſurnomme ordinairement Offices
ou Etats, excepté les Commenſaux, c'eſt-à-
dire mangeans à une même table, & ce ſont
eux avec les Commenſaux des Enfans deFran-
ce & du premier Prince du Sang, dont les
Etats ſont portez à la Cour des Aides, qui
ont droit de *Committimus* & du grand Sceau,
ainſi que les Princes du Sang, les Princes reconnus en France, les Ducs, Pairs & autres
Officiers de la Couronne, les Chevaliers &
Officiers de l'Ordre du Saint Eſprit, & les
deux plus anciens Chevaliers de l'Ordre de
Saint Michel, les Conſeillers du Conſeil du

Roi fervans actuellement, & les autres Officiers & Ambaffadeurs de Sa Majefté, & les Officiers de Juftice dénommez au 13. art. du 4. titre de l'Ordonnance de 1669. L'article 14. & les fuivans du même titre traitent auffi de ceux qui ont droit de *Committimus* du petit Sceau, & gardes gardiennes.

Des grandes Charges & Gouvernemens l'on prend provifion du Roi, duquel il faut être agréé, & ces provifions s'expédient au grand Sceau.

Des autres Etats & Offices Commenfaux, on ne prend point de provifion du grand Sceau, mais feulement des Lettres de Cachet, qu'on appelle ordinairement retenues, qui font expediées par le Secretaire d'Etat qui a la charge de la Maifon du Roi, ou par les Secretaires des Commandemens de la Reine, & par celui du Prince du Sang, chacun à fon égard.

Lefdits Offices ne tombent point en commerce que par le confentement des chefs, comme ceux que l'on appelle des fept Offices chez le Roi, à fçavoir le Gobelet, la Bouche, l'Echanfonnerie, le Commun, la Fruiterie, la Panneterie & la Fourriere dépendans de Monfieur le Grand-Maiftre, qui eft aujourd'hui Monfeigneur le   auquel appartiennent lefdits Offices lorfqu'ils vaquent, mais il n'a pas voulu fe mêler du Gobelet ni de la Bouche aufquels le Roi feul nomme.

Ceux de la Chambre, du grand Chambelan, ceux de l'Ecurie, du grand Ecuyer ; ceux de l'Artillerie, du grand Maiftre d'icelle ; ceux de la Fauconnerie, du grand Fauconnier, ceux de la grande Venerie, du grand Veneur.

Ceux des Gardes, des Capitaines chacun à fa Compagnie, & ainfi de quelques autres, & ces Offices vacans leur appartiennent particulierement.

Tous lefdits Offices ne font point fufceptibles d'hypotheques pour pouvoir être decretez, ainfi l'on ne craint point qu'il y ait des oppofitions au Sceau qui empêchent les provifions.

Les traitez qui s'en font font de deux façons, ou l'on eft agréé, ou non.

Si l'on eft agréé, on fe contente fouvent de prendre la démiffion de celui qui vend, & l'on paye à l'heure même, ou l'on s'oblige de payer dans certain tems fans mettre de condition dans le traité qui en fufpende l'effet jufques après fa reception.

Si l'on n'eft pas agréé, l'on ftipule qu'on promet de fournir la démiffion dans un tems limité, ordinairement à huitaine ou quinzaine, felon la diftance des lieux où fe trouve alors celui qui doit être agréé, afin que s'il l'eft dans ledit tems, il fe puiffe faire enfuite pourvoir à fes frais & diligence : & l'acheteur promet payer en recevant ladite démiffion, ou en d'autres termes: Et s'il n'eft point agréé, le compromis (car c'eft en ce cas que le trai-

V.

té prend ce nom) demeure nul fans dommages ni interêts.

Quelquefois en paffant ledit compromis,
l'on donne ladite démiffion, à la charge que
fi l'on n'eft pas agréé dans certain têms on
la rendra, & que ledit compromis fera auffi nul;
mais parce qu'en vertu de ladite démiffion
l'on pourroit fe faire pourvoir, celui qui la
donne, s'affure de l'argent, foit par caution
ou par confignation d'icelui entre les mains
du Notaire, ou d'autres, pour le recevoir fi
l'acheteur eft agréé, ou être rendu s'il ne l'eft
pas.

A tous ces contrats & compromis qui ont
un effet fufpendu, l'on met une peine que celui qui y contreviendra, payera à l'autre; car
c'eft une maxime que quelque promeffe qu'un
homme faffe de donner fa démiffion, & celui
qui la prend d'en payer le prix convenu, fi
l'un ou l'autre eft défaillant d'executer de fa
part la convention, il en doit payer la peine, autrement les traitez feroient inutiles, fi
l'on avoit la liberté de s'en dédire quand on
voudroit.

Vente d'Office de Lieutenant à un Grenier à fel.

FUt préfent Yves, &c. demeurant à, &c. porteur
des Lettres de provifion, quittances de Finance &
Marc d'or, ci-après déclarées, (*le nom de l'Officier &
la date defdites Lettres en blanc,*) lequel a par ces préfentes vendu & vend fans aucune garantie que de fes

faits & promesses seulement à François, &c. à ce présent & acceptant l'état & Office de Conseiller du Roi & Lieutenant au Grenier à Sel de , &c. aux gages de quatre cens livres par chacun an, & d'un sol pour chacun minot de Sel qui se vendra & distribuera audit Grenier à Sel, tant en exercice que hors d'exercice dudit Office : Ensemble aux honneurs & autres droits, fruits, profits, prééminences, autoritez, privileges, franchises, libertez & fonctions audit Office de Conseiller du Roi, Lieutenant audit Grenier à Sel, attribuez & appartenans par l'Edit de création d'icelui du mois de Juillet 1623, lequel Edit avec lesdites Lettres de provision dudit Office, données à Paris le jour de   signées sur le repli, par le Roi, Lenormand, & scellées du grand Sceau de cire verte en lac de soye rouge & verte, qui ont été présentement remplies du nom dudit François, & la copie en parchemin desdites quittances de finance & Marc-d'or, signée par collation dudit Lenormand, celle de la finance datée du, &c. montant à dix mille livres, & l'autre en date du, &c. de la somme de cinq cens livres pour le Marc-d'or dudit Office, controllées l'une comme l'autre au Controlle general des Finances, le, &c. ledit Controlle signé, &c. le tout attaché ensemble sous le contrescel desdites Lettres de Provision, ledit Yves à l'instant & en la présence des Notaires soussignez, a baillé & délivré ès mains dudit François, &c. dont il s'est contenté & en a quitté & déchargé ledit vendeur & tous autres. Auquel Office ledit François sera tenu de se faire recevoir dans un mois d'huy, à ses frais & diligences par tout où besoin sera, & si à ladite reception intervenoit quelque empêchement ou opposition, procedans du fait dudit vendeur ou de ses auteurs, icelui vendeur sera tenu & promet de les faire lever, ôter & cesser à ses frais & diligences, sitôt qu'elles lui auront été signifiées, à personne ou à son domicile ci-après élû, & faire en sorte que ladite reception ne soit retardée, à peine de tous dépens, dommages & intérêts, pour dudit Office, gages & droits fusdits, jouit par ledit sieur acquereur, même hereditairement par les heritiers dudit droit d'un sol pour minot de sel qui sera vendu, comme dit est, audit Grenier, & choses octroyées & attribuées audit Office, à commencer de ce jourd'hui, le tout suivant & conformément audit Edit, & Lettres de provision susdatées. Et pour le regard de ce qui est dû & échû des gages & droits du susdit Office depuis le premier jour de Janvier dernier jusques à cedit jour, ledit Yves les a volontairement remis audit acquereur, & lui en fait cession & transport en faveur du présent traité, sans garantie ni restitution de deniers quelconques, pour en recevoir par ledit acquereur le payement de qui & ainsi qu'il appartiendra, & de tout ce que dessus vendu & cedé, faire & disposer par ledit acquereur comme de chose à lui appartenante au moyen des présentes. Cette vente, cession & transport faits aux conditions susdites,& outre moyennant pareille somme de dix mille livres, à laquelle se monte la finance dudit Office ; laquelle somme de dix mille livres, ledit acquereur a présentement baillée, payée, comptée, nombrée, & réellement délivrée, présens les Notaires soussignez, en louis d'or & autre bonne monnoie ayant cours, audit Yves, &c. dont il s'est contenté & en a quitté ledit acquereur & tous autres : Et pour ce qui est de ladite somme de cinq cens livres, pour ledit droit de Marc-d'or & frais de l'expédition desdites Lettres de provision d'icelui Office, ledit sieur Yves les a aussi remis & quittez audit acquereur, dont il le décharge pareillement en faveur dudit présent traité, car ainsi, &c. & pour l'execution des présentes. *Election de domicile,* &c.

Vente d'Office de Commissaire aux Saisies Réelles.

FUt présent Maistre Laurent, &c. Conseiller du Roi, Commissaire, Receveur & Controlleur general ancien des Saisies Réelles du Siege Présidial, & autres Jurisdictions de la Ville de, &c. y demeurant, étant maintenant en cette Ville de Paris, logé rue de, &c. lequel a volontairement reconnu & confessé avoir vendu & vend par ces présentes à Maistre Florimond, &c. à ce présent & acceptant acquereur, lesdits états & Offices de Conseiller du Roi, Commissaire, Receveur & Controlleur general ancien des Saisies Réelles dudit Siege Présidial & autres Jurisdictions de ladite Ville de, &c. avec les gages de attribuez audit Office de Commissaire, & tous les droits, fruits, profits, revenus & émolumens ausdits deux Offices de Commissaire, Receveur & Controlleur ancien desdites Saisies Réelles, pareillement attribuez & appartenans sans aucune chose en excepter, reserver ni retenir par ledit vendeur, le tout à icelui vendeur appartenant francs & quittes de toutes taxes qui peuvent avoir été & pourroient être faites sur lesdits Offices, gages & droits jusques au premier jour de Janvier prochain, tant pour restitution de droits que pour les jouissances d'iceux Offices, & autrement en quelque sorte & maniere que ce soit, quand bien il s'en trouveroit qui n'auroient pas encore été signifiées ni venues à la connoissance dudit sieur vendeur. Dont, si aucuns y a, icelui sieur vendeur sera tenu & promet d'en faire décharger ledit sieur acquereur, & de l'en acquitter envers & contre tous à sa premiere demande, tant en principal qu'accessoire, & faire en sorte qu'il n'en souffre aucune perte ni dommage; même de supporter par ledit sieur vendeur l'entiere perte du prix desdits Offices, gages & droits, si la sup-

preſſion d'iceux ou de partie s'en trouvoit faite auparavant ledit premier jour de Janvier prochain ; ſoit
que ladite ſuppreſſion fût venue ou non à ſa connoiſſance : Et à cette fin de rembourſer audit ſieur acquereur tout ce qui ſe trouvera lui avoir été payé par ledit ſieur acquereur ſur ledit prix audit jour premier
Janvier prochain, ou bien lui faire diminution, &
tenir compte ſur le reſtant dudit prix à proportion de
la valeur deſdites ſuppreſſions, s'il y en a, le tout au
dire des gens à ce connoiſſans, dont leſdites parties
conviendront amiablement pour être reglées ſans forme ni figure de procès. Auquel ſieur acquereur ledit
ſieur vendeur a préſentement délivré ſa procuration *ad
resignandum*, deſdits Offices, remplie de ſon nom, ce
jourd'hui paſſée pardevant leſdits Notaires ſouſſignez ;
plus les Lettres de proviſion deſdits deux Offices expediées au nom dudit ſieur vendeur, données à Verſailles le premier jour de Mars   ſignées & ſcel-
lées, ſous le contre ſcel deſquelles ſont attachées pluſieurs pieces, (*il les faut déclarer piece à piece*) plus
la quittance du droit annuel payé par ledit ſieur vendeur pour jouir de la diſpenſe des quarante jours deſdits Offices durant la préſente année, en date d'un tel
jour, ſignée, &c. controllée, &c. pour en vertu de
toutes les pieces, ſe faire ledit ſieur Florimond pourvoir & recevoir ou faire pourvoir & recevoir qui bon
lui ſemblera auſdits deux Offices à ſes frais & diligences dans les trois mois prochains. Et ſi à l'expedition
& Sceau des proviſions deſdits Offices préſentement
vendus, il y avoit ou intervenoit aucunes oppoſitions
ou empêchemens procedans du fait dudit ſieur vendeur ou de ſes auteurs, icelui ſieur vendeur ſera tenu
& promet auſſi de les faire ceſſer, lever & ôter dans
huitaine, après qu'elles lui auront été ſignifiées & faites à ſçavoir à ſon domicile ci-après élû, & faire en-
ſorte que leſdites expeditions ne ſoient retardées, à peine de tous dépens, dommages & interêts. Pour deſdits
Offices, gages & droits préſentement vendus ſans au-

cune réserve , comme dit eft , jouir & difpofer par ledit fieur Florimond acquereur , ainfi que bon lui
femblera au moyen des préfentes , & tout ainfi que
ledit fieur vendeur en a ci devant joui, & qu'il en jouit
encore à préfent , à commencer ladite jouiffance dudit premier jour de Janvier prochain en avant. Aux
fins de laquelle jouiffance & exercice defdits Offices ledit fieur vendeur promet de fournir & livrer pareillement audit fieur acquereur dans le dernier jour de
Décembre auffi prochain , les baux judiciaires des
maifons, terres & héritages faifis réellement dans le
reffort dudit Siége Préfidial de, &c. & des autres Jurifdictions dudit lieu ; Enfemble tous les Regiftres defdites Saifies Réelles & autres pieces dont il aura befoin pour recevoir les revenus defdits baux ès années
de fon exercice defdits Offices ; même d'acquitter &
décharger ledit fieur acquereur , fes hoirs & ayans
caufe, des deniers de ladite recette , qui a été & fera
faite par ledit fieur vendeur ou fes Commis , jufques
audit premier jour de Janvier prochain , envers &
contre tous qu'il appartiendra , en cas qu'il en fut
ci-après recherché à caufe defdits Offices , auffi à
peine de tous dépens , dommages & interêts. Cette
vente faite moyennant le prix & fomme de dix mille
livres à laquelle lefdites parties ont compofé enfemble
pour le prix principal defdits deux Offices, gages &
droits fufdits vendus , & trois cens livres en faveur ,
& pour le pot de vin de ladite vente, fur laquelle fomme de dix mille livres principale ledit fieur Florimond
acquereur a préfentement baillé & payé audit fieur
vendeur, qui de lui a reçu , préfens les Notaires fouffignez, en louis d'or & autre bonne monnoie ayant
cours la fomme de deux mille livres, avec les trois
cens livres de pot de vin, revenant lefdites deux fommes enfemble à celle de deux mille trois cens livres, de
laquelle ledit fieur vendeur s'eft contenté, & en a
quitté & quitte ledit acquereur & tous autres. Et fur
le furplus dudit prix ledit fieur vendeur confent &

V iiij

ces présentes, sans qu'il soit besoin d'autre consentement ni de sa présence, que ledit sieur acquereur paye en son acquit & décharge la somme de cinq mille quatre cens livres, que ledit vendeur doit à Christophe, &c. Ecuyer, Conseiller-Secretaire du Roi, Maison, Couronne de France & de ses Finances, pour le sort principal de 270 livres de rente que ledit sieur vendeur lui a constituées par contrat passé pardevant *tels Notaires le tel jour*, avec les arrerages qui en seront dûs lors dudit rachat, que ledit sieur acquereur promet de faire & d'en rapporter quittance ou décharge valable audit sieur vendeur dans ledit jour premier Janvier prochain. Faisant lequel payement & rachat, ledit sieur vendeur consent aussi que ledit sieur acquereur prenne telles cessions & subrogations que bon lui semblera pour sa plus grande sureté de la présente acquisition : Et le restant dudit prix qui se trouvera en ses mains après ledit rachat fait, icelui acquereur promet de le bailler & payer audit sieur vendeur en tel lieu ou au porteur, &c. dans deux ans prochains, à compter dudit jour premier de Janvier prochain avec l'interêt dudit restant, à raison de l'Ordonnance, à commencer audit jour premier Janvier prochain jusques à l'actuel payement dudit restant. A tous lesquels payemens lesdits Offices, gages & droits présentement vendus, sont & demeurent par préference & privilege special dès-à-présent chargez, affectez, obligez & hypothequez avec tous & chacuns les autres biens, meubles & immeubles présens & à venir dudit acquereur, sans que lesd. obligations speciale & generale dérogent l'une à l'autre : Et outre pour plus grande sureté audit sieur vendeur de tout ce que dessus, led. sieur acquereur sera tenu & promet de payer annuellement le droit annuel desdits deux Offices, tant & si longuement qu'il aura cours, & que ledit acquereur sera débiteur de tout ou partie dudit prix, & des quittances qu'il en retirera, fournir copie collationnée audit sieur vendeur par chacun an, huit jours au plûtard après le Bureau ouvert, à peine de tous dépens, dommages & intérêts; car ainſi, &c. *Election de domicile*, &c.

Conſentement pour être couché ſur l'état, & le nom du vendeur de la Charge rayé.

AUjourd'hui eſt comparu pardevant les Notaires, &c. Jacques *Regnaud* Chirurgien de la Compagnie des Cent-Suiſſes du Roi, lequel a conſenti & accordé par ces préſentes, que ſon nom qui eſt à préſent couché & employé dans les départemens & états deſdits Suiſſes en qualité de Chirurgien de ladite Compagnie, ſoit rayé, & qu'en ſon lieu & place ſoit employé & rempli le nom de Barthelemy *Pommier* Chirurgien, n'empêche que ledit Pommier exerce ledit état & Charge de Chirurgien deſdits Suiſſes, ſuivant & conformément au Département que Monſeigneur, &c. leur Colonel General lui en a donné ſur le conſentement dudit *Regnaud*, lequel a dit avoir mis ès mains dudit *Pommier* le certificat & proviſions qu'il avoit dudit Office, pour en jouir par ledit Pommier comme bon lui ſemblera, au profit duquel il s'en eſt ci-devant démis, promettant, &c. obligeant, &c. renonçant, &c. Fait & paſſé, &c.

Vente d'un Office de Coureur de Vins de la Reine.

FUt préſent Guillaume *Olivier* Coureur de Vins de la Reine, demeurant à, &c. lequel a vendu par ces préſentes à Sigiſmond *l'Allemand*, à ce préſent acceptant ladite Charge de Coureur de Vins de la Reine, dont ledit *Olivier* eſt pourvû & jouiſſant, à laquelle Charge ledit *l'Allemand* ſe fera pourvoir & recevoir le plûtôt que ſe pourra aux frais communs deſdites parties; à ces fins ledit *Olivier* lui a préſente-

ment délivré sa démission de ladite Charge passée pardevant les Notaires soussignez, ce jourd'hui remplie
du nom dudit *l'Allemand*, & promet de lui bailler
dans ce jour les Lettres de provision d'icelle Charge
remplies du nom dudit *Olivier* avec l'Arrêt de la Cour
des Aides & autres pieces y attachées, portant exemption des Tailles pour les Titulaires & possesseurs dudit Office : Et si à la reception dudit *l'Allemand* en
ladite Charge il y avoit quelque opposition ou empêchement procedant dudit *Olivier* ou de ses auteurs,
icelui *Olivier* sera tenu & promet de les faire cesser,
lever & ôter sitôt qu'elles lui auront été dénoncées en
son domicile ci-après élû, à peine de tous dépens,
dommages & interêts, pour de ladite Charge jouir &
disposer par ledit *l'Allemand*, ensemble des franchises,
libertez, gages, droits, fruits, profits, revenus &
émolumens y attribuez & appartenans, tout ainsi que
ledit *Olivier* en a joui ou dû jouir jusques à maintenant, & ainsi que jouissent ou doivent jouir les titulaires de pareils Offices. Cette vente faite moyennant
la somme de trois mille livres, sur laquelle ledit *Olivier* a confessé avoir reçu comptant dudit *l'Allemand*
qui lui a baillé, payé, compté, nombré, & réellement
délivré, présens lesdits Notaires soussignez, en louis
d'or & autre bonne monnoie ayant cours, la somme
de quinze cens livres, dont, &c. quittant, &c. &
les autres quinze cens livres restantes, ledit Sigismond
l'Allemand promet de les bailler & payer audit *Olivier* en cettedite Ville de Paris en sondit domicile ou
au porteur, sitôt qu'il sera reçu à ladite Charge : &
jusques au jour de ladite reception, lesdits gages &
droits d'icelle Charge appartiendront en commun ausdites parties, & seront partagez entre elles également
par moitié, à compter de ce jourd'hui : & du jour de
ladite reception dudit *l'Allemand* en icelle Charge en
avant, tous lesdits gages & droits appartiendront entierement audit *l'Allemand*, sans que ledit *Olivier* y
puisse rien prétendre ; à condition aussi que s'il y avoit

faute de payement, lefdites quinze cens livres reftantes, dès l'inftant de ladite reception ledit *l'Allemand*
fera tenu & promet d'en payer l'interêt audit Olivier
à raifon de l'Ordonnance jufques à l'actuel & parfait
payement defdites quinze cens livres, à compter du
jour de ladite reception ; car ainfi, &c. & pour l'execution des préfentes & dépendances, lefdites parties
ont élû leurs domiciles irrévocables en cettedite Ville
de Paris ; fçavoir ledit *Olivier* en la maifon de, &c.
& ledit *l'Allemand* en celle de, &c. aufquels lieux,
&c. nonobftant, &c. promettant, &c. obligeant chacun en droit foi, &c. renonçant, &c. Fait & paffé,
&c.

Vente de l'un des fix Offices de Commiffaire & Controlleur des bois à brûler & flotez qui arrivent à Paris.

FUt préfent Antoine Dupré, &c. lequel a vendu
& vend par ces préfentes à Euftache le Cerf, à ce
préfent & acceptant, l'un des fix Offices de Commiffaires & Controlleurs des bois à brûler & bois flo-
tez qui arrivent en cette Ville & Fauxbourgs de Paris
en batteaux, trains & autrement, créé par Edit du
mois d'Octobre 1646, audit fieur Dupré appartenant,
au moyen de l'acquifition qu'il en a faite de Nicolas
Blutin, dernier titulaire d'icelui, par contrat paffé
pardevant *tels Notaires le tel jour* ; l'expédition duquel
contrat avec la procuration *ad refignandum*, que ledit
Blutin a faite dudit Office pardevant tels Notaires *le
tel jour (le nom du refignataire en blanc)* & qui a été
préfentement remplie du nom dudit le Cerf, les Lettres de provifion d'icelui Office expédiées au nom
dudit Blutin, données à Paris *le tel jour*, fignées fur
le reply, par le Roi, Croiffet, & fcellées du grand
Sceau de cire jaune, les quittances de finance & Marc

d'or dudit Office, & autres pieces attachées fous le
contrefcel defdites Lettres, l'acte de reception & in-
ftalation dudit Blutin audit Office pardevant Meffieurs
les Prévôt des Marchands & Echevins de Paris *le tel
jour*, la quittance du droit annuel dudit Office payé
pour la préfente année, datée du, &c. fignée, Boucot,
& le contrat de vente que ledit Dupré avoit auparavant fait dudit Office audit Blutin pardevant tels Notaires *le tel jour*; icelui Dupré a préfentement baillé &
mis ès mains dudit le Cerf, pour en vertu defdites
pieces fe faire par ledit le Cerf pourvoir & recevoir
audit Office à fes frais & diligences le plûtôt qu'il
pourra : Et fi à l'expédition & Sceau defdites provifions & reception dudit le Cerf audit Office, intervenoit quelque oppofition ou empêchement procédant
du fait dudit Dupré ou de fes auteurs, icelui Dupré
fera tenu & promet de les faire ceffer, lever & ôter
fitôt qu'elles lui auront été fignifiées & faites à fçavoir
en fon domicile ci-après élû, & faire en forte que
ladite reception ne foit retardée, à peine de tous dépens, dommages & intérets : pour dudit Office, enfemble des droits, fruits, profits, revenus & émolumens y attribuez & appartenans, jouir & difpofer de
ce jourd'hui en avant par ledit le Cerf, fes hoirs &
ayans caufe, comme bon lui femblera, au moyen des
préfentes. Cette vente ainfi faite moyennant la fomme
de douze mille livres que ledit Dupré confeffe avoir
reçue comptant dudit le Cerf, qui lui a icelle fomme
baillée, payée, comptée, nombrée, & réellement délivrée, préfens les Notaires fouffignez, en louis d'or
& autre bonne monnoie, dont, &c. quittant, &c.
Election de domicile. Fait & paffé, &c.

Nota, *Quand l'acquereur ne paye que partie du prix,
l'on met au contrat ce qui fuit.*

Sur laquelle fomme de douze mille livres ledit Dupré confeffe avoir reçu dudit le Cerf, qui lui a baillé,
payé, compté, nombré & réellement délivré, préfens
lefdits Notaires fouffignez, en telles & telles efpeces

& autre bonne monnoie ayant cours la fomme de tant, dont quittant, &c. & le furplus dudit prix montant à, &c. ledit le Cerf a promis & s'oblige de le bailler & payer audit Dupré en fa maifon à Paris, à tels & tels termes avec l'interêt à raifon de l'Ordonnance de ce jourd'hui en avant jufqu'à l'actuel payement, à mefure defquels payemens ledit interêt diminuera à proportion d'iceux. A tous lefquels payemens, tant en principal qu'interêt, le fufdit Office préfentement vendu eft & demeure fpecialement & par privilege & préference, affecté, obligé & hypothequé avec tous & chacuns les autres biens meubles & immeubles préfens & à venir dudit le Cerf, fans que lefdites obligations dérogent l'une à l'autre. Et pour plus grande fureté audit Dupré de fon payement & confervation dudit Office, ledit le Cerf fera tenu & promet de payer le droit annuel d'icelui par chacun an, tant & fi longuement qu'il aura cours, & de fournir par chacune année huit jours après le Bureau ouvert, copie de la quittance qu'il en retirera audit Dupré, à peine d'être contraint au payement dudit reftant dudit prix, fi bon femble au fieur Dupré, nonobftant les fufdits termes, aufquels pour ce regard ledit le Cerf a expreffément dérogé & renoncé; car ainfi, &c. *Election de domicile*, &c.

Nota, *Que les Offices qui prennent des provifions du Roi au grand Sceau, foit qu'ils foient cafuels ou héreditaires, font fufceptibles d'hypotheque; c'eft pourquoi le vendeur a raifon de referver fon privilege & préference au contrat de la vente pour le refte du prix, & d'obliger l'acquereur de payer le droit annuel, fi l'Office eft cafuel, & de lui fournir copie de la quittance par chacun an, huit jours après le Bureau ouvert, afin que l'Office foit confervé, & lui payé de fon dû fur le revenu d'icelui, s'il venoit à vaquer par le décès du nouveau pourvû, parce qu'à faute de payement dudit droit annuel, l'Office venant à vacquer, tomberoit aux parties cafuelles du Roi ou de ceux de qui ils dépendent en pure perte pour les héritiers & créanciers dudit pourvû.*

Si le pourvû n'avoit pas soin de payer le droit annuel, (ce qui arrive quelquefois par de mauvais menagers qui n'en tiennent aucun compte, soit parce qu'ils se trouvent surchargez de dettes ou autrement,) un creancier peut payer ce droit de ses deniers dans les premiers quinze jours de l'ouverture du Bureau, sommation préalablement faite au titulaire, de ce faire : & le Trésorier ou Commis à la recepte du droit, voyant ladite sommation, ne peut refuser ledit payement ni sa quittance audit creancier, & par ce moyen l'Office est conservé ; & ainsi sur le prix de la vente dudit Office le remboursement dudit droit annuel sera pris par préference à tous creanciers, quelque privilege qu'ils ayent.

Vente de l'Office du premier Huissier d'une Chancellerie.

FUt présent Jean, &c. premier Huissier & Garde-porte de la Chancellerie de, &c. où l'on scelle, & encore Huissier exploitant en ladite Chancellerie, & Concierge de la maison du Controlle d'icelui, y demeurant dans la cour du Palais, lequel a vendu & vend par ces présentes à Bertrand, &c. demeurant, &c. à ce présent & acceptant ledit Office du premier Huissier Garde-porte de la Chambre de ladite Chancellerie où l'on scelle, duquel ledit Jean, &c. est pourvû & jouissant, à lui appartenant, & a présentement mis ès mains dudit Bertrand sa procuration *ad resignandum* dudit Office, ce jourd'hui passée pardevant les Notaires soussignez, remplie du nom dudit Bertrand, avec les Lettres de provisions qui ont été expediées dudit Office au nom dudit Jean, &c. & la survivance d'icelui, & autres pieces qu'il avoit, concernant ledit Office, pour en vertu de toutes lesdites pieces, se faire par ledit Bertrand pourvoir dudit Office, & en obtenir provisions de Messieurs les Audienciers & Controlleurs en ladite Chancellerie de, &c. à ses frais &

dépens, pourfuites & diligences le plûtôt que faire fe
pourra, & dudit Office jouir par ledit Bertrand aux
honneurs, droits, fruits, profits, revenus & émolumens y attribuez & appartenans, ainfi que ledit vendeur & fes prédecefleurs en ont ci-devant joui ou dû
jouir, même de droits de convocation d'affemblée de
Meffieurs les Secretaires du Roi du Collège ancien,
& autrement du tout faire & difpofer par ledit Bertrand de ce jourd'hui en avant, comme de chofe à lui
appartenante au moyen des préfentes. Et fi aufdites
provifions & reception dudit acquereur audit Office
intervenoient des oppofitions ou empêchemens procedans du fait dudit vendeur ou de fes auteurs, ledit
vendeur fera tenu & promet de les faire ceffer & ôter
(*fuivre le refte comme au contrat précedent.*)

   *Quelquefois aux payemens il y a déclaration que les
deniers ont été empruntez, à fin de fubrogation, & cela
fe met enfuite & dans la même quittance.*

Vente d'un Office des vingt-cinq Marchands de Vin privilegiez fuivans la Cour.

FUt préfent Guillaume, &c. lequel a vendu à, &c.
à ce préfent & acceptant ledit état & Office de
l'un des vingt cinq Marchands de Vin privilegiez fuivans la Cour & Confeil du Roi, dont ledit Guillaume eft pourvû & jouiffant en vertu des Lettres de provifion qui lui en ont été expédiées par Monfieur le
grand Prevôt de France *le tel jour*, fignées de Sour-
ches; & plus bas par mondit Seigneur, Berthaut, &
fcellées en placard de cire rouge des armes dudit fieur
grand Prevôft. Lefquelles Lettres ledit Guillaume a
préfentement délivrées avec fa démiffion dudit Office
audit acquereur, ladite démiffion paffée pardevant les
Notaires fouffignez ce jourd'hui remplie du nom dudit acquereur, pour en vertu defdites pieces fe faire
par ledit acquereur pourvoir & recevoir à fes frais &

diligences audit Office, & en jouir aux honneurs, franchises, privileges & droits y attribuez & concedez, ainsi que ledit Guillaume en a joui ou dû jouir jusques à present. Et si à l'obtention desdites provisions & reception dudit acquereur audit Office il intervenoit quelques oppositions ou empêchemens procedans du fait dudit vendeur, icelui vendeur sera tenu & promet de les faire cesser, lever & ôter sitôt qu'elles lui auront été signifiées & faites à sçavoir à son domicile ci-après élû, & faire en sorte que lesdites provisions & reception dudit acquereur audit Office ne soient retardées. Cette vente faite moyennant la somme de dix mille livres pour le prix principal, & trois cens livres en faveur & pour le pot de vin de la dite vente, revenant lesdites deux sommes ensemble à dix mille trois cens livres, sur laquelle ledit vendeur a confessé avoir reçû comptant dudit acquereur, qui lui a baillé, payé, compté, nombré, & réellement délivré, présens les Notaires soussignez, en louis d'or & autre bonne monnoie ayant cours, la somme de deux mille trois cens livres, dont, &c. quittant, &c. & le surplus montant à huit mille livres, ledit acquereur l'a aussi présentement baillé, payé, compté, nombré & réellement délivré en pareilles especes que dessus du consentement dud. vendeur présens lesdits Notaires soussignez, sçavoir quatre mille livres à Christophe Joubert Bourgeois de Paris, demeurant rue, &c. à ce present pour le rachat, sort principal & amortissement de deux cens livres de rente que ledit vendeur & défunte Jeanne, &c. sa femme lui ont solidairement vendues & constituées par contrat passé pardevant tels Notaires *le tel jour*, à lui encore cent cinquante livres pour trois quartiers d'arrerages de ladite rente qui en étoient dûs & restoient à payer de tout le passé jusques à huy. A François Mallet aussi Bourgeois de Paris, & à Nicole Terasson sa femme qu'il autorise, demeurant rue, &c. aussi à ce present, la somme de trois mille livres pour le rachat & amortissement de cent cinquante

quante livres de rente conſtituées par ledit vendeur ſeul à Noel Terraſſon Bourgeois de Paris, par contrat paſſé pardevant tels Notaires le tel jour, laquelle rente avec les arrerages qui en étoient dûs, ledit Terraſſon auroit entre autres choſes cedée & tranſportée audit Mallet & ſa femme, en payement de partie de la dote par lui promiſe, donner à ladite Nicole Terraſſon ſa fille en faveur de ſon mariage avec ledit Mallet, ainſi que le contient plus au long le contrat dudit mariage, & la quittance du payement de ladite dote paſſée pardevant tels Notaires *le tel & tels jours.* Encore auſdits Mallet & ſa femme trois cens livres pour deux années d'arrerages deſdites cent cinquante livres de rente reſtantes auſſi à payer juſques à huy. Et à Mathurin Minard Graveur en taille-douce, demeurant rue, &c. pour ce preſent, cinq cens cinquante livres que ledit vendeur lui devoit pour les cauſes contenues en ſon obligation paſſée pardevant tels Notaires le tel jour, revenant leſdites ſommes ainſi payées auſdits creanciers dudit vendeur à la ſuſdite ſomme de huit mille livres, de laquelle leſdits Joubert, Mallet & ſa femme, & ledit Minard chacun à leur égard, & pour ce que chacun d'eux en a touché & reçû ainſi que dit eſt, ils ſe ſont contentez, & tant eux que ledit Guillaume vendeur en ont quitté & quittent ledit acquereur & tous autres; au moyen dequoi icelui vendeur & la ſucceſſion de ladite défunte ſa femme, demeurent auſſi quittes en principal & arrerages envers leſdits créanciers, leſquels l'en ont pareillement quitté & déchargé; ce faiſant, leſdits créanciers ont préſentement baillé & rendu audit Guillaume les groſſes originales deſdits deux contrats de conſtitution, avec le brevet original de ladite obligation, le tout comme ſolut & acquitté, avec un extrait tant dudit contrat de mariage que de ladite quittance, portant tranſport deſdites quinze cens livres de rente; ſur toutes leſquelles pieces, minutes & autres actes qu'il appartiendra, leſdites parties conſentent & accordent être faite ſommaire

X

mention defdits payemens par tous Notaires premiers
requis en vertu defdites préfentes, fans que leur préfence y foit néceffaire ; ce qui ne fervira avec cefdites
préfentes que d'une même chofe, promettant, &c.

Demiffion d'un Office chez le Roi.

AUjourdhui eft comparu pardevant les Notaires
fouffignez, Joseph
lequel s'eft purement & fimplement démis & démet
par ces préfentes de fondit état & Office de
de la Maison du Roi, pour & au nom & au profit
de Jean, &c. confentant & accordant, fous le bon
plaifir de Monfeigneur le Grand-Maître de France &
autres ayant ce pouvoir, que ledit Jean foit reçû &
admis audit état & Office : Et à cette fin que toutes
Lettres de provifion & autres à ce néceffaires lui en
foient expediées & délivrées ; pour quoi faire & requerir ledit Joseph a conftitué fon Procureur general
& fpecial le porteur des préfentes, lui en donnant tout
pouvoir & generalement, &c.

Vente d'une Charge de grand Exempt
des Gardes du Roi.

FUt préfent Eftienne, &c. l'un des quatre premiers
grands Exempts des Gardes du Corps du Roi de
la Compagnie de Monfieur, &c. étant maintenant en
cette ville de, &c. lequel fous le bon plaifir de Sa
Majefté & dudit fieur, &c. a par ces préfentes vendu
à Joachim, &c. Ecuyer Sieur de, &c. demeurant,
&c. à ce préfent & acceptant, ladite Charge de l'un
des quatre premiers grands Exempts des Gardes de
Sadite Majefté de la Compagnie dudit fieur ; &c. en
laquelle Charge lefdites patties pourfuivront refpect-
vement l'agrément audit fieur Joachim, &c. Et outte

ce ledit Eſtienne y fera à ſes dépens pourvoir & recevoir ledit Joachim dans le premier jour de , &c. prochain, & lui mettra ès mains les Lettres de proviſion
& l'acte de proteſtation de ſerment dudit Joachim ſur
icelles avec le bâton d'Exempt dans ledit tems : pour
ladite Charge exercer par ledit Joachim, & en jouir
& diſpoſer comme bon lui ſemblera, & tout ainſi que
ledit Eſtienne en a joui ou dû jouir, & que les autres
pourvûs de pareilles Charges en jouiſſent, à commencer d'entrer en exercice d'icelle Charge audit premier
jour de, &c. prochain. Cette vente faite moyennant
la ſomme de
que ledit Joachim a promis, & s'oblige de bailler &
payer ſans aucun intérêt audit Eſtienne, &c. ou au
porteur, &c. ſitôt qu'il lui aura fourni & délivré leſdites proviſions & acte de reception & inſtallation
dudit Joachim audit Office franchement & quittement
de tous frais & droits quelconques : & à ces fins pour
plus grande ſûreté audit Eſtienne, &c. dudit payement, ledit Joachim a de ſon conſentement & en ſa
préſence préſentement dépoſé & mis ès mains de, &c.
l'un des Notaires ſouſſignez, ladite ſomme de
en louis d'or & autre bonne monnoie, pour icelle
ſomme garder juſques audit premier jour de Janvier
prochain, ou au plus juſques au ſixiéme jour dudit
mois ; & ledit tems paſſé, faute par ledit Eſtienne d'a-
voir fourni leſdites lettres de proviſion & acte de reception audit Joachim dans ledit tems ; icelui Eſtienne
conſent dès-à-préſent, ſans qu'il ſoit beſoin de ſa préſence ni d'autre conſentement quelconque, que ladite
ſomme de   ſoit rendue
par ledit, &c. Notaire, audit Joachim, auquel pour
ſes dommages & intérêts, ledit Eſtienne ſera tenu &
promet en ce cas de lui bailler & payer dans ledit jour
ſixiéme Janvier prochain la ſomme de
moyennant quoi, & non autrement ledit Eſtienne
pourra & lui ſera loiſible de diſpoſer de ladite Charge comme bon lui ſemblera, & tout ainſi qu'il auroit

pû faire avant ces préfentes: pour l'execution defquelles & leurs dépendances, ledit Eftienne a élû fon domicile, &c. irrévocable en cettedite ville de Paris, en
la maifon de , &c. auquel lieu, &c. nonobftant ; car
ainfi, &c. promettant, &c. obligeant, renónçant,
&c. Fait & paffé, &c.

Vente d'une Lieutenance dans la Compagnie du Lieutenant Criminel de Robe courte au Chaftelet de Paris.

FUt préfent Louis, &c. Ecuyer Sieur de, &c.
Confeiller du Roi, Lieutenant dans la Cómpagnie
de Monfieur de   Lieutenant Criminel
de Robe-courte au Châtelet, Ville, Prevôté & Vicomté de Paris, demeurant rue, &c. lequel a vendu
par ces préfentes à Jacques, &c. Ecuyer Sieur de,
&c. à ce préfent & acceptant ladite Charge de Confeiller du Roi, & Lieutenant dans ladite Compagnie
dudit fieur de   dont eft pourvû ledit
fieur Louis, &c. à l'effet dequoi il promet de mettre
ès mains dudit fieur Jacques, &c. dans quinze jours
prochains les provifions du Roi pour ladite Charge
de Lieutenant dans ladite Compagnie, expédiées au
nom & en faveur dudit fieur Jacques, &c. dans lefquelles feront employez tous les privileges, droits,
émolumens & prérogatives attribuez à ladite Charge
par l'Edit de fa création, dont il y aura un exemplaire
attaché fous le contrefcel à fes frais & dépens : comme auffi ledit fieur Louis s'oblige de faire agréer &
recevoir ledit fieur Jacques, &c. en ladite Charge
par ledit fieur de   & de faire tous les
frais defdites provifions & de ladite reception feulement. Et à l'égard des autres frais qu'il conviendra
faire après ladite reception, ils-feront faits par ledit
acquereur feul : Et fi à fa reception en ladite Charge

au Châtelet il intervenoit quelque empêchement procedant du fait dudit sieur Louis ou de ses auteurs, il
s'oblige aussi de les faire cesser, lever & ôter incessamment, & faire en sorte que ladite reception ne soit retardée, à peine de tous dépens, dommages & interêts : pour de ladite Charge, gages, droits, fruits, profits, revenus, émolumens & autres choses generalement quelconques y attribuées & appartenantes, sans
aucune reserve, jouir & disposer par ledit sieur Jacques, &c. comme de chose à lui appartenante au moyen
des présentes, & tout ainsi que ledit sieur Louis, &c.
en a joui ou dû jouir jusques à maintenant ; à commencer de recevoir lesdits gages & émolumens de ce
jourd'hui en avant, sans que d'iceux gages & émolumens, ledit sieur Louis soit tenu d'aucune garantie.
Cette vente faite moyennant la somme de
sur laquelle ledit acquereur promet de payer audit
sieur vendeur, tant en lui délivrant lesdites provisions
signées & scellées en bonne forme, sans aucunes oppositions subsistantes, celle de
& le restant dudit prix ledit sieur acquereur promet
aussi de le bailler & payer audit sieur vendeur en sa
maison à Paris, ou au porteur, &c. dans tant d'années
prochaines, sans que durant icelles il y puisse être contraint par qui que ce soit, en payant par lui l'interêt
dudit restant de six mois en six mois seulement à raison
du denier vingt, à compter de ce jourd'hui jusqu'à
l'actuel payement dudit restant : Et néanmoins si ledit
sieur acquereur vouloit anticiper ledit payement dudit principal, f. . . . courra quand bon lui semblera,
à plusieurs & diverses fois, pourvû que chacun d'iceux
ne soit moindre de six mille livres, à mesure desquels
payemens ledit interêt diminuera à proportion d'i-
ceux ; à tous lesquels payemens dudit principal & interêt, ladite Charge est & demeure specialement &
par privilege & préference affectée, obligée & hypothequée avec tous & chacuns les autres biens meubles & immeubles présens & à venir dudit acquereur,

X iij

fans que lefdites obligations fpeciale & generale dérogent l'une à l'autre. Et dautant que par Arrêt du Confeil eft ordonné que le fonds des gages feroit porté à
l'Epargne jufqu'à nouvel ordre, & qu'ainfi il y a lieu
d'efperer que lefdits gages feront rétablis ; a été accordé entre lefdites parties qu'audit cas de rétabliffement
defdits gages dans lefdites tant d'années, que ledit
fieur acquereur fera tenu, promet & s'oblige de bailler & payer audit fieur vendeur par forme de fupplément dudit prix la fomme de, &c. au pardeffus le fufdit prix de tant, &c. comme auffi fi dans ledit tems
de, &c. ladite Charge étoit fupprimée, ledit fieur acquereur fera & demeurera entierement quitte & déchargé : comme de fait ledit vendeur en ce cas, & non
autrement, le quitte & décharge entierement dès-à-
préfent de tout ce qu'il lui devra lors dudit prix principal ; & encore promet de lui rendre & reftituer tout
ce qu'il fe trouvera avoir touché & reçû fur ledit principal, moyennant quoi ledit fieur vendeur touchera
& recevra à fon profit toute la finance qui fera ordonnée pour le rembourfement de ladite Charge. Et quant
aux interêts qui auront été reçûs par ledit vendeur
dudit reftant dudit prix, & de ceux que ledit acquereur pourroit prétendre de ce qu'il fe trouvera lui avoir
payé dudit principal, ils demeureront audit fieur vendeur en compenfation des jouiffances que ledit fieur
acquereur aura eues de ladite Charge, & après lefdites, &c. années expirées, ledit fieur vendeur demeurera déchargé de ladite garantie de ladite fuppreffion,
& ledit acquereur du fufdit fupplément en cas de rétabliffement defdits gages : Et ainfi faifant ledit fieur
acquereur payera entierement ce qu'il devra lors de
refte dudit prix ci-deffus convenu pour raifon de ladite Charge fur le pied defdites conventions,
tant en principal qu'interêts ci-deffus ftipulez. De plus
en confidération du préfent traité, ledit fieur vendeur
promet de s'employer de tout fon pouvoir à obtenir
en faveur dudit fieur acquereur un Arrêt de la Cour

de Parlement, semblable à celui qui a été obtenu par un tel, aussi Lieuténant dans ladite Compagnie, concernant sa reception audit Châtelet ; car ainsi, &c. & pour l'execution des présentes, lesdites parties ont eû leur domicile, &c.

Vente d'Office de Procureur au Chastelet, &c.

FUrent présens L. &c. lesquels susnommez èsdits noms ont reconnu avoir vendu & vendent par ces présentes à G. ancien Clerc au Châtelet, demeurant, &c. à ce présent & acceptant l'Office de Procureur audit Châtelet de Paris & Jurisdiction des Auditeurs, dont le défunt sieur L. étoit pourvû & jouissant au jour de son décès, & appartenant aux vendeurs susnommez, &c. Plus tous & chacuns les pieces & instances, poursuites & procedures, composant la Pratique du défunt, & qui sont tant en son Etude que produits devant Messieurs les Rapporteurs, ou ès mains des Greffiers & autres Officiers qui pourroient les avoir en communication sans aucune reserve, &c. Comme aussi à la charge que ledit G   ne pourra prétendre aucune chose des sommes dûes par les particuliers qui seront débiteurs dudit défunt L. soit par promesses, Sentences ou autrement ; Reconnoissant ledit G. avoir été mis en possession de toute la Pratique dudit défunt à lui présentement vendüe, qui se trouve actuellement en son Etude, dont les clefs lui ont été mises ès mains ; ensemble les Registres de recettes & produits, dont de tout il se contente. Cette vente faite à la charge de par ledit G. acquitter tous les frais, charges dûes & imposées ou à imposer sur la Communauté des Procureurs, à cause de l'Office pour taxes & sommes qu'il conviendroit payer, sans aucune reserve en faire, & d'en faire sa soûmission avant sa reception audit Office, en sorte que lesdits vendeurs n'en soient inquietez ni recherchez, & outre moyen-

nant la somme de   • çavoir celle
de   • pour le prix dudit Office, & celle
de   pour le prix de ladite Pratique;
car ainsi a été convenu entre lesdites parties : Et pour
l'execution des présentes & dépendances, ont élu domicile, &c.

Vente d'Office de Commissaire des Guerres.

FUt présent noble homme Leon, &c. Conseiller
du Roi, Commissaire ordinaire des Guerres, ordonné à la conduite & police du Regiment du sieur
Baron de, &c. demeurant à, &c. lequel a reconnu &
confessé avoir vendu & vend par ces présentes, & promet garantir de tous troubles & empêchemens generalement quelconques, fors du fait du Prince, à Gabriel, &c. à ce présent & acceptant l'Etat & Office de
Conseiller du Roi & Commissaire ordinaire des Guerres susdit, aux gages de   par an,
taxations, appointemens & droits y attribuez pour la
conduite dudit Regiment. Duquel Office ledit sieur
vendeur promet faire expédier les Provisions, tant dudit Office que pour ladite conduite ; aux gages de
& taxations portées par l'Edit de création en titre
d'Office desdits Commissaires au nom & profit dudit
sieur acheteur dans un mois prochain, & plûtôt, si
faire se peut; Et pour cet effet payer suivant ledit Edit,
tant la taxe faite pour la conduite dudit Regiment
de, &c. que la finance qui doit être payée pour l'augmentation de   de gages ; Et pour
jouir du bénéfice du droit annuel à quelque somme
qu'il se puisse monter, & de tout ce que dessus fournir les quittances de finance & Provisions audit sieur
acquereur dans le susdit tems, avec les anciennes provisions que ledit sieur vendeur a en sa possession, pour
par ledit sieur acquereur jouir dudit Office & Commission ; ensemble desdits gages & droits y attribuez,

à commencer du premier jour d'Octobre dernier sur les quittances dudit sieur vendeur, jusques au jour & date des provisions qui seront expediées dudit Office au nom dudit sieur acheteur. En outre a été accordé entre lesdites parties, qu'icelui sieur acquereur jouira aussi desdites taxations & droits, excepté de l'appointement de · livres que ledit sieur vendeur a déja touchées pour la conduite des huit mois de montre qui restent à faire de l'année derniere, soit qu'il y serve ou autre pour lui. Cette vente ainsi faite moyennant le prix & somme de que ledit sieur acquereur promet & s'oblige de bailler & payer audit sieur vendeur ou au porteur, &c. dans un mois prochain venant, en lui fournissant par ledit sieur vendeur lesdites provisions & quittances en la forme ci-dessus dite, à peine de payer par le contrevenant à l'acquiesçant la somme de de pure perte & peine commise, avec tous dépens, dommages & intérêts, car ainsi, &c. *Election de domicile*, &c.

✳✳✳✳✳✳✳✳✳✳✳✳✳✳✳✳✳✳✳✳✳

CHAPITRE XII.

DES COMPROMIS OU ARBITRAGES.

Des Protêts de Lettres de Change, & des Certificats.

Compromis est un acte par lequel deux parties ne pouvant s'accommoder elles-mêmes, par une prévention pour leurs droits & prétentions, qui est assez naturelle, s'en remettent à la décision de leurs conseils, auxquels elles donnent pouvoir de regler tous leurs differends, par leur avis commun, & où ils ne pourroient convenir, de nommer un tiers non fufpect aux parties, pour les départager, fi befoin eft.

Elles doivent y expliquer la peine que fouffrira celui qui appellera de la Sentence rendue par les arbitres : c'eft ordinairement une fomme qu'il s'oblige de payer avant de pouvoir être reçu à propofer aucun moyen d'appel.

Cet appel fe porte toûjours aux Parlemens dans le reffort defquels les Sentences ont été rendues, & non pas aux Bailliages & Senechauffées : C'eft encore au Parlement qu'il faut en demander l'homologation. Les parties évitent du moins par-là un degré de Jurifdiction, quand elles ne termineroient pas leurs differends par ce moyen.

Le Compromis doit contenir une date certaine, dans laquelle les arbitres font engagez de rendre leur Sentence : s'ils ne le font point, leur pouvoir ceffe entierement, à moins que ce délai ne foit prorogé par un nouvel acte. Le plus expédient feroit de marquer dans le Compromis même, que ce délai ne commencera de courir, que du jour qu'il aura été accepté par les arbitres.

Compromis.

FUrent préfens Maiftre Jean , &c. Procureur au
Bailliage de , &c. d'une part, & Maiftre Guillaume, &c. Procureur à , &c. pour raifon de telle chofe:
Et défirant lefdites parties terminer tous lefdits procès & differends , ont par ces préfentes convenu &
nommé pour leurs arbitres ; fçavoir , ledit Jean, Maître Antoine, &c. Avocat au Parlement ; & ledit Guillaume , Maiftre Barthelemy , &c. auffi Avocat en ladite Cour ; aufquels lefdites parties ont par cefdites
préfentes donné & donnent tout pouvoir de juger &
décider tous leurfdits procès & differends : & à ces
fins promettent icelles parties reciproquement de mettre ès mains defdits fieurs arbitres dans huit jours
prochains toutes leurs pieces, demandes & défenfes.
dont elles fé voudront fervir pour la juftification de
leurs droits & prétentions , des mains defquels fieurs
arbitres lefdites parties pourront refpectivement prendre communication , de ce que par l'une & l'autre y
aura été mis & produit pour y contredire, & remettre
le tout pardevers lefdits fieurs arbitres huitaine après ,
fans autre forclufion ni fignification de requête, pour
par iceux fieurs arbitres fur tout ce qui fe trouvera
ainfi mis & produit en leurs mains dans ledit tems ,
rendre leur fentence & jugement arbitral dans quinzaine après. Et s'ils ne fe peuvent accorder , lefdites
parties leur donnent auffi pouvoir d' prendre & choifir pour tiers & fur-arbitre tel Avocat que bon lui
femblera, pour tous trois enfemble rendre ladite Sentence & jugement arbitral , & en icelui ufer de condamnation , moderation , liquidation ou remife de dépens : auquel jugement arbitral lefdites parties promettent auffi reciproquement acquiefcer, comme fi c'é-
toit un Arrêt de Cour Souveraine , à peine de quinze
cens livres, payables en pure perte par le contrevenant,

à l'acquiefçant pour fes dommages & intérêts avant que
de pouvoir être reçu à propofer aucune chofe contre
ledit jugement arbitral, ni que ledit contrevenant puiffe prétendre ladite peine comminatoire. Et pour l'execution des préfentes & prononciation de ladite Sentence arbitrale, lefdites parties ont élû leur domicile
irrévocable en cettedite Ville de Paris , fçavoir ledit
Jean , &c. en la maifon de, &c. & ledit Guillaume
en celle de , &c. aufquels lieux , &c. nonobftant, &c.
car ainfi promettant , &c. obligeant chacun en droit
foy , renonçant , &c. Fait & paffé, &c.

Nota, *Quand l'on donne pouvoir aux Arbitres de juger*
comme Juges de rigueur , il ne faut point mettre dans le
Compromis ces mots , amiables compofiteurs , *mais bien*
que l'on donne pouvoir aufdits fieurs Arbitres de rendre
leur Sentence arbitrale fur tous les differends , ordre de
droit gardé , ou non gardé.

Par l'Ordonnance de 1667, Titre 31. art. 2. les Ar-
bitres en jugeant les differends , font tenus de condamner
indéfiniment aux dépens celui qui fuccombera , fi ce n'eft
que par le Compromis il y eût claufe expreffe , portant
pouvoir de les remettre, moderer , & liquider.

Compromis avec claufe portant peine contre
les contrevenans.

FUrent pr fens Michel le Bon , demeurant
Paroiffe   d'une part, & Jean Vincent,
demeurant   Paroiffe de
d'autre part : lefquels ont dit avoir plufieurs prétentions les uns à l'encontre des autres : fçavoir de la part
des d   & de la part dudit Sr
Pour terminer lefdites prétentions , lefdites parties
font par ces préfentes convenues de nommer pour arbitres   Maiftre Henry de
& Guillaume   anciens Avocats

au Parlement de Paris, aufquels ils ont donné & donnent pouvoir de regler & juger toutes leurfdites prétentions & autres ; & toutes les conteftations que lefdites parties peuvent & pourront avoir au fujet d'i-
celles, & ce dans   mois à compter du
jour des préfentes ; & pour cet effet lefdits fieurs arbitres pourront fur les mémoires & pieces qui feront
inceffamment mifes entre leurs mains par lefdites parties, rendre une ou plufieurs Sentences interlocutoires
& définitives dans ledit tems de   mois ;
même juger & décider conjointement ou féparément
toutes fortes d'incidens préparatoires ou autres qui
pourront être formez par l'une ou l'autre defdites parties, même fuppléer toutes lettres, foit de refcifion,
reftitution en entier, Requête civile, ou autres telles
qu'elles foient, & juger comme fi les parties les avoient
obtenues : Et en cas que lefdits fieurs arbitres fe trouvent de differens avis, les parties leur donnent pouvoir
de prendre pour tiers & fupernumeraire tel autre Avocat que bon leur femblera, par l'avis duquel ils pafferont outre audit jugement arbitral. Lefdits fieurs arbitres rendront leur Sentence arbitrale dans ledit tems
de   fur ce qui fe trouvera mis pardevers
eux par l'une defdites parties, fans qu'il foit befoin de
faire aucune fommation ni forclufion que la fimple
fignification & communication des Requêtes qui contiendront leurs demandes & prétentions, & des pieces
qui feront énoncées, defquelles mêmes lefdites parties
pourront prendre communication par les mains defdits
fieurs arbitres, ou de celui d'entre eux chez qui elles
fe trouveront, fans déplacer : promettant lefdites parties d'executer lefdites Sentences de quelque nature
qu'elles foient, préparatoires, interlocutoires ou définitives, à peine de 1000 liv. payable par la partie ou les
parties contrevenantes, fçavoir moitié à l'Hôtel-Dieu
de Paris, & l'autre moitié à la partie ou aux parties ac-
quiefçantes, fans que lefd. parties puiffent être reçues
oppofantes aufdites Sentences, ou appellantes d'icelles,

que l'opposant ou appellant n'ait actuellement payé ladite somme de mille livres à l'acquiesçant, & audit Hôtel-Dieu comme dessus, & aussi sans que l'appel d'une ou plusieurs Sentences préparatoires ou interlocutoires puissent suspendre ou surseoir en quelque maniere que ce soit l'instruction & jugement des differends des parties. Lesdits sieurs arbitres prononceront sur les dommages & interêts, & les dépens qui pourront être requis par lesdites parties, les adjugeront ou les compenseront selon qu'ils le jugeront à propos; & pareillement sans que lesdites parties puissent en aucune maniere recuser ou prendre à partie lesdits sieurs arbitres ou l'un d'eux, lesquels nonobstant toutes oppositions, appellations, recusations ou prises à partie, & autres empêchemens tels qu'ils soient, procederont au jugement des contestations & differends desdites parties. Lesquelles parties ont élû leur domicile irrévocable pour l'execution des présentes & dépendances; & la prononciation du jugement arbitral, sçavoir lesd.   en la maison dudit sieur

& ledit sieur de   ausquels lieux lesdites parties consentent leur être fait la prononciation ou les prononciations de toutes les susdites Sentences, & generalement tous autres Actes & Exploits de Justice qui concerneront l'execution d'icelles; & seront lesdites Sentences arbitrales homologuées devant Monsieur le Lieutenant Civil au Châtelet de Paris, & ce sans aucune Assignation: Et à cet effet lesdites parties déclarent, sçavoir lesd.

qu'elles constituent pour leur Procureur M Procureur au Châtelet de Paris, demeurant rue susdite Paroisse   , & ledit Sr

qu'il constitue pour Procureur M   Procureur audit Châtelet de Paris, y demeurant rue Paroisse de   car ainsi

promettant, &c. obligeant, &c. renonçant, &c. Fait & passé à Paris.

Prorogation de Compromis. *

ET le jour audit an font comparus pardevant les Notaires fouffignez ledit Michel le Bon, d'une part, & ledit Jean Vincent, d'autre ; lefquelles parties confiderant que le tems du Compromis ci deffus eft expiré, ils ont jugé à propos de le proroger & continuer, comme ils font d'un commun accord, pour huit jours, à commencer du jour de l'echeance, réiterant l'élection de domicile y portée. Promettant, &c.

Compromis. '

FUrent préfens Illuftriffime & Reverendiffime Seigneur Hardouin de Perefixe, Archevêque de Paris, Confeiller du Roi en fes Confeils, Chancelier & Commandeur des Ordres de Sa Majefté, demeurant en fon Hôtel Archiepifcopal au Cloître de l'Eglife de Paris, d'une part : Et haut & puiffant Seigneur Meffire de Tonnecharante, Comte & Baron de l'Ifle-Dieu, demeurant à Paris rue Paroiffe faint d'autre : lefquels pour terminer les differends qui font entre eux pour raifon de la haute Juftice de que ledit Seigneur Archevêque prétend lui appartenir fur tous les domiciliers & habitans dudit fes appartenances & dépendances, & terres dudit lieu, droits de Scellé & Tabellionage, & droits de Dixme dans tout le territoire dudit lieu, même dans le parc & enclos appartenant audit Seigneur de Tonnecharante. Et fur ce que ledit Seigneur de Tonnecharante prétend de fa part lui appartenir, lefdits droits de Juftice, Scellé & Tabellionage fur les domiciliers & Terres des Fiefs de Longueil & autres Fiefs relevans de la Seigneurie de

Champ fur Marne, fis audit　　　　　.Et que ledit
Seigneur Archevêque n'a aucun droit de Dixme dans
ledit parc & enclos dudit Seigneur de Tonnecharante,
circonftances & dépendances defdits differends, ont
nommé & nomment pour arbitres, les fieurs Auzanet,
Lambin & de Maffac l'aîné, anciens Avocats en la
Cour de Parlement, ès mains defquels, ou de l'un
d'eux, lefdites parties promettent reciproquement
mettre leurs titres, pieces & mémoires dans quinze
jours prochains, pour par lefdits fieurs arbitres rendre
leur jugement arbitral quinze jours après enfuivans,
fur les demandes refpectives defdites parties qui en
feront baillées ; auquel jugement icelles parties promettent acquiefcer à peine de　　　de peine que le
contrevenant s'oblige de payer à l'Hôpital general de
cette Ville de Paris, avant qu'il fe puiffe pourvoir par
appel ou autrement contre ledit jugement, laquelle
peine ne pourra être réputée comminatoire. Et pour
l'execution des préfentes, &c.

CHAPITRE. XIII.

Des Conftitutions de Rentes & du Titre nouvel.

L A conftitution de rente eft un contrat
par lequel celui qui emprunte une fomme d'argent, promet d'en payer les interêts,
que l'on appelle *les arrerages*, moyennant
quoi tel débiteur ne peut être contraint au
payement de la fomme principale, & on ufe
alors de ces mots (*avoir vendu, créé, conftitué,
affis & affigné à toujours*) parce que celui qui
prête fon argent, eft ici réputé pour un immeuble

meuble, comme si c'étoit un heritage, & ces arrerages lui tiennent lieu de revenu dudit heritage, d'autant qu'il ne peut non plus retirer son fonds principal que s'il l'avoit employé en acquisition d'heritage : ce n'est pas pourtant qu'il ne puisse esperer de le r'avoir quelque jour, & cela se peut.

Premierement, lorsque le débiteur se veut liberer du payement desdits arrerages ; ce qu'il ne peut faire qu'en remboursant le principal : Et alors le créancier ne le peut refuser en lui payant préalablement tous les arrerages de la rente dûs & échûs, frais & loyaux coûts.

Secondement, quand l'on fait decreter un héritage ou rente obligée & hypothequée à une autre rente, le créancier d'icelle a droit de s'y opposer, non seulement pour les arrerages, mais encore pour le principal, lequel lui est payé s'il vient utilement en ordre. Et la raison de cela procede de ce que par la vente dudit héritage ou rente décretée, il perd l'assurance du payement & continuation de sa rente.

En troisiéme lieu, quand celui qui emprunte déclare que les deniers seront employez au payement de quelque dette privilegiée ou non, & promet de fournir la quittance de l'emploi avec la subrogation au profit du créancier qui a fourni ses deniers, si le débiteur n'y satisfait dans le terme porté par son contrat de constitution, tel créancier le peut contraindre au rachat.   Y

Et en quatriéme lieu, le débiteur peut être contraint au rachat quand il oblige à la rente des héritages qui ne font point à lui, ou quand il déclare les fiens francs & quittes, & qu'ils ne le font pas ; c'eft ce que l'on appelle *ftellionnat* : Et la loy de ce *ftellionnat* eft fi forte, que quand elle eft vérifiée, le créancier au défir du 4. art. du 34. titre de l'Ordonnance de 1667. peut obtenir facilement la contrainte par corps contre fon débiteur, pour le contraindre au rachat dans certain tems que le Juge donne, qui eft de fix mois ou d'un an au plus.

Du Titre Nouvel.

LE Titre nouvel eft un acte par lequel celui qui nouvellement doit une rente conftituée par un autre, s'oblige à la payer, parce que celui qui la devoit auparavant étant décedé, ou bien ayant vendu quelque héritage obligé à ladite rente, le créancier d'icelle n'a point d'action parée contre l'héritier du défunt acquereur dudit héritage, s'il ne le fait condamner, ou qu'il ait ledit Titre-nouvel.

Quand ce nouveau débiteur le devient comme héritier pur & fimple de l'ancien, il oblige par ce titre nouvel, non feulement les biens du défunt, mais encore les fiens propres ; & quand il n'eft qu'héritier beneficiaire, il n'oblige que les biens de la succession.

Ce titre nouvel ne change pas l'ancienne hypotheque sur les biens des précedens débiteurs; mais le créancier n'a hypotheque sur ceux du nouveau débiteur que du jour dudit Titre nouvel, ou de la Sentence qui le condamne à le passer.

Mais quand le nouveau débiteur le devient par l'acquisition qu'il a faite d'un héritage obligé à la rente, il n'est pas tenu d'y obliger ses autres biens, mais seulement de payer & continuer la rente tant & si longuement qu'il sera détenteur & proprietaire dudit héritage, partie ou portion d'icelui ; ceci arrive ordinairement aux rentes foncieres & Seigneuriales.

Il faut néanmoins excepter de cette regle les rentes de bail d'héritage, lorsque ledit héritage a été vendu, non seulement à la charge de la rente, mais encore d'acquitter le preneur originaire dudit héritage des autres charges du bail à rente, entre lesquelles est ordinairement l'obligation des autres biens dudit preneur, à fournir & faire valoir: ladite rente est si essentielle & nécessaire que sans icelle, comme il est expressement porté par les 100. & 109. *art. de la Coûtume de Paris*, le preneur se pourroit libérer de la rente en rendant ledit héritage en bon état, ou avec quelque nouvel amandement ou amélioration ; c'est pourquoi le nouvel acquereur est tenu sur tous ses biens du payement de ladite rente , & d'acquitter toutes les charges dudit bail.

Il eſt à obſerver que d'une rente conſti-tuée à prix d'argent, on ne peut, ſelon l'Or-donnance, demander plus de cinq années d'ar-rerages , s'il n'y a des commandemens ou pourſuites faites en Juſtice à ce ſujet, leſquel-les il faut renouveller de cinq en cinq ans pour interrompre la preſcription ; mais des autres rentes l'on peut demander vingt-neuf années , parce que les arrerages ne s'en preſ-crivent que par trente ans, qui eſt le tems par lequel ſe preſcrivent les actions mobiliaires, promeſſes & obligations.

Si pluſieurs héritiers doivent une même rente, ils ſont tenus & obligez d'en paſſer ti-tre nouvel chacun pour telle part & portion qu'il eſt héritier, & hypothequairement pour le tout ; & quand l'un deſdits héritiers rache-te la rente , il a ſon recours contre ſes cohé-ritiers pour leur part.

C'a été une difficulté de ſavoir quand plu-ſieurs perſonnes ſe ſont obligées ſolidaire-ment à une rente ou à une ſomme pour une fois, & que l'un d'eux la paye entierement, s'il a recours contre les autres débiteurs ſo-lidairement ſa part déduite, ou s'ils n'en ſont tenus que pour leurs parts & portions. Jugé qu'il ne les peut pourſuivre que chacun pour ſa part & portion, ſi ce n'eſt qu'il ait expreſ-ſément pris ceſſion des droits & actions du créancier originaire ; auquel cas il peut poursuivre les autres solidairement, contribuant lui-même pour la même raison, à la part de ceux qui sont insolvables.

Constitution de rente sur particulier.

FUt présent le sieur Claude, &c. Bourgeois de Paris, y demeurant rue, &c. lequel a volontairement reconnu & confessé avoir vendu, créé, constitué, assis & assigné par ces présentes dès maintenant & à toujours, promis & promet garantir de tous troubles & empêchemens generalement quelconques, au sieur Louis, &c. Marchand, Bourgeois de Paris, demeurant rue, &c. à ce présent & acceptant, acquereur pour lui, ses hoirs & ayans cause, cent livres de rente annuelle & perpetuelle à les avoir & prendre, lever, recevoir & percevoir, & que ledit sieur vendeur constituant, promet & s'oblige de bailler & payer audit sieur acquereur par chacun an, en sa maison à Paris, à lesdits hoirs & ayans cause, ou au porteur, &c. aux quatre quartiers accoûtumez également : Le premier d'iceux écheant pour portion de tems au dernier jour de *tel mois* prochain venant, & continuer de-là en avant le payement de ladite rente de quartier en quartier après ensuivant, tant & si longuement qu'elle sera düe, en & sur une grande maison où est l'enseigne S. François, sise à Paris rue, &c. consistant en trois corps de logis, l'un sur le devant à porte cochere, & les deux autres en aîle aux deux côtez du susdit, la cour au milieu, & jardin clos de muraille au derriere de ladite cour, ainsi que ladite maison, jardin & lieux se poursuivent & comportent, tenant d'un côté à, &c. d'autre côté, &c. aboutissant par derriere à, &c. & pardevant sur ladite rue, &c. audit vendeur constituant, appartenant à juste titre, & qu'il a présentement affirmée pardevant les Notaires soussignez, être fran-

che & quitte de toutes dettes & hypotheques quelconques, à la réferve des cens & droits Seigneuriaux accoûtumez envers ledit Seigneur dont elle releve, &
generalement fur tous & chacuns les autres biens meubles & immeubles préfens & à venir dudit fieur vendeur conftituant, qu'il a auffi dès à-préfent chargez,
affectez, obligez & hypothequez avec la fufdite maifon, jardin & lieux, à garantir, fournir & faire valoir ladite rente bonne, folvable & bien payable par
chacun an aufdits quatre quartiers à toujours, fans
aucune diminution, fans que lefdites obligations fpeciale & generale dérogent l'une à l'autre, pour defdites cent livres de rente, jouir, faire & difpofer par
ledit fieur acquereur, fefdits hoirs & ayans caufe, comme de chofe audit acquereur appartenante au moyen
des préfentes. Cette vente & conftitution faite moyennant la fomme de deux mille livres que ledit vendeur
conftituant a confeffé avoir reçue comptant dudit
fieur acquereur, qui lui a icelle fomme baillée, payée,
comptée, nombrée, & réellement délivrée, préfens lefdits Notaires fouffignez, en louis d'or & autre bonne
monnoie ayant cours, dont, &c. quittant, &c. défaififfant, &c. voulant, Procureur le porteur, &c.
donnant, &c. pouvoir, &c. rachetable à toujours ladite rente, en rendant, baillant & payant par le rachetant, quand bon lui femblera, en un feul payement
audit fieur acquereur ou à fefdits hoirs & ayans caufe, pareille fomme de deux mille livres avec les arrerages qui en feront lors dûs & échûs, frais, mifes &
loyaux coûts; car ainfi, &c. *Election de domicile*,
&c.

Titre nouvel du précedent contrat de constitution.

FUt présent Claude, &c. demeurant, &c. lequel a volontairement reconnu & confessé que dès *tel jour*, par contrat passé pardevant *tels Notaires*, il auroit vendu, créé & constitué au profit de Louis, &c. cent livres de rente annuelle & perpetuelle, rachetable de la somme de deux mille livres à prendre sur tous ses biens, specialement sur sa maison de l'image Saint-François sise à Paris rue, &c. à lui encore appartenante, & que depuis ledit contrat ledit sieur Louis, &c. étant décedé, ladite rente seroit avenue à Georges, &c. l'un de ses héritiers, comme il appert par le partage fait entre lui & ses cohéritiers des biens & succession dudit défunt, pardevant *tels Notaires le tel jour*, au moyen de quoi ledit Claude a promis & promet audit Georges, &c. demeurant à Paris rue, &c. à ce présent & acceptant, de lui payer & continuer ladite rente par chacun an aux quatre quartiers à Paris accoûtumez également, dont le premier d'iceux écherra, &c. Et de là en avant continuer le payement de ladite rente de quartier en quartier après ensuivant à toujours, en & sur la susdite maison de l'image Saint-François, & jardin derriere sus-déclaré, & generalement sur tous & chacuns ses autres biens, meubles & immeubles présens & à venir dudit reconnoissant, qui sont & demeurent toûjours chargez, affectez, obligez & hypothequez, à garantir, fournir & faire valoir ladite rente, bonne, solvable & bien payable par chacun an ausdits quatre quartiers à toujours, comme dit est, sans que lesdites obligations speciale & generale dérogent l'une à l'autre, conformément audit contrat de constitution, ni aussi sans rien innover ni préjudicier aux hypotheques d'icelui contrat. *Election de domicile*, &c.

Autre Titre nouvel paſſé par le Procureur de pluſieurs héritiers.

FUt préſent Maiſtre Guillaume, &c. demeurant, &c. au nom & comme Procureur de Jacques, Louis, Nicolas, Catherine & Jeanne, &c. enfans & ſeuls héritiers de défunt Claude, &c. fondé de procuration paſſée pardevant *tels Notaires le tel jour*, ſpeciale pour l'effet qui enſuit, ainſi qu'il a fait apparoir aux Notaires ſouſſignez, par l'original de ladite procuration ci-attachée. Lequel audit nom a reconnu & confeſſé que leſdits *tels & tels*, comme héritiers ſuſdits, ſont à préſent débiteurs envers Georges, &c. héritier de Louis, &c. de cent livres de rente, rachetable de la ſomme de deux mille livres, que ledit feu Claude, &c. auroit vendus & conſtituez audit Louis, &c. par contrat paſſé pardevant *tels Notaires le tel jour*, à prendre ſpecialement ſur la maiſon de l'image S. François & jardin derriere, ſituée à Paris rue, &c. étant de la ſucceſſion dudit défunt, & generalement ſur tous les autres biens d'icelui défunt. De laquelle maiſon & autres biens délaiſſez par ledit défunt, les ſus-nommez, comme héritiers ſuſdits, ſont à préſent détenteurs & proprietaires : & en conſéquence ledit Guillaume, &c. audit nom de Procureur deſdits héritiers, a promis, promet & s'oblige par ces preſentes envers ledit ſieur Georges, &c. abſent, les Notaires ſouſſignez ſtipulans & ce acceptans pour lui, de lui bailler, payer, & continuer leſdites cent livres de rente par chacun an auſdits quatre quartiers à Paris accoûtumez également, dont le premier quartier écherra au dernier jour de Décembre prochain venant, & delà en avant continuer le payement de ladite rente de quartier en quartier après enſuivant, tant & ſi longuement qu'elle ſera dûe en & ſur la ſuſdite maiſon de l'image S. François, & generalement ſur tous & cha-

cuns les autres biens meubles & Immeubles de ladite
fucceffion dudit fieur Claude, &c. affectez & obligez
par ledit contrat de conftitution : Et encore fur tous
& chacuns les autres biens meubles & immeubles préfens & à venir defdits héritiers dudit feu Claude, &c.
que ledit Guillaume, &c. en vertu de fadite procuration, a auffi dès à préfent chargez, affectez, obligez
& hypothequez par cefdites préfentes, à garantir, fournir & faire valoir ladite rente, bonne, folvable & bien
payable par chacun an aufdits quatre quartiers à toujours, fans aucune diminution, nonobftant toutes
chofes à ce contraires, fans que lefdites obligations
fpeciale & generale dérogent l'une à l'autre : Et auffi
fans déroger, innover, ni préjudicier audit contrat de
conftitution de ladite rente, ni à fes hypotheques du
jour & date d'icelui, & pour l'execution des préfentes, &c. *Election de domicile,* &c.

Groffe d'une conftitution de rente contenant plufieurs claufes particulieres.

A Tous ceux qui ces préfentes Lettres verront,
Salut. Sçavoir faifons que pardevant tels Confeillers du Roi, Notaires Gardenotes de fa Majefté au
Châtelet de Paris, fouffignez, furent préfens Jacques,
&c. & Marthe, &c. fa femme, de lui féparée quant
aux biens, & néanmoins de lui autorifée à l'effet des
préfentes, noble homme Eftienne, &c. & Dame Antoinette, &c. fa femme, qu'il autorife pareillement en
cette partie ; tous demeurans en cette Ville de Paris,
rue, &c. tant en leurs noms que fe faifant fort en
cette partie de Bernard, &c. & d'Eftiennette, &c. fa
femme, demeurant à, &c. par lefquels Bernard & fa
femme, lefdits Jacques, &c. Eftienne, &c. & leurs
femmes, promettent & s'obligent folidairement aux
renonciations ci-après, de faire ratifier ces préfentes ;
& à l'entretenement d'icelles, garantie du fort prin-

cipal , payement & continuation de la rente ci après
déclarée , les faire solidairement obliger avec eux ausdites renonciations , & de ladite ratification & obligation , en fournir lettres en bonne forme au sieur acquereur ci-après nommé, d'huy en trois mois prochains
à peine de tous dépens , dommages & interêts , & d'ê-
tre contraints en leurs propres & privez noms solidairement au rachat de ladite rente , si bon semble audit
acquereur. Lesquels comparans èsdits noms , ont volontairement reconnu & confessé avoir vendu , créé ,
constitué, assis & assigné par ces présentes dès maintenant à toujours , promis & promettent en chacun desdits noms solidairement , sans division , discussion , ni
fidejussion, renonçant ausdits benefices, garantir de tous
troubles & empêchemens generalement quelconques
au sieur Thomas , &c. Bourgeois de Paris , y demeurant rue, &c. à ce présent & acceptant acquereur pour
lui , ses hoirs & ayans cause , cinq cens livres de rente
annuelle & perpetuelle , à les avoir & prendre, lever,
gager , recevoir & percevoir par ledit sieur acquereur.
Auquel en sa maison à Paris & à sesdits hoirs & ayans
cause , ou au porteur desdites présentes lettres pour
lui , lesdits vendeurs constituans èsdits noms, ont promis & s'obligent solidairement comme dessus de les
bailler & payer par chacun an au quatre quartiers accoûtumez également. Le premier d'iceux écheant au
dernier jour de Septembre prochain venant pour portion de tems : & continuer delà en avant le payement
de ladite rente de quartier en quartier après ensuivant,
tant & si longuement qu'elle sera dûe , en & sur specialement la moitié en la totalité d'une maison où est
l'enseigne sainte Geneviéve , consistant en plusieurs
corps de logis , sise rue , &c. tenant d'un côté à , &c.
d'autre côté à , &c. d'un bout par derriere à , &c. &
par devant sur ladite rue , &c. ladite moitié de maison
ausdits Jacques & sa femme appartenant de leur conquêt. *Item*, sur une maison appartenante ausdits Etienne & sa femme, du propre d'elle , sise à Paris rue, &c.

en laquelle eſt l'enſeigne de l'image S. Benoît, conſiſtant en deux corps de logis, l'un ſur le devant, &
l'autre ſur le derriere, une cour au milieu, ainſi que
ladite maiſon & lieux ſe pourſuit & comporte, tenant d'un côté à, &c. (*& le reſte des tenans & abou-*
tiſſans) louée au ſieur, &c. à raiſon de cinq cens livres par an. *Item*, ſur une grande maiſon, jardin &
lieux appartenans auſdits ſieur Bernard & ſa femme,
du propre d'elle, ſituée au fauxbourg S. Antoine lez
Paris, tenans d'un côté à, &c. Tous leſquels héritages
leſdits vendeurs conſtituans èſdits noms, ont déclaré
& affirmé en leurs ames pardevant leſdits Notaires
souſſignez, être francs & quittes de toutes dettes &
hypotheques quelconques, fors des cens & droits Seigneuriaux accoûtumez envers les Seigneurs dont ils
ſont mouvans, & generalement ſur tous & chacuns les
autres biens meubles & immeubles préſens & à venir
deſdits ſieurs Jacques, Eſtienne, Bernard & leurs
femmes ; qu'iceux comparans, vendeurs conſtituans
èſdits noms, ont par ceſdites préſentes dès-à préſent
chargez, affectez, obligez & hypothequez avec les
ſuſdits à garantir, fournir & faire valoir ladite rente,
bonne, ſolvable & bien payable par chacun an auſdits
quatre quartiers à toujours, ſans aucun déchet ni diminution, nonobſtant toutes choſes à ce contraires, &
ſans que leſdites obligations ſpeciale & generale dérogent l'une à l'autre. Pour deſdites cinq cens livres de
rente jouir, faire & diſpoſer par ledit ſieur acquereur, ſeſdits hoirs & ayans cauſe comme bon leur
ſemblera, ainſi que de choſe audit ſieur acquereur
appartenant au moyen des préſentes. Cette vente &
conſtitution faite moyennant la ſomme de dix mille
livres, que leſdits Sieurs & Dames vendeurs conſtituans èſdits noms ont confeſſé & confeſſent avoir
eue & reçue comptant dudit ſieur acquereur, qui leur
a ladite ſomme baillée, payée, comptée, nombrée &
délivrée réellement, préſens leſdits Notaires souſſignez,
en louis d'or & autre bonne monnoie ayant cours, dont

ils se sont contentez & en ont quitté & quittent ledit
sieur acquereur & tous autres : Au moyen dequoi lesdits Sieurs & Dames vendeurs constituans esdits noms,
se sont désaisis, démis & dévêtus de tous & chacuns
leursdits biens jusques à la valeur & concurrence de
ladite rente, tant en principal qu'arrerages, frais &
loyaux coûts, au profit dudit sieur acquereur, voulant,
consentant & accordant en iceux noms qu'il en soit &
demeure saisi, vêtu & mis en bonne & suffisante possession & saisine par qui & ainsi qu'il appartiendra en
vertu desdites présentes : Et pour ce faire, requerir &
consentir être fait, ont esdits noms fait & constitué
leur Procureur special & general le porteur d'icelles
lui en donnant tout pouvoir. En outre sont convenus
que lesdites cinq cens livres de rente seront rachetables
en rendant & payant par le rachetant ou rachetans
quand bon leur semblera à une fois & un seul payement
audit sieur acquereur ou à sesdits hoirs & ayans cause,
pareille somme de dix mille livres , avec les arrerages
qui en seront lors dûs & échûs, tous frais , mises &
loyaux coûts. Déclarant lesdits Sieurs & Dames vendeurs constituans esdits noms que ladite somme de dix
mille livres est pour convertir & employer avec autres
leurs deniers au payement du prix d'une maison, où est
l'enseigne S. Claude , sise à Paris rue, &c. que lesdits
sieur Bernard & sa femme sont en pour-parler d'acquerir , & promettent solidairement esdits noms de faire
déclaration dans la quittance dudit payement , & que
ladite somme de dix mille livres provenue de la présente
constitution y sera entrée, afin que ledit sieur acquereur
soit & demeure subrogé au lieu & place des vendeurs,
& aye pour lesdites dix mille liv. hypotheque speciale
& privilegiée sur ladite maison de l'image S. Claude.
Et de ladite quittance qui portera ladite subrogation ,
ou du moins ladite déclaration fournir autant ; ensemble copie bien & dûement collationnée du contrat &
decret qui sera fait de ladite acquisition dans huit mois
prochains au plûtard , audit sieur acquereur ; aussi à

peine de tous dépens, dommages & interêts , & d'être
pareillement ſolidairement comme deſſus contraints
audit rachat de ladite rente , ſi bon ſemble audit ſieur
acquereur. Auſquels leſdits vendeurs conſtituans, comparans ſolidairement comme dit eſt, répondent, s'obligent , & font leur propre fait & dette en cette partie
de ladite rente, tant en principal qu'arrerages, en leurs
privez noms pour leſdits ſieurs Bernard & ſa femme ,
auſſi ſolidairement , ainſi que dit eſt , ſans que ladite
deſtination puiſſe en façon quelconque déroger ni préjudicier aux autres hypotheques & obligations ci-deſſus ; car ainſi a été accordé entre leſdites parties èſdits
noms : Et pour l'execution deſdites préſentes & leurs
dépendances , leſdits vendeurs conſtituans èſdits noms
ont élû leur domicile irrévocable & perpétuel en cettedite ville de Paris ès maiſons où ils ſont demeurans
ſus-déclarées, auſquels lieux ils veulent, conſentent &.
accordent èſdits noms, que tous actes & exploits de
Juſtice qui y ſeront faits contre eux à cette occaſion ,
ſoient autant valables que s'ils étoient faits & donnez
parlant à leurs propres perſonnes & domiciles ordinaires, nonobſtant changement de demeure & toutes
autres choſes à ce contraires : Promettans en outre leſdits vendeurs conſtituans èſdits noms ceſdites préſentes, & tout leur contenu entretenir & accomplir de
point en point ſelon leur forme & teneur ; même de
rendre, bailler & payer à pur & à plein ſans aucun
plaid ni procès, tous coûts, frais, miſes, dépens ,
dommages & interêts, qui ſeroient faits & encourus
faute dudit entretenement, payement & conſtitution
de ladite rente, fourniſſement de la ſuſdite ratification
au terme ſuſdit & entier accompliſſement dudit contenu ci-deſſus : & en ce pourſuivant & requerant ſous
l'obligation & hypotheque de tous & chacuns leurſdits
biens, meubles & immeubles préſens & à venir, qu'ils
ont ſolidairement comme deſſus, pour ce du tout ſoûmis & ſoûmettent à la Juriſdiction & contrainte de
ladite Prevôté de Paris & toutes autres Juriſdictions

qu'il appartiendra. Et renoncent en ce faiſant à toutes choſes contraires generalement quelconques à ceſdites préſentes lettres ; même auſdits benefices, & encore au droit diſant generale renonciation non valoir. En témoin de ce, nous à la relation deſdits Notaires, avons fait mettre le Scel de ladite Prevôté à ceſdites préſentes, qui ont été faites & paſſées, &c.

Nota, *Quelquefois les créanciers veulent être avertis de quinze jours, ou d'un mois ou autre tems auparavant le rachat, & qu'il en ſoit fait mention dans le contrat, & cela y doit être mis après les mots* tous frais, miſes & loyaux coûts, *en ces mots* (en avertiſſant ledit ſieur ou ſeſdits hoirs & ayans cauſe quinze jours, un mois, ou autre tems auparavant.)

Ratification dudit contrat de conſtitution ſur ſa minute.

LEſdits Bernard, &c. & Eſtiennette, &c. ſa femme qu'il autoriſe, nommez au contrat de conſtitution de rente ci-devant écrit, après qu'ils ont dit avoir eu communication d'icelui contrat, & que lecture leur en a été encore préſentement faite mot à mot par l'un deſdits Notaires souſſignez, l'autre préſent ; qu'ils ont dit avoir bien entendu & ſçavoir tout le contenu en icelui, de leur bon gré ont dit & déclaré qu'ils avoient, & ont pour agréable ledit contrat de conſtitution, l'ont ratifié, & par ces préſentes le ratifient, approuvent & confirment ; veulent, conſentent & accordent qu'il vaille, tienne, aye lieu & ſorte ſon plein & entier effet ſelon ſa forme & teneur, & promettent ſolidairement aux renonciations ci-après, l'entretenir & accomplir, tout ainſi que s'ils avoient été préſens à la paſſation d'icelui, comme ayant été fait ſelon leur déſir & intention : Ce faiſant, à la garantie du ſort principal, payement & continuation des arre-

rages des cinq cens livres de rentes créées & conſtituées par ledit contrat, leſdits ſieurs Bernard & ſa
femme s'y ſont obligez & obligent ſolidairement avec
leſdits Jacques, &c. Eſtienne, &c. & leurs femmes,
& tous leurs biens, ſans diviſion, diſcuſſion, ni fidejuſſion, renonçans auſdits benefices envers ledit ſieur
Thomas, &c. acquereur de ladite rente y dénommé
abſent, les Notaires ſouſſignez, ce ſtipulans & acceptans pour lui, tant & ſi avant que le cas le requiert,&
que leſdits ſieurs Jacques, Eſtienne & leurs femmes les
y ont ſolidairement obligez avec eux par ledit contrat
de conſtitution. A tout le contenu duquel ils promettent ſolidairement comme deſſus de ſatisfaire, & particulierement à l'emploi des dix mille livres provenues
de ladite conſtitution, dans le tems & conformément
audit contrat, après qu'ils ont dit & affirmé en leurs
ames pardevant leſdits Notaires ſouſſignez, que la maiſon, jardin & lieux à eux appartenans, ſis à
ſpecialement obligée à ladite rente, eſt franche &
quitte de toutes dettes & hypotheques quelconques,
ainſi que leſdits vendeurs conſtituans l'ont auſſi déclaré
pour leſdits ſieur Bernard & ſa femme par ledit contrat de conſtitution, pour l'execution duquel & des
préſentes & leurs dépendances, leſdits Sieur & Dame
Bernard ont élû leur domicile perpetuel & irrévocable
en la maiſon de, &c. auquel lieu, &c. nonobſtant, &c.
promettant, &c. obligeant ſolidairement comme deſſus, &c. renonçant, &c. Fait & paſſé, &c.

Quittance de rachat de ladite rente que l'on
peut mettre enſuite ou à la marge de la minute
dudit contrat de conſtitution.

Ledit Thomas, &c. a confeſſé avoir reçu comptant
deſdits *tels* & *tels* vendeurs conſtituans, par les
mains d'un tel, l'un d'iceux, à ce préſent, qui de ſes

deniers, comme il a dit, lui a présentement baillé, payé, compté, nombré, & réellement délivré, présens les Notaires soussignez, en louis d'or & autre bonne monnoie ayant cours, la somme de dix mille deux cens cinquante livres; sçavoir dix mille livres pour le rachat, sort principal, extinction, acquit & amortissement de cinq cens livres de rente, à lui vendues & constituées par ledit *tel & telle* par ledit contrat de constitution, & deux cens cinquante livres pour les arrerages qui étoient dûs & restoient à payer de ladite rente de tout le passé jusques à huy, dont, &c. quittant, &c. Ce faisant, ledit sieur Thomas a présentement rendu audit sieur *tel*, la grosse en parchemin dudit contrat de constitution, comme solute & acquittée, promettant, &c. obligeant, &c. renonçant, &c. Fait & passé, &c.

Quand l'un desdits constituans a indemnité de ladite rente, comme n'ayant fait que prêter son nom à son coobligé, & que lui même fait le rachat : lors d'icelui dans la quittance après ces mots, (dont quittant) il faut lui *reserver son recours contre ledit coobligé en cette forme,* sauf audit tel son recours pour son remboursement de ladite rente, tant en son principal qu'arrerages, à poursuivre ainsi qu'il avisera contre ledit tel son coobligé, qui en est seul tenu & débiteur, & a promis de l'en acquitter par son indemnité passée pardevant *tels Notaires le tel jour.* Et pour cet effet ledit sieur Thomas l'a par ces présentes mis & subrogé en son lieu & place, droits, hypothéques, privileges, noms, raisons, & actions, jusques à cette concurrence ; sans toutefois lui être tenu d'aucune garantie, restitution de deniers, ni recours quelconque, lui ayant pour toute garantie présentement baillé & délivré la grosse originale en parchemin dudit contrat de constitution, comme solute & acquittée à son égard, & consent que sur icelle & sa minute, quand bon semblera audit tel, soit fait sommaire mention des présentes par tous Notaires premiers requis, sans que sa présence y soit nécessaire. Ce qui

qui ne servira avec cesdites présentes que d'une même chose, promettant, &c. obligeant, &c. renonçant, &c. Fait & passé, &c.

*Nota, Les quittances de rachat qui portent subroga-
tion à fin de recours en vertu d'indemnité d'un cobligé,
doivent être faites à part & séparément de la minute de
constitution, afin qu'elle demeure toujours entière, jusques
à ce que le débiteur d'icelle l'aye acquittée à celui duquel
il est garant.*

Décharge en vertu de ladite quittance à mettre sur la minute & la grosse du contrat de constitution.

LEs cinq cens livres de rente mentionnées au présent contrat ont été rachetées, & les arrerages qui
en étoient dûs, payez & acquittez par ledit tel ès mains
dudit Thomas, selon que le contient plus au long la
quittance de ce faite & passée pardevant *tels Notaires
le tel jour*, dont la minute est vers ledit Notaire, ainsi
qu'il est apparu aux Notaires soussignez par une expédition de ladite quittance représentée par ledit tel,
& à lui à l'instant rendue : En vertu de laquelle a été
faite la présente mention par lesdits Notaires soussignez
cejourd'hui, &c.

*Nota, Il est nécessaire pour la décharge du Notaire
qui fait une telle mention, de faire signer la partie qui
la requiert, ou de retenir l'expédition de ladite quittance
& la joindre à sa minute, pour y avoir recours afin d'é-
viter les abus qui en pourroient survenir si par malheur la
minute d'une telle quittance étoit perdue, soustraite, ou
adhirée, comme cela peut arriver.*

Ratification d'une conftitution féparée de la minute du contrat.

Nota. Plufieurs conftitutions de rente & autres contrats obligatoires, fe font fouvent par une perfonne, tant en fon nom, ou au nom & comme Procureur, ou fe faifant fort d'un ou plufieurs autres qui font abfens ou demeurans en autre pays, aufquels il promet de faire ratifier dans certain tems ; ce qui fe peut faire pardevant le premier Notaire ou Tabellion Royal, lequel retiendra la minute de telle ratification, & en donnera une expédition à la partie, ou bien délivrera l'original d'icelle ratification pour être joint à la minute dudit contrat pour y avoir recours. Ladite ratification fe fait en cette forme.

AUjourd'hui eft comparu pardevant les Notaires Gardenotes, &c. Michel, &c. demeurant en un tel lieu, lequel après lecture à lui préfentement faite mot à mot par l'un defdits Notaires, l'autre préfent, du contrat de conftitution de cinq cens livres de rente faite au profit de Jeanne, &c. par Antoine, &c. tant en fon nom que s'étant fait fort dudit Michel comparant, paffé pardevant *tels Notaires un tel jour*, moyennant la fomme de dix mille livres, qu'il auroit reçue de ladite Jeanne en efpeces, déclarée audit contrat de conftitution, que ledit Michel a dit avoir bien & au long entendu, & fçavoir tout le contenu en icelui, de fon bon gré a par ces préfentes loué, approuvé, ratifié & confirmé ledit contrat de conftitution, veut, confent & accorde qu'il vaille, tienne, aye lieu, & forte fon plein & entier effet felon fa forme & teneur, & promet l'entretenir, comme ayant été fait felon fon défir & intention. Ce faifant à la garantie du fort principal, payement & conftitution de ladite rente aux termes dudit contrat, ledit Michel comparant s'eft obligé & s'oblige par ces préfentes folidairement avec ledit Antoine, &c. sans division, discussion ni fidejussion, renonçant ausdits benefices, tant & si avant que le cas le requiert, & que ledit Antoine l'a obligé avec tous ses biens meubles & immeubles présens & à venir par ledit contrat de constitution : Approuvant en outre ledit Michel le payement fait par ladite Jeanne, &c. audit Antoine, &c. de ladite somme de dix mille livres pour le prix de ladite constitution, ainsi qu'il est porté audit contrat, pour l'exécution duquel & des présentes, ledit Michel a élû son domicile perpetuel & irrévocable en la maison de, &c. auquel lieu, &c. nonobstant, &c. promettant, &c. obligeant solidairement comme dit est, &c. renonçant, &c. Fait & passé, &c.

Contrat de constitution de rente sur l'Hostel de Ville.

A Tous ceux qui ces présentes Lettres verront, Charles-Denis de Bullion, Chevalier Marquis de Gallardon, Seigneur de Bonnelles, Bullion, Esclimont, Montlouet & autres lieux, Conseiller du Roi en ses Conseils, Prevôt de la Ville & Prevôté de Paris, Salut. Sçavoir faisons que pardevant, &c. & Martin Bouron, Conseillers du Roi, Notaires, Gardenotes & Gardes-Scel de Sa Majesté au Châtelet de Paris, soussignez, furent présens Messire Pierre-Antoine de Castagnere, Chevalier Marquis de Châteauneuf & de Marolles, Conseiller d'Etat, Prevôt des Marchands, Pierre Sautreau Ecuyer Conseiller du Roi & de sa Ville, Jean-Jacques Pelichon Ecuyer, Jacques Denis, Ecuyer Conseiller du Roi, Quartinier, Tresorier général des Bâtimens & Jardins du Roi, Arts & Manufactures de France, & Charles-Louis Chauvin Ecuyer : Tous Echevins de cette Ville de Paris, lesquels ont dit que le Roi par son Edit du mois de Juin   registré où besoin a été, auroit pour les causes y contenues, créé   millions actuels

& effectifs de rentes annuelles & perpetuelles au dernier quarante, pour être vendues & alienées ausdits sieurs Prevôt des Marchands & Echevins par Messieurs les Commissaires du Conseil qui seroient à cet effet nommez par Sa Majesté, à avoir & prendre lesdites rentes generalement sur tous les deniers provenans, tant des Droits d'Aides & Gabelles, que des autres revenus de Sa Majesté qu'elle auroit déclaré, specialement & par privilege affectez, obligez & hypothequez au payement & continuation desdites rentes, & ordonné que chaque partie ne pourroit être moindre de mille livres pour faire vingt-cinq livres de rente, le fonds & principal desquelles rentes seroit fourni par les particuliers qui voudroient les acquerir, ès mains du Garde de son Trésor Royal, sur le pied du denier quarante, pour en jouir & disposer par eux comme de leur propre chose, vrai & loyal acquêt en vertu des contrats qui leur en seroient passez, & être payez des arrerages d'icelle de six mois en six mois, à Bureau ouvert en l'Hôtel de ladite Ville de Paris, à commencer des mois de Janvier & Juillet de chaque année par les Payeurs qui seroient établis à cet effet, & sur les simples quittances des Rentiers, sans que lesdites rentes puissent être retranchées ni réduites à l'avenir pour quelque cause & occasion que ce soit, & sans aussi que lesdits acquereurs, leurs héritiers, successeurs & ayans cause, en puissent être dépossedez, sinon en leur remboursant en deniers comptans, en un seul payement les principaux desdites rentes.

Que par déclaration du Roi du 19. dudit mois de Juin, aussi registrée où besoin a été, Sa Majesté auroit ordonné que les constitutions particulieres en seroient faites par lesdits sieurs Prevôt des Marchands & Echevins, sur les quittances dudit sieur Garde du Trésor Royal, & les contrats passez pardevant tels Notaires que les acquereurs voudront choisir, avec faculté aux Etrangers non naturalisez, même à ceux qui sont demeurans hors du Royaume, Pays, Terres & Seigneuries de l'obéïssance de Sa Majesté, d'acquerir lesdites rentes, ainsi que pourroient faire ses propres Sujets, même en disposer entre-vifs ou par testament de quelque maniere que ce soit : En cas qu'ils en ayent disposé, que leurs héritiers leur succedent, encore que leurs donataires, légataires ou héritiers soient Etrangers & non Regnicoles ; & à cet effet Sa Majesté auroit renoncé au droit d'aubaine & autres droits, même à celui de confiscation en cas qu'ils fussent Sujets des Princes ou Etats avec lesquels elle pourroit être en guerre, dont elle les auroit relevé & dispensé : Comme aussi que lesdites rentes qui seroient acquises par lesdits Etrangers seroient exempts de toutes lettres de marques & de represailles, sous quelque pretexte que ce soit, & qu'elles ne pourroient être saisies par leurs créanciers Regnicoles, ou Etrangers.

Que par Arrêt du Conseil du 14. dudit mois de Juin Sa Majesté auroit ordonné que les acquereurs desdites rentes jouiroient des arrerages des six mois dans lesquels les quittances de finances en auroient été expediées par le Garde du Trésor Royal : Que par autre Arrêt du Conseil du 5. Juillet audit an, Sa Majesté auroit encore ordonné, que ceux qui acquerroient leurs rentes avant le premier jour d'Août jouiroient des arrerages à commencer du premier Avril de ladite année ; que par autres Arrêts du Conseil des 25. Juin & 19. Juillet Sa Majesté a permis aux Communautez Ecclésiastiques, aux Tuteurs des Mineurs, aux Curateurs & autres y denommez, d'acquerir des rentes créées par ledit Edit, & d'y employer les fonds à eux appartenans, dont ils sont chargez ou dépositaires, en execution desquels Edit, Déclaration & Arrêts du Conseil sus-énoncez, & du contrat de vente & alienation faite par Messieurs du Conseil, nommez par le Roi ausdits sieurs Prevôt des Marchands & Echevins desdits millions de livres de rentes, passé pardevant Maistres Antoine le Moine l'aîné & son Confrere, Notaires à Paris, le

6. Juillet   & pour fournir à Sa Majesté par lesdits sieurs Prevôt des Marchands & Echevins le fonds & capital desdits   millions de livres de rente, ont reconnu & confessé avoir par ces présentes, vendu, créé, constitué, assis & assigné dès maintenant & à toujours, & promis pour & au nom de Sa Majesté, garantir de tous troubles & empêchemens generalement quelconques à Demoiselle Marie L.

demeurante rue de la Calandre, Paroisse S. Germain le Vieil, à ce présente acquereure pour elle audit nom & ayant cause, cent vingt-cinq livres de rente annuelle & perpetuelle, que lesdits sieurs Prevôt des Marchands & Echevins, pour eux & leurs successeurs èsdites Charges, promettent & s'obligent de faire bailler & payer par chacun an par lesdits sieurs Payeurs à ladite Demoiselle acquereure audit nom & ayans cause, sous leurs simples quittances en deux payemens égaux de six mois en six mois, ès premiers jours de Janvier & Juillet, à commencer du premier Janvier dernier, & continuer de six mois en six mois, tant que ladite rente aura cours, à l'avoir & prendre specialement sur les droits d'Aides & Gabelles, & autres revenus de Sa Majesté, que lesdits sieurs Prevôt des Marchands & Echevins ont chargé, affecté, obligé & hypothequé, à fournir & faire valoir ladite rente en principal & arrerages, bonne & bien payable par chacun an, comme il est dit ci-dessus, sans aucune diminution, nonobstant toutes choses à ce contraires, pour de ladite rente jouir, faire & disposer par ladite Demoiselle acquereure audit nom & ayans cause, comme de chose leur appartenante. Cette vente & constitution faite moyennant la somme de cinq mille livres qui est à ladite raison du denier quarante, laquelle somme suivant ledit Edit a été payée comptant par ladite Demoiselle   ès mains de Mre Jean de Turmenies de Nointel, Conseiller du Roi en ses Conseils, Garde de son Trésor Royal, ainsi qu'il appert par sa quittance du 25. Juin dernier, con-

trollée le 20. Juillet dernier, représentée ausdits sieurs
Prevôt des Marchands & Echevins, & demeurée join-
te à la minute des présentes : Ce faisant lesdits sieurs
Prevôt des Marchands & Echevins se sont audit nom
dessaisis & dévêtus desdits   millions de
livres de rente au profit de ladite Demoiselle acquereure ausdits noms & ayans cause, jusques à concurrence de celle présentement constituée, consentant
qu'ils en soient saisis & mis en possession par qui &
ainsi qu'il appartiendra, & sera ladite rente
rachetable à toujours, en rendant & payant pareille
somme de   pour le principal
d'icelle, avec les arrerages qui en seront lors dûs &
échûs, frais, mises & loyaux coûts. Promirent en outre lesdits sieurs Prevôt des Marchands & Echevins
avoir à toujours ces présentes pour agréables, sous l'o-
bligation & hypotheque de tous les biens & revenus
de Sadite Majesté, qu'ils ont audit nom soûmis à toutes Jurisdictions, renonçans en ce faisant à toutes choses à ce contraires, en témoin de quoi lesdits Notaires
Gardes-Scel ont scellé cesdites présentes qui furent
faites & passées à Paris au Bureau de cette Ville, l'an
mil sept cens   le   jour d   avant
midy, & ont signé la minute des présentes demeurée
à Bouron l'un des Notaires soussignez.

Quittance du Garde du Trésor Royal.

JE   Conseiller du Roi en ses
Conseils, Garde de son Trésor Royal, confesse
avoir reçu en cette Ville de Damoiselle Marie L
      en louis d'or, d'argent & autre
monnoie ayant cours, la somme de
pour le principal de   de rente qui
lui seront vendus & constituez par Messieurs les Prevôt des Marchands & Echevins de ladite Ville de Paris, sur les   millions de livres actuels & effectifs

de rente annuelle & perpetuelle au denier quarante, à
eux nouvellement allenez par Sa Majesté en consequence de son Edit du mois de Juin   regiftré où
besoin a été, à prendre sur les droits d'Aides & Gabelles & autres revenus de Sa Majesté, pour jouir par
ladite Demoiselle L   audit nom de ladite
rente de   par chacun an, à commencer
la jouissance des arrerages des six mois dans lesquels
les quittances de finance auront été expediées, conformément à l'Arrêt du Conseil du 14. du même mois;
sur le pied du denier quarante, ainsi qu'il sera plus au
long expliqué audit contrat de constitution qui lui sera
expedié de ladite rente par lesdits sieurs Prevôt des
Marchands & Echevins, en execution dudit Edit, de
laquelle somme de   ainsi à moi ordonnée
pour employer au fait de ma Charge, je quitte ladite
Damoiselle L.   & tous autres. Fait à Paris
le   jour de Juin mil sept cens
signé   *Et à côté est écrit,* Quittance
du Garde du Trésor Royal.   *Et au dos est écrit.*

Enregistré au Controlle general des Finances par Nous
Ecuyer, Conseiller du Roi, Garde des Registres du Con-
trolle general des Finances. A Paris le
jour de Juillet mil sept cens   *signé*

En l'original des présentes demeuré, comme dit est,
annexé à la minute dudit contrat de constitution, demeurée audit Bouron Notaire.

Constitution de rente viagere à fonds perdu sur une Communauté Religieuse.

FUt présent Barthelemy, &c. demeurant rue, &c.
lequel désirant s'assurer d'une rente certaine pour
vivre honnêtement le reste de ses jours, il auroit cher-
ché les moyens les plus convenables à ce sujet; & n'en

ayant point trouvé de meilleur que celui de mettre ses
deniers à quelque Communauté ou Maison Religieuse,
il auroit choisi celle de l'Hôpital & Couvent de la
Charité, établi à Saint Germain des Prez lez Paris.
Et pour cet effet s'étant adressé aux Reverends Peres
Prieur & Procureur dudit Hôpital, il leur auroit déclaré son intention & la dévotion qu'il avoit de faire
du bien audit Hôpital, & à cet effet de leur bailler &
fournir la somme de douze mille livres en deniers
comptans, à charge de lui payer huit cens livres de
rente & pension viagere par chacun an aux quatre
quartiers accoûtumez, & à condition qu'elle demeureroit éteinte & amortie au profit dudit Hôpital du jour
du décès dudit Barthelemy : moyennant quoi, que ledit Hôpital le feroit enterrer en tel lieu, &c. que le
jour de son décès seroit dit & chanté en l'Eglise dudit
Hôpital les Vêpres des Morts, & Vigiles ; & que le
jour de son Enterrement son corps présent, si faire se
peut, sinon le lendemain, sera aussi dit, chanté & célebré une haute Messe de *Requiem*, avec les Proses de
Dies iræ, dies illa, & de *Languentibus in Purgatorio*,
les Oraisons accoûtumées, & un annuel pour le repos
de l'ame dudit Barthelemy, & de ses parens & amis
trépassez, le tout aux frais & dépens dudit Hôpital.
Sur laquelle proposition ledit sieur Prieur ayant fait
assembler en la maniere accoûtumée sa Communauté
desdits Religieux dudit Hôpital en leur Chapitre, &
conferé d'icelle amplement entre eux, ils l'auroient
trouvé si juste & avantageuse audit Hôpital qu'ils l'auroient unanimement acceptée. Et pour parvenir à un
si bon & louable dessein, auroient donné pouvoir &
procuration speciale à Frere, &c. Procureur general
dudit Hôpital, de consentir & accepter le présent contrat, Frere, &c. son assistant présent, ainsi que par ladite procuration appert, passée pardevant *tels Notaires le tel jour*, ci-attachée : A ces causes & en effec-
tuant ladite proposition, ledit Barthelemy a présentement baillé, payé, compté, nombré, & réellement

délivré, préſens les Notaires ſouſſignez, en louis d'or,
écus d'argent, & autre bonne monnoie ayant cours,
audit Frere, &c. à ce préſent, qui audit nom de Procureur dudit Convent, & en la préſence dudit Frere
ſon aſſiſtant, pour ce comparant, a reçu ladite ſomme
de douze mille livrés, dont, &c. quittant, &c. pour
laquelle ſomme ledit Frere, &c. audit nom de Procureur ſuſdit, a par ces préſentes, créé, conſtitué, aſſis
& aſſigné dès maintenant, & promet pour & au nom
dudit Hôpital, garantir audit Barthelemy, &c. ce acceptant huit cens livres de rente & penſion viagere
annuelle que ledit Frere, &c. audit nom, promet &
gage de bailler & payer audit Barthelemy ſur ſes ſimples quittances, ou au porteur d'icelles & des préſentes, aux quatre quartiers de l'année à Paris en la maiſon dudit Barthelemy. Le premier quartier de payement écheant pour portion de tems au dernier jour de
Décembre prochain, & continuer de-là en avant le
payement de ladite rente & penſion viagere par chacun an de quartier en quartier après enſuivant ladite
vie durant dudit Barthelemy, &c. ſeulement, en &
ſur ſpecialement trois grandes maiſons audit Hôpital
appartenantes, ſiſes en telle rue, à préſent louées à tel
& telle, & generalement tous & chacuns les autres
biens & revenus temporels préſens & à venir dudit
Hôpital, que ledit Frere, &c. audit nom, a par ces
préſentes chargez, affectez, obligez & hypothequez
à garantir, fournir & faire valoir ladite rente & penſion viagere, bonne, ſolvable & bien payable par chacun an, ſans aucun déchet ni diminution auſdits quatre quartiers ladite vie durant dudit Barthelemy, comme dit eſt, ſans que leſdites obligations ſpeciale & generale dérogent l'une à l'autre; laquelle rente & penſion viagere en ſera & demeurera eteinte & amortie à
toûjours au profit dudit Hôpital du jour du décès dudit Barthelemy, &c. ſans que ſes héritiers ni autres
perſonnes que ce ſoient, puiſſent rien prétendre ni ré-
peter aucune choſe deſdites douze mille livres ci-deſſus

payées pour le prix d'icelle, d'autant que ledit Barthelemy, &c. en fait par ces préſentes don' irrévocable
entre vifs audit Hôpital, ce acceptant par ledit Frere,
&c. pour en faire par ledit Hôpital comme bon lui
ſemblera ; à la charge toutefois que ledit Hôpital ſera
tenu, & ainſi le promet ledit Frere, &c. en vertu de
ſadite procuration, de faire enterrer honorablement ledit Barthelemy, &c. au tel lieu, &c. Plus de faire
dire & chanter en leur Egliſe le jour de ſon décès les
Vêpres des Morts & Vigiles, & le jour de ſon Enterrement ſon corps préſent, ſi faire ſe peut, ſinon le lendemain, une haute Meſſe de *Requiem*, avec les Proſes
de *Dies iræ, dies illa*, & de *Languentibus in Purgatorio*, les Oraiſons accoûtumées, & un annuel, le tout
aux frais & dépens dudit Hôpital, pour le repos de
l'ame dudit Barthelemy & de ſes parens & amis trépaſſez. A condition auſſi que s'il y avoit faute de payement de ladite rente & penſion viagere à chacun deſdits quartiers, il ſera loiſible audit Barthelemy, &c.
de diſposer de ladite ſomme de douze mille livres ainſi que bon lui ſemblera, nonobſtant ladite donation,
laquelle en ce cas ſera & demeurera nulle & revoquée;
car ainſi, &c. Et pour, ſi beſoin eſt, faire inſinuer
ceſdites préſentes au Greffe des Inſinuations du Châtelet de Paris, leſdites parties èſdits noms ont fait &
conſtitué leur Procureur ſpecial & general le porteur,
&c. promettant, &c. obligeant, &c. renonçant, &c.
Fait & paſſé à Paris, &c.

Réduction de rente du denier dix-huit au denier vingt.

FUt préſent Maître Eſtienne, &c. demeurant rue,
&c. lequel pour éviter le rachat que Maître Pierre, &c. demeurant rue, &c. lui vouloit faire de cinq
cens livres de rente que ledit ſieur Pierre lui doit, &
autres particuliers ſolidairement obligez avec lui à

prendre sur tous leurs biens, sous la faculté de rachat de la somme de neuf mille livres, pour les causes portées au contrat de création de ladite rente, passé pardevant *tels Notaires le tel jour*, ledit sieur Estienne a par ces présentes volontairement réduit ladite rente du denier dix-huit, sous lequel elle est créée, au denier vingt; au moyen dequoi lesdites cinq cens livres de rente n'auront plus cours de ce jourd'hui en avant que pour 450. livres par chacun an, à toujours rachetables de ladite somme de neuf mille livres au désir dudit contrat de création d'icelle rente; ce qui a été accepté par ledit Pierre, &c. pour ce présent & comparant, qui a promis & promet tant pour lui que pour ses co-obligez à ladite rente, sans division, discussion ni fidejussion, renonçant ausdits benefices, de bailler & payer lesdites quatre cens cinquante livres de rente par chacun an audit sieur Estienne, &c. en sa maison à Paris & à sesdits hoirs & ayans cause, ou au porteur, &c. aux quatre quartiers accoûtumez également; le premier d'iceux écheant pour portion de tems au dernier jour de Décembre prochain venant, & continuer de-là en avant à toujours le payement de ladite rente, en & sur tous & chacuns les biens meubles & immeubles présens & à venir dudit sieur Pierre, &c. & de sesdits coobligez, tant specialement déclarez que generalement obligez à ladite rente par ledit contrat, qui en sont & demeurent à toujours chargez, affectez, obligez & hypothequez, sans déroger, innover, ni préjudicier à ses hypotheques, du jour & date d'icelui contrat de constitution, & aussi sans préjudice des arrerages precedens qui sont dûs desdites cinq cens livres de rente jusques à ce jour, & pour l'execution des présentes, *Election de domicile*, &c.

Quand l'on veut que la rente subsiste sur le même pied de sa création, il faut fournir le supplément du principal, & par ce moyen l'on met dans l'acte ce qui suit après le mot au denier vingt.

Et afin que ladite rente soit & demeure toujours

entiere pour lesdites cinq cens livres par chacun an, ledit sieur Estienne, &c. a présentement baillé & payé audit sieur Pierre, & c. à ce présent & acceptant, qui a de lui reçu, présens lesdits Notaires soussignez, en louis d'or & autre bonne monnoie ayant cours, la somme de mille livres, dont, &c. quittant, &c. au moyen dequoi ladite rente aura toujours cours pour lesdites cinq cens livres par chacun an, & sera rachetable en un seul payement pour la somme de dix mille livres, & jusques au rachat ledit sieur Pierre, &c. tant pour lui que pour ses coobligez, ausquels il promet de faire ratifier ces présentes, & d'abondant solidairement obliger avec lui à l'entretenement & entier accomplissement d'icelle, & en fournir acte en bonne forme audit sieur Estienne, &c. dans quinze jours prochains, a promis & promet èsdits noms solidairement sans division, discussion, ni fidejussion, renonçans ausd. benefices, de bailler & payer lesdites cinq cens livres de rente par chacun an audit sieur Estienne, &c. en sa maison à Paris; & à sesdits hoirs & ayans cause, ou au porteur, *le reste comme dessus.*

Retrocession d'une rente.

FUt présent Emmanuel, demeurant, &c. lequel a reconnu & confessé avoir retrocedé, quitté, transporté & délaissé par ces presentes dès maintenant à toujours sans aucune garantie, restitution de deniers, ni recours quelconque, sinon de ses faits, promesses & obligations seulement, à Genevieve, &c. veuve de feu Pierre, &c. demeurante rue, &c. tant en son nom que comme tutrice des enfans mineurs dudit défunt d'elle, à ce présente & acceptante pour elle & ses mineurs, leurs hoirs & ayans cause, vingt livres de rente annuelle & perpetuelle par ladite veuve esdits noms, cedée & transportée à défunt André, &c. par contrat passé pardevant *tels Notaires le tel jour,* &

par ledit André , &c. depuis cedée audit Emmanuel
par autre contrat passé pardevant tel Notaire le tel
jour : Et outre lui cede & transporte comme dessus la
somme de dix livres pour six mois d'arrerages de ladite
rente , qui échéront le dernier jour du present mois ,
le tout à prendre sur Philippes , &c. & Renée, &c.
sa femme , debiteurs de ladite rente , au moyen du
contrat de constitution qu'ils en ont ci-devant fait solidairement & passé pardevant tels Notaires le tel jour
au profit dudit feu Pierre ; laquelle grosse originale
dudit contrat de constitution avec lesdits deux contrats
de transport de ladite rente , ledit Emmanuel a presentement rendu à ladite Genevieve, &c. esdits noms,
dont il l'en fait porteur & de ladite rente , tant en principal qu'arrerages , vraye actrice & proprietaire , la
met & subroge esdits noms en son lieu & place , droits,
noms , raisons, actions & hypoteques , sans autre garantie que dessus , pour en jouir , &c. Cette rétro-
cession , cession & transport ainsi faits , moyennant la
somme de quatre cens dix livres ; sçavoir quatre cens
livres pour le sort principal de ladite rente de vingt
livres , & dix livres pour lesdits arrerages d'icelui ci-
dessus cedez , le tout que ledit Emmanel, &c. a confessé avoir reçû comptant de ladite Genevieve esdits noms , qui lui a ladite somme de quatre cens dix
livres presentement baillée , payée , comptée , nombrée & délivrée réellement ; presens lesdits Notaires
soussignez , en Louis-d'or & autre bonne monnoie
ayant cours , dont , &c. quittant , &c. transportant,
&c. desistant , &c. voulant , &c. Procureur , &c.
le porteur , &c. donnant , &c. pouvoir , &c. promettant , &c. obligeant , &c. renonçant , &c. Fait
& passé , &c.

CHAPITRE XIV.

Des Fondations.

LA Fondation est une donation d'une somme, d'une maison, ou d'un héritage, ou une concession d'une rente, qui se fait à une Eglise, à la charge de quelque priere annuelle, selon l'intention du fondateur. On la comprend quelquefois dans son testament, & quelquefois on la fait par un acte separé ; mais quand elle est faite par donation, elle est sujette à insinuation, à peine de nullité.

Fondation d'un Couvent de Religieux.

FUt présent noble & scientifique personne Messire Dominique, &c. Prêtre, Chanoine & Official de l'Eglise Cathédrale de, &c. étant maintenant en cette Ville de Paris, logé, &c. sain de corps & d'esprit, & comme tel vacant à ses affaires, ainsi qu'il est apparu aux Notaires soussignez, pour être venu en leurs Etudes faire & passer ce qui ensuit : lequel considerant en lui la brieveté de cette vie temporelle, reconnoissant aussi qu'il n'y a rien de plus juste & raisonnable que de rendre à Dieu les biens & facultez qu'il a plû à sa divine Majesté lui départir en ce monde, & qu'il ne le peut mieux faire qu'en le remettant ès mains de ceux qui le soûmettent à son service, pour être employez, vouez & dédiez à son honneur ; il au-

roit·dès long-tems conçû une fincere intention & bien,
veillance envers les Religieux de l'Ordre de faint
Dominique, vulgairement appellez Jacobins, établis dans la Ville de , &c. lieu de fa naiffance ; aux
prieres defquels défirant être continué à toujours, &
aufli de faire prier Dieu pour les ames de fes défunts
pere & mere & de fes ayeux paternels & maternels,
joint la bonne vie & mœurs defdits Religieux &autres
œuvres pieufes qu'il reconnoît en eux , qui font au,
tant de faintes infpirations & de fruits divins qu'il en
reçoit journellement pour fon édification ; & encore
pour certaines caufes & confiderations , & particulier
motif qu'il n'entend déclarer à perfonne , venant de
fon propre mouvement fans aucune force , induction
ou contrainte ; a volontairement reconnu & confeffé
avoir donné & aumôné irrevocablement à toujours,
par donation entre vifs & en la meilleure forme que
faire fe peut , & qu'il defire être pour la validité des
prefentes aufdits Religieux de l'Ordre S. Dominique,
& particulierement à ceux de la Province de
Frere , &c. Provincial & chef dudit Ordre en ladite
Province , à ce prefent & acceptant pour eux & leurs
fucceffeurs : Un clos affis au bourg de , &c. au Diocefe de , &c. en ladite Province de   conte,
nant tant d'arpens ou environ, tant bois que jardinage,
Item , la maifon joignante ledit clos , confiftant en
un corps de logis que ledit fieur donateur a fait bâtir & conftruire de neuf à fes dépens , appliqué (à
telle & telle chofe) lefdits clos & maifon tenans d'un
côté à , &c. aboutiffans à , &c. pour en tel lieu &
endroit dudit clos , qu'il femblera plus utile & commode aufdits Religieux , bâtir & édifier un Couvent
de leur Ordre avec fes dépendances & commodité
d'icelui , refider & faire le fervice divin & exercice de leur Religion ordinaire & accoutumée
en leurs autres Couvents parfaits , au nombre de
treize Religieux , y compris le Correcteur. Pour la
fondation , donation & entretenement duquel Cou-

vent

vent ledit sieur donateur a encore donné & donne en
la forme susdite ausdits Religieux ce acceptans comme dessus par ledit Provincial , &c. la métairie de la
Boissiere , consistant en un manoir au dessous dudit
clos , avec soixante arpens de terre labourable en plusieurs pieces en dépendantes , ainsi qu'elles se poursuivent & comportent , situées ès environs & proche
ladite métairie , & generalement tout ce qui est des
appartenances & dépendances d'icelle métairie de la
Boissiere en quelque sorte & maniere que ce soit , sans
aucune chose en excepter ni reserver , tout ainsi qu'en
jouit à present , &c. en vertu du bail à ferme que
ledit sieur donateur lui en a fait pardevant tels Notaires le tel jour. Item , quinze cens livres de rente
rachetable au denier vingt , à prendre sur les particuliers ci-après nommez ; savoir cinq cens livres de rente
sur Maistre Antoine , &c. & une telle sa femme , qui
en sont solidairement débiteurs audit sieur donateur
pour les causes portées au contrat de constitution , de
ce fait & passé pardevant *tels Notaires le tel jour*, deux
cens cinquante liv. de rente sur un tel (*& ainsi déclarer
le reste desdites rentes en cet endroit*) tout ce que dessus
donné appartenant audit sieur donateur ; savoir lesdites rentes de son acquisition suivant lesdits contrats de
constitution d'icelles : Et lesdits héritages tant de son
propre que d'acquêt , ainsi qu'il se justifie par les titres
d'iceux, dont il fera délivrance en fin des présentes audit Provincial pour lesdits Religieux , étant tous lesdits héritages en la Censive du Seigneur dudit lieu
de , &c. & envers lui chargez des Cens & Droits Seigneuriaux que peuvent devoir , que lesdites parties èsdits noms n'ont sçû dire ni déclarer au vrai , de ce
enquises par lesdits Notaires ; pour toutes & sans autres charges,dettes ni hypotheques quelconques, francs
& quittes néanmoins des arrerages desdits Cens &
Droits Seigneuriaux de tout le passé jusques à huy :
Pour de toutes lesdites choses ci dessus données jouir
par lesdits RR. PP. Jacobins du jour & date des pré-

A a

fentes en tout droit de proprieté, fruits & revenus;&
en faire chofe à eux appartenantes au moyen des préfentes. Partant ledit fieur donateur s'eft dès-à-préfent
défaifi & dévêtu defdits héritages & rentes, pour & au
profit defdits Religieux donataires, & confent qu'ils
en foient & demeurent faifis & mis en bonne poffeffion
& faifine, par qui & ainfi qu'il appartiendra en vertu
defdites préfentes: Et pour ce faire, requerir & confentir, a fait & conftitué fon Procureur le porteur des
préfentes, auquel il en a donné & donne pouvoir de
ce faire, & tout ce qu'au cas appartiendra, fera requis & néceffaire: Et outre par ces mêmes préfentes
ledit fieur donateur pour commencer à bâtir ledit
Couvent, a accordé aufdits Religieux la fomme de
deux mille livres, qu'il a préfentement baillées &
payées préfens les Notaires fouffignez, en louis d'or
& autre bonne monnoie ayant cours audit, &c. Provincial; dont il s'eft contenté &   a quitté & quitte
ledit fieur donateur, & tous aut. , & promet audit
nom de Provincial & chef dudit Ordre, d'employer
lefdites deux mille livres aufdits bâtimens & édifices
dudit Couvent, & dudit emploi fournir autant de
quittances qu'il retirera des Entrepreneurs d'icelui
dans un an prochain audit fieur donateur. Et cependant en attendant la conftruction dudit Couvent, &
qu'il y ait logement fuffifant pour lefdits Religieux,
ledit, &c. Provincial pourra envoyer audit Couvent
dudit Bourg de, &c. quatre de fes Religieux pour y
célebrer le fervice divin à leur commodité; lefquels
Religieux feront nourris & entretenus des revenus,
fruits & arrerages defdites rentes & terres ci deffus
données : Et le furplus dudit revenu & arrerages aprés
lefdites nourritures & entretenemens defdits quatre
Religieux prifes, fera converti & employé par lefdits
Religieux au bâtiment & édifice dudit Couvent, auquel Frère, &c. audit nom de Provincial fufdit ledit
fieur donateur a auffi préfentement baillé & délivré
les groffes originales en parchemin defdits contrats de

conſtitution deſdites rentes avec le ſuſdit bail à ferme ;
plus, &c. (*tel & tel acte, il faut les déclarer & énon-*
cir en cet endroit par dates, & les noms des Notaires qui
les ont reçus) concernans la proprieté deſdits héritages
ci-deſſus donnez , dont ledit Reverend Pere Provincial audit nom , ſe contente pareillement & en
décharge ledit ſieur donateur , auquel il promet
en aider s'il en a beſoin , pour toucher & recevoir les
arrerages deſdites rentes & terres & de ladite ferme
du paſſé juſques à huy : en faveur & contemplation de
laquelle donation & fondation ledit , &c. Provincial
pour le corps deſdits Religieux , a promis & promet
auſſi audit ſieur donateur de dire & faire dire, chanter
& célebrer le jour de ſon décès un Service des Trépaſſez complet, pour le repos de ſon ame & de ſes pere
& mere , aïeux & aïeules & amis trépaſſez , & de continuer ledit Service par chacun an à perpétuité à pareil jour de ſon décès : Et outre ſeront tenus leſdits
Religieux , bailler & délivrer audit ſieur fondateur &
au ſieur Henry , &c. ſon frere , une chambre audit
Couvent toutes fois & quantes & pour tel tems qu'il
leur plaira y aller demeurer. Et outre a été ſtipulé que
ſi aucunes deſdites rentes étoient ci-après rachetées,
que les deniers en provenans ſeront remployez au plû-
tût en autres rentes ou héritages , pour & au profit
dudit Couvent : Et pour faire inſinuer ceſdites préſentes au Greffe des Inſinuations du Châtelet de Paris, & par tout ailleurs où beſoin ſera , leſdites parties
eſdits noms , ont fait & conſtitué leur Procureur ſpecial & irrévocable le porteur d'icelles , auquel elles en
ont donné & donnent tout pouvoir , & de faire à ce
ſujet tout ce qui ſera néceſſaire, promettant , &c.
obligeant , &c. chacun en droit ſoy , &c. ledit Pere
Provincial , &c. audit nom, &c. renonçant de part &
d'autre , &c. Fait & paſſé , &c.

Nota , Le Roi par ſa Déclaration du mois de Juin
1671 , vérifiée au Parlement de Paris le 26. du même

mois de Juin , a voulu & ordonné, qu'il ne soit fait à l'a
venir aucun Etablissement de Religieux & Congréga
tions dans les Monasteres non réformez , ni être faits en
iceux Monasteres aucunes unions des Ordres desdits Re
ligieux & Congrégations , sans l'expresse permission &
Lettres de Sa Majesté , à peine de nullité.

Fondation d'une Messe basse en une Paroisse ,
acceptée par le Curé & les Marguilliers d'icelle.

FUrent présens   tous Marguilliers de l'Oeuvre & Fabrique de la Paroisse
de   assistez de   Curé
d'icelle Paroisse, d'une part ; & Maistre
d'autre part. Disant ledit sieur qu'il désiroit fonder en
icelle Paroisse une Messe basse de *Requiem* pour le repos de l'ame de défunt sieur de   son
pere , tous les Lundis de chacune semaine à perpétuité , & de faire mettre sur sa sepulture une tombe, &
qu'il fut mis & apposé une épitaphe à un pilier le plus
proche de ladite sepulture ; dans laquelle il seroit fait
mention de ladite fondation : & que pour tout il désiroit donner à ladite Oeuvre & Fabrique une somme
de mille livres une fois payée, & de payer les frais nécessaires pour lesdites tombe & épitaphe , & les mettre en place ; ce qu'il auroit communiqué ausdits sieurs
Curé & Marguilliers, lesquels en ayant conferé ensemble , sont convenus & demeurez d'accord de ce qui
ensuit : C'est à sçavoir que moyennant la somme de
mille livres que ledit sieur   a présentement
baillée & payée comptant en louis d'argent , &c. és
mains dudit sieur   Marguillier
comptable , qui dudit sieur   confesse
l'avoir reçue, dont, &c. quittant, &c. en conséquence de quoi lesdits sieurs Marguilliers , tant pour eux
que pour leurs successeurs esdites Charges , promettent & s'obligent de faire dire & célébrer en ladite

Eglife & Paroiffe de   une Meffe tous les Lundis de chacune femaine, à commencer du Lundi prochain à perpétuité, & de fournir de retribution pain, vin, luminaire, ornemens & autres chofes néceffaires ; & permettent audit fieur   de faire mettre & pofer lefdites tombe & épitaphe, ainfi qu'il eft ci-devant dit, à fes frais & diligences. Et outre fera fait mention de la préfente fondation fur le Martyrologe de ladite Eglife ; car ainfi, &c.

Fondation d'un Salut.

FUt préfente tres-haute, tres-illuftre, tres-excellente & tres-puiffante Princeffe Anne, par la grace Dieu, Reine de France & de Navarre, mere du Roi, d'une part : & RR. MM. toutes Religieufes Profeffes du grand Couvent des Carmelites du fauxbourg S. Jacques, à ce préfentes & acceptantes pour l'Hofpice dépendant dudit grand Couvent, ci-après déclaré, d'autre part. Difant madite Dame Reine que fuivant fes pieufes & devotes intentions, elle auroit réfolu de fonder un Salut du tres-augufte & tres-adorable Sacrement de l'Autel, en reconnoiffance & pour remercier Dieu des graces & bénédictions particulieres que Sa Majefté a reçues du Ciel pendant fa Régence, de la paix & du repos qu'il a plu à fa Divine Majefté & bonté de donner à ce Royaume, après tant d'années de guerres civiles & étrangeres, du mariage du Roi fon fils, & de la Reine fa niéce ; & de l'heureufe naiffance de Monfeigneur le Dauphin, & afin qu'il plût à Dieu de continuer à l'avenir les mêmes graces & bénédictions fur les Familles Royales, & de les maintenir en la bonne union en laquelle elles font à préfent : pour être dit & chanté tous les Dimanches de l'année à perpétuité, en la maniere ci-après déclarée. Et que pour ce Sadite Majefté auroit choifi l'Eglife de l'Hofpice que les Dames Religieufes ont en la rue du

Bouloir : de quoi les ayant madite Dame Reine fait
avertir, & qu'en confidération & pour l'entretenement
& frais de ladite fondation, Sa Majefté vouloit faire
don audit premier Monaftere de mille livres de rente
par chacun an auffi à perpétuité, à prendre fur le Domaine de Calais, qui lui a été délaiffé par le Roi pour
partie de fon douaire & de fes deniers dotaux, payable par les Fermiers préfens & à venir dudit Domaine
en cette Ville de Paris entre les mains & fous les quittances defdites Religieufes & leurs fucceffeurs. Ce
que Sa Majefté fe chargeroit de faire confentir &
agréer par le Roi par Lettres Patentes qui feroient vérifiées & regiftrées en la Chambre des Comptes.

Lefdites RR. auroient témoigné à madite Dame
Reine leur reffentiment de l'honneur qu'elle leur faifoit par ce choix, & qu'elles acceptoient avec joie ladite fondation : de forte que n'étant plus queftion que
de la rédiger par écrit, Sa Majefté & lefdites Religieufes ont fait & paffé le préfent contrat en la forme
qui enfuit.

C'eft à fçavoir que lefdites Reverendes Meres fe
font par ces préfentes chargées & obligées tant pour
elles que pour leurs fucceffeurs audit premier Monaftere de France, établies audit fauxbourg S. Jacques,
de dire & chanter au Chœur en l'Eglife de leur Hofpice de ladite rue du Bouloir, le Salut du tres-augufte S. Sacrement de l'Autel, de fondation Royale,
conformément aux intentions de fa Majefté ci-devant
exprimées, tous les Dimanches de l'année à perpétuité, fçavoir depuis le jour de Pâques, jufques au
premier Dimanche du mois d'Octobre de chacune année, à fix heures du foir, & depuis ledit premier Dimanche d'Octobre, jufques au jour de Pâques, à
quatre heures du foir ; à commencer le premier Dimanche prochain, auquel Salut le S. Sacrement fera
expofé en public, & fera chanté les Litanies du faint
Sacrement, ou du faint Nom de Jefus, au choix defdites Dames Religieufes, le *Pange lingua*, & une An-

tienne de l'Incarnation, une Oraison du tres-saint Sa-
crément, une Oraison de la sainte Vierge, une Oraison pour le Roi, une autre Oraison pour les Familles
Royales, & de fournir par lesdites Reverendes Meres,
de Prêtres, Ornemens convenables & autres frais &
choses nécessaires.

En confidération de laquelle fondation, & pour l'entretenement & frais susdits d'icelle, madite Dame Reine fait par ces présentes donation audit premier Mo-
nastere de ladite somme de mille livres par chacun an
à perpétuité, à prendre & assignée sur ledit Domaine
de Calais ; laquelle somme sera payée par les Fermiers
présens & à venir d'icelui en cette Ville de Paris entre les mains & sous les quittances desdites Reverendes
Meres, en deux payemens égaux, dont le premier échera au quinziéme jour de Novembre prochain, qui est
le jour auquel est payable la premiere demi-année de
la Ferme dudit Domaine de Calais, de la présente année suivant le bail fait d'icelui au Conseil de madite
Dame Reine, & après continuer de six mois en six
mois consecutivement comme dit est, sans que ledit
payement puisse être reculé & retardé, & ladite somme divertie ou diminuée sous quelque prétexte que ce
soit, attendu le juste & pieux motif pour lequel elle
est accordée ; à cette fin ladite somme sera employée
en la dépense des états des charges assignées sur ledit
Domaine, qui s'expediera par chacun an aux Chapitres des fiefs & aumônes, & ledit assigné, consenti
& agréé par le Roi par Lettres Patentes qui seront
vérifiées & registrées incessamment en ladite Chambre
des Comptes à la diligence & frais de madite Dame
Reine, car ainsi, &c. promettant, &c.

Fondation d'un Service annuel.

FUrent préſens Meſſire   Chapelas
Prêtre, Docteur en Théologie, Curé de l'Egliſe
Paroiſſiale de S. Jacques à Paris, y demeurant en ſa
maiſon Curiale de ladite Egliſe au cloître d'icelle,
au nom & comme executeur du teſtament & ordonnance de derniere volonté de défunt Meſſire
Chapelas, vivant Prêtre, Docteur en Théologie &
Curé de ladite Egliſe, reçu par   l'un des
Notaires ſouſſignez, le   jour de
d'une part ; &   tous Marguilliers de
l'Oeuvre & Fabrique de ladite Egliſe de S.
d'autre part : leſquelles parties ont dit, ſavoir ledit
ſieur Curé audit nom, que ledit défunt ſieur Chapelas auroit entre autres legs pieux ordonné par ſondit
teſtament être dit & célebré à perpétuité en ladite
Egliſe un *Obiit* par chacun an à pareil jour que celui
de ſon décès, ſemblable à ceux qui ſe diſent en ladite
Egliſe pour les feus ſieurs   Pourquoi il
auroit donné & légué à l'Oeuvre & Fabrique d'icelle
Egliſe la ſomme de   une fois payée,
requerant leſdits ſieurs Marguilliers d'accepter ladite
ſomme de   & de ſe charger pour eux &
leurs ſucceſſeurs de ladite fondation : & par leſdits
ſieurs Marguilliers étoit dit qu'ils ne ſe pouvoient
charger d'icelle fondation pour ladite ſomme de
& qu'elle ſeroit à charge à ladite Fabrique : joint qu'il
avoit été payé pour les fondations deſdits ſieurs
dès il y a long-tems cinq cens ſols, & que depuis ce
tems toutes choſes étoient encheries & les charges de
la Fabrique augmentées : Que néanmoins ils offroient
de ſe charger de ladite fondation moyennant pareille
ſomme de   en conſidération de la
mémoire & des ſervices dudit défunt ſieur Chapelas.
Sur quoi leſdits ſieurs Marguilliers ayant meurement

conferé & communiqué aux anciens Marguilliers &
principaux Paroiffiens de ladite Eglife, ont fait & accordé ce qui enfuit: C'eft à fçavoir que ledit fieur Curé
audit nom a préfentement baillé, payé, compté, nombré, & délivré aufdits fieurs Marguilliers ès mains
dudit fieur   de préfent en charge de
recette, préfens les Notaires, en louis d'argent & monnoie ayant cours, ladite fomme de   fçavoir
            provenant dudit legs, &   de fes déniers,
dont lefdits fieurs Marguilliers fe font ténus contens &
ont quitté & quittent ledit fieur Chapelas audit nom,
la fucceffion dudit défunt fieur Curé, fon légataire univerfel & tous autres; moyennant quoi iceux fieurs
Marguilliers audit nom, tant pour eux que pour leurs
fucceffeurs èfdites charges, promettent & s'obligent de
faire dire & célebrer dors-en avant par chacun an à
perpétuité, le   jour de   de chacune
année, qui eft pareil jour qu'eft decedé ledit feu fieur
Curé, heure de   le fufdit *Obiit*, ou Service
au Maitre-Autel de ladite Eglife, y faire affifter; outre
le Célebrant, Diacre & Soûdiacre, treize Prêtres &
les deux Enfans de Chœur de ladite Eglife, fournir les
Ornemens & poële de ladite Eglife à la repréfentation
fur la foffe dudit défunt, quatre cierges fur ledit maitre-Autel, quatre à la repréfentation avec la Croix &
Benîtier; la veille duquel jour ils feront dire dire Vigiles à neuf Leçons, & Laudes, & le jour les trois hautes Meffes accoûtumées, & ayant l'Introït de la derniere d'icelle, faire chanter *Vexilla*, & après l'*Agnus
Dei* de la derniere Meffe, faire chanter le *Domine non
fecundùm*, & en fin d'icelle dite derniere, fe tranfporter fur la tombe dudit défunt, & y faire dire le *Li-
bera* & Oraifons accoûtumées, & faire fonner la plus
groffe cloche de ladite Eglife pendant lefdites Vigiles
& Service. Pourquoi lefdits fieurs Marguilliers préfens & à venir, feront tenus de payer, délivrer, di-
ftribuer par chacun an, fçavoir à Monfieur le Curé
qui affiftera, tant pour fon droit d'affiftance, que pour

les trois Meſſes & tous autres droits ; quatre livres à
Monſieur ſon Vicaire , huit Chapelains , le Chefcier,
le Porte-Croix, Adminiſtrateur, & deux Clercs, chacun huit ſols,& pareille ſomme aux Diacre, Soûdiacre,
& à chacun des deux Enfans de Chœur quatre ſols ;
au Foſſoyeur pour mettre la ſuſdite repréſentation huit
ſols, aux Sonneurs pour toute ſonnerie trente ſols, &
pour le cierge d'Offrande , pain & vin huit ſols, &
pour le Clerc de l'Oeuvre qui avertira les plus proches
parens dudit défunt demeurans en ladite Paroiſſe , le
jour que ſe fera la célebration dudit Service ; & generalement fournir & payer toutes autres choſes néceſſaires, ſuivant & conformément aux Fondations & pareils *Obiit* faits pour les feus ſieurs   à commencer à célebrer ledit Service le   & ainſi
continuer d'année en année à pareil jour & heure, à
toujours, ſans aucune diſcontinuation ni interruption,
pour quelque cauſe que ce ſoit : à quoi faire leſdits
ſieurs Marguilliers audit nom, tant pour eux que pour
leurs ſucceſſeurs eſdites charges, ont obligé & obligent tous & chacuns les biens meubles & immeubles,
fruits & revenus de ladite Fabrique ; car ainſi promettant, &c. obligeant, &c. leſdits Marguilliers audit
nom renonçans , &c. Fait & paſſé à Paris au Bureau
de ladite Fabrique l'an 1704. le premier Mars avant
midi.

Accord fait en conſéquence d'une fondation compriſe dans un teſtament.

FUt préſent Philippe , &c. au nom & comme executeur du teſtament & ordonnance de derniere
volonté de défunt   lequel s'eſt adreſſé à
venerable perſonne Maiſtre Pierre , &c. Docteur en
Théologie, Curé de l'Egliſe, &c. & aux honorables
hommes , &c. à préſent Marguilliers de l'Oeuvre &
Fabrique de ladite Egliſe, auſquels il a propoſé que

ledit défunt par son testament reçu & passé pardevant &c. Notaires, le   jour   a ordonné qu'il soit fondé en ladite Eglise à perpetuité par chacune année, le vingt-uniéme jour de Décembre, Fête de S. Thomas Patron dudit défunt, une Messe haute à Diacre & Soûdiacre, avec les Prieres & Oraisons accoûtumées pour les Trépassez, suivant l'article dudit testament, dont la teneur ensuit. (*Il faut mettre en cet endroit l'article du testament où il est fait mention du legs*) Lequel testament ledit sieur Philippe a montré & communiqué ausdits sieurs Curé & Marguilliers, & leur en auroit baillé copie ; sur quoi ils auroient fait assembler les anciens Marguilliers de ladite Eglise ; & après en avoir conferé plusieurs fois, ils ont résolu & déliberé d'accepter ladite fondation, selon l'article dudit testament ; ainsi qu'il ensuit : C'est à sçavoir que lesdits sieurs Curé & Marguilliers se sont chargez & se chargent par ces présentes, ont promis & promettent, tant pour eux que pour leurs successeurs, de faire dire, chanter, &c. & pour ce fournir, &c. pour laquelle fondation & pour l'entretenement d'icelle, ledit sieur testateur a constitué, assis & assigné ausdits sieurs Curé & Marguilliers de ladite Eglise, la somme de   livres de rente annuelle & perpetuelle, à prendre specialement sur une maison sise à Paris, &c. louée, &c. par les mains des locataires d'icelle, qui en seront chargez par leurs baux, par chacun an, à commencer le payement, &c. le tout suivant & conformément audit testament, & à laquelle rente de   ledit Philippe, suivant la charge & le pouvoir qu'il en a des héritiers dudit défunt, y a obligé, affecté & hypothequé tous les biens du testateur, & specialement ladite maison appartenante à la succession dudit défunt fondateur. Sera ladite fondation écrite au Martyrologe de ladite Eglise ; & feront lesdits sieurs héritiers, si bon leur semble, mettre une épitaphe qui contiendra par extrait ladite fondation, en tel endroit de ladite Eglise qu'ils aviseront ; car ainsi, &c.

Des Protêts de Lettres de Change.

PRotêt est un acte qui se fait à la requête du porteur d'une Lettre de Change, lorsque celui sur qui elle est tirée, fait difficulté de l'accepter ; pour avoir ensuite son recours sur le tireur, par lequel il proteste du change, rechange, & de tous ses dépens, dommages, interêts, ausquels le tireur ne peut manquer d'être condamné.

Il y a deux sortes de Protêt, l'un faute d'acceptation, & l'autre faute de payement.

A l'échéance des Lettres, quand elles ont été acceptées, ou qu'elles sont tirées à jour nommé, à une ou deux usances, ou en payement, ou à lettre de vûe.

Les Protêts faute d'accepter, doivent être faits dans le même tems que l'on présente la lettre, & que celui sur qui elle est tirée refuse de l'accepter, soit pour le tems, ou pour les sommes portées par les lettres, ou défauts de lettres d'avis ou de provision.

Les protêts faute de payer toutes sortes de Lettres de Change tirées à jour nommé, à usance, ou double usance, doivent être faits dans les dix jours de faveur, à compter du lendemain de l'échéance des Lettres.

Protêt de Lettre de Change faute d'accepter.

Nota, *Il faut transcrire la Lettre de Change en tête de l'Original de l'Exploit & de la copie, suivant l'Ordonnance de 1673. tit. 5. art. 9.*

L'An mil sept cent   le   jour de   avant midi, à la requête dudit   demeurant à   rue   Paroisse de   où il fait élection de domicile ; J'ai   Huissier à demeurant à   rue   Paroisse de soussigné, sommé & interpellé ledit   en son domicile à   rue   Paroisse de parlant à   d'accepter présentement pour payer à son écheance la Lettre de Change dont copie est ci-devant transcrite, l'Original de laquelle je lui ai à cette fin exhibé & représenté, en parlant comme dessus, ce qu'il a refusé faire ; pour lequel refus je lui ai déclaré que ledit   renvoiera ladite Lettre de Change sur les lieux, prendra pareille somme de   y contenue, & change & rechange de place en place, aux risques, périls, fortunes, dépens, dommages & interêts de qui il appartiendra, & protesté pour ledit de tout ce qu'en pareil cas appartient ; & laissé copie tant de ladite Lettre de Change que du présent, en présence & assisté de   Praticien au Châtelet, demeurant à Paris, rue   Paroisse de & de   *Idem.*

Si la partie fait réponse, la recevoir & lui faire signer: prendre sa réponse pour refus, & suivre son Exploit.

Autre Protêt faute de payement.

Transcrire la Lettre de Change en tête de l'Original de l'Exploit & de la copie, & les ordres.

L'An mil sept cens   le   jour de   a midi, à la requête de   Marchand à Paris, y demeurant rue   Paroisse   où il fait élection de domicile, porteur de la Lettre de Change, & ayant l'ordre au dos d'icelle ci-devant transcrite ; J'ai Pierre   Huissier à   demeurant à   rue   Paroisse de   soussigné, sommé & interpellé ledit   débiteur de ladite Lettre de Change comme l'ayant acceptée en son domicile à   où je me suis exprès transporté avec mes témoins ci-après nommez, distant de nos demeures ordinaires de   lieues, en parlant à   de bailler & payer présentement audit   ou à moi Huissier pour lui, la somme de   contenue en ladite Lettre ; aux offres que je fais de lui remettre icelle en faisant ledit payement bien & dûement quittancée : lequel de payer ladite somme de à été refusant, pour lequel refus je lui ai déclaré que ledit   renvoiera ladite Lettre de Change sur les lieux, prendra de l'argent de place en place, payera le change & rechange, le tout aux risques, périls, fortunes, dépens, dommages & intérêts dudit & des endosseurs de ladite Lettre de Change, & protesté contre eux de tout ce qu'en pareil cas appartient : & afin qu'il n'en ignore, je lui ai laissé copie de ladite Lettre de Change, ordres étant au dos d'icelle, & du présent, en présence & assisté de   Praticien au Châtelet, demeurant rue   Paroisse de & de   aussi Praticien audit lieu, y demeurant rue   Paroisse de   témoins menez exprès avec moi à l'effet du présent qu'ils ont signé, & la copie laissée, les an & jour susdits.

Et cependant, à leurs risques, périls, fortunes & dépens, attendu que le porteur ne connoît quant à présent leurs demeures, & sans préjudicier à ses droits, vû le refus de payer ; j'ai Huissier susdit & soussigné, donné Assignation audit en parlant comme dessus, à comparoir demain Mercredi, deux heures de relevée, en la Chambre & pardevant Messieurs les Juge & Consuls de Paris en leur Auditoire, pour se voir condamner & par corps à payer ladite somme de avec intérêts & dépens du présent & de l'Instance, sauf & sans préjudicier aux droits & actions du Demandeur, ainsi qu'il est dit.

Il faut donner jour & heure certains & competens.
Nota. *Cet Exploit se fait ainsi quand on ne veut pas renvoyer ladite Lettre de Change, comme il arrive souvent.*

Dénonciation de Protêt au dernier endosseur.

Transcrire, comme dit est, ladite Lettre de Change, ordre & Protêt dans la copie, & mettre l'Original de la Dénonciation au pied de celui du Protêt, &c.

ET le dudit mois de a midi, audit an mil sept cens en vertu, à la requête, pareille élection de domicile, & continuant tout ce que dessus ; J'ai Huissier à demeurant à rue Paroisse assisté de mes témoins soussignez, signifié, dénoncé & baillé copie de ladite Lettre de Change & ordres étant au dos, & Protêt ci-devant transcrits, à Marchand à en son domicile audit lieu, rue parlant à 1* dernier endosseur & garant du demandeur de ladite

Ordonnance de 1673. tit. 5. des Lettres & Billets de Change art. 4.

Lettre de Change, à ce qu'il n'en ignore ; lequel parlant comme deſſus, j'ai ſommé & interpellé de préſentement bailler & payer audit   demandeur, ou à
moi pour lui la ſomme de   contenue en ladite
Lettre de Change, dommages, intérêts d'icelle, change & rechange, enſemble les frais de voyage, du Protêt & du préſent, aux offres que je fais de lui rendre
ladite Lettre quittancée & Protêt, pour ſe pourvoir
contre qui & ainſi qu'il aviſera bon être : lequel a re-
fuſé faire, 2* pour lequel refus je lui ai déclaré que
le demandeur ſe pourvoira à l'encontre de lui & autres qu'il appartiendra, prendra argent, & change &
rechange en tous lieux, aux riſques, périls, fortunes,
dépens, dommages & intérêts de qui il appartiendra ;
pour raiſon de quoi j'ai fait toutes proteſtations requiſes & néceſſaires par ce préſent, duquel j'ai laiſſé copie avec autant de ladite Lettre de Change, ordre
étant au dos & Protêt ci-devant tranſcrits, en préſence, &c.

   1*. Si c'eſt à la campagne, mettre la diſtance du lieu
d'où l'Huiſſier ſe tranſporte.

   Nota, Si le dernier ou autre Endoſſeur eſt refuſant de
payer, on peut à l'inſtant de ſon refus l'aſſigner pardevant les Sieurs Juge & Conſuls, pour être condamné &
par corps à payer le contenu en la Lettre de Change,
avec intérêts & dépens ; & lui donner copie de la Lettre
& des Endoſſemens, Protêts, & de l'Exploit.

   2*. Ou bien : Lequel obtempérant, & pour éviter
à frais, & ſauf ſon recours contre ſes Endoſſeurs &
autres qu'il aviſera, m'a baillé & payé préſentement
ladite ſomme de   pour le contenu en ladite
Lettre de Change, & celle de   pour l'intérêt,
change & rechange ; ledit Protêt & frais de voyage,
& du préſent ; & pour lui ſervir de quittance & décharge deſdites ſommes, je lui ai rendu & remis ès
mains ladite Lettre de Change, Original dudit Protêt

têt, & copie du présent, qui ne serviront ensemble que
d'une seule & même quittance, & pour ladite somme, en présence & assisté de   &c.

Nota, *Quand le Protêt est fait & dénoncé, le por-*
teur de la Lettre de Change peut prendre argent de pla-
ce en place, & change & rechange, fournissant une Let-
tre de Change payable en la même ville d'où celle protestée
est tirée; & comprendre la somme principale de ladite
Lettre, les frais du Protêt, du voyage s'il y en a, la pro-
vision, le courtage & le prix du nouveau change. Édit
du Commerce, tit. 6.

Exemple. *La Lettre est de 2000 livres tirée de Lyon,*
payable à Paris : les frais du Protêt sont d'ordinaire,
quand l'Huissier ne se transporte point hors de Paris, de
trente sols : la provision à $\frac{1}{3}$ pour cent, 6. livres 16. sols
4. deniers : le courtage $\frac{1}{8}$ pour cent, 2. liv. 10. sols : &
si le prix du nouveau change est communément à $\frac{1}{2}$ pour
cent, pour les payemens les plus prochains, 30 liv. 2. sols
11. deniers; font ensemble 2040 liv. suivant ledit Édit
susdaté.

Nota. *Quand une Lettre de Change est payable à 1.*
2. ou autres usances, les usances sont de trente jours cha-
cune, encore que les mois ayent plus ou moins de trente
jours. Ordonnance de 1673. Titre des Lettres & Billets
de Change, art. 5.

✴✴✴✴✴✴✴✴✴✴✴✴✴✴✴✴✴✴✴✴✴✴

CHAPITRE XV.

Des Conventions.

Convention est le consentement volontaire de deux ou de plusieurs personnes
sur une même chose.

Les Conventions ont un nom ou une cause, & en ce cas elles obligent civilement & naturellement ceux qui les paſſent, ou bien elles ſont ſimples, c'eſt-à-dire ſans nom & ſans cauſe; alors elles n'obligent que naturellement.

Convention pour l'exercice d'une Charge d'Archer.

FUt préſent Guillaume, &c. Archer Sergent au Châtelet de Paris, ſous la charge de Monſieur le Lieutenant Criminel de Robe-courte; demeurant rue &c. lequel ſous le bon plaiſir dudit ſieur Lieutenant, a permis & permet par ces préſentes à André, &c. demeurant rue, &c. à ce préſent & acceptant, de faire pour & au lieu dudit Guillaume le ſervice de ſadite Charge d'Archer ſuſdit; ce que ledit André promet & s'oblige de faire par ces préſentes tant qu'il plaira audit Guillaume, à commencer au premier jour de Janvier prochain: pour cet effet d'obéir à tout ce que ledit ſieur Lieutenant Criminel commandera, en telle ſorte que ledit Guillaume n'en reçoive aucune plainte ni reproche. Cette convention ainſi faite moyennant & à raiſon de la ſomme de cinquante livres l'année; que ledit Guillaume promet de bailler & payer audit André ou au porteur, &c. aux quatre quartiers accoutumez également, dont le premier quartier & jour de payement échéra au dernier jour de Mars auſſi prochain, & continuer de là en avant ledit payement de quartier en quartier après enſuivant, tant & ſi longuement que ledit ſervice durera: Au moyen de quoi ledit Guillaume touchera & recevra à ſon profit tous les gages attribuez à ſondit Office; car ainſi, &c. promettant, &c. obligeant, &c. renonçant, &c.

Convention pour la direction & œconomie d'une Académie Royale.

FUt préfent Cefar, &c. Ecuyer de la grande Ecurie du Roi, tenant fon Académie Royale rue, &c. d'une part ; & Alexandre, &c. demeurant rue, &c. d'autre part : lefquelles parties font convenues, entre elles de ce qui fuit ; c'eft à fçavoir que ledit Cefar a baillé & accordé audit Alexandre ce acceptant pour fix années prochaines & confecutives, à compter de ce jourd'hui, la direction, œconomie & entiere conduite de fa maifon & affaires, & lui donne par ces prefentes tout pouvoir, puiffance & procuration generale & fpeciale, de pour & au nom dudit fieur Cefar conftituant, demander & recevoir fous fes quittances & fous celles de lui Alexandre tous les deniers qui lui font & feront ci-après dûs pour les penfions & exercices de fes écoliers, & autrement par quelque perfonne & pour quelque caufe que ce foit. Pour cet effet ledit fieur Cefar lui fournira fefdites quittances à mefure qu'il les lui demandera ; & fi befoin eft, fera ledit Alexandre en tel temps & pour tel prix que bon lui femblera, les achats neceffaires pour la fourniture de ladite maifon dudit fieur Cefar, y employera les deniers de fa recette : Et s'ils ne fuffifent, lui fera loifible de fuppléer au défaut, & de faire de fes deniers propres & particuliers les avances, defquelles il fe rembourfera par préférence à qui que ce foit fur les premiers qu'il touchera enfuite pour ledit fieur Cefar en vertu defdites préfentes. Et à ces fins icelui Cefar ne pourra, fous quelque prétexte que ce foit, donner en payement de ce qu'il doit jufques à ce jour à perfonne quelconque les promeffes & billets qui lui feront faits pour lefdites penfions & exercices de fes écoliers, fans le confentement par écrit dudit Alexandre, parce que lui feul a dès à préfent tout le

droit dudit Cefar pour les recevoir & en difpofer aux
fins fufdites ; car autrement il n'auroit accepté ladite
œconomie. Pour connoître l'état de laquelle œconomie de temps en temps, ledit fieur Cefar fera tenu
d'arrêter les comptes que ledit Alexandre lui prefente-
ra toutefois & quantes qu'il l'en requerra. Et en confideration des peines & foins qu'icelui Alexandre prendra au fait & exercice de ladite œconomie, ledit fieur
Cefar lui a pareillement accordé & promis payer par
chacune defdites fix années la fomme de deux mille
livres pour fes appointemens : Et outre ce de le nourrir & loger avec fa femme & famille dans fadite maifon en un appartement raifonnable & honnête felon fa
condition, fans qu'il le puiffe contraindre en quelque
forte & maniere que ce foit avant le fufdit temps expiré d'en fortir, ni de quitter ladite adminiftration
& œconomat, à peine de fix mille livres qu'il fera
obligé & contraint de payer en pure perte pour lui,
fçavoir moitié audit Alexandre pour fes dommages &
interêts, & l'autre moitié à l'Hôpital General de Paris : Et encore à la charge par ledit Cefar de rembourfer audit Alexandre toutes les avances qu'il aura faites,
& de lui payer tous les appointemens qui lui en feront dûs ; avant qu'il puiffe être reçû à dire ni propofer aucune chofe contre ledit Alexandre, qui autrement & fans cette claufe expreffe n'auroit non plus
accepté ledit œconomat : mais fi ledit Alexandre defi-
roit le quitter & s'en retirer avant l'expiration dudit
temps, il le pourra faire quand bon lui femblera : Ce
faifant, ledit Cefar fera tenu de lui payer auffi tout ce
qui lui fera dû defdits appointemens & avances ; car
ainfi, &c. *élection de domicile de part & d'autre.*

Convention faite au sujet du recouvrement d'une dette difficile à faire payer.

FUt préſent Etienne , &c. lequel tant en conſideration des moyens que Barthelemi , &c. à ce préſent lui a donnez , & eſpere avoir encore de lui ci-après pour lui faciliter le recouvrement de la ſomme de vingt mille livres que Monſieur le Marquis de , &c. lui doit en deux parties , l'une de ſept mille cinq cens vingt-cinq livres quatorze ſols d'une part , qu'il a payées en ſon acquit & à ſa priere à François , &c. André , &c. & autres particuliers auſquels il en étoit débiteur , pour fourniture qu'ils ont faites pour la ſubſiſtance de ſa maiſon , ſuivant les certificats de ſon Maître d'Hôtel , & ordonnances dudit ſieur Marquis pour en faire le payement , écrites au bas deſdits certificats , & douze mille quatre cens ſoixante-quatorze livres ſix ſols d'autre , qu'il a auſſi payées pour ledit ſieur Marquis *à tels & tels* , auſquels il la devoit , tant pour leurs gages que pour autres fournitures qu'ils ont pareillement faites pour lui , ſuivant les certificats de ſondit Maître d'Hôtel , que des pourſuites qu'il promet & s'oblige de faire à ſes dépens juſques à diffinitive & entiere execution : A ce ſujet ledit ſieur Etienne a par ces preſentes accordé & remis audit Barthelemi ce acceptant , la moitié de ladite ſomme de vingt mille livres ou de ce qui en proviendra , de laquelle moitié ledit Etienne lui en fait par ceſdites preſentes , ceſſion & tranſport ſans aucune garantie , reſtitution de deniers ni recours quelconques , en quelque ſorte & maniere que ce ſoit , pour la recevoir conjointement & concurremment avec ledit Etienne , à meſure que le payement de ladite dette ou de partie d'icelle s'en fera. Et ſi par l'évenement il arrive que l'on ne puiſſe rien touc   recouvrer de ladite dette , ledit Barthelemi ne   prétendre aucune repetition des frais qu'il aura faits à ladite poursuite contre ledit Etienne, lequel en demeurera déchargé, & de fait ledit Barthelemi le quitte & décharge dès-à-présent purement & simplement, & promet de l'en acquitter envers tous les Procureurs qui auront occupé aux poursuites dudit recouvrement, sans laquelle condition le présent acte n'auroit été fait ; car ainsi a été accordé entre lesdites parties, & que ledit sieur Etienne ne pourra en façon quelconque traiter ni composer de ladite dette en tout ni partie, ni en faire aucune cession & transport à qui que ce soit, sans le consentement par écrit dudit Barthelemi, promettant, &c. obligeant, &c. chacun en droit soi, &c. renonçant, &c. Fait & passé, &c.

Convention d'une Charge de Lieutenant d'Infanterie.

FUrent présens Dupont Lieutenant au Regiment de, &c. d'une part, & Courtet, Ecuyer, assisté, &c. de l'avis de sa mere & tutrice, d'autre : lesquels ont reconnu avoir accordé ce qui ensuit : c'est à sçavoir que ledit sieur Dupont a présentement mis ès mains dudit sieur de Courtet sa démission qu'il a passée par-devant les Notaires soussignez, de sa Lieutenance audit Regiment, en faveur dudit sieur Courtet : pour par ledit sieur Courtet s'en faire agréer & en obtenir les lettres nécessaires, & en jouir du   moyennant, &c. à quoi ils ont composé pour la récompense dudit sieur Dupont de ladite démission ; en déduction de laquelle ledit sieur Courtet confesse avoir reçu de ladite mere, qui lui a baillé en l'aquit dudit sieur son fils, & à sa priere en ladite qualité de sa tutrice, en louis d'or la somme de   dont, &c. quittant, &c. & le restant montant à   ladite Dame s'oblige audit nom, même en son propre & privé nom solidairement, de le bailler & payer audit sieur Dupont,

dans   fans intérêts jufques à ce tems. De laquelle
fomme de   ladite Dame répond & fait
fa dette en fon privé nom folidairement, fans divifion,
difcuffion, & fidejuffion. Et en cas que ledit fieur
Courtet foit refufé d'être reçu à ladite Lieutenance,
la préfente convention demeurera nulle fans dommages & intérêts. Et fera tenu ledit fieur Courtet de rendre audit fieur Dupont inceffamment fadite démiffion,
& ledit fieur Dupont à ladite Dame auffi inceffamment ladite fomme de   élifant
leurs domiciles , &c.

Convention pour nourriture & logement.

FUt préfente Jacqueline , &c. veuve de feu , &c.
demeurant rue, &c. laquelle a promis & promet par ces préfentes à Nicolas , &c. *de tel état*, demeurant rue , &c. à ce préfent & acceptant , de le
nourrir avec elle & fa famille honnêtement felon fa
condition , & à cette fin de lui fournir chacun jour
pour fes alimens de bouche, pain & viande fuffifam-
ment, chopine de vin au dîner & autant à fouper,
feu & chambre garnie & lumiere , à commencer
demain *tel jour*. Et auffi de lui fournir tout le linge de table neceffaire & draps du lit, moyennant
la fomme de fix cens cinquante livres l'année, que
ledit Nicolas fera tenu, promet & s'oblige de bailler
& payer par avance à ladite Jacqueline fon hôteffe en
quatre payemens égaux de trois mois en trois mois,
reconnoiffant ladite Jacqueline avoir reçû comptant
dudit Nicolas la fomme de   pour le premier quartier de payement de fadite penfion & logement, dont, &c. quittant, &c. Le fecond payement par avance échéra d'hui en trois mois prochains ;
& ainfi continuer à payer ladite penfion par avance de
trois mois en trois mois après enfuivans tant & fi longuement que ladite Jacqueline le nourrira & logera .

comme dit est, à condition aussi que ledit Nicolas se rendra en ladite maison de ladite Jacqueline aux heures ordinaires pour prendre ses repas, & fera le soir sa retraite à heure dûe, sans que ledit Nicolas puisse être tenu de payer aucune chose pour les serviteurs & servantes de ladite Jacqueline, ni aussi qu'elle le puisse obliger d'en prendre pour le servir. Et ne durera la presente convention qu'autant de temps que les parties le desireront ; c'est pourquoi leur sera loisible respectivement de s'en désister quand bon leur semblera, en avertissant l'un l'autre quinze jours auparavant, moyennant quoi n'y aura aucuns dépens, dommages ni interêts à prétendre de part ni d'autre, en payant toutefois ce qui se trouvera être lors dû de part ou d'autre pour raison desdites nourritures & logement ; car ainsi, &c. promettant, &c. obligeant chacun en droit soi, &c.

DES CERTIFICATS.

CErtificat est un témoignage que l'on rend par écrit d'une chose. On fait des Certificats pardevant Notaires de differentes sortes, afin de servir en cas de besoin.

Les Certificats qui se donnent le plus ordinairement, sont qu'un garçon n'a jamais été marié, qu'un homme est décedé, ou est actuellement vivant.

Certificat qu'un garçon n'a point été marié.

AUjourd'hui est comparu, &c. Jacques demeurant à Ambroise lequel a certifié que René est garçon, & n'a jamais été marié ; & qu'ainsi le sixiéme qui lui appartient en la maison située à rue dont ledit sieur Ambroise s'est rendu adjudicataire ce jourd'hui, n'est chargé d'aucun douaire, soit préfix ou coûtumier ; sur la sureté duquel présent certificat, ledit sieur Ambroise demeurant à ce présent, déclare qu'il a fait l'acquisition de ladite maison, sans lequel il ne l'auroit point fait ; s'obligeant ledit Jacques, en cas qu'il se trouvât le contraire de ce qu'il certifie ci-dessus, de rembourser audit sieur Ambroise la somme de à quoi monte le sixiéme dudit sieur René en ladite maison, dont il fait sa propre affaire, à quoi il oblige tous ses biens présens & à venir. Et pour l'execution, &c.

Certificat qu'un homme est decedé.

AUjourd'hui sont comparus pardevant les Notaires, &c. Gabriel, &c. demeurant à, &c. & Philippes, &c. demeurant à, &c. lesquels sur la requête & sommation verbale qui leur a été présentement faite par Lucas, &c. demeurant à, &c. pour ce comparant, ont volontairement dit & declaré, certifié & attesté à tous qu'il appartiendra, juré & affirmé en leurs ames pardevant lesdits Notaires soussignez la verité être telle qu'ils ont eu bonne & entiere connoissance de défunt Antoine, &c. vivant de tel état, & qu'ils sçavent certainement que ledit Antoine est decedé en tel lieu au mois de de telle maladie, & qu'il a été enterré & inhumé en tel cime-

tiere, ou Eglife, ou autre lieu, dont, & de tout
ce que deffus ledit Lucas, &c. a requis acte aufdits
Notaires qui lui ont octroyé le prefent pour lui fervir
& valoir & à qui il appartiendra ce que de raifon. Ce
fut ainfi fait, reconnu & octroyé, comme deffus eft
dit. A Paris, &c.

Autre Certificat.

AUjourd'hui eft comparu Louis, &c. demeurant à, &c. lequel fur la requête & fommation
verbale qui lui a été préfentement faite par Maître
Emmanuel à ce prefent & comparant, a dit & déclaré,
certifié & atteſté, juré & affirmé en fon ame pardevant
leſdits Notaires à tous ceux qu'il appartiendra, la
vérité être telle, que ledit fieur Emmanuel, &c. eft
feul & unique heritier de feu Joſeph, &c. fon pere,
vivant, &c. & qu'icelui défunt n'a point laiffé d'autres hoirs ni heritiers que ledit fieur Emmanuel fon
fils, dont & de tout ce que deffus, ledit fieur Emmanuel a requis acte, octroyé, *comme deffus.*

CHAPITRE XVI.

Des Contrats de Mariage.

LEs contrats de mariage font les actes
les plus confidérables que l'on puiffe
faire parmi nous: les François leur ont donné toute la faveur que les Romains donnoient
aux teftamens: ils ont crû qu'il valoit mieux
fonger à la confervation des familles, qu'à

satisfaire aux volontez des mourans, souvent
suggerées, ou mal expliquées : ils les ont rendus susceptibles de toutes sortes de clauses in-
serées à l'avantage des mariées, des donations entre vifs, ou à cause de mort, des substitutions, des institutions d'heritiers, de dérogation aux Coûtumes dans lesquelles se font
les mariages, &c.

Toutes ces raisons engagent les parties,
qui contractent, de faire une grande attention sur les clauses qui y sont contenues, parce
qu'il ne leur sera plus libre d'y déroger en la
moindre chose, ni de se faire dans la suite
l'un à l'autre aucun avantage dans les Coûtumes qui le défendent. C'est une loi qu'ils
s'imposent à eux-mêmes & à tous leurs descendans.

Remarques & Observations au sujet des Contrats de mariage.

LA premiere chose que l'on doit y con-
siderer, c'est la qualité des parties ; c'est
à-dire si elles traitent de leur propre autorité, ou de celle d'autrui, car les personnes mineures de vingt-cinq ans ne peuvent valablement contracter mariage sans l'autorité de
leur pere ou de leur tuteur, si ce n'est en Normandie, où l'on est majeur à vingt ans.

La seconde est de sçavoir sous quelle Coûtume les parties veulent que les conventions

de leur mariage foient reglées, parce que dans la plûpart les mariez font communs en leurs biens meubles, & acquifitions immeubles fai-tes durant leur mariage.

En quelques autres, les femmes n'ont point de communauté de biens avec leurs maris, comme en Normandie, & en tous les lieux qui font gouvernez felon les Loix Romaines, comme la Gafcogne, le Languedoc, le Lion-nois, & autres pays de droit écrit; & lorf-que l'on veut y contracter cette communauté de biens, l'on conçoit l'article en ces termes, (*les futurs époux feront uns, & communs en tous biens meubles, & conquêts immeubles,*) & le re-fte comme il eft ftipulé dans les contrats de mariage ci-après.

Quand cette communauté eft contractée, felon la Coûtume de Paris, elle emporte auffi communauté des dettes mobiliaires dûes au-paravant le mariage, par les futurs époux, & lorfque l'on n'en veut pas être tenu l'un pour l'autre, l'on ajoûte à cette premiere claufe celle-ci (*ne feront néanmoins lefdits fu-turs époux tenus des dettes l'un de l'autre, faites avant leurs époufailles, &c.*

L'on parle enfuite des biens de l'un & de l'au-tre des futurs époux. Quant à ceux du mari, s'ils confiftent en héritages, rentes, ou Offices, lefquels il n'entend point entrer en commu-nauté, il eft inutile d'en parler, parce que re-gulierement toutes ces chofes lui demeure-ront propres; mais s'il en veut mettre quel-

que chofe en communauté, ce qui ne fe fait
pas d'ordinaire, il faut en faire mention.

S'il y a des meubles, ou autres chofes mobiliaires, comme deniers comptans, ou promeffes & obligations, & que l'on veuille que
cela entre en communauté, il n'eft pas befoin d'en parler, parce que lefdits effets mobiliaires y entrent; mais fi le futur époux fe
les veut referver propres, il en faut parler
néceffairement en ces termes : *Tous les biens*
meubles, deniers comptans, dettes actives & au-
tres chofes mobiliaires appartenantes audit futur
époux, lui feront & demeureront propres, ainfi
que fes immeubles, & aux fiens de fon côté &
ligne : Et à cet effet fera fait inventaire defdits
biens & chofes mobiliaires en la préfence de la-
dite future époufe, ou de celui qui ftipulera pour
elle, fi aucun y a, auparavant ledit futur ma-
riage.

Ces mots (*de côté & ligne*) font confidérables, parce que s'ils n'étoient point couchez
dans tel contrat, & qu'il n'y eût qu'au futur
époux & aux fiéns, ce mot de *fiens* fe borne
aux enfans du mariage, en forte que fi le pere decedoit laiffant enfans, & que tous lefdits
enfans mouruffent avant leur mere, ladite
mere comme héritiere des meubles de fes
enfans fuivant la Coûtume de Paris, art. 311.
& 315. fuccederoit à ces meubles & chofes
mobiliaires, quoique ftipulées propres à leur
pere, & qui leur feroient échûes par fon décès, lefquels, après le décès defdits enfans fe-

roient réputez meubles, nonobstant la stipulation de propre, parce que ladite stipulation n'étant qu'une fiction, pour faire changer les choses de nature, elle ne s'étend point au delà des personnes pour lesquelles elle est faite; mais ces mots (*de côté & ligne*) comprenans tous les parens paternels des enfans, operent une exclusion perpetuelle de la mere: si ce n'étoit que les enfans mourussent sans aucuns parens paternels, auquel cas elle leur succederoit entierement à l'exclusion du fisc. La même chose a lieu à l'égard du pere pour les biens mobiliaires stipulez propres à la mere, & depuis échûs aux enfans, le pere les survivant. De cela il y a Arrêt prononcé en robes rouges par Monseigneur le President de Harlay, à la prononciation de Noel 1580, portant que l'appropriation stipulée ne sera transmissible, & n'aura lieu à l'égard des parens ou héritiers collateraux de la femme.

Après que l'on a parlé des biens du futur époux, l'on parle de ceux de sa future épouse: si elle est maitresse de ses actions, on lui fait déclarer, par le contrat, en quoi ils consistent, avec promesse de les apporter à son futur époux, dans la veille de leurs épousailles, soit deniers comptans, meubles, papiers: Si au contraire elle est sous la puissance de son pere, ou d'un tuteur, ne voulant exprimer quels sont les biens de la fille, l'on met que le futur époux la prendra avec ses biens & droits qui lui sont échûs par le décès

de fes pere & mere , ou autrement, defquels
à cet effet lui fera rendu compte quand il en
fera requis : & quand ledit futur époux n'en
eft pas bien informé, l'on fait dire en quoi
fefdits biens & droits confiftent.

Quelquefois , & particulierement quand le
pere ou la mere, étant en veuvage , marie fa
fille, & qu'elle ne veut pas s'engager à une
reddition de compte , fi le futur époux defire être certain de ce que la fille doit avoir
en mariage , le pere ou la mere promet une
fomme, ou autre chofe précife , que l'on dit
être pour le droit fucceffif mobiliaire & immobiliaire , fruits & revenus d'iceux , avenus
& échûs à la future époufe par le décès de
fes pere ou mere , fi tant fe montent , finon
le furplus en avancement d'hoirie , venant
par ladite future époufe à la fucceffion de fefdits pere & mere furvivans.

Cette claufe n'empêche pas la future époufe de pouvoir demander compte, quand bon
lui femble , après fon mariage ; mais comme
ordinairement on lui donne plus que fon bien,
l'on fe garantit de la peine de rendre ce
compte par la claufe qui enfuit (*fans que lefdits futurs époux puiffent demander aucun compte ni partage de la fucceffion échûe à la future
époufe , qu'en rendant , ou rapportant au préalable audit pere la fomme, ou ce qui lui a été fourni pour fa dot.*)

Pour diftinguer après le décès du furvivant, ce qui a été donné par ce moyen, fur la-

dite fucceſſion, il faut qu'il ait été rendu compte de ce qui exiſtoit lors du décès du pre- mier mourant.

Quand les pere & mere marient leurs en- fans, ce qu'ils leur donnent en mariage eſt réputé donné ſur leurs futures fucceſſions, enforte qu'après le décès du premier mou- rant, il en faut rapporter la moitié, ou moins prendre ; & l'autre moitié ne ſe rapporte qu'après le décès du dernier mourant, avec les fruits, intérêts au denier 20. de chacune moitié du jour du décès, ſelon l'article 309. de la Coûtume de Paris.

Quelquefois, mais rarement, on ſtipule que toute la ſomme s'imputera ſur la premiere fucceſſion à écheoir, auquel cas il faut égaler tous les autres enfans à ce qui a été donné en mariage, auparavant que la mariée y puiſſe rien prétendre.

De plus il eſt à obſerver, que ſi en la fuc- ceſſion à laquelle ſe doit faire le rapport, il ne ſe trouvoit pas aſſez de bien pour égaler audit rapport les autres enfans, du moins juſ- ques à la concurrence de leur légitime, celui qui a été avantagé eſt obligé de parfaire la- dite legitime ſur ce qu'il a eu, ſuivant l'ar- ticle 307. de la Coûtume de Paris, quand même il n'auroit eu que de l'argent comptant. Ce qui eſt une explication dudit article 307. laquelle legitime eſt la moitié de telle part & portion que leſdits enfans euſſent eu cha- cun, ſi celui de la fucceſſion duquel il eſt

queſtion, n'eût point diſpoſé par donation,
ou autrement, ſur le tout déduit les dettes
& les frais funeraires, ſuivant l'article 298.
de la même Coûtume.

On parle enſuite de ce qui entrera en la
communauté du bien de la fille, dont ordinairement & par un long uſage, on y met les
deux tiers, ou la moitié de ſes deniers dotaux;
l'on ſtipule que le ſurplus lui demeurera propre, aux ſiens & à ceux de ſon côté & ligne,
ainſi qu'il a été dit ci-deſſus à l'égard dudit
futur époux. Souvent l'on oblige le futur
époux d'employer les deniers ainſi ſtipulez
propres, en acquiſition d'héritages ou rentes, ce qui néanmoins ne ſert pas plus que ces
mots (*de coſté & ligne*) pour exclure les pere
ou mere ſurvivans, de la ſomme ſtipulée propre.

Mais cette obligation d'emploi fait que
l'héritage ou la rente acquiſe incontinent
après le mariage, eſt propre à la femme,
quand le mari a déclaré dans le contrat, qu'il
fait ladite acquiſition des deniers du mariage de ſa femme.

Comme un mari pourroit abuſer de ce mot
de rente, & feindre avoir employé les deniers en rentes ſur le Roi, leſquels cependant
lui coûteroient beaucoup moins, ce qui tour-
neroit au préjudice de la femme & de ſes
héritiers, qui ſeroient obligez de prendre ladite rente pour ce qui paroîtroit en avoir été
payé: il eſt néceſſaire quand l'on met cette

clause, pour empêcher le divertissement des deniers en autre chose, de mettre que ledit emploi sera fait en acquisition d'héritages, ou rentes sur particuliers.

Quand tout le mariage d'une fille, ou la plus grande partie consiste en héritages, ou rentes, & que l'ordinaire est d'en mettre au moins le tiers en communauté, il est nécessaire de spécifier que telle portion desdits héritages ou rentes demeurera ameublie au profit de la communauté, jusques à la concurrence de ce que l'on convient devoir entrer en icelle communauté; & quand la fille est mineure, il faut ajoûter que tel ameublissement sera homologué en Justice.

L'on met cette clause d'homologation, parce que sans cette solemnité, l'héritage ou rente de la mineure ne peut être valablement ameubli, ledit ameublissement étant une espece d'alienation, de laquelle le mari étant le maître de tous les biens de la communauté, en peut user & disposer comme bon lui semble, sans le consentement de sa femme, selon l'article 225. de ladite Coûtume de Paris.

Après l'on parle *du douaire*, qui peut être de deux sortes, coûtumier ou prefix. *Le douaire coutumier* est l'usufruit de la moitié des héritages que le mari tient & possede au jour du mariage & de ceux qui lui sont échûs depuis & pendant le mariage en ligne directe, article 248. En d'autres Coûtumes il est du tiers, ou d'autre portion defdits héritages du mari, & qui lui échéent en ligne directe durant fon mariage, felon que la Coûtume de la fituation defdits héritages définit ladite portion, lequel douaire coûtumier ne fe prend point fur d'autres biens, en forte que celui qui fe feroit marié fans faire de contrat de mariage, & qui n'auroit point de biens de cette qualité, fa femme n'auroit point de douaire.

Ce douaire coûtumier en la Coûtume de Paris, eft le propre héritage des enfans iffus du mariage, en forte qu'à leur préjudice les pere & mere ne le peuvent engager, fuivant l'art. 249. de ladite Coûtume : fi bien qu'un homme qui a doué dudit douaire coûtumier, difficilement peut-il trouver quelqu'un qui veuille acheter lefdits héritages, parce qu'il pourroit arriver que le pere faifant mal fes affaires, fes enfans en renonçant à fa fucceffion, pourroient rentrer dans cette moitié d'héritages propres de leur pere, quóique vendus, fans être obligez de payer aucunes dettes contractées depuis le mariage, fuivant l'article 250. de ladite Coûtume.

Que fi la mere avoit parlé au contrat de vente, ce pourroit être comme renonçant fimplement à fon douaire, & autres hypotheques, qu'elle pourroit avoir pour fes conventions, fur lefdits héritages, & cela à l'égard dudit douaire n'opereroit autre chofe, finon qu'elle, devenant veuve, ne pourroit du-

rant fa vie inquieter l'acquereur pour la jouiffance d'icelui, mais cela n'empêcheroit pas
l'action des enfans pour la proprieté, après
le décès de leur mere.

Cette action paſſe bien plus avant, car ſi
l'acquereur avoit amelioré l'héritage, il ſeroit néanmoins tenu de rendre la moitié ſujette au douaire, ſans rembourſement des amé-
liorations.

Il eſt à obſerver que les decrets ne purgent
point les droits du douaire, ſi les douaires ne
ſont ouverts lors des decrets; c'eſt-à-dire que
le pere ſoit decedé, & que la preſcription ne
court point non plus contre les enfans auparavant le decret & leur majorité.

Lorſqu'une femme s'eſt obligée ſolidairement avec ſon mari à la garantie des dettes,
en ce cas ſi les enfans proprietaires du douaire ſont héritiers de leur mere, ils peuvent
bien demander leſdits héritages pour leur
douaire; mais en cette qualité d'héritiers de
leur mere, ils ſont tenus des dépens, dommages, & interêts de l'acquereur, qui
ſouvent monteroient plus que la valeur dudit héritage; & s'ils ne ſont point héritiers
de leur mere, ils ne ſont tenus à rien, quoiqu'ils prennent le douaire.

L'autre ſorte *de douaire* eſt appellée *prefix*,
parce qu'il eſt limité à une rente, ou à une
ſomme de deniers, laquelle rente ou ſomme
n'eſt pas moins propre aux enfans nez du mariage, que le douaire coûtumier; mais il n'em-

pêche pas que le pere ne difpofe de fes biens,
pourvû qu'il laiffe la valeur du douaire entre
les mains de l'acquereur, ou d'une autre perfonne, pour le garder jufques à ce que le
douaire ait lieu ; & en attendant, en payer le
profit au pere, parce que le douaire n'appartient à autre perfonne avant fon décès : quand
on connoît le pere folvable, on n'exige pas
de lui de garder ou de dépofer en main tier-
ce ledit douaire, parce qu'il eft à prendre fur
tous fes biens, & que les enfans y ont hypotheque du jour du contrat de mariage de leur
mere.

Ce douaire prefix eft fujet à retour par la
Coûtume de Paris art. 263. & 264. c'eft-à-
dire que la mere n'en eft qu'ufufruitiere, &
qu'elle en jouira fa vie durant en viduité, à fa
caution juratoire : fi elle fe remarie, elle eft
tenue de donner caution pour la délivrance
qui lui en feroit faite, aux fins dudit retour,
fi ce n'eft qu'il foit ftipulé par le contrat de
mariage qu'il ne feroit fujet à retour : cette
proprieté de douaire ne peut appartenir à la
veuve, qu'au cas que lors du décès de fon
mari il n'y eût point d'enfans vivans de leur
mariage, auquel cas qu'il n'y eût point d'enfans, le douaire prefix demeureroit & appar-
tiendroit aux héritiers de la femme : Quand
il n'eft point ainfi ftipulé & que le douaire
eft d'une fomme pour une fois payer, ou d'u-
ne rente rachetable à la veuve par les héritiers du mari, les fiens font obligez de la ren-

dre après son décès, s'il n'y a clause au contraire par son contrat de mariage, ou par l'acte du rachat.

Après cela on passe *au préciput*, qui est une somme donnée au survivant, en meubles de la communauté, tels qu'il veut choisir; & l'on stipule ordinairement qu'ils seront pris sur la prisée de l'inventaire, & sans crue, ou bien une somme de deniers comptans, au choix du survivant.

On appelle *préciput* les armes & les chevaux du mari, s'il est homme d'épée; ou ses livres, s'il est homme de Robe; & les bagues & joyaux de la femme : cependant au lieu de cela le survivant peut prendre tels meubles qu'il veut choisir de la communauté. On dit ordinairement qu'il n'importe pas de quelle somme on fasse le préciput, puisqu'il est réciproque : mais l'on s'abuse, parce que si le mari survit, & que la communauté ne le puisse pas fournir, il le perd, ne le pouvant pas prendre sur les propres de la femme : au contraire, si elle survit, & que la communauté ne soit pas bonne, en y renonçant, les propres de son mari lui en repondent comme de ses autres conventions.

Après l'on parle du *remploy des propres*, qui seroient alienez durant la communauté, & des rentes qui seroient rachetées, lequel remploy selon ladite Coûtume de Paris art. 232. doit être fait sur les biens de la communauté avant que de la partager : mais on ajoûte aux

contrats de mariage , & on l'a ainſi jugé par
Arrêt, quoiqu'il ne ſoit pas ſtipulé , que ſi
les biens de la communauté ne ſuffiſent pour
le remplacement des propres de la femme ,
que ce qui s'en manquera ſera pris ſur les propres de ſon mari : ce qui ne ſe dit point en ſa
faveur ſur les biens de la femme, parce qu'il
en pourroit mal uſer , & qu'étant maître de
la communauté , c'eſt à lui à la faire bonne ;
autrement ſes propres répondent à la femme, ou à ſes enfans & héritiers , de ſes conventions.

Il eſt à remarquer que l'action du remploy
des propres, qui durant le mariage ſont avenus, & depuis alienez, eſt mobiliaire : en ſorte
que ſi l'un des conjoints décede ayant des enfans, & que leſdits enfans prédécedent le ſurvivant de ſes pere ou mere , avant que ledit
remploy ſoit fait, le ſurvivant ſuccede à l'action du remploy, laquelle étant mobiliaire,
demeure confuſe en ſa perſonne, & les héritiers collateraux ne lui en peuvent demander
aucune choſe, ſi au contrat de mariage il n'eſt
expreſſément dit , comme il ſe pratique, que
l'action dudit remploy ſortira même nature
de propre du côté & ligne, & comme ſi ledit
remploy avoit été fait, leſquels mots ne ſont
pas abſolument néceſſaires à l'égard des choſes ſtipulées propres par le contrat de mariage, parce qu'en cette ſtipulation on employe
ces mots (*de coſté & ligne.*)

Enſuite l'on parle de *la renonciation à la*
C c iiij

communauté, en difant qu'il fera permis à la future époufe de renoncer à la communauté, & de prendre tout ce qu'elle aura apporté à fon futur époux, & qui pendant ledit maria. ge lui fera avenu par fucceffion, donation ou autrement, avec fes douaire & préciput, fans être tenue d'aucunes dettes de la communau. té, encore qu'elle y fut obligée ou condam. née.

Cette claufe ne feroit pas abfolument né. ceffaire pour ladite faculté de renoncer à la communauté, car la Coûtume de Paris art. 237. & la plûpart des autres Coûtumes de France, donnent cette faculté, mais c'eft en perdant & abandonnant la communauté, & ce qui eft entré en icelle, outre tout ce qui eft échû de meubles & de chofes mobiliai. res à la femme durant le mariage. par quel. que titre que ce foit, qui entrent en commu. nauté, s'il n'y a claufe par le contrat comme quelquefois on y met ces mots (*tout ce qui écherra à ladite future époufe durant ledit ma. riage, par fucceffion, donation ou autrement, de. meurera propre à elle, aux fiens & à ceux de fon coflé & ligne*) & au moyen de cette renon. ciation ftipulée par le contrat, la future épou. fe reprend tout, encore que cette claufe n'y foit point employée.

Cette décharge de la femme des dettes de la Communauté, quand elle y a parlé, ne la décharge pas envers les créanciers aufquels elle eft obligée, mais elle a fon hypotheque sur les biens de son mari, pour en être indemnisée du jour de son contrat de mariage ; ce qu'autrefois on a disputé, ayant été soûtenu contre une veuve qu'elle n'avoit hypotheque pour cela que du jour des obligations qu'elle avoit passées, il fut jugé en sa faveur par Arrêt donné en l'Audience de la Grand'Chambre du 17. Mars 1608. pour la femme de Baignet Marchand Joyaillier, qu'elle viendroit en ordre d'hypotheque sur les biens, tant pour le remplacement desdits deniers dotaux, que de ses propres alienez du jour de son contrat. Autre Arrêt pour la veuve Coignet, laquelle prit le bien de son mari, qui se montoit à plus de cent mille écus, pour payer de nouveaux créanciers ausquels elle étoit obligée, à l'exclusion d'un grand nombre d'autres créanciers beaucoup plus anciens, postérieurs à son contrat de mariage.

Pour éviter de tomber en pareille contestation, on met de nouveau dans les contrats de mariage, qu'on aura hypotheque pour l'indemnité desdites dettes sur les biens du mari du jour dudit contrat.

On y met aussi ordinairement, si la femme prédécede le mari, que les enfans du mariage auront la même faculté de renoncer & reprendre, sans laquelle stipulation ils ne pourroient reprendre les choses mobiliaires entrées en ladite communauté ; car encore qu'ils fussent héritiers de leur mere, & par conséquent de tous ses droits & actions, ils n'hériteroient pas de cette faculté qui eſt purement perſonnelle.

Quelquefois on la ſtipule en faveur des autres héritiers de la future épouſe, en laiſſant au mari les choſes mobiliaires ſujettes à repriſe, & une ſomme pour ſes frais de noces ; laquelle ſomme s'arbitre à la moitié de ce qui a été mis en la communauté, de la dot de la future épouſe.

Quelquefois entre Marchands ou gens d'affaires, le futur époux ne voulant pas, s'il ſurvit ſa future épouſe, que ſes héritiers viennent à partager ſa communauté, pour en découvrir le fonds, & en faire inventaire, on ſtipule qu'il ſera permis au futur époux ſurvivant la future épouſe, ſans enfans lors vivans iſſus de leur mariage, d'admettre en ladite communauté les héritiers de ladite future épouſe, ou de les en exclure ; auquel cas d'excluſion il ſera tenu de leur rendre tout ce qu'icelle future épouſe lui aura apporté, ou lui ſera avenu & échû durant ledit mariage par ſucceſſion, donation ou autrement : mais parce que cette clauſe donne faculté au mari de s'approprier tous les biens de la communauté, & que ſi la communauté n'eſt pas bonne il y admet les héritiers, ce qui ne ſeroit pas raiſonnable ; on s'oblige ſouvent, outre ladite reſtitution, audit cas d'excluſion, de donner encore aux héritiers une certaine ſomme ; & quelquefois on dit une ſomme pour chacune année que ce mariage aura duré.

Il se met encore plusieurs autres clauses dans les contrats de mariage, qui ne sont pas si ordinaires que celles ci-dessus, comme si l'on doute que le futur époux soit engagé en quelques dettes, & qu'il aye son pere ou sa mere vivant, on veut que lesdits pere & mere le certifient, & rendent franc & quitte de toutes dettes & hypotheques, jusques au jour de ses épousailles. De sorte que si après le mariage on demande audit futur époux quelques dettes, on a recours pour les faire payer contre lesdits pere & mere.

Quelquefois on ne se contente pas de cette certification ; mais l'on désire que lesdits pere ou mere se rendent cautions des conventions matrimoniales, & du douaire; mais comme cette obligation va à l'infini, en ce qu'elle contient d'acquitter la femme de toutes les dettes qu'elle peut contracter avec son mari, les pere & mere font bien de ne point passer cela. Ce qu'ils font ordinairement est de n'obliger à l'effet d'icelle que la part & portion dont leur fils pourroit amender de leur succession : cela opere que si le fils meurt devant son pere & sa mere, quoiqu'alors il n'aye rien dans leur bien, néanmoins la femme du fils a droit d'hypotheque sur lesdits biens, après le décès desdits pere & mere, jusques à la concurrence de la part qui en seroit échûe à son mari, s'il avoit survêcu lesdits pere & mere ; & cela ne les empêche pas de disposer de leurs biens, par toutes sortes de voies, fors celle du teſtament, comme s'ils ne s'étoient point obligez pour leur fils.

Il y a des Coûtumes, comme celle de Normandie, eſquelles quand une fille a été mariée par ſes pere & mere, elle ne peut plus rien demander en leurs ſucceſſions, ſi elle n'y eſt reſervée expreſſément par ledit contrat de mariage : & quand le pere ou la mere décedent ſans l'avoir mariée, & qu'elle a des freres, elle n'a autre droit que de leur demander mariage avenant ; & pourvû qu'ils ne la déparagent point, c'eſt-à-dire qu'ils ne la marient point hors de ſa condition, ils la peuvent marier pour un chapeau de roſes.

Dans le pays qui ſe gouverne ſelon le droit écrit, c'eſt-à-dire ſelon les Loix Romaines, l'on ne conſidere ordinairement dans la famille qu'un enfant mâle que les pere & mere choiſiſſent tel qu'il leur plaît, pour le faire héritier des biens de la maiſon, de ſorte que quand l'on marie les filles (*cela même ſe pratique en beaucoup d'autres lieux parmi les Grands*) on les fait renoncer aux ſucceſſions futures de leurs pere & mere ; & ſouvent l'on y ajoûte la même choſe aux ſucceſſions collaterales de ſes freres & ſœurs : Et cette renonciation eſt valable, encore qu'elle ſoit faite par une fille mineure ; cela eſt fondé ſur ce qu'elle a une choſe certaine, qui eſt ſa dot, pour une choſe incertaine, qui eſt l'évenement de ſa ſucceſſion. Cette renonciation ſe fait quelquefois en faveur de l'un des freres, qui en ce cas en profite seul, sinon elle sert d'accroissement à tous les héritiers ou légataires.

Quand un pere ou une mere marient une fille en la Coûtume de Paris, ils peuvent stipuler que le survivant d'eux jouira par usufruit sa vie durant, de tous les biens de leur communauté, pourvû que le survivant ne se remarie, & cela n'est point réputé un avantage entre lesdits pere & mere, lesquels pour se conserver cette jouissance plus absolue, doivent ajoûter que l'on ne leur pourra demander inventaire, compte, ni partage : mais un gendre bien avisé doit faire mettre, Pourvû que les autres enfans fassent de même.

Quand il se marie un Seigneur qui a plusieurs Terres, & qu'il doit, & que la fille qu'il épouse lui apporte des deniers comptans, l'on doit mettre au contrat que cet argent sera employé à l'acquit des dettes du futur époux : & que la future épouse demeurera subrogée jusqu'à la concurrence d'iceux, aux hypotheques desdits créanciers, pour la sureté de la reprise de ses deniers dotaux.

Ces deniers dotaux sont tellement privilegiez en la Coûtume de Normandie, qu'une femme ne les peut engager, même de l'autorité de son mari ; de sorte que ceux qui prêtent de l'argent, & qui croient l'assurer sur l'obligation de la femme, doivent prendre garde si elle n'est point mariée dans la Coûtume de Normandie.

Entre les Grands, l'on a coûtume outre le douaire préfix dont il eſt ci-deſſus parlé, d'y ajoûter l'habitation de la veuve dans une des maiſons du futur époux ; enſemble des jardins & préclôtures en dépendantes, pour en jouir durant ſa viduité.

Il y a des Coûtumes èſquelles une femme après le décès de ſon mari, jouit de tous les biens de ſondit mari, juſques à ce que ſes héritiers l'ayent entierement payée de ſes deniers dotaux & des autres choſes qu'elle a à prendre ſur leſdits biens.

Au pays de droit écrit dont il eſt ci-deſſus parlé, il n'y a point de communauté de biens ni de douaire pour la femme ; mais au lieu de cela le mari donne à ſa femme une certaine ſomme qu'on appelle augment de dot, à prendre ſur tous ſes biens.

En Normandie on ne ſtipule point de préciput réciproque, ni d'ameubliſſement d'aucune partie des biens de la femme, n'y ayant point auſſi de communauté : Et pour récompenſer le mari des avantages qu'il fait à ſa femme, on ſtipule que s'il la ſurvit, il prendra ſur tous ſes biens une certaine ſomme qu'on appelle *dot mobile.*

Quelquefois en pays où la Coûtume de Paris eſt introduite, on ſtipule qu'il n'y aura point de communauté entre les conjoints, & que la future épouſe demeurera autoriſée pour la pourſuite de ſes biens, droits & actions.

Quánd les perſonnes qui contractent mariage ſont maîtreſſes de leurs áctions, & qu'elles ont uue forte paſſion l'une pour l'autre, elles font ſouvent une donation de tous leurs biens au ſurvivant, pourvû que la diſſolution du mariage arrive ſans enfans : & cette donation ſe fait en deux façons, ou pour jouir par le ſurvivant en toute proprieté pour lui, ſes hoirs & ayans cauſe, des biens du prédécedé, ou pour en jouir ſeulement en uſufruit ſa vie durant, auquel dernier cas il eſt obligé de faire inventaire : mais il n'eſt pas tenu de donner caution aux héritiers du prédécedé, pour l'aſſurance du retour deſdits biens, comme l'on eſt obligé de la donner pour jouir de cette donation mutuelle d'uſufruit, lorſque le contrat de donation n'a été fait qu'après le mariage, ſelon le 280. article de la Coûtume de Paris. Il y a encore cette difference entre le don mutuel fait par contrat de mariage, & celui fait depuis ; car celui là peut comprendre telle nature de biens que l'on y veut mettre, & celui-ci ne ſe peut faire que de l'uſufruit des meubles & conquêts, pour la reſtitution deſquels après l'uſufruit fini par ſon décès, ſes biens ſont hypothequez du jour de la paſſation dudit don mutuel, au profit des héritiers du prédécedé : jugé par Arrêt du 9. Décembre 1602. entre les Chanoines du Saint-Sepulcre, demandeurs, contre Marie le Grand, veuve de Robert Mouſſaye, défendereſſe. Semblable Arrêt de l'Au-

dience du Jeudi 11. Décembre 1625. Corbin
& Defcommel plaidans.

Les contrats de mariage qui contiennent
lefdites donations ou autres, telles qu'elles
foient, fors d'une fomme qui fe paye comptant, doivent être infinuées dans quatre
mois, felon l'Ordonnance du Roi ; mais ce
mot de quatre mois n'est confidérable qu'à
l'égard du mari : encore que l'infinuation fût
faite après fon décès du vivant de la femme, elle eft toûjours bonne ; mais à l'égard
de la femme, il a été jugé que les quatre mois
ne commencent à courir que du jour du décès du mari ; la raifon en eft que comme le
mari eft le maître des actions de fa femme,
il peut l'empêcher d'agir à l'effet de cette
infinuation de fon vivant.

Les donations faites aux Eglifes & aux
Communautez Eccléfiaftiques, & les legs teftamentaires pour fondations, doivent être
infinuées, fulminées, publiées & homologuées
en Cour d'Eglife, pardevant les Officiaux de
la fituation des chofes données, & regiftrées
aux Archevêchez & Evêchez dans les fix mois,
fuivant l'Ordonnance d'Henry II. de l'an
1553, autrement elles font nulles & fujettes
à révocation : tellement que la fimple infinuation n'y eft pas fuffifante. Jugé par Arrêt du
21. Décembre 1598, prononcé en robes
rouges par Monfieur le Préfident de Harlay.

Entre Nobles il arrive fouvent qu'un pere
mariant

mariant son fils aîné, l'on veut quelquefois
s'assurer qu'il ne fera point à son préjudice
des avantages aux cadets : Et pour ce sujet
l'on met que le pere reconnoît le futur époux
pour son fils aîné, & principal héritier. Cette
déclaration exclut le pere de la liberté de
diminuer ce dont son fils aîné doit amender
de lui.

Quelquefois les futurs époux voulant user
de prévoyance, en ce que l'un d'eux demeurant veuf, & passant en secondes noces, pourroit diminuer l'affection qu'il auroit pour
les enfans du premier lit, l'on fait mettre dans
le contrat, que lesdits futurs époux, ou l'un
d'eux, donnent aux enfans dudit mariage(*c'est-
à-dire le premier mariage*) une partie certaine
de leur bien, ou quelque terre ou maison que
l'on désigne, de telle sorte que cela ne leur
peut pas être ôté.

Sommation faite à un pere par sa fille pour consentir à son mariage.

Aujourd'hui en la présence & compagnie des
Notaires soussignez, Geneviève fille majeure
âgée de vingt cinq ans accomplis le tel jour, demeurante, &c. s'est transportée en la maison de, &c. son
pere, auquel lui étant, & parlant à sa personne, ladite
Damoiselle étant en tout devoir & respect, continuant
les prieres & supplications verbales qu'elle lui a ci-
devant faites, a d'abondant prié & requis ledit sieur
son pere de vouloir consentir à son mariage avec &c.

qui eſt un parti convenable & avantageux pour elle :
lequel a dit qu'il ne s'oppoſe point au mariage de ladite
Damoiſelle ſa fille, mais qu'il avoit des raiſons particulieres qui l'empêcholent de ſigner le Contrat ; qu'au
ſurplus elle pouvoit faire ce qu'il lui plairoit, étant
majeure de vingt-cinq ans, dont de ce que deſſus,
ladite Damoiſelle a requis acte auſdits Notaires, qui
lui ont octroyé ce preſent, pour lui ſervir & valoir
en temps & lieu ce que de raiſon. Fait à Paris, &c.

Nota, *Les Notaires doivent faire mention de la ré-*
ponſe qui a été faite par le pere ou la mere dans l'acte
qu'ils doivent délivrer à la perſonne qui les en a requis.
Quand le pere ou la mere refuſe leur conſentement au ma-
riage à la premiere ſommation, il faut faire deux autres
ſommations differentes & en differens jours.

Contrat de mariage fait par les pere & mere des futurs Epoux.

FUrent préſens Sieur Thomas   Libraire
à Paris, demeurant rue S. Jacques, Paroiſſe
ſaint Severin, fils de feu Pierre   auſſi Libraire à Paris, & de Marie   ſa femme, à
préſent ſa veuve, demeurante avec ſondit fils, de
l'agrément de ſadite mere, & de ſon conſentement
d'une part : & le ſieur Nicolas   auſſi Libraire à Paris,
& Damoiſelle Marie   ſa femme, qu'il autoriſe
à l'effet des preſentes, demeurans à Paris rue de la Calandre, Paroiſſe ſaint Germain le vieil, ſtipulans en
cette partie pour Damoiſelle Marie-Madeleine
leur fille, à ce préſente, & de ſon conſentement, demeurante avec leſdits ſieur & Damoiſelle ſes pere &
mere, d'autre part. Leſquelles parties en la préſence & de l'avis de leurs patens & amis ; ſçavoir de
la part dudit futur époux & ſadite mere *de tels*, & de
la part de ladite future épouſe *de tels*, ont volontai-

rement reconnu & confeffé avoir fait entre elles les
accords & conventions qui fuivent pour raifon du
futur mariage defdits fieurs Thomas   & Damoifelle Marie-Madeleine   qu'ils promettent
refpectivement fous l'autorité de leurfdits pere & mere
faire celebrer & folemnifer enfemble en face de notre
mere fainte Eglife le plûtôt que faire fe pourra, &
qu'il fera avifé & déliberé entre eux & leurfdits parens & amis.

Claufe portant communauté.

C'eft à fçavoir que lefdits fieur & Damoifelle futurs
époux feront uns & communs en tous biens, meubles
& conquêts immeubles fuivant la Coutume de Paris,
au défir de laquelle leur future communauté fera réglée
& gouvernée, encore que ci après ils fiffent leur demeure ou des acquifitions en Pays & Coutumes contraires, aufquels ils ont expreffément dérogé & renoncé
par ces préfentes.

Claufe concernant les dettes des futurs conjoints, créées avant le mariage.

Ne feront néanmoins lefdits futurs époux tenus d'aucunes dettes faites & créées avant leur mariage ; mais
fi aucunes ont été faites, elles feront payées & acquittées par celui ou celle qui les aura faites & créées
fur fon bien particulier, fans que l'autre ni fes biens
en foient tenus.

Claufe contenant ce qui eft apporté en dot à la future époufe.

En faveur duquel futur mariage lefdits Sieur Nicolas
& Damoifelle Marie   fa femme promettent
& s'obligent folidairement l'un pour l'autre, chacun
d'eux, un feul pour le tout, fans divifion, difcuffion,

ni fidejuſſion, à quoi ils renoncent, bailler & donner auſdits Sieur & Damoiſelle futurs-époux pour la dot de la Damoiſelle leur fille, la veille de leurs épouſail les, la ſomme de   en denier comptans, & ce en avancement d'hoirie des ſucceſſions futures deſdits Sieur & Damoiſelle pere & mere de ladite future épouſe ; de laquelle ſomme de moitié entrera en ladite future communauté, & l'autre moitié ſera & demeurera propre à ladite Damoiſelle future épouſe, & aux ſiens de ſon côté & ligne, avec tout ce qui pendant ledit mariage lui adviendra & écherra par ſucceſſions, donations, legs ou autrement, tant en meubles qu'immeubles.

Comme auſſi des biens meubles, marchandiſes, & autres effets appartenans audit ſieur futur époux, mon tans à la ſomme de   déduction faite de ce qu'il doit, entrera en communau té pareille ſomme de   & le ſurplus avec ce qui lui ſera avenu & échû pendant le dit mariage par ſucceſſions, donations, legs ou autre ment, ſoit meubles ou immeubles, ſera & demeurera propre audit ſieur futur époux & aux ſiens de ſon côté & ligne.

Clauſe portant conſtitution de douaire.

Ledit ſieur futur époux a doué & doue ladite Da moiſelle future épouſe de la ſomme de   de douaire préfix une fois payé, dont elle aura dé livrance ſitôt qu'il aura lieu, ſuivant la Coûtume de Paris.

Clauſe concernant le préciput.

Le ſurvivant deſdits Sieur & Damoiſelle futurs époux, aura & prendra par préciput tels des biens meubles de la communauté qu'il voudra choiſir ſuivant la priſée de l'inventaire qui en ſera faite & ſans crue, juſqu'à concurrence de la ſomme de ou ladite somme en deniers comptans, au choix dudit survivant reciproquement.

Sera permis à ladite Damoiselle future épouse survivante, & aux enfans qui naîtront dudit mariage, de renoncer à ladite communauté, & en cas de renonciation reprendre franchement & quittement tout ce que ladite Damoiselle future épouse aura apporté audit mariage, avec ce qui lui sera avenu & échû par successions, donations, legs ou autrement, en meubles & immeubles même. Si c'est ladite Damoiselle future épouse qui fait ladite renonciation, elle reprendra son douaire & préciput tels que dessus, sans être par icelle future épouse ni lesdits enfans tenus d'aucunes dettes & hipotheque de ladite communauté, encore qu'elle s'y fut obligée ou y eût été condamnée, dont elle & lesdits enfans seront acquittez & indemnisez par les héritiers & sur les biens dudit sieur futur époux, pour raison dequoi ainsi que pour toutes les autres conventions du présent contrat, il y aura hipotheque formée sur les propres & autres biens dudit sieur futur époux, de ce jourd'hui.

Pareille faculté de renoncer à ladite communauté avec semblables reprises a été accordée ausdits Sieur & Damoiselle pere & mere de ladite Damoiselle future épouse, en laissant néanmoins audit sieur futur époux la somme de   pour ses frais de noces & charges de mariage.

Si pendant ledit futur mariage il est vendu, racheté ou aliéné aucuns biens, héritages ou rentes propres à l'un ou à l'autre desdits futurs époux, remploi sera fait des deniers en provenans en acquisitions d'autres héritages ou rentes qui tiendront pareille nature de propre à celui ou celle desdits futurs époux à qui auront appartenu lesdits propres alienez; & si au jour de la dissolution dudit mariage lesdits remplois ne se trouvoient faits, les deniers s'en reprendront sur les effets de ladite communauté, si elle est suffisante, sinon ce qui s'en défaudra à l'égard de ladite future épouse.

sera repris sur les propres & autres biens dudit futur époux.

Clause de donation à la future épouse.

Et pour la bonne amitié que ledit sieur futur époux a dit avoir pour ladite Damoiselle sa future épouse, il lui a par ces présentes fait donation entre vifs pure, simple & irrévocable, en la meilleure forme que donation puisse valoir, & sans espérance de la pouvoir révoquer ci-après pour quelque cause que ce soit, ce acceptant ladite Damoiselle future épouse, autorisée comme dessus desdits Sieur & Damoiselle ses pere & mere, de la somme de

à prendre sur tous les biens meubles & immeubles que délaissera ledit sieur futur époux en cas qu'il décede avant ladite Damoiselle future épouse, & que lors dudit décès il n'y ait aucuns enfans vivans dudit mariage; & s'il y a des enfans, & qu'ils viennent à déceder avant l'âge de majorité, la présente donation reprendra sa force & vertu.

Clause de donation au futur époux.

Et aussi pour donner par ladite Damoiselle future épouse des marques de l'amitié qu'elle porte audit sieur futur époux, elle lui a fait, du consentement de sesdits pere & mere & sous leur autorité, donation entre vifs pure, simple & irrévocable de pareille somme de à prendre sur les plus clairs & apparens biens qu'elle délaissera au jour de son décès, ce qui a été accepté par ledit sieur futur époux; laquelle présente donation est au surplus faite aux mêmes clauses & conditions que celle ci dessus faite par ledit sieur futur époux à ladite Damoiselle future épouse.

Et pour faire insinuer ces présentes au Châtelet de Paris & par tout ailleurs où besoin sera, lesdites parties ont fait & constitué leur Procureur le porteur, auquel ils en donnent pouvoir ; car ainſi le tout a été convenu, ſtipulé & accordé entre les parties, promettant, obligeant chacun en droit ſoi, leſdits Sieur & Damoiſelle   pere & mere de ladite Damoiſelle future épouſe ſolidairement comme deſſus. Fait & paſſé à Paris en la maiſon & demeure deſdits Sieur & Damoiſelle pere & mere de ladite Damoiſelle future épouſe, l'an mil ſept cens un, le neuviéme jour de Janvier après midi, & ont ſigné la minute des préſentes demeurée à le Roy l'un des Notaires ſouſſignez.

Quittance de la dot.

LEdit ſieur   nommé en ſon contrat de mariage ci-deſſus, & ladite Damoiſelle Marie-Madeleine   ſon accordée par ledit contrat, de lui autant que faire ſe peut autoriſée à l'effet des préſentes, reconnoiſſent & confeſſent avoir eu & reçu deſdits Sieur & Damoiſelle pere & mere de ladite Damoiſelle Marie-Madeleine   en louis d'or, écus blancs & monnoie ayant cours, la ſomme de   à eux promiſe par ledit contrat par leſdits Sieur & Damoiſelle   pour la dot de ladite Damoiſelle leur fille, dont elles quittent. Fait & paſſé à Paris en la maiſon deſdits Sieur & Damoiſelle   pere & mere, l'an mil ſept cens un, le quinziéme May après midi, & ont ſigné la minute des préſentes étant en marge de celle dudit contrat demeurée audit le Roy Notaire.

D d iiij

Contrat de mariage entre deux personnes majeures & usantes de leurs droits.

FUt présent Christophe, &c. de tel état, demeurant, &c. fils de défunts tel, & telle sa femme, pour lui & en son nom d'une part ; & Françoise, &c. majeure, d'autre, usante & jouissante de ses biens & droits, demeurante, &c. fille de défunts tel, & telle sa femme, aussi pour elle & en son nom, d'autre part : lesquelles parties volontairement en la présence, & assistées de leurs parens, & amis nommez ci-après ; sçavoir de la part dudit Christophe, &c. de tels & tels, & de la part de ladite Françoise, &c. de tels & tels, ont reconnu & confessé avoir fait & accordé ensemble le traité de mariage & conventions suivantes; c'est à sçavoir que lesdits Christophe, &c. & Françoise, ont promis & promettent reciproquement de se prendre l'un l'autre par nom & loi de mariage, & icelui faire celebrer & solemniser en face & sous la licence de notre mere sainte Eglise le plutôt que faire se pourra & déliberé sera entre eux, leursdits parens & amis, aux biens & droits à chacun d'eux appartenans, qu'ils ont promis d'apporter & mettre ensemble, la veille de leurs épousailles, pour être, comme en effet, lesdits futurs époux seront, uns & communs en tous biens meubles & conquêts immeubles qu'ils auront & feront ensemble constant leur futur mariage, suivant & au desir de la Coutume de cette Ville, Prévôté & Vicomté de Paris, sous laquelle leurdite communauté sera reglée, régie & gouvernée, quand bien lesdits futurs époux feroient leur demeure & acquisitions en pays de Coutume & dispositions contraires, auxquels lesdits futurs époux ont expressément dérogé & renoncé pour ce regard. Ne seront néanmoins lesdits futurs époux tenus des dettes ni hipotheques l'un de l'autre, faites & créées avant leurs

époufailles, dont, fi aucunes y a, feront payées fur
les biens de celui ou celle qui en fera debiteur : lefquels biens & droits à ladite future époufe de préfent
appartenans, elle a déclaré fe confifter eu la fomme
de trois mille livres ; fçavoir deux mille livres en deniers comptans, provenus la plus grande partie de la
vente qu'elle a ci-devant faite de quelques heritages
qui lui font échûs par le décès de fes défunts pere &
mere, & le refte de fon travail, gain & épargne, &
mille livres en meubles meublans, uftenfiles de ménage, tapifferie, habits, linge & hardes à fon
ufage, le tout revenant enfemble à la fomme de trois
mille livres, de laquelle le tiers (*ou moitié*, *ou bien*
les deux tiers,) entrera en ladite future communauté,
& le furplus fortira nature de propre à ladite future
époufe & aux fiens de fon côté & ligne ; en faveur
duquel mariage ledit futur époux a doué & doue fa
future époufe de la fomme de mille livres en douaire
préfix à une fois payer, à prendre fur tous & chacuns
les biens, meubles & immeubles, préfens & à venir
dudit futur époux, qu'il en a dès-à-préfent chargez,
affectez, obligez & hypothequez à garantir, fournir
& faire valoir ledit douaire, ou bien du douaire coutumier à fon choix, duquel douaire, tel que choifi
fera par ladite future époufe, elle aura délivrance du
jour du décès dudit futur époux, fans qu'elle foit tenue de le demander en Juftice : & fi elle fait choix du
préfix, il lui demeurera propre, fans être fujet à retour. Le furvivant defdits futurs époux aura & prendra pour fon préciput & hors part des biens de leurdite communauté, tels qu'il voudra choifir fuivant la
prifée de l'inventaire qui en fera faite, & fans crûe,
jufques à la fomme de fix cens livres, ou ladite fomme
en deniers comptans, au choix dudit furvivant : Sera
loifible à ladite future époufe, furvivant fondit futur
époux, de prendre & accepter ladite communauté,
ou y renoncer, & y renonçant, de prendre & emporter tout ce que ladite future époufe aura apporté à

fondit futur époux , & tout ce que durant ledit mariage lui fera avenu & échû par fucceffions, donations,
legs ou autrement , avec fes douaire & préciput , tels
que deffus , le tout franchement & quittement , fans
être tenue d'aucunes charges , dettes ni hypotheques
de ladite communauté , encore qu'elle y eût parlé,
s'y fut obligée , ou y eut été condamnée , dont elle
fera acquittée & indemnifée fur les biens dudit futur
époux ou par fes heritiers : pour laquelle reprife & indemnité , elle aura fon hypotheque de ce jourd'hui
fur tous les biens meubles & immeubles , préfens &
à venir dudit futur époux , en faveur duquel futur
mariage & pour la bonne amitié , affection & amour
reciproque qui eft entre lefdits futurs époux ; iceux
futurs époux ont par ces mêmes préfentes fait & font
don l'un à l'autre , & au furvivant d'eux deux , par
donation pure , fimple & irrévocable faite entre vifs
en la meilleure forme que faire fe peut & doit, ce
acceptans par lefdits futurs époux refpectivement, de
tous & chacuns les biens , & immeubles , qui fe trouveront appartenir , tant de propres que d'acquêts au
premier mourant d'iceux futurs époux au jour de fon
décès , fans en rien excepter ni referver par ledit premier mourant , pour en jouir, ufer & difpofer en
toute proprieté par ledit furvivant , fes hoirs & ayans
caufe , ainfi que bon leur femblera , & comme de
chofe audit furvivant appartenante , au moyen des
préfentes; pourvû toutefois, qu'audit jour du décès dud.
premier mourant il n'y ait aucuns enfans vivans procréez de leurdit mariage : & où il y en auroit , & que
lefdits enfans prédécédent ledit furvivant , fans enfans
iffus d'eux en légitime mariage ou avant que d'avoir
atteint l'âge de vingt cinq ans accomplis ; lefdits futurs époux veulent & entendent qu'en ce cas ladite donation fubfifte & ait lieu au profit dudit furvivant. Et
pour faire infinuer le préfent Contrat au Châtelet de
Paris , & par tout ailleurs où befoin fera , lefdites
parties ont fait & conftitué leur Procureur fpecial &

general le porteur d'icelui , lui en donnant pouvoir ;
car ainfi , &c. promettant , obligeant chacun en
droit foi , &c. renonçant , &c. Fait & paflé , &c.

***

Ameubliffement.

L A future époufe , de l'avis & confentement de
fefdits parens & amis , a par ces préfentes, ameubli fur tous fes biens meubles & immeubles au profit
de fondit futur époux , jufques à la fomme de
dont il pourra difpofer fans fon confentement , ainfi
que bon lui femblera , comme d'un effet mobiliaire de
la communauté : & à ces fins lefdites parties veulent,
confentent & accordent que ledit ameubliffement foit
homologué en Juftice au Châtelet de Paris le plûtôt
que faire fe pourra ; pour quoi faire, requerir, & confentir être ainfi fait , elles ont conftitué leurs Procureurs fpeciaux & generaux Maîtres *tel & tel* , & le
porteur des préfentes , leur en donnant tout pouvoir.

***

Quand on marie une fille avec fes biens & droits.

L Adite telle , mere de ladite Marie , &c. a promis
& promet bailler & donner par loi & nom de
mariage à icelle Marie , &c. fa fille , de fondit confentement , audit Jacques , &c. qui de fa part a promis
& promet de la prendre pour fa femme & légitime
époufe , avec fes biens & droits à elle appartenans, tels
qu'ils lui font avenus par le décès dudit défunt fon
pere , & ledit mariage faire célebrer & folemnifer en
face de notre Mere fainte Eglife , dans le plus bref
tems que faire fe pourra ; & délibéré fera entre eux ,
leurfdits parens & amis, pour être, comme en effet lefdits futurs époux feront , uns & communs , &c.

Articles d'un contrat de mariage fans communauté.

IL n'y aura point de communauté de biens entre les futurs époux, & chacun jouira à part des biens qui leur appartiennent de préfent, & qui fe trouveront dans la fuite leur appartenir, à quelque titre que ce foit.

Le futur époux ne fe chargera d'aucuns des biens meubles, ni autre chofe appartenante à ladite future époufe.

Le futur époux autorifera la future époufe pour la pourfuite de fes droits, jouiffance & perception de fes revenus.

Le futur époux douera la future époufe de la fomme de   de douaire préfix.

Et pour aider audit futur époux à fupporter les charges de mariage, attendu qu'il n'y aura point de communauté, la future époufe lui fera donation entre vifs de la fomme de

Sera fait un état des biens des futurs époux, à l'effet d'en jouir chacun feparement.

Ne feront par conféquent tenus des dettes & hipothèques l'un de l'autre, faites & créées avant le futur mariage, ni de celles qui feront contractées pendant icelui, lefquelles feront payées par celui qui les aura faites, Fait & arrêté le

Articles d'un contrat de mariage pur & fimple avec communauté.

LEs parties fouffignées font convenues & ont arrêté les articles de mariage ci-après.

Les futurs époux feront uns & communs en tous biens meubles & conquêts immeubles qu'ils feront

pendant le mariage, suivant la disposition de la Coûtume de Paris, selon laquelle les conventions apposées
en leur contrat de mariage, seront reglées, & à laquelle ils se sont soumis, dérogeant & renonçant pour
cet effet à toutes autres Coûtumes.

Ne seront néanmoins tenus des dettes & hypotheques l'un de l'autre, faites & créées avant la célebration de leur mariage ; & s'il s'en trouve aucunes, elles
seront payées & acquittées par celui ou celle qui les
aura faites, & sur ses biens, sans que ceux de l'autre
en soient tenus.

En faveur duquel futur mariage les pere & mere de
la future épouse lui donneront la somme de dix-huit
cens livres en avancement de leur succession future, &
promettront de fournir & payer ladite somme de dix-
huit cens livres ausdits futurs époux la veille de leurs
épousailles : sçavoir six cens livres en un contrat de
constitution de rente qu'ils constitueront, à prendre
sur tous leurs biens, au profit desdits futurs époux, à
raison du denier vingt, & douze cens livres en deniers
comptans : Et encore leur fourniront & délivreront
ladite veille de leurs épousailles tout ce qui appartient
& est échû à ladite future épouse par le décès de feu
Catherine leur mere. Outre les cent cinquante livres
dont ladite future épouse jouit par son douaire viager,
que défunt Isaac son mari lui a constitué par leur
contrat de mariage, desquelles dix-huit cens livres
ci-dessus mentionnées, le tiers entrera en ladite future
communauté avec ledit usufruit dudit douaire ; & le
surplus, avec tous les autres biens & droits, de présent
appartenans à ladite future épouse, & tout ce qui durant ledit mariage lui aviendra & écherra, soit meubles ou immeubles, par successions, donations, legs,
ou autrement, demeurera propre à ladite future épouse, aux siens & à ceux de son côté & ligne.

Sera ladite future épouse douée de deux cens livres
en douaire préfix, une fois payé, sans retour, à prendre aussitôt que le douaire aura lieu, sur tous les biens

meubles & immeubles préſens & à venir dudit futur époux, qui en demeureront chargez, affectez, obligez & hypothequez à garantir, fournir & faire valoir ledit douaire.

Le ſurvivant deſdits futurs époux aura & prendra pour ſon préciput des biens meubles de ladite future communauté, tels qu'il voudra choiſir ſuivant la priſée de l'inventaire qui en ſera faite & ſans crue, juſques à la ſomme de cent livres, ou ladite ſomme en deniers comptans, au choix dudit ſurvivant.

Sera loiſible à ladite future épouſe & aux enfans qui naîtront dudit futur mariage, d'accepter ladite communauté, ou d'y renoncer, & en y renonçant de prendre & emporter tout ce qu'elle aura apporté à ſondit futur époux, & tout ce que durant leur mariage lui ſera avenu & échû par ſucceſſions, donations, legs ou autrement : Et outre ce ladite future épouſe aura ſes douaire & préciput ci-deſſus ſtipulez, le tout franchement & quittement, ſans être par elle, ni ſeſdits enfans, tenus d'aucunes charges, dettes ni hypotheques de ladite communauté, encore qu'elle y eût parlé, s'y fût obligée, ou y eût été condamnée, dont elle & ſeſdits enfans ſeront acquittez ſur les biens dudit futur époux, ou par ſes héritiers.

Si conſtant ledit futur mariage étoit vendu, aliené, ou racheté aucuns héritages ou rentes propres à l'un ou à l'autre deſdits futurs époux, les deniers en provenans ſeront incontinent employez en achat d'autres héritages ou rentes, pour ſortir même nature de propre, au profit de celui de qui les deniers ſeront procedez : & ſi au jour de la diſſolution dudit mariage, ledit remploi ne ſe trouvoit fait, les deniers ſeront repris ſur la maſſe de ladite communauté ſi elle ſe trouve ſuffiſante, ſinon ce qui s'en manquera à l'égard de ladite future épouſe, ſera repris ſur les propres dudit futur époux.

La mere du futur époux le tiendra quitte & déchargé du reliquat de compte, ſi aucun lui eſt dû par ledit futur époux son fils, à cause de l'administration & maniement qu'elle a eue de sa personne & biens, comme sa tutrice. Fait & arrêté le

---

Quittance du payement d'une dot.

ET le   jour de   sont comparus pardevant les Notaires, Etienne, &c. & Anne, &c. son accordée qu'il autorise, demeurant à, &c. lesquels ont reconnu & confessé avoir reçu comptant d'Antoine, &c. & Marie, &c. sa femme, à ce présens & acceptans, la somme de en louis d'or & autre bonne monnoie ayant cours, présens les Notaires soussignez, que lesdits Antoine & sa femme ont donné en dot à ladite Anne leur fille, & promis payer ausdits futurs époux, comme le porte le contrat de leur mariage passé pardevant *tels Notaires le tel jour*, dont & de laquelle somme de lesdits futurs époux se contentent & en quittent & déchargent lesdits Antoine & sa femme, & tous autres, & consentent que dudit payement soit fait mention sommaire par tous Notaires sur ce requis, sur ledit contrat de mariage; ce qui ne servira avec cesdites présentes, que d'une même quittance : promettant &c. obligeant, &c. renonçant, &c. Fait & passé, &c.

Clause de communauté pour des personnes domiciliées en pays de droit écrit.

SEront lesdits futurs époux uns & communs en biens meubles & conquêts immeubles, quoique lesdits futurs époux ayent leur domicile ordinaire dans pays de droit écrit, auquel il n'y a aucune communauté entre les conjoints par mariage, quoiqu'ils ayent dessein d'y retourner, ou soit qu'ils aillent demeurer dans un autre lieu, où il n'y auroit point aussi de communauté de biens entre personnes mariées; consentant ledit sieur futur époux de recevoir ladite future épouse au droit de communauté, tant de meubles que de conquêts immeubles, pour participer elle & ses héritiers audit droit de communauté, suivant l'usage de la Ville de Paris; de même que si lesdits futurs époux étoient domiciliez dans ladite Ville, & avoient dessein d'y établir leur domicile actuel & ordinaire; & pour cet effet lesdits futurs époux ont dérogé & dérogent par ces présentes, en tant que besoin seroit, à toutes autres Coûtumes & Usages particuliers des lieux où ils ont leur domicile & où ils pourroient l'établir pendant leur mariage.

Clause de communauté pour des personnes domiciliées en Normandie.

EN faveur duquel futur mariage a été accordé entre les parties, que lesd. futurs époux seront uns & communs en tous biens meubles & conquêts immeubles qui seront faits durant & constant leur futur mariage, en quelques lieux & Coûtumes qu'ils soient situez, suivant l'Usage de la Ville, Prevôté & Vicomté de Paris. Et pour sûreté de ce que dessus, ledit sieur futur époux a promis & promet de ne faire aucunes acquisitions, sinon dans les lieux où par la Coûtume la future épouse auroit droit de communauté. Et néanmoins en cas que ledit futur époux fit des acquisitions pendant le mariage dans des Coûtumes qui défendroient ladite communauté, & qui empêcheroient ladite future épouse de prétendre part dans ladite communauté; en ce cas ledit futur époux & ses héritiers seroient tenus fournir & payer à ladite future épouse ou à ses héritiers, la moitié de la juste valeur & estimation desdites acquisitions, telle qu'elle sera lors de la dissolution dudit futur mariage, ou la moitié du prix desdites
acquisitions

acquifitions porté par les contrats, au choix & option de ladite future époufe, fes héritiers & ayans caufe. Et pour cet effet lefdits futurs époux ont dérogé & dérogent à la Coûtume de Normandie, où ils ont leur domicile ordinaire & actuel, où ils prétendent retourner ; & entant que befoin feroit, ont dérogé & dérogent par ces préfentes à toutes Coûtumes à ce contraires, où ils pourroient établir leur domicile pendant leur mariage, fe foûmettant, &c.

Nota, Les contrats portant communauté de biens, ne peuvent point être faits dans la Coûtume de Normandie. Il faut pour le ftipuler que les parties fe tranfportent dans un lieu qui admette la communauté de biens, & il vaut mieux venir à Paris paffer de tels contrats, parce que le Sceau du Châtelet de cette Ville eft attributif de Jurifdiction, & que pareilles claufes font favorables au Châtelet & au Parlement de Paris, & qu'elles ne font pas reçues de même au Parlement de Normandie qui juge toûjours contre les claufes de communauté.

Contrat de mariage fait en préfence du Roi, les pere & mere mariant leurs fils & leurs filles.

Furent préfens tres-haut & tres-puiffant Prince Monfeigneur Henry, &c. Duc de, &c. Pair de France, Marquis de, &c. Comte de, &c. & autres lieux ; & tres-haute & tres-puiffante Princeffe Madame   fon époufe qu'il autorife en cette partie, demeurans en leur Hôtel rue au nom & ftipulans pour tres-haut & tres-excellent Prince Monfeigneur Charles, &c. Duc de   leur fils aîné à ce préfent, & de fon confentement, d'une part: Et tres-haut & tres-puiffant Prince Monfeigneur Augufte   Prince de

E e

Duc de

de &autres lieux, Conseiller du Roi Pair de France, Marquis

en tous ses Conseils, Gouverneur & Lieutenant géné-

ral pour Sa Majesté en la Province de, &c. & com-

mandant pour Sa Majesté ses Armées en ladite Pro-

vince : Et tres-haute & tres-excellente Princesse Ma-

dame Louise-Henriette, &c. son épouse, qu'il autori-

se pareillement à l'effet des présentes, étant aussi main-

tenant en cettedite Ville de Paris, en leur Hôtel rue,

&c. stipulant semblablement en cettedite partie, pour

tres-haute & tres-excellente Princesse Mademoiselle

Anne-Marie, &c. leur fille à ce présente, & de son

consentement, d'autre part : lesquelles parties volon-

tairement, en la présence & du consentement de tres-

haut, tres-Chrétien, tres-excellent, tres-puissant &

tres-magnifique Prince Louis, par la grace de Dieu,

Roi de France & de Navare ; de tres-haut, tres-

puissant, tres-excellent Prince Louis Dauphin de Fran-

ce ; de tres-haut, tres-puissant Philippes d'Orleans,

petit-Fils de France, Duc d'Orleans, Valois & Char-

tres. (*Il faut mettre les Princes de la Maison Royale*

s'ils doivent y signer ; après les Princes & les personnes

d'un certain rang, on met ce qui suit :) Et encore en la

présence & du consentement de leurs parens & amis

ci-après nommez : sçavoir

tous parens & amis desdits Seigneurs & Damoiselles

futurs époux, ont reconnu & confessé avoir fait &

accordé ensemble de bonne foi le traité de mariage &

conventions suivantes.

C'est à sçavoir que lesdits Seigneur & Dame Prin-

ce & Princesse de, &c. ont promis & promettent de

bailler & donner ladite Damoiselle Anne-Marie leur

fille, de sondit consentement, par nom & loy de ma-

riage audit Seigneur Duc de, &c. qui aussi du con-

sentement desdits Seigneur & Dame ses pere & mere,

a promis & promet de la prendre pour sa femme &

legitime épouse en face de notre Mere sainte Eglise,

le plutôt qu'il se pourra, pour être, comme en effet

lefdits futurs époux feront, uns & communs en tous
biens meubles, & conquêts immeubles, fuivant la Coûtume de Paris, fous laquelle leurdite communauté
fera reglée & gouvernée, nonobftant que lors de la
diffolution dudit futur mariage ils fuffent demeurans
& leurfdits biens fituez fous Coûtumes & difpofitions
contraires, aufquelles lefdites parties ont expreffement
dérogé & renoncé pour ce regard.

Ne fera néanmoins ladite Damoifelle future époufe
tenüe des dettes ni hypothéques dudit Seigneur Duc
fon futur époux, faites avant leur mariage, qui, fi
aucunes fe trouvent, feront entierement acquittées fur
les biens propres & particuliers dudit Seigneur futur
époux, fans que ceux de ladite Damoifelle future
époufe, ni ceux de leurdite communauté en foient
tenus.

En faveur duquel futur mariage lefdits Seigneur &
Dame pere & mere dudit Seigneur futur époux, ont
par ces préfentes confirmé audit Seigneur époux, ce
acceptant, la donation qu'ils lui ont ci-devant faite
dudit Duché & Pairie de, &c. avec fes appartenances
& dépendances, pour en jouir & difpofer par lui, fes
hoirs & ayans caufe à toûjours, conformément au
contrat de ladite donation, paffée pardevant *tels Notaires le tel jour*, infinuée par tout où befoin a été : Et
outre lui font don, & promettent folidairement, fans
divifion, difcuffion, ni fidejuffion, renonçant aufdits
benefices, lui bailler, fournir & payer, dans la veille
du jour de fes époufailles, la fomme de trois cens mille
livres, laquelle entrera entierement en ladite future
communauté, dont il y en aura deux cens mille livres
en deniers comptans, & cent mille livres en meubles,
tapifferie, linge, vaiffelle d'argent, caroffe, & chevaux de cette valeur : Et encore ont certifié & certifient icelui Seigneur futur époux leur fils, franc &
quitte de toutes dettes & hypothéques, jufques audit
jour des époufailles ; & s'il s'en trouve, promettent
auffi folidairement comme deffus, de les acquitter de

leurs propres deniers : Davantage s'obligent folidairement avec tous leurs biens préfens & à venir, au
douaire & conventions matrimoniales ci après ftipulées & accordées à ladite future époufe, à laquelle & à
fes hoirs & ayans caufe, ils en répondent, & en font leur
propre fait & dette folidairement comme deffus, pour
ledit Seigneur futur époux leur fils, qu'ils reconnoiffent
être leur fils aîné & principal héritier, comme tel, promettent pareillement de lui conferver leurs fucceffions.

Auffi en la même confideration dudit futur mariage
lefdits Seigneur & Dame pere & mere de laditeDamoi-
felle future époufe, donnent & conftituent en dot, par
cefdites préfentes, à icelle Damoifelle future époufe
leur fille, la fomme de 1500000 liv. qu'ils promettent
folidairement, fans divifion, difcuffion ni fidejuffion,
renonçant aufdits benefices, bailler, fournir & payer
comme il fera ci-après dit, aufdits futurs époux ; fçavoir la veille du jour de leurs époufailles 300000 liv.
qui entreront pareillement en ladite communauté, dont
il y en aura 150000 livres en deniers comptans, &
150000 livres en pierreries, bagues & joyaux de cette
valeur ; 70000 livres en la ceffion, tranfport & délaiffement que lefdits Seigneur & Dame, pere & mere de ladite Damoifelle future époufe leur feront ladite
veille de leurs époufailles, avec toutes les garanties
néceffaires du Marquifat de   fis à, &c. du Comté
de   , fis à, &c. & de la Baronie de
fife à, &c. enfemble de toutes leurs appartenances &
dépendances, fans aucune referve, ainfi que le tout
appartient aufdits Seigneur & Dame pere & mere de
ladite Damoifelle future époufe, pour demeurer propre à elle, aux fiens & à ceux de fon côté & ligne, &
en jouir par lefdits futurs époux, leurs hoirs & ayans
caufe, dudit jour de leurs époufailles, en avant, & à
toûjours ; & 500000 liv. auffi en deniers comptans
fitôt que ledit Seigneur futur époux ou lefdits Seigneur
& Dame fes pere & mere auront trouvé occafion de
les employer utilement en acquifition de Terre noble,

dans le reſſort du Parlement de Paris, leſquelles demeureront auſſi propres à ladite Damoiſelle future
épouſe, aux ſiens & à ceux de ſon côté & ligne : Toutefois leſdites acquiſitions ne pourront être faites que
par l'avis deſdits Seigneur & Dame pere & mere de
ladite Damoiſelle future épouſe, leſquels, juſques au
jour du payement deſdites cinq cens mille livres, ſeront tenus, & promettent ſolidairement comme deſſus,
d'en payer l'interêt au denier vingt, de ſix mois en
ſix mois, auſdits futurs époux, à compter dudit jour
des épouſailles. A meſure deſquels payemens ledit interêt diminuera à proportion d'iceux, moyennant laquelle ſomme de 1500000 livres, ladite Damoiſelle
future épouſe, de l'autorité dudit Seigneur Duc ſon
futur époux, a par ces préſentes renoncé en faveur
de Meſſeigneurs les Princes ſes freres, & de leurs enfans & deſcendans ſeulement, à tous les autres droits
& prétentions generalement quelconques, que de preſent ou à l'avenir elle pourroit prétendre, demander
& eſperer, en quelque ſorte & maniere que ce ſoit, ès
biens & ſucceſſions futures deſdits Seigneur & Dame
ſes pere & mere : Et promettent leſdits futurs époux
ſolidairement de ratifier ladite renonciation auſſitôt
que ladite Damoiſelle future épouſe aura atteint l'âge
de 25. ans accomplis : Auſquelles fins ledit Seigneur
futur époux l'a auſſi dès-à-preſent autoriſée par ceſdites préſentes, ſans qu'il ſoit beſoin d'autre autoriſa-
tion, ſous cette condition & reſerve que fait ladite
Damoiſelle future épouſe, que ſi tous ſeſdits freres
viennent à prédéceder ſeſdits pere & mere ſans deſcendans mâles, lors vivans, nez en loyal mariage, elle
pourra, ſi bon lui ſemble, revenir auſdites ſucceſſions
paternelles & maternelles, en y rapportant ladite ſomme de 1500000 livres, ou ce qui lui en aura été lors
payé ou fourni, auſquels rapports elle pourra comprendre & employer les choſes qui ſe trouveront en
nature, pour le même prix qu'elles lui auront été
baillées & fournies en payement de la dot.

Et à l'égard defdits biens & droits dudit futur époux ci-deffus ftipulez, & à lui, comme dit eft, donnez par lefdits Seigneur & Dame fes pere & mere, ils demeureront entierement propres à icelui Seigneur futur époux, aux fiens & à ceux de fon côté & ligne, à la referve toutefois de ladite fomme de 300000 liv. qui entrera en ladite future communauté, au defir de ladite ftipulation.

Et dautant que lefdits futurs époux ont l'honneur d'être parens du Roi notredit Seigneur, Sa Majefté leur a fait don, en faveur de leurdit futur mariage, de la fomme de trois cens mille livres en deniers comptans, que Sadite Majefté veut leur être payée par le Garde de fon Tréfor Royal, en vertu de l'ordonnance de comptant qu'elle leur en fera expedier & délivrer auparavant leurfdites époufailles.

Ledit Seigneur Duc futur époux a doué & doue ladite Damoifelle fa future époufe de vingt-cinq mille livres de rente en douaire prefix, ou du douaire coûtumier à fon choix, à l'avoir & prendre auffitôt que le douaire aura lieu, generalement fur tous & chacuns fes biens meubles & immeubles, préfens & à venir, avec fon habitation au Château dudit Duché de, &c. & la jouiffance de l'enclos, pourpris, jardin, garenne, & préclôtures d'icelui Château, lequel fera meublé, une fois feulement, aux dépens des héritiers dudit Seigneur futur époux, de meubles, tapifferies, linges, & autres chofes neceffaires, felon la qualité des futurs époux, fans diminution dudit douaire, duquel, tel que choifi fera par ladite Damoifelle future époufe, elle demeurera faifie du jour du décès dudit Seigneur futur époux, fans qu'elle foit tenue de le demander en Juftice, dérogeant auffi pour ce regard lefdites parties à toutes Coûtumes contraires.

Le furvivant defdits futurs époux aura & prendra pour fon preciput, & hors part des biens de leurdite communauté ; fçavoir ledit Seigneur futur époux fes habits, linge, armes & chevaux ; & ladite Damoifelle future épouse ses habits, bagues, joyaux, linge, carosse, chevaux, & autres meubles de ladite communauté, tels que ledit survivant voudra choisir, suivant la prisée de l'inventaire qui en sera faite, & sans crue, jusques à la somme de deux cens mille livres, ou ladite somme en deniers comptant, au choix dudit survivant.

Si constant ledit futur mariage il étoit vendu, aliené, ou racheté aucuns héritages, ou rentes, propres à l'un ou à l'autre desdits futurs époux, les deniers en provenans seront incontinent remployez en rachat d'autres héritages ou rentes, pour sortir pareille nature de propre, au profit de celui ou de celle d'où ils procedoient : Et si lors de la dissolution dudit futur mariage, ledit remploi n'étoit fait, les deniers seront repris sur la masse de ladite communauté, si elle se trouve suffisante ; sinon ce qui s'en défaudra, à l'égard de ladite Damoiselle future épouse, sera repris sur les propres dudit Seigneur futur époux.

Sera loisible à ladite Damoiselle future épouse, & aux enfans qui naîtront dudit futur mariage, de renoncer à ladite communauté ; ce faisant, de reprendre & emporter ladite somme de trois cens mille livres ci-dessus ameublie, avec le surplus de sadite dot, & tout ce qui durant ledit futur mariage lui sera avenu & échû par successions, donations, legs, ou autrement : Et outre ce, ladite Damoiselle future épouse aura encore sesdits douaire, habitation & préciput, tels que dessus, le tout franchement & quittement, sans être par elle ni sesdits enfans, tenus d'aucune charge, dettes ni hypotheques de ladite communauté, encore que ladite Damoiselle future épouse y eût parlé, s'y fût obligée, ou y eût été condamnée, dont elle & sesdits enfans seront acquittez sur les biens dudit Seigneur futur époux, ou par ses heritiers.

Comme aussi avenant le prédecès de ladite Damoiselle future épouse sans enfans lors vivans dudit futur mariage, les heritiers auront la même faculté &

option de renoncer à ladite communauté, & en ce cas de reprendre franchement & quittement, comme deſſus, tout ce que ladite future épouſe aura apporté audit ma-riage, & tout ce que durant icelui lui ſera avenu & échû, ainſi que dit eſt, par ſucceſſions, donations, legs où autrement, à la reſerve de la ſomme de cent cin-quante mille livres qui demeurera audit Seigneur fu-tur époux, pour aucunement le dédommager des frais & charges dudit futur mariage : Pour toutes leſquelles repriſes & indemnitez ladite future épouſe, ſeſdits en-fans & héritiers auront leur hypotheque de ce jourd'hui ſur tous les biens préſens & à venir dudit Seigneur fu-tur époux, qu'ils ont d'abondant auſſi ſolidairement comme deſſus, affectez, obligez & hypothequez à cet effet, envers ladite Damoiſelle future épouſe, ſeſdits enfans, & héritiers.

Et pour faire inſinuer ceſdites préſentes au Greffe des Inſinuations du Châtelet de Paris, & par tout ailleurs où beſoin ſera, ſuivant l'Ordonnance, leſdites parties ont fait & conſtitué leur Procureur ſpecial & general le porteur d'icelles, auquel elles en ont donné & don-nent tout pouvoir.

Car ainſi le tout a été traité, ſtipulé, convenu & accordé entre leſdites parties en faiſant & paſſant ces préſentes, nonobſtant toutes Coûtumes & Loix à ce contraires, auſquelles leſdites parties ont expreſſement dérogé & renoncé par ceſdites préſentes, promettant & obligeant chacun en droit ſoi, &c. leſdits Seigneur & Dame pere & mere deſdits futurs époux ſolidaire-ment, comme dit eſt, &c. renonçaut, &c. Fait & paſſé, &c.

Contrat de mariage en pays de droit écrit.

FUrent préſens & conſtituez en leurs perſonnes Pierre le Grand, & avec lui de ſon autorité & permiſſion, Jean le Grand ſon fils, d'une part, &

Charles Lambert, & avec lui de fon autorité & permiffion Damoifelle Madeleine Lambert fa fille, d'autre part : lefquelles parties, de l'avis & confentement
de leurs parens & amis, font entre elles pour eux &
les leurs, les promeffes, conftitutions, donations en
cas de furvie, & autres pactions & conventions qui
fuivent ; c'eft à fçavoir que lefdits Sieur Jean le Grand
& Damoifelle Madeleine Lambert, ont promis & promettent fe prendre en foi & loi de mariage en face de
notre Mere fainte Eglife.

En faveur duquel mariage ledit fieur Pierre le
Grand conftitué en fa perfonne pere dudit fieur futur
époux, a donné & donne audit fieur fon fils par donation entre vifs irrevocable, & à caufe de noces, à
perpetuité, pour preciput & avantages, ce acceptant
la maifon   confiftant, &c. pour jouir
par ledit fieur futur époux de la préfente donation à
lui faite, & en pouvoir difpofer à l'avenir à fa volonté
comme de chofe à lui appartenante ; ledit fieur le
Grand pere a déclaré & déclare qu'il l'a émancipé &
émancipe.

Et de la part de ladite Damoifelle future époufe, en
faveur dudit futur mariage, ledit fieur Lambert pere
& conftitué tel en fa perfonne, a volontairement conftitué & conftitue en dot audit fieur futur époux, au
profit toutefois de ladite Damoifelle future époufe fa
fille, la fomme de   qu'il promet payer
le jour de la benediction nuptiale : laquelle fomme
deflors du payement, & pour affurance de la reftitution qui s'en devra faire, le cas d'icelle arrivant, ledit fieur futur époux, du confentement de fefdits parens, a affigné & affigne fur ladite maifon à lui donnée
par ledit fieur fon pere ; & moyennant le payement de
laquelle fomme, ladite Damoifelle future époufe, de
l'autorité & confentement dudit fieur futur époux, renoncera & renonce dès-à-prefent comme pour lors
aux fucceffions échues & à écheoir defdits Sieur &
Dame fes pere & mere, fans prétendre aucun droit de

legitime, supplement d'icelle & autres generalement
quelconques, & ce au profit & pour l'avantage de ses
freres & de leurs enfans & descendans, & de chacun
d'eux, pour telle part & portion qu'il plaira audit sieur
le Grand de disposer de leurs biens entre les autres enfans; & à la charge que ledit sieur futur époux s'obligera en son nom de garantir & faire valoir, en cas que
ladite Damoiselle future épouse, pendant le présent
mariage, ou les enfans d'icelui, voulussent après son
décès reclamer contre ladite renonciation; & s'il arrivoit que lesdits enfans mâles vinssent à deceder sans
hoirs avant ledit sieur le Grand, pere, sera loisible à
ladite Damoiselle future épouse de prendre & accepter si bon lui semble, la succession de sesdits pere &
mere, le tout sans préjudice à ladite Damoiselle future épouse des droits successifs qui lui pourroient
écheoir de ses ayeux & autres ascendans, après le décès de sesdits pere & mere : ledit sieur futur époux a
donné & promis de donner le jour de la benediction
nuptiale à ladite Damoiselle future épouse, en bagues
& joyaux jusqu'à la somme de quinze cens liv. pour en
disposer par elle à sa volonté.

Au cas que ledit sieur futur époux vienne à déceder
avant ladite Damoiselle future épouse, il lui donne
pour gain de survie, sa vie durant & par chacun an,
la somme de quatre cens livres. Et au cas que ladite
Damoiselle future épouse prédecede ledit sieur futur
époux, elle lui donne en proprieté la somme de six
mille livres à prendre sur les deniers qui composent
sa dot; & ne sera ledit sieur futur audit cas de survie
de sa part tenu de restituer le surplus de la dot, que
trois ans après la dissolution de la communauté, sans
être obligé d'en payer l'interêt; car ainsi le tout a été
accordé, convenu & arrêté entre lesdites parties, qui
ont promis le tenir & entretenir selon sa forme & teneur, à peine de tous dépens, dommages & interêts,
& sans lesquelles clauses le futur mariage ne prendroit
sa perfection. Et pour la validité des présentes, lesdites

parties confentent qu'elles foient infinuées & enregiftrées où befoin fera, conftituant à cet effet, &c. Fait
& paffé, &c.

Contrat de mariage en fecondes noces, y ayant enfans du premier lit.

FUrent prefens Eftienne, &c. demeurant rue, &c.
fils de défunts *tel* & *telle* fa femme, fes pere &
mere, pour lui & en fon nom d'une part ; & Catherine, &c. veuve de feu Guillaume, &c. demeurante
rue, &c. auffi pour elle & en fon nom, d'autre part ;
lefquelles parties volontairement en la prefence & du
confentement de leurs parens & amis ci-après nommez,
fçavoir de la part dudit Eftienne, &c. *de tels & tels*,
& de la part de ladite Catherine, &c. *tels & tels* ont
reconnu ✱ confeffé avoir fait & accordé enfemble de
bonne foi, le traité de mariage & conventions fuivantes : c'eft à fçavoir lefdits Eftienne, &c. & Catherine, &c. ont promis & promettent fe prendre l'un
l'autre par nom & loi de mariage en face de notre
Mere fainte Eglife, le plutôt que faire fe pourra, aux
biens & droits à chacun d'eux appartenans, qu'ils ont
promis d'apporter & mettre enfemble dans la veille
de leurs époufailles, pour être, comme en effet lefdits
futurs époux feront, uns & communs en tous biens
meubles & immeubles, fuivant la Coûtume de Paris,
fans être tenus des dettes l'un de l'autre, faites &
créées avant leurs époufailles, dont fi aucunes y a,
feront payées & acquittées fur les biens & droits de
préfent appartenans aufdits futurs époux, en la
préfence de l'un & de l'autre, avant leurfdites
époufailles ; même de ceux délaiffez à ladite future
époufe & à fes enfans par ledit feu Guillaume fon ma-
ti, & icelui clos en Juftice avec partie capable pour
diffoudre la communauté qui a été entre lui & elle :
& à ce fujet ladite future époufe fe fera élire tutrice

en Justice à sesdits enfans, & leur fera nommer un subrogé tuteur pour défendre leurs interêts en la confection dudit inventaire, & en tous leurs autres droits & actions; desquels biens & droits qui se trouveront appartenir par lesdits inventaires à chacun desdits futurs époux, il en entrera moitié de part & d'autre en ladite future communauté, & l'autre moitié demeurera propre à iceux futurs époux, & chacun d'eux à son égard aux siens & à ceux de son côté & ligne. Ledit futur époux a doué & doue sa future épouse de la somme de en douaire prefix une fois payé, à l'avoir & prendre sur tous les biens meubles & immeubles présens & à venir dudit futur époux, qu'il a dès à présent chargez, affectez, obligez & hypothequez, à garantir, fournir & faire valoir ledit douaire, duquel ladite future épouse aura délivrance aussitôt que le douaire aura lieu, sans qu'elle soit tenue de le demander en Justice, & en jouira suivant ladite Coûtume. Le survivant desdits futurs époux aura & prendra pour son préciput des biens de ladite communauté, tels qu'il voudra choisir, suivant la prisée de l'inventaire qui en sera faite, & sans crue jusques à la somme de ou ladite somme en deniers comptans, au choix dudit survivant : Sera loisible à ladite future épouse d'accepter ladite communauté ou d'y renoncer, & y renonçant, de reprendre & emporter tout ce qu'elle aura apporté audit mariage, & tout ce que durant icelui lui sera avenu & échû par successions, donations, legs ou autrement, avec ses douaire & préciput ci-dessus, le tout franchement & quittement, sans être tenue d'aucunes charges, dettes ni hypotheques de ladite communauté, encore qu'elle y eût parlé, s'y fut obligée, ou y eût été condamnée, dont elle sera acquittée sur les biens dudit futur époux, par ses héritiers : Seront *tels & tels enfans* de ladite future épouse & dudit défunt son mari, nourris, entretenus, élevez & instruits en la Religion Catholique, Apostolique &

Romaine, envoyez aux Ecoles, & leur sera fait apprendre métier, le tout aux dépens de ladite future communauté, sans diminution du fonds de leurs biens jusques à ce que chacun d'eux ait atteint l'âge de dix-huit ans, si tant ladite communauté dure, moyennant quoi ils ne pourront prétendre aucuns revenus de lesdits biens, gages, ni salaires de leurs services, parce que tous lesdits revenus, gages & services entreront en ladite future communauté; car ainsi, &c.

Clause de donation en faveur de mariage,
ainsi qu'il est permis par l'Edit des secondes
noces, qui est ci-après.

EN faveur duquel futur mariage, & pour la bonne amitié & affection particuliere que ladite future épouse porte à sondit futur époux, elle a fait & fait par ces présentes, donation pure & simple entre vifs & irrévocable audit futur époux, ce acceptant pour lui, ses hoirs & ayans cause, de pareille part & portion de tous ses biens meubles, acquêts immeubles & propres présens & à venir, que l'un de ses enfans moins prenant aura & prendra en sa succession, après son décès, ainsi qu'il est permis par l'Edit des secondes noces, pour en jouir & disposer en pleine proprieté par ledit futur époux, ses hoirs & ayans cause, comme de chose à lui appartenante au moyen de la présente donation qui sera insinuée, &c.

Nota, *Que le mari qui a des enfans, & qui convole*
en secondes ou autres noces, peut faire de semblables do-
nations à celle qu'il épouse après la premiere.
Mais il faut remarquer que ces sortes de donations ne
s'étendent que sur les propres que le donateur possedoit lors
de son premier mariage, & ainsi des autres, & des ac-
quêts qu'il a fait durant son veuvage, après la clôture

des inventaires qui ont diſſolu ſes communautez , & non
ſur les biens deſdites communautez , d'autant que les pere
& mere ne peuvent diſpoſer de tels biens tombez en communauté , au préjudice de leurs enfans, en contraſtant de
ſubſequens mariages, c'eſt ainſi que le décide le 279. art.
de ladite Coûtume de Paris.

Clauſe pour laiſſer jouir le ſurvivant des pere
& mere, des biens qui écherront à leur fils ou
fille , après leur mariage par le prédécès deſ-
dits pere & mere.

MOyennant quoi (*c'eſt la dot*) les futurs époux
laiſſeront jouir en uſufruit le ſurvivant des pere
& mere de ladite future épouſe, tant qu'il demeutera
en viduité , des biens du prédécédé , ſans qu'ils lui en
puiſſent demander aucun compte ni partage, ſinon en
rapportant préalablement ladite ſomme de
(*c'eſt la dot*) & en faiſant par ledit ſurvivant faire le
ſemblable par les autres enfans en les mariant.

Edit des ſecondes noces fait par François II.
en 1560.

FRançois par la grace de Dieu Roy de France,
&c. A tous preſens & à venir , SALUT. Comme
les femmes veuves ayant enfant ou enfans, ſoient ſouvent invitées & ſollicitées à nouvelles noces , & non
connoiſſans être recherchées plus pour leurs biens que
pour leurs perſonnes , elles abandonnent leurs biens à
leurs nouveaux maris ; & ſous prétexte & faveur de
mariage, leur font donations immenſes , mettant en
oubli le devoir de nature envers leurs enfans, de
l'amour deſquels tant s'en faut qu'elles ſe duſſent éloi-
gner par la mort des peres , que les voyant deſtituez
du ſecours & aide de leurs peres , elles devroient par

tous moyens s'exercer à leur faire double office de pere
& de mere : desquelles donations outre les querelles
& divisions d'entre les meres & les enfans, s'ensuit
la désolation des bonnes familles, & consequemment
diminution de la force de l'état public ; à quoy les anciens Empereurs zélateurs de la police, repos &
tranquillité de leurs sujets, ont voulu pourvoir par
plusieurs bonnes Loix & constitutions sur ce par
eux faites ; & nous par la même consideration & entendant l'infirmité du sexe, avons approuvé & loué
icelles Loix & Constitutions ; & en ce faisant avons
dit, déclaré, statué & ordonné ; disons, déclarons,
statuons & ordonnons, que si les femmes veuves ayant
enfans, ou enfans de leurs enfans, passent à de nouvelles noces, elles ne pourront en quelque façon que ce
soit, donner de leurs biens, acquêts ou propres à leurs
nouveaux maris, pere, mere, ou enfans desdits maris ou autres personnes, &c. Et que s'il se trouve division inégale de leurs bienfaits entre leurs enfans, ou
enfans de leurs enfans, les donations par elles faites
à leurs nouveaux maris, seront réduites & mesurées à
raison de celui des enfans qui en aura le moins : Et
quant au regard des biens desdites veuves, acquis
par dons & liberalitez de leurs défunts maris, elles
n'en pourront faire aucune part à leurs nouveaux maris;
mais elles seront tenues de les reserver aux enfans communs d'entre elles & leursdits défunts maris, de la li-
beralité desquels iceux biens leur seront avenus.

Le semblable voulons être gardé ès biens qui sont
avenus aux maris par dons de leurs défuntes femmes ;
tellement qu'ils n'en pourront faire don à leurs secondes
femmes, mais seront tenus les reserver aux enfans
qu'ils ont eus de leurs premieres. Toutefois n'entendons par ce present notre Edit, bailler ausdites femmes plus de pouvoir & liberté de donner & disposer
de leurs biens, qu'il ne leur est loisible par les Coûtumes des pays, ausquelles par ces presentes n'est dérogé, en tant qu'elles restraignent plus ou autant la libe-
ralité desdites femmes.

✱✱✱✱✱✱✱✱✱✱✱✱✱✱:✱✱✱✱✱✱✱✱✱✱✱✱

CHAPITRE XVII.

Des Donations entre vifs, & Don mutuel.

C E font des actes faits entre deux perfonnes, l'une defquelles tranfmet à l'autre la propriété d'un immeuble, ou d'une univerfalité de meubles , pour en jouir dès-à-
préfent, ou fous la referve de l'ufufruit, pendant le refte de la vie du donateur. L'on a
dit univerfalité de meubles, parce qu'un meuble en particulier peut fe donner de la main
à la main fans faire de contrat, à caufe que,
difent nos Coûtumes, *Meuble n'a point de
fuite par hypotheque.*

Cet acte doit être autentique, c'eft-à-dire,
paffé fous le Scel Royal, qui eft feul capable
d'établir l'hypotheque, ou en transferer la
proprieté, ce qu'un acte fous feing privé ne
fçauroit faire.

Il faut encore que la donation foit acceptée, parce qu'il plaît fouvent au donateur
d'y inferer les motifs qui l'ont porté à la faire, & les conditions fous lefquelles il l'a faite, aufquelles , fi le donataire refufoit de fe
foûmettre , il ne la feroit point.

Elle doit contenir un dépouillement entier de la proprieté de la chofe donnée , enforte que dès qu'elle eft parfaite, il ne lui eft
plus loifible de la révoquer, ni d'en difpofer

ſer en maniere quelconque, au préjudice du donataire.

Comme les termes ſont quelquefois équi-voques pour ſignifier une donation entre vifs, ou une donation à cauſe de mort, l'on a égard, pour ſe déterminer, à ce qu'il paroît de l'intention du donateur: S'il a mieux aimé que le donataire poſſedât la choſe donnée que lui-même, l'on regarde la donation comme faite entre vifs; ſi au contraire il paroît qu'il a mieux aimé que la choſe donnée paſſât au donataire qu'à ſon propre héritier, elle ſe prend pour donation à cauſe de mort.

Auſſi les formalitez en ſont-elles bien dif-ferentes dans nos Coûtumes: le pouvoir de donner entre vifs y eſt bien plus étendu que celui de donner à cauſe de mort, parce qu'el-les ont remarqué que l'on eſt bien plus diſ-poſé à donner une choſe dont on n'eſpere plus jouir que peu de tems, que celle dont on peut encore ſe promettre une longue jouiſſance : il faut de puiſſans motifs pour nous porter à celle-ci, au lieu qu'il n'en faut ſouvent que de très-legers pour nous déter-miner à celle-là. Auſſi ont-elles plus ou moins étendu le pouvoir de diſpoſer de ſes biens par l'une & par l'autre.

L'on peut, par exemple, les donner tous entre vifs, au lieu que la plûpart ne permet-tent de diſpoſer à cauſe de mort, que du tiers, du quart, ou d'une certaine eſpece de biens, pour conſerver les autres aux héritiers légiti-mes.

Ff

Quelques unes défendent aux peres & aux meres de rien donner à l'un de leurs enfans plus qu'à l'autre ; d'autres le permettent mê. me par testament. Toutes admettent le pou. voir de faire des substitutions dans les dona. tions entre vifs, mais il y en a qui ne les souf. frent pas dans les testamens.

Les donations entre vifs doivent être ac. ceptées par les donataires présens, ou en leur absence par le Notaire qui les reçoit, & dans la suite par le donataire, par un acte séparé ; les autres n'ont pas besoin d'acceptation.

Les donataires doivent faire insinuer les premieres pour les mettre à couvert des ac. tions hypothequaires, que pourroient diriger contre eux les créanciers qui auroient depuis contracté avec le donateur, qu'ils ont vû con. tinuer la possession de ses biens, par le moyen de l'usufruit qu'il pouvoit s'être réservé, au lieu que les donations testamentaires ne sont pas sujettes à l'insinuation, parce qu'elles peuvent être révoquées jusqu'à l'inst ant qui précede le décès du testateur : *Ambulatoria est hominis voluntas usque ad extremum vitæ spiritum* ; pendant que la donation entre vifs demeure irrévocable, dès qu'elle est devenue publique par le moyen de l'insinuation, s'il ne survient de la part du donataire une in. gratitude qui mérite la révocation, ou au do. nateur des enfans d'un mariage contracté depuis la donation, au préjudice desquels il n'y a nulle apparence qu'il eût voulu don. ner ses biens à un étranger.

C'eſt ce qui fût ſolemnellement décidé en faveur de Mᶜ Charles du Moulin qui avoit donné tous ſes biens à Frederic du Moulin ſon frere, en ſe mariant. Mais comme cette belle-ſœur en uſa mal avec lui, il ſe maria lui-même. Dès qu'il lui fut né un enfant, il ſe pourvut contre la donation ſuivant la loi *Si unquam cod. de revocand. donat.* les lettres qu'il avoit obtenues furent enterinées: il fit cependant lui-même ajoûter cette clauſe à l'Arrêt, que les biens par lui donnez demeureroient hypothequez aux conventions matrimoniales & à la reſtitution de la dot en cas d'inſuffiſance des biens de Frederic comme il eſt rapporté dans ſa vie.

Les donations entre vifs doivent être faites pardevant deux Notaires, ou un Notaire & deux témoins; les teſtamens peuvent encore être reçûs par le Curé, ou ſon Vicaire, en préſence de deux témoins: ce qui a été très-ſagement établi par les Coûtumes pour obliger ceux qui ſe trouvent auprès des mourans de rechercher moins la préſence du Notaire, que celle du Curé qui peut adminiſtrer les Sacremens, diſpoſer le malade à la mort, & recevoir ſon teſtament s'il veut en faire un.

Les donations entre vifs ſont rarement ſujettes à réduction, au lieu que les teſtamens le ſont dans preſque toutes les Coûtumes, par la raiſon qui a déja été touchée.

Le legs fait par teſtament n'eſt dû qu'après la mort du teſtateur: le légataire ne peut le

recevoir que des mains de l'executeur testamentaire ou de l'héritier : la donation entre
vifs peut au contraire s'executer dès le moment qu'elle est signée : le donataire est saisi
de droit & de fait : si sa possession est suspen-
due par la rétention de l'usufruit, en faveur
du donateur, il se reconsolide de lui-même à
la proprieté dès le moment de son décès,
sans que le donataire fasse aucun acte de son
côté.

Si le donataire ayant des enfans, meurt
avant le donateur, la proprieté leur est con-
servée, la donation subsiste à leur profit ; au
lieu que le légataire mourant avant le testateur, le legs devient caduc & ne passe point
à ses enfans.

L'âge pour faire des donations entre vifs,
est le même que celui qui est nécessaire pour
disposer de ses immeubles, qui est la majorité,
au lieu que pour en faire à cause de mort, il
ne faut avoir que celui qui est fixé par les
Coûtumes pour tester. L'on a cette faculté
dans les pays du droit écrit, dès que l'on a
atteint l'âge de puberté, qui est quatorze ans
pour les mâles, & douze pour les femelles.
Il y a un Arrêt qui a étendu cette faculté à
la Coûtume de la Marche qui est voisine du
pays du droit écrit, & qui n'a rien décidé
là-dessus. Les autres la reculent davantage.
Celles qui n'en parlent point sont censées
suivre la décision de celle de Paris.

Pour faire une donation entre vifs, il faut

jouir d'une parfaite fanté, & n'être atteint d'aucune maladie, qui vraifemblablement puiffe avoir trait à mort, jufques-là qu'il y a des Coûtumes qui le défendent aux femmes enceintes : au lieu qu'il fuffit pour faire un teftament, qu'il paroiffe que l'on a l'efprit fain, quoique le corps foit bien malade.

L'on pourroit également impugner une donation entre vifs & un teftament, s'il paroiffoit que le donateur ou le teftateur eût alors l'efprit aliéné. Ce fut par-là que feu Madame la Ducheffe de Nemours attaqua la donation faite par Monfieur l'Abbé de Longueville : elle fut reçûe à prouver les faits de démence qu'elle avoit articulez.

Il faut qu'il y ait du moins un prétexte honnête fur lequel l'une & l'autre de ces donations foient appuyées : il eft défendu de donner ou de léguer, *ob turpem caufam.*

Donation pure & fimple.

FUt préfent Charles, &c. demeurant à , &c. lequel de fon bon gré & bonne volonté & amitié qu'il a conçûe depuis longtems pour Jofeph, &c. fon coufin, & pour les bons & agréables fervices qu'il en a reçûs par le paffé, & qu'il efpere en recevoir à l'avenir, de la preuve defquels il l'a relevé & releve par ces préfentes, a donné & donne audit Jofeph, &c. demeurant à , &c. à ce préfent, ftipulant & acceptant, par forme de donation pure, fimple & irrévocable pour lui, fes hoirs & ayans caufe, en la meilleure forme que donation puiffe valoir, une maifon fife à Paris,

rue , &c. Paroiſſe, &c. compoſée de , &c. chambres,
&c. joignant d'une part à celle de Denis, &c. & d'autre à celle de Simon , &c. de la propriété de laquelle
maiſon, & de toutes ſes appartenances, ſans en rien
réſerver ni retenir, il s'eſt dévêtu & déſaiſi, en revêt
& ſaiſit ledit Joſeph & les ſiens, conſentant qu'il en
prenne , quand il lui plaira , la vraie , réelle , & actuelle poſſeſſion , ne la tenant juſques-là ledit Charles,
qu'à nom & titre de precaire ; ladite maiſon chargée
de deniers de cenſive envers Monſeigneur, &c. au reſte franche & quitte de toutes dettes, pour en jouir
par ledit Joſeph , ſes hoirs & ayans cauſe, comme
vrais & légitimes propriétaires ; de laquelle donation
ledit Joſeph a très-humblement remercié ledit Charles , & pour faire inſinuer ces préſentes où beſoin ſera , dans les quatre mois de l'Ordonnance , les parties
ont conſtitué leur Procureur celui qui en ſera le porteur.

Donation entre vifs avec clauſe de ſubſtitution.

FUrent préſens Me Antoine, &c. lequel pour obéir
aux commandemens de Me Antoine ſon pere, a
par ces préſentes donné & donne par donation entre
vifs, pure , ſimple , irrévocable, en la meilleure forme
que donation puiſſe valoir , aux deux enfans mâles de
défunt noble homme Antoine , &c. la Terre du , &c.
ſes appartenances & dépendances , ſituée en la Paroiſſe
de , &c. ainſi qu'elle appartient audit ſieur donateur,
& qu'elle lui eſt avenue par patrimoine, & par une
tranſaction paſſée à Paris avec autre Antoine Varillas,
ſans en rien excepter ni retenir, ſinon l'uſufruit que
ledit ſieur donateur ſe conſtitue pour l'avoir & retenit
à titre & en forme de precaire , pendant ſa vie ſeulement , pour deſdits biens jouir par leſdits deux donataires, aux charges & conditions ci-après exprimées.
Cette donation faite à la charge dudit uſufruit reſer-

vé , audit fieur donateur, à condition qu'après fon décès ledit ufufruit appartiendra à Auguftin , &c. fon
neveu, auquel il en fait auffi donation entre vifs comme deffus : & encore cette donation eft faite à condition expreffe que lefdits biens donnez appartiendront
aux enfans mâles defdits deux enfans mâles donataires,
s'ils en ont, & à leur défaut aux enfans mâles à naître
dudit Auguftin : s'il n'en avoit point, tous lefdits biens
donnez pafferont aux parens paternels dudit fieur comparant , qui porteront le nom de , &c. felon qu'ils
lui feront plus proches , & à l'effet de ce que deffus ,
ledit fieur , &c. fait par ces préfentes toutes fubftitutions néceffaires , fans quoi il n'auroit fait la préfente
donation , qui au furplus eft faite , parce que la volonté dudit fieur comparant eft d'ainfi le fuivre. Tout
ce que deffus , accepté par lefdits donataires & autres
intéreffez ci-devant nommez , par les Notaires fouffignez , en tant que befoin eft ou feroit ; & faire le peuvent , & pour faire publier en Jugement & infinuer
ces préfentes en toutes Cours & Tribunaux que befoin
fera, & obferver toutes autres formalitez requifes , ledit fieur donateur conftitue fon Procureur, & celui des
donataires, le porteur des préfentes, auquel il donne le
pouvoir néceffaire pour en requerir acte. Promettant,
&c.

Donation entre vifs faite à la charge de penfion viagère.

FUt préfent Edmond , &c. demeurant à , &c. lequel a volontairement donné, cedé, quitté & délaiffé par donation entre vifs , en la meilleure forme
que donation puiffe valoir, à Euftache, &c. fon frere,
à ce préfent ftipulant, & acceptant, pour lui, fes hoirs,
fucceffeurs & ayans caufe, tous les biens & droits à lui
appartenans en la Paroiffe de, &c. Generalité de, &c.
meubles & immeubles, noms , raifons & actions, parts

& prétentions quelconques à lui appartenantes, tant de
succeſſion de, &c. & de, &c. ſes feus pere & mere,
que par lui acquis audit lieu & Paroiſſe de, &c. de
quelque maniere & à quelque titre que ce ſoit, pour en
jouir par ledit Euſtache, ſes hoirs & ayans cauſe, en
pleine propriété, pour la pourſuite & recherche deſquels biens & droits, en quoi qu'ils puiſſent conſiſter,
il lui a donné & donne par ces préſentes plein pouvoir,
voulant & conſentant que ledit donataire en prenne,
quand bon lui ſemblera, la vraie, réelle & actuelle
poſſeſſion, ſans avoir beſoin d'autre procuration que
de ces préſentes, qui ſont faites, paſſées & acceptées
à la charge des droits & devoirs féodaux, Seigneuriaux, & fonciers, dûs à Monſieur l'Abbé, &c. deſquels ledit donataire a promis d'acquitter & indemniſer à l'avenir ledit ſieur donateur, & de lui payer d'année en année la ſomme de, &c. par forme & maniere
de penſion viagere, en deux payemens, le premier à
commencer au jour & Fête de S. Jean-Baptiſte prochain venant, & le ſecond au jour & Fête de Noel
ſuivant ; que ledit ſieur donateur s'eſt réſervé par maniere d'uſufruit ; laquelle penſion ledit ſieur donataire
s'eſt chargé de payer ou de faire payer annuellement
par lui-même, ou par les Fermiers & locataires deſdits biens donnez, aux termes ci deſſus ſpecifiez, à
peine d'y être lui-même contraint par toutes voies de
Juſtice dûes & raiſonnables, juſques au jour du décès
dudit ſieur donateur ; dont il ne ſera payé pour la derniere année, qu'à proportion du tems qu'il aura vécu, à ſes héritiers, le ſurplus de ladite derniere année
& le ſurplus des ſubſequentes demeurant acquis audit
donataire, aux ſiens & à ceux de ſon eſtoc & ligne, &
autres au profit deſquels il pourroit en avoir diſpoſé,
comme conſolidé à la propriété deſdits biens & droits.
Et au payement de ladite ſomme de, &c. a ledit ſieur
donataire ſpecialement affecté & hypothequé non ſeulement leſdits biens ci-deſſus donnez, même tous ſes
autres biens meubles & immeubles, tant de propre

que d'acquêt, échûs & à écheoir. Et pour faire infinuer, &c.

Donation pour l'ingreſſion d'une fille en un Couvent.

FUrent préſens Ambroiſe, &c. & Auſtreberte ſon
épouſe, leſquels après avoir longtems examiné le
deſſein formé par Geneviéve leur fille de ſe retirer dans
un Cloître, pour y employer le reſte de ſes jours à
chanter les louanges du Seigneur, & le choix qu'elle
avoit fait à cet effet de l'Abbaye de, &c. Diocèſe de,
&c. Et ne voulant la détourner d'une auſſi pieuſe intention, ſçachant d'ailleurs que la Dame Abbeſſe de
ladite Abbaye, en conſideration des pertes & dommages qui y ſont arrivez depuis peu, a obtenu de Sa Majeſté des Lettres Patentes portant permiſſion de recevoir
des dots des filles qui s'y préſentent, juſqu'à la concurrence d'une ſomme qui n'eſt pas à beaucoup près remplie : Ne voulant d'ailleurs s'oppoſer au louable deſſein
formé par ladite Geneviéve, ſont convenus avec Dame Eliſabeth Gabrielle Abbeſſe du Monaſtere de,
&c. Ordre de Saint, &c. qu'elle y ſera reçue, vêtue,
nourrie & entretenue tout comme les autres Religieu-
ſes dudit Monaſtere, tant ſaine que malade, moyennant la ſomme de, &c. de penſion annuelle & viagere,
payable dès le jour de l'ingreſſion de ladite Geneviéve
juſqu'à ſon décès, ou celle de, &c. payable le jour
que ladite Geneviéve émettra ſes vœux & fera Profeſſion Religieuſe audit Monaſtere ; auquel payement
ſe ſont leſdits Ambroiſe & Auſtreberte, duement autoriſée par ſondit mari, ſolidairement & hypothecaire-
ment obligez, eux & tous leurs biens meubles & immeubles préſens & à venir : ce qui a été ainſi accepté
par ladite Dame Eliſabeth Gabrielle Abbeſſe, & par
ſon Chapitre & Communauté, qui ont promis recevoir ladite Geneviéve à la vêture & à la Profeſſion, au

cas qu'il ne s'y trouve aucun empêchement canonique,
moyennant le payement qui leur sera fait lors de ladite
Profession, de ladite somme de, &c. ou les assurances
qui leur seront données du payement de ladite pension,
laquelle ils ont créé & constituée generalement sur
tous leurs biens meubles & immeubles présens & futurs, & specialement sur leurs Fief, Terre & Seigneurie de, &c. ladite rente portable chaque année en ladite Abbaye de, &c. au jour & Fête de Saint Martin, pendant la vie de ladite Geneviéve, auquel payement ils ont obligé comme dessus tous leursdits biens
meubles & immeubles, une execution non cessant pour
l'autre : Et pour requerir où besoin seroit l'insinuation
des présentes, lesdites parties ont constitué leur Procureur le porteur d'icelles.

Donation entre vifs à la charge de nourrir
le donateur.

FUrent présens Anselme, &c. & Gabrielle sa femme, lesquels ayant consideré leur âge avancé, &
autres, infirmitéz dont leur vieillesse est accompagnée,
qui les mettent presque hors d'état de faire valoir leurs
biens, étant parfaitement convaincus de l'affection que
leur a toujours témoignée Robert, &c. leur fils, dont
il leur a donné des preuves en toute sorte d'occasions,
& voulant lui donner des marques encore plus certaines de leur amitié & affection, pour l'obliger à redou-
bler encore s'il se peut, celle qu'il a pour eux, dans le
tems où ils en auront le plus de besoin, ont fait & font
par ces présentes audit Robert, &c. leur fils, présent,
stipulant & acceptant, donation entre vifs, pure, simple & irrévocable, en avancement d'hoirie, de tous
leurs biens présens & à venir, meubles ou immeubles,
en quelque lieu qu'ils se trouvent situez, pour en jouir
& disposer comme un véritable proprietaire ; à la charge & non autrement, de les loger, vêtir, nourrir, &

entretenir en gens de leur condition, même leurs do-
mestiques si aucuns en ont, pendant le reste de leur
vie, & de fournir après leur mort les frais de leurs
obseques & funerailles; à quoi faire s'est ledit Robert
soûmis & obligé, & y a affecté & hypothequé tous
& chacuns ses biens meubles & immeubles, & specialement ceux ci-dessus à lui donnez, de laquelle donation ainsi faite il a très humblement remercié sesdits
pere & mere. Pour l'insinuation des présentes par tout
où besoin sera, les parties ont respectivement nommé
leur Procureur le porteur d'icelles, auquel elles en ont
donné plein pouvoir.

Donation pour servir de titre Clerical, & parvenir à l'Ordre de Prêtrise.

FUt présent Vincent, &c. lequel pour seconder autant qu'il lui est possible la bonne intention &
louable que Mathurin son fils a de parvenir aux Ordres sacrez, & lui donner plus de moyen de vivre
honnêtement en la Profession Ecclésiastique, a reconnu & confessé avoir donné, créé, constitué, assis &
assigné par ces présentes dès maintenant à toûjours,
promis & promet de garantir de tous troubles & empêchemens generalement quelconques audit Mathurin
son fils à ce présent & acceptant, pour lui seulement,
deux cens cinquante livres de rente & pension viagere annuelle, que ledit Vincent son pere sera tenu &
promet de lui donner & payer dors-en-avant par chacun an en cette Ville de Paris, ou au porteur, &c.
aux quatre quartiers également, dont le premier d'i-
ceux écherra pour portion de tems à la fin du quartier de l'année, dans lequel ledit Mathurin aura pris
& reçû l'Ordre de Prêtrise, & continuer de-là en
avant le payement de ladite rente & pension viagere,
de quartier en quartier après ensuivant, ladite vie durant dudit Mathurin seulement, generalement sur tous

& chacuns les biens meubles & immeubles préfens &
à venir dudit donateur, qu'il a dès-à préfent chargez,
affectez, obligez & hypothequez, à garantir, fournir,
& faire valoir ladite rente & penfion viagere, bonne,
folvable & bien payable, comme dit eft, fans aucun
déchet ni diminution, nonobftant toutes chofes à ce
contraires, pour en jouir par ledit Mathurin fadite
vie durant feulement : le tout à condition expreffe, que
fi ledit Mathurin n'étoit admis aux Ordres de Prêtrife, & qu'il n'en recherchât l'occafion, en ce cas le
préfent contrat demeurera nul & fans effet, comme
n'ayant été fait que pour cette feule confideration, &
ledit Vincent déchargé du payement de continuation
de ladite rente & penfion viagere. Eft auffi le préfent
contrat fait fans que ladite donation & conftitution de
penfion puiffe à l'avenir faire préjudice audit Mathurin, à fes droits de préciput & d'aîneffe, & autres
droits fucceffifs venant à la fucceffion de fondit pere,
en rapportant ladite rente & ce qu'il aura reçu à caufe
d'icelle : car ainfi, &c. le tout a été convenu, ftipulé
& accordé entre lefdites parties ; lefquelles pour faire
infinuer ces préfentes au Greffe des Infinuations du
Châtelet de Paris, & par tout ailleurs où befoin fera,
ont fait & conftitué leur Procureur fpecial & irrévocable le porteur d'icelles, lui en donnant tout pouvoir : & de ladite infinuation requerir acte pour fervir audit Mathurin en tems & lieu ce que de raifon,
promettant, &c. obligeant, &c. renonçant, &c. Fait
& paffé, &c.

Donation entre vifs.

FUt préfent Luc, &c. demeurant, &c. lequel de
fa bonne volonté a reconnu & confeffé avoir donné, cedé, quitté, tranfporté & délaiffé par ces préfentes dès maintenant à toujours par donation pure,
fimple & irrévocable faite entre vifs & autrement, en

la meilleure forme & maniere que faire se peut, &
que donation peut valoir & avoir lieu, sans esperance
de la pouvoir ni vouloir jamais revoquer ni annuller,
en quelque sorte & maniere que ce soit. Et pour plus
grande seureté & validité dudit don, promet garantir
de tous troubles, dettes, hypotheques, évictions, alienations, & autre empêchemens generalement quelconques à Paul, &c. & Marie, &c. sa femme qu'il
autorise en cette partie, demeurant rue, &c. à ce présens & acceptans pour eux, leurs hoirs & ayans cause,
à l'avenir, une maison où est l'enseigne de S. Nicolas,
consistant en deux corps de logis, l'un sur le devant
& l'autre sur derriere, une cour au milieu & jardin
derriere, les lieux ainsi qu'ils se poursuivent, comportent & étendent de toutes parts & de fond en comble,
sise à Paris rue, &c. tenant d'un côté à tel, & pardevant sur ladite rue, audit sieur donateur appartenant,
de son acquisition qu'il en a faite de tel, par contrat
passé pardevant *tels Notaires le tel jour*, étant en la
censive de, &c. & envers lui chargée de tels cens &
droits Seigneuriaux que peut devoir, que lesdites parties
n'ont pû déclarer au vrai, de ce enquises par lesdits
Notaires soussignez, (*si les parties sçavent de quelle
censive est tenue ladite maison & lieux, & envers quel
Seigneur, ils le doivent déclarer en cet endroit*) pour
toutes & sans autres charges, dettes ni hypotheques
quelconques, franche & quitte néanmoins des arrerages desdits cens & droits Seigneuriaux de tout le passé
jusqu'à hui : pour deladite maison, jardin & lieux ainsi
présentement donnez, jouir & disposer par lesdits donataires, leursdits hoirs & ayans cause, comme bon
leur semblera, au moyen des présentes, à commencer
ladite jouissance du jour du décès dudit sieur donateur
seulement, & à toujours : Et cependant ledit sieur donateur s'est reservé l'usufruit de ladite maison, jardin
& lieux pendant sa vie durant seulement, pour en jouir
à titre de precaire : Voulant ledit sieur donateur que
du jour du sondit décès ledit usufruit soit & demeure

réuni & confolidé au fonds & proprieté d'icelle maifon, jardin & lieux, au profit defdits donataires &
de leurfdits hoirs & ayans caufe. Cette donation ainfi
faite aufdites charges & referve dudit ufufruit : Et
outre à la charge que fi lefdits Paul & Marie fa femme n'avoient difpofé durant leur vie d'icelle maifon,
jardin & lieux, le furvivant d'eux jouïra du préfent don
par ufufruit fa vie durant ; & où il n'y auroit enfans
vivans d'eux lors de la diffolution de leur mariage,
ladite maifon & jardin en ce cas appartiendra entierement au furvivant defdits donataires en pleine proprieté : Comme auffi s'il y avoit enfans dudit mariage, &
que lefdits enfans prédécedent le furvivant defdits donataires, en ce cas les héritiers defdits enfans, ou dudit prémourant, ne pourront prétendre aucun droit,
part ni portion audit don au préjudice dudit furvivant, mais appartiendra entierement en proprieté, comme dit eft, audit furvivant defdits donataires : le tout
pourvû qu'iceux donataires n'en ayent difpofé par vente, alienation ou autrement durant leurdit mariage,
ainfi que dit eft, auffi pour aucunement récompenfer
lefdits Paul & Marie des bons & utiles fecours &
amitiez qu'ils lui ont toujours rendus & portez, &
qu'ils lui continuent encore journellement, & de l'ef-
perance qu'il a qu'ils lui continueront à l'avenir, de la
preuve defquels ledit donataire les a abfolument relevez & difpenfez par ces préfentes : Et d'ailleurs parce
que telle eft fa volonté & intention de leur faire le
préfent don ; tranfportant en outre par ledit fieur donateur les droits de proprieté, fonds, très-fonds, noms,
raifons & actions, faifine & poffeffion & autres droits
generalement quelconques qu'il a & pourroit avoir,
prétendre & demander en & fur ladite maifon, jardin
& lieux ci-deffus préfentement donnez, dont il s'eft par
cefdites préfentes défaifi, démis & dévêtu (à la charge
& rétention dudit ufufruit) au profit defdits donataires, & de chacun d'eux, & de leurfdits hoirs & ayans
caufe, aux conditions fufdites, voulant, confentant &

accordant qu'ils en soient & demeurent saisis, vêtus, mis & reçus en bonne & suffisante possession & saisine, par qui & ainsi qu'il appartiendra en vertu des présentes, constituant à cette fin son Procureur special & general le porteur d'icelles, auquel il en a donné & donne tout pouvoir. Et pour faire insinuer cesdites présentes au Greffe des Insinuations du Châtelet de Paris, & par tout ailleurs où besoin sera dans les quatre mois de l'Ordonnance, lesdites parties ont aussi fait & constitué leur Procureur special & general ledit porteur des présentes, auquel elles ont encore donné & donnent tout pouvoir, promettant, &c. obligeant, &c. renonçant, &c. Fait & passé, &c.

Nota, *Qu'en matiere de donations entre vifs, la clause du transportant & du désaisissant doit être entierement couchée dans la minute, & conséquemment dans la grosse, parce que cela transfere la proprieté de la chose donnée au donataire. Cela est si important, qu'au sujet d'une donation de cette nature passée à Lyon, où le transportant & désaisissant n'étoient que dans la grosse, & non pas dans la minute. Procès ayant été intenté à Lyon, & l'appel dévolu au Parlement, par Arrêt ladite donation fut cassée & annullée.*

L'On croit avoir déja assez marqué au commencement de ce Chapitre, les differences qu'il y a entre les donations entre vifs, & celles qui sont faites à cause de mort, qui ne different des testamens que de nom, parce qu'elles ne se font qu'au préjudice des héritiers présomptifs du testateur, & non pas au sien, puisqu'il se réserve le pouvoir de jouir & de disposer des choses données, qu'elles sont également sujettes à révocation & à être restraintes, suivant les dispositions des

Coûtumes où sont situez les biens donnez.
Ainsi il arrive rarement de faire de cette espece d'actes : la seule idée d'un dépouillement de ses biens effraye les gens qui se portent bien : c'est presque tout ce que l'on peut
faire lorsqu'on se croit proche de la mort.

Il arrive cependant assez souvent que le
Notaire s'étant mal expliqué, les conseils se
trouvent embarassez à décider, s'il a reçu
une donation entre vifs, ou à cause de mort,
& laquelle des deux le donateur a eu intention de faire : ils ne se déterminent que parce
qu'il leur paroît que son dessein a été que la
chose donnée passât au donataire, à l'exclusion du donateur même, ou qu'il n'en de-
vint le maître qu'au préjudice de son héritier présomptif. Au premier cas ils regardent
l'acte comme une donation entre vifs ; au
second ils le regardent comme une donation
à cause de mort.

Donation à cause de mort.

FUt présent Bertrand, &c. demeurant rue, &c.
lequel confesse avoir donné, cedé, quitté, transporté & délaissé par donation faite à cause de mort à
Perrette Gaudoullier, femme de Louis, &c. demeurant rue, &c. à ce présente & acceptante, tous & chacuns les biens meubles & conquêts immeubles qui se
trouveront appartenir audit Bertrand au jour de son
décès, en quelques lieux & endroits qu'ils se trouvent
dûs, situez & assis, & à quelque somme, valeur &
estimation qu'ils puissent monter, sans aucune chose en
excepter,

excepter, réferver, ni retenir; pour en jouir & difpofer par ladite Gaudoullier, fes hoirs & ayans caufe,
ainfi que bon lui femblera au moyen des préfentes,
après le décès toutefois dudit Bertrand, & non plûtôt;
cette donation faite à caufe de mort, ainfi que dit eft,
pour la bonne amitié qu'il porte à ladite Perrette &
audit Louis fon mari, à condition que fi ledit Bertrand
avoit enfans lors de fon décès procréez de lui en loyal
mariage, en ce cas la préfente donation demeurera nulle: & auffi à la charge de payer toutes les dettes, &
d'accomplir le teftament dudit donateur jufques à telle fomme, promettant, &c. obligeant, &c. renonçant,
&c. Fait & paffé, &c.

Nota, *Que les donations à caufe de mort ne font point*
fujettes à infinuation, d'autant que n'étant autre chofe
que fimples difpofitions teftamentaires, & réputées telles
en juftice, les donateurs changeant d'intention, les peu-
vent revoquer quand bon leur femble, autrement il n'y
auroit point de difference de cette nature de donations à
celles qui font faites entre vifs, lefquelles demeurent fer-
mes & ftables, le donataire n'y pouvant plus rien chan-
ger ni ôter quand elles font infinuées, fi ce n'eft pour cau-
fe d'inofficiofité, d'ingratitude, ou d'avoir attenté contre
le donateur, en l'un & l'autre de ces trois cas le dona-
teur peut revoquer la donation qu'il a faite entre vifs,
quoiqu'infinue ou non.

Revocation de ladite donation à caufe de mort.

AUjourd'hui eft comparu pardevant les Notaires,
&c. Bertrand, &c. lequel a déclaré qu'il a revoqué & revoque par ces préfentes la donation par lui
faite à caufe de mort à Perrette Gandouiller, de telle
chofe, felon qu'il appert par ladite donation paffée
pardevant tels Notaires le tel jour, parce que ledit Bertrand ne veut & n'entend que ladite donation ait au-

cun effet, mais qu'elle soit & demeure nulle, & que tel est son vouloir & intention d'ainsi le faire pour certaines causes à ce le mouvans, dont il a requis acte ausdits Notaires soussignez, qui lui ont octroyé le présent, pour servir & valoir en tems & lieu ce que de raison. Ce fut ainsi fait & passé, &c.

Du Don Mutuel.

LE Don mutuel se fait entre conjoints durant le mariage ; au lieu que la donation mutuelle se fait entre futurs conjoints par le contrat de mariage & avant la celebration d'icelui.

La donation mutuelle s'execute sans formalitez ni conditions, si ce n'est l'insinuation & l'inventaire qui doit être fait. Le survivant n'est pas obligé de donner caution à la difference du don mutuel qui se fait après le mariage contracté entre les conjoints.

Le Don mutuel doit être insinué : il oblige le survivant à donner caution & à faire inventaire : il n'a pas lieu s'il y a des enfans vivans au tems de la donation, & il ne peut être que des meubles & conquêts de la communauté & non pas des propres.

Don Mutuel.

FUrent préfens Tribu & Simonne Godart fa femme de lui autorifée à l'effet qui enfuit, demeurant à Paris rue   Paroiffe Saint   lefquels fuivant qu'il leur eft permis par la Coûtume de cette Ville, Prevôté & Vicomté de Paris, étant en bonne fanté, fe font volontairement fait don mutuel, egal & réciproque l'un d'eux à l'autre, ce acceptant par chacun d'eux, de tous & chacuns les biens meubles & conquêts immeubles qui fe trouveront leur appartenir au jour du décès du premier mourant d'eux, pour en jouir par le furvivant en ufufruit fa vie durant, en cas qu'au jour dudit décès ils n'ayent aucuns enfans vivans nez ou procréez de leur mariage. Et pour faire infinuer ces préfentes au Greffe des Infinuations du Châtelet de Paris, & par tout où il appartiendra, ont fait & conftitué leur Procureur le porteur des préfentes auquel ils donnent pouvoir de ce faire dans les quatre mois, fuivant l'Ordonnance, & d'en retirer tous actes, promettant, &c. obligeant, &c. chacun en droit foy, &c. renonçant, &c. Fait & paffé à Paris en l'Etude de Bruneau l'un des Notaires, &c. l'an

Don mutuel fait par conjoints pendant leur mariage.

FUrent préfens Sigifmond, &c. & Antoinette, &c. fa femme qu'il autorife à l'effet des préfentes, demeurant rue, &c. lefquels en confideration de la bonne amitié & affection reciproque qui eft entre eux, & pour donner plus de moyen au furvivant d'eux de vivre comme devant le refte de fes jours, ont lefdits matiez volontairement reconnu & confeffé avoir fait don par ces préfentes l'un à l'autre, au furvivant d'eux, ce acceptans de part & d'autre, dè tous & chacuns les biens meubles & conquêts immeubles qui se trouveront appartenir au premier mourant desdits donateurs, & être communs entre eux au jour de son décès, en quelques lieux & endroits qu'ils se trouvent dûs, situez & assis, & en quoi qu'ils se puissent consister, monter & valoir sans en rien excepter ni reserver par ledit premier mourant, pour en jouir par ledit survivant sa vie durant suivant la Coûtume, pourvû toutefois qu'au jour du décès dudit premier mourant il n'y ait aucuns enfans vivans de leurdit mariage. Cette donation ainsi faite pour les causes susdites, & parce que telle est leur volonté & intention : Et pour faire insinuer ces présentes au Greffe des Insinuations du Châtelet de Paris, & par tout ailleurs où il appartiendra, lesdits mariez ont fait & constitué leur Procureur special & general le porteur, &c. donnans, &c. pouvoir, &c. promettans, &c. obligeans chacun en droit soy, &c. renonçans, &c. Fait & passé ès Etudes des Notaires, &c.

CHAPITRE XVIII.

Des Testamens, des Substitutions,
& des Exheredations.

LE testament est un acte fait par un particulier, où il explique ce qu'il veut être fait de ses biens après sa mort. Il peut le faire lui seul en écrivant tout son testament de sa propre main, & le signant de son seing ordinaire, ou pardevant deux Notaires, ou un Notaire & deux témoins, ou pardevant le Curé de la Paroisse où il se trouve, dans les

Pays de Coûtume, qui le permet. L'on appelle le premier olographe, & les autres sont faits en la maniere la plus ordinaire.

L'on a déja dit que cet acte peut être revoqué par le testateur jusqu'à son dernier soupir, soit par un acte revocatoire, soit par un testament posterieur.

Le loy des douze tables chez les Romains donnoit à tout le monde une liberté indéfinie de disposer de ses biens par testament. *Paterfamilias uti super re suâ, tutelâve rei suæ legasset, ita jus esto* : ils en remarquerent bientôt l'injustice, parce qu'elle alloit à ruiner les familles : ils la restraignirent, en ne laissant la liberté de tester qu'aux puberes, en prescrivant un grand nombre de formalitez nécessaires pour tester, en défendant de le faire au profit de certaines personnes, & en reservant la *Falcidie*, & la *Trebellianique* aux héritiers.

Nos Coûtumes paroissent être d'abord entrées dans cet esprit : elles ont fixé, quoique diversement, l'âge de tester, les personnes en faveur de qui l'on pouvoit le faire, la portion de ses biens dont il est permis de disposer, & les formules qu'elles veulent que l'on observe dans les testamens, sans quoi ils ne peuvent subsister : lorsqu'il s'y trouve des dispositions qui excedent ce qu'il est permis de leguer, le testament n'est pas nul pour cela : l'on se contente de le réduire sur le pied de la Coûtume ; mais le défaut des formalitez requifes rend le teftament nul, & ne peut être fuppléé en maniere quelconque. La queftion a été ainfi décidée par divers Arrêts. L'on doit y fuivre la Coûtume du lieu où il eft paffé, & non pas celle du domicile du teftateur, ou de la fituation de fes biens, pour les formalitez feulement : les difpofitions fe reglent par celles dont on vient de parler.

Le teftament doit être écrit en fon entier en caracteres ordinaires, fans aucun chiffre, à caufe de la facilité qu'il y a à s'y tromper & à les alterer : il doit être figné du Notaire & des témoins, avant que le teftateur ait rendu l'ame : s'il étoit prouvé qu'il ne l'a été qu'après, il feroit déclaré nul. Il doit contenir une date certaine, fuivant l'Ordonnance de Blois art. 168.

Chaque Coûtume a fes difpofitions particulieres pour la forme des teftamens, que l'on eft obligé de fuivre à peine de nullité. Celle de Paris, par exemple, veut art. 289. qu'il foit exprimé *qu'il a été dicté & nommé par le teftateur, & qu'il lui a été lû & relû* L'omiffion feule de l'un de ces termes, feroit capable de faire déclarer un teftament nul : ils ne fçauroient être fuppléés par des termes équipolens.

Dans les pays qui fe régiffent par le droit écrit, les teftamens doivent être faits dans les Villes en préfence de fept témoins mâles & puberes : dans les petits lieux il fuffit qu'il y en ait cinq qui ayent été appellez & priez d'y assister. Leur principale formalité est l'institution d'un héritier qui ne doit jamais y manquer ; au lieu que dans les pays de Coûtume, elle n'est pas nécessaire pour la validité du testament.

Nul Notaire, soit Royal, soit subalterne, ne peut recevoir de testament hors de son ressort ; jusques-là que le Notaire subalterne ne sçauroit en recevoir que de ceux qui y sont domiciliez. L'on fait même attention à la forme qu'a choisie le testateur, dans laquelle s'il s'est trompé, son testament devient nul, quand il se trouveroit fait dans une autre forme à laquelle il ne manqueroit rien, tant les testamens sont peu favorables en France où l'on s'est toujours plus attaché à conserver les biens dans les familles, qu'à contenter les fantaisies souvent peu raisonnables des mourans.

Comme le droit de Tabellionage est Domanial, & qu'il appartient au Seigneur qui peut le vendre & le donner à ferme à qui il lui plaît de commettre pour l'exercer dans sa Jurisdiction, dès que le Commis a fait le serment devant le Juge, il peut recevoir des testamens tout de même qu'un Notaire quoique la Coûtume du lieu n'en parle point.

Il n'y a plus de difficulté à l'égard des Notaires qui prennent le nom d'Apostoliques, qu'ils ne puissent recevoir des testamens depuis que par un Edit de Louis XIV. du mois de Décembre 1691. ils ont été érigez en Notaires Royaux. Sa Majesté, en leur donnant des provisions, a pû les habiliter à passer toutes sortes d'actes pour des personnes & pour des affaires purement séculieres. L'on en voit encore où nos Notaires se qualifioient *autoritate Apostolicâ & Imperiali Notarius,* faits au quatorziéme siécle, tant ceux à qui nos Rois faisoient l'honneur de confier leur autorité, avoient soin de la conserver. C'est de-là qu'est venu l'établissement des Notaires Apostoliques. Les Imperiaux n'ont pas aussi longtems subsisté parmi nous, parce que l'Empereur y a eu peu de Partisans, & que l'on a fait enfin attention à un usage aussi contraire à l'autorité du Roi.

Ceux qui font des testamens olographes, après les avoir écrits & signez de leurs mains & paraphiez au bas de chaque page, ont soin des les couvrir d'une enveloppe* bien cachetée, & de les déposer entre les mains d'un de leurs amis, d'un Notaire, ou autre personne publique, & d'en faire un acte de dépôt pour en empêcher la suppression, qui est toûjours à craindre quand ces actes tombent entre les mains des héritiers.

Cette forme de testament est reçue dans toutes nos Coûtumes, même dans la plûpart des pays de droit écrit : elle est même moins soupçonnée de suggestion, parce que ces testamens se font d'ordinaire en pleine santé & dans le sérieux de la réflexion. Leurs dispositions sont à la vérité réductibles aux termes des Coûtumes, mais ils ne sont point astraints aux formalitez des autres testamens.

ette En.
ppe bien
stée est
incom-
è, par-
u'il en
te les
s d'un
ré chez
ieute-
Civil
r en fai-
ouver-

Il est permis de tester à toutes sortes de personnes, saines, ou malades, pourvû qu'elles ayent l'âge requis par les Coûtumes. Si celle où l'on se trouve ne la regle point, l'on s'en remet à la plus voisine.

Ceux qui sont en démence, ou qui ont fait profession d'une Regle reçuë dans l'Eglise, & par l'émission des trois vœux, en sont exclus, à moins qu'ils n'ayent réclamé, & qu'ils n'ayent été restituez contre leur Profession.

Les testamens qui se font en pays coûtumier, n'ont pas besoin d'institution d'héritier pour être valables ; aussi ne sont-ce que des codiciles qui ne contiennent que des legs ou universels, dans les Coûtumes qui le permettent, ou particuliers dans toutes les autres. Les légataires ne sont pas saisis de droit de leurs legs ; ils doivent les prendre par les mains de l'héritier : ils peuvent être chargez de les remettre à d'autres par un *fideicommis*, soit en tout, soit en partie.

L'on peut léguer à toutes sortes de personnes, pourvû qu'elles ne soient pas prohibées, même à des Communautez établies par des Lettres Patentes, sans lesquelles elles ne sont pas capables de legs, comme il a été jugé en faveur des Filles de l'Adoration perpetuelle du saint Sacrement de la ruë Cassette, ausquelles l'Arrêt rendu sur les Conclusions de Monsieur l'Avocat General Talon, n'adjugea un legs considérable qui leur avoit été fait par Monsieur Foulé Doyen de la Cathédrale d'Orleans , qu'à la charge d'obtenir des Lettres Patentes dans trois mois.

Les legs faits aux Avocats & aux Méde- cins peuvent ſouffrir de la difficulté , quand ils contiennent des ſommes ſi conſidérables qu'elles excedent les ſervices que le teſtateur pourroit en avoir reçus par rapport à ſon état.

Il n'eſt permis de léguer , ni au Curé, Vi- caire , ou Notaire, qui reçoit le teſtament , ni aux témoins qui y aſſiſtent, ni aux Etrangers, quoique les deux premiers puiſſent recevoir un legs fait au profit de leur Egliſe , ni aux Tuteurs ou Curateurs, s'ils n'ont rendu leurs comptes, non plus qu'à leurs enfans, ni aux Pedagogues, ou Adminiſtrateurs; ni à ceux qui reçoivent l'habit dans un Couvent, ou Monaſtere où ils ſont reçus, ni aux bâtards inceſtueux, ou adulterins, ou enfans de Prê- tres , ni à leurs enfans quoique légitimes, ſi ce n'eſt par forme d'alimens, ou d'une ſom- me modique; ni enfin à ceux qui ſont morts civilement, ou condamnez aux galeres per- petuelles , ou au banniſſement perpetuel hors du Royaume.

A l'égard des perſonnes mariées, le droit écrit, & quelques-unes de nos Coûtumes leur permettent de ſe faire l'une à l'autre des do- nations par teſtament, pendant que celle de Paris, & quelques autres le défendent : mais les Arrêts ont jugé que le mari pouvoit le- guer au frere de ſa femme, & la femme au frere de fon mari, même qu'un mari avoit pû tefter en faveur de la mere de fa femme, quoique cette femme eût depuis recueilli la fucceffion de cette mere.

Quelques Coûtumes comme celle de Paris, défendent de rien léguer à fon héritier : elles regardent cette qualité comme incompatible avec celle de légataire ; d'autres le permettent, & n'admettent point cette incompatibilité.

Elles font encore fort differentes pour la quantité & la qualité des biens dont elles permettent de difpofer. L'on ne peut fe difpenfer de les fuivre à la rigueur : fi le teftateur a légué quelque chofe qu'il ne lui étoit pas permis de léguer, ou qu'il ait excedé le pouvoir qui lui étoit donné par la Coûtume, le Juge fçaura bien le reftraindre *ad legitimum modum.*

Les codiciles font bien moins en ufage dans les pays de Coûtume, où les teftamens ne font que de véritables codiciles, que dans le pays du droit écrit où ils ne défirent pas tant de formalitez que les teftamens. C'eft un acte par lequel le teftateur explique, ou change, en tout, ou en partie, fes difpofitions par la feule raifon qu'il a changé de volonté : il a foin de le joindre, ou de le faire joindre au teftament, afin que fes héritiers foient pleinement informez de fa volonté après fa mort.

Lorfqu'en pays de droit écrit l'on craint

qu'il ne manque quelque formalité au teftament, l'on a foin d'y inferer la claufe codi-
cillaire : *Veut & entend ledit teftateur, que fi*
fon préfent teftament ne peut valoir comme tefta-
ment, pour quelque défaut de folemnité, ou au-
trement, que la préfente difpofition vaille com-
me codicile. Cette claufe ne fe fupplée point,
au cas qu'il s'y en trouve, il eft déclaré nul.

Un teftament folemnel ne fe révoque en
ce pays-là que par un autre folemnel, & dans
le pays coûtumier, par un autre teftament
fait en bonne forme, quand le premier n'y
feroit pas rappellé : il fuffit que le fecond con-
tienne des difpofitions contraires : fi le dernier eft biffé, laceré, ou déclaré nul, le premier reprend fa force.

L'on peut en certains cas exhereder par un
teftament, fes héritiers préfomptifs, s'ils l'ont
mérité : l'on eft obligé d'en dire les caufes
en des termes où il ne paroiffe ni reffentiment, ni animofité contre l'exheredé. C'eft
par-là que fut caffé celui de Mr le Camus
Lieutenant Civil à Paris.

La claufe dérogatoire paroît bien inutile,
pouvant être fuggerée par celui qui s'eft em-
paré de l'efprit du teftateur, & ne lui avoir
été infpirée que pour mieux s'affurer l'effet
de la fuggeftion contre celle de quelque autre qui pouvoit en faire autant : le défaut de
mémoire de cette claufe dans l'efprit du teftateur, n'eft pas une bonne marque de fa fo-
lidité : d'ailleurs la dérogation generale fuf-

fit pour détruire cette clauſe , ſans qu'il ſoit beſoin d'en repeter les termes mot à mot.

Teſtament fait par un grand Seigneur.

Pardevant les Notaires, &c. fut préſent très-haut, tres-excellent & tres-puiſſant Prince Monſeigneur Jean , &c. Duc de, &c. étant maintenant en cette ville de Paris en ſon Hôtel rue , &c. giſant au lit malade de la mouſquetade qu'il a reçue (*en tel endroit de ſon corps*) combattant pour le ſervice du Roi en telle bataille , ſain toutefois d'eſprit , mémoire & entendement , ayant bon & ferme propos , ainſi qu'il eſt apparu auſdits Notaires par l'inſpection de ſa perſonne , paroles , geſtes , maintien & autres ſiennes actions extérieures accompagnées de raiſons & bon jugement : lequel conſidérant en lui que toute la nature humaine eſt ſujette à la mort ; qu'en ce monde il n'y a rien de plus incertain que l'heure d'icelle , ne voulant en être prévenu avant que d'avoir pourvû au ſalut de ſon ame , & diſpoſé de ſes affaires temporelles : A ces cauſes mondit Seigneur Duc de , &c. a fait, dicté & nommé de mot à mot auſdits Notaires ſon teſtament & ordonnance de derniere volonté : Au Nom du Pere , du Fils & du ſaint Eſprit , comme il enſuit.

Premierement ledit Seigneur teſtateur a déclaré qu'il veut vivre & mourir ſous l'autorité de notre ſaint Pere le Pape en la Religion Catholique , Apoſtolique & Romaine , puis après s'être muni du ſigne de la Croix , a recommandé & recommande ſon ame à Dieu le Créateur , le ſuppliant très-humblement par les mérites infinis de la Mort & Paſſion de notre Sauveur & Redempteur Jeſus-Chriſt ſon Fils unique , de lui pardonner ſes offenſes & péchez , iceux enſevelir dans ſon précieux Sang , le ſecourir & aider en ſa préſente indiſpoſition & maladie , lui donner la patience de la supporter : Et quand sa sainte volonté sera de l'appeller de ce monde mortel, le vouloir mettre avec les bienheureux dans son Royaume Celeste, invoquant à ces fins les prieres & intercessions de la glorieuse & sacrée Vierge Marie sa digne Mere, de S. Michel Ange, Archange, de S. Jean l'Apôtre & Evangeliste son Patron, & de tous les Saints & Saintes de Paradis.

Aussi ledit Seigneur testateur prie tous ceux qu'il a offensé de lui pardonner, comme il pardonne de bon cœur à tous ceux qui l'ont offensé.

Veut & entend ledit Seigneur testateur ses dettes être payées, & que les torts qui se trouveront être par lui faits, qu'ils soient entierement réparez & amendez par son executeur du présent testament.

Item, fait son testament de cinq sols pour être distribuez en la maniere accoûtumée.

Item, veut qu'après son décès son cœur soit mis dans un cœur d'argent du poids de quatre marcs, puis porté dans l'Eglise de, &c. entre les mains des RR. PP. &c. pour être par eux déposé & placé dans la Chapelle de S. François, que ledit Seigneur testateur a fondée dans ladite Eglise au lieu le plus commode d'icelle qu'il sera avisé entre eux & sondit executeur testamentaire, pour y demeurer à perpétuité, en considération de la dévotion particuliere qu'il a à ladite Eglise, & de la vénération qu'il a pour lesdits Religieux, à cause de la pieté & dévotion que de tout tems il a reconnu en eux. Et afin de participer par ledit Seigneur testateur aux prieres qui se font journellement en ladite Eglise, icelui Seigneur testateur donne, légue & laisse audit Couvent la somme de dix mille livres une fois payée, pour être employée par lesdits Religieux au profit d'icelui Couvent par l'avis dudit executeur testamentaire en l'acquisition d'héritages, ou rentes sur particuliers à Paris, dont le revenu sera destiné, tant à l'entretien du luminaire d'une lampe qui demeurera allumée nuit & jour aussi à perpetuité,

proche & au devant de l'Autel de ladite Chapelle saint
François, à l'honneur & gloire de Dieu, qu'à faire
dire, chanter & célebrer à perpetuité par chacune semaine, à pareil jour que celui de son décès, un Service complet pour le repos de l'ame dudit Seigneur
testateur, de ses défunts pere & mere, & de ses autres
parens & amis trépassez, dequoi sera fait mention dans
le Martyrologe de ladite Eglise & Couvent, & passé
contrat de fondation entre lesdits sieurs Religieux, en
la maniere accoûtumée, & ledit executeur testamentaire le plutôt que faire se pourra : Et sera ladite lampe d'argent blanc ciselé, du poids de douze marcs, &
achetée aux dépens de la succession dudit Seigneur
testateur, en laquelle Chapelle S. François ledit Seigneur testateur veut aussi être dit un annuel pour le
repos de son ame.

Item, ordonne ledit Seigneur testateur que le jour
de son décès, si faire se peut, sinon le lendemain, soit
dit & célebré dans la chambre où il décedera, soixante Messes basses de *Requiem*, son corps présent, pour
le repos de son ame, & qu'à cette fin y soient dressez
autant d'Autels qui seront nécessaires en la maniere
accoûtumée.

Item, veut & ordonne que ledit jour de son décès,
ou le lendemain, comme dit est, il soit dit & célebré
six-vingts Messes basses de *Requiem* en chacune Eglise
de tels & tels Couvens aussi pour le repos de l'ame dudit Seigneur testateur.

Item, veut & ordonne que six semaines après son
décès son corps soit porté dans la Ville de, &c. sur
un char couvert d'une housse de satin noir, armoiriée
des armes de mondit Seigneur testateur, accompagné
de quatre Ecclésiastiques, & de cinquante siens do-
mestiques, y compris le Capitaine de ses Gardes, &
deux de ses Aumôniers; que douze Pages & douze
Valets de pied portent chacun un flambeau de cire
blanche sans autre pompe ni cérémonie, pour être inhumé dans le tombeau de ses ancêtres en ladite Ville

de, &c. où ledit Seigneur testateur élit sa sepulture.
Et cependant que sondit corps soit déposé dans ladite
Chapelle S. François en ladite Eglise de, &c. où il
sera dressé une Chapelle ardente, en laquelle durant
ledit tems seulement, sera dit par chacun jour cinq
Messes basses, à l'honneur des cinq Plaies de notre
Sauveur & Redempteur Jesus-Christ, aussi pour le
repos de son ame : Et après que sondit corps aura été
porté en ladite Ville de, &c. veut ledit Seigneur testateur qu'il y soit inhumé de la même sorte que l'ont
été sesdits ancêtres.

Item, veut & ordonne qu'il soit dit un autre annuel
pour le repos de son ame dans l'Eglise de sa sepulture.

Item, donne & légue aux pauvres de sa Paroisse à
Paris la somme de trois mille livres une fois payée,
qu'il veut être mise par l'executeur de sondit testament entre les mains des Dames de la Charité de ladite Paroisse, sur leur simple quittance, pour être par
elles distribuée selon leur prudence, à la nécessité desdits pauvres, sans qu'elles soient tenues d'en rendre
compte à qui que ce soit, d'autant que ledit Seigneur
testateur s'en confie entierement en elles, & s'assure
qu'elles en feront leur devoir.

Item, ledit Seigneur testateur, donne & légue à
l'Oeuvre & Fabrique de ladite Eglise Saint, &c. sa
Paroisse, trois cens livres de rente rachetables de six
mille livres, à prendre sur tous ses biens, specialement
sur sondit Hôtel, à commencer d'en jouir & avoir
cours du jour de son décès, à la charge que ladite Fabrique sera tenue de faire chanter & célebrer par chacun an à perpetuité, à tel & tel jour, à chacun d'i-
ceux un *Obiit* à l'intention & pour le repos de l'ame
dudit Seigneur testateur : Et en cas de rachat de ladite rente, Messieurs les Marguilliers seront tenus de
remployer les deniers en la présence, & par l'avis dudit executeur testamentaire, & à son défaut par l'avis
de Monsieur le Procureur General de la Cour de Par-

lement

lement de Paris, en rachat d'autres rentes ſur particuliers, ou d'héritages dans Paris, dont les revenus ſeront & demeureront à toujours affectez & deſtinez à la célébration deſdits Obits, dont ſera auſſi paſſé contrat de fondation entre leſdits ſieurs Marguilliers, & ledit executeur teſtamentaire, ou mondit ſieur le Procureur General à ſon défaut, le plutôt qu'il ſe pourra : Et afin qu'il en ſoit mémoire perpetuelle, ſera poſée en tel pilier de ladite Egliſe une pierre de marbre noir ſur laquelle ſera gravé en lettres d'or aux dépens de la ſucceſſion dudit Seigneur teſtateur un ſommaire de ladite fondation : & d'icelle ſera fait mention en ſubſtance dans le Martyrologe de ladite Egliſe.

Item, ledit Seigneur teſtateur donne, légue & laiſſe au ſieur   Capitaine de ſes Gardes, la ſomme de vingt mille liv. au ſieur ſon Lieutenant, la ſomme de quinze mille livres, & au ſieur   ſon Guidon, la ſomme de douze mille livres, le tout une fois payé, en récompenſe de leurs ſervices. (*S'il y a d'autres legs, on les peut mettre de ſuite en cet endroit.*)

Item, Ledit Seigneur teſtateur prie Monſieur l'Archevêque de, &c. d'accepter ſon gros diamant qu'il porte maintenant au doigt, dont il lui fait préſent, don & legs pour la bonne amitié qu'il lui porte, le ſupplie de ſe ſouvenir de lui en ſes prieres, & particulierement au ſaint Sacrifice de la ſainte Meſſe.

Autre Teſtament.

FUt préſent Antoine, &c. de telle vacation, giſant au lit malade de corps, toutefois ſain d'eſprit, mémoire & entendement, ainſi qu'il eſt apparu aux Notaires ſouſſignez, par ſes paroles, geſtes & maintien : Lequel conſidérant en lui qu'il n'y a rien de plus certain que la mort, ni de ſi incertain que l'heure d'icelle, ne voulant décéder *inteſtat*, a par ces préſentes fait, dicté & nommé de mot à mot ausdits Notaires, son testament & ordonnance de derniere volonté, comme il ensuit.

Premierement, comme bon Chrétien & Catholique, a recommandé & recommande son ame à Dieu, le suppliant par les mérites infinis de la Mort & Passion de son Fils unique notre Sauveur & Redempteur Jesus-Christ, de lui pardonner ses fautes & péchez, après son trépas la recevoir en son Paradis avec les Bienheureux. Et à cette fin a invoqué & invoque les prieres & intercessions de la bienheureuse Vierge Marie, de S. Michel Ange & Archange, & de tous les Saints & Saintes de Paradis.

Item, veut ses dettes être payées, & torts faits réparez & amendez.

Item, fait son testament de cinq sols, pour être distribuez en la maniere accoûtumée.

Item, veut son corps mort être inhumé & enterré en tel endroit, sans aucune pompe ni cérémonie funebre, & avec le moins de dépense que se pourra, s'en rapportant pour cet effet à l'executeur de son présent testament.

Item, donne aux pauvres, &c.

Item, donne à telle Eglise, &c. (*S'il y d'autres legs il les faut mettre en cet endroit.*)

Et pour executer & accomplir le présent testament, & icelui augmenter plutôt que diminuer, ledit testateur a nommé la personne d'Etienne, &c. son bon ami, le prie d'en prendre la peine, icelui augmenter plutôt que diminuer, ès mains duquel il s'est désaisi de tous ses biens, jusques à la valeur & accomplissement du présent testament : Voulant qu'il en soit saisi suivant la Coûtume, révoquant tous autres testamens & codiciles qu'il pourroit avoir faits avant celui-ci, auquel seul il s'arrête, comme étant sa derniere volonté.

Ce fut ainsi fait, dicté & nommé par le sieur testateur ausdits Notaires, l'un desquels en la présence de l'autre, lui a lû & relû icelui présent testament qu'il

a dit bien entendre, & veut qu'il foit executé felon fa
forme & teneur, en ladite chambre au fecond étage,
ayant vûe fur la rue, où il eft malade au lit, l'an
& a figné la minute avec lefdits Notaires, &c.

Legs univerfel.

ET à l'égard du réfidu de tous les autres biens meubles & immeubles qui fe trouveront appartenir
audit teftateur au jour de fon décès, tant de fon acquêt que conquêt, & quint des propres en quelques
lieux qu'ils foient & fe trouvent dûs, fituez & affis,
fans en rien réferver ni excepter, ledit teftateur les donne, legue & laiffe par ces préfentes à Guillaume, &c.
fon bon ami, pour la bonne affection & amitié qu'il
lui porte, afin qu'il fe fouvienne dudit fieur teftateur
en fes prieres, pour de tous lefdits biens jouir & difpofer en toute propriété par ledit Guillaume, fes hoirs
& ayans caufe, ainfi que bon leur femblera, au moyen
du préfent legs univerfel, & pour executer, &c.

Codicile.

AUjourd'hui date des préfentes, au mandement
de tel, &c. les Notaires Gardenotes du Roi notre Sire en fon Châtelet, &c. fouffignez, s'étant tranfportez pardevers ledit tel en fa maifon rue, &c. où
étant, ayant trouvé icelui   lequel a fait repréfenter fon teftament d'un tel jour, en tel état, & reçu
par tels Notaires, duquel il auroit requis lefdits Notaires fouffignez, lui en faire préfentement lecture. Et
après que ladite lecture lui en a été faite mot à mot
par l'un defdits Notaires fouffignez, l'autre préfent,
que ledit   a dit avoir bien entendue & fçavoir
tout le contenu en fondit teftament, ledit teftateur a
par forme de codicile dicté & nommé aufdits Notaires
fouffignez, ce qui enfuit: C'eft à fçavoir que ledit fieur
teftateur a déclaré qu'il revoquoit & revoque par ces

préfentes le legs qu'il a fait par fondit teftament de la fomme de tant, au profit de Jeanne, &c. lequel legs il veut être & demeurer nul & fans effet.

Item, donne, légue & laiffe à, &c. telle chofe.

Et quant au furplus de fondit teftament, ledit teftateur veut qu'il foit executé, & forte fon plein & entier effet avec ces préfentes, felon leur forme & teneur. Ce fut fait, dicté & nommé, &c.

Claufe dérogatoire.

REvoquant ledit fieur teftateur tous autres teftamens, codiciles, donations à caufe de mort, & autres actes de derniere volonté qu'il pourroit avoir faits auparavant celui-ci, & tous les autres qu'il pourroit faire ci-après, fi ces mots (*Gloire foit rendue à Dieu dans tous les tems*) n'y font expreffément couchez; Voulant que fon préfent teftament, auquel feul il s'arrête, foit executé felon fa teneur. Ce fut ainfi fait, dicté & nommé de mot à mot par ledit fieur teftateur aufdits Notaires, & par l'un d'iceux l'autre préfent, rédigé par écrit, & à l'inftant lû & relû audit fieur teftateur, qui a dit l'avoir bien & au long entendu; & être fon vrai teftament & intention d'ainfi le faire, & non autrement, en ladite chambre au fecond étage, où ledit fieur teftateur eft au lit malade, comme dit eft, ayant vûe fur   l'an
le   jour, &c.

Nota, Il faut fuivre la fin du teftament, & n'omettre pas fur toutes chofes lefdits mots de lû & relû, parce qu'ils font tellement effentiels aux teftamens & codiciles, felon le 289. article de la Coûtume de Paris, que s'ils y font omis, tels actes teftamentaires font abfolument nuls.

Comme les teftamens font des actes qui dépouillent fouvent les véritables héritiers d'un défunt de fa fucceffion, & qu'il fe trouve par ce moyen odieux dans fa famille, ladite Coûtume a prefcrit l'étendue de ces fortes de difpo-

sitions par les articles 292. 296. & 298. & aussi la forme de les faire par les articles 189. 290. & 291. par qui
& pour qui elles peuvent être faites, par ledit article 292.
en quel âge, article 293. Et néanmoins tout cela n'empêche pas que pour chagriner un légataire universel, il
n'y ait quelquefois des héritiers qui fomentent des procès
pour les faire casser, & bien souvent se servent de la voie
d'inscription en faux, ne se souciant point de risquer,
(ainsi que font en autres cas plusieurs accusez de mauvaise foi) l'amende ordonnée par le 17. article du neu-
vième titre de l'Ordonnance du mois d'Août 1670.

Testament commun ou mutuel d'un homme & de sa femme.

FUrent présens Nicolas   Bourgeois
de Paris, & Marie   sa femme qu'il
autorise, demeurans à Paris, rue   Paroisse
S. Germain le Vieil, étant en assez bonne santé de
corps, sains d'esprit, mémoire & jugement, comme il
est apparu aux Notaires soussignez, en l'Etude de Bou-
ton l'un desquels ils se sont transportez exprès à l'effet
des présentes, lesquels dans la vûe de la mort ont fait
leur testament qu'ils ont dicté & nommé aux Notaires
soussignez, ainsi qu'il ensuit.

Après avoir recommandé leurs ames à Dieu, ordon-
nant leurs corps morts être enterrez dans l'Eglise de
S. Germain le Vieil, à tel endroit qu'il plaira à leur
executeur testamentaire ci après nommé, & au survivant d'eux ; & à l'égard des prieres ils s'en rapportent
aussi au survivant d'eux, & à leur fils qui sera ci-
après nommé pour être executeur après le décès dudit
survivant.

Donnent & léguent chacun la somme de dix livres
aux pauvres honteux de leur Paroisse, pour leur être
distribuée le jour de leurs enterremens.

Donnent & léguent à leurs enfans, Jean, Marie ;

H h iij

Philippe , & aux enfans d'Alexandre repré-
ſentans leur pere , outre les ſommes qui leur ont été
donnécs par leſdits teſtateurs par leurs contrats de mariage , ſçavoir à Jean la ſomme de
à Marie , la ſomme de à Philippe la
ſomme de & aux enfans d'Alexandre
la ſomme de Leſdites ſommes
préſentement léguées à prendre ſur tous les biens deſdits teſtateurs après le décès du ſurvivant d'eux , pour
le payement deſquelles ſommes les légataires ci-deſſus
nommez ne pourront faire aucune pourſuite en paſſant
à leur profit par le légataire univerſel ci-après nommé , des contrats de conſtitution juſqu'à concurrence
des ſommes ci-deſſus ; voulant leſdits teſtateurs que
les ſommes ci-deſſus leur tiennent lieu de portion héréditaire dans les biens de leurs ſucceſſions : Et en cas
qu'aucuns des légataires prétendiſſent plus grande
ſomme à quelque titre que ce ſoit , leſdits teſtateurs
révoquent dès à-préſent leſdits legs pour ce qui les
regarde , pour accroître au legs univerſel : Et quant au
ſurplus deſdits biens deſdits teſtateurs , en quoi qu'ils
puiſſent conſiſter , ils le donnent & léguent à Thomas
leur fils qui leur rend ſervice depuis très-longtems
dans leur commerce , & qu'ils inſtituent leur légataire
univerſel en tous leurs biens pour en jouir en toute
proprieté.

Et pour executer le préſent teſtament , ils ont nommé le ſurvivant d'eux ; & ledit ſurvivant a dès-à-préſent nommé ledit ſieur Thomas leur fils , ſe
promettant réciproquement & de la part de leur fils
ce dernier ſervice , revoquans tous autres teſtamens &
codiciles qu'ils auroient pû faire avant celui-ci ; même
ceux qu'ils pourroient faire dans la ſuite , à moins
qu'il n'y ait ces mots , *Nous ſerons ſatisfaits lorſque*
votre Gloire nous aura apparue. Ce fut ainſi fait , dicté
& nommé par leſdits teſtateurs auſdits Notaires , & à
eux par l'un d'eux , l'autre préſent , lû & relû qu'ils
ont dit bien entendre. A Paris en l'Etude dudit Bou-

ron, &c. où Me Linacier son Confrere s'est rendu exprès le 28. Décembre trois heures de relevée, & ont signé la minute des présentes demeurée à Bouron Notaire.

─────────────────────────

Testament olographe.

JE Thomas, soussigné, me trouvant à présent graces à Dieu en bonne santé, quant à l'esprit, quoiqu'attaqué de quelques indispositions, considérant la fragilité des choses humaines, & que Dieu mon Créateur & mon Sauveur, qui m'a fait naître quand il lui a plû, me rappellera à lui au moment qu'il lui plaira, sans qu'il me soit possible de le prévoir ; ne voulant pas être surpris sans avoir disposé du peu de biens qu'il a plû à la Divine Providence de me donner, ai fait mon présent testament, que j'ai entièrement écrit, & signé de ma propre main, sans induction ni suggestion d'aucune personne, mais de ma pure & franche volonté, ainsi qu'il s'ensuit.

Je supplie très-humblement sa divine misericorde de vouloir me pardonner mes péchez, par les mérites & l'effusion du Sang de Jesus-Christ son fils unique, par l'intercession de la glorieuse Vierge, & de tous les Saints, tant morts que vivans, dans la communion desquels il m'a fait la grace d'être reçu par le saint Baptême, & d'y perseverer jusqu'à présent : J'espere qu'il me fera aussi celle d'y mourir en véritable enfant de la sainte Eglise Catholique, Apostolique, & Romaine.

I. Je rends mon corps à la terre dont il a été formé, dans l'esperance qu'il ressucitera un jour : cependant je le laisse à la disposition de mes héritiers, ou de ceux qui se trouveront auprès de moi lors de mon décès. Je veux être enterré dans le Cimetiere du lieu où je décederai, persuadé que les Eglises n'ont pas été bâties dans ce dessein, avec le moins d'appareil que faire se pourra.

Je donne & lègue à l'Hôtel-Dieu de, &c. la fomme de, &c. & à mes domeftiques chacun celle de
qui leur fera payée par mon executeur teftamentaire
auffitôt après mon décès. Je prie très-humblement
Monfieur, &c. de vouloir bien fe charger de cette
execution, & accepter un tableau de, &c. que je le
prie de garder pour fe fouvenir de moi.

En foi de quoi j'ai écrit & figné de ma main le préfent teftament, & l'ai paraphé au bas de chaque page,
après l'avoir exactement lû & relû, & l'ai enfuite couvert d'une enveloppe & cacheté de mon cachet, pour
n'être ouvert qu'après mon décès, en préfence de tous
mes héritiers. Fait ce, &c. le, &c.

Acte de reconnoiffance & de dépôt d'un teftament entre les mains d'un Notaire.

FUt préfent Thomas, &c. lequel a dépofé entre les
mains de l'un des Notaires fouffignez, un paquet
de papiers cacheté de fon cachet ordinaire en deux
endroits, fur l'enveloppe duquel il a écrit de fa main
ces mots, *ceci eft mon teftament, & ordonnance de ma
derniere volonté* , qu'il a fignez & paraphez de fon paraphe ordinaire, nous requerant de vouloir l'inferer
dans notre Protocole de ce jour, & de l'y conferver,
pour y avoir recours quand bon lui femblera, ou après
fa mort être délivré à fes héritiers à leur premiere requifition, nous requerant d'en dreffer le préfent acte
pour demeurer attaché audit paquet, à quoi nous avons
adhéré, & l'a figné avec nous. A Paris le, &c.

Teftament fait en pays de droit écrit.

FUt préfent Anulphe, &c. lequel fe voyant atteint
d'une maladie qui peut devenir mortelle, fain toutefois d'efprit & d'entendement, pour n'être pas pré-

venu de la mort, dont le moment est toujours incertain, avant d'avoir disposé des biens qu'il a plû à Dieu
lui départir, & prévenir tout sujet de querelles & de
procès, a fait prier & requerir le Notaire & les témoins ci-après nommez, de venir dans sa maison pour
y recevoir & être présens à la réduction de son testament, & ordonnance de derniere volonté, qu'il a déclarée être telle qu'il s'ensuit.

Premierement, après avoir invoqué le saint Nom
de Dieu, & imploré le secours de la sainte Vierge &
des Saints, tant morts que vivans, il a déclaré qu'il
avoit vécu jusqu'à présent dans la Communion de la
sainte Eglise Catholique, Apostolique & Romaine, &
qu'il prioit Dieu de lui faire la grace d'y mourir en
bon Chrétien, & d'avoir part aux mérites du Sang
que Jesus-Christ a répandu sur la Croix pour nos péchez.

Il a élu sa sepulture dans les tombeaux de ses ancêtres qui sont dans l'Eglise Paroissiale de, &c. & dans
la Chapelle anciennement acquise à sa maison, se remettant du soin de ses funerailles à son héritier & à son
executeur, ci-après nommez.

Donne & légue ledit testateur, & par droit d'institution & de legs il délaisse à Perrette sa fille, épouse
de, &c. outre la constitution dotale à elle faite par
leur contrat de mariage, la somme de, &c. payable
par sondit héritier universel ci-après nommé, dans,
&c. pour tous les droits, noms, raisons & actions,
parts & portions, succession, légitime & autres quelconques qu'elle pourroit avoir droit de prétendre en
sa succession, l'instituant son héritiere particuliere en
la somme de, &c.

Item, donne & légue ledit testateur, & par droit
d'institution & de legs, délaisse à Laurent son second
fils, tous & chacuns les biens, domaines & héritages
à lui appartenans au Village de, &c. aussi pour tous
les droits qu'il pourroit prétendre en sa succession, le
faisant en ce son héritier particulier.

Quant au résidu de tous & chacuns ses biens meubles, immeubles, droits, noms, raisons & actions, présens & à venir , que ledit testateur n'a donné , ni légué , ne donnera ni léguera ci-après , ledit testateur a fait , nommé, créé & institué , veut & nomme de sa propre bouche son héritier universel Auguste son fils aîné , & les siens , à la charge de payer ses dettes , & executer le présent testament sans figure de procès ; & au cas que ledit Auguste son héritier vienne à décéder sans enfans procréez de lui en loyal mariage , lui a ledit testateur substitué & substitue ledit Laurent son second fils ; & au cas qu'il décéderoit aussi sans enfans légitimes , il lui substitue en tous sesdits biens ladite Perrette sa fille , & les siens , sans que les susnommez puissent faire distraction d'aucune quarte. A ledit testateur déclaré telle être sa plus expresse & derniere volonté , pour laquelle accomplir , il a cassé , révoqué & annullé tous autres testamens , codiciles , donations à cause de mort , & toutes autres dispositions de derniere volonté , qu'il pourroit avoir ci-devant faits. Veut & ordonne que le présent acte vaille pour testament nuncupatif & ordonnance de sa derniere volonté: s'il ne peut valoir en cette maniere, qu'il vaille par forme de codicile , donation à cause de mort , & toute autre meilleure forme que testament puisse & doive valoir , & subsister de droit : prie & requert ledit testateur les témoins ci-après nommez , de vouloir porter bon & loyal témoignage de la vérité de son présent testament nuncupatif, & ordonnance de derniere volonté ; & moi Notaire Royal susdit & soussigné, d'en faire un, ou plusieurs instrumens pour les délivrer à qui il appartiendra. Fait & passé à , &c. le, &c. présens Me Eustache , &c. tous habitans de ladite Ville de, &c. témoins, qui , avec le testateur, ont tous signé la minute des présentes suivant l'Ordonnance. Fait en ladite Ville de , &c. le

DES SUBSTITUTIONS.

LA Subfitution eft une inftitution d'héritier faite au fecond ou autre degré.

Subfitution.

FUt préfent Nicolas, &c. lequel pour conferver
les biens de fa famille, attendu le mauvais ménage
& la mauvaife conduite de Jean fon fils, & la diffipa-
tion qu'il a faite de fes biens ; & voulant pourvoir à
l'avantage des enfans dudit Jean fon fils, a voulu &
ordonné que ledit Jean ne puiffe difpofer, vendre,
aliéner, ni engager en quelque forte que ce foit aucune chofe de fes biens, tant meubles qu'immeubles qu'il
délaiffera au jour de fon décès, & qui devroient appartenir audit Jean pour fa part héréditaire en fa fucceffion, & qu'il fe contente de jouir du revenu de fadite part & portion héréditaire : & à cette fin veut
& entend que fes meubles foient vendus, & les deniers
employez en héritages ou rentes pour ladite portion,
pour jouir defdits revenus pendant fa vie, & lui fur-
venir à fes nourritures & entretenemens. Et quant au
fonds & proprieté defdits biens, tant meubles qu'immeubles pour icelle portion, de quelque nature, qualité & condition qu'ils foient, ledit fieur teftateur donne & légue aufdits enfans & petits-enfans dudit Jean,
nez & à naître, pour en jouir, faire & difpofer par
eux, leurs hoirs & ayans caufe, en pleine proprieté, &
comme de chofe à eux appartenante, & après le décès toutefois dudit Jean leur pere, auquel en ladite
proprieté il a fubftitué par le préfent teftament lefdits
enfans légitimes ; & en cas que ledit Jean vint à déceder fans aucuns enfans nez & procréez en loyal mariage, veut & entend ledit teftateur que la proprieté

de ladite part & portion de ſes biens propres, meubles
& immeubles, demeure & appartienne à Alexandre &
Thomas ſes autres enfans, leurs hoirs & ayans cauſe,
chacun pour moitié, pour jouir leſdits Alexandre &
Thomas, ou leurs enfans & deſcendans, chacun de la
moitié de ladite portion, en pleine propriété, & comme de choſe à eux appartenante, & auſquels & chacun d'eux ledit teſtateur fait leſdits dons & legs, les
ſubſtituant par ces préſentes audit Jean, audit cas
qu'il n'eût aucuns enfans légitimes, lors de ſondit décès. Et pour plus grande ſureté & validité de la préſente ſubſtitution, ledit teſtateur veut & conſent icelle être publiée, inſinuée & enregiſtrée en tous Greffes, Audiences & Juriſdictions qu'il appartiendra ;
pour quoi faire il a conſtitué ſon Procureur le porteur
d'icelle. Fait & paſſé, &c.

Autre Subſtitution.

FUt préſent Meſſire   lequel pour
ce qui concerne le Duché de
& du ſurplus de tous les autres biens meubles & immeubles, Terres, Seigneuries & poſſeſſions quelconques appartenantes audit Seigneur teſtateur ; icelui Seigneur teſtateur a déclaré qu'après ſon préſent teſtament
accompli, le tout doit être & appartenir à très-haut,
très-excellent & puiſſant Prince Monſeigneur Ceſar,
&c. ſon couſin germain paternel, comme plus proche
& habile à lui ſucceder ; mais pour des raiſons audit
Seigneur teſtateur particulieres qu'il n'a voulu déclarer, icelui Seigneur teſtateur veut & entend que ledit
Seigneur Ceſar ſe contente de l'uſufruit & jouiſſance
deſdits biens ſa vie durant ſeulement, ſans qu'il puiſſe
vendre, engager, toucher ni aliéner aucune choſe du
fonds en quelque ſorte & maniere que ce ſoit. Et
quant au fonds & propriété de tous leſdits biens, tant
meubles qu'immeubles, de quelque nature, qualité &

condition qu'ils foient, appartenans audit Seigneur teftateur, icelui Seigneur teftateur les donne, légue &
laiffe à l'aîné des enfans mâles nez en loyal mariage
dudit Seigneur Cefar, & à défaut de l'aîné & de fes
defcendans mâles auffi en loyal mariage, au puîné dudit Seigneur Cefar & de fes defcendans, toujours en
loyal mariage, & à leur défaut aux autres enfans mâles
dudit Seigneur Cefar, & ainfi de mâles en mâles &
leurs defcendans, fuivant l'ordre de primogeniture,
qui à ce fujet fera & demeurera abfolument gardé &
obfervé ; & à défaut de mâles, aux femelles qui feront
iffues de lui en loyal mariage, à partager entre elles
également, fans aucun droit d'aîneffe ni prérogatives
entre elles. Et à cette fin ledit Seigneur teftateur a
fubftitué & fubftitue les uns aux autres, l'ordre de
primogeniture toujours gardé & obfervé aux mâles,
comme dit eft, & tous enfemble audit Seigneur Cefar.
Et fi ledit Seigneur Cefar venoit à déceder fans enfans
légitimes, ledit Seigneur teftateur veut & entend que
tout le fonds de fefdits biens ci-deffus fubftitué, foit
& appartienne entierement de plein droit à tres haut
& puiffant Prince Monfeigneur   fon
coufin iffu de germain paternel, auquel ledit Seigneur
teftateur les fubftitue encore en toute proprieté, & à
fon défaut à fes enfans qui fe trouveront lors iffus de
lui en loyal mariage, les mâles felon l'ordre de primogeniture toujours gardé & préferé aux femelles, ainfi
que deffus eft dit, pour en jouir & difpofer par lefdits
fubftituez, & chacun d'eux en toute proprieté aufdites
conditions comme bon leur femblera au moyen des
préfentes. Et à cette fin pour plus grande validité defdites fubftitutions, ledit Seigneur teftateur veut &
accorde qu'elles foient lûes, publiées, infinuées & regiftrées, tant au Châtelet de Paris l'Audience tenant,
qu'en toutes autres Juftices & Jurifdictions que befoin
fera : pourquoi faire il a conftitué fon Procureur fpecial & general le porteur des préfentes, lui en donnant
tout pouvoir.

Et pour executer & accomplir ce présent testament, ledit Seigneur testateur a nommé & élu la personne de Messire Antoine, &c. auquel il en donne tout pouvoir, le prie d'en prendre la peine : icelui augmenter plutôt que diminuer : Et à cet effet ledit Seigneur testateur s'est dessaisi & démis par ces présentes en ses mains de tous sesdits biens, veut qu'il en soit & demeure saisi suivant la Coûtume, soûmettant l'audition & clôture du compte de ladite execution testamentaire à la Jurisdiction & contrainte de ladite Prevôté de Paris. Et pour donner par ledit Seigneur testateur un témoignage singulier de son amitié audit sieur Antoine, &c. icelui Seigneur testateur le prie d'accepter de lui six chevaux de carosse des plus beaux de son écurie, à son choix, desquels ledit Seigneur testateur lui fait don & legs, en considération des peines & soins qu'il aura en l'execution de sondit présent testament, revoquant ledit Seigneur testateur tous autres testamens, codiciles, donations à cause de mort, & autres actes de derniere volonté qu'il pourroit avoir faits auparavant celui-ci, & tous les autres qu'il pourroit faire ci-après, si ces mots (*hely, hely, lamazabathani*) n'y sont expressément couchez : Voulant que son présent testament, auquel seul il s'arrête, soit executé selon sa teneur. Ce fut ainsi fait, dicté & nommé de mot à mot par ledit Seigneur testateur ausdits Notaires, & par l'un d'iceux l'autre présent, rédigé par écrit, & à l'instant lû & relû audit Seigneur testateur, qui a dit l'avoir bien & au long entendu, & être son vrai testament & intention d'ainsi le faire & non autrement, en la premiere chambre où ledit Seigneur est au lit malade, comme dit est, ayant vûe sur le jardin de sondit Hôtel, l'an le, &c.

DES EXHEREDATIONS.

PAr la Coûtume generale de France, le mort faisit le vif, son plus prochain héritier habile à lui succeder : rien ne peut le dépouiller de ce droit que les dispositions faites à son préjudice par celui auquel il s'agit de succeder, pourvû qu'elles ne soient pas opposées aux dispositions des Coûtumes, & à l'exheredation.

Les loix l'appellent *fulmen paternum* : c'est en effet une espece de foudre, qu'elles mettent entre les mains des peres pour contenir leurs enfans dans le devoir, par la crainte de se l'attirer, & pour punir leur revolte & leur désobeissance, quand ils ont eu la temerité de s'en écarter ; mais elles défendent en même tems aux peres de les prononcer sans un juste sujet, & de faire paroître dans l'acte le moindre mouvement d'aversion, de colere, ou de prévention, si l'on ne présume pas volontiers qu'un pere ait pû se porter à cette fâcheuse extremité, sans des raisons trespressantes ; l'on en a vû quelquefois prononcer pour des sujets assez legers. Un premier mouvement de colere en a porté quelquesuns encore plus loin.

Les causes les plus ordinaires de l'exheredation sont, lorsque le fils ou la fille ont osé maltraiter leur pere ou leur mere, par voie de fait, ou contracter un mariage inégal fans leur confentement & contre leur gré. Il n'eft pas jufte qu'un pere ou une mere foient contraints de voir entrer dans leur famille une perfonne dont ils n'approuvent pas le choix, & de laiffer leurs biens à des defcendans qu'ils croient indignes d'eux. Si le fils ou la fille qui s'eft marié eft mineur, ils peuvent encore par un appel comme d'abus faire déclarer le mariage non valablement contracté.

Si le fils exheredé vient à refipifcence, ils peuvent, en fe reconciliant avec lui, lever l'exheredation. Il fuffit qu'ils l'admettent à leur table, ou qu'ils le reçoivent dans leur maifon, de même qu'une femme qui pourfuit fa féparation de corps & de biens d'avec fon mari, en feroit déboutée, s'il prouvoit qu'il a mangé ou couché avec elle, depuis l'introduction de la demande.

Exhérédation d'un fils faite par fon pere.

FUt préfent Barthelemy, &c. lequel très-fenfiblement affligé de la mauvaife conduite de Barnabé fon fils, qui, après lui avoir donné plufieurs autres fujets de mécontentement, que fa tendreffe paternelle lui avoit fait oublier, & malgré les remontrances qu'il lui avoit faites de tems en tems fur fa mauvaife conduite, s'eft enfin porté à cet excès de déreglement, que de fe joindre par un mariage clandeftin à Jeanne &c. fille dont la famille n'eft point connue, ni la conduite fans fufpicion ; n'ayant d'ailleurs aucuns biens qui puiffent contribuer à l'entretien & à l'établiffement

des

des enfans qui peuvent naître d'une conjonction auſſi peu légitime, contractée ſans le conſentement exprès ni tacite dudit Barthelemy, s'eſt enfin déterminé à ſe ſervir, quoiqu'avec le plus ſenſible regret, de l'autorité que lui donnent toutes les loix divines & humaines, notamment celles du Royaume, & de lancer contre ce malheureux fils, le foudre qu'elles lui ont mis en main, pour ne pas donner aux autres peres un mauvais exemple d'indolence ſur un crime qui les bleſſe toutes également. A ces cauſes, après y avoir longtems & mûrement réfléchi, il a déclaré & déclare qu'il deshérite & exherede ledit Barnabé ſon indigne fils, & qu'il l'exclud purement & ſimplement de tout eſpoir, & participation à ſa ſucceſſion, même les enfans nez & à naître d'un mariage auſſi peu légitime, les retranche de ſa famille comme indignes d'en faire partie à l'avenir, & de faire tête dans le partage de ſa future ſucceſſion avec ſes légitimes héritiers, meubles ou immeubles, de laquelle déclaration il a requis acte, &c.

Autre Exheredation.

FUt préſent Sulpice, &c. lequel voyant à ſon grand regret la mauvaiſe conduite qu'a tenue juſqu'à préſent, & que tient actuellement Gilbert ſon fils, qui malgré tous les avertiſſemens qu'il a pû lui donner ou lui faire donner, au lieu de fréquenter des gens de ſon rang & de ſa ſorte, ſur l'exemple deſquels il lui ſeroit aiſé de ſe former, ne fréquente que des gens débauchez & de mauvaiſe vie : que dans le deſſein de le retirer de cette diſſipation, il a ci-devant conſenti à ſon mariage avec Eliſabeth, &c. femme dont ledit Sulpice a lieu d'être content, qui lui a déja donné quelques enfans, & qui paroît devoir lui en donner d'autres, deſquels il eſpere tirer un jour plus de ſatisfaction qu'il n'a fait dudit Gilbert, en attendant qu'il plaiſe au Seigneur de lui changer le cœur, & de lui inſpirer le deſſein de tenir à l'avenir une conduite plus réguliere, a déclaré qu'il deshérite & exhérede perſonnellement ledit Gilbert ; le déclare inhabile & incapable de lui ſucceder aux biens dont il ſe trouvera ſaiſi lors de ſon décès, leſquels il a ſubſtitué & ſubſtitue par ces préſentes à ſeſdits enfans nez & à naître : Veut & entend qu'ils repréſentent ledit Gilbert leur pere, dans le partage de ſa ſucceſſion avec ſes autres héritiers, ſans que ledit Gilbert puiſſe s'y immiſcer directement ni indirectement, comme fils dudit Sulpice, ni comme pere & légitime adminiſtrateur de ſeſdits enfans, le regardant dès-à-préſent comme un membre mort, & retranché de ſa famille, de laquelle déclaration il a requis acte.

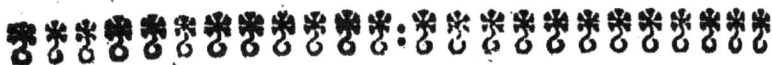

CHAPITRE XIX.

Des Inventaires.

INventaire eſt une deſcription des biens d'un défunt, délaiſſez après ſa mort, laquelle ſe fait ſolemnellement & par des Officiers de Juſtice, pour maintenir les droits de tous ceux qui peuvent y avoir interêt, comme des créanciers, des héritiers & légataires, &c.

Il eſt important pour les héritiers ou pour le ſurvivant des conjoints de faire inventaire dans les regles, le plus diligemment qu'il eſt poſſible. 1º pour juſtifier de leur bonne foi. 2º pour faire finir la communauté, s'il y en a eu entre le défunt & le ſurvivant. 3º pour examiner l'état d'une ſucceſſion ; l'accepter ou y renoncer ainſi que l'on juge à propos.

Pour la perfection de l'inventaire, il faut qu'il ſoit fait par perſonnes publiques, & ayant droit de le faire, & ſigné à la fin de chaque vacation par les parties comparantes, par le Sergent ou Huiſſier qui a fait la priſée des meubles, & par les Notaires qui l'ont paſſé & daté.

Pour la perfection de l'inventaire il faut qu'il ſoit clos en Juſtice dans les trois mois du jour qu'il a été fait & parfait ; cette clôture ſe fait au Greffe, & contient une affirmation des pere ou mere que l'inventaire eſt fidele, & qu'il n'a rien détourné ; & le Greffier de la Juriſdiction met au bas de l'inventaire ſur la minute du Notaire, ou ſur l'expédition qu'on lui préſente : *tenu pour clos le jour*

Il faut qu'un inventaire ſoit fait avec un légitime contradicteur ; c'eſt-à-dire avec le tuteur ou curateur des mineurs, ou leur ſubrogé tuteur, ſi le ſurvivant gere leur tutelle.

Inventaire fait à la requête d'une veuve.

L'An   le   jour avant midi, & autres jours ſuivans, à la requête de Jacqueline, &c. veuve de feu Robert, &c. vivant, &c. demeurant, &c. rue, &c. tant en ſon nom à cauſe de la communauté de biens qui a été entre ledit défunt ſon mari & elle, que comme executrice de ſon teſtament : & encore comme tutrice de Pierre, âgé de ſept ans ou environ, & d'André, &c. âgé de cinq ans &

demi ou environ, enfans mineurs dudit défunt & d'elle, & en la présence de Sebastien , &c. oncle paternel
& subrogé tuteur desdits mineurs, par l'acte de ladite
tutelle fait au Châtelet de Paris, reçu par tel Greffier
audit lieu le tel jour, lesdits mineurs habiles à eux dire & porter seuls héritiers dudit défunt leur pere, à
la conservation des biens & droits desdites parties èsdits noms, & de tous les autres qu'il appartiendra par
les Notaires , &c. soussignez , a été fait bon & loyal
inventaire & description de tous & chacuns les biens
meubles , ustensiles d'hôtel, habits , linges, hardes, or
& argent monnoyé & non monnoyé, lettres , titres,
papiers , enseignemens & autres choses demeurées
après le décès dudit défunt Robert , &c. & qui communs étoient entre lui & sadite veuve au jour de son
décès , trouvez & étant en la maison où ladite veuve
est demeurante, en laquelle ledit défunt est décédé le
tel jour, montrez , enseignez & mis en évidence par
ladite veuve , & par Louise , &c. sa servante domesti-
que , après serment par chacune d'elles séparément fait
& prêté ès mains de l'un desdits Notaires, l'autre présent , de tous lesdits biens montrer & enseigner pour
être inventoriez au présent inventaire , sans aucuns en
cacher ni détourner sur les peines de l'Ordonnance à
ce introduites, qui leur ont été exprimées & données à
entendre par lesdits Notaires ; lesdits biens meubles
prisez & estimez par Pierre , &c. Huissier à Verge audit Châtelet, & Juré-Priseur, Vendeur de biens meubles en cette Ville , Prevôté & Vicomté de Paris qui
les a prisez & estimez en sa conscience , eu égard au
cours du tems présent, aux sommes de deniers, selon
& ainsi qu'il ensuit, aux protestations que ladite veuve fait de prendre ladite communauté ou de renoncer
à icelle, se tenir à ses dot, douaire, préciput & autres
conventions matrimoniales que le défunt son mari lui
a accordées par contrat de mariage, ainsi qu'elle avisera par conseil , & ont signé. *Les parties doivent tou-*
tes signer en cet endroit.

Premierement dans la cave s'est trouvé quatre demi muids de vin pleins, de crû, &c. prisé à raison de cent liv. le muid, revenant ensemble à la somme de

Item, environ trois voies de bois prisées, &c.

Et après avoir vaqué jusques à midi a été cessé & la continuation remise à ce jourd'hui deux heures de relevée, & ont signé. *On signe de même à la fin de toutes les vacations.*

Dudit jour après midi en continuant par lesdits Notaires la confection du présent inventaire, à la requête & présence que dessus, a été fait & inventorié ce qui ensuit.

Dans une salle en bas a été trouvé une paire de chenets à pomme de cuivre jaune, garnie de leur feu, prisée, &c.

Item, une table de telle façon, prisée, &c.

Item, tant de chaises couvertes de telle tapisserie, prisées, &c.

Item, une tenture de tapisserie de telle sorte, en tant de pieces, contenant tant d'aunes de cours sur trois aunes de haut, prisée, &c.

Item, tant de tableaux de telle & telle sorte & représentations, prisez ensemble, &c.

Item, un grand miroir glace de Venise de deux pieds de haut sur un pied & demi de large, garni de sa bordure de bois doré & de ses cordons de soie rouge & bleue à houpes, prisé, &c.

Et continuer dans les chambres à inventorier tout ce qui se trouve de ladite communauté.

Ensuite les habits.

Item, un habit, haut-de-chausses, pourpoint & manteau de drap d'Hollande noir à l'usage dudit défunt, prisé, &c.

Ensuite le linge.

Item, six draps de toile de chanvre, prisez, &c.

Item, six douzaines de serviettes de telle toille, prisées ensemble, &c.

Ensuite la vaisselle d'argent.

Item, un bassin rond, deux douzaines d'assiettes,
une aiguiere, un pot à l'eau, une saliere, un vinai-
grier, dix-huit cuillieres, autant de fourchettes, le
tout d'argent blanc au poinçon de Paris, marqué aux
armes dudit défunt, pesant ensemble quatre-vingt
marcs, prisez à raison de tant le marc, revenant le
tout ensemble à telle somme.

Ensuite l'or & l'argent monnoyé.

Item, en louis d'or, écus d'or & pistoles d'Espagne
la somme de trois mille cinq cens livres, ci 3500 liv.
Item, six sacs de mille livres chacun en écus d'argent, ci 6000 liv.

Ensuite.

Les marchandises trouvées dans la boutique dudit
défunt, prisées à leur juste valeur par ledit Pierre, &c.
Huissier Priseur susdit, assisté d'honorables hommes
sieurs Georges, &c. & André, &c. aussi Maîtres de
ladite vacation pour ce appellez par lesdites parties,
lesquels ont fait le serment accoûtumé ès mains desdits Notaires, pour donner fidellement leur avis sur
ladite prisée & estimation, & ont signé.

Et a ledit Pierre, &c. Huissier Priseur susdit avec
lesdits Georges & André, &c. signé.

Ensuite les titres & papiers.

Premierement le contrat de mariage d'entre ledit
défunt Robert, &c. & ladite Jacqueline à présent sa
veuve, passé pardevant *tels Notaires le tel jour*, aux
clauses & conditions y contenues; ensuite duquel est

une telle quittance du tel jour, fignée tel & tel, in-
ventoriée au deffous de ladite quittance,   un.

Item, un contrat de conftitution de cinquante livres
de rente, rachetable de la fomme de

paffé pardevant *tels Notaires le tel jour,* au profit dudit défunt, par un tel & fa femme, inventorié, deux.

En inventoriant lequel contrat de conftitution ladite veuve a déclaré que les arrerages de ladite rente
font dûs depuis un tel jour jufques à préfent, & a
figné.

Item, un contrat paffé pardevant *tels Notaires le tel
jour,* contenant la vente faite par André & fa femme
audit défunt de la maifon où il eft décédé, moyennant
la fomme de   payable aux termes
y portez & aux charges y contenues, avec lequel font
trente pieces attachées enfemble: La premiere, eft le
decret fait de ladite maifon au Châtelet de Paris, adjugée audit défunt pour ladite fomme de

figné tel, & fcellé.

La deuxiéme eft telle piece (*ainfi continuer & fpecifier le refte defdites pieces qui concernent ladite maifon*)
inventorier lefdites pieces l'une comme l'autre, trois.

*S'il y a d'autres pieces, titres & contrats fervans au
bénéfice ou à la décharge de la fucceffion, on les doit inventorier en cet endroit.*

*Quand il y a d'autres effets en d'autres endroits hors la
maifon, la vacation finie, la veuve fait la déclaration
fuivante pour aller fur les lieux où ils font les inventorier.*

En procedant au préfent inventaire, ladite veuve a
déclaré qu'il y a d'autres marchandifes & effets appartenans à ladite communauté, en une telle maifon, fife
rue, &c. où ledit défunt tenoit fon magafin lors de fon
décès, & a figné.

Ce fait tout le contenu ci-deffus inventorié a été
laiffé en ladite maifon en la garde de ladite veuve,
& l'affignation remife à demain huit heures du matin,
pour inventorier au préfent inventaire lefdites mar-

chandifes & effets étant en ladite maifon de la rue, &c. & ont figné.

Dudit jour de lendemain, &c. huit heures du matin, lefdits Notaires fouffignez s'étant tranfportez avec lefdites parties, à la requête & préfence que deffus en ladite maifon rue, &c. a été procedé par lefdits Notaires à l'inventaire defdites marchandifes & effets de ladite communauté trouvées audit magafin, repréfentées par ladite veuve : Et lefdites marchandifes prifées à leur jufte valeur par ledit Pierre, &c. de l'avis defdits George & André comme il enfuit.

Item, telle chofe prifée.

Item, telle autre chofe.

Ce fait tout le contenu au préfent inventaire a été du confentement dudit fubrogé tuteur laiffé en la poffeffion de ladite veuve Robert, qui s'en eft volontairement chargée & promis le tout repréfenter, quand, à qui, & ainfi qu'il appartiendra, & ont figné.

Nota, Tel inventaire eft fait pour diffoudre la communauté de biens qui étoit entre le défunt & fa veuve : Et à cet effet ledit inventaire doit être clos en Juftice dans les trois mois du jour du décès, autrement ladite communauté continue avec les enfans héritiers du défunt, & la veuve a quarante jours après pour délibérer fi elle acceptera la communauté, ou y renoncera, de même que l'héritier pour prendre la fucceffion ou y renoncer. Voyez tout le feptiéme titre de l'Ordonnance de 1667. & auffi les 237. & 241. art. de la Coûtume de Paris.

La veuve doit faire faire bon & loyal inventaire avant que de faire fa renonciation felon ledit article 237. de ladite Coûtume, & fi elle avoit fouftrait ou recellé des biens de la communauté, elle doit être privée de la part qui lui appartient aufdits biens par elle fouftraits : ainfi jugé encore que ladite Coûtume n'en difpofe point.

Après le trépas de l'un des conjoints, les biens de leur communauté fe partagent par moitié entre le furvivant & les héritiers du défunt, felon le 229. article de ladite

Coûtume, & fera obfervé que fur la part du défunt fe
prennent les frais funeraires, dons & legs teftamentaires
par lui faits, de forte que le furvivant n'en paye rien fur
fa part: Et cela eft ainfi gardé par l'ufage commun, tant
du Châtelet que de la Cour, parce que ce ne font point
charges de communauté, mais dettes qui ne commencent &
qui n'ont leur date que du moment du décès du défunt.
Voyez les 296. & 298. art. de la Coûtume de Paris.

---

*Inventaire quand il y a fcellé & un Subftitut
de Monfieur le Procureur du Roi.*

L'An   le tel jour a   midi, à la requête de Catherine, &c. veuve de, &c. en fon
nom, à caufe de la communauté de biens qui a été
entre ledit défunt & elle; & en la préfence de
fubrogé tuteur de, &c. & auffi en la préfence de
Avocat au Parlement, l'un des Subftituts de Monfieur
le Procureur du Roi au Châtelet de Paris, ftipulant
pour l'abfence des créanciers oppofans à la levée du
fcellé ci-après mentionné & autres intereffez, fi aucuns
y a en la fucceffion dudit défunt, abfens, à la confervation des biens & droits defdites parties èfdits noms,
& de tous autres qu'il appartiendra, a été par les Notaires Gardenotes du Roi notre Sire, au Châtelet de
Paris, fouffignez, fait bon & loyal inventaire & defcription de tous & chacuns les biens, meubles, &c.
demeurez après le décès dudit défunt tel, & qui communs étoient entre lui & fadite veuve, trouvez & étant
en telle maifon (*fuivre le refte de la précedente intitulation, jufques & compris ces mots*) donnez à entendre
par lefdits Notaires, le tout après que le fcellé qui
avoit été mis & appofé fur lefdits biens par Monfieur
tel, Confeiller du Roi, Commiffaire Examinateur
pour Sa Majefté audit Châtelet, a été par lui reconnu, levé & ôté en vertu de l'Ordonnance de Monfieur le Lieutenant Civil, mife fur la requête à lui pré-

fentée à cet effet par ladite veuve le tel jour, demeurée en la poffeffion dudit fieur Commiffaire, lefdits
biens meubles prifez & eftimez par, &c. & le refte
comme en la précédente intitulation.

Nota, *Quand il arrive des conteftations entre les par-*
ties en procedant à l'inventaire, elles font écrites par le
Commiffaire dans fon procès verbal de la levée dudit
fcellé, & quelquefois ces conteftations fe trouvant de con-
féquence, fi le Commiffaire ne les regle, il les renvoie
pardevant Monfieur le Lieutenant Civil. C'eft pourquoi
les Notaires n'efcrivent rien de ces conteftations dans leurs
inventaires, mais en finiffant la vacation, ils font men-
tion audit inventaire (que fur les conteftations faites
par les parties en procedant audit inventaire, ledit
Commiffaire les a renvoyées pardevant ledit fieur Lieu-
tenant Civil) à caufe de quoi ni le Commiffaire, ni les
Notaires ne font point mention dans l'inventaire ni dans
le procès verbal de la remife pour la continuation dudit
inventaire, parce qu'il faut attendre que ledit fieur Lieu-
tenant Civil ait reglé lefdites conteftations ; cela fait
lefdites parties prennent jour, ou font donner des affigna-
tions aux intereffez à certain jour & heure pour conti-
nuer l'inventaire, & pour y proceder, les Notaires com-
mencent ladite continuation en cette forte.

Du tel jour, à la requête & préfence que deffus,
continuant la confection du préfent inventaire, a été
par lefdits Notaires inventorié ce qui enfuit.
Item, &c.
Ce fait, tout le contenu au préfent inventaire a été
du confentement defdites parties èfdits noms, laiffé en
la poffeffion de ladite veuve qui s'en eft volontairement
chargé, & a promis le tout repréfenter.

*Inventaire fait à la requête d'une veuve, tant
en son nom que comme tutrice de ses enfans &
de défunt son mari, avec lequel elle n'étoit
point commune en biens, en la présence du
subrogé tuteur.*

L'An   à la requête de Dame M
    Robinot, veuve de Maître Nicolas
qui étoit non commune en biens avec lui par leur
contrat de mariage, passé pardevant
le   demeurante   tant
en son nom, à cause de ses reprises, dot & conventions matrimoniales à elles accordées par icelui, que
comme mere & tutrice des Sieurs & Damoiselles ses
enfans mineurs & dudit défunt son mari, habiles à se
dire & porter ses heritiers, en la présence de Maître   demeurant   oncle
paternel & subrogé tuteur desdits Sieurs & Damoiselles mineurs ses neveux & nieces, élûs esdites charges
par l'avis des sieurs parens & amis desdits mineurs,
homologué au Châtelet de Paris, par acte reçu par
Greffier, le   & à la conservation
des droits desdites parties, a été par lesdits Conseillers du Roi, Notaires soussignez, fait inventaire &
description de tous & chacuns les biens meubles, vaisselle d'argent & d'étain, tapisseries & autres ustensiles de ménage, titres, papiers & enseignemens délaissez
par ledit défunt   montrez par ladite
veuve, après serment par elle fait ès mains desdits Notaires, de n'en avoir détourné, vû détourner & n'en re-
celer aucuns sous les peines de droit en tel cas introduites, qui lui ont été données à entendre par l'un desdits
Notaires, l'autre présent, lesdits biens meubles prisez
& estimez par Louis Duprez, Huissier Priseur Vendeur de biens meubles audit Châtelet, eu égard au

cours du tems préfent, aux fommes de deniers, felon & ainfi qu'il enfuit, & ont figné.

※※※※※※※※※※※※※※※※※※※※※※※※※

CHAPITRE XX.

Des Partages, des Licitations, & du Contrat d'Echange.

PArtage eft une divifion à faire entre deux ou plûfieurs perfonnes, de quelques chofes qu'elles ont en commun. Le partage fe fait ordinairement entre héritiers pour raifon des biens à eux échûs par quelque fucceffion. Comme chaque Coûtume a fes ufages & fes regles qui fe fuivent exactement, le Notaire qui fait un acte de partage doit s'en inftruire afin de ne rien faire contre le droit des parties qui contractent devant lui.

Partage fait entre la veuve & les enfans d'un défunt.

FUrent préfens Jacqueline, &c. veuve de feu Guillaume, &c. vivant, &c. demeurant rue, &c. en fon nom, à caufe de la communauté de biens qui a été entre ledit défunt fon mari & elle, & créanciere de la fucceffion, d'une part, & Louis & Jacques, &c. feuls héritiers chacun pour moitié dudit défunt leur pere, demeurans rue, &c. d'autre part : difant les parties èfdits noms, même ladite veuve, que pour témoigner à fefdits enfans, non feulement l'amour naturel & affection maternelle qu'elle a toujours eue pour eux, mais encore le défir qu'elle a de leur donner le repos autant qu'il lui eft poffible, elle auroit crû être obligée par le décès dudit défunt leur pere arrivé *le tel jour*, de travailler comme elle a fait jufques à préfent à la confervation du peu de biens qu'icelui défunt leur pere a laiffez, que pour leur en donner la connoiffance entiere, elle auroit trouvé bon qu'il en fût fait inventaire en leur préfence, & qu'à cette fin lefdits Louis & Jacques qui étoient lors mineurs, fuffent émancipez; ce qui auroit été fait en la maniere accoûtumée, & en conféquence à leur requête procedé par tels Notaires à la confection dudit inventaire *le tel jour*, & autres jours fuivans, qui fut clos audit Châtelet par acte reçu par tel Greffier audit lieu le tel jour, & auffi à la vente des meubles, vaiffelle d'argent, habits, linges & autres chofes contenues audit inventaire, comme le contient le procès verbal de ladite vente faite par Pierre, &c. Sergent à Vergé au Châtelet, daté du tel jour, qui fe trouve monter à la fomme de quinze mille fix cens quatre-vingt livres fix fols quatre deniers, y compris le contenu en tels & tels articles dudit procès verbal, dont ladite veuve avoit auparavant difpofé, & s'en eft chargée par icelui pour la prifée qui en a été faite audit inventaire, & auffi le contenu en tels & tels articles dudit procès verbal qu'elle auroit pris & retenu fur tant moins de fon préciput : Et neanmoins ladite veuve pour tenir l'ordre neceffaire au partage que fefdits enfans lui ont demandé des biens de ladite communauté d'entre elle & ledit défunt leur pere, par leur contrat de mariage, paffé pardevant tels Notaires le tel jour, elle y rapporte toute ladite fomme de quinze mille fix cens quatre-vingt livres fix fols quatre den. ci   15680 l. 6. f. 4. d.

Outre lefquels meubles & effets, ladite veuve a déclaré qu'auparavant la confection dudit inventaire, elle auroit en la préfence & du confentement defdits enfans fait ouvrir le cabinet dudit défunt leur pere,

dans lequel ils auroient trouvé douze mille six cens
quarante livres en deniers comptans appartenans à ladite communauté, ci   12640 l.

Comme auſſi ladite veuve a déclaré que depuis le
décès dudit défunt juſques au jour qu'elle s'eſt ſéparée
de ſeſdits enfans, qui fut le tel jour, elle a reçu des locataires des maiſons de ladite communauté la ſomme
de dix-huit cens l. dont elle leur a donné un mémoire
des noms & des ſommes payées par chacun deſdits locataires en ſon particulier, ci   1800 l.

Revenant toutes leſdites ſommes enſemble à celle
de 30120 l. 6. ſ. 4. den.

Mais avant que de proceder audit partage, il eſt
préalable de tenir compte à ladite veuve par ſeſdits enfans des ſommes qu'elle a payées à la décharge de ladite communauté en procedant à la confection dudit
inventaire, & depuis la clôture d'icelui.

Sçavoir huit cens livres que ladite veuve a payées
deſdits deniers comptans trouvez audit cabinet pour
la nourriture d'elle & de ſeſdits enfans depuis le décès
dudit défunt juſques à la clôture dudit inventaire, y
compris quelque dépenſe qui a été faite lors de la confection pour les Officiers qui ont travaillé audit inventaire, levée du ſcellé & vente deſdits meubles,
pour ce, ci   800 l.

Plus cinq cens livres payées à tel pour telle autre
choſe, ci   500 l.

Plus mille livres payées à tel pour telle autre choſe, ci   1000 l.

Plus douze cens livres payées pour les frais dudit
inventaire & procès verbal de ladite vente, ci 1200 l.

Plus douze mille livres que ladite veuve doit prendre ſur les effets de ladite communauté, à cauſe des
propres ſtipulez pour elle, & à ſon profit par ſondit
contrat de mariage, ci   12000 l.

Plus quinze cens liv. pour ſon préciput, ci 1500 l.

De tous leſquels payemens & repriſes deſdits propres & préciput, dont le tout ſe monte à 17000 livres,

lefdits Louis & Jacques font demeurez d'accord, après qu'ils ont dit le tout bien fçavoir , & l'avoir communiqué à leur confeil ; ce faifant ont confenti que fur ladite fomme de 30120 livres 6 f. 4 den. à laquelle fe font trouvez monter les effets mobiliers de ladite communauté ci-deffus exprimez , foit déduit & rabatu comme ils font par ces préfentes ladite fomme de 27000 l.

Au moyen de laquelle déduction ne refte plus ès mains de ladite Dame veuve leur mere de ladite fomme de 30120 liv. 6 f. 4. den. que 13120 liv. 13120 l. 6 f. 4 den. à partager entre elle & fefdits enfans.

En confequence de laquelle déduction s'eft trouvé que ladite fomme de 13120 l. 6. f. 4. den. reftant defdites 30120 l. 6. f. 4. den. il en appartient à ladite veuve pour fon partage la moitié entiere, & l'autre moitié à fefdits enfans , montant chacune moitié à 6560 l. 3. f. 1. d.

Sur laquelle moitié afferante aufdits Louis & Jacques, ladite veuve leur mere doit encore prendre mille liv. pour les frais funeraires & enterrement dudit défunt, qu'elle a payez, ci   1000 l.

Plus cinq cens livres pour fon deuil, ci   500 l.

Et encore outre ce, fon douaire dont fera ci après parlé, & partant déduction auffi faite defdites deux fommes de mille livres , d'une part, & de cinq cens livres, d'autre, ne refte plus à payer aufdits enfans de la part & portion à eux afferante en ladite fomme de 30120 livres 6. f. 4. den. ci-deffus mentionnée, que la fomme de 5060 liv. 3. f. 2. den. laquelle fomme de 5060 liv. 3. f. 2. den. lefdits Louis & Jacques ont confeffé avoir reçue comptant de ladite veuve leur mere, qui leur a icelle baillée, payée, comptée, nombrée, & réellement délivrée, préfens les Notaires fouffignez, en louis d'or, écus d'argent, & autre bonne monnoie ayant cours, dont ils fe font contentez, & en ont quitté & quittent ladite veuve leur mere & tous autres ; comme auffi ladite veuve au moyen def-

dites déductions, a pareillement quitté & déchargé
sesdits enfans desdits frais funeraires & enterrement, &
de ceux de sondit deuil, ensemble dudit préciput & de
toutes les sommes dernieres qu'elle a payées comme
dit est, à la décharge de ladite communauté, sans
préjudice à elle de sondit douaire, qui lui sera payé,
ainsi qu'il sera dit ci-après.

Et à l'égard des immeubles de ladite communauté,
lesdites parties désirant aussi en jouir chacun à part
& séparément, pour parvenir au partage d'iceux, elles ont fait priser & estimer par gens à ce connoissans
les maisons de Paris : Et après avoir pris conseil sur
ladite prisée, auroient fait faire deux lots les plus ju-
stes & égaux qu'il a été possible, dont elles sont demeurées d'accord, après en avoir communiqué à leurs
conseils, desquels lots la teneur ensuit.

Premier lot.

Le premier lot aura & lui appartiendra dès maintenant à toujours pour la somme de quinze mille livres, en une maison sise rue, &c. aux charges des
cens & droits Seigneuriaux accoûtumez envers l'Archevêché de Paris, les titres de la proprieté de laquelle maison sont inventoriez audit inventaire sous
la cotte 2. ci, 15000 l.

Item, six cens livres de rente rachetable de douze
mille livres, à prendre sur *un tel* & sa femme, par contrat de constitution aussi inventorié audit inventaire
sous la cotte 4. ci 12000 l.

Item, trois cens livres à prendre sur lesdits *tels* &
telle pour une demi-année d'arrerages de ladite rente,
échéante au dernier jour de ce mois, ci 300 l.
Somme totale de ce premier lot, 27300 liv. partant
fort de 100 liv. pourquoi le présent lot fera soulte de
50 livres au second lot.

Second & dernier lot.

Le fecond lot aura & lui appartiendra auffi dès maintenant à toujours pour la fomme de vingt mille livres, en la maifon où ladite veuve eft demeurante en ladite rue, &c. dont les titres font inventoriez audit inventaire fous la cotte 3. à la charge des cens & droits Seigneuriaux accoûtumez envers l'Hôtel de Ville de Paris, ci   20000 l.

Item, quatre cens livres de rente rachetables au denier dix-huit de la fomme de 7200 livres, à prendre fur le fieur Marquis de, &c. & fes coobligez, fuivant leur contrat de conftitution Inventorié audit inventaire fous la cotte 5. ci   7200 liv.

Item, la fomme de cinquante livres, dont le premier lot fait foulte au préfent lot, ci   50 liv.

Somme totale de ce fecond & dernier lot, 27025 livres.

Defquels lots ainfi faits lefdites parties fe contentent pareillement, comme étant bien juftement & également faits : Et voulant iceux être tirez au fort, auroient appellé Eftienne, &c. jeune garçon à elles inconnu, paffant dans la rue audevant de la maifon où ladite veuve eft demeurante, dans le chapeau duquel icelles parties ayant mis deux billets de papier d'égale grandeur, & roulez l'un comme l'autre, dans l'un defquels étoit écrit premier lot, & en l'autre fecond lot, ledit Eftienne après les avoir longtems brouillez & remuez dans fondit chapeau, du confentement defdites parties, auroit tiré l'un d'iceux qu'il auroit baillé à ladite veuve, & pour l'autre aufdits Louis & Jacques fes enfans. Et par l'ouverture defdits deux billets s'eft trouvé que le premier defdits deux lots eft avenu & échû aufdits Louis & Jacques, & le fecond lot à ladite veuve leur mere.

Duquel jet & fort lefdites parties fe font aufsi contentées, ont chacune d'elles en droit foi, accepté lef-

dits lots , aux charges, clauses & conditions y contenues, pour en jouïr & disposer aussi chacune d'elles
en droit soi comme bon leur semblera au moyen des
présentes, à commencer ladite jouïssance du premier
jour de Janvier prochain en avant & à toujours: Et à
l'égard des loyers desd. maisons & arrerages de ladite
rente de quatre cens liv. dûs de reste du passé jusques
au dernier jour du présent mois de Décembre, seront
reçus en commun par icelles parties, & partagez entre elles par moitié ; le tout à la charge aussi que lesdites choses ainsi partagées seront & demeureront garantes l'une à l'autre, ainsi qu'il est accoûtumé entre
copartageans. Reconnoissant lesdites parties chacune en droit soi, avoir en leurs mains les titres & pieces
justificatives de la proprieté des choses qui leur sont
avenues par le présent partage, dont elles se quittent
respectivement, & promettent en aider l'une à l'autre
en cas de recours de ladite garantie ; & aux charges &
conditions susdites, lesdites parties ont cedé & transporté tous droits de proprieté , noms, raisons & actions qu'elles pourroient avoir & prétendre sur lesdites
choses échangées, dont elles se sont réciproquement
désaisies, démises & dévêtues l'une au profit de l'autre,
voulant, &c. Procureur, &c. le porteur, &c. donnant
pouvoir , &c. sans préjudice à ladite veuve de cinq
cens livres de rente & pension viagere que ledit défunt son mari lui a accordée pour son douaire préfix
par sondit contrat de mariage , à prendre sur tous ses
biens: lequel douaire lesdits Louis & Jacques , &c.
ont promis & s'obligent par cesdites présentes solidairement sans division, discussion, ni fidejussion, renonçant ausdits bénéfices, de bailler & payer par chacun
an à ladite veuve leur mere en sa maison à Paris, ou
au porteur sa vie durant , aux quatre quartiers accoûtumez également, dont le premier d'iceux écherra au
dernier jour du présent mois de Septembre, & continuer de là en avant ausdits quatre quartiers par chacun an durant la vie de ladite veuve leur mere, à pren-

dre fpecialement fur ladite maifon & fur ladite rente
à eux échues par ledit premier lot du préfent partage,
& generalement fur tous & chacuns les autres biens
meubles & immeubles préfens & à venir defdits Louis
& Jacques, &c. qui en font & demeurent auffi dès-
à-préfent chargez, affectez, obligez & hypothequez
à cet effet, fans que lefdites obligations fpeciale & generale dérogent l'une à l'autre, & fans par ladite veuve pour ce regard déroger, innover ni préjudicier à
fon hypotheque & privilege du jour & date de fondit
contrat de mariage.

Subdivifion.

En confequence duquel préfent partage, défirant
auffi lefdits Louis & Jacques jouir féparément de la
part & portion qu'à chacun d'eux appartient audit premier lot, ils font demeurez d'accord de ce qui fuit.
C'eft à fçavoir qu'audit Louis demeurera & appartiendra dès maintenant & à toujours en pleine proprieté par droit de fubdivifion & partage, ladite maifon eftimée quinze mille livres par ledit partage, pour
la fomme de dix-fept mille livres, ci ·   17000 l.
Et audit Jacques lui demeurera & appartiendra auffi
dès maintenant & à toujours en pleine proprieté pour
fon droit de ladite fubdivifion & partage, ladite rente
de fix cens livres rachetable de douze mille livres, avec
ladite demi-année d'arrerages dûe d'icelle contenue
audit premier lot, ci   12300 l.
Outre ce ledit Louis fera foulte audit Jacques fon
frere, de la fomme de deux mille trois cens foixante
quinze livres, jufques au payement d'icelle, lui en payera l'interêt à raifon du denier vingt par chacun an de
quartier en quartier, dont le premier quartier de payement écherra au dernier jour de Mars prochain, montant ledit interêt par chacun an, à cent dix-huit livres
quinze fols, ci   2375 l.
Au moyen dequoi, attendu que le lot dudit Jacques

eſt plus fort de cinquante livres que celui dudit Louis, & que ledit premier lot entre eux ci-deſſus ſubdiviſé, fait ſoulte de pareille ſomme de cinquante livres au ſecond lot échu à ladite veuve leur mere par le ſuſdit partage, ledit Jacques ſera tenu & promet de payer leſdites cinquante livres, tant en ſa décharge qu'à celle dudit Louis ſon frere à ladite veuve leur mere, & de l'en acquitter & indemniſer envers & contre tous, ce faiſant ils demeureront égaux en ce partage & ſubdiviſion.

Pour deſdites choſes ainſi ſubdiviſées & partagées, jouir à divis & diſpoſer par leſdits Louis & Jacques chacun à ſon égard, enſemble leurs hoirs & ayans cauſe, ainſi que bon leur ſemblera au moyen des préſentes de ce jourd'hui en avant & à toujours, à la charge de la ſuſdite garantie dudit ſecond lot ; même de payer chacun d'eux par moitié à ladite veuve leur mere, le ſuſdit douaire ainſi que dit eſt ; enſemble la ſoulte dudit ſecond lot, & encore d'être & demeurer garants l'un à l'autre de l'effet de la préſente ſubdiviſion : reconnoiſſant avoir chacun d'eux en leur poſſeſſion les titres concernant les choſes qui leur appartiennent par icelle, dont ils ſe déchargent pareillement l'un l'autre, tranſportant en ce faiſant aux charges & conditions ſuſdites, tous droits de proprieté, &c. déſaiſiſſant, &c. voulant Procureur, &c. le porteur, &c. donnant, &c. pouvoir, car ainſi, &c. Et pour l'execution des préſentes & leurs dépendances, leſdites parties ont élu leurs domiciles irrévocables en cettedite Ville de Paris, ès maiſons où chacune d'elles ſont demeurantes ſus-déclarées, auſquels lieux, &c. nonobſtant, &c. promettant, &c. obligeant, &c. chacun en droit ſoi, &c. leſdits Louis & Jacques ſolidairement comme deſſus, &c. renonçant, &c. Fait & paſſé, &c.

Partage avec licitation.

Furent préſens Euſtache, Robert & Godeffroy, freres, héritiers chacun pour un tiers de défunt Guillaume, &c. leſquels après avoir procedé au partage de ſa ſucceſſion le plus également qu'il leur a été poſſible, n'ont trouvé pour tous immeubles que le Fief de, &c. ſitué à, &c. dont le partage ſeroit fort difficile, parce qu'il conſiſte en un corps de maiſon, jardin, prez, terres, bois, &c. dont la jouiſſance leur deviendroit infructueuſe, s'il étoit partagé : Pour à quoi obvier, & entretenir entre eux la paix qu'elle pourroit troubler, ils ſont convenus de ſe trouver enſemble le   jour du mois prochain en l'Etude dudit Notaire, pour proceder pardevant lui à la licitation dudit Fief, & ont promis d'en paſſer vente au profit de celui d'entre eux qui ſera le plus haut metteur & dernier encheriſſeur, même d'y admettre des étrangers pour en faire augmenter le prix ; à l'effet de quoi il ſera poſé des affiches à la porte de l'Egliſe Paroiſſiale de, &c. & de l'Auditoire dudit lieu, pour y inviter des encheriſſeurs, & après l'adjudication qui en ſera faite, en être le prix partagé entre les parties ſans aucune fraude.

Du Contrat d'Echange.

L'Echange eſt un contrat par lequel on donne une choſe pour une autre. Il ſe peut faire de trois manieres differentes : car on peut changer un meuble contre un meuble, ce qu'on appelle ordinairement troc ; on peut échanger un meuble contre un immeuble, ce qui paſſe ſouvent pour vente, lorſque le meuble donné en échange peut être facilement eſtimé ; on peut enfin échanger un immeuble contre un autre im. meuble, & c'eſt proprement ce qu'on en. tend quand on parle d'un contrat d'échange.

Ce contrat parmi nous eſt parfait par le ſeul conſentement auſſi bien que la vente : de ſorte que dès le moment que le contrat eſt paſſé, les deux parties ſe peuvent mettre mutuellement en poſſeſſion des choſes échan-gées.

Contrat d'Echange.

FUrent préſens Meſſire Alexandre, &c. & Dame Helene, &c. ſa femme qu'il autoriſe en cette par-tie, demeurans rue, &c. d'une part, & Meſſire Euſta-che, &c. Conſeiller du Roi, &c. & Dame Radegon-de, &c. ſa femme qu'il autoriſe pareillement à l'effet des préſentes, demeurans rue, &c. d'autre part : leſ-quelles parties ont reconnu & confeſſé avoir fait & accordé entre elles les échanges & permutations, ceſ-ſions, tranſports, promeſſes & garanties réciproques & choſes qui enſuivent ; c'eſt à ſçavoir que leſdits ſieur Alexandre & Helene ſa femme ont baillé, cedé, quitté, tranſporté & délaiſſé audit titre d'échange dès maintenant & à toûjours, ont promis & promettent par ceſdites préſentes ſolidairement l'un pour l'autre, chacun d'eux ſeul pour le tout ſans diviſion, diſcuſſion ni fidejuſſion, renonçant auſdits bénéfices, garantir, délivrer & défendre envers & contre tous de tous trou-bles, dettes, hypotheques, évictions, aliénations &

autres empêchemens generalement quelconques ausdits
sieur Euſtache & Dame Radegonde ſa femme, ce acceptant pour eux, leurs hoirs & ayans cauſe à l'avenir, une maiſon à porte cochere ſiſe rue, &c. conſiſtant en deux corps de logis, l'un ſur le devant & l'autre ſur le derriere, le tout couvert d'ardoiſe, une cour
au milieu deſdits deux corps de logis, puits en icelle
cour, les lieux ainſi qu'ils ſe pourſuivent & comportent & étendent de toutes parts & de fond en comble,
ſans aucunes choſes en excepter ni réſerver, tenant d'un
côté à, &c. d'autre à, &c. d'un bout par derriere à,
&c. & pardevant ſur ladite rue, &c. ausdits ſieur Alexandre & ſa femme appartenans, qu'ils ont fait bâtir
& conſtruire ſur une place contenant quatre toiſes &
demie de face ſur ladite rue, &c. & dix-huit toiſes de
profondeur, revenant à quatre-vingt-une toiſes en ſu-
perficie, par eux acquiſe de Maître Daniel, &c. par
contrat paſſé pardevant *tels Notaires le tel jour*, étant
ladite maiſon en la cenſive des Seigneurs dont ſe meut,
&envers eux chargée de tels cens & droits Seigneuriaux qu'elle peut devoir, que leſdites parties n'ont
ſçu dire au vrai, de ce interpellées par leſdits Notaires
ſouſſignez, pour tous & ſans autres charges, dettes
ni hypotheques quelconques, franche & quitte néanmoins des arrerages deſdits cens & droits Seigneuriaux
de tout le paſſé juſques à hui. Et pour & en contre-
échange de ce, leſdits ſieur Euſtache & Radegonde ſa
femme ont auſſi baillé, cedé, quitté, tranſporté &
délaiſſé par ceſdites préſentes audit titre d'échange dès
maintenant à toujours, promis & promettent ſolidairement ſans diviſion, diſcuſſion ni fidejuſſion, renonçant auſdits bénéfices, garantir de tous troubles, dettes,
hypotheques, éviƈtions, aliénations, & autres empêchemens generalement quelconques; fournir & faire valoir les rentes ci-après déclarées, tant en ſort principal, cours d'arrerages que rachat; même leſdits arrerages payer & continuer d'année en année, ſi faute y
avoit de payement d'iceux, après un ſimple exploit de

commandement fait aux perſonnes ou domiciles des débiteurs d'icelles, à la fin de chacune deſ es années ſans autre pourſuite, diſcuſſion ni diligence faire, ſi bon ne ſemble auſdits ſieur Alexandre & Helene ſa femme ce acceptant pareillement pour eux, leurs hoirs & ayans cauſe, quinze cens livres de rente en deux parties, rachetables au denier vingt de la ſomme de trente mille livres ; l'une de mille livres, à prendre ſur Maître Gilles, & Dame, &c. ſa femme, demeurans à, &c. ſolidairement pour les cauſes y portées au contrat de conſtitution qu'ils en ont fait au profit dudit Euſtache pardevant *tels Notaires le tel jour* ; & l'autre de cinq cens livres, à prendre ſur Hugues, &c. & Iſabelle, &c. ſa femme, demeurans, &c. ſolidairement auſſi pour les cauſes portées au contrat de conſtitution qu'ils en ont fait audit ſieur Euſtache pardevant *tels Notaires le tel jour*, pour deſdites choſes ainſi préſentement échangées, jouir & diſpoſer par leſdites parties chacune d'elles en droit ſoi, enſemble leurs hoirs & ayans cauſe comme bon leur ſemblera au moyen des préſentes, à commencer ladite jouiſſance du premier jour d'Octobre prochain venant en avant : Et à ces fins leſdits ſieur Alexandre & ſa femme ont préſentement baillé & délivré auſdits ſieur Euſtache & ſa femme ledit contrat d'acquiſition de la ſuſdite place ; enſemble le marché qu'ils ont fait avec Chriſtophe, &c. Maître Maſſon à Paris, pardevant *tels Notaires le tel jour*, pour le bâtiment & conſtruction de ladite maiſon, en fin duquel eſt la quittance du payement fait par ledit ſieur Alexandre audit Maſſon de tous leſdits ouvrages & bâtimens paſſée pardevant leſdits Notaires le tel jour. Et à l'égard deſdits Euſtache & ſa femme, ont auſſi préſentement baillé & délivré auſdits Sieur & Dame Alexandre les groſſes en parchemin deſdits deux contrats de conſtitution deſdites quinze cens livres de rente dont ils les en font porteurs, & deſdites rentes tant en ſort principal qu'arrerages, vrais demandeurs, Procureurs, Receveurs,

Quitteurs, Propriétaires & Possesseurs, & les subrogent à cet égard en leur lieu & place, droits, hypotheques, privileges, préferences, noms, raisons & actions ; ces présens échanges, permutations, délaissemens, cessions & transports ainsi faits, à la charge desdits cens & droits Seigneuriaux pour l'avenir seulement, & outre but à but sans aucune soulte ni retour faire à ce sujet de part ni d'autre, dont lesdites parties se quittent réciproquement ; & encore à la charge que lesdites choses échangées seront & demeureront garantes les unes aux autres ainsi qu'il est accoûtumé, & que lesdites parties seront tenues aider l'une à l'autre desdits contrats & pieces ci-dessus baillez de part & d'autre, si elles étoient ci-après poursuivies en recours de ladite garantie : & aux conditions & charges susdites, lesdites parties ont respectivement transporté l'une à l'autre tous & tels autres droits de proprieté, fonds, très-fonds, noms, raisons, actions & autres choses quelconques qu'elles avoient & pourroient avoir, prendre & demander en & sur lesdites choses échangées, désaisissant réciproquement, &c. donnant, &c. pouvoir, &c. Et pour purger les hypotheques qui pourroient être sur ladite maison & lieux, a été accordé qu'il sera loisible ausdits Eustache & sa femme de les faire décreter sur eux à leurs frais, poursuites & diligences en telle Jurisdiction de cette Ville de que bon leur semblera, d'hui en six mois prochains, & s'en rendre adjudicataires pour telle somme qu'ils aviseront, sans néanmoins qu'ils soient tenus d'en fournir autre ni plus grande valeur que les rentes & maisons baillées en échange; & si audit decret il intervient quelques oppositions, saisies ou empêchemens procedans du fait desdits Sieur & Dame Alexandre, &c. ou de leurs auteurs, ledit sieur Eustache èsdits noms, & en chacun d'iceux solidairement comme dit est, sera tenu les faire lever & cesser trois mois après qu'elles auront été signifiées & dénoncées au domicile ci-après élû par le présent contrat, à peine de tous dépens, &c. Et s'il convenoit au sujet desdites oppositions, consigner le prix de ladite adjudication en deniers comptans, lesdits Seigneur & Dame Alexandre seront tenus solidairement, comme dessus, faire icelle à la décharge dudit Eustache l'en acquitter ; ensemble des droits de ladite consignation & controlle d'iceux, même de ceux dûs par lesdits adjudicataires : Et pour l'execution d'iceux, &c. Fait & passé, &c.

CHAPITRE XXI.

Des Tutelles & des Comptes de Tutelle.

LES Tutelles sont datives en France ; nul ne peut être créé tuteur que par le Juge, sur l'avis des parens des mineurs. C'est d'ordinaire une personne de la famille qui est chargée du soin de leur éducation & de leurs affaires. Quand elles sont de trop grande conséquence, comme dans les grandes maisons, l'on nomme un tuteur honoraire, qui est un parent, & un tuteur oneraire qui se charge de toutes les affaires des mineurs. Le tuteur oneraire agit pour eux en Jugement, & dehors ; ils ne peuvent faire sans lui aucun acte qui préjudicie à leurs interêts, quoiqu'ils puissent bien contracter à leur profit : il n'est appellé tuteur que quand les mineurs sont impuberes, c'est-à-dire les garçons au dessous de quatorze ans, & les filles au dessous de douze : l'on le nomme curateur,

quand ils ont paſſé cet âge : l'un & l'autre
ſont également comptables de leur geſtion,
de même que celui qui ſe ſeroit mêlé de leurs
affaires ſans avoir été nommé par le Juge.
La tutelle & la curatelle finiſſent d'elles-mêmes à proportion que les mineurs viennent
à l'âge de majorité, après quoi ils peuvent
agir d'eux-mêmes ſans tuteur, ni curateur.
L'on nomme auſſi des curateurs aux inſen-
ſez & aux prodigues, quoique majeurs, même aux enfans qui ne ſont pas encore nez,
s'ils ont perdu leur pere, ſoit pour gerer leurs
biens & exercer leurs droits, ſoit pour former une demande en retrait lignager d'un
héritage vendu par leur propre pere encore
vivant : il eſt dans tous les autres cas leur
tuteur naturel & légitime.

Dès qu'un pere eſt décédé ayant laiſſé des
enfans mineurs, le Procureur du Roi, ou celui du Seigneur dans la Juſtice duquel il de-
meuroit, eſt obligé de faire aſſigner quatre
de leurs parens paternels, & autant de maternels, pour choiſir l'un d'entre eux pour
tuteur ou curateur à ces enfans : S'ils ſont
Gentilshommes, la tutelle ſe fait toujours pardevant le Bailli ou le Sénéchal : s'ils ſont roturiers, elle ſe fait pardevant le Prevôt Royal
ou le Juge du Seigneur. Au défaut des parens
l'on appelle des amis, ou des voiſins. S'ils ſe
trouvent ſur le lieu, ils comparent eux-mêmes
ſinon ils peuvent envoyer des procurations
pour nommer à leur défaut.

Avis de parens pour élire un Tuteur ou Tutrice & un subrogé Tuteur.

FUrent présens, &c. tous parens & amis de Jean-
Henry   âgé de
Philippes   âgé de
& Marie   âgée de   tous
freres & sœurs & enfans mineurs de défunt Jean-
Henry Langlois & de Catherine Lemire sa femme à
présent sa veuve, leur pere & mere; lesquels ont fait
& constitué leur Procureur Maître
Procureur au Châtelet, auquel ils donnent pouvoir
de comparoir pour eux en l'assemblée de parens &
amis desdits mineurs, qui doit être convoquée pardevant Monsieur le Lieutenant Civil audit Châtelet,
à l'effet d'élire un tuteur ou tutrice, & subrogé tuteur
ausdits mineurs, & là dire & déclarer qu'ils sont d'a-
vis que ladite veuve leur mere soit élûe tutrice ausdits mineurs, & pour subrogé la personne de
qu'ils nomment & élisent par ces présentes, ne connoissant personne plus capable d'exercer lesdites charges, & faire le serment requis & accoûtumé en pareil
cas; & generalement faire pour raison de ce que dessus
tout ce qu'il avisera bon être, promettant, &c. obligeant, &c. Fait & passé, &c.

Procuration d'un parent absent, pour nommer un Tuteur.

FUt présent Jean, &c. lequel a déclaré que sur
l'assignation à lui donnée pardevant Monsieur le
Bailly de, &c. à la requête de Monsieur le Procureur
du Roi audit Bailliage pour nommer un tuteur ou
curateur aux enfans mineurs de feu Pierre, &c. à laquelle assignation il ne peut comparoître en personne,

Il a conftitué fon Procureur general, fpecial & irrévocable   auquel il a donné & donne par
ces préfentes plein pouvoir & mandement fpecial d'affifter en fon lieu & place à l'affemblée de leurs parens
indiquée par ledit exploit, pardevant mondit fieur le
Bailly, ou fon Lieutenant General, & à la nomination qui fera faite de l'un d'entre eux pour tuteur ou
curateur aufdits mineurs, conferer avec eux fur le
choix de l'un des fujets qui feront propofez à cet effet,
& concourir à celui qui lui paroîtra le plus capable de
cette charge, par fon fuffrage & la nomination, ou
du moins avec la plus grande & la plus faine partie
d'entre eux ; prêter à cet effet le ferment au cas requis,
& accoûtumé, en l'ame dudit fieur conftituant, donner audit tuteur nommé tous les avis, dont feront convenus lefdits parens, tant fur l'acceptation, que fur la
répudiation de la fucceffion dudit Pierre leur pere,
leur éducation & l'adminiftration de leurs biens, tant
meubles qu'immeubles, comme feroit ledit conftituant
lui-même, s'il y étoit préfent, & generalement, &c.

Procuration d'un Tuteur pour accepter ou répudier par fes mineurs la fucceffion de leur pere, ou autre.

FUt préfent Louis, &c. tuteur décerné par Juftice
aux enfans mineurs de Pierre, &c. lequel, pour
répondre à l'affignation à lui donnée en cette qualité
à la requête de Jacques, &c. prétendu créancier de
la fucceffion dudit Pierre, après avoir pris l'avis des
parens defdits mineurs, comme il confte par le procès
verbal fait pardevant Monfieur le Bailly de, &c. le,
&c. a fait & conftitué fon Procureur general, fpecial & irrévocable Me   Procureur au
Baillliage de, &c. auquel il a donné plein pouvoir &
mandement de comparoir pardevant le fieur Bailly dudit Baillliage de, &c. & là dire & déclarer conformé-

audit avis, que lesdits mineurs répudient & abandonnent la succession dudit Pierre leur pere, sans préjudice néanmoins des droits, noms, raisons & actions qui peuvent leur competer & appartenir sur ladite succession du chef de feue Jeanne, &c. leur mere, où autrement, qu'ils se réservent en leur entier avec la priorité ou privilege de leurs hypotheques, ausquelles il n'est nullement dérogé par la présente répudiation, ou autrement en quelque maniere que ce soit, promettant &c.

Procuration d'un tuteur pour affirmer son compte.

FUt présent Louis, &c. ci-devant tuteur des enfans mineurs de Pierre, &c. lequel, pour obéir à la Sentence rendue par Monsieur le Bailly de, &c. le, &c. par laquelle il a été condamné de rendre ausdits mineurs à présent majeurs, ou dûement émancipez, le compte qui leur est dû de la gestion & administration de ladite tutelle ou curatelle, a constitué son Procureur général, special & irrévocable Me Gautier Procureur audit Bailliage de, &c. auquel il a donné & donne par ces présentes plein pouvoir & mandement special de comparoir pardevant ledit sieur Bailly, & là présenter ledit compte avec toutes ses pieces justificatives paraphées par premiere & derniere, de sa propre main, & affirmer en l'ame dudit constituant, que ledit compte contient verité en tous ses chapitres, tant de recette & reprise, que de dépense, & que ledit constituant n'a recelé ni détourné aucun des effets desdits mineurs, qui soit venu à sa connoissance, fournir de soutenemens aux débats qui lui seront signifiez, produire de nouvelles pieces justificatives de la dépense dudit compte, s'il y échet, en poursuivre le Jugement & appurement, & la liquidation du reliquat, si aucun se trouve lui être dû, & generalement faire tout ce qu'il écherra de faire pour parvenir à la décharge pleine & entiere dudit constituant, &c.

Transaction sur un compte rendu & débattu.

IL n'est jamais permis à un comptable de
transiger sur un compte, qu'il n'ait été
présenté, affirmé & débattu par celui à qui il
doit être rendu ; sans cela tous les traitez faits
entre l'un & l'autre, sont nuls de plein droit :
celui à qui il étoit dû n'a pas même besoin
de lettres pour revenir contre ce traité, non
plus que contre tous les autres, dans lesquels
il se trouve une nullité radicale & essentielle.

Il faut donc que celui qui doit un compte
le présente & le mette au Greffe avec toutes
les pieces justificatives de chaque article,
après qu'il l'aura affirmé par serment pardevant le Juge. Il doit être composé des trois
chapitres de recette, de reprise & de dépense : l'oyant peut y fournir tels débats & consentemens qu'il juge à propos, & le rendant
de soutenemens, si bon lui semble. Les parties peuvent ensuite transiger & regler chaque article de ces trois chapitres, elles-mêmes, ou par avis de conseil : l'exposé de chaque article doit être suivi de sa décision. L'on
fait un calcul des trois chapitres ; l'on accol-
le la dépense à la reprise, lesquelles, si elles
se trouvent exceder, ou être moindres que
la recette, forment le reliquat au profit du
rendant ou de l'oyant.

FUrent présens Louis, &c. ci-devant tuteur d'E-
tienne fils de Pierre, &c. à présent majeur, ou
dûement émancipé par Lettres par lui obtenues en
Chancellerie le, &c. d'une part, & ledit Estienne, &c.
d'autre part ; lesquels voulant prévenir ou terminer à
l'amiable tous les differends mûs & à mouvoir entre
eux au sujet des differens articles dudit compte y employez par ledit rendant, de l'avis & conseil de, &c.
parens & amis dudit Estienne, après avoir meurement
examiné par ledit Estienne toutes les parties employées
dans les trois chapitres de recette, de reprise & de dépense dudit compte qui lui a été communiqué, avec
les pieces justificatives de chacune d'icelles, sont lesdits Estienne & Louis convenus de ce qui s'ensuit ;
sçavoir que le premier article de la recette dudit compte demeurera alloué à la somme de, &c. pour le prix
de la vente des meubles énoncez en l'inventaire fait
après le décès dudit Pierre, suivant les procès verbaux
rapportez sur ledit article. Le second pour celle de,
&c. trouvée en argent comptant parmi les effets de ladite succession. Le troisiéme pour celle de, &c. à
quoi monte le prix des baux des immeubles de la même succession, faits pardevant ledit sieur Bailly de,
&c. avec l'interêt du prix tant desdits meubles & argent monnoyé, à compter dès les six mois après ledit
acte de création de tutelle, & desdits baux, à compter
d'année en année, liquidé à, &c. Le quatriéme pour
celle de, &c. reçue par ledit rendant de Me &c. débiteur de ladite succession, & l'interêt, à compter dès
le jour de la quittance qui en a été donnée par ledit rendant.

Le premier article de la reprise rayé faute de s'être
le rendant opposé en tems & lieu à l'adjudication par
decret des biens de Georges débiteur de ladite somme.
Le second alloué pour celle de, &c. en principal & interêts. Le troisiéme pour celle de, &c. comme dessus :
le quatriéme moderé à celle de, &c.

Le premier article du chapitre de dépense alloué
pour

pour la fomme de, &c. pour les frais de la tutelle, & de l'inventaire, avec l'interêt dès le jour du payement, le fecond moderé à celle de, &c. le troifiéme rayé, &c.

Calcul fait de la recette, reprife & dépenfe dudic compte, la recette s'eft trouvée monter à la fomme de &c. la reprife à celle de, &c. & la dépenfe à celle de, &c. partant la reprife & la dépenfe doivent à la recette celle de, &c. que ledit Louis s'eft obligé de payer audit Eftienne, dans le jour & Fête de Pâques prochaines, à peine d'y être contraint par toutes voies de Juftice dûes & raifonnables, fous l'hypotheque de tous fes biens meubles & immeubles, moyennant quoi il demeurera quitte & déchargé, tant de la tutelle dudit Eftienne, que de toute autre reddition de compte, & ainfi s'en vont lefdites parties hors de Cour, fans autres dépens, dommages ni interêts.

Nota, Que le tuteur doit compter de l'interêt du prix des meubles vendus, & de l'argent comptant, s'il en a trouvé, dès les fix mois après fa charge, & des autres chofes qu'il a touchées, à mefure des payemens qui lui ont été faits, l'on lui accorde ces fix mois pour placer les deniers de fes mineurs. Il peut de même tirer en ligne de compte les interêts de la reprife fur tous les articles qui porteront interêt de leur nature, dès le jour de fa nomination; & des autres, à compter du jour qu'il y aura fait condamner les débiteurs. L'on doit auffi lui paffer en dépenfe tous les frais qu'il juftifie avoir débourfez, & les payemens qu'il a faits, à compter du jour du débourfement, ou du payement, quand même ils fe trouveroient faits avant les fix mois ci-deffus marquez.

Compte de Tutelle.

COmpte que rend A défendeur, à L
demandeur, de la tuition & adminiſtration qu'il
a eue de la perſonne & biens de

PREFACE DU COMPTE.

Après le décès de M père de L
les parens tant paternels que maternels s'aſſemblerent
devant Juge de pour élire un tuteur
qui eût l'adminiſtration de ſa perſonne & biens, à laquelle charge A fut élu par acte dont la
teneur enſuit. A tous ceux, &c. (*Il faut tranſcrire
en cet endroit l'acte de tutelle.*) En exécution duquel
acte A a fait toutes les diligences poſſibles
pour l'utilité & la conſervation du bien de L
juſques au jour que s'étant fait émancipet ;
il a demandé par exploit du que A
fut tenu de lui rendre compte ; & ſur cette demande
eſt intervenue Sentence le qui condamne
A de rendre le préſent compte.

*Premier chapitre de recette, à cauſe de la vente des
meubles demeurez après le décès de défunt M*

Fait ledit rendant recette de la ſomme de
provenant de la vente des meubles qui ſe ſont trouvez
après le décès dudit défunt, comme appert par le procès verbal de vente qui en a été faite par le Sergent
le
Item, fait ledit rendant recette de la ſomme de
pour le prix de

Deuxième chapitre de recette à cause des loyers de maisons, & arrerages de rente.

Fait ledit rendant recette de la somme de
pour les loyers de

Item, fait recette à la charge de reprise de la somme de   pour   années, d'arrerages de

Pour l'ordre du compte, le rendant doit faire recette de tout ce qu'il a dû recevoir, à la charge de reprise de ce qu'il n'aura pas reçu.

Premier chapitre de dépense, à cause des frais funeraires du défunt.

Fait le rendant dépense de la somme de
payée à   suivant son mémoire & quittance du
De la somme de   par lui
payée à   Juré Crieur, suivant le mémoire de frais dudit   & sa quittance du
De la somme de   par lui payée à
Marchand Cirier, pour le luminaire qui a servi au convoi & enterrement dudit défunt M   suivant sa quittance ci-rapportée.

Deuxième chapitre de dépense, à cause des frais faits pendant la maladie du défunt.

Il faut mettre par ordre ce qui a été payé aux Medecins, Chirurgiens & Apotiquaires, & faire mention de leurs quittances.

Troisième chapitre de dépense, à cause de la pension & entretenement de l'oyant.

Fait le rendant dépense de la somme de
par lui payée à   pour années de la pension de

l'oyant, fuivant l'avis de fes parens du   comme
il eft juftifié par quittance dudit   en date
du   de la fomme de

Chapitre de reprife à caufe des deniers comptez & non reçus.

Fait le rendant reprife de la fomme de
contenue au fecond article du dixiéme chapitre de
recette pour   *& ainfi des autres.*

Le rendant ne pourra employer dans la dépenfe du
compte les frais de la Sentence ou de l'Arrêt, par lefquels il eft condamné de le rendre, fi ce n'eft qu'il eût
confenti avant la condamnation ; mais pour toutes dé-
penfes communes, il employera fon voyage, s'il en
échet, les affignations, pour voir préfenter & affirmer
le compte, la vacation du Procureur qui aura mis les
pieces du compte par ordre, celle du Commiffaire,
pour recevoir la préfentation & affirmation, & des Procureurs, s'ils y ont affifté, enfemble les groffes & copies du compte.

Chapitre de dépenfe commune du préfent compte.

Fait le rendant dépenfe de la fomme de
par lui payée à fon Procureur, pour avoir mis par ordre les pieces pour dreffer le préfent compte.

Pour la groffe dudit compte, contenant
Rolles, à raifon de cinq fols chacun Rolle en grand
papier, revient à

Pour les affignations données à l'oyant à la requête
du rendant, à comparoir en l'hôtel de Monfieur le Commiffaire, pour voir préfenter & affirmer le compte.

Pour la vacation dudit fieur Commiffaire qui a reçu
la préfentation & l'affirmation du compte.

Pour celle du Procureur du rendant.

Pour la vacation du Procureur de l'oyant.

Pour la groffe du procès verbal, contenant acte de

la préſentation du compte, & affirmation du rendant.

Pour la copie du compte, & ſignification au Procureur de l'oyant.

Le rendant compte ſera tenu d'inſerer dans le dernier article, la ſomme à quoi ſe monte la recette celle de la dépenſe & repriſe, diſtinctement l'une de l'autre.

Calcul de la recette, de la dépenſe & de la repriſe.

Somme de la recette du préſent compte, contenue en   chapitres

La dépenſe contenue en   chapitres, revient à

La repriſe ſe monte à

& la dépenſe commune du préſent compte à

partant la recette eſt plus forte que la dépenſe & repriſe de la ſomme de

Si la recette ſe trouve plus forte que la dépenſe & repriſe, l'oyant pourra prendre executoire de l'excedant, qui lui ſera délivré ſur l'extrait du dernier article du compte, ſans préjudice des débats & ſoûtenemens au contraire.

L'uſage de faire des procès verbaux d'examen de compte a été abrogé en tous Sieges, même aux Cours de Parlement & autres Cours.

Sa Majeſté par l'article XV. du Titre XXIX. de l'Ordonnance de 1667, fait défenſes de s'aſſembler en la maiſon du Juge, ou Commiſſaire, pour mettre par forme d'apoſtilles, à côté des articles du compte, les conſentemens, débats & ſoutenemens des parties, ſans néanmoins déroger à l'uſage obſervé par les Commiſſaires du Châtelet de Paris.

Après la préſentation & affirmation, ſera donné copie du compte au Procureur, & les pieces juſtificatives de la recette, dépenſe & repriſe lui ſeront communiquées ſur ſon récepiſſé pour les voir & examiner pendant quinze jours, après leſquels il doit les rendre à peine de priſon, de ſoixante livres d'amende &

du féjour, dépens, dommages & interêts des parties,
en fon nom, fans qu'aucunes de ces peines puiffent être
réputées comminatoires, remifes ou moderées, fous
quelque prétexte que ce foit.

Après que le compte de tutelle a été examiné, clos
& arrêté dans les formes ordinaires, les parties font
pardevant Notaires l'acte de reconnoiffance de l'arrêté
& clôture d'icelui compte portant décharge des pieces
juftificatives dudit compte, & quelquefois quittance
du payement du reliquat comme il eft ci-après.

Quittance de reddition de compte de tutelle.

PArdevant, &c. furent préfens Louis, &c. âgé de
vingt-cinq ans paffez dès le huitiéme jour de Mars
dernier paffé, demeurant à Paris rue, &c. d'une part :
& Maître Antoine, &c. de tel état, demeurant rue,
&c. ci-devant tuteur dudit Louis, &c. d'autre part,
lefquels ont reconnu & confeffé avoir fait & accordé
entre eux ce qui enfuit ; fçavoir que ledit Louis, &c.
ayant atteint l'âge de majorité, *ou étant émancipé par
lettres de benefice d'âge par lui obtenues en Chancellerie le, &c. dûement regiftrées au Greffe du Bailliage
de, &c.* il auroit requis ledit Antoine, &c. fon tuteur
de lui rendre compte à l'amiable fans frais ni procès
de la geftion, regime, gouvernement, maniment &
adminiftration qu'il a eue & dû avoir de fa perfonne
& biens pendant le tems de fa tutelle, à quoi ledit fieur
Antoine, &c. défirant fatisfaire, il auroit fait dreffer
ledit compte contenant les trois chapitres ordinaires
de recette, reprife & dépenfe, ainfi qu'il eft ci-devant
écrit en tant de feuillets de papier, le préfent compris,
icelui préfenté audit Louis, &c. qui l'a vû à fon loifir
durant tel tems qu'il a été en fa poffeffion, & l'a avec
ledit fieur Antoine, &c. vû, examiné & apoftillé, & fait
les accords & débats, étant en chacun article dudit
compte, lequel a été préfentement paraphé defdites

parties & Notaires souffignez, au bas de chacun feuillet, *recto* ; par lequel tout vû, précompté, déduit & rabattu, la recette comprise en   articles, s'est trouvée monter à la somme de   la reprise à celle de   & la dépense à celle de au moyen de quoi le rendant s'est trouvé redevable à l'oyant de la somme de 12000 livres qu'icelui rendant lui a présentement baillée, payée, comptée, nombrée & réellement délivrée, présens lesdits Notaires souffignez, en louis d'or & autre bonne monnoie ayant cours, dont ledit oyant s'est contenté, & en a quitté & quitte ledit sieur Antoine rendant & tous autres, auquel oyant, en ce faisant, ledit rendant a aussi présentement rendu & délivré tous & chacuns les titres, lettres, papiers & enseignemens inventoriez en l'inventaire fait après le décès de tel & telle ses pere & mere, les pieces justificatives dudit compte, au nombre de   paraphées & numerotées de la main du Notaire souffigné : Ensemble la grosse dudit inventaire, dont ledit Louis, &c. se tient pareillement content, & en a aussi quitté & déchargé, quitte & décharge ledit sieur Antoine, &c. & tous autres, promettant, &c. obligeant, &c. renonçant, &c. Fait & passé, &c.

Si le reliquataire ne payoit pas comptant le reliquat, en ce cas il faut mettre ces mots : Laquelle somme de 12000 liv. il a promis, sera tenu, promet & s'oblige de bailler & payer audit tel ou au porteur, &c. d'hui en tel tems prochain venant, avec l'intérêt, à raison de l'Ordonnance, auquel oyant ledit rendant a présentement délivré tous les papiers, & le reste comme dessus.

Les tuteurs, protuteurs, curateurs, fermiers judiciaires, sequestres, gardiens & autres, qui auront administré le bien d'autrui, sont toujours réputez comptables, encore que le compte soit clos & arrêté, jusqu'à ce qu'ils ayent payé le reliquat si aucun en est dû, & remis toutes les pieces justificatives. Voyez le premier article du 29. Titre de l'Ordonnance de 1667.

CHAPITRE XXII.

Des Societez entre Marchands, & autres.

LE contrat de societé est un acte par lequel deux ou plusieurs personnes conviennent de mettre en commun tous leurs
biens, ou une certaine partie seulement, telle
qu'il leur plaît de la regler, pour entreprendre quelque négoce dont le gain & la perte seront partagez entre elles également.

Il n'est pas absolument nécessaire que toutes les sommes que chacun d'eux y apporte,
soient égales : l'industrie de l'une d'entre elles peut suppléer à l'inégalité de sa portion :
il se trouve encore par-là plus utile à la societé.

Comme cette espece d'actes est purement
volontaire, elle est susceptible de toutes sortes de clauses, pourvû qu'elles ne soient ni
contre la bonne foi , ni contre les bonnes
mœurs : ils peuvent se faire pour toute la vie
des contractans, ou pour un tems , pour une
espece de négoce , ou pour l'autre. Ceux qui
doivent en retirer l'utilité, doivent s'exposer
à porter leur part de la perte , autrement ce
seroit une *societé leonine*, qui est reprouvée par
les Loix.

Les societez les plus ordinaires qui se fassent en France, sont celles qui se font entre les Marchands, les Entrepreneurs des ouvrages publics ou particuliers.

Ceux qui se chargent de la levée des deniers qu'il plaît au Roi d'imposer sur son peuple, ou l'entretien de ses armées, parce qu'un homme ni deux ne suffiroient pas à l'execution d'une pareille entreprise. Celles des Marchands ont leurs regles prescrites par l'Ordonnance de Louis XIV. de 1673.

Contrat de Societé entre Marchands.

FUrent présens Philippe, &c. Marchand de Soie, demeurant à Paris, d'une part, & Joseph, &c. aussi Marchand de Soie, demeurant à Lion : lesquels pour l'utilité de leur négoce & l'avancement de leurs affaires, sont convenus de ce qui s'ensuit, sçavoir que ledit Joseph s'est engagé & s'engage par ces présentes, de faire tenir en cette ville de Paris, & remettre audit Philippe telle quantité de soies écrues & non préparées, qu'il pourra en faire employer en toutes sortes de draps de soie, pour le prix qu'elles lui auront coûté en ladite ville de Lion, sur quoi il en sera crû à sa déclaration, dont il sera tenu registre de part & d'autre, avec la date des envois, receptions & quantité : ledit Philippe s'engage pareillement de faire préparer lesdites soies de toutes les façons convenables & nécessaires, & d'en faire fabriquer des étoffes, dont le débit lui paroîtra le plus prompt & le plus facile, de payer les ouvriers, & de tenir bon & fidele registre de ses frais, fournitures & avances, & des prix ausquels auront été vendues lesdites étoffes, pour du tout venir à compte entre les parties, à la premiere requisition de l'une ou de l'autre, & sur la représentation qui sera réciproquement faite defdits regiftres, partager également entre les parties le revenant bon, fi aucun y a, après que chacune d'elles aura repris fur le produit de la vente defdites étoffes, les fournitures & avances qu'elle aura faites, dont elle fera crue fur fa fimple quittance. Pourront les parties fe départir de la préfente focieté, quand bon leur femblera, ou la continuer fous les mêmes conditions, ou autres, telles qu'il leur plaira d'y inferer. Et à l'entretenement de ce que deffus ont lefdites parties obligé tous & chacuns leurs biens meubles & immeubles, & fpecialement tous les effets qui compoferont ou qui proviendront ci-après de ladite focieté. Promettant, &c.

Contrat de focieté entre deux Libraires.

FUrent préfens Michel   Libraire à Paris, demeurant   d'une part, & Nicolas auffi Libraire à Paris, demeurant   d'autre part; lefquels ont reconnu & confeffé s'être affociez par ces préfentes pour huit années, à compter de ce jourd'hui au fujet du commerce de Librairie ; & pour contribuer audit commerce de Librairie lefdits Michel   & Nicolas   ont apporté réciproquement la fomme de quinze mille livres qui eft en tout trente mille livres en marchandifes de Librairie tant reliée qu'en blanc, prifée par eux mêmes au prix coûtant; de laquelle marchandife ainfi apportée, a été fait inventaire de part & d'autre, lefquels ont été fignez, fçavoir celui de Michel par ledit Nicolas   & celui de Nicolas par ledit Michel   & à chacune defquelles parties eft demeuré fon inventaire, à la charge qu'elles les repréfenteront l'une à l'autre toutes fois & quantes qu'elles s'en requerront. Que chacun d'eux ne pourra faire achat de livres, ni entreprendre impreffion que ce ne foit pour la focieté & non pour autres, fous noms interposez, que le gain sera partagé également & par moitié : comme aussi si aucune perte arrive (que Dieu ne veuille) elle sera supportée par moitié, & qu'en fin des huit années, à commencer du premier du présent mois de Juillet   qui est le tems qu'ils sont convenus que durera la présente societé, les marchandises qui se trouveront en fin desdites huit années de celles portées par lesdits inventaires, seront reprises par eux, ou celui d'eux deux, en l'inventaire duquel elles seront énoncées & recollées, & ce pour le même prix porté par icelui : & s'il se trouvoit quelques dettes faites par l'un ou l'autre desdits Associez, avant & pendant ladite societé, ils seront tenus de les payer chacun séparement, & par ceux qui les auront contractées, sans qu'il puisse être touché au fonds de ladite societé. Et en cas de contestation entre eux, ils promettent d'en passer par l'avis des arbitres, qu'un chacun d'eux nommera de sa part ; car ainsi a été convenu, &c. Fait & passé, &c.

Contrat de societé entre deux Marchands de bestiaux.

FUrent présens Augustin, Marchand de bestiaux, demeurant à, &c. & Gregoire, &c. aussi Marchand de bestiaux demeurant à, &c. lesquels de leur bon gré & volonté, après avoir consideré que ce commerce ne peut se faire qu'avec de grands frais de voyages, conduite desdits bestiaux, & autres, sont convenus de ce qui s'ensuit ; sçavoir qu'ils ont fait entre eux & par égale portion, un fonds de la somme de, &c. dont il a été remis audit Augustin celle de, &c. pour l'employer en achat de bœufs, vaches, moutons, porcs, &c. dans la Province de, &c. où il fait actuellement sa résidence, dont il tiendra bon & fidele registre, dans lequel il pourra employer les frais par lui faits pour aller aux Foires & Marchez ; même des avances qu'il aura faites aux conducteurs defdits beſtiaux, commè pareillement ledit Gregoire ſera obligé de tenir un autre regiſtre des ventes qu'il aura faites defdits beſtiaux du prix qu'il en aura reçu, & de celui qui lui reſtera à recouvrer, dans lequel il pourra pareillement employer les frais de garde, de nourriture, de voyage, &c. Sera auſſi tenu ledit Gregoire, au cas qu'il ſe trouve des fonds entre les mains, d'acquitter inceſſamment toutes les Lettres & Billets de Change qui lui feront remiſes, ſignées de la main dudit Auguſtin, pour compter entre leſdites parties du fonds & produit dudit commerce, toutes fois & quantes que l'une en ſera requiſe par l'autre, & en être le produit & la perte également partagez entre elles, & continuer ou rompre ledit commerce, toutes fois & quantes que bon leur ſemblera. A quoi faire elles ont obligé, &c.

Contrat de Societé entre un *Maſſon & un Charpentier.*

FUrent préſens Denis, &c. Maître Maſſon, demeurant à, &c. & Paul, &c. Maître Charpentier, demeurant à, &c. leſquels ayant ce jourd'hui fait marché avec Maitre Gervais, &c. pour la conſtruction d'une maiſon en la rue de, &c. ſont convenus entre eux de ce qui s'enſuit, ſçavoir que ledit Denis travaillera & fera inceſſamment travailler aux ouvrages de maſſonnerie qui y ſont néceſſaires, ſuivant le devis à eux remis par ledit ſieur, &c. enſuite de quoi ledit Paul travaillera inceſſamment, & fera travailler au reſte de l'ouvrage qui dépend de ſon art de Charpenterie ; tiendra chacune des parties bon & fidele regiſtre des ouvriers, & des materiaux qu'elle y aura employez, déduction faite de la valeur, voiture & tranſport deſdits materiaux, & ſalaires d'ouvriers, & de ce que ledit ſieur Gervais ſe trouvera leur avoir avancé. Le ſurplus de la ſomme dont ils

font convenus avec lui, fera partagé entre eux, fi
furplus y a, finon, & au cas qu'il y ait de la perte,
elle fera également fupportée par l'une & l'autre des
parties, fauf leur recours pour leur indemnité contre
ledit fieur Gervais, qu'ils pourfuivront contre ledit
fieur Gervais, s'il y échet, à quoi faire ils fe font obligez eux & leurs biens préfens & à venir, une execution non ceffant pour l'autre, &c.

Contrat de focieté pour neuf années pour faire de l'Ardoife.

PArdevant les Notaires Gardenotes du Roi notre
Sire en fon Châtelet de Paris, fouffignez, furent
préfens le fieur Jean Bernard Marchand de la Ville
d'Angers, & propriétaire de plufieurs carrieres pier-
rieres d'ardoife fituées près ledit Angers, demeurant
de préfent en cette Ville de Paris rue de l'Arbre-fec
Paroiffe S. Germain de l'Auxerrois, tant en fon nom
que comme fe faifant & portant fort de Suzanne Pel-
letier fa femme, par laquelle il promet faire ratifier ces
préfentes, ce faifant la faire obliger avec lui à l'execution de ce qui aura été par lui promis par cefdites
préfentes, & defdites ratification & obligation, fournir lettres en bonne forme aux ci-après nommez, toutes fois & quantes qu'il en fera requis, à peine de tous
dépens, dommages & interêts; pourquoi faire il autorife fadite femme d'une part, Me Pierre Bureau Bourgeois de Paris, & Marie Garnier fa femme, Sage-
femme Jurée du Châtelet de Paris, de lui autorifée à l'effet qui enfuit, demeurans à Paris rue
Trouffevache, Paroiffe S. Jacques de la Boucherie,
d'autre part; Maître Raphael Baron, auffi Bourgeois
de Paris, & Marie le Noir fa femme auffi de lui autorifée à l'effet des préfentes, demeurans rue S. Thomas du Louvre fufdite Paroiffe S. Germain de l'Au-

xerrois, encore d'autre ; & Maître Paul Foucher pareillement Bourgeois de Paris, y demeurant sufdite rue de l'Arbresec dite Paroisse S. Germain de l'Auxerrois, lesquels se sont volontairement associez & associent par ces présentes chacun pour un quart pendant le tems de neuf années prochaines & consecutives, à compter du jourd'hui, aux gains, profits & pertes, si aucunes arrivent (que Dieu ne veuille) en l'execution de la commission donnée par Sa Majesté audit sieur Bernard, par Arrêt de son Conseil d'Etat du vingt-quatre Décembre mil six cens soixante-trois, soit pour les fruits & profits qui se trouveront au controlle des ardoises mentionné audit Arrêt, & pour les ventes & débits qu'ils feront des Lettres de Maîtrises nécessaires pour la fabrication d'icelles, desquelles ils esperent obtenir le don de Sa Majesté en conséquence dudit Arrêt, ou bien du commerce, vente & débit qu'ils pourroient faire tant des ardoises du sieur Chauveau, que autres & autrement, en quelque sorte & maniere que ce soit : & generalement se sont lesdits susnommez associez pendant le sufdit tems & pour les portions sufdites en toutes les autres affaires qu'ils pourront faire ci-après ensemble, provenans de dons & gratifications de leurs Majestez, Princes, Princesses & autres grands Seigneurs, ou Dames de ce Royaume, sur les avis qu'ils ou l'un d'eux, ou ceux de leur connoissance en pourront donner sur quelque sujet ou pour quelque occasion que ce soit. Et à l'effet de tout ce que dessus, circonstances & dépendances, lesdits susnommez seront tenus de frayer, fournir & avancer également tous les deniers qui seront nécessaires, lesquelles avances & frais sont repris par chacun d'eux préferablement sur ce qui en proviendra ; & le surplus partagé entre les parties chacun par quart, de six mois en six mois, ou d'année en année ; & à cette fin sera tenu bon & fidele registre par lesdits associez desdits frais & avances, recette & dépense, même des délibérations qu'ils seront tenus faire des affaires qu'ils entreprendront au fût & à mefure d'icelle, lequel regiftre demeurera en la maifon qui fera occupée par lefdits affociez, laquelle fera louée, & les loyers payez à frais communs. On fera auffi un coffre fort à quatre clefs differentes pour mettre leurs deniers comptans, dont chacun en aura une clef. Et au furplus chacune des parties fe nourrira & entretiendra en fon particulier ; & fe garderont lefdits affociez la bonne foi les uns aux autres, fans qu'ils ou l'un d'eux fe puiffent intereffer directement ou indirectement fous leurs noms ou autrement, en aucuns dons, gratifications, ni autres affaires qui ne font communes aufdits affociez pendant lefdites neuf années, fi ce n'eft pour ce qui concerne les Maîtrifes de Sages-femmes en general, que ledit Bureau & fa femme fe font réfervées en leur particulier, fans que les autres affociez y puiffent rien prétendre ; & où il arriveroit differends entre lefdits affociez, ils s'en rapporteront à des amis communs qu'ils feront tenus de nommer fitôt lefdits differends arrivez ; & les affociez acquiefceront aux jugemens qui feront par eux rendus comme à Arrêt de Cour Souveraine : Et en cas de décès de l'un ou l'autre defdits affociez pendant lefdites neuf années, il fera permis à leurs veuves ou héritiers de continuer ladite fociété pendant le refte dudit tems, finon leur fera rendu compte & payé la part & portion du décédé ; car ainfi, &c.

Continuation de fociété.

FUrent préfens tels & tels, tous propriétaires des droits d'impôts & billets des Bailliages, contrats d'adjudication que chacun a pardevers foy.

Lefquels ont déclaré que pour leur avantage commun ils auroient par contrat paffé pardevant pour les raifons y contenues, convenu de jouir en commun par forme de fociété, du revenu defdits impôts & billets, d'en faire les baux à fermes, regiftres, exer-

cicos & recette dudit revenu pendant deux années com-
mencées à   finissant à   prochain, aux
charges inférées audit contrat qui ont été fort exactement entretenues & executées par toutes les parties. Et
qu'ayant par le tems reconnu ladite société avoir été
justement contractée, chacune desdites parties en ayant
beaucoup plus reçu d'utilité qu'elles n'auroient fait, si
elles en avoient joui féparément, il a été résolu pour
les causes & considérations portées audit contrat, de la
continuer, comme par ces présentes lesdites parties la
continuent pendant douze années, à commencer à
pour finir à   aux charges déclarées audit
contrat, duquel il a été fait en tant que besoin seroit,
lecture ausdites parties par l'un des Notaires soussignez, promettant l'entretenir & effectuer selon sa teneur. Obligeant, &c.

Dissolution de societé.

FUrent présens Jean Larcher & Thomas Caron,
Marchands Merciers, Bourgeois de Paris, demeurans, &c. d'une part ; & Pierre Lelubois & François
Granville, aussi Marchands Merciers Bourgeois de
Paris, demeurans, &c. d'autre part ; disant lesdits comparans que par contrat passé le, &c. ils ont contracté
société de marchandise de Mercerie, pour le tems de
huit années finies au dernier jour du mois de Janvier
dernier passé, aux clauses & conditions portées &
contenues audit traité, au fonds de laquelle société &
compagnie, ont lesdits Jean Larcher & Thomas Caron, mis & fourni de leurs deniers la somme de
& outre, auroient lesdits Jean Larcher & Thomas
Caron encore mis & fourni la somme de
dont ils ont fait prêt à ladite Compagnie, comme il
appert par obligation   toutes lesquelles
sommes, deniers, marchandises & effets de ladite Societé & Compagnie, sont encore entre les mains &
puissance

puiſſance deſd. Pierre Lelubois & François Granville. Et
étant ladite Societé finie, comme dit eſt, le dernier jour
du mois de Janvier dernier: Et déſirant les parties en
faire la diſſolution, compte & partage des effets, dettes actives, & marchandiſes d'icelle : & conſiderant
leſdits Jean Larcher & Thomas Caron, que leſdits
Pierre Lelubois & François Granville avoient une
plus ample & aſſurée connoiſſance qu'eux, deſdites
dettes & effets, par le négoce, maniement & diſpo-
ſition, ſoin & correſpondance qu'ils en ont eue & priſe plus particulierement, &c. ces raiſons ont mû leſdits Jean Larcher & Thomas Caron à délaiſſer &
quitter auſdits Pierre Lelubois & François Granville,
le total fonds de ladite Societé ; & ſur ce les parties
ont ſigné le traité & accord qui enſuit : c'eſt à ſçavoir
qu'auſdits Pierre Lelubois & François Granville ſeuls
demeureront & appartiendront pour le total, tous les
effets, marchandiſes, dettes, créances & autres droits
& profits que leſdits Jean Larcher & Thomas Caron
pouvoient prétendre, & leur appartenoient en ladite
Societé, interêts de ladite ſomme de
& autres choſes generalement quelconques d'icelle Societé & Compagnie d'entre eux, à quelque ſomme
que le tout puiſſe monter, & en quelque part qu'ils
puiſſent être, tant dedans que dehors le Royaume,
ſans en rien réſerver ni excepter par leſdits Jean Larcher & Thomas Caron, en tant que beſoin eſt ou ſeroit, pour les parts & portions que leſdits Jean Larcher & Thomas Caron pourroient avoir & prétendre
auſdits effets, marchandiſes, dettes & autres droits,
profits & interêts, & choſe de ladite Societé, ils en
ont fait ceſſion & tranſport auſdits Pierre Lelubois &
François Granville, ſans toutefois aucune garantie,
mais à leurs riſques, périls & fortunes ; ſe contentant
leſdits Pierre Lelubois & François Granville deſdits
effets & facultez étant en l'état qu'ils ſont, & de la
ſolvabilité des débiteurs, pour du tout jouir & diſpoſer, &c. & en ce faiſant leſdits Jean Larcher &

Thomas Caron, ont remis & quitté ausdits Pierre Lelubois & François Granville, ladite somme de par eux mise & fournie au fonds de ladite societé, même ladite somme de   dont ils auroient fait prêt à icelle societé, & portée par ladite obligation du   consentant que les minutes & grosses dudit traité & obligation soient nulles & déchargées, à la charge & réserve toutefois de l'hypotheque. Cette remise, cession & transport faits moyennant la somme de   )   * une fois payée, dont lesdits Jean Larcher & Thomas Caron se sont contentez, encore que pour lesdits profits de ladite societé, il leur en pourroit appartenir davantage, ladite somme de   payable solidairement sur tous les biens desdits Pierre Lelubois & François Granville, en quatre payemens, sçavoir dans   le tout franchement & quittement de toutes dettes de ladite Societé & Compagnie. Et ayant lesdits Pierre Lelubois & François Granville payé entierement ladite somme de   ils seront & demeureront quittes & déchargez à toujours de tout le maniement qu'ils ont eu de la susdite societé; & en conséquence demeureront nuls tous papiers, missives concernant ladite societé; car ainsi, &c.

CHAPITRE XXIII.

Des Matieres Beneficiales, & des formules qui les concernent.

Résignation pure & simple entre les mains du Pape, d'un Benefice à la nomination du Roi.

PArdevant les Conseillers du Roi, Notaires, Gardenotes de Sa Majesté au Châtelet de Paris, soussignez fut présent M. A.   Prieur du Prieuré Commandataire de :   Diocese de   demeurant   lequel a fait constitué ses Procureurs generaux speciaux   ausquels & chacun d'eux, ledit sieur constituant a donné pouvoir de pour lui & en son nom, résigner purement & simplement sous le bon plaisir de Sa Majesté, avec son consentement & nomination entre les mains de notre saint Pere le Pape, Monseigneur son Vice-chancelier ou autres ayans à ce pouvoir, sondit Prieuré de   ensemble tous ses droits & appartenances quelconques. Requerir la présente résignation, être admise & consentir l'expédition de toutes Lettres nécessaires ; jurer & affirmer qu'en ladite résignation il n'est intervenu & n'interviendra aucune simonie, ni autre paction contraire aux dispositions Canoniques ; & generalement, promettant, obligeant. Fait & passé, &c.

Réfignation pure & fimple entre les mains du Collateur.

PArdevant les Confeillers du Roi, Notaires, Gardenotes à Paris, fouffignez, fut préfent B léquel a fait & conftitué fonProcureur general fpecial auquel donne pouvoir de pour lui & en fon nom, réfigner & remettre purement & fimplement entre les mains de Monfeigneur chevêque ou l'Evêque de Meffieurs fes grands Vicaires ou autres ayant à ce pouvoir la Chapelle ou Chapellenie de Saint deffervie en l'Eglife de avec tous fes droits & appartenances quelconques, pour y être pourvû telle perfonne capable que bon lui femblera, confentir l'expédition de toutes Lettres néceffaires, jurer & affirmer, &c.

Démiffion pure & fimple en Patronage Laïc.

PArdevant les Confeillers du Roi, Notaires au Châtelet de Paris, fouffignez, fut préfent M. B. Chapelain de la Chapelle de étant en Patronage laïc, deffervie dans l'Eglife de au Diocefe de Ledit fieur étant de préfent à Paris logé rue Paroiffe Saint léquel fous le bon plaifir & advenant la nomination de M Seigneur Patron laïc de ladite Chapelle, s'eft volontairement démis & démet par ces préfentes purement & fimplement de fadite Chapelle de & de fes droits & appartenances quelconques, entre les mains de Monfeigneur l'Illuftriffime & Reverendiffime Evêque de Meffieurs fes grands Vicaires & autres ayant à ce pouvoir, pour y être pourvû telle perfonne capable qu'il appartiendra, & lui en être délivré les expéditions néceffaires, jurant & affir-

mant qu'en la présente Démiffion il n'eft intervenu &
n'interviendra aucune fimonie, ni autres pactions contraires aux difpofitions Canoniques, promettant, obligeant, renonçant. Fait & paffé, &c.

Réfignation en faveur.

Pardevant   fut préfent Me D   Prêtre
Chanoine de l'Eglife Cathédrale de
demeurant   lequel a fait & conftitué fes Procureurs generaux fpeciaux   aufquels & chacun
d'eux il a donné pouvoir de pour lui & en fon nom
réfigner entre les mains de notre faint Pere le Pape,
Monfeigneur fon Vice-chancelier, ou autres ayans à ce
pouvoir, le Canonicat & Prébende qu'il poffede dans
ladite Eglife de   avec fes droits & appartenances quelconques, pour & en faveur de M. E.
& non d'autre, confentir à toutes expéditions néceffai-
tes, jurer & affirmer en l'ame dudit fieur conftituant,
qu'en ladite réfignation il n'eft intervenu & n'interviendra aucune fimonie ni autres pactions contraires
aux difpofitions Canoniques, & generalement, promettant, obligeant. Fait & paffé, &c.

Réfignation avec réferve de penfion.

Pardevant   fut préfent M. F
Prieur du Prieuré de   Diocefe de
demeurant   lequel a fait & conftitué fes Procureurs generaux fpeciaux   aufquels & à chacun
d'eux, ledit fieur conftituant a donné pouvoir de pour
lui & en fon nom réfigner entre les mains de notre
faint Pere le Pape, Monfeigneur fon Vice-chancelier,
ou autres ayant à ce pouvoir fondit Prieuré de
avec fes droits & appartenances quelconques, pour &
en faveur de G   & non d'autre, fous la réferve

que fait ledit fieur conftituant de   de penfion fa
vie durant fur tous les fruits & revenus dudit Prieuré.
Exempte & quitte de toutes décimes ordinaires & extraordinaires, don gratuit, frais d'affemblées & réparations, nonobftant toutes Lettres Patentes ou Déclarations de Sa Majefté, cas fortuits, & de toutes autres charges & impofitions quelconques faites ou à faire , ladite penfion payable audit fieur conftituant par
ledit fieur G   fçavoir, moitié au jour & Fête
de   & l'autre moitié au jour & Fête de
de chacune année : Confentir toutes expéditions néceffaires, jurer & affirmer qu'en ladite réfignation &
réferve de penfion, il n'eft intervenu & n'interviendra aucune fimonie ni autres pactions contraires aux
difpofitions Canoniques, & generalement, promettant,
obligeant. Fait & paffé, &c.

Réfignation en faveur d'un Réfignataire d'un droit à un Benefice.

PA rdevant les Confeillers du Roi, Notaires à Paris , fouffignez , fut préfent M. H   Chanoine
de l'Eglife de Saint   & y réfidant, pourvû de
la Prevôté de   dépendant de l'Abbaye de
Saint   Ordre de Saint   Diocefe de
étant de préfent à Paris logé rue   Paroiffe de
Saint   lequel a fait & conftitué fes Procureurs
generaux & fpeciaux   aufquels & à chacun
d'eux il a donné pouvoir de pour lui & en fon nom
réfigner entre les mains de nôtre faint Pere le Pape,
Monfeigneur fon Vice-chancelier, ou autres ayans à ce
pouvoir, tout & tel droit qu'il a & peut avoir & prétendre en ladite Prevôté de   fes droits &
appartenances quelconques en faveur de J
Clerc du Diocefe de   auffi pourvû d'icelle
Prevôté & non d'autre , fans préjudice du droit que
ledit J   a d'ailleurs en ladite Prevôté : Mais

accumulant droit fur droit, confentir à toutes expeditions néceffaires, jurer & affirmer en l'ame dudit fieur
conftituant, qu'en ladite réfignation ; il n'eft intervenu & n'interviendra aucune fimonie, ni autre paction contraire aux difpofitions Canoniques, & generalement, promettant, obligeant. Fait & paffé, &c.

Réfignation pour caufe d'union.

PArdevant les Confeillers du Roi, Notaires à Paris ; fouffignez, furent préfens   tous Religieux Capitulans, grand Prieur & Couvent de l'Abbaye de   lefquels capitulairement affemblez au
fon de la cloche en la maniere accoûtumée, pour dé-
liberer de leurs affaires, confiderant que la Menfe Abbatiale de leur Monaftere eft diftincte & féparée de la
Conventuelle ; & qu'il a plû au Roi par fes Lettres
Patentes de fondation de la Maifon & Communauté
de   deftiner les revenus de ladite Menfe Abbatiale à la plus ample dotation de ladite maifon & Communauté de   Ont fait & conftitué leurs Procureurs generaux & fpeciaux   aufquels & chacun
d'eux ils donnent pouvoir de comparoître en Cour de
Rome devant notre faint Pere le Pape, & y déclarer
qu'ils confentent à la fuppreffion perpetuelle du titre
d'Abbé, & à l'union des biens & revenus de ladite
Menfe Abbatiale, au profit de la Maifon & Communauté de   à la charge, fous le bon plaifir du
Roi, que conformément à fes Lettres Patentes de fondation de ladite Maifon & Communauté de
il fera fait mention dans la Bulle d'union qu'elle eft
accordée, fans préjudice de leur Menfe Conventuelle
& des autres revenus dont ils jouiffent préfentement,
fans que le nombre defdits Religieux ni le fervice divin
& les fonctions de leur Eglife, en puiffent être aucunement diminuez, requerir acte aux claufes & conditions ci-deffus de leur déclaration ; confentir à l'expe-

dition defdites Bulles, & generalement faire pour raifon de ce que deffus, tout ce qui fera néceffaire, promettans, obligeans. Fait & paffé, &c.

Procuration ou confentement à fin d'érection.

PArdevant   fut préfent M   Chanoine
Prébendé en l'Eglife Cathédrale de
lequel a fait & conftitué fes Procureurs generaux fpeciaux   aufquels & chacun d'eux il donne pouvoir
de pour lui, & en fon nom comparoître en Cour de
Rome devant notre faint Pere le Pape, & déclarer que
ledit fieur conftituant confent comme il a confenti par
ces préfentes que le Canonicat & Prébende qu'il poffede actuellement en ladite Eglife de   foient par
autorité Apoftolique érigez à perpetuité en titre de Pe-
nitencerie en la même Eglife, où elle eft exercée par
ledit fieur conftituant ; enforte que fes Succeffeurs Pe-
nitentiers de ladite Eglife puiffent obtenir & poffeder
pleinement & abfolument les Canonicat & Prébende
en vertu des Bulles de ladite érection, confentit icelles & generalement promettant, obligeant. Fait &
paffé, &c.

Procuration pour caufe de permutation.

PArdevant   fut préfent M. A   Curé de
l'Eglife Paroiffiale de   demeurant
lequel a fait & conftitué fes Procureurs generaux fpeciaux   aufquels & à chacun d'eux, il a donné
& donne pouvoir de pour lui & en fon nom réfigner
entre les mains de notre faint Pere le Pape, fa Cure
de l'Eglife Paroiffiale de   avec fes droits &
appartenances quelconques, pour & en faveur de D
Prêtre, Chapelain de la Chapelle ou Chapellenie de
Saint   fondée & deffervie en l'Eglife Collegiale

de · pour caufe néanmoins de permutation Canonique faite ou à faire avec ledit fieur D pour fadite Chapelle ou Chapellenie de avec fes droits & appartenances quelconques, fuivant le Concordat qui a été paffé entre lefdits fieurs A. D par lequel il a été ftipulé que ladite permutation Canonique fera faite de Benefice paifible à Benefice paifible, fans aucune charge fur iceux ; confentir toutes Lettres néceffaires, jurer & affirmer qu'en ladite permutation, il n'eft intervenu & n'interviendra aucune fimonie, ni autre paction contraire aux difpofitions Canoniques & generalement, promettant, obligeant. Fait & paffé, &c.

Autre Procuration paffée par les copermutans.

PArdevant furent préfens M pourvû en Commende du Prieuré fimple de Ordre de Saint Diocefe de demeurant rue Paroiffe de Saint d'une parr, & M Prieur Commendataire du Prieuré fimple de dudit Ordre de Diocefe de demeurant à Paris rue de Paroiffe de Saint d'autre part ; lefquels ont fait & conftitué leurs Procureurs generaux fpeciaux en Cour de Rome, M aufquels & à chacun d'eux ils ont donné pouvoir & puiffance de pour & en leurs noms réfigner & remettre refpectivement entre les mains de notre faint Pere le Pape, Monfeigneur fon Vice-chancelier, ou autres ayant à ce pouvoir : Sçavoir, ledit fieur fondit Prieuré de fruits, profits, revenus, émolumens en dépendans, duquel il eft paifible poffeffeur en faveur toutefois dudit fieur pour ladite caufe de permutation Canonique avec ledit Prieuré de & ledit fieur ledit Prieuré de & tout le droit qu'il prétend en icelui pour ladite caufe de permutation audit Prieuré de en faveur dudit fieur & non d'autre ; confentir à toutes expeditions néceſſaires, jurer en leurs ames, qu'en cette permutation il n'eſt intervenu & n'interviendra aucune ſimonie, ni autres paƈtions contraires aux diſpoſitions Canoniques, & generalement, promettans, obligeans. Fait & paſſé, &c.

Autre permutation entre les mains des Patrons & Collateurs.

PArdevant   furent préſens M   Prêtre du Dioceſe de   Prevôt de l'Egliſe Collegiale de   Dioceſe de   & Chapelain de la Chapelle ou Vicairie de Saint   fondée & deſſervie en l'E-gliſe auſſi Collégiale de   dudit Dioceſe de demeurant   & M   Prêtre du Dioceſe de Bachelier ès Droits, Vicaire Prébendé ſous le titre de Saint   de l'Egliſe Cathédrale de   Chapelain de la Chapelle de S. Nicolas, en l'Egliſe Collégiale de Saint   en ladite Ville de   étant de préſent   logé rue   Paroiſſe Saint   leſquels ſous le bon plaiſir du Roi ont fait & conſtitué leurs Procureurs   auſquels & à chacun d'eux ils ont donné pouvoir de pour eux, & en leurs noms réſigner & remettre leſdits Beneſices avec leurs droits, appartenances & dépendances : Sçavoir de la part dudit ſieur ladite Prevôté de   entre les mains de Sa Majeſté à cauſe de la Regale encore ouverte dans l'Evêché de   & ladite Chapelle de   du conſentement de Madame   Patrone Laïque d'icelle entre les mains de Meſſieurs les Doyen, Chanoines & Chapitre de   & de la part dudit ſieur   ladite Vicairie Prébendiere de Saint   entre les mains de Monſeigneur le Comte de   Grand Cuſtode de ladite Egliſe de   & ladite Chapelle de S. Nicolas en celles de Monſeigneur le Comte de   Prevôt de ladite Egliſe de   ou autres qu'il appartiendra pour en être leſdits conſtituans pourvûs

respectivement , ledit sieur de   par Sa Majesté
de ladite Prevôté de   & de ladite Chapelle
de   sur la présentation de ladite Dame de
par lesdits Sieurs du Chapitre de   & ledit sieur
par lesdits Seigneurs Comtes de   & desdits Vicairie, Prébendicre de   & Chapelle de Saint
pour cause toutefois de vraies Canoniques permutations entre eux , & de Benefices paisibles à Benefices
paisibles, ni chargez les uns & les autres d'aucune pension & non d'autres, à condition que si ladite permutation n'étoit agréée,& les Provisions accordées dans six
mois pour l'une & pour l'autre ; la présente Procuration & les actes faits en conséquence demeureront nuls,
& les parties au même état qu'elles étoient auparavant ;
consentir à l'expedition de toutes Lettres sur ce nécessaires ; même jurer qu'il n'est intervenu & n'interviendra aucune simonie, ni autres pactions contraires
aux dispositions Canoniques, & generalement promettans, obligeans. Fait & passé , &c.

Autre permutation avec reserve de pension.

PArdevant   fut présent M   demeurant
à Paris rue   Paroisse Saint   au nom &
comme Procureur de noble & venerable   Proto-
notaire du saint Siege , Licentié aux Droits & Prieur
du Prieuré de   Ordre de   Diocese de
de lui fondé de procuration passée pardevant
speciale pour l'effet des présentes, comme il est apparu aux Notaires soussignez par l'original en papier de
ladite procuration signée   qui demeurera
annexée à la présente minute, pour y avoir recours
quand besoin sera , & être ci-après transcrite après
qu'elle a été paraphée par ledit   & à sa requisition par les Notaires soussignez ; lequel audit nom a
fait & substitué pour les Procureurs generaux , speciaux dudit sieur   M   ausquels & à chacun

d'eux il a donné & donne pouvoir & puiſſance de pour
ledit ſieur   réſigner & ceder la Commende dudit
Prieuré   circonſtances & dépendances, fruits,
profits, revenus & émolumens, entre les mains de notre ſaint Pere le Pape, Monſeigneur ſon Vice-chancelier, ou autres ayans à ce pouvoir en faveur toutefois
de noble & vénérable perſonne   Prêtre du
Dioceſe de   Chanoine Prébendé en l'Egliſe
Cathédrale de   & non d'autre pour cauſe de Canonique permutation de ladite Chanoinie & Prébende
de l'Egliſe Cathédrale de   circonſtances & dépendances, fruits, profits & émolumens, comme de
Benefice paiſible à Benefice paiſible, non chargé d'aucune penſion, & à la réſerve que fait ledit ſieur
eſdits noms de   .   de penſion annuelle & perpetuelle, exempte de toutes charges, tant ordinaires
qu'extraordinaires impoſées & à impoſer de quelque
autorité que ce ſoit, payable audit ſieur   ſa vie
durant par ledit ſieur   ſes ſucceſſeurs pourvûs
dudit Prieuré par mort, réſignation ou autrement par
chacun an, en ſa demeure franchement & quittement
ou au porteur, en un ſeul terme qui ſera au   &
dont la premiere année de payement écherra & ſe
fera à pareil jour de l'année que l'on comptera
& continuer de là en avant par chacun an auſdits termes & lieu la vie durant dudit ſieur   conſentir à
toutes expéditions néceſſaires, jurer & affirmer ès ames
deſdits ſieurs   qu'en ladite permutation & reſerve de penſion, il n'eſt intervenu & n'interviendra
aucune ſimonie ni paction contraire aux diſpoſitions
Canoniques, & generalement, promettant, obligeant.
Fait & paſſé.

Procuration pour Coadjutorerie avec future
succession.

PArdevant   fut préfent M   Abbé de
l'Abbaye de   Ordre de   Diocefe de
demeurant rue   .   Paroiffe Saint   lequel a
fait & conftitué fes Procureurs generaux, fpeciaux M
Aufquels & à chacun d'eux ledit fieur conftituant
a donné pouvoir & puiffance de pour lui & en fon nom
comparoître en Cour de Rome devant notre faint Pere
le Pape, fous le bon plaifir du Roi, & de fon confentement fur la nomination qu'il auroit plû à Sa Majefté
de faire de la perfonne de Meffire N   pour Coadju-
teur audit fieur conftituant, avec future fucceffion en
fadite Abbaye de   fupplier Sa Sainteté d'en
donner & accorder fes Bulles & Lettres néceffaires de
Coadjutorerie & future fucceffion audit fieur de N
jurer & affirmer en l'ame dudit fieur conftituant, qu'il
n'eft intervenu ni interviendra aucun dol, fimonie, ni
autres pactions contraires aux difpofitions Canoniques,
& generalement, promettant, obligeant. Fait & paffé.

Procuration pour retroceder un Benefice.

FUt préfent Meffire A   lequel a fait & conftitué
fon Procureur general, fpecial   lui donnant
pouvoir de pour lui & en fon nom comparoître, en
Cour de Rome devant notre faint Pere le Pape, & là
dire & déclarer pour ledit fieur conftituant, qu'il confent pour & en faveur de M. B   la retroceffion pure & fimple du Canonicat & Prébende qu'icelui fieur B   poffede en l'Eglife de S
dont il auroit fait la réfignation en faveur dudit fieur
conftituant fous la referve de   de penfion annuelle, de la nature & payable fuivant & aux termes

de l'acte de ladite résignation passé devant   Notaire le   laquelle résignation a été admise en Cour
de Rome, & acceptée par ledit sieur constituant, pour
par ledit sieur B   nonobstant ladite résignation,
continuer de jouir dudit Canonicat & Prébende avec
tous ses droits & appartenances quelconques, en vertu
des Lettres à ce nécessaires qui lui en seront expédiées
à la charge que ledit sieur constituant sera & demeurera à toujours déchargé du cours & continuation de
ladite pension jurer & affirmer, &c.

Procuration pour résigner avec réserve de pension acceptée par le resignataire.

PAr devant   furent présens Me C.   Prêtre,
Prieur Commendataire du Prieuré de   Ordre
de   Diocese de   demeurant à Paris rue
Paroisse S   d'une part, & Me   Clerc du
Diocese de   demeurant rue   Paroisse S
d'autre part ; lesquels ont respectivement fait & constitué leurs Procureurs generaux, speciaux Me
ausquels & à chacun d'eux ils ont donné & donnent
pouvoir & puissance, sçavoir ledit sieur C   de
pour lui en son nom résigner & remettre la Commende dudit Prieuré de   appartenances & dépendances, fruits, profits, revenus & émolumens entre
les mains de notre saint Pere le Pape, Monseigneur son
Vice-chanceller & autres ayans à ce pouvoir, en faveur
dudit sieur D   & non d'autre, à la réserve toutefois de   pension annuelle & perpetuelle exempte
de toutes charges tant ordinaires qu'extraordinaires,
imposées & à imposer, de quelque autorité que ce
soit, payable audit C   sa vie durant par ledit
sieur D   & ses successeurs pourvûs dudit Prieuré
par mort, résignation, ou autrement par chacun an en
cette Ville de Paris franchement & quittement, à deux
termes & payemens égaux qui seront ès jours & Fêtes

de   dont le premier terme de payement écherra &
se fera en l'une ou l'autre de ces Fêtes, immédiatement
après la paisible possession dudit sieur D   audit
Prieuré, ou qu'il jouira des fruits d'icelui, & continuer
de là en avant esdits termes & lieu la vie durant dudit
sieur C   & ledit sieur D   de pour lui & en son
nom, consentir en ladite Cour de Rome à la création
de ladite pension de   par chacun an, esdits termes & lieu la vie durant dudit sieur C   ainsi que
dit est, consentir à toutes expéditions nécessaires, jurer
& affirmer ès ames desdits sieurs constituans, qu'en ce
que dessus il n'est intervenu & n'interviendra aucune
simonie ni autre paction contraire aux dispositions Canoniques & generalement, promettans, obligeans chacun en droit soi, renonçans, &c. Fait & passé.

Autre Procuration séparée pour consentir création de pension.

Pardevant   fut présent Me A   Prêtre
pourvû du Prieuré de   Diocese de   sur
la résignation de Me B   dernier possesseur d'icelui, lequel a fait & constitué ses Procureurs generaux,
speciaux M   ausquels ou à l'un d'eux il a
donné & donne pouvoir de pour lui & en son nom,
comparoître en Cour de Rome devant notre saint Pere
le Pape, & consentir la création d'une pension de
par chacun an payable au jour de   sur les fruits
& revenus dudit Prieuré, à compter du jour que ledit sieur constituant sera en paisible possession d'icelui,
exempte & quitte de toutes décimes ordinaires & extraordinaires, dons de Roi, & autres charges imposées
& à imposer en faveur dudit sieur B   pendant sa
vie, & que toutes Lettres nécessaires lui en soient expediées & délivrées, jurer & affirmer, &c.

Procuration par le créancier d'une pension pour en consentir l'extinction.

PARdevant   fut présent Me E   ci-devant Prieur du Prieuré de   & à présent Chanoine de   lequel pour la bonne amitié qu'il porte à M. F   à présent pourvû dudit Prieuré de   sur la résignation qui en a été faite en sa faveur par ledit sieur E   a consenti & consent par ces présentes que la pension viagere de   qu'il s'est réservée sur les fruits & revenus dudit Prieuré de   par ladite résignation, & qui a été créée à son profit en Cour de Rome, soit & demeure éteinte & amortie sans qu'à l'avenir il lui en puisse faire aucune demande pour quelques causes & sous quelques prétextes que ce puisse être, & quant aux arrerages de ladite pension échûs depuis la création d'icelle jusqu'à cedit jour ledit sieur E   déclare qu'il n'a pas droit de les prétendre, & en tant que besoin est, il les a volontairement remis & acquittez audit sieur F   attendu que ledit sieur F   n'a point joui des fruits & revenus dudit Benefice; & pour consentir l'extinction de ladite pension en ladite Cour de Rome & par tout ailleurs qu'il appartiendra; ledit sieur E   a constitué ses Procureurs generaux & speciaux Me auxquels & à chacun d'eux il en a donné & donne tout pouvoir, & de consentir toutes expeditions necessaires, jurer & affirmer qu'en ces présentes il n'est intervenu & n'interviendra aucune simonie ni autres pactions contraires aux dispositions Canoniques; & generalement, promettant, obligeant. Fait & passé

Rachat

Rachat de penfion.

PArdevant les Confeillers du Roi, Notaires à Paris, fouffignez, fut préfent Me G   Penfionnaire de   de penfion créée à fon profit en Cour de Rome, & qu'il s'eft réfervée fur les fruits & revenus de l'Abbaye de Notre-Dame de   Ordre de   Diocefe de   par la réfignation qu'il en a ci-devant faite en faveur de Me H qui depuis feroit décédé, par la mort duquel Me I fe feroit fait pourvoir dudit Prieuré, lequel fieur G a reconnu avoir reçu dudit fieur Abbé I   à ce préfent, la fomme de   moyennant laquelle ledit fieur G   a confenti l'extinction & amortiffement defdits   de penfion, & que les fruits & revenus de ladite Abbaye en foient & demeurent à l'avenir quittes & déchargez, comme auffi quitte & décharge ledit fieur Abbé de tous les arrerages de ladite penfion jufqu'à hui, au moyen du payement qu'il lui en a ci-devant fait, dont du tout il eft content ; & pour confentir en Cour de Rome ladite extinction de penfion, ledit fieur G   a préfentement paffé une procuration devant les Notaires fouffignez, dont a été gardé minute, promettant, obligeant. Fait & paffé.

Procuration pour confentir en Cour de Rome l'extinction d'une penfion en confequence de rachat.

FUt préfent Me G   Penfionnaire de   de penfion créée à fon profit en Cour de Rome, & qu'il s'eft réfervée fur les fruits & revenus de l'Abbaye de   Ordre de   par la refignation qu'il

en a ci-devant faite en faveur de H à préfent défunt,
par la mort duquel Me I en a été pourvû & dont
il eſt à préfent Titulaire & poſſeſſeur, lequel a fait &
conſtitué ſes Procureurs generaux & ſpeciaux Mes
auſquels & à chacun d'eux, il a donné & donne
pouvoir & puiſſance de pour lui & en ſon nom, au
moyen du payement & avance qui lui a été fait par
ledit ſieur I de quelques années de ladite
penſion, conſentir en ladite Cour de Rome, à la ceſſa-
tion, extinction, & amortiſſement de ladite penſion
de ci-devant déclarée; ce faiſant, que ladite
Abbaye, ledit ſieur Abbé & ſes ſucceſſeurs en icelle,
à l'avenir & à toûjours en ſoient & demeurent déchargez, conſentir à toutes expéditions néceſſaires,
jurer & affirmer en l'ame dudit ſieur conſtituant
qu'en ladite extinction de penſion n'eſt intervenu &
n'interviendra aucune ſimonie, ni autre paction contraire aux diſpoſitions Canoniques, & generalement,
promettant, obligeant. Fait & paſſé.

Revocation de procuration.

Ujourd'hui eſt comparu pardevant Me L
Prieur du Prieuré de lequel a dit &
déclaré qu'il a revoqué & revoque par ces préſentes la
procuration par lui paſſée devant le pour
réſigner entre les mains de notre ſaint Pere le Pape,
ou autres ayans à ce pouvoir, ſondit Prieuré de
en faveur de Me M voulant que ladite procuration ſoit & demeure nulle, n'entendant point que
ledit M puiſſe faire aucunes diligences ſur
icelle, & pour faire inſinuer la préſente révocation où
il appartiendra, même notifier icelle audit M
& à tous autres, ledit ſieur comparant a fait & conſtitué ſon Procureur le porteur auquel il en donne pouvoir. Ce fut fait & paſſé.

Retractation de revocation.

AUjourd'hui eſt comparu pardevant   Me L
lequel a retracté par ces préſentes l'acte de révocation qu'il a paſſé devant   Notaire le
& la ſignification qui en a été faite à ſa requête, de
la procuration *ad reſignandum*, qu'il avoit paſſée le
de ſon Prieuré de   en faveur de Me M
ſur laquelle ledit ſieur comparant conſent en tant que
beſoin eſt, que nonobſtant ladite revocation qu'il a
caſſée & annullée, ledit ſieur M   pourſuive
en Cour de Rome l'admiſſion de ladite réſignation, &
l'expedition des proviſions néceſſaires dudit Prieuré,
& pour faire inſinuer la préſente retractation où il appartiendra, même notifier icelle audit ſieur M
& à tous autres, ledit ſieur comparant a fait & conſtitué ſon Procureur le porteur auquel il en a donné
pouvoir. Fait & paſſé

Priſe de poſſeſſion.

L'An   le   jour de
L a   midi, en vertu tant de la ſignature Apoſtolique de proviſion de la Cure de   Dioceſe de
accordée par notre ſaint Pere le Pape à Me R
Prêtre du Dioceſe de   ſur la réſignation de Me
S   dernier poſſeſſeur d'icelle, dûement ſignées
& vérifiées, que de Lettres de *viſa* délivrées ſur icelle
ſignature par Monſeigneur l'Archevêque de
contenues en celles d'intronifation de Monſieur le
grand Archidiacre de l'Egliſe de   en date
du

Je N   Conſeiller du Roi, Notaire à Paris,
ſouſſigné, & en la préſence des témoins ci-après nommez, de préſent audit lieu de   où je me ſuis exprès

transporté ; ai mis ledit fieur R   ainfi pourvû, &
ce requerant, en poffeffion réelle, actuelle & corporelle de ladite Cure ou Eglife Paroiffiale de   par
la libre entrée en ladite Eglife Paroiffiale, prife d'eau
benîte, prieres à Dieu devant le grand Autel, touché
du pupitre, féance en la place Rectorale, vifitation
des Fonts Baptifmaux, fon des Cloches, exhibition
defdites fignatures ; *vifa* & intronifation, & par les
autres cérémonies en tel cas requifes & accoûtumées ;
à laquelle prife de poffeffion, lûe & publiée à haute
& intelligible voix par moi Notaire fufdit, perfonne
ne s'eft oppofé, dont & de ce que deffus ledit fieur R
a requis & demandé acte à lui octroyé pour lui fervir
& valoir en tems & lieu ce que de raifon. Fait & paffé
audit   les an, jour & lieu, & ainfi que deffus,
ès préfence de   témoins à ce requis & appellez,
& de plufieurs autres perfonnes qui fe font trouvées
en ladite Eglife, & ont figné.

Préfentation de Patron Eccléfiaftique.

A Monfeigneur l'Illuftriffime & Reverendiffime
Evêque de   La Cure ou Vicariat perpetuel de   en votre Diocefe, étant préfentement
vacante par la mort de Me   dernier Titulaire &
paifible poffeffeur d'icelle, dont (vacation arrivant)
la nomination & préfentation, nous appartient à caufe
de notre Prieuré Conventuel de S   de Crefpy
en Valois de l'Ordre de Saint   en votre Diocefe ;
& à vous, Monfeigneur, la provifion, l'inftitution,
& toute autre difpofition à caufe de votre Dignité Epifcopale : Nous fouffigné   Prieur Commendataire
dudit Prieuré de S   de Crefpy en Valois, vous
avons nommé & préfenté Me S   gradué, nommé,
dûement qualifié & infinué fur ledit Prieuré de S
de bonne vie & mœurs, capable de bien & dûement
deffervir ladite Cure ou Vicariat perpetuel pour être

pourvû d'icelle, vous suppliant & requerant à cet effet de lui en accorder toutes les provisions requises & nécessaires à l'effet qu'il en puisse prendre possession, en gardant les formalitez ordinaires, sans préjudice de notre droit & celui d'autrui. Fait & passé à Paris en présence & pardevant les Conseillers du Roi Notaires à Paris, soussignez, au Seminaire des établi à Paris en l'appartement qu'occupe ledit Seigneur Prieur, l'an, &c.

Présentation en Patronage Laic.

FUt présente Dame T   Patronne de la Chapelle ou Vicairie de S. Paul, fondée & desservie en l'Eglise Collégiale de S. Nicaise, Diocese de demeurante   laquelle ayant eu communication de l'acte passé ce jourd'hui pardevant les Notaires soussignez, entre Me A   Chapelain de ladite Chapelle ou Vicairie Prébendiere de ladite Eglise Collégiale de   d'une part ; & Me B   Chapelain de la Chapelle de S. André, fondée & desservie en l'Eglise Paroissiale de S   Diocese de   d'autre ; pour permuter entre eux lesdits Benefices, & à elle appartenante, le droit de nommer & présenter à ladite Chapelle ou Vicairie de S. Paul : A dit & déclaré qu'étant bien & dûement informée des bonne vie & mœurs & capacité dudit sieur B elle a & icelui nommé & présenté à Messieurs les venerables Doyen, Chanoines & Chapitre de ladite Eglise Collegiale de S. Nicaise   Collateurs ordinaires d'icelle Chapelle ou Vicairie, les priant à cet effet de pourvoir & instituer en icelle ledit présenté, & de lui accorder toutes Lettres de provisions sur ce nécessaires, les formalitez ordinaires sur ce gardées, dont elle a requis acte. Fait & passé, &c.

Significations de Lettres d'Indult.

L'An &c. les Lettres d'Indult accordées par le Roi à Messire Prêtre du Diocese de Paris le des présens mois & an, sur la nomination faite de sa personne par signées par le Roi en son Conseil & scellées du grand sceau de cire jaune, adressantes à Messieurs les Prevôt, Chanoines & Chapitres de Lille en Flandres, tant conjointement que divisement ; ont été par nous Conseillers du Roi, Notaires à Paris, soussignez, ce requerant ledit sieur demeurant où il a élu son domicile, montrées & notifiées, & dûement fait apparoir à Messire Bochard de Champigny Prevôt de ladite Eglise Collegiale de Lisle, & ausdits sieurs du Chapitre parlant pour eux tous à la personne dudit sieur Prevôt de Lisle, trouvé en son Hôtel sis cloître Notre-Dame, à ce qu'ils n'en prétendent cause d'ignorance, & ayent à satisfaire ausdites Lettres d'indult ; desquelles Lettres, ensemble de l'acte de don d'Indult attachées sous le contrescel desdites Lettres, & du présent acte de notification leur a été par lesdits Notaires soussignez, baillé & laissé copie les jour & an, lieu, & parlant que dessus, & a signé.

Notification des degrez, attestation de tems d'étude & de nomination des Graduez.

EN la présence des Conseillers du Roi, Notaires à Paris soussignez, Me Prêtre du Diocese de Maître ès Arts en l'Université de Prieur de Nôtre-Dame de au Diocese de Gradué nommé sur l'Abbaye de saint Diocese de demeurant rue a montré, notifié & signifié ses Lettres de Tonsure en date du de

Maître ès Arts du   d'attestation de tems d'étude
pendant cinq ans, & de nomination sur l'Abbaye
de   à lui accordée par l'Université de Paris,
dûement signées & scellées, ensemble ses noms, surnoms, & qualitez à Messire   Abbé Commendataire de ladite Abbaye de saint   en parlant
à   & desdites Lettres de Tonsure, Maître ès
Arts, & tems d'étude de cinq ans, de nomination &
du présent acte de signification lui a été baillé & laissé
copie par les Notaires soussignez, à ce qu'il n'en pré-
tende cause d'ignorance, dont il a requis acte. Fait &
passé à Paris au lieu & parlant que dessus, l'an

Acte pour notifier les noms, surnoms des Graduez en tems de Carême, ou réiteration des Grades.

EN la présence des Conseillers du Roi, Notaires
à Paris soussignez, Messire M. N. Prêtre, Docteur en Théologie de la Faculté de Paris, Gradué
nommé & dûement qualifié & insinué sur le Prieuré
de saint   & sur le Chapitre de l'Eglise Collégiale de saint   demeurant rue   en continuant les précédentes significations, insinuations &
notifications, a réiteré, insinué, notifié en ce présent
tems de Carême, ses nom, surnom, degrez & qualitez à Messire   Prieur Commendataire du Prieuré
de saint   en parlant au sieur   son Valet
de Chambre, trouvé en la chambre dudit sieur
& à Messieurs les vénérables Doyen, Chanoines & Chapitre de ladite Eglise Collégiale de saint   con-
voquez & assemblez en leur Chapitre, tant conjointement que divisément en parlant pour eux tous à M
Greffier dudit Chapitre trouvé à la porte d'icelui,
dont & de ce que dessus ledit sieur M. N.   a requis
le présent acte de réiteration, duquel a été laissé co-

N n iiij

pie par lefdits Notaires , au lieu & parlant que deffus,
l'an   -   &c.

Requifition ou procuration pour requerir Benefices.

EN la préfence & compagnie des Confeillers du Roi
Notaires à Paris , R. P. M. N. Prêtre, Chanoine Regulier de l'Ordre de Prémontré, Maître ès Arts
& Bachelier en Théologie de la Faculté de Paris, Gradué nommé & dûement qualifié & infinué fur l'Abbaye
de demeurant s'eft avec eux retiré pardevers M Abbé Commendataire de ladite Abbaye de en fon Hôtel rue où étant,
parlant à ledit Reverend Pere en ladite qualité
de Gradué, a très-humblement requis & fupplié ledit
fieur Abbé , de le nommer & préfenter au Prieuré
de Diocefe de dudit Ordre de faint
Auguftin , comme ayant vaqué en ce préfent mois
d'Avril affeété aux Graduez fimples par le décès du
R. P. A. B dernier poffeffeur d'icelui, & lui
en faire expédier Lettres de nomination & de préfentation à ce néceffaires, pour s'en faire pourvoir; lequel
fieur parlant que deffus a fait réponfe que ledit
fieur Abbé de n'y eft pas de préfent , & qu'il
lui donnera avis de la préfente requifition , même lui
remettra copie des préfentes qui lui a été délaiffée ,
dont & dequoi ledit R. P. M. N. a requis le préfent
aéte , & perfifté en fadite requifition, & à lui oétroyé
le préfent par lefdits Notaires, pour lui fervir & valoir ce que de raifon. Fait & paffé à Paris en la demeure dudit fieur Abbé fus-déclarée l'an
fur le midi, & ont lefdits fieurs figné ces préfentes & copie d'icelles laiffée audit fieur

Concordat contenant permutation de droit sur Benefice contentieux à des Benefices simples à résigner & de création de pension, en attendant la fourniture d'iceux.

FUrent présens Me J. L. Clerc du Diocese de pourvû du Prieuré Commendataire de S. François Ordre de saint Benoît, Diocese de demeurant à Paris rue Paroisse saint d'une part ; & Me M. N. Prêtre du Diocese de aussi pourvû dudit Prieuré de saint François, demeurant à d'autre part : Lesquels pour terminer à leur égard le procès pendant au Grand Conseil, pour raison du possessoire dudit Prieuré de saint François ; ont fait & passé ensemble de bonne foi le Concordat qui ensuit, sous le bon plaisir toutefois de notre saint Pere le Pape, c'est à sçavoir que ledit sieur J. L. a promis de passer ce jourd'hui une bonne, valable & irrévocable procuration pour ceder la Commende dudit Prieuré de S. François, & tout le droit qu'il y a & peut avoir & prétendre, circonstances & dépendances, fruits, profits, revenus & émolumens, entre les mains de notre saint Pere le Pape, Monseigneur son Vice chancelier, & autres ayans à ce pouvoir, en faveur dudit sieur M. N. & non d'autre, sans préjudice du droit qu'il a d'ailleurs, ains accumulant droit sur droit par forme de permutation Canonique contre un ou plusieurs Benefices simples, soit Prieurez, Chapelles, ou autres, non réquerant résidence, ni en Patronage laïc & de valeur de de revenu annuel, toutes charges faites, lesdits Benefices paisibles & non chargez de pension ; lesquels Benefices ledit sieur M. N. sera tenu de résigner ou faire résigner audit sieur J. L. dans deux ans prochains pour tout délai, à compter du jour que ledit sieur M. N. sera paisible dudit

Prieuré de faint François, &c. foit par Arrêts, accords ou autrement, & en attendant la fourniture defdits Benefices, à la réserve que fait icelui fieur J. L. de penfion annuelle & perpetuelle, exemte de toutes charges, tant ordinaires qu'extraordinaires, impofées & à impofer, de quelque autorité que ce foit, payable audit fieur J. L. fa vie durant par ledit fieur M. N. & fes fucceffeurs pourvûs dudit Prieuré de faint François, &c. par mort, refignation ou autrement, en cette ville de Paris, franchement & quittement ou au porteur, &c. par chacun an à deux termes & payemens égaux qui feront ès jours & Fêtes de   premier terme de payement échéant à l'une ou l'autre defdites Fêtes immédiatement après la paifible poffeffion ou jouiffance dudit fieur M. N. dudit Prieuré de faint François, & ainfi de-là en avant continuer la vie durant dudit fieur J. L. Et fi par le jugement difinitif dudit procès ledit fieur M. N. étoit condamné à reftituer les fruits qu'il auroit perçûs ; en ce cas ledit fieur J. L. fera tenu de rendre audit fieur M. N. les arrerages qui lui auroient été payez de ladite penfion avant ledit jugement difinitif, & ledit fieur M. N. en acceptant ladite refignation, a auffi promis de paffer ce jourd'hui une bonne, valable & irrévocable procuration pour confentir en ladite Cour de Rome à la création de ladite penfion de   payable par ledit fieur M. N. audit fieur J. L. par chacun an èfdits termes & lieu fa vie durant, de laquelle penfion icelui fieur M. N. fera & demeurera déchargé pour toujours après la fourniture defdits Benefices ; & d'autant que pour le poffeffoire dudit Prieuré de faint François, il y a procès pendant & indécis au Grand-Confeil du Roi entre lefdites parties, & Me A. B. auffi prétendant droit audit Prieuré, ledit fieur M. N. fera tenu d'en continuer la pourfuite à fes frais & dépens inceffamment & jufques à Arrêt difinitif, & d'acquitter ledit fieur J. L. de toute prétention, frais, dépens, dommages & interêts, fi ledit fieur J. L. y étoit condamné, & auffi

les dépens, dommages & interêts, & restitution de
fruits qui pourroient être adjugez audit J. L. appartiendront audit sieur M. N. & pour, si besoin est, faire
homologuer le présent Concordat en ladite Cour de
Rome, & par tout ailleurs qu'il appartiendra, lesdites parties ont respectivement fait & constitué leurs
Procureurs generaux, speciaux & irrévocables Maîtres auxquels & à chacun d'eux seuls ils en
ont donné tout pouvoir, jurer & affirmer en leurs ames
& consciences, qu'au présent Concordat il n'est intervenu & n'interviendra aucun dol, fraude, simonie,
ni paction vitieuse & illicites, consentir à toutes expéditions nécessaires ; & pour l'execution des présentes & dépendances, lesdites parties ont élû leurs domiciles irrévocables, sçavoir car ainsi a été
accordé entre les parties, promettant, &c. obligeant,
&c. Fait & passé.

Titre Clerical ou Sacerdotal.

PArdevant, &c. fut présent Me A. B. Bourgeois
de Paris, y demeurant, &c. Lequel pour donner
des marques de la singuliere consideration qu'il a pour
Me C. D. Clerc Tonsuré du Diocese de Paris, & lui
faciliter l'execution du saint desir qu'il a de se faire
promouvoir aux Ordres sacrez, a volontairement donné, créé & constitué par ces présentes irrevocablement
& promis garantir de tous empêchemens audit C. D.
à ce présent & acceptant cent cinquante livres de pension viagere, pour lui servir de Titre Sacerdotal, que
ledit sieur A. B. a promis & s'est obligé de lui bailler
& payer par chacun an en deux termes & payemens
égaux de six mois en six mois en cette Ville de Paris,
ou au porteur, &c. dont les premiers six mois de payement commenceront d'avoir cours du jour qu'il aura
pris l'Ordre de Soûdiaconat en avant, & ensuite continuer de six en six mois, jusques à ce que ledit sieur

C. D. ait été pourvû & jouïſſe paiſiblement d'un Benefice ſuffiſant pour remplir ſondit titre, & non plus
avant ; & juſques à ce , ledit ſieur A. B. a obligé , affecté & hypothequé ſpecialement une maiſon ſiſe à
Paris rue., &c. produiſant annuellement 500 livres de
loyer ; pour deſdites 150 livres de penſion en faire &
diſpoſer par ledit ſieur C. D. à ſa volonté ; cette donation ainſi faite pour les cauſes ſuſdites, & à la charge que dès auſſitôt que ledit ſieur C. D. aura été pourvû , & ſera paiſible poſſeſſeur d'un Benefice ſuffiſant ,
pour ſur icelui aſſigner ſondit titre , ledit ſieur A. B.
ſera & demeurera bien & valablement quitte & déchargé deſdites 150 liv. de penſion viagere, & des arrerages qui lors s'en trouveront dûs & échûs, ſans qu'à
l'avenir il en puiſſe être inquieté ni recherché ; à ce
faire ſont intervenus & furent preſens Maîtres
demeurans à Paris , &c. Leſquels ont volontairement
certifié que la maiſon ci-deſſus obligée appartient bien
& légitimement audit ſieur A. B. qu'elle eſt franche
& quitte de toutes dettes & hypotheques, & qu'elle
eſt plus que ſuffiſante pour payer & acquitter annuellement leſdites cent cinquante livres de penſion, dont
acte. Et pour faire inſinuer ces préſentes par tout où
beſoin ſera, les parties ont conſtitué leur Procureur le
porteur , &c. & ont élû domicile à Paris en leurs demeures , auſquels lieux, &c. nonobſtant, &c. promettant , &c. obligeant , &c.

Formulaire & stile pour dresser les preuves
de Noblesse & légitimation des Aspirans
à l'Ordre des Chevaliers de Saint - Jean
de Jerusalem.

*Nota, Pour parvenir ausdites preuves, l'Aspirant
se doit présenter au Chapitre Provincial dudit Ordre,
au lieu où il est assemblé, & y porter le Mémorial des
titres & piéces dont il entend se servir pour faire les
preuves litterales de sa noblesse & légitimation; & à ce
sujet obtenir commission de Monsieur le grand Prieur, &
de Messieurs les autres Chevaliers dudit Ordre, dans le
tems de la tenue dudit Chapitre, lequel Mémorial se fait
en la forme suivante.*

MEmorial des titres & papiers dont entend se
servir noble Pierre, &c. Ecuyer, présenté au
Chapitre tenu à la Saint-Martin, ou à la Saint-Barnabé en l'Hôtel Prieural de, &c. pour faire les preuves litterales de sa noblesse & legitimation, afin d'être
reçu en rang de Frere Chevalier de l'Ordre de Saint-
Jean de Jerusalem.

Premierement son Batistere signé du Curé de, &c.
portant qu'il est né *le tel jour*, & a été batisé *le tel
jour*, qu'il est fils de Messire Jean, &c. de Dame
Louise, &c. sa femme, ledit batistere bien & dûement légalisé.

Item, l'arbre de la genéalogie du présenté de seize
quartiers, où sont peintes les armes en vèlin de lui
& de ses ancêtres.

Côté paternel.

Le contrat de mariage des pere & mere du présenté (*il faut mettre leurs noms & qualitez, & de leurs
peres & meres, qui sont les ayeux & ayeules.*)

Plus, on rapporte en ce memorial les anciens titres de la famille, comme sont les aveus, dénombremens, foy & hommages des Terres, les Lettres de provisions des Offices, Brevets des dignitez qu'ils ont possedées dans le Royaume & dehors, le tout piece à piece, separement & par articles.

Au bas duquel memorial ledit Chapitre met son decret, portant que Messieurs les Chevaliers Commandeurs *tel & tel*, ont été nommez Commissaires pour voir ledit memorial & titres, & les ayant trouvez bons, Messieurs dudit Chapitre adherans à l'opinion desdits sieurs Commissaires, ordonnent ensuite que commission sera délivrée pour vaquer à la confection des preuves du présent.

En vertu de laquelle commission Messieurs les Commissaires à ce députez par ledit sieur grand Prieur & Chapitre dudit Ordre, procedent à la confection desdites preuves, ainsi qu'il suit.

Formulaire desdites preuves.

AUjourd'hui tel jour de tel mois de l'année Nous Frere *tel*, Chevalier de l'Ordre de Saint-Jean de Jerusalem, Commandeur de, &c. & Frere *tel*, aussi Chevalier dudit Ordre, étant de présent *en tel lieu* où l'ancien de nous est logé; avons été priez par Messire Jean Conseiller du Roi en ses Conseils, &c. pour & au nom de Pierre, &c. son fils, & de défunte Dame Louise, &c. son épouse, présenté au Chapitre Provincial de notre Ordre à la Saint-Barnabé derniere, pour être reçu en rang de Frere Chevalier dudit Ordre, de prendre une commission qu'il nous a présentée, décernée de Monsieur le grand Prieur *de tel lieu*, & de Messieurs les Commandeurs & Chevaliers dudit Ordre tenant ledit Chapitre Provincial, datée de tel jour, signée Frere & Chancelier du grand Prieur de, &c. & scellée en cire verte du scel à l'Aigle, à nous adressante, par laquelle nous est mandé d'informer de la noblesse & legitimation du présenté, de laquelle commission la teneur ensuit (*il faut transcrire en cet endroit ladite commission tout au long*) laquelle commission nous avons reçue avec honneur & reverence, nous requerant ledit sieur, &c. vouloir proceder à l'execution d'icelle. A quoi inclinant, ledit sieur Jean, &c. s'étant retiré, nous Commissaires susdits auparavant que de rien commencer, avons pris le serment l'un de l'autre sur l'habit de notre Ordre, faute d'un tiers, de bien & fidellement executer notredite commission, & proceder selon nos Statuts, Us, Coûtumes & dernier reglement de notre Langue, aux preuves des vie, mœurs, noblesse & legitimation, tant vocales, litterales que secretes, des côtez paternels & maternels dudit noble Pierre, &c. Ecuyer, presenté : Et pour rédiger par écrit lesdites preuves vocales & litterales, avons appellé avec nous Maitres *tel & tel* Notaires, &c. desquels nous avons pris & reçu le serment sur les saints Evangiles, de n'écrire autre chose que ce qui leur sera par nous dicté, ce qu'ils ont promis faire.

Et le dix-huitiéme jour desdits mois & an, &c. Nous Commissaires susdits suivant notredite commission, & ledit dernier Reglement, pour faire les preuves vocales, sommes transportez en la maison de haut & puissant Seigneur Messire Gregoire, &c. Chevalier Marquis de, &c. à nous bien connu pour Gentilhomme de nom & d'armes, de la personne duquel nous avons fait choix & l'avons requis de vouloir servir pour premier temoin des côtez paternel & maternel de la noblesse & légitimation, & des vie & mœurs de noble Pierre, &c. Ecuyer présenté, & nous l'ayant accordé & dit avoir l'âge de quarante-cinq ans, avons de lui pris & reçu le serment sur les saints Evangiles, de nous dire & répondre verité sur ce qu'il sera par nous enquis.

L'avons enquis sur les articles suivans.

PREMIEREMENT.

S'il est parent ou allié dudit noble Pierre, &c. Ecuyer
présenté pour être reçu en rang de Frere Chevalier
de notre Ordre.

A dit que non.

S'il le connoît, sçait où il est né, & si c'est dans les
limites du grand Prieuré de, &c.

A dit, &c.

S'il sçait quel âge il a, & s'il est né en légitime mariage.

A dit, &c.

S'il est Gentilhomme de nom & d'armes, tant du côté paternel que maternel.

A dit, &c.

S'il est de la Religion Catholique, Apostolique &
Romaine, & s'il a été toûjours instruit & nourri
en icelle.

A dit qu'oui.

S'il n'a point fait promesse de mariage, & icelui consommé.

A dit, &c.

S'il n'a point fait vœu en autre Religion.

A dit, &c.

S'il est débiteur de sommes notables & insupporta-
bles.

A dit, &c.

S'il n'a point été repris de Justice, commis homicide
ou assassinat, ou autre acte qui mérite repréhen-
sion.

A dit, &c.

S'il connoît le pere du présenté & ses armes.

A dit, &c.

S'il a connu l'ayeul paternel du présenté & ses armes.

A dit, &c.

S'il a connu l'ayeule paternelle du présenté & ses armes.

A dit, &c.   S'il

S'il a connu le premier bifayeul paternel du préfenté & fes armes.

A dit, &c.

S'il a connu la premiere bifayeule paternelle du préfenté & fes armes.

A dit, &c.

S'il a connu le fecond bifayeul paternel du préfenté & fes armes.

A dit, &c.

S'il a connu la feconde bifayeule paternelle du préfenté & fes armes.

A dit, &c.

Côté maternel.

S'il a connu la mere du préfenté & fes armes.

A dit, &c.

S'il connoît l'ayeul maternel du préfenté & fes armes.

A dit, &c.

S'il a connu l'ayeule maternelle du préfenté & fes armes.

A dit, &c.

S'il a connu le premier bifayeul maternel du préfenté & fes armes.

A dit, &c.

S'il a connu la premiere bifayeule maternelle du préfenté & fes armes.

A dit, &c.

S'il a connu le fecond bifayeul maternel du préfenté & fes armes.

A dit, &c.

S'il a connu la feconde bifayeule maternelle du préfenté & fes armes.

A dit, &c.

Si le préfenté, fes pere & mere, ayeux & bifayeux paternels & maternels ont fait acte dérogeant à nobleffe & vertu, comme négociation, trafic de marchandiſes, ou tenu banque, & s'ils étoient de la Religion Catholique, Apoſtolique & Romaine.

A dit, &c.

Si le préſenté ou ſes parens n'ont point eu & n'ont dedans les villes aucune communauté & aſſociation, & s'ils n'ont point été & ne ſont ſujets aux ſubſides, emprunts & nouveaux impôts des Rois & des Princes.

A dit, &c.

Si par le contrat de mariage, de partage, autres enſeignemens, les peres, ayeux & biſayeux, tant paternels que maternels du préſenté, ont porté & portent titres d'Ecuyer, de Chevalier, ou d'autre plus grande qualité.

A dit, &c.

Si dans les aveus & dénombremens rendus au Roi ou aux Seigneurs dominans, ils ont été poſſeſſeurs de pere en fils des Terres & Maiſons Seigneuriales, deſquelles ils s'attribuent les noms & qualitez; & s'ils les ont eues par acquiſitions de long-tems, ou les ont partagées noblement & avantageuſement.

A dit, &c.

Si leſdits pere, ayeux & biſayeux paternels & maternels du préſenté ont été du paſſé, & ſont toujours appellez comme les autres Gentilshommes du pays au ban & arriereban ſelon la coûtume & uſance du pays.

A dit, &c.

Si lorſque l'occaſion ſe préſente & s'offre pour le ſervice du Roi & du pays, que les Gentilshommes du pays font aſſemblées generales ou particulieres, leſdits pere, ayeux & biſayeux paternels & maternels du préſenté y ont été & ſont toujours appellez comme les autres Nobles du pays.

A dit, &c.

Si le préſenté ou ſes parens détiennent aucuns biens & Juriſdictions de notre Ordre, ſans les vouloir rendre & reſtituer.

A dit, &c.

Si le préfenté eft fain de fes membres & entendement, & s'il eft tel que nos Statuts le veulent pour être Chevalier de notre Ordre.

A dit , &c.

Lecture faite aud't fieur répondant de fa dépofition, y a perfifté & a figné.

Et le tel jour,&c. en continuant notredite commiffion, avons fait choix pour fecond témoin des preuves vocales des côtez paternel & maternel dudit noble Pierre , &c. Ecuyer préfenté , de la perfonne de M. André, &c. Chevalier Seigneur de , &c. que nous connoiffons bien Gentilhomme de nom & d'armes, en l'Hôtel duquel nous nous fommes transportez, où étans , lui ayant demandé s'il vouloit dépofer des vie , mœurs , nobleffe & légitimation dudit préfenté , & l'ayant trouvé en difpofition de ce faire, l'aurions pris pour fecond témoin defdites preuves vocales, nous difant être âgé de quarante ans ou environ , & après ferment par lui fait fur les faints Evangiles , de dire & dépofer verité fur ce qu'il fera par nous enquis.

L'avons enquis s'il connoît ledit préfenté , & s'il eft fon parent ou allié.

A dit , &c.

Suivre la même enquête du premier témoin jufques au nombre de quatre témoins pour les deux côtez paternel & maternel ; & quand la preuve ne fe fait que pour un côté, foit paternel ou maternel , il fuffit de deux témoins.

Preuve litterale.

Et le tel jour à nous Commiffaires fufdits s'eft adreffé ledit fieur Jean, &c. pere du préfenté, lequel nous a mis ès mains les titres, contrats & pieces prouvans la nobleffe & légitimation dudit préfenté & de fes afcendans, nous fuppliant les voir & examiner fuivant nottredite commission : & ayant de lui pris & reçu le serment requis & accoûtumé, nous a dit & juré sur les saints Evangiles, que tous lesdits tittres & papiers sont bons & veritables originaux, & après avoir ici signé s'est retiré.

Tous lesquels titres & papiers nous avons vûs & examinez ainsi qu'il ensuit.

Premierement, le memorial desdits tittes & papiers, au bas duquel est le decret dudit Chapitre Provincial célébré au grand Prieuré de, &c. daté du, &c. signé Fiere, &c. Chancelier du grand Prieuré de, &c. portant que Messieurs les Chevaliers Commandeurs tel & tel, ont été nommez Commissaires pour voir ledit memorial des titres ; & les ayant trouvez bons, Messieurs du Chapitre adherans à l'opinion desdits sieurs Commissaires, auroient accordé que commission seroit délivrée pour vaquer à la confection des présentes preuves.

Item, nous avons vû le batistere dudit présenté signé, &c. Curé de, &c. portant qu'il est né le tel jour, & a été batisé le tel jour, qu'il est fils de Messire Jean, &c. & de Dame Louise, &c. sa femme, ledit batistere bien & dûement légalisé.

Plus, telle & telle piece.

Côté paternel.

Pour prouver la noblesse, noms & qualitez dudit sieur Jean, &c. pere du présenté, nous avons vû son contrat de mariage avec ladite Dame Louise, &c. passé pardevant tels Notaires le tel jour, duquel nous avons extrait ce qui ensuit.

C'est-à-dire les noms, surnoms & qualitez des pere & mere du présenté, de ses ayeux & ayeules, & autres ses parens paternels & maternels.

De même les noms, surnoms & qualitez des ancêtres de la famille du côté paternel du présenté, sur les anciens titres, comme actes de foi & hommages, aveus, dénombremens, partages, échanges, provisions d'Offices, brevets de leurs dignitez, & autres pieces justificatives de sa noblesse.

Côté maternel.

Il faut observer la même chose pour la preuve litterale de la noblesse du côté maternel.

Tous lesquels titres & contrats, pieces & papiers ci-dessus par nous vûs pour la preuve litterale des côtez paternel & maternel dudit noble Pierre, &c. Ecuyer présenté, nous avons verifiez sur sondit memorial, & trouvé que sont les mêmes qui y sont déclarez.

Et pour connoître si les contrats qui sont passez pardevant les Notaires de tel & tel lieu, ci-devant mentionnez & par nous vûs, sont bons & veritables; Nous Commissaires susdits, nous sommes transportez ès Etudes des Notaires qui ont de présent les minutes d'iceux en leur possession, & nous les étant faites representer, les avons verifiées & confrontées sur les grosses, & avons trouvé lesdites minutes & grosses conformes les unes aux autres.

Pour prouver les armes de la maison dudit Jean, pere du présenté, nous Commissaires susdits, sommes transportez le tel jour en l'Eglise de , &c. dans telle Chapelle, qu'on nous a dit appartenir à la maison & famille dudit Jean, &c. pere du présenté, & y être enterrez tel & tel, en laquelle Chapelle nous avons vû en marbre blanc les figures, &c. avec leurs épitaphes en marbre blanc & noir, desquelles épitaphes nous avons extrait ce qui ensuit (c'est-à-dire les noms & qualitez de ceux qui y sont nommez.

Au dessus de laquelle épitaphe avons vû en relief de marbre les armes de la maison du présenté, telles qu'elles sont blasonnées en l'arbre genealogique.

Et tout ce que dessus nous Commissaires susdits cer-

tifions être veritable , & avoir été ainsi par nous fait
& trouvé en executant notre commission : Et à l'instant avons rendu lesdits titres & papiers audit sieur
Jean , &c. pere du présenté, en foi dequoi nous avons
signé ces présentes, & à icelles fait apposer les cachets
de nos armes , & clorre l'arbre genealogique du présenté.

Nota , Messieurs les Commissaires signent en cet en-
droit, & à la marge à côté de leurs signatures appliquent
leur cachet sur cire d'Espagne.

Et nous tel & tel Notaires , &c. certifions avoir
bien & fidellement écrit le contenu aux preuves ci-
dessus, qui nous a été dicté & nommé par lesdits sieurs
Commissaires les an & jour que dessus : Et pour vérité de ce, nous avons signé ces présentes.

Le Notaire en garde la minute, & en délivre une
expedition en parchemin.

Ces preuves ainsi faites, Messieurs les Commissaires
en font d'autres secretes qui sont écrites de la main de l'un
d'eux , afin que qui que ce soit n'en aye connoissance.

Quand il n'est question que des preuves d'un côté pa-
ternel ou maternel, immédiatement après le transcrit de
la commission , à l'intitulation de la preuve , on met ce qui
ensuit.

Et quoique ladite commission porte mandement d'informer des vie , mœurs, noblesse & légitimation, tant
du côté paternel que maternel du présenté, ledit sieur
Jean son pere nous a fait entendre que les preuves de
noblesse & légitimation de son côté ont été faites au
grand Prieuré de , &c. & qu'il n'est plus question que
de les faire du côté maternel, nous requerant y vouloir
proceder , & nous a pour les preuves litterales mis ès
mains des titres & papiers qu'il nous a dit & affirmé
sur les saints Evangiles être bons & veritables originaux, & après avoir ici signé s'est retiré.

Et à l'instant nous Commissaires susdits étant en la
maison de , &c. où l'ancien de nous est logé aupara-

vant que de rien commencer, avons pris le serment de l'un de l'autre, &c.

Deux témoins suffisent pour la preuve d'un côté, & pour les deux côtez il en faut quatre, ainsi qu'il est ci-devant dit, suivez ledit formulaire.

Autre formulaire de preuves pour un Frere servant d'armes.

L'An &c. le tel jour, à nous Freres tel & tel Commandeurs, &c. Chevaliers de l'Ordre de Saint-Jean de Jerusalem, étant de présent en tel lieu, &c. a été présenté par noble Antoine &c. Conseiller du Roi, &c. pour & au nom de François, &c. fils de lui & de Damoiselle Henriette, &c. sa femme, présenté au Chapitre Provincial du grand Prieuré de, &c. tenu en tel lieu, &c. à la Saint-Barnabé ou à la Saint-Martin, &c. pour être reçu en rang de Frere servant d'armes de l'Ordre de S. Jean de Jerusalem en ce Prieuré, une commission émanée de Monsieur le grand Prieur de, &c. Frere, &c. & des Seigneurs Commandeurs Chevaliers & Freres dudit Ordre, tenant ledit Chapitre, par laquelle nous est mandé d'informer des vie, mœurs, qualitez, légitimation, extraction & Religion dudit François, &c. présenté, & de ses pere & mere, ayeux & ayeules paternels & maternels, datée du, &c. dernier, signée Fr. &c. Chanceller du grand Prieuré de, &c. scellée en cire verte du scel de, à l'Aigle, laquelle commission nous avons prise & reçue avec honneur & reverence : Nous requerant ledit sieur Antoine, &c. pour ledit François son fils, la vouloir executer, ce que lui aurions accordé : Et en ce faisant étant en la maison où l'ancien de nous est logé, avons avant de rien commencer fait prêter le serment selon l'usage de notre Ordre ès mains l'un de l'autre par faute d'un tiers, de bien & fidellement proceder à l'execution de ladite commiſſion : Et pour rédiger par écrit notre préſent procès verbal , nous avons appellé avec nous *tel &* *tel Notaires*, &c. auſquels nous avons fait prêter le ſerment ſur les ſaints Evangiles de bien & fidellement rédiger par écrit ce qui ſera par nous trouvé en executant notredite commiſſion , de laquelle la teneur enſuit.

Frere , &c. grand Prieur , &c. (*Il faut tranſcrire ladite commiſſion au long en cet endroit , & enſuite continuer en cette forme.*

Comme auſſi avons fait faire ſerment ſur les ſaints Evangiles audit ſieur Antoine, &c. pere du préſenté, qui a dit être âgé de   de ne nous preſenter aucuns contrats , titres & enſeignemens pour la preuve litterale de la legitimation & extraction dudit François , &c. préſenté, des côtez paternels & maternels, qui ne ſoient bons & valables originaux : ce qu'il a juré & promis faire , & après avoir ici ſigné s'eſt retiré.

Executant notredite commiſſion & le nouveau Reglement fait par Meſſieurs de la venerable Langue de France à Malte , portant que les Commiſſaires députez à faire les preuves des Freres Chevaliers , Chapelains & Servans d'armes en notre Ordre , ouiront des perſonnes des plus conſiderables du voiſinage & de probité à leur choix , & non préſentées par les parties , nous avons choiſi pour les preuves vocales des vie , mœurs , legitimation & extraction dudit François, préſenté, les quatre témoins ci-après nommez, qu'avons connus pour gens de bien & d'honneur, pour dépoſer ſur le fait de notredite commiſſion, auſquels nous nous ſommes adreſſez , & les avons interrogez ſéparement, ainſi qu'il ſuit.

Premier témoin.

Meſſire Guillaume , &c. Chevalier , Conſeiller du

Roi en ses Conseils & en sa Cour de Parlement, demeurant à Paris rue, &c. âgé de   lequel après serment par lui fait sur les saints Evangiles, de dire & déposer verité sur ce qu'il sera par nous enquis, l'avons enquis & interrogé sur les articles suivans.

Premierement, s'il est parent ou allié du présenté.

A dit, &c.

S'il le connoît, s'il sçait où il est né & batisé, quel âge il peut avoir, & s'il est procréé en légitime mariage, en & au-dedans des limites du grand Prieuré de, &c.

A dit, &c.

S'il a fait & exercé aucun acte vil & mécanique.

A dit, &c.

S'il vit vertueusement & catholiquement, selon les Ordonnances & sacrées Constitutions de l'Eglise Apostolique & Romaine.

A dit, &c.

S'il a commis homicide, assassinat, ou autre cas qui mérite réprehension.

A dit, &c.

S'il n'a point fait promesse de mariage, & icelui consommé ou fait vœu en autre Religion.

A dit, &c.

S'il n'est point redevable de grandes sommes de deniers.

A dit, &c.

Si lui ou ses parens detiennent & possedent injustement aucuns biens de notre Ordre sans les vouloir rendre & restituer.

A dit, &c.

S'il le connoît sain de corps, sens, membres & entendement & d'âge, & disposition suffisante pour faire service à notre Ordre en la profession où il entre, & selon que les Ordonnances le veulent & requierent.

A dit, &c.

S'il connoît le pere du préſenté, s'il vit honorablement
& vertueuſement ſans avoir fait ou commis aucun
acte dérogeant à vertu, ni actuellement de ſes propres mains exercé aucun art mécanique, & de quelle qualité & charge honorable en la ville de ſa demeure, Paroiſſe, Dioceſe ou ailleurs il a été ou eſt
pourvû.

'A dit, &c.

S'il a connu l'ayeul paternel du préſenté, ſçait ſon
nom, la condition dont il a été pourvû, & s'il a
toujours vêcu catholiquement.

'A dit, &c.

S'il a connu l'ayeule paternelle du préſenté, ſçait ſon
nom, & ſi elle a toujours vêcu vertueuſement &
ſelon l'Egliſe Catholique, Apoſtolique & Romaine.

'A dit, &c.

S'il a connu la mere du préſenté, ſçait ſon nom, & ſi
elle a toujours vêcu vertueuſement & catholiquement ſelon l'Egliſe Romaine.

A dit, &c.

S'il a connu l'ayeul maternel du préſenté, & s'il a toujours vêcu ſelon l'Egliſe Catholique, Apoſtolique
& Romaine.

A dit, &c.

S'il a connu l'ayeule maternelle du préſenté, ſi elle a
toujours vêcu vertueuſement comme une femme de
bien doit faire, & ſelon l'Egliſe Catholique, Apoſtolique & Romaine.

'A dit, &c.

Lecture faite de ſa dépoſition, y a perſiſté, & a ſigné. *Et ainſi des autres témoins*, &c.

Et pour plus grande preuve & vérification de la legitimation & extraction du préſenté, & de ſes pere,
mere, ayeux & ayeules paternels & maternels, nous
a ledit ſieur Antoine, &c. ſon pere, produit & mis
en nos mains les titres & pieces ci-après mentionnez,
qu'il a dit & juré ſur les ſaints Evangiles (le ſerment

de lui pris & reçu,) être vrais originaux bons & valables, & après avoir signé s'est retiré.

Dans lesquelles pieces nous avons vû & trouvé un memorial d'icelles pieces présentées au Chapitre Provincial, &c. par ledit François, &c. au bas duquel memorial est le decret dudit Chapitre, daté du, &c. signé Fr. &c. Chancelier du grand Prieuré de, &c. portant que les titres ont été jugez bons & valables, & que commission lui sera délivrée pour faire les preuves.

Item, Nous avons vû le batistere dudit François, &c. présenté, daté du, &c. signé André, Curé de la Paroisse saint &c. légalisé & signé *tel & tel Notaires* Apostoliques *le tel jour*, &c. dont la teneur ensuit.

Extrait des Registres des Batêmes, &c.

Côté paternel.

Nous avons vû le contrat de mariage en parchemin dudit sieur Antoine, &c. pere du présenté, avec ladite Damoiselle Henriette, &c. sa femme, passé p. devant *tel & tel Notaires* à Paris *le tel jour*, dont r avons extrait les qualitez qui suivent.

Furent présens, &c.

Pour prouver les qualitez dudit sieur Antoine, &c. ayeul du présenté, & de Dame Julienne, &c. sa femme ayeule paternelle du présenté, nous avons vû leur contrat de mariage, & d'icelui extrait ce qui suit, &c.

Côté maternel.

Pour prouver les noms & qualitez de ladite Damoiselle Henriette mere du présenté, nous avons revû son contrat de mariage avec ledit sieur Antoine, &c. son pere.

Pour prouver les noms & qualitez desdits *tel & tel*

le ayeul & ayeule maternels du préfenté , nous avons
vû leur contrat de marlage, duquel nous avons extrait
leurs noms & qualitez ainfi qu'il enfuit.

Item , nous avons vû le partage , &c.

Ce fait, nous avons confronté les fufdites pieces fur
ledit memorial , & les avons trouvées conformes à
icelui.

Et *le tel jour* , &c. nous nous fommes tranfportez ès
Etudes des Notaires & autres lieux où font les minutes defdits contrats de marlage, partages & pieces, &
après les avoir vérifiées aux groffes , nous avons trouvé
que lefdites groffes font véritables,

Et tout ce que deffus, nous Commiffaires fufdits,
certifions être & avoir été ainfi par nous fait & trouvé executant notre commiffion , & avons rendu lefdits
titres & papiers audit fieur Antoine, &c. pere du préfenté, en foi dequoi nous avons figné ces préfentes , &
à icelles fait appofer les cachets de nos armes lefdits
jour & an.

Les Commiffaires fignent en cet endroit l'un au deffous
de l'autre , & à côté de leurs fignatures , à la marge , ils
appliquent chacun leur cachet fur cire d'Efpagne.

Et nous *tel* & *tel Notaires*, &c. certifions avoir bien
& fidellement rédigé par écrit tout le contenu ci-
deffus , qui a été ainfi fait & trouvé en nos préfences
par lefdits fieurs Commiffaires , lefquels nous l'ont
nommé & dicté lefdits jour & an.

Formule des Cessions & Donations sous le bon plaisir du Roi, d'Indult des Officiers du Parlement de Paris.

AUjourd'hui est comparu pardevant les Conseillers du Roi, Notaires à Paris, soussignez Messire D Conseiller du Roi en sa Cour de Parlement, demeurant rue lequel sous le bon plaisir de Sa Majesté, a par ces présentes donné & cedé l'Indult, dont il a droit à cause de son Office & qualité de Conseiller au Parlement A Me P pour par lui le tenir & posseder en son lieu & place, & en conséquence jouir pleinement & paisiblement de l'effet des Lettres de nomination sur ce nécessaires, que ledit sieur comparant supplie Sa Majesté de lui accorder. Ces présens don & cession faits irrévocablement, sans aucune simonie ni autre paction contraire aux dispositions Canoniques; dont acte. Fait & passé à Paris, &c.

Les Actes ci-dessous étant reçus par deux Notaires, l'on doit éviter de mettre à la fin que les Notaires les ont signez du mandement de son Excellence Monseigneur le Nonce, comme quelques-uns l'ont fait assez mal-à-propos.

Forma Juramenti Professionis Fidei, à Cathedralibus & Superioribus Ecclesiis, vel Beneficiis curam animarum habentibus, & locis Regularium, ac Militiarum præficiendis, observata.

EGO   electus Episcopus *firma fide credo*, & profiteor omnia & singula, quæ continentur in Symbolo fidei, quo sancta Romana Ecclesia utitur, videlicet : CREDO *in unum Deum Patrem omnipotentem, factorem cœli & terræ, visibilium omnium & invisibilium. Et in unum Dominum Jesum Christum Filium Dei unigenitum. Et ex Patre natum ante omnia sæcula. Deum de Deo, lumen de lumine, Deum verum, de Deo vero : Genitum non factum, consubstantialem Patri, per quem omnia facta sunt. Qui propter nos homines & propter nostram salutem descendit de cœlis. Et incarnatus est de Spiritu sancto, ex Maria Virgine, Et Homo factus est. Crucifixus etiam pro nobis sub Pontio Pilato, passus & sepultus est. Et resurrexit tertia die secundum Scripturas. Et ascendit in cœlum, sedet ad dexteram Patris. Et iterum venturus est cum gloria judicare vivos & mortuos. Cujus regni non erit finis. Et in Spiritum sanctum Dominum, & vivificantem, qui ex Patre Filioque procedit. Qui cum Patre & Filio, simul adoratur, & conglorificatur. Qui locutus est per Prophetas. Et unam sanctam Catholicam & Apostolicam Ecclesiam. Confiteor unum Baptisma in remissionem peccatorum. Et expecto resurrectionem mortuorum, Et vitam venturi sæculi. Amen.* Apostolicas & Ecclesiasticas traditiones, reliquasque ejusdem Ecclesiæ observationes & constitutiones firmissimè admitto, & amplector. Item sacram Scripturam juxta eum sensum, quem tenuit & tenet sancta Mater Ecclesia : cujus est judicare de vero sensu & interpreta-

La forme du serment de Profession de Foy, que l'on fait faire à ceux qui se présentent pour être promûs aux Eglises Cathedrales, & aux grands Benefices, ou à ceux où il y a charge d'ames ; comme aussi aux Benefices réguliers & aux Commanderies.

JE   élû Evêque de
crois d'une ferme foi, & fais profession de toutes les choses qui sont contenuës tant en general qu'en particulier dans le Symbole de foi dont l'Eglise se sert ; sçavoir : Je crois en un seul Dieu, Pere tout puissant, qui a fait le ciel & la terre, & toutes les choses visibles & invisibles. Et en un seul Seigneur JESUS-CHRIST, Fils unique de Dieu, né du Pere devant tous les siécles, Dieu de Dieu, lumiere de lumiere, vrai Dieu du vrai Dieu : qui a été engendré & non pas fait ; qui est consubstantiel au Pere ; par qui toutes choses ont été faites ; qui pour l'amour de nous autres hommes, & de notre salut, est descendu des Cieux, a pris chair de la Vierge Marie par l'operation du saint Esprit: & a été fait homme ; qui aussi a été crucifié pour nous ; a souffert sous Ponce Pilate, a été enseveli ; est ressuscité le troisiéme jour selon les Ecritures : est monté au Ciel, où il est assis à la droite du Pere ; d'où il doit derechef descendre avec gloire pour juger les vivans & les morts ; le regne duquel n'aura point de fin. Je crois au Saint-Esprit pareillement Seigneur, & vivifiant, qui procede du Pere & du Fils ; qu'on adore & qu'on glorifie conjointement avec le Pere & le Fils ; qui a parlé par la bouche des Prophetes. Je crois en une sainte Eglise Catholique & Apostolique : je confesse un Batême pour la remission des péchez, & j'attens la résurrection des morts ;

tione sacrarum Scripturarum, admitto, nec eam unquam,
nisi juxta unanimem consensum Patrum, accipiam & in-
terpretabor. Profiteor quoque septem esse verè & propriè
Sacramenta nova legis à Jesu Christo Domino nostro in-
stituta, atque ad salutem humani generis, licet non omnia
singulis necessaria, scilicet Baptismum, Confirmationem,
Eucharistiam, Pœnitentiam, Extremam-Unctionem, Or-
dinem, & Matrimonium, illaque gratiam conferre : &
ex his Baptismum, Confirmationem & Ordinem sine sa-
crilegio reiterari non posse. Receptos quoque & approba-
tos Ecclesiæ Catholicæ ritus in supradictorum omnium Sa-
cramentorum solemni administratione recipio & admitto.
Omnia & singula quæ de peccato originali, & de justifi-
catione in sacrosancta Tridentina Synodo definita &
declarata fuerunt, amplector & recipio. Profiteor pari-
ter in Missa offerri Deo verum, proprium, & propitia-
torium Sacrificium pro vivis & defunctis : atque in san-
ctissimo Eucharistiæ Sacramento esse verè, realiter &
substantialiter Corpus & Sanguinem, unà cum anima &
divinitate Domini nostri Jesu Christi, fierique conversio-
nem totius substantiæ panis in corpus, & totius substan-
tiæ vini in sanguinem, quam conversionem Catholica Eccle-
sia transsubstantiationem appellat. Fateor etiam sub altera
tantùm specie totum atque integrum Christum, verumque
Sacramentum sumi. Constanter teneo Purgatorium esse,
animasque ibi detentas fidelium suffragiis juvari : Simi-
liter & Sanctos unà cum Christo regnantes, venerandos
atque invocandos esse, eosque orationes Deo pro nobis
offerre, atque eorum reliquias esse venerandas. Firmissi-
mè assero imagines Christi, ac Deipara semper Virginis,
necnon aliorum Sanctorum habendas, & retinendas esse,
atque eis debitum honorem, ac venerationem impertien-
dam. Indulgentiarum etiam potestatem à Christo in Ec-
clesia relictam fuisse, illarumque usum Christiano popu-
lo maximè salutarem esse affirmo. Sanctam Catholicam &
Apostolicam, Romanam Ecclesiam omnium Ecclesiarum
matrem & magistram agnosco, Romanoque Pontifici B.
&

& la vie du siecle à venir. Ainsi soit-il. J'admets &
j'embrasse fermement toutes les Traditions Apostoliques & Ecclésiastiques, & toutes les autres observations & constitutions de la même Eglise. *Item,* j'admets
l'Ecriture sainte dans le sens que tient & a toujours
tenu notre Mere la sainte Eglise, à qui il appartient de
juger du véritable sens & de la véritable interprétation
des saintes Ecritures ; je l'admets & je ne la prendrai
& ne l'interpreterai jamais que selon le consentement
unanime des Peres de l'Eglise. Je professe aussi qu'il
y a véritablement & proprement sept Sacremens de la
Loi nouvelle, instituez par notre Seigneur JESUS-
CHRIST, & qu'ils sont nécessaires à salut à chacun
des hommes, quoique tous n'y soient pas nécessaires.
Que ces Sacremens sont le Batême, la Confirmation,
l'Eucharistie, la Pénitence, l'Extreme Onction, l'Ordre, & le Mariage, & qu'ils conferent la grace ; &
qu'entre ces Sacremens, le Batême, la Confirmation
& l'Ordre ne peuvent se réiterer sans sacrilege. Je reçois aussi & j'admets les ceremonies reçues & approu-
vées par l'Eglise Catholique dans l'administration so-
lemnelle de tous les Sacremens. J'embrasse & je reçois
tout ce qui a été déclaré & défini touchant le péché
originel & la justification. Je professe semblablement
que dans la sainte Messe, on offre à Dieu un Sacrifice véritable, propre & propitiatoire pour les vivans &
les morts. Que dans le très-saint Sacrement de l'Eucharistie, est véritablement, réellement & substantiel-
lement le Corps & le Sang de JESUS-CHRIST, avec
son Ame & sa Divinité, & qu'il se fait un changement de toute la substance du pain en Corps, & de
toute la substance du vin en Sang, & que c'est ce changement que l'Eglise Catholique appelle Transsubstan-
tiation. Je confesse aussi que l'on reçoit sous une de
ces especes JESUS-CHRIST tout entier, & que c'est
un véritable Sacrement. Je crois fermement qu'il y a
un Purgatoire, & que les ames qui y sont détenues
sont soulagées par les prieres des fideles. Semblable-

Petri Apostolorum Principis successori, ac Jesu Christi Vicario veram obedientiam spondeo, ac juro. Cætera item omnia à sacris Canonibus, & œcumenicis Conciliis, ac præcipuè à sacrosanctâ Tridentina Synodo tradita, definita, & declarata, indubitanter recipio, atque profiteor: simulque contraria omnia, atque hæreses quascumque ab Ecclesia damnatas & rejectas & anathematizatas ego pariter damno & anathematizo. Hanc veram Catholicam Fidem, extra quam nemo salvus esse potest, quam in præsenti sponte profiteor, & veraciter teneo, eandem integram & inviolatam, usque ad extremum vitæ spiritum, constantissimè (Deo adjuvante) retinere, & confiteri, atque à meis subditis, vel illis quorum cura ad me in munere meo spectabit, teneri, doceri, & prædicari, quantum in me erit, curaturum: Ego

electus Episcopus   *spondeo, voveo, ac juro. Sic me Deus adjuvet & hæc sancta Dei Evangelia.*

J Oannes-Jacobus Cavalerinus, Archiepiscopus Nicenus ac sanctissimi Domini nostri Papæ Episcopus assistens, sacra Rota Romana Auditor, necnon ejusdem sanctissimi Domini nostri Innocentii divina providentia Papæ XII. apud Christianissimum Dominum Dominum

ment qu'il faut honorer & invoquer les Saints qui regnent avec Jesus-Christ ; qu'ils offrent leurs oraisons à Dieu pour nous, & qu'il faut honorer leurs Reliques. Je soutiens fermement qu'il faut conserver les Images de Jesus-Christ, de la Vierge Mere de Dieu, & des autres Saints, & qu'il leur faut rendre l'honneur & la reverence qui leur est dûe. Je soutiens aussi que Jesus-Christ a laissé à son Eglise le pouvoir de donner des Indulgences, & que l'usage en est très-salutaire au peuple de Dieu. Je reconnois que l'Eglise Catholique, Apostolique & Romaine est la mere & la maitresse de toutes les Eglises ; & je promets & jure au Pontife Romain successeur de saint Pierre Prince des Apôtres & Vicaire de Jesus-Christ, une veritable obéïssance. Je reçois & je professe, sans aucun doute, toutes les autres choses qui ont été enseignées, définies & déclarées par les sacrez Canons & les Conciles Oecumeniques, & principalement par le saint Concile de Trente. Je condamne & j'anathematise tout ce qui leur est contraire, & toutes les heresies condamnées, rejettées & anathematisées par l'Eglise. Je A. B. promets, voue & jure, que cette Foy, dont je fais maintenant une profession volontaire, & que je tiens en verité, est la vraie Foy Catholique, hors de laquelle il n'y a point de salut : que je la tiendrai & professerai constamment, Dieu aydant, jusques au dernier soupir de ma vie, & que j'obligerai autant que je pourrai ceux qui dépendront de moi, ou qui en releveront à cause de mon ministere, de la tenir, de l'enseigner & de la prêcher. C'est ainsi que je prie Dieu qu'il soit à mon ayde, & ces saints Evangiles.

Jean-Jacques Cavalerini Archevêque de Nicée, & Evêque assistant de notre saint Pere le Pape, Auditeur de la sacrée Rote de Rome, & Nonce du même Pape Innocent, par la providence de Dieu Pape XII. à la Cour du Roi très-Chrétien de France &

Ludovicum XIV. Francorum & Navarræ Regem, Nuncius Apostolicus, necnon ad infra scripta ab eodem S. D. N. PP. per litteras sub data Romæ apud sanctam Mariam Majorem Calendis Aprilis Pontificatus ejusdem anno cura Magistri
Advocati, Consiliarii Regis, Curiæ Romanæ Expeditionarii expeditas, & debitè verificatas, expressè delegatas, universis præsentes litteras inspecturis salutem in Domino. Notum facimus & attestamur suprascriptum Illustrissimum & Reverendissimum Dominum D electum Episcopum, *supra impressam Fidei Catholicæ, professionis Fidei vulgo nuncupatam, contentam de verbo ad verbum coram nobis, & in præsentia dilecti nostri Magistri Michaëlis Angeli Prolis Auditoris nostri ac Magistrorum* Consiliariorum Regiorum Notariorum in Castelleto Parisiensi subscriptorum personaliter comparentem genibus flexis fecisse & perlegisse, articulosque omnes & singulos in ea contentos firmiter tenere & credere ac perpetuo servaturum, & à suis subditis observari curaturum jurejurando, tactis sacrosanctis Dei Evangeliis promisisse, necnon in prima & penultima lineis ejusdem professionis suæ nomen, cognomen & qualitatem manu propria scripsisse, & in-calce subsignasse, in quorum fidem præsentes litteras manu propria signavimus, & per præfatum nostrum Auditorem ac præsentibus Notariis supra nominatis fieri & signari sigilloque nostro muniri fecimus & jussimus. Datum Parisiis anno Domini millesimo sexcentesimo nonagesimo* die vero mensis
Signatum, J. Archiepiscopus Nicenus & Nuncius Apostolicus, & infra Michaël Angelus Prolis Auditor, cum iisdem Notariis.

de Navarre Louis XIV. & pour l'expedition des choses contenues dans la Lettre de notre saint Pere le Pape écrite à Rome à sainte Marie Majeure, le
jour de   la   année de son Pontificat,
expediée par les soins de M°
Avocat, Conseiller du Roi, Expeditionnaire en Cour
de Rome, dûement vérifiée, & déleguée expressement.
A tous ceux qui ces présentes Lettres verront, Salut
en notre Seigneur. Nous déclarons & attestons que le
sieur A   B   ci devant nommé Evêque
de   a comparu personnellement devant
Nous en présence de notre bien aimé M. Michel Ange Prolis notre Auditeur, & de Mes
Conseillers du Roi, Notaires au Châtelet de Paris,
soussignez. Après avoir lû de mot à mot la profession
de Foy contenue dans un Imprimé que l'on appelle
vulgairement Imprimé de la Profession de Foy, étant
à geno., a fait sa Profession de Foy, & qu'il tient
fermement & croit tous & un chacun des articles
qui y sont contenus ; & a promis, les mains sur l'Evan-
gile, qu'il les gardera toujours, & qu'il aura soin de
les faire observer par les siens, & qu'il a écrit de sa
propre main à la premiere & à la penultiéme ligne de
la même Profession, son nom, surnom & sa qualité,
& qu'il a paraphé à la fin. En foi dequoi Nous avons
signé ces présentes de notre main, & nous les avons
fait sceller de notre Sceau par notredit Auditeur, en
présence desdits Notaires susnommez. Fait à Paris, l'an
mil six cens   le   jour
de   Signé, J. Archevêque de
Nicée, & Nonce Apostolique : Et plus bas, MICHEL
ANGE PROLIS, avec lesdits Notaires.

Inquifitiones fuper vita & moribus Domino-rum Epifcoporum promovendorum,

Oannes-Jacobus Cavalerinus Archiepifcopus Nice-nus, fanctiffimi D.N. PP. Epifcopus affiftens Sacra Rotæ Romanæ Auditor, necnon ejufdem Sanctiffimi D. Innocentii noftri divina providentia PP. duodecimi apud Chriftianiffimum D. D. Ludovicum XIV. Francorum & Navarræ Regem, Nuncius Apoftolicus, univerfis præfentes litteras infpecturis falutem in Domino. Cum ex fummorum Pontificum decretis maximè conftitutione felicis recordationis Gregorii Papæ XIV. & juxta facrofancti Concilii Tridentini difpofitionem, omnes ii qui deinceps Metropolitanis & Cathedralibus Ecclefiis aliifque dignitatibus Ecclefiafticis præfici, feu de iis à fancta Sede Apoftolica fibi provideri defiderant, oftentationem authenticam vitæ, morum, religionis, ætatis, doctrinæ & fufficientiæ in Romana Curia exhibere ac publicam fidei orthodoxæ profeffionem facere, feque in Romanæ Ecclefiæ ac fanctiffimi D. N. Papæ obedientia permanfuros jurare & fpondere teneantur. Cumque nobiliffimus DD. AB. per fuam Majeftatem Chriftianiffimam ad Epifcopatum nominatus vacantem per deceffum Reverendi in Chrifto Patris   ejus ultimi & immediati poffefforis pacifici, dicti Epifcopatus, dum viveret, fub fanctiffimi Domini noftri PP. fanctaque Sedis Apoftolicæ beneplacito   ad Epifcopatum veniat promovendus, pro illius parte requifiti fuimus quatenus debitam & expeditam fuper ejus vita, moribus, doctrina, ætate, converfatione, religionis profeffione, natalibus aliifque præmiffis atque etiam fuper ftatu Ecclefiæ & Epifcopatus   inquifitionem facere vellemus & dignaremur. Nos hujufmodi requifitioni & fupplicationi quæ nobis jufta & rationi confentanea vifa eft, annuentes, ei inclinati pro muneris noftri ratione nonnullos teftes viros graves & fide dignos, quorum nomina & cognomi-

Information de vie & mœurs de Messieurs
les Evêques qui sont à promouvoir.

JEan-Jacques Cavalerini Archevêque de Nicée,
Evêque assistant de notre saint Pere le Pape, Auditeur de la sacrée Rote de Rome, & Nonce Apostolique de notredit saint Pere par la providence divine
Innocent Pape XII. à la Cour du Roi très-Chrétien
de France & de Navarre Louis XIV. A tous ceux
qui ces présentes Lettres verront, Salut en notre Seigneur. COMME suivant les Decrets des souverains
Pontifes, & principalement la Constitution de Gregoire XIV. d'heureuse mémoire, & suivant la disposition du sacré Concile de Trente, tous ceux qui dé-
sirent être préposez à l'avenir aux Eglises Métropolitaines & Cathédrales & aux autres Dignitez Ecclésiastiques, sont tenus de faire exhibition à la Cour de Rome d'une attestation authentique de vie, mœurs, religion, âge, doctrine & suffisance, & de faire publiquement profession de la foy orthodoxe, & de jurer &
promettre qu'ils demeureront à jamais dans l'obéissance de l'Eglise Romaine, & de notre saint Pere le Pape ;
Et comme noble homme   nommé
par Sa Majesté très-Chrétienne à l'Evêché de
vacant par le décès de Reverend Pere en Dieu
le dernier & immédiat Titulaire & possesseur paisible
dudit Evêché pendant qu'il vivoit, se présente pour
être promû dudit Evêché de
sous le bon plaisir de notre saint Pere le Pape, & du
saint Siége Apostolique, nous avons été requis de sa
part de vouloir faire une enquête dûe & requise sur
les vie, mœurs, doctrine, âge, conduite, religion,
profession, naissance, & les autres choses marquées
ci dessus ; comme aussi sur l'état de ladite Eglise &
dudit Evêché de   Nous pour satisfaire
à cette priere, comme étant juste & raisonnable, avons,

P p iiij.

*na, ætates, qualitates & mansiones inferius deducentur,
omni humano affectu deposito, super præmissis dictaque
Ecclesia & Episcopatus statu & articulis ea de causa
conformiter ad dictam constitutionem factis, medio jurejurando ab eis & eorum quolibet solemniter præstito seor-
sim & sigillatim audivimus, interrogavimus, inquisivimus
& examinavimus, eorumque dicta & depositiones per
Magistros Consiliarios Regios Notarios notarum Custo-
des in Castelleto Parisiensi subscriptos, in scriptis redigi
fecimus in hunc qui sequitur modum.*

Et primo sequuntur articuli super quibus
auditi sunt testes circa vitam & mores
propositi Domini promovendi.

AN *testis cognoscat nobilissimum Dominum
ad Episcopatum   promovendum.*
*Quomodo, à quo tempore citra, an sit ipsius consan-
guineus, affinis, nimium familiaris, æmulus vel odiosus.*

*An sciat in qua civitate, loco vel Diœcesi idem Do-
minus promovendus sit natus, & quæ sit causa scientiæ.*
*An sciat cujus ætatis sit, præsertim an expleverit an-
num trigesimum, & quæ sit causa scientiæ.*
*An sciat eum esse in sacris Ordinibus constitutum,
quibus, à quo tempore citra præsertim, an ante sex men-
ses, & quæ sit causa scientiæ.*
*An sciat eum esse in Ecclesiasticis functionibus, & in
exercitio Ordinum susceptorum diu versatum, in susceptione Sacramentorum frequentem & devotum, & quæ sit
causa scientiæ.*
An sciat eum semper catholicè vixisse, & in fidei pu-

selon le dû de notre charge, entendu, interrogé, enquis & examiné quelques témoins, gens confiderables & dignes de foy, dont on déduira ci-après les noms, les furnoms, l'âge, la qualité & la demeure, en mettant bas tous fentimens humains, fur les chofes marquées ci devant, & fur l'état de ladite Eglife & dudit Evêché, & fur les articles qui ont été dreffez à cet effet, conformément à ladite conftitution, après que tous & un chacun ont prêté folemnellement & féparément le ferment l'un après l'autre, Nous avons fait rédiger par écrit leur dire & dépofitions par M Confeillers du Roi, Notaires, Gardenotes de Sa Majefté au Châtelet de Paris, fouffignez, en la maniere qui s'enfuit.

Et premierement, s'enfuivent les articles fur lefquels ont été entendus les témoins touchant la vie & les mœurs de celui qui eft à promouvoir.

SI le témoin connoît le fieur　　　　　qui eft à promouvoir à l'Evêché de　　　. Comment il le connoît, s'il n'eft point fon parent, fon coufin, fon allié, fon ami particulier, fon concurrent, ou fon ennemi.

S'il fçait en quelle ville, ou lieu, ou Diocefe eft né celui qui eft à promouvoir.

S'il fçait quel âge il a, & principalement s'il a trente ans paffez.

S'il a connoiffance qu'il eft dans les Ordres facrez, en quels Ordres il eft, depuis quand il y eft, & principalement s'il y eft depuis plus de fix mois.

S'il fçait qu'il fait les fonctions Eccléfiaftiques, s'il exerce depuis longtems les Ordres qu'il a reçus, s'il fréquente les Sacremens, & s'il fait profeffion de dévotion.

S'il fçait qu'il a toujours vêcu catholiquement, &

ritate permansisse , & quæ sit causa scientiæ.

An eum præditum esse innocentiâ vitæ, bonisque moribus , bonâ conversationis & famæ, & quæ sit causa scientiæ.

An sciat eum esse virum gravem , prudentem, & usu rerum præstantem , & quæ sit causa scientiæ.

An sciat eum aliquo gradu in Jure Canonico vel in sacrâ Theologiâ insignitum esse , quibus in locis, quanto tempore , & quo fructu ipse Theologiæ vel Juri Canonico operam dederit , & an vere eâ polleat doctrinâ quæ in Episcopo requiritur ad hoc ut possit alios docere , & quæ sit causa scientiæ.

An sciat eum aliquo munere aliquando functum esse vel circa curam animarum , aut regimen alterius Ecclesiæ exercuisse , & quomodo in eis se gesserit , tam quoad doctrinam, quam quoad prudentiam , integritatem & mores, & quæ sit causa scientiæ.

An sciat eum aliquando publicum aliquod scandalum dedisse circa fidem , mores aut doctrinam , aut aliquo sive corporis aut animi vitio seu alio Canonico impedimento detineri, quominus possit ad aliquam Ecclesiasticam dignitatem promoveri , & quæ sit causa scientiæ.

An eum idoneum existimet ad bene regendam Ecclesiam Cathedralem , & præsertim eam ad quam ipse est promovendus, dignumque qui ad illam promoveatur,& an ipsius promotionem Ecclesiæ hujusmodi utilem & proficuam fore existimet , & quare ita existimet.

Sequuntur dicta & depositiones testium super vita & moribus prædicti nobilissimi Domini nominati promovendi.

I Llustrissimus & Reverendissimus   Dei
& sanctæ Sedis Apostolicæ gratiâ Episcopus
annos natus   aut circiter
Parisiis in vico   degens &

s'il a toujours demeuré dans la pureté de la Foy.

S'il fçait qu'il a toujours mené une vie innocente, s'il eſt de bonnes mœurs, de bonne conduite, & s'il eſt eſtimé.

S'il eſt homme grave, prudent & d'experience, & comment il le fçait.

S'il a connoiſſance qu'il eſt Gradué en Droit Canon ou en Théologie, dans quelle Univerſité il eſt Gradué, depuis quel tems, & quel profit il a fait dans l'étude du Droit & de Théologie, & s'il a véritablement la capacité qui eſt néceſſaire à un Prélat pour enſeigner les autres, & d'où il le fçait.

S'il fçait qu'il ait été autrefois dans quelque employ ou à charge d'ame, ou dans l'adminiſtration de quelque Egliſe, comme il s'y eſt comporté, tant pour la doctrine, que pour ce qui regarde la conduite, l'Integrité, & la bonne vie, & comment il le fçait.

S'il n'a point connoiſſance qu'il ait donné quelque ſcandale public ſur le ſujet de la foy, des mœurs & de la doctrine, qu'il ait quelque défaut, ou du corps, ou d'eſprit, ou quelque empêchement Canonique d'être promû à quelque Dignité Eccléſiaſtique, & comme il le fçait.

S'il le juge propre à bien gouverner un Évêché, & principalement celui auquel il doit être promû, s'il le juge digne d'être promû à cette Dignité, & s'il juge que cette promotion ſera utile à cette Egliſe, & pourquoi il le juge.

———————————————

S'enſuivent les dires & les dépoſitions des témoins, ſur la vie & les mœurs de celui qui eſt à promouvoir.

ILluſtriſſime & Reverendiſſime Seigneur par la grace de Dieu & du ſaint Siege Apoſtolique Evêque de   âgé de   ans, demeurant à Paris, rue   Paroiſſe   après avoir

commorans , præſtito prius ab eo juramento de dicenda veritate ſuper articulis prainſertis interrogatus.

Ad primum reſpondit , ſe à pluribus annis cognoviſ-ſe & cognoſcere nobiliſſimum prædictum N promovendum, idque ex communicatione & frequentátio-ne cum eo ab illo tempore habita , non eſſe tamen illius conſanguineum & affinem , nimium familiarem , æmulum vel odioſum.

Ad ſecundum, oriundum eſſe dictum Dominum promo-vendum ex urbe   Diœceſi

Ad tertium , dictum Dominum promovendum ex legi-timo matrimonio nobiliſſimis & valde catholicis parenti-bus ortum eſſe, quorumque altari non minus pietate, re-ligione & ſcientia , quàm nobilitate regio ſtemmate inſi-gnita claruerunt , quod ſcit tam ex peculiari ipſius noti-tia quàm ex communi omnium conſenſu.

Ad quartum, dictum Dominum promovendum eſſe in   ætatis ſuæ anno aut circiter conſtitutum, prout cognoſcitur fide baptiſmali.

Ad quintum , dictum Dominum promovendum ad om-nes ſacros Ordines ab   annis ſuſcepiſſe , prout conſtat ex litteris ſuſceptionis ipſorum Ordinum.

Ad ſextum, dictum Dominum promovendum in præ-dictorum Ordinum exercitio,cunctiſque Eccleſiaſticis fun-ctionibus dici & maxime verſatum eſſe, necnon in Sacra-mentorum ſuſceptione frequentem & devotum quod ſcit ex cauſa prædicta.

Ad ſeptimum, dictum Dominum promovendum bene & catholice vixiſſe , ac in fidei puritate permanſiſſe ſemper, quod ſcit ut ſupra.

Ad octavum , dictum Dominum promovendum eſſe pro-batæ vitæ, honeſtate morum & bona converſatione com-mendabilem.

Ad nonum , ſupradicti Domini promovendi pruden-tiam , gravitatem , & experientiam , in multis animad-vertiſſe, & cognoviſſe eundem Dominum promovendum in rerum uſu valde præſtantem eſſe.

Ad decimum , dictum Dominum promovendum in

prêté le ferment de dire verité fur les articles inferez
ci-devant interrogé qu'il a été.

Sur le premier, a dit, qu'il connoît depuis long-
tems le fieur   qui eft à promouvoir, &
qu'il le connoît par les communications & converfations fréquentes qu'il a eues avec lui, qu'il n'eft ni fon
parent, ni fon allié, ni fon ami particulier, ni fon
concurrent, ni fon ennemi.

Sur le deuxiéme, qu'il eft originaire de
Diocefe de

Sur le troifiéme, qu'il eft né de légitime mariage,
& de parens très-nobles & très-Catholiques, & dont
les ancêtres n'ont pas été moins illuftres par leur religion & leur fcience, que par leur nobleffe.

Sur le quatriéme, qu'il eft âgé de
ans, comme il fe voit par fon extrait batiftere.

Sur le cinquiéme, qu'il a reçu les Ordres facrez il
y a   ans, comme il paroît par fes Lettres d'Ordres.

Sur le fixiéme, qu'il a exercé long-tems lefdits Ordres, & toutes les fonctions Ecclefiaftiques, qu'il fréquente les Sacremens, & qu'il eft devot. Ce qu'il fçait
par la même voie.

Sur le feptiéme, qu'il a toujours bien & catholiquement vêcu, & qu'il eft toujours demeuré dans la pureté de la F / Catholique.

Sur le huitiéme, qu'il eft recommandable par fa
probité, par fon honnêteté, & par fa bonne conduite.

Sur le neuviéme, qu'il a remarqué en plufieurs ren-
contres la prudence de celui qui eft à promouvoir, fa
gravité, fon experience, & qu'il excelle dans le maniement des affaires.

Sur le dixiéme, qu'il eft Gradué en Theologie,

gradu sacræ Theologiæ insignitum , & in omnium scientiarum genere , maxime , quæ Antistitem decent , ornatum : quod scit , tam ex authenticis gradus litteris , quàm ex variis concionibus , quibus fideles instruere solebat.

Ad undecimum , dictum Dominum promovendum nullam unquam exercuisse curam animarum , sed cæteris fere muneribus Ecclesiæ functum fuisse.

Ad duodecimum , dictum Dominum promovendum nullum publicum scandalum dedisse , circa fidem , mores , & doctrinam , nulloque corporis & animi vitio , alioque Canonico impedimento , laborare , quominus possit ad præfatam Ecclesiam sancti   promoveri.

Ad decimum tertium & ultimum , præfatum Dominum promovendum , ad omnia munia Ecclesiastica valde instructum esse , & etiam idoneum , ad regendam & gubernandam Cathedralem Ecclesiam , præsertim sancti ipsiusque promotionem eidem Ecclesiæ non modo utilem , sed & proficuam fore , & signavit in minuta præsentium , quia ea omnia cognovit fama publica , & conversatione præfata.

Sequuntur articuli super quibus auditi sunt iidem testes circa statum dictæ Ecclesiæ.

AN testis sciat in qua Provincia sita sit civitas , cujus situs , qualitatis , & magnitudinis sit , quot constetur domibus , & quot Christi fidelibus inhabitetur , cujus dominio in temporalibus subjaceat , & qua sit causa scientiæ.

An sciat in illa civitate esse Cathedralem , vel Metropolitanam , sub qua invocatione , cujus structuræ , & qualitatis , & an aliqua reparatione indigeat , & qua sit causa scientiæ.

An sit Ecclesia Archiepiscopalis , an sciat quot Episcopos suffraganeos habeat , & qui sunt : si Episcopalis , an

verfé en toutes fortes de fciences , & principalement dans celles qui conviennent à un Prélat, ce qui paroît tant par les Lettres de fes degrez , que par plufieurs Prédications qu'il a faites pour l'inftruction des fideles.

Sur l'onziéme, qu'il n'a jamais à la verité poffedé de benefice à charge d'ame ; mais qu'il a fait toutes les autres fonctions Ecclefiaftiques.

Sur le douziéme, qu'il n'a jamais caufé aucun fcandale public fur le fujet de la foy, des mœurs, de la doctrine, qu'il n'y a en lui aucun défaut ni de corps, ni d'efprit , ni aucun empêchement Canonique qui puiffe le rendre incapable d'être promû à l'Evêché de

Sur le treiziéme & dernier, qu'il eft fort inftruit dans toutes les fonctions Ecclefiaftiques, & fort propre à remplir la Dignité Epifcopale, & entre autres celle de   & que fa promotion à cette Dignité fera , non feulement utile, mais auffi fort avantageufe ; & a figné la minute des préfentes, parce qu'il a connoiffance que tout cela eft de notorieté publique, & par les converfations fréquentes qu'il a eues avec lui.

S'enfuivent les articles fur lefquels ont été entendus les mêmes témoins fur l'état de ladite Eglife.

SI le témoin fçait en quelle Province eft fituée la ville de   Quelle eft fa fituation , fa qualité & fa grandeur, combien elle contient de maifons, combien il y a d'habitans, & de quel Domaine elle dépend dans le temporel , & d'où il le fçait.

S'il fçait qu'il y a dans cette ville une Eglife Cathédrale ou Métropolitaine , fous l'invocation de quel Saint elle eft dédiée à Dieu, quelle eft fa ftructure & fa qualité, & fi elle a befoin de quelque réparation & comment il le fçait.

Si c'eft une Eglife Archiepifcopale , s'il fçait combien il y a d'Evêques fuffragans , & quels ils font : fi c'eft une Eglife Epifcopale, s'il fçait de quel Arche-

sciat cui Episcopo sit suffraganea, & quæ sit causa scientiæ.

Quot & quales sint in dicta Ecclesia Dignitates, Canonicatus, & alia Beneficia Ecclesiastica, qui sit numerus omnium Presbyterorum & Clericorum, inibi in divinis inservientium, & quæ sit dignitas major post Pontificalem, quales sint reditus Dignitatum, Canonicatuum, & aliorum Beneficiorum, & an adsint præbenda Theologalis, & Pœnitentiaria, & quæ sit causa scientiæ.

An in eâ cura animarum exerceatur, per quem, an sit in ea fons baptismalis, & quæ sit causa scientiæ.

An habeat sacrarium, sufficienter instructum sacra supellectile, cæterisque rebus ad divinum cultum, & etiam ad Pontificalia exercenda necessariis, Chorum, organum, campanile, cum campanis, & cæmeterium, & quæ sit causa scientiæ.

An sint in ea corpora, vel aliquæ insignes reliquiæ Sanctorum, quomodo asserventur, & quæ sit causa scientiæ.

An habeat domum pro Episcopi habitatione, ubi & qualem, quantum distet ab Ecclesia, & an reparatione indigeat, & quæ sit causa scientiæ.

An sciat verum valorem mensæ Episcopalis, ad quam summam annuatim ascendant reditus, in quibus consistant, & an sint aliqua pensione onerati, ad cujus, vel quorum favorem data pensio sit reservata, & quæ sit causa scientiæ.

Quot existant in illa civitate Ecclesiæ Parochiales, & an unaquæque habeat fontem baptismalem, quot item in illa existant Collegiata, quot Monasteria virorum & mulierum, quot & Confraternitates, & Hospitales, & an ibi sit Mons Pietatis, & quæ sit causa scientiæ.

Quantum sit ampla Diœcesis, quæ, & quot loca complectatur, & quæ sit causa scientiæ.

vêché

vêché elle est suffragante, & comment il le sçait.

Combien il y a dans cette Eglise de Dignitez, combien de Canonicats & autres Benefices ; quel est le nombre des Prêtres & des Clercs qui font l'Office divin dans cette Eglise, quelle est la plus grande Dignité après celle du Prelat, quels sont les revenus des Dignitez, des Canonicats & des autres Benefices ; s'il y a une Prebende Theologale, s'il y a une Prebende de Pénitencier, & comment il le sçait.

S'il y a une Cure, qui en fait les fonctions ; s'il y a des fonts baptismaux, & d'où il le sçait.

S'il y a une Sacristie assez bien meublée d'ornemens & des autres choses nécessaires à l'Office divin, & même à célebrer pontificalement ; s'il y a un Chœur, un Orgue, un clocher & des cloches, & un cimetiere, & comment il le sçait.

S'il y a des Corps saints, ou quelques Reliques remarquables, comme elles sont gardées, & comment il le sçait.

S'il y a une maison pour la demeure de l'Evêque, où elle est, & quelle elle est, combien elle est éloignée de l'Eglise, & si elle a besoin de réparations, & comment il le sçait.

S'il sçait quelle est la véritable valeur de la mense Episcopale, à combien elle monte tous les ans, en quoi elle consiste ; si elle est chargée de quelque pension, en faveur de qui cette pension a été créée, & comment il le sçait.

Combien il y a dans cette ville d'Eglises Paroissiales, & si chacune a ses fonts baptismaux, combien il y a de Collégiales ; combien de Monasteres de Religieux, combien de Religieuses, combien de Confrairies, combien d'Hôpitaux, s'il y a un Mont de Piété, & comment il le sçait.

Quelle est l'étendue de l'Evêché, combien il contient de lieues dans son enceinte, & comment il le sçait.

An in ea erectum sit Seminarium, quot in eo pueri alantur, & quæ sit causa scientiæ.

An ipsa Ecclesia vacet, à quo tempore, citra, & qua sit causa scientiæ.

Sequuntur dicta & depositiones testium super statu præfati Episcopatus.

Dscretus Magister,   nunc Parisiis degens, & commorans in vico   Parochiæ sancti   præstito juramento veritatem dicendi, super prædictis articulis, & ad illos respondens, dixit,

Ad primum, Ecclesiam sancti   esse sitam in Provincia   satis amplam, & ex principalibus Provincia dicti Domini subjacentem,   focos continentem, à   millibus incolarum habitatam, quod scit, ut ex ipsa civitate oriundus.

Ad secundum, in ea civitate esse Ecclesiam Cathedralem sub invocatione sancti   structura mediocris nonnullisque reparationibus indigentem, quod scit ex prædicta causa.

Ad tertium, dictam Ecclesiam sancti   esse Episcopalem, & Archiepiscopo   suffraganeam, quod scit ex prædicta causa.

Ad quartum, in præfata Ecclesia esse Archidiaconatum, Dignitatem post Pontificalem majorem; cum duabus aliis Dignitatibus, subjacet Thesauraria & Archipresbyteratus, Canonicatus septem-decim, quibus viginti Choristæ inserviunt, ita ut numerus Clericorum & Presbyterorum, in divinis inservientium, numerum quinquaginta aut circiter conficiat; Dignitatum autem & Canonicatuum reditus esse annuatim, scilicet Archidiaconatus,   librarum, Thesauraria & Archipresbyteratus, respective, librarum, Canonicatus vero cujuslibet   librarum, quod scit ex prædicta causa.

S'il y a un Seminaire fondé ; combien on y entretient d'enfans, & d'où il le sçait.

Si cet Evêché est vacant, depuis quand il vaque, & comment il le sçait.

S'ensuivent les dires & les dépositions des témoins, sur l'état de l'Evêché susdit.

Discrette personne Maître   Bourgeois de   de present à Paris, demeurant rue de   Paroisse de   après avoir prêté serment de dire verité sur les articles susdits, & pour y répondre, a dit,

Sur le premier que l'Eglise de   est située dans la Province de   qu'elle contient feux, &   habitans, ce qu'il sçait, parce qu'il est originaire de la ville.

Sur le deuxiéme, qu'il y a une Eglise Cathédrale dans cette ville, dédiée à Dieu sous l'invocation de S   d'une structure médiocre, & qu'elle a besoin de quelques réparations, ce qu'il sçait pour les raisons ci-dessus.

Sur le troisiéme, que l'Eglise de S   est Episcopale, & qu'elle est suffragante de l'Archevêché de   ce qu'il sçait pour les raisons ci-dessus.

Sur le quatriéme, qu'il y a dans cette Eglise un Archidiaconé, Dignité qui est la plus grande après celle du Prelat ; deux autres Dignitez, la Trésorerie, & l'Archiprêtrise ; dix-sept Canonicats à qui suppléent vingt Choristes, ensorte que le nombre des Prêtres qui célebrent l'Office divin, est de cinquante ou environ ; que le revenu annuel des Canonicats est de   sçavoir l'Archidiaconé de livres ; celui de la Trésorerie & celui de l'Archiprêtre, de   livres chacun, & celui de chacun des Canonicats simples de   livres, ce qu'il sçait par la même voie.

Ad quintum, in Ecclesia sancti curam animarum, per rectorem, à capitulo distinctum, exerceri, & esse fontem baptismalem, quod scit ex prædicta causa.

Ad sextum, dictam Ecclesiam suum habere sacrarium, sufficienter instructum, sacra supellectile, aliisque necessariis, ad divinum cultum, & Pontificalia exercenda munitum, organum, campanile, cum campanis, & cæmeterium inesse.

Ad septimum, esse in dicta Ecclesia corpora Sanctorum, variasque reliquias, & præsertim in receptis accuratissime asservatas.

Ad octavum, se scire domum Episcopalem esse Cathedrali Ecclesiæ contiguam, multisque reparationibus indigentem, quod scit ex prædicta causa.

Ad nonum, fructus mensæ Episcopalis ascendere annuatim ad summam librarum, aut circiter, & illos consistere in quibusdam censibus, pratis, & majori ex parte in decimis; Episcopatum autem nulla pensione oneratum esse.

Ad decimum, in eadem civitate unicam esse Ecclesiam Parochialem, quæ in Ecclesia Cathedrali sita est, & deserviri solita, unam Collegiatam, tria Monasteria virorum, unum scilicet Cordigerorum, alterum sancti Dominici, & tertium Jesuitarum; duo Monialium, unum Visitationis, duas Confraternitates, unam scilicet Pœnitentium alborum & alteram nigrorum, Hospitale, nullum vero Montem Pietatis.

Ad undecimum, Diœcesim sancti esse satis amplam, protensam ad leucas in longitudinem, & in latitudinem.

Ad duodecimum, in ipsa civitate inesse Seminarium, in quo pueri, aut circiter, in divinis instruuntur, quod scit ex prædicta causa.

Ad decimum-tertium & ultimum, prædictam Ecclesiam vacare à mensibus, aut circiter, per obitum DD. illius ultimi Episcopi; quæ omnia, tanquam vera, signavit in minuta præsentium.

In quorum præmissorum fidem & testimonium, præsen-

Sur le cinquiéme, qu'il y a une Paroisse dans l'E-
glise Cathédrale de S   desservie par   & qu'il
y a des fonts baptismaux.

Sur le sixiéme, que ladite Eglise a une Sacristie
garnie suffisamment de ses ornemens, & des autres
choses nécessaires à l'Office divin & même pontifical;
qu'il y a un orgue, un clocher & des cloches, & un
cimetiere.

Sur le septiéme, qu'il y a des Corps saints & Reliques des Saints, & entre autres   qui sont
gardez fort religieusement.

Sur le huitiéme, qu'il y a une Maison Episcopale
qui tient à l'Eglise, & qu'elle est en mauvaise réparation, ce qu'il sçait par la même voie.

Sur le neuviéme, que les fruits de la mense Episcopale montent par an à la somme de
livres, & qu'ils consistent en certains cens, prez, &
en dixmes pour la plus grande partie, & que l'Evêché n'est chargé d'aucune pension.

Sur le dixiéme, qu'il n'y a qu'une Eglise Paroissiale
qui est desservie dans la Cathédrale, une Collégiale,
trois Monasteres d'hommes, un de Cordeliers, l'autre
de Jacobins, le troisiéme de Jesuites, deux de Religieuses, un de la Visitation; deux Confrairies, sçavoir
une de Pénitens blancs, l'autre de Pénitens noirs, un
Hôpital, & qu'il n'y a point de Mont de Piété.

Sur l'onziéme, que l'Evêché de   a
lieues de long, &   lieues de travers.

Sur le douziéme, qu'il y a un Seminaire où on éle-
ve   enfans pour l'Office divin, ce qu'il sçait
par la même voie que dessus.

Sur le treiziéme & dernier, que l'Eglise susdite vaque depuis   par le décès de   qui
en a été le dernier Evêque: ce qu'il a signé dans la
minute des présentes.

En foi dequoi Nous avons fait expédier & signer ces.

tes litteras manu nostra subscriptas, per dilectum nostrum Magistrum Michaëlem Angelum Prolis Auditorem nostrum, fieri, expediri, & signari fecimus, sigilloque nostro muniri jussimus & fecimus, prasentibus Magistris Consiliariis Regiis, Notariis, *notarum custodibus Castelleti Parisiensis subscriptis. Datum Parisiis anno Domini millesimo sexcentesimo nonagesimo tertio, die verò mensis Septembris decima sexta.*

Inquisitiones super vita & moribus Abbatis.

JOannes-Jacobus Cavalerinus Archiepiscopus Nicenus, sanctissimi D. N. PP. Episcopus assistens, Sacra Rota Romana Auditor, necnon ejusdem Sanctissimi D. Innocentii nostri divinâ providentiâ Papa duodecimi, apud Christianissimum D. D. Ludovicum XIV. Francorum & Navarra Regem Nuncius Apostolicus, universis præsentes litteras inspecturis salutem in Domino. Cum juxta sacros Canones, Concilia generalia prasertim Tridentinum ac Constitutionem felicis recordationis sanctissimi in Christo Patris Gregorii Papa XIV. in & pro promovendis ad Cathedrales & superiores Ecclesias, & alia Ecclesiastica Beneficia majora, atque etiam Monasteria & Prioratus Conventuales, ac vere electivos sancti Benedicti, seu alterius Ordinis, faciendi sunt processus & informationes circa statum & qualitatem hujusmodi Ecclesiarum & Beneficiorum ; pro parte verò nobilissimi viri Domini Diaconi Parisiensis Diœcesis, in Theologia Facultatis Parisiensis Baccalaurei, sanctissimo Domino nostro Papæ per Christianissimum Dominum nostrum Regem, ad Monasterium sancti Ordinis sancti Benedicti Diœcesis per obitum defuncti Domini illius ultimi & immediati Commendatarii possessoris vacans nominati & prasentati, requisiti fuerimus, quatenus inquisitionem super ejus vita, fide, natalibus, ætate, moribus, religione, ejusque parentibus, necnon super statu dicti Monasterii, in Roma-

préfentes de notre main par notre bien aimé Maitre
Michel Ange Prolis notre Auditeur, & nous les avons
fait fceller de notre Sceau en préfence de Maitres.
Confeillers du Roi, Notaires Gardenotes du Châtelet de Paris fouffignez. Fait à Paris, l'an mil
de   du mois de

Information de vie & de mœurs d'un Abbé.

JEan-Jacques Cavalerini Archevêque de Nicée,
Evêque affiftant de notre faint Pere le Pape, Auditeur de la facrée Rote de Rome, & Nonce Apoftolique de notredit faint Pere par la providence divine
Innocent Pape XII. à la Cour du Roi très-Chrétien
de France & de Navarre Louis XIV. A tous ceux
qui ces préfentes Lettres verront, Salut en notre Seigneur. COMME fuivant les facrez Canons, les Conciles generaux, & principalement celui de Trente, &
la Conftitution du très-faint Pere en notre Seigneur
JESUS-CHRIST, Gregoire Pape XIV. d'heureufe mémoire, fur le fujet de ceux qui doivent être promus aux
Eglifes Cathédrales & Supérieures, & aux autres Benefices de plus grande confequence ; comme auffi aux
Abbayes & Prieurez Conventuels électifs de l'Ordre
de S. Benoît, & des autres Ordres, il faut dreffer des
procès verbaux & des informations de l'état & de la
qualité de ces Eglifes & de ces Benefices ; & comme
de la part de noble homme   Diacre
du Diocefe de Paris, Bachelier de la Faculté de Theologie de l'Univerfité de Paris, nommé & préfenté à
notre faint Pere le Pape par le Roi très Chrétien, à
l'Abbaye de   de l'Ordre de faint Benoît du
Diocefe de   vacante par le décès de défunt   dernier & immédiat Commendataire,
nous avons été requis que notre bon plaifir fût de fai-

na Curia exhibendam, facere vellemus & dignaremur.
Nos dicta requisitioni, qua nobis justa jurique consentanea
visa est, annuentes & inclinati, testes infra nominatos, co-
ram nobis productos, & personaliter, ad effectum præsen-
tium comparentes, prævio juramento, in præsentia Audi-
toris nostri, ac Magistrorum Notariorum publicorum
Parisiensium, super infra scriptis articulis, audivimus &
examinavimus, & separatim interrogavimus, in hunc mo-
dum qui sequitur.

Sequitur tenor articulorum super quibus
testes producti & examinati fuerunt, de
& super vita & moribus prædicti Domini
nominati.

SUper primo, an testis cognoscat dictum Dominum
nominatum, quomodo, à quo tempore, citra : an sit
ipsius consanguineus, cognatus, affinis, nimium familia-
ris, æmulus, vel odiosus.

Super secundo, an sciat in qua civitate, loco vel
Diœcesi idem Dominus nominatus sit natus, & qua sit
causa scientiæ.
Super tertio, an sciat ipsum esse natum ex legitimo
matrimonio atque honestis & catholicis parentibus, &
qua sit causa scientiæ.
Super quarto, an sciat cujus ætatis sit, & qua sit
causa scientiæ.
Super quinto, an sciat eum esse in sacris Ordinibus
constitutum, quibus, à quo tempore, citra, & qua sit cau-
sa scientiæ.
Super sexto, an sciat eum esse in sacris functionibus,

te une enquête de fa foi, de fa naiffance, de fon âge, de fes mœurs, de fa religion & de fes parens, comme auffi de l'état de ladite Abbaye, pour être montrée à la Cour de Rome. Nous, pour proceder à ladite enquête qui nous a femblée jufte & conforme aux regles du Droit, avons entendu les témoins ci-après nommez, qu'on nous a produits, & qui ont comparu en perfonne devant nous, après avoir prêté le ferment en préfence de notre Auditeur, & de Maîtres Confeillers du Roi, Notaires Gardenotes de fa Majefté au Châtelet de Paris, fouffignez, fur les articles ci-après rapportez, & les avons examinez & interrogez féparément en la maniere qui s'enfuit.

S'enfuit la teneur des articles fur lefquels les temoins ont été produits & examinez, fur la vie & les mœurs dudit fieur   nommé au Benefice.

SUr le premier Article, fi ce témoin connoît ledit fieur   nommé au Benefice, comment il le connoît, depuis quel tems ; s'il eft fon parent, fon coufin, fon allié, fon ami particulier, fon rival ou fon ennemi.

Sur le fecond, s'il fçait en quelle ville, en quel lieu, & en quel Diocefe le nommé a pris naiffance, & comment il le fçait.

Sur le troifiéme, s'il fçait qu'il eft né de légitime mariage & de parens honnêtes & Catholiques, & comment il le fçait.

Sur le quatriéme, s'il fçait quel âge il a, & comment il le fçait.

Sur le cinquiéme, s'il fçait qu'il eft dans les Ordres facrez, en quels Ordres il eft, depuis quel tems il y eft, & comment il le fçait.

Sur le fixiéme, s'il eft bien verfé dans les fonctions

& in exercitio Ordinum susceptorum diu versatum, in susceptione Sacramentorum frequentem & devotum, & qua sit causa scientia.

Super septimo, an sciat eum semper catholicè vixisse, & in fidei puritate permansisse, & qua sit causa scientia.

Super octavo, an sciat eum præditum esse innocentiâ vitæ, bonisque moribus, & an sit bonæ conversationis & fama, & qua sit causa scientia.

Super nono, an sciat eum esse virum gravem, prudentem, & usu rerum præstantem, & qua sit causa scientia.

Super decimo, an sciat eum aliquo gradu in Jure Canonico vel in sacra Theologia insignitum esse, quibus in locis, quanto tempore, & quo fructu ipse Theologiæ vel Juri Canonico operam dederit; eumque verè ea doctrinâ pollere, quæ in Abbate requiritur ad hoc ut possit alios docere & regere, & qua sit causa scientia.

Super undecimo, an sciat eum aliquando aliquo munere functum fuisse, & quomodo se gesserit, tam quoad doctrinam, quàm quoad mores, & qua sit causa scientia.

Super duodecimo, an sciat eum aliquando publicum aliquod scandalum dedisse circa fidem, mores aut doctrinam, vel aliquo sive corporis sive animi vitio, seu alio Canonico impedimento detineri, quominus possit ad aliquam Ecclesiasticam dignitatem promoveri, & qua sit causa scientia.

Super decimo tertia & ultimo, an eum idoneum existimet, cui dicta Abbatia commendetur, ad quam à Rege Christianissimo nominatus existit, & an eidem Abbatiæ utilem & proficuum fore existimet, & qua sit causa scientia.

Ecclésiastiques, & dans l'exercice des Ordres qu'il a reçus, s'il fréquente les Sacremens, & s'il a de la dévotion, & comment il le sçait.

Sur le septiéme, s'il sçait qu'il a toujours vécu en bon Catholique, & qu'il a toujours demeuré dans l'Integrité de la Foy, & comment il le sçait.

Sur le huitiéme, s'il a mené une vie sans reproche, s'il a été de bonnes mœurs, si sa conduite est bonne, s'il est en estime, & comment il le sçait.

Sur le neuviéme, s'il a connoissance qu'il est homme grave, prudent & d'experience, & comment il le sçait.

Sur le dixiéme, s'il a connoissance qu'il a pris quelques degrez ou en Droit ou en Théologie, en quelle Université, depuis quel tems ; s'il a profité dans ces sortes d'études, & si véritablement il a la capacité qui est requise à un Abbé pour instruire & gouverner les autres, & comment il le sçait.

Sur l'onziéme, s'il a connoissance qu'il ait été dans quelque employ, & comment il s'y est comporté, tant pour la doctrine, que pour les mœurs, & comment il le sçait.

Sur le douziéme, s'il n'a point connoissance qu'il ait commis quelque scandale public ou dans la foy, ou dans les mœurs, ou dans la doctrine ; s'il n'a point quelque défaut de corps & d'esprit, ou quelque autre empêchement Canonique qui puisse l'empêcher d'être promû à quelque Dignité Ecclésiastique, & comment il le sçait.

Sur le treiziéme & dernier, s'il le juge digne d'être pourvû de l'Abbaye à laquelle il a été nommé par le Roi très-Chrétien, & s'il croit qu'il sera utile à cette Abbaye, & comment il le sçait.

Sequuntur dicta & depositiones testium super
vita & moribus prædicti Domini

De die   anno Domini 1693.

ILlustrissimus Dominus   Presbyter
Licentiatus Theologia, Abbas Commendatarius Monasterii   Ordinis   Diœcesis
annum agens   Parisiis in regione sancti
Germani à pratis, & in vico   Parochiæ
sancti Sulpicii degens & commorans, præstito prius juramento, interrogatus super articulis præinsertis, circa
vitam & mores prædicti Domini nominati.

Ad primum respondit, se pluribus abbinc annis cognovisse & cognoscere familiam dicti Domini nominati,
& eâ de causâ ipsummet Dominum nominatum ad Ab-
batiam   & cum eo sapissime familiariter con-
versatum fuisse, nec illi esse consanguineum, cognatum,
affinem, nimium familiarem, æmulum, vel odiosum.

Ad secundum, dictum Dominum nominatum, esse ex
civitate prædictâ, cum ejus familia.

Ad tertium, ortum fuisse ex legitimo thoro, habereque
nobilissimos, honestos & catholicos parentes, videlicet
Dominum   & Dominam   nobilitate
& pietate conspicuos, quod scit tam ex ipsius notitia
peculiari quàm communi omnium consensu.

Ad quartum, dictum Dominum nominatum esse in
vigesimo quarto aut circiter suæ ætatis anno constitutum,
prout ex aspectu cognoscitur.

Ad quintum, scire se, ipsum Dominum nominatum sus-
cepisse à duobus annis aut circiter sacrum Diaconatus Ordinem, eumque vidisse sapissime in functionibus.

S'enfuivent les dires & les dépofitions des témoins qui ont été entendus fur la vie & les mœurs du fieur

Du   1693.

LE fieur   Prêtre, Licentié en Théologie, Abbé Commendataire de Notre-Dame de de l'Ordre de   au Diocefe de   âgé de   demeurant à Paris au quartier de S. Germain des Prez, rue   de la Paroiffe de S. Sulpice, étant interrogé fur les articles inferez ci-deffus, fur le fujet de la vie & des mœurs du fieur nommé, après avoir prêté le ferment,

A répondu fur le premier, que depuis plufieurs années il a connu & connoît la famille dudit nommé, & que c'eft la caufe pourquoi il connoît le fieur nommé à l'Abbaye de   qu'il a fouvent converfé familierement avec lui, qu'il n'eft ni fon parent, ni fon coufin, ni fon allié, ni trop fon ami, ni fon concurrent, ni fon ennemi.

Sur le fecond, que le nommé eft de Paris, qu'il l'a appris de fa famille même.

Sur le troifiéme, qu'il eft né de légitime mariage, qu'il a des parens très-nobles, honnêtes & catholiques, fçavoir Meffire   fes pere & mere, tous deux d'une illuftre famille & d'une pieté finguliere; ce qu'il fçait tant par la connoiffance particuliere qu'il en a, que par le confentement de tout le monde.

Sur le quatriéme, que le nommé a vingt-quatre ans, comme il eft aifé de le voir.

Sur le cinquiéme, que le nommé a reçu depuis deux ans ou environ le Diaconat, & qu'il lui en a vû faire fouvent les fonctions.

Ad sextum & septimum, eum esse in dicto Ordine Dia-conatus suscepto maxime versatum, nec à Religionis Ca-tholicæ, Apostolicæ & Romanæ professione, unquam aber-rasse.

Ad octavum, scire se eum esse vita innocentem, bonis rectisque moribus imbutum, & nulla labe infectum.

Ad nonum, se ejus prudentiam & gravitatem, ac experientiam, in multis animadvertisse.

Ad decimum, eum esse in Theologia Baccalaureum Sorbonicum, prout ex litteris sibi apparuit, & ex conver-satione sua, quam multoties cum eo habuit, cognovisse, omnem in dicto Domino nominato scientiam reperiri, quæ in Abbate, ut alios edoceat, desiderari possit.

Ad undecimum, dictum Dominum nominatum nun-quam exercuisse ullam curam animarum, sed pluribus mu-neribus Ecclesiæ tanquam Diaconum functum fuisse.

Ad duodecimum, dictum Dominum nominatum nun-quam scandalum publicum dedisse, ex fama publica, circa fidem, mores aut doctrinam, nulloque corporis aut animi vitio, aliove Canonico impedimento laborare, quo-minus ad dictum Monasterium   promoveri possit.

Ad decimum tertium & ultimum, prædictum Domi-num nominatum esse capacem ad suscipiendam administra-tionem dicti Monasterii, dignumque qui ad illud pro-moveatur, ipsiusque promotionem eidem Monasterio uti-lem & proficuam futuram propter experientiam, exte-rasque ejus qualitates ad id requisitas. Et quia præmissa à se responsa vera esse asseveravit, ideo subsignavit.

Sur le sixiéme & le septiéme, qu'il est fort versé dans l'exercice de l'Ordre de Diacre, & qu'il n'a jamais rien fait qui n'ait été digne de la profession de la Religion Catholique, Apostolique & Romaine.

Sur le huitiéme, qu'il sçait qu'il a toujours mené une vie fort irreprochable, qu'il est de bonnes mœurs, & qu'il n'a aucun défaut.

Sur le neuviéme, qu'il a toujours remarqué en lui beaucoup de prudence, de gravité & d'experience.

Sur le dixiéme, qu'il est Bachelier en Theologie, & de la Maison & Societé de Sorbonne de l'Université de Paris, comme il le sçait par ses Lettres que le déposant a vûes, & par la conversation qu'il a eue avec lui, où il a connu toute la suffisance nécessaire dans un Abbé pour instruire & gouverner les autres.

Sur l'onziéme, que le nommé n'a jamais été dans aucun emploi où il eût charge d'ames, mais que hors cela il a fait toutes les choses qui regardent le Diaconat.

Sur le douziéme, que le nommé n'a jamais donné aucun scandale dans la foi, les mœurs & la doctrine, & qu'il n'a point connoissance qu'il ait aucun défaut de corps ou d'esprit, ni aucun empêchement Canonique qui le rende incapable de posseder l'Abbaye de

Sur le treiziéme article & dernier, que le nommé est très-capable de gouverner cette Abbaye, très-digne d'en être pourvû, & qu'il ne doute point que cette promotion ne soit fort avantageuse à cette maison, à cause de son expérience & de ses autres talens ; c'est ce qui fait que pour donner plus d'autorité au témoignage qu'il rend à la verité, il l'a soussigné.

Sequuntur articuli super quibus testes inter-
rogati & examinati fuerunt super statu
dicti Monasterii.

PRimus articulus, an sciant in qua Provincia situm
sit Monasterium   cujus magnitudinis sit &
quantitatis, & sub qua invocatione, cujus structura, &
in qua Diœcesi sit situm.

Secundus, an sciant dictum Monasterium aliquibus
reparationibus indigere, & quot sint in dicto Monasterio
Monachi, & officia claustralia.

Tertius, an sciant quomodo in Ecclesia dicti Monasterii cultus divinus fiat & exerceatur.

Quartus, an dictum Monasterium habeat sacrarium
sufficienter instructum sacra supellectile, cæterisque rebus
ad divinum cultum necessariis, Chorum, organum, campanile cum campanis, & cæmeterium.

Quintus, an sint in Ecclesia dicti Monasterii corpora Sanctorum vel Sanctarum, & quomodo asserventur.

Sextus, an sciant dictum Monasterium habere aliquam domum pro Abbate, & Monachorum habitationem
& qualem, & an indigeat reparationibus.

Septimus, an sciant verum valorem proventuum &
reddituum mensæ Abbatialis dicti Monasterii, ad quam
summam annuatim ascendant, & an sint aliqua pensione
onerati, & ad cujus favorem.

Octavus, an sciant si dictum Monasterium vacet, à
quo tempore & quomodo.

Nonus & ultimus, quomodo prædicta omnia & singula sciant.

S'ensuivent

*S'enfuivent les articles fur lefquels on a examiné
les témoins touchant l'état de ladite Abbaye.*

LE premier article, s'ils fçavent en quelle Province est située l'Abbaye de   combien elle
est grande, fous l'invocation de quel Saint elle est dédiée à Dieu, comme elle est bâtie, & en quel Diocefe
elle est située.

Le fecond, s'ils fçavent que cette Abbaye aye befoin de quelque réparation, combien il y a de Religieux, & quels font les Offices clauftraux.

Le troifiéme, s'ils fçavent comment le fervice divin
fe fait en cette Abbaye.

Le quatriéme, s'il y a une Sacriftie à cette Abbaye
qui foit meublée de tous les meubles néceffaires au
fervice divin, s'il y a des orgues, un clocher & des
cloches, & un cimetiere.

Le cinquiéme, s'ils y a dans l'Eglife de cette Abbaye des corps faints, comment ils font gardez.

Le fixiéme, s'ils fçavent que l'Abbaye a une maifon Abbatiale, fi elle a des logemens pour les Religieux, & en quelles réparations ils font.

Le feptiéme, s'ils fçavent la véritable valeur de la
menfe Abbatiale, à quelle fomme elle peut monter,
fi elle n'eft point chargée de quelque penfion, & en
faveur de qui elle a été créée.

Le huitiéme, s'ils ont connoiffance que cette Abbaye foit vacante, depuis quel tems elle vaque, &
comment elle vaque.

Le neuviéme & dernier, comment toutes ces chofes font venues en leur connoiffance.

Sequuntur dicta & depositiones testium super statu dicti Monasterii.

DOmnus   *Religiosus expresse professus Ordinis sancti Benedicti, Procurator generalis Congregationis sancti*   *vulgo nuncupata, annum agens*   *,manens Parisiis, in Monasterio vulgò* des Blancs-manteaux *nuncupato degens & commorans, prastito prius juramento de dicenda veritate super articulis prainscriptis,*

 Ad primum articulum respondens dixit, Monasterium   *esse situm in Diœcesi*   *sub invocatione sanctorum*   *structura satis ampla.*

 Ad secundum, Ecclesiam dicti Monasterii quamplurimis reparationibus indigere, esseque decem Monachos, sed nescire quot sint officia claustralia.

 Ad tertium, cultum divinum fieri & exerceri exactè secundum Ordinem sancti Benedicti.

 Ad quartum, dictum Monasterium habere sacrarium sacra supellectile, caterisque rebus ad divinum cultum necessariis, satis superque instructum, & esse Chorum, campanile cum campanis, organum & cæmeterium.

 Ad quintum, esse quasdam reliquias in Ecclesia dicti Monasterii, sed nescire nomina Sanctorum vel Sanctarum.

 Ad sextum, esse domum Abbatialem separatam ab habitatione Monachorum, quamplurimis reparationibus indigentem.

 Ad septimum, redditum mensæ Abbatialis ascendere ad summam   *librarum, nulla tamen pensione oneratum.*

 Ad octavum, vacare dictum Monasterium à longo tempore per obitum Domini cognominati

S'enfuivent les dires & les dépofitions des témoins fur l'état de ladite Abbaye.

Dom   Religieux Profès de l'Ordre de S. Benoît, Procureur general de la Congrégation de S   vulgairement appellée âgé de   ans, demeurant à Paris au Monaftere vulgairement appellé des Blancs-Manteaux, après avoir prêté le ferment de dire la verité fur les articles écrits ci-deffus.

Pour répondre au premier article, a dit que l'Abbaye de   eft fituée dans le Diocefe de   dédiée à Dieu fous l'Invocation de faint   & d'une ftructure affez ample.

Sur le deuxiéme, que l'Eglife de cette Abbaye a befoin de beaucoup de réparations, qu'il y a dix Religieux, mais qu'il ne fçait pas combien il y a d'Offices clauftraux.

Sur le troifiéme, qu'on y fait l'Office avec grande exactitude felon l'ordinaire de faint Benoît.

Sur le quatriéme, qu'il y a dans cette Abbaye une Sacriftie, & tous les Ornemens néceffaires au fervice divin, qu'il y a un Chœur, un clocher, des cloches, des orgues & un cimetiere.

Sur le cinquiéme, qu'il y a quelques Reliques, mais qu'il ne fçait pas de quel Saint.

Sur le fixiéme, qu'il y a une maifon Abbatiale féparée de l'habitation des Religieux, qui a beaucoup befoin de réparation.

Sur le feptiéme, que le revenu de la menfe Abbatiale fe monte à   liv. ou environ de rente, & qu'il n'y a aucune penfion deffus.

Sur le huitiéme, qu'il y a long-tems que cette Abbaye vaque par le décès du fieur

R r ij

illius ultimi Commendatarii poſſeſſoris pacifici.

Ad nonum & ultimum, dixit ſe hæc omnia ſcire, quia eſt Religioſus ejuſdem Ordinis ſancti Benedicti.

Habitâ lecturâ ſuæ depoſitionis, dixit illam continere veritatem, & ideo ſe ſubſignavit. Et atteſtatus eſt, ſe in præmiſſis veritatem deprompſiſſe & in fidem ſubſcripſit.

In quorum præmiſſorum fidem ac teſtimonium præſentes litteras, manu noſtra ſubſcriptas, per dilectum noſtrum Magiſtrum Michaëlem-Angelum Prolis Auditorem noſtrum, ac Magiſtros Notarios publicos ſupradictos fieri & ſignari, ſigilloque noſtro muniri juſſimus & fecimus. Datum Pariſiis anno Domini milleſimo ſexcenteſimo nonageſimo tertio, die vero vigeſima ſeptima menſis Martii.

le dernier & immédiat posseffeur pacifique.

Sur le neuviéme & dernier article, il a dit qu'il sçavoit tout cela, parce qu'il eft Religieux du même Ordre de S. Benoît.

Après que lecture lui a été faite de fa dépofition, il a dit qu'elle contenoit verité. C'eft pourquoi il l'a fignée, & il a attefté qu'il a dit verité dans les chofes ci-deffus, en foi de quoi il a foufcrit.

En foi de quoi nous avons fait dreffer & fceller de notre Sceau les préfentes fignées de notre main par nos bien-aimez Maître Michel-Ange Prolis notre Secretaire, & Maîtres   Notaires ci-devant nommez. Fait à Paris l'an mil fix cens nonante-trois, le vingt-feptiéme Mars.

CHAPITRE XXIV.

*Du Controlle des Actes des Notaires , &
Insinuations Laïques.*

DECLARATION DU ROY,

*Concernant le Controlle des Actes des Notaires, &
Insinuations Laïques. Du 29. Septembre 1722.*

LOUIS, par la grace de Dieu, Roi de France &
de Navarre : A tous ceux qui ces présentes Lettres verront , Salut. Il nous a été souvent représenté
que les Tarifs du 20. Mars 1708, concernant le Controlle des Actes & les Insinuations Laïques, ont fixé à
des sommes trop fortes les droits d'un grand nombre
d'Actes, qui sont les plus frequens dans la societé civile, & qui interessent le commerce, la navigation,
la culture des Terres, & les personnes du commun :
Nous aurions fort desiré de prendre sur nos propres
fonds la diminution qu'il est nécessaire d'accorder sur
les droits de tous ces differens Actes; mais le désir que
nous avons d'acquitter régulierement les dettes de l'E-
tat, nous obligeant de menager nos revenus, nous
n'avons point trouvé d'autre moyen pour diminuer les
droits de ces Actes, que de mettre sur les Actes les
plus importans une legere augmentation de droits, qui
étant proportionnée aux sommes pour lesquels ces actes
seront passez, se trouvera aussi proportionnée aux facultez des contractans ; de réunir à notre Ferme les
droits de Controlle, Insinuations Laïques & petit Scel
qui ont été alienez ou abonnez ; de les rétablir dans les
lieux où ils ont été supprimez, & d'en rendre la régie

& la perception generale & uniforme dans toute l'étendue de notre Royaume, n'étant pas juste que quelques lieux demeurent affranchis de ces droits aufquels tous les autres font fujets. Nous pouvons rétablir le Controlle des Actes des Notaires, avec d'autant plus de raifon dans notre bonne Ville de Paris, que ce droit y ayant été créé comme dans les autres Villes & Lieux du Royaume, par le feu Roi de glorieufe mémoire notre très honoré Seigneur & Bifayeul; les Notaires de ladite Ville n'en furent déchargez, qu'au moyen d'un prêt qu'ils lui firent de la fomme de neuf cens mille livres en Rentes fur la Ville, dont ils ont reçu régulierement les arrerages, & dont nous leur avons remboursé le capital. Et comme nous avons lieu d'efperer que ces droits étant fixez par les nouveaux Tarifs que nous en avons fait arrêter ce jourd'hui en notre Confeil, avec plus de proportion qu'ils ne l'étoient par les anciens Tarifs, les Parties, les Notaires, Greffiers,& autres perfonnes publiques ne s'expoferont pas à l'avenir aux peines de nullité & d'amende portées par les Edits, Déclarations & Reglemens, Nous voulons bien par grace fpeciale, non-feulement les relever de celles qu'ils ont encourues, pourvû que la condamnation n'en ait point encore été prononcée, mais même leur accorder un délai convenable pour faire controller, infinuer & fceller les Actes & Jugemens qui ne l'ont pas été, & les valider du jour qu'ils auront été controllez, infinuez & fcellez. A ces Caufes, & autres à ce nous mouvans, de l'avis de notre très cher & très-amé oncle le Duc d'Orleans Petit-fils de France Régent, de notre très-cher & très-amé oncle le Duc de Chartres premier Prince de notre Sang, de notre très-cher & très-amé coufin le Duc de Bourbon, de notre très-cher & très-amé coufin le Comte de Charollois, de notre très cher & très-amé coufin le Prince de Conti, Princes de notre Sang, de notre très cher & très-amé oncle le Comte de Toulouse Prince légitimé, & autres grands & notables.

Personnages de notre Royaume , & de notre certaine
science , pleine puissance & autorité Royale, nous
avons par ces présentes signées de notre main , dit, déclaré & ordonné , disons , déclarons & ordonnons ,
Voulons & nous plaît.

ARTICLE PREMIER.

Que les nouveaux Tarifs que nous avons fait arrêter cejourd'hui en notre Conseil, attachez sous le contrescel des présentes , concernant les droits de Controlle des Actes des Notaires & sous signature privée , &
les droits des Insinuations Laïques , ainsi que l'ancien
Tarif du 20. Mars 1708 , concernant le petit Scel des
Sentences & Actes judiciaires, soient executez dans
toute l'étendue de notre Royaume , Pays , Terres &
Seigneuries de notre obéissance.

II.

Revoquons à cet effet la Déclaration du 27. Avril
1694, concernant les Actes passez par nos Conseillers
Notaires au Châtelet de notre bonne Ville de Paris,
& les autres Edits , Déclarations & Arrêts portant
suppression , alienation ou abonnement des droits de
Controlle des Actes, Insinuations Laïques & petit
Scel , precedemment rendus. Voulons qu'à commencer du premier Novembre prochain, tous les Contrats
& Actes qui seront reçus & passez par nosdits Con-
seillers-Notaires au Châtelet de Paris, par ceux de
notre bonne Ville de Lyon, & par tous les autres Notaires & Tabellions , tant Royaux, Apostoliques, que
Seigneuriaux, Greffiers & autres personnes publiques,
qui ont droit de passer & recevoir des Actes sujets
ausdits droits ; ensemble tous les Jugemens & Actes
judiciaires sujets au petit Scel, soient controllez, insinuez & scellez dans les délais prescrits par les precedens Reglemens , & conformement à iceux, & les
droits payez sous les peines y portées , sans aucune dif-
stinction des lieux où lesdits droits n'ont point été ci-
devant perçus, en la même forme & maniere qui se
pratique dans les lieux où lesdits droits sont actuelle-

ment établis , fauf à rapporter en notre Confeil les titres en vertu defquels les fuppreffions , alienations ou
abonnemens ont été faits , pour être fur iceux procedé à la liquidation des Finances qui feront par nous
rembourfées , s'il y échet , ou à l'indemnité des Aliena-
taires , fur le pied de l'évaluation de leurs anciennes
jouiffances , laquelle indemnité leur fera annuellement
payée par le Fermier defdits droits , outre & pardeffus
le prix de fon Bail , ainfi que nous l'en chargeons par
ces Prefentes.

I I I.

Permettons par grace fpeciale à ceux qui n'ont
point fait controller , infinuer & fceller dans les délais portez par les Reglemens les Actes & Jugemens ,
dans les lieux qui y font fujets , de les faire controller,
infinuer & fceller dans le tems de trois mois , à compter du jour de la publication des Préfentes , en payant
les droits portez par les Tarifs de ce jour , pour le
Controlle & l'Infinuation ; & fuivant le Tarif du 20.
Mars 1708, pour le petit Scel, pour avoir lefdits Actes
& Jugemens hypotheque , force & vertu , du jour
feulement qu'ils feront controllez , infinuez & fcellez.
Déchargeons les Parties , les Notaires , Greffiers & autres qui font tombez dans des contraventions à nos
précedens Reglemens, des peines & amendes qu'ils ont
encourues , pourvû qu'elles n'ayent point été pronon-
cées , à la charge de fatisfaire aufdits Reglemens , &
de payer lefdits droits dans ledit tems ; lefquels droits
lefdits Notaires , Greffiers & autres perfonnes publiques , feront tenus d'avancer , fauf leur recours contre
les Parties qui les doivent : après lequel délai & fans
efpoir d'aucun autre , voulons que la nullité prononcée par nos Edits & Déclarations ait fon entier effet,
& que lefdits Notaires & autres demeurent refponfables des dommages & interêts que les Parties pourront fouffrir pour la nullité defdits Actes & Jugemens , & que les peines & amendes foient pourfuivies
& payées fans aucune remife ni moderation.

IV.

Faisons très-expresses inhibitions & défenses aux Commis à la perception desdits droits de Controlle, Insinuation Laïque & petit Scel, de donner communication de leurs Regiltres, ni d'en délivrer aucuns extraits pour quelque cause & sous quelque prétexte que ce puisse être, qu'en vertu d'Ordonnance de Justice, à peine de mille livres d'amende, de revocation, & d'être privez pour toujours de toutes sortes d'Emplois.

V.

Voulons au surplus que tous les Edits, Déclarations & Reglemens ci-devant rendus au sujet de la régie & perception desdits droits de Controlle, Insinuation Laïque & petit Scel, soient executez selon leur forme & teneur, en ce qu'ils ne sont point contraires à ces Présentes. Si donnons en Mandement à nos amez & feaux Conseillers les Gens tenans notre Cour de Parlement à Paris, que ces présentes ils ayent à faire lire, publier & registrer, même en tems de vacations, & le contenu en icelles garder & observer selon leur forme & teneur, aux copies collationnées desquelles par l'un de nos amez & feaux Conseillers Secretaires, voulons que foi soit ajoûtée comme à l'Original, car tel est notre plaisir. En témoin de quoi nous avons fait mettre notre Scel à cesdites Présentes. Donné à Versailles le vingt-neuviéme jour de Septembre, l'an de grace mil sept cent vingt-deux, & de notre Regne le huitiéme. *Signé*, LOUIS. *Et plus bas*, Par le Roi, le Duc d'Orleans Regent present. *Signé*, PHELY-PEAUX. Et scellé du grand Sceau de cire jaune.

Regiſtrées, ouy, & ce requerant le Procureur General du Roi, pour être executées selon leur forme & teneur, sans approbation des Reglemens énoncez en la présente Déclaration, autres que ceux portez par les Edits, Déclarations & Lettres Patentes enregiſtrées en la Cour. Et sera le Roi très humblement supplié de vouloir bien décharger fon Peuple de l'Impofition portée par la préfente Déclaration, auffitôt que l'état de fes affaires pourra le permettre : Et feront copies collationnées envoyées aux Bailliages & Senechauffées du Reffort, pour y être lûes, publiées & regiftrées : Enjoint aux Subftituts du Procureur General du Roi, d'y tenir la main, & d'en certifier la Cour dans un mois, à la charge que le prefent enregiftrement fera réïteré au lendemain de la Saint-Martin, fuivant l'Arrêt de ce jour. *A Paris en Parlement en Vacations, le huitième jour d'Octobre mil fept cens vingt-deux. Signé,* GILBERT.

━━━━━━━━━━━━━━━━━━━━━━━━━━━━━━━━

Tarif des Droits que le Roi en fon Confeil veut & ordonne être payez à l'avenir, à commencer du premier Novembre prochain, en execution de l'Edit du mois de Mars 1693, *& autres Edits, Déclarations, Arrêts & Reglemens rendus en confequence, & notamment de la Déclaration de ce jour, pour le Controlle des Actes & Contrats qui feront paffez dans toute l'étendue du Royaume, Pays, Terres & Seigneuries de l'obéïffance de Sa Majefté, par fes Confeillers-Notaires au Châtelet de Paris, & de la Ville de Lyon, & par tous les autres Notaires & Tabellions, tant Royaux, Apoftoliques que Seigneuriaux, Greffiers, Gens de Loy, & autres qui ont droit d'inftrumenter, & pour le Controlle des Actes fous fignatures privées.*

ARTICLE PREMIER.

ACTES Ecclefiaftiques, les droits en feront payez

SÇAVOIR,

Pour les nominations ou prefentations à Benefices par Patrons Ecclefiaftiques ou Laïques, permutations, demiffions, refignations, provifions données par les Abbez, Abbeffes, Beneficiers & autres Collateurs, collations accordées par ceux qui ont droit d'Indult, celles données par les Chanceliers des Eglifes & Uni-

verfitez, à ceux qui font nommez par Sa Majefté, fignifications de Lettres d'Indult, de joyeux avenement
& ferment de fidelité, information d'âge, vie &
mœurs des perfonnes nommées aux Archevêchez &
Evêchez, Procurations pour prendre poffeffion de Benefice ou Dignité, celles pour fe demettre, celles qui
portent réfignation ou retroceffion, ou qui feront con-
çues dans des termes qui pourront difpenfer les réfignataires de paffer d'autres Actes pardevant Notaire
pour parvenir à l'obtention des Provifions, prife de
poffeffion, oppofitions & interpellations que les parties
defireront faire pour la confervation de leurs droits
aux Patrons, aux Elifans, Collateurs & Collatrices,
ceffions fous le bon plaifir du Roi, d'Indult des Officiers du Parlement de Paris, ceffions & échanges des
Patronages d'Eglifes, procès verbaux de fulmination
de Bulles, ou Vifa de fignature de Cour de Rome,
ceux d'Election à une premiere Dignité d'Eglife Cathédrale, Collegiale ou Conventuelle, ceux de benedictions d'Abbez ou d'Abbeffes, requifitions de confirmation, & les concordats au fujet des Archevêchez,
Evêchez, Abbayes, Dignitez & autres Benefices fur
procès mûs & à mouvoir, pour raifon du poffeffoire
defd'ts Benefices, création, réduction & extinction de
penfion créée & à créer en Cour de Rome, cinq livres, ci $\qquad$ 5 liv.

Les Commiffions d'Archidiacre pour deffervir une
Cure, Compromis & Expéditions des Sentences arbitrales, entre feuls Eccléfiaftiques, pour raifon des
droits appartenans à leurs Eglifes, & les Actes de vêture, Noviclat ou Profeffion dans les Monafteres,
deux livres, ci $\qquad$ 2 liv.

Les Actes de Vêture & de Profeffion dans les Ordres des Mendians feront controllez gratis.

Et les nominations de Graduez, procurations pour
compromettre, requerir, réfigner, ceder ou retroceder un
Benefice, celle pour notifier les noms, titres & qualitez
des Graduez, ou pour confentir création ou extinction

de pension, revocations desdites procurations, retractations, significations desdits Actes & des Brefs,
Bulles, signatures, rescrits Apostoliques, des concordats & attestations de tems d'étude, notifications de
degrez & autres representations, requisitions de Visa,
de fulmination de Bulles, d'admission à prendre l'habit, à faire Noviciat & Profession, celles pour satisfaire au decret d'une provision de Benefice regulier,
& celles faites aux Curez pour publier aux Prônes des
Messes, les prises de possession, les publications à issue
de Messes des prises de possession, en cas de refus des
Curez, actes de refus d'ouvrir les portes pour prendre possession ou autrement, oppositions à prise de
possession, Lettres d'intronisation, & les répudiations
des provisions, une livre, ci   1 liv.

I I.

Abandonnement ou cession volontaire de biens par
un débiteur à ses creanciers, cinq livres, ci   5 liv.

I I I.

Acquisitions de meubles ou immeubles, soit par
contrats volontaires, adjudications en direction ou autrement.

Au dessous de cinquante livres, cinq sols, ci   5 s.
De cinquante livres à cent livres, dix sols, ci   10 s.
De cent livres à deux cens liv. une livre, ci   1 l.
De deux cens livres & au dessus jusqu'à dix mille
livres, à raison de dix sols pour chaque cent livres.
De dix mille livres, cinquante livres, ci   50 l.
Et au-dessus de dix mille livres, à quelques som-
mes qu'elles puissent monter, à raison de vingt sols
d'augmentation pour chaque mille livres.

I V.

Acquisitions de meubles ou immeubles, où toutes
les sommes & autres choses qui en font le prix ne seront pas désignées ni évaluées, sera payé pour tenir
lieu du plus fort droit, deux cens livres, ci   200 l.

V.

Attestations ou Certificats purs & simples, dix sols,
ci   10 s.

VI.

Aveu & dénombrement d'un Fief ayant haute Justice, reçu par les Notaires, Greffiers des Seigneurs ou autres qui en ont le droit, six livres, ci   6 l.

Ayant droit de moyenne & basse Justice, quatre livres dix sols, ci   4 l. 10 s.

Ayant droit de basse Justice seulement, trois liv. ci 3 l.

Pour le simple fief sans Justice, deux liv. ci   2 l.

A cause d'une, deux ou trois pieces de terre hommagées ou nobles, dix sols, ci   10 s.

Les Actes mentionnez au présent article ne peuvent être fournis ni reçus sous signatures privées, qu'ils n'ayent été préalablement controllez.

VII.

Actes & contrats d'assurance, obligations à la grosse aventure, & celles pour retour de voyages, qui seront reçus par les Notaires, Censaux, Courtiers, Agens de Change, Greffiers des Amirautez, ceux des Jurisdictions Consulaires, ou autres qui font en usage de les recevoir, sera payé pour chacun desdits Actes, & par chacun des Assureurs donnans à la grosse, ou prenans à retour de voyage.

SÇAVOIR,

Pour les assurances, sur le pied des sommes données pour la Prime, & pour les obligations à la grosse, ou pour retour de voyage, sur le pied des sommes principales ou valeur des choses données.

Au-dessous de cent livres, cinq sols, ci   5 s.

De cent livres à deux cens livres, dix sols, ci 10 s.

De deux cens livres à quatre cens livres, quinze sols, ci   15 s.

De quatre cens livres à cinq cens livres, une livre, ci   1 l.

De cinq cens livres à mille livres, une livre dix sols, ci   1 l. 10 s.

De mille livres à quinze cens livres, deux livres dix sols, ci   2 l. 10 s.

De quinze cens livres à deux mille livres, trois livres, ci   3 l.

De deux mille livres à deux mille cinq cens livres, quatre livres, ci   4 l.

De deux mille cinq cens livres à trois mille livres, cinq livres, ci   5 l.

De trois mille livres à quatre mille livres, six livres, ci   6 l.

De quatre mille livres à cinq mille livres, sept livres, ci   7 l.

De cinq mille livres à six mille livres, huit livres, ci   8 l.

De six mille livres à sept mille livres, neuf livres, ci   9 l.

De sept mille livres à huit mille livres, dix livres, ci   10 l.

De huit mille livres & au dessus, à quelques sommes qu'ils puissent monter, quinze livres, ci   15 l.

V I I I.

Acte d'abandonnement pour fait d'assurance, ou grosse aventure, quatre livres, ci   4 l.

I X.

Assurances & obligations à la grosse aventure, ou pour retour de voyage, faites pour le compte de Sa Majesté par les Intendans & Commissaires pour les fournitures concernant la Marine, ne sera payé que la moitié des droits mentionnez à l'article VII. du présent Tarif.

X.

Acte de respect, ou requisition faite par des enfans à leurs peres & meres, pour consentir à leurs mariages, sera payé,

S ç A V O I R,

Pour toutes fortes de personnes, à l'exception des Artisans & gens du commun, trois livres, ci   3 l.

Et par les Artisans & gens du commun, une livre, ci   1 l.

X I.

Acceptation de communauté de biens ou successions, dont les Actes sont reçus par les Notaires, Greffiers ou autres, une livre, ci   1 l.

XII.

Atermoyement ou accord entre un débiteur & ses créanciers, le droit en sera payé à proportion de toutes les sommes y contenues, jointes ensemble sur le pied reglé par les articles III. & IV. du présent Tarif.

XIII.

Autorisation d'un mari à sa femme pour passer des Actes & Contrats, ou pour ester en Justice : ensemble les Actes contenant déclaration de refus d'autorisation, les droits en seront payez suivant les qualitez des personnes, ainsi qu'il est reglé par l'article X. du présent Tarif.

XIV.

Baux d'héritages à cens ou à rente fonciere, rachetable ou non rachetable, les droits seront payez sur le pied de l'Article III. du présent Tarif, à raison du capital au denier vingt de la redevance, à quoi seront jointes les sommes données pour droits d'Entrées, pots de vin & autres choses faisant augmentation de prix, s'il y en a.

XV.

Baux à loyers, ou à titre de ferme, & tous autres, jusqu'à neuf années seulement, sera payé pour les droits sur le pied d'une année du loyer en argent, especes ou autres choses qui seront évaluées.

SÇAVOIR,

Pour ceux au dessous de cinquante livres, cinq sols, ci   5 s.

De cinquante livres à cent livres, dix sols, ci 10 s.

De cent livres à cent cinquante livres, une livre, ci   1 l.

De cent cinquante livres à deux cens livres, une liv. dix sols, ci   1 l. 10 s.

De deux cens livres à deux cens cinquante livres, deux livres, ci   2 l.

De deux cens cinquante livres à trois cens livres, trois livres, ci   3 l.

De

De trois cens livres à quatre cens livres , quatre livres ; ci 　　　　　　　　　　　　　　　　　　4 l.

De quatre cens livres & au deſſus juſqu'à trois mille livres ; à raiſon de vingt ſols pour chaque cent livres.

De trois mille livres , trente livres , ci 　　30 l.

Et au deſſus de trois mille livres , à quelques ſommes qu'ils puiſſent monter, à raiſon de vingt ſols d'augmentation pour chaque mille livres.

X V I.

Les mêmes droits ſeront payez pour les ſous-baux,
tranſports , ceſſions, retroceſſions & ſubrogations deſdits baux.

X V I I.

Baux à moitié ou par tiers , ou ceux faits moyennant certaines eſpeces , les droits ſeront payez ſur le
pied de l'Article XV. du préſent Tarif , & ſuivant
l'eſtimation que les parties ſeront tenues de faire dans
leſdits baux , de la valeur, année commune , des choſes qui doivent être payées au bailleur , laquelle eſtimation ſe fera ſans fraude , à peine de deux cens livres d'amende, tant contre le bailleur que le preneur.

X V I I I.

Baux emphitéotiques à vie & autres au deſſus de
neuf années, & ceux à Domaine congeable , ſera payé
le double des droits reglez par l'Article XV. au préſent Tarif , à proportion du prix annuel deſdits baux.

X I X.

Baux à Chetels de beſtiaux , à croît ou decroît , ou
de pâturage , le droit en ſera payé ſur le pied du capital du prix des beſtiaux , dont l'eſtimation ſera faite
dans l'Acte.

S ç A V O I R,

Pour ceux au deſſous de vingt livres, deux ſols,
ci 　　　　　　　　　　　　　　　　　　　2 ſ.

De vingt livres à cinquante liv. quatre ſols, ci 4 ſ.

De cinquante livres à cent livres, huit ſols ; ci 8 ſ.

De cent livres à deux cens livres, dix fols, ci 10 f.

De deux cens livres à trois cens livres, quinze fols, ci 15 f.

De trois cens livres à quatre cens livres, une livre, ci 1 l.

De quatre cens livres à fix cens livres, une livre dix fols, ci 1 l. 10 f.

De fix cens livres à mille livres, deux liv. ci 2 l.

De mille livres à quinze cens livres, trois livres, ci 3 l.

De quinze cens livres à deux mille livres, quatre livres, ci 4 l.

De deux mille livres à trois mille livres, fix livres, ci 6 l.

De trois mille livres & au deffus, à quelques fommes qu'ils puiffent monter, dix livres, ci 10 l.

X X.

Baux ou adjudications des biens & revenus communs, patrimoniaux & d'octrois des Villes, Communautez & Paroiffes, les droits feront payez à raifon d'une année du revenu fur le pied de l'Article XV. du préfent Tarif.

X X I.

Baux des Boucheries qui feront paffez pardevant Notaires, par délibération des Communautez, ou reçus par les Greffiers ou Secretaires des Villes, Communautez ou Paroiffes, foit qu'ils contiennent des prix fixes en faveur defdites Villes, Communautez & Paroiffes, ou qu'ils ne contiennent feulement que la fixation du prix de la vente des viandes, les droits feront payez.

Sçavoir,

Pour ceux des Villes où il y a Cour Supérieure, Préfidial ou Evêché, vingt livres, ci 20 l.

De celles où il y a Bailliage, Sénéchauffée, Election ou autre Jurifdiction Royale, dix liv. ci 10 l.

Des autres Villes & Bourgs clos, fix livres, ci 6 l.

De toutes les autres Communautez & Paroiffes, trois livres, ci 3 l.

X X I I.
Baux ou Traitez pour la levée des Tailles & autres impofitions, tant ordinaires qu'extraordinaires, le droit en fera payé fuivant l'Article XV. du préfent Tarif, fur le pied du montant de la remife accordée.

X X I I I.
Brevets d'apprentiffage ès Villes où il y a Parlement ou autre Cour Supérieure, une livre, ci   1 l.

Pour ceux des autres Villes & Lieux, dix fols, ci   10 f.

X X I V.
Cautionnemens portez par les mêmes Contrats & Actes, pour raifon defquels ils feront faits, il n'en fera dû aucun droit; mais lorfqu'ils feront faits par Actes particuliers, le droit en fera payé comme pour les Contrats, Obligations & Actes, pour raifon defquels ils feront faits, conformément au préfent Tarif.

Cautionnement pur & fimple, par Acte particulier qui n'aura aucun rapport à autres Actes ou Contrats, pour quelque caufe que ce foit, excepté les deux cas ci-après, deux livres, ci   2 l.

Cautionnement pur & fimple, par acte particulier pour des Officiers en titre, Tréforiers ou Receveurs des Chapitres & Communautez, ou pour des Commis qui ont maniement de deniers, cinq livres, ci   5 l.

Cautionnement pour un domeftique, cinq fols, ci 5 f.

X X V.
Ceffions, Tranfports & Subrogations de chofes mobiliaires ou immobiliaires, les droits en feront payez fur le pied reglé par les Articles III. & IV. du préfent Tarif.

X X V I.
Conftitutions de rentes en argent ou efpeces, les droits en feront payez fur le pied du capital, fuivant l'Article III. du préfent Tarif.

X X V I I.
Conftitutions de penfions ou rentes viageres pour dotation de Religieux ou Religieufes, les droits en fe-

ront payez fur le pied du capital de la rente au denier dix, fuivant l'article III. du préfent Tarif.

Lorfque dans les conftitutions de penfions pour dotations de Religieufes, il y aura des fommes payées en argent, le capital de la penfion au denier dix y fera joint, & le droit payé pour le total.

XXVIII.

Conftitutions de penfions ou rentes viageres à prix d'argent, pour quelque caufe que ce foit, le droit en fera payé fur le pied du capital de la rente au denier dix, fuivant l'article III. du préfent Tarif.

XXIX.

Collation de pieces ou extraits, fera payé cinq fols, ci   5 f.

Lorfque la collation ou extrait fera de plufieurs pieces, il fera payé cinq fols pour la premiere piece, & moitié du droit pour chacune des autres.

Les Actes pardevant Notaires, & ceux fous fignature privée, ne peuvent être extraits ou collationnez, qu'ils n'ayent été préalablement controllez.

XXX.

Compromis entre toutes perfonnes pour quelque caufe que ce foit, deux livres, ci   2 l.

XXXI.

Comptes, précomptes, focietez, traitez & foûtraitez dans lefquels les fommes feront certaines, les droits feront payez fuivant l'Article III. du préfent Tarif.

Et lorfque les fommes ne feront pas certaines, le droit en fera payé.

SÇAVOIR,

Entre Gens d'Affaires, douze livres, ci   12 l.

Entre Marchands, huit livres, ci   8 l.

Entre particuliers pour quelque caufe que ce foit, quatre livres dix fols, ci   4 l. 10 f.

XXXII.

Contre-lettres d'un contrat d'acquifition, conftitution, obligation, ou autre Acte, le droit fera payé

comme pour le contrat ou acte pour raison duquel
elles feront faites, fur le pied reglé par le préfent
Tarif.

XXXIII.

Contrats de mariage dans lefquels les fommes ou
valeur des biens & effets provenant du côté de l'un &
de l'autre des conjoints feront évaluées, en y joignant
les meubles & autres effets conftituez ou donnez, les
droits en feront payez fur le pied de l'Article III. du
préfent Tarif.

XXXIV.

Contrats de mariage dans lefquels le bien de l'un
des conjoints ne fera évalué, défigné, ni eftimé, ou
dans lefquels l'une des parties fera prife avec fes droits,
le droit de Controlle dû fur le pied du bien de l'autre
fera doublé.

XXXV.

Contrats de mariage dans lefquels les biens des
conjoints ne feront défignez ni eftimez, ou qui fe
prendront réciproquement avec leurs droits, fera
payé,

Sçavoir,

Pour ceux des perfonnes conftituées en dignité,
Gentilshommes qualifiez, ou ceux qui poffedent des
Terres ayant haute, moyenne ou baffe Juftice, foit
Gentilshommes ou Roturiers, Préfidens, Confeillers,
Avocats ou Procureurs Generaux & Greffiers en Chef
des Parlemens & autres Cours Supérieures, Officiers
de Finance, Secretaires du Roi, Tréforiers & autres
pourvûs d'Emplois confidérables, Fermiers, fous-Fermiers & Traitans des Droits du Roi, Banquiers &
Marchands en gros de toutes les Villes, premiers Officiers & Bourgeois vivans de leur revenu, des Villes
où il y a Cour Supérieure, Préfidial ou Evêché, cinquante livres, ci . . . . 50 l.

Pour ceux des fimples Gentilshommes de toutes les
Villes & Paroiffes, Officiers de Judicature, des Préfidiaux, Bailliages, Sénéchauffées, Vigueries, Ele-

ctions & autres Jurisdictions Royales, premiers Officiers & Bourgeois vivans de leur revenu, de toutes les autres Villes que celles mentionnées en l'Article précédent, Directeurs, Receveurs, & principaux Commis des Fermes & Droits du Roi, trente livres, ci   30 l.

Pour ceux des Officiers de Judicature, des Duchez-Pairies & autres Jurisdictions Seigneuriales, ressortissantes nuement ès Parlemens, Avocats, Notaires, Procureurs, Greffiers & autres Officiers, Médecins, Chirurgiens, Apoticaires, Peintres, Sculpteurs, Orfévres, Marchands en détail, & autres notables artisans des Villes où il y a Cour Supérieure, Présidial, Bailliage, Sénéchaussée, Election & autres Jurisdictions Royales, vingt livres, ci   20 l.

Pour ceux des Officiers de Judicature des autres Jurisdictions Seigneuriales, Procureurs, Notaires, Greffiers & autres Officiers des mêmes Jurisdictions, Médecins, Chirurgiens, Apoticaires, Marchands, Bourgeois des autres Villes, gros Laboureurs & Fermiers, dix livres, ci   10 l.

Pour ceux des artisans, manouvriers, journaliers, & autres personnes du commun des Villes, trois livres, ci   3 l.

Et pour ceux des simples manouvriers, journaliers, & autres personnes du commun de la campagne, une livre dix sols, ci   1 l. 10 s.

XXXVI.

Déguerpissement, exponse ou abandonnement d'héritages pour être déchargé de la rente ou redevance dont il est chargé, le droit sera payé sur le pied du capital de la rente au denier vingt.

SÇAVOIR.

Au dessous de cinquante livres, cinq sols, ci   5 s.

De cinquante livres à cent livres, dix sols, ci   10 s.

De cent livres à deux cens livres, quinze sols, ci   15 s.

De deux cens livres à quatre cens livres, une livre, ci   1 l.

De quatre cens livres à six cens livres, une livre dix fols, ci   1 l. 10 f.

De six cens livres à mille livres, deux liv. ci   2 l.

De mille livres à quinze cens livres, trois livres, ci   3 l.

De quinze cens livres à deux mille livres, quatre livres, ci   4 l.

De deux mille livres à trois mille livres, six livres, ci   6 l.

De trois mille livres à quatre mille livres, fept livres , ci   7 l.

De quatre mille à cinq mille livres, huit livres, ci   8 l.

De cinq mille livres à six mille livres, dix livres, ci   10 l.

De six mille livres & au-deffus, à quelques fommes qu'ils puiffent monter, & pour ceux qui ne contiendront point d'évaluation , douze livres, ci   12 l.

XXXVII.

Dépôt ou confignation, le droit en fera payé à proportion des fommes ou valeur des chofes dépofées ou confignées, fur le pied reglé par les Articles III. & IV. du préfent Tarif.

XXXVIII.

Dépôt d'Actes fous fignatures privées, de quelque efpece qu'ils foient, dix fols, ci   10 f.

Lefdits Actes fous fignatures privées ne peuvent être dépofez ou annexez aux minutes des Notaires, Greffiers & autres perfonnes qui les recevront en dépôt, qu'ils n'ayent été préalablement controllez , & les droits payez fuivant leur nature, dont mention doit être faite dans les Actes de dépôt.

XXXIX.

Déclaration pour le tout ou partie du contenu d'un contrat d'acquifition, conftitution, obligation, ou autre acte, lorfqu'elle fera renfermée dans le même contrat ou acte, il n'en fera dû aucun droit ; mais lorfqu'elle fera faite par un acte particulier, le droit en sera payé comme pour le contrat & acte pour raison duquel elle sera faite, & à proportion de la somme qui sera contenue dans ladite déclaration, sur le pied reglé par le présent Tarif.

X L.

Déclaration pure & simple qui n'a rapport à aucun contrat ou acte, celle d'appel de jugement des Juges inférieurs, ou pour quelque autre cause que ce puisse être, seize sols, ci   16 f.

X L I.

Déclaration ou reconnoissance au papier terrier des choses tenues en censive.

Pour celles au dessous de dix articles, cinq sols, ci   5 f.

Et pour celles de dix articles & au dessus, dix sols, ci   10 f.

X L I I.

Désistement pur & simple d'une demande faite, tant en matiere civile que criminelle, ou d'un acte d'appel par la partie qui l'a interjetté ou relevé, sans l'acceptation de l'autre avant qu'il ait été prononcé aucun jugement, & dans lesquels il n'y aura aucune somme désignée, ni autres dispositions que celles qui conviennent au désistement pur & simple, une livre, ci   1 l.

X L I I I.

Dissolution ou résolution de traitez, soûtraitez & sociétez pour quelque cause que ce soit, dix livres, ci   10 l.

X L I V.

Donations entre vifs par toutes sortes d'actes, de quelque nature qu'ils soient, soit par démission, abandonnement, en avancement de droits successifs, ou pour quelque autre cause que ce puisse être, soit de meubles ou immeubles donnez en proprieté, les droits en seront payez sur le pied reglé par les Articles III. & IV. du présent Tarif.

X L V.

Donations d'usufruits, de pension ou rente viagere,

les droits en seront payez sur le pied de l'évaluation qui sera faite du fonds de l'usufruit, pension ou rente, à raison du denier dix, suivant l'Article III. du présent Tarif.

Et pour celles qui ne contiendront point d'évaluation, suivant l'article IV.

XLVI.

Dons mutuels entre maris & femmes, les droits seront payez,

SÇAVOIR,

Pour ceux des personnes constituées en dignité, Gentilshommes qualifiez, ceux qui possedent des Terres ayant haute, moyenne ou basse Justice, Officiers des Cours Supérieures, Greffiers en Chef desdites Cours, Officiers & Gens du Roi, des Présidiaux, Bailliages, Sénéchaussées, Elections & autres Jurisdictions Royales, Secretaires du Roi, Trésoriers de France, Receveurs generaux des Finances, Receveurs des Tailles, & tous autres Officiers de Finance, Fermiers, sous-Fermiers & Traitans des Droits du Roi, Directeurs, Receveurs & principaux Commis des Fermes, Banquiers & Négocians en gros, quinze livres, ci   15 l.

Pour ceux des simples Gentilshommes, Officiers de Judicature, autres que ceux dénommez en la classe ci-dessus, Avocats, Notaires, Procureurs, Greffiers, Huissiers, Medecins, Chirurgiens, Apoticaires, Bourgeois, Marchands en détail, & notables artisans des Villes, dix livres, ci   10 l.

Pour tous autres Artisans des Villes, Laboureurs, Fermiers & habitans de la campagne, deux livres, ci   2 l.

XLVII.

Décharges de papiers données aux Procureurs par leurs parties, qui ne contiendront point d'obligation, ni autre disposition que celle qui conviennent à une simple décharge, dix sols, ci   10 s.

XLVIII.

Echange, le droit sera payé à proportion de la valeur de ce qui sera donné en échange par l'une des deux parties, suivant l'évaluation & estimation qui sera faite par les contrats sans fraude, sinon à l'amiable ou par Experts sur le pied des Articles III. & IV. du présent Tarif.

XLIX.

Engagemens, enticreses, ou pignoratifs, le droit en sera payé sur le pied reglé par les Articles III. & IV. du présent Tarif.

L.

Engagemens de matelots, soldats & autres pour l'équipage des Navires armez, soit pour le négoce ou pour la course, le cahier sera controllé dans la quinzaine, à compter du jour de la clôture d'icelui, qui sera faite au plutard le jour du départ du Bâtiment, & les droits payez à raison de cinq sols par article, sans néanmoins que le droit puisse exceder quinze livres.

LI.

Emancipations qui ne contiendront aucune donation, avancement de succession ou autre disposition que celle necessaire pour tirer les enfans hors de la puissance paternelle, sera payé,

S Ç A V O I R,

Pour les enfans des personnes dénommées en la premiere Classe de l'article XLVI. du présent Tarif, six livres, ci   6 l.

Pour ceux dénommez en la seconde classe, trois livres, ci   3 l.

Pour ceux dénommez en la troisiéme classe, une livre, ci   1 l.

LII.

Exhérédations, les mêmes droits seront payez que pour les émancipations, suivant la qualité des personnes dénommées dans les trois classes de l'article XLVI du présent Tarif.

L I I I.

Fondations où les fommes en principal feront évaluées, les droits feront payez fur le pied de l'article
III. du préfent Tarif.

L I V.

Foy & hommage, les droits feront payez fur le pied
des claffes reglées par l'article VI. du préfent Tarif.

L V.

Indemnité pour raifon d'obligations, contrats ou
actes, il n'en fera dû aucun droit, lorfqu'elle fera
renfermée dans le même contrat, obligation ou acte ;
mais lorfque ce fera par acte particulier, le droit en
fera payé comme pour l'obligation, contract ou acte
fur le pied reglé par le préfent Tarif.

Indemnité pure & fimple qui n'aura rapport à aucun contrat ou acte pour quelque caufe que ce foit,
une livre dix fols, ci   1 l. 10 f.

L V I.

Inventaires de meubles & papiers faits par les Notaires, Greffiers & autres qui ont droit de les faire,
dans lefquels les meubles feront eftimez, ainfi que tous
les autres effets mobiliers, les droits feront payez
conformément à l'article III. du préfent Tarif.

Et pour ceux qui ne contiendront point d'eftimation ni évaluation, fuivant l'article IV.

L V I I.

Inventaires où il ne fe trouvera que des papiers concernant la propriété des immeubles, foit en terres,
maifons, héritages, contrats de conftitution ou traitez
d'Offices, fera payé, SÇAVOIR,

Pour ceux des perfonnes conftituées en Dignitez,
Eccléfiaftiques ou Laïques, Gentilshommes qualifiez,
ceux qui poffedent des Terres ayant haute, moyenne,
& baffe Juftice, Officiers des Cours Supérieures, Greffiers en Chef defdites Cours, Officiers & Gens du
Roi des Préfidiaux, Bailliages, Sénéchauffées, Elections & autres Jurifdictions Royales, Secrétaires du
Roi, Tréforiers de France, Receveurs generaux des

Finances, Receveurs des Tailles, & tous autres Officiers de Finance, Fermiers, fous-Fermiers & Traitans des droits du Roi, Directeurs, Receveurs, & principaux Commis des Fermes, Banquiers & Négocians en gros, douze livres, ci   12 l.

Pour ceux des fimples Ecclésiaftiques qui ne poffedent aucun Benefice, fimples Gentilshommes, Officiers de Judicature, autres que ceux dénommez en la claffe ci-deffus, Avocats, Notaires, Procureurs, Greffiers, Huiffiers, Médecins, Chirurgiens, Apoticaires, Bourgeois, Marchands en détail, & notables Artifans des Villes, fix livres, ci   6 l.

Pour tous autres artifans des Villes, Laboureurs, Fermiers & Habitans de la campagne, deux livres, ci   2 l.

LVIII.

Inventaires qui contiendront des meubles & effets mobiliaires, & des papiers concernant la proprieté des immeubles dans un même acte, il n'en fera payé qu'un feul droit fur le pied le plus fort, foit des meubles & effets mobiliaires, ou des papiers, fuivant les articles ci-deffus.

LIX.

Lotiffement de douaire, ou licitation entre coproprietaires, les droits en feront payez fur le pied reglé par les articles III. & IV. du préfent Tarif.

LX.

Lettres de voiture, fera payé cinq fols pour chaque perfonne à qui l'envoi fera fait.

LXI.

Marchez entre particuliers pour quelque caufe que ce foit, les droits en feront payez fur le pied reglé par les articles III. & IV. du préfent Tarif.

LXII.

Marchez pour la Marine qui feront faits pour le compte de Sa Majefté par les Intendans & Commiffaires, ne fera payé que moitié des droits reglez pour les autres marchez, fuivant les articles III. & IV. du préfent Tarif.

LXIII.

Mainlevée ou confentement pur & fimple, dix
fols, ci   10 f.

LXIV.

Obligations où les fommes feront défignées, & celles où elles ne le feront pas, les droits en feront payez
fur le pied reglé par les articles III. & IV. du préfent Tarif.

LXV.

Offres fuivies de payement, portant quittance par
le même acte, foit qu'elles foient reçues par les Notaires, Greffiers, Huiffiers, ou autres perfonnes publiques, les droits en feront payez fur le pied de l'article III. du préfent Tarif.

LXVI.

Offres pures & fimples qui ne contiendront que
refus de recevoir, ou proteftation, fans aucune difpofition, dix fols, ci   10 f.

LXVII.

Oppofitions aux inventaires, ventes ou adjudications de meubles faites par les Notaires, Greffiers, ou
autres qui en ont la faculté, foit qu'elles foient infe-
rées dans les inventaires & ventes, ou qu'elles foient
faites par acte particulier, fera payé outre le droit
dû pour lefdits inventaires & ventes, autant de droit
de dix fols qu'il y aura d'oppofitions.

LXVIII.

Oppofitions à la célébration des mariages & autres
en matiere laïque, pour quelque caufe que ce foit,
dix fols, ci   10 f.

LXIX.

Partages de meubles ou immeubles, entre telles
perfonnes que ce foit, faits pardevant Notaires, Greffiers & autres qui en ont la faculté, les droits feront
payez fur le pied de la valeur des biens, fuivant les
articles III. & IV. du préfent Tarif.

LXX.

Prife de poffeffion d'héritages & immeubles, en

conséquence de contrats volontaires, qui auront été controllez, sera payé le quart des droits, sur le pied du prix des contrats, ainsi qu'il est reglé par les articles III. & IV. du présent Tarif.

Prise de possession d'héritages ou immeubles échûs, par succession, ou en vertu de Jugemens ou autres actes judiciaires non sujets au Controlle, les droits en seront payez sur le pied de la valeur des immeubles, suivant & conformément aux articles III. & IV. du présent Tarif.

L X X I.

Procès verbaux de nomination de Maire, Echevins, Capitouls, Consuls, Jurats, Procureurs, Syndics, & autres Officiers, Receveurs & Administrateurs municipaux des Villes, Communautez & Paroilles, reçus par les Notaires, Greffiers, Secretaires des Hotels de Ville, Communautez & autres, dix sols, ci 10 s.

L X X I I.

Procès verbaux de rapport d'Experts, ceux des Arpentages, mesurages, prisages, vérifications, estimations de réparations & dégradations, & autres de pareille nature, qui seront reçus par les Notaires, Greffiers, Arpenteurs Royaux, Greffiers des Experts, ou de l'Ecritoire, & autres qui en ont la faculté, dix sols, ci 10 s.

L X X I I I.

Procurations pour résigner un Office de Cour Supérieure, ou pour Office de Finance, comme Receveurs generaux des Finances, Receveurs des Tailles, & autres de pareille nature, quatre livres, ci 4 l.

Pour les Offices de Présidiaux, Bailliages, & autres Justices ressortissantes nuement ès Cours supérieures, deux livres, ci 2 l.

Et pour tous autres Offices de quelque nature qu'ils puissent être, une livre, ci 1 l.

L X X I V.

Procurations simples en matieres laïques, pour plaider, transiger, consentir, requerir, agir, contracter, payer , recevoir , donner avis de parens , pouvoir de contraindre , & autres , pour quelque cause que ce puisse être , autres que celles ci-dessus exprimées , dix sols , ci   10 s.

L X X V.

Quittances pour quelque cause que ce soit , soit qu'elles soient pures & simples , ou qu'elles contiennent d'autres dispositions , le droit en sera payé sur le pied reglé par les articles III. & IV. du présent Tarif.

L X X V I.

Quittance pour reste d'une plus grande somme , le droit sera payé pour la quittance finale , comme si elle étoit pour le total , sur le pied ci-dessus , à moins qu'il ne soit justifié que les quittances du surplus auront été passées pardevant Notaires , & controllées , auquel cas il ne sera payé pour le Controlle de ladite quittance finale qu'à proportion de la somme y contenue.

L X X V I I.

Ratifications pures & simples d'actes ou contrats passez pardevant Notaires , qui ne contiendront point d'autres dispositions que celles contenues dans les actes ou contrats ratifiez , dix sols , ci   10 s.

L X X V I I I.

Reconnoissances ou ratifications d'actes sous signatures privées qui auront préalablement été controllez , dont mention sera faite dans les ratifications ou reconnoissances , dix sols ,   10 s.

L X X I X.

Remboursemens du prix des contrats ou rentes constituées ou foncieres , les droits en seront payez sur le pied des articles III. & IV. du présent Tarif.

L X X X.

Renonciations ou répudiations de successions , communautez , & autres droits , dix sols , ci   10 s.

L X X X I.

Resillment d'actes , deux livres , ci   2 l.

L X X X I I.

Retrait lignager , féodal ou conventionnel , les

droits feront payez fur le pied des articles III. & IV.
du préfent Tarif.

LXXXIII.

Retroceffion des chofes portées par toutes fortes
d'actes, pour quelque caufe & matiere que ce foit,
fera payé comme pour les actes retrocedez, fur le
pied reglé par le préfent Tarif.

LXXXIV.

Rolles des Tailles, Fouages, & autres impofitions
de la Province de Bretagne, les droits feront payez,

Sçavoir,

Pour un Rolle au-deffous de quatre cens livres,
une livre, ci   1 l.

Pour un de quatre cens livres jufqu'à mille livres,
une livre dix fols, ci   1 l. 10 f.

Pour un depuis mille livres jufqu'à deux mille livres, deux livres, ci   2 l.

Pour un depuis deux mille livres jufqu'à trois mille livres, trois livres, ci   3 l.

Et pour un depuis trois mille livres & au deffus, à
quelque fomme qu'il puiffe monter, quatre livres,
ci   4 l.

LXXXV.

Saifine, inveftiture, lecture & publication, ou
prife de poffeffion d'héritages & immeubles, le droit
en fera payé ainfi qu'il eft reglé par l'article LXX. du
préfent Tarif.

LXXXVI.

Sentences arbitrales entre perfonnes Laïques ou
Eccléfiaftiques, pour interêts particuliers, les droits
en feront payez fur le pied reglé par les articles III.
& IV. du préfent Tarif.

LXXXVII.

Societez, traitez, fous-traitez, & comptes entre
Gens-d'Affaires, Marchands & autres particuliers,
foit pour le Commerce fur terre ou fur mer, armement
ou autrement, les droits en feront payez, ainfi qu'il
eft reglé par l'article XXXI. du préfent Tarif.

LXXXVIII.

LXXXXVIII.

Sommations, protêts de Lettres de Change ou Billets, protestations, empêchemens, notifications, ou autres actes qui se signifient ou notifient en matieres laïques, pour quelque cause que ce soit, dix sols, ci 10 s.

LXXXIX.

Testamens, codiciles, donations à cause de mort, substitutions & autres actes portant donations, qui ne doivent avoir effet qu'après la mort des Testateurs ou Donateurs, soit que l'estimation, désignation, ou évaluation des choses soit faite ou non par lesdits actes, les droits en seront payez suivant la qualité des Testateurs ou Donateurs,

SÇAVOIR,

Pour ceux des personnes constituées en Dignitez Ecclésiastiques ou Laïques, Gentilshommes qualifiez, ou ceux qui possedent des Terres ayant haute, moyenne ou basse Justice, soit Gentilshommes ou Roturiers, Présidens, Conseillers, Avocats ou Procureurs generaux, & Greffiers en Chef des Parlemens & autres Cours supérieures, Officiers de Finance, Secretaires du Roi, Trésoriers, & autres pourvûs d'Emplois considérables, Fermiers, sous-Fermiers & Traitans des Droits du Roi, Banquiers & Marchands en gros de toutes les Villes, premiers Officiers & Bourgeois vivans de leur revenu, des Villes où il y a Cour Supérieure, Présidial ou Evêché, leurs veuves & enfans de l'un & de l'autre sexe, cinquante livres, ci 50 l.

Pour ceux des Chanoines, Curez & autres Ecclésiastiques pourvûs de Benefices, de toutes les Villes & Paroisses, simples Gentilshommes, Officiers de Judicature des Présidiaux, Bailliages, Sénéchaussées, Vigueries, Elections, & autres Jurisdictions Royales, premiers Officiers & Bourgeois vivans de leur revenu, de toutes les autres Villes que celles mentionnées en l'article précédent, Directeurs, Receveurs & prin-

T t

cipaux Commis des Fermes & Droits du Roi, trente livres, ci   30 l.

Pour ceux des Officiers de Judicature des Duchez-Pairies & autres Jurisdictions Seigneuriales ressortissantes nuement ès Parlemens, Avocats, Notaires, Procureurs, Greffiers, & autres Officiers, Médecins, Chirurgiens, Apoticaires, Peintres, Sculpteurs, Orfévres, Marchands en détail, & autres notables Artisans des Villes où il y a Cour Supérieure, Présidial, Bailliage, Sénéchaussée, Election, & autres Jurisdictions Royales, vingt livres, ci   20 l.

Pour ceux des Ecclésiastiques qui ne sont pourvûs d'aucun Benéfice, de toutes les Villes & Paroisses, Officiers de Judicature des autres Jurisdictions Seigneuriales, Procureurs, Notaires, Greffiers & autres Officiers des mêmes Jurisdictions, Médecins, Chirurgiens, Apoticaires, Marchands, Bourgeois des autres Villes, gros Laboureurs & Fermiers, dix livres, ci   10 l.

Pour ceux des Artisans, Manouvriers, Journaliers, & autres personnes du commun des Villes, trois livres, ci   3 l.

Et pour ceux des simples Manouvriers, Journaliers & autres personnes du commun de la campagne, une livre dix sols, ci   1 l. 10 s.

X C.

Titres Clericaux ou Sacerdotaux par les peres & meres, ou autres, au profit de l'aspirant, portant constitution de rente, ou donation de fonds, les droits en seront payez sur le pied du capital au denier vingt, suivant l'article III. du présent Tarif.

Et lorsque les Titres Clericaux contiendront seulement des rentes ou pensions viageres, les droits seront payez sur le pied du capital au denier dix.

X C I.

Titre nouvel & reconnoissance d'hypotheque de rentes constituées ou foncieres, les droits seront payez comme pour les contrats de constitution, ou de créa-

tion de rentes, fur le pied reglé par le préfent Tarif.

X C I I.

Tranfactions ou accords en matiere civile, dans lefquels toutes les fommes, enfemble les dommages &
interêts feront défignez, les droits en feront payez fuivant l'article III. du préfent Tarif.

Et pour celles où les fommes ne feront pas défignées,
les droits en feront payez fuivant l'article IV.

Tranfactions ou accords en matiere criminelle pour
excès, injures, ou autres cas, dans lefquels il n'y
aura aucune fomme défignée, fera payé trois livres,
ci   3 l.

X C I I I.

Ventes d'Offices, les droits en feront payez à proportion des fommes qui y feront défignées, fuivant
l'article III. du préfent Tarif.

X C I V.

Pour tous les actes qui ne fe trouveront point expreffement compris dans le préfent Tarif, les droits
en feront payez fur le pied de ceux aufquels ils auront rapport.

X C V.

Et à l'égard de ceux qui ne pourront recevoir d'ap-
plication, ils feront réputez Actes fimples, & les
droits en feront payez fur le pied de dix fols, ci   10 f.

X C V I.

Pour les contrats & actes qui renfermeront differentes difpofitions concernant les mêmes parties, il ne
fera payé qu'un droit qui fera pris fur le pied de l'article le plus fort de tous ceux du préfent Tarif, auquel lefdits contrats & actes pourront avoir rapport ;
mais lorfque lefdits actes contiendront differentes difpofitions pour differens faits, & entre differentes parties qui auront des interêts differens, il fera payé autant de droits de Controlle, fuivant le Tarif, qu'il y
aura de differentes parties principales ou intervenan-
tes dans lefdits actes, pour des interêts particuliers,

chacun suivant la nature des dispositions qui les concerneront.

XCVII.

Tous les actes qui seront faits sous signatures privées, de quelque nature qu'ils soient, seront controllez, & les droits payez par rapport à leur nature sur le pied reglé par le présent Tarif, de même que s'ils étoient passez pardevant Notaires, avant qu'il puisse être fait aucune demande, signification, exploit ni acte en conséquence, ni produits en Justice, pour quelque cause que ce soit, à l'exception seulement des Lettres de Change & Billets à ordre ou au porteur, entre Gens d'Affaires, Marchands & Négocians, & des Billets de Marchands à Marchands, causez pour fourniture de Marchandise de leur Commerce réciproque, & des extraits des Livres entre Marchands pour fourniture des marchandises concernant leur négoce seulement, le tout sous les peines & amendes portées par l'Edit du mois d'Octobre 1705.

XCVIII. & dernier.

Tous lesquels droits, ensemble les quatre sols pour livre, pendant le tems que la levée en doit être faite au profit de Sa Majesté, seront payez par toutes sortes de personnes, exemtes & non exemtes, privilegiées & non privilegiées, sans aucune exception, pour quelque cause & sous quelque prétexte que ce soit ou puisse être, nonobstant tous Edits, Déclarations, Arrêts, Réglemens & Usages à ce contraires, sans que les Fermiers desdits Droits, leurs Commis & Préposez puissent faire remise ou modération des Droits en faveur de qui que ce soit, ni à eux-mêmes pour les actes qui les concerneront, à peine de restitution du quadruple, & de deux cens liv. d'amende pour chacun acte dont lesdits droits n'auront pas été payez.

Fait & arrêté au Conseil Royal des Finances, tenu à Versailles le vingt-neuviéme jour de Septembre mil

sept cent vingt-deux, *Signé*, LOUIS. *Et plus bas*,
PHELYPEAUX.

Regiftré, ouy, & ce requerant le *Procureur General du Roi*, pour être executé selon fa forme & teneur, fans approbation des Reglemens énoncez en ladite *Déclaration*, autres que ceux portez par les *Edits*, *Déclarations* & *Lettres Patentes* enregiftrées en la *Cour*. Et fera le *Roi* très humblement fupplié de vouloir bien décharger fon Peuple de l'*Impofition* portée par ladite *Déclaration*, auffitôt que l'état de fes affaires pourra le permettre : Et feront copies collationnées envoyées aux *Bailliages* & *Senechauffées* du *Reffort*, pour y être lûes, publiées & regiftrées : Enjoint aux *Subftituts* du *Procureur General du Roi*, d'y tenir la main, & d'en certifier la *Cour* dans un mois, à la charge que le préfent enregiftrement fera réiteré au lendemain de la *Saint-Martin*, fuivant l'*Arrêt* de ce jour. *A Paris en Parlement en Vacations*, le huitiéme jour d'*Octobre* mil fept fens vingt-deux. *Signé*, GILBERT.

Tarif des Droits que le Roi en son Conseil veut & ordonne être payez à l'avenir, à commencer au premier Novembre prochain, en execution de l'Edit du mois de Décembre 1703; Édits, Déclarations, Arrêts & Reglemens rendus en consequence, & notamment de la Déclaration de ce jour, pour l'Insinuation & Enregistrement des Contrats, Arrêts, Jugemens, Sentences, Lettres, & autres Actes mentionnez ausdits Reglemens.

SÇAVOIR,

ARTICLE PREMIER.

POUR toutes donations entre vifs, à cause de mort ou autrement, de meubles ou immeubles, à l'exception de celles faites en ligne directe par contrat de mariage, ou à cause de mort; & de celles entre vifs, ou à cause de mort, de sommes mobiliaires qui n'excederont pas trois cens livres, en faveur des Eglises, Chapelles, Couvens, Monasteres, Hopitaux & Communautez, pour œuvres pies, sera payé.

SÇAVOIR,

Pour celles de cinquante livres & au dessous, dix sols, ci   10 s.

De cinquante livres à cent liv. une livre, ci   1 l.

De cent livres & au dessus, à raison de vingt sols pour chaque cent livre, sans néanmoins que le droit puisse exceder cinquante livres.

Et pour les donations ou legs qui ne contiendront point d'évaluation ou estimation des choses données, sera payé cinquante livres, ci   50 l.

I I.

Testamens ou codicilles en faveur de toutes personnes autres que les descendans en ligne directe, dans lesquels le legs universel, ou l'heredité mobiliaire ne seront point évaluez, les droits en seront payez suivant la qualité des testateurs ou donateurs, sans préjudice de l'Insinuation des legs particuliers, des substitutions , s'il y en a , & du centiéme denier des immeubles.

Sçavoir,

Pour ceux des personnes constituées en Dignitez Ecclésiastiques ou Laïques, Gentilshommes qualifiez ou ceux qui possedent des Terres ayant haute, moyenne ou basse Justice, soit Gentilshommes ou Roturiers , Présidens, Conseillers , Avocats ou Procureurs Generaux , & Greffiers en Chef des Parlemens & autres Cours Superieures, Officiers de Finance , Secretaires du Roi, Trésoriers & autres pourvûs d'Emplois considérables, Fermiers, sous-Fermiers , & Traitans des Droits du Roi , Banquiers & Marchands en gros de toutes les Villes , premiers Officiers & Bourgeois vivans de leur revenu, des Villes où il y a Cour Superieure, Présidial ou Evêché, leurs veuves & enfans de l'un ou de l'autre sexe, cinquante livres, ci 50 l.

Pour ceux des Chanoines, Curez & autres Ecclésiastiques pourvûs de Benefices , de toutes les Villes & Paroisses, simples Gentilshommes, Officiers de Judicature des Présidiaux , Bailliages , Sénéchaussées, Vigueries, Elections & autres Jurisdictions Royales, premiers Officiers & Bourgeois vivans de leur revenu, de toutes les autres Villes , que celles mentionnées en l'Article précédent, Directeurs, Receveurs & principaux Commis des Fermes & Droits du Roi, trente livres, ci 30 l.

Pour ceux des Officiers de Judicature des Duchez-Pairies, & autres Jurisdictions Seigneuriales ressortissantes nuement ès Parlemens, Avocats, Notaires, Procureurs, Greffiers & autres Officiers, Medecins, Chirurgiens, Apoticaires , Peintres, Sculpteurs, Orfévres, Marchands en détail , & autres notables Artisans des Villes où il y a Cour Superieure , Présidial , Bailliage , Sénéchaussée , Election & autres Jurisdictions Royales , vingt livres, ci 20 l.

T t iiij

Pour ceux des Ecclésiastiques qui ne sont pourvûs d'aucun Bénéfice, de toutes les Villes & Paroisses, Officiers de Judicature des autres Jurisdictions Seigneuriales, Procureurs, Notaires, Greffiers & autres Officiers des mêmes Jurisdictions, Médecins, Chirurgiens, Apoticaires, Marchands, Bourgeois des autres Villes, gros Laboureurs & Fermiers, dix livres, ci   10 l.

Pour ceux des Artisans, Manouvriers, Journaliers & autres personnes du commun des autres Villes, trois livres, ci   3 l.

Et pour ceux des simples Manouvriers, Journaliers & autres personnes du commun de la campagne, une livre dix sols, ci   1 l. 10 s.

III.

Pour chacun des legs faits par testamens, codiciles, ou donations à cause de mort, sera payé par les héritiers, légataires universels, ou exécuteurs testamentaires les droits reglez par l'article premier du présent Tarif, & à proportion des sommes données à chacun légataire, desquels droits il leur sera tenu compte par lesdits légataires, lors du payement de leurs legs, chacun pour ce qui les concernera.

IV.

Dons mutuels entre maris & femmes, les droits en seront payez suivant la qualité du mari.

SÇAVOIR,

Pour ceux des personnes constituez en Dignitez, Gentilshommes qualifiez, ceux qui possedent des Terres ayant haute, moyenne ou basse Justice, Officiers des Cours Superieures, Greffiers en Chef desdites Cours, Officiers & Gens du Roi, des Présidiaux, Bailliages, Sénéchaussées, Elections & autres Jurisdictions Royales, Secretaires du Roi, Trésoriers de France, Receveurs generaux des Finances, Receveurs des Tailles, & tous autres Officiers de Finance, Fermiers, sous-Fermiers & Traitans des droits du Roi, Directeurs, Receveurs & principaux Commis des Fer-

mes, Banquiers & Négocians en gros, cinquante li-
vres, ci   50 l.

Pour ceux des simples Gentilshommes, Officiers de
Judicature, autres que ceux dénommez en la classe ci-
dessus, Avocats, Notaires, Procureurs, Greffiers,
Huissiers, Médecins, Chirurgiens, Apoticaires, Bour-
geois, Marchands en détail, & notables Artisans des
Villes, vingt livres, ci   20 l.

Pour tous autres Artisans des Villes, Laboureurs,
Fermiers & habitans de la campagne, cinq livres,
ci   5 l.

Les mêmes droits seront payez pour les donations
mutuelles & réciproques entre maris & femmes, ou
autres particuliers, qui ne contiendront point d'évaluation, suivant la qualité de la personne dénommée
dans l'Acte qui produira le plus fort droit.

V.

Substitutions de biens meubles ou immeubles, les
droits seront payez par chacun substitué, suivant la
qualité des substituans, sans néanmoins qu'il puisse
être perçu plus de quatre droits, compris l'institution,
en quelque nombre que soient les substituez.

SÇAVOIR,

Pour celles faites par les personnes Ecclésiastiques
ou Laïques dénommées dans la premiere classe de l'article II. du présent Tarif, cinquante livres, ci   50 l.

Par celles dénommées dans la deuxième, trente li-
vres, ci   30 l.

Par celles dénommées dans la troisiéme, vingt li-
vres, ci   20 l.

Par celles dénommées dans la quatriéme, dix livres,
ci   10 l.

Et par celles dénommées dans les cinq & sixiéme,
cinq livres, ci   5 l.

V I.

Exhérédation, sera payé cinquante livres, ci 50 l.

V I I.

Séparation de biens, de corps ou d'habitation, ou

exclusion de communauté entre maris & femmes, soit qu'elles soient stipulées par contrat de mariage & autres Actes, ou ordonnées en Justice, le droit en sera payé suivant la qualité du mari & sur le pied reglé par l'article IV. du présent Tarif.

VIII.

Pour les interdictions de contrats des prodigues, furieux, gens en démence, ou pour quelque autre cause que ce soit, volontaires ou ordonnées en Justice, quinze livres, ci   15 l.

IX.

Et pour les Actes & Jugemens qui auront cassé, annullé, ou fait mainlevée des Actes mentionnez aux Articles précédens, il ne sera payé que moitié des Droits.

X.

Pour chacune lettre d'annoblissement, réhabilitation de Noblesse, légitimation, naturalité, érection de roture en fief, érections en Duchez, Marquisats, Comtez, Baronies, & autres titres de Dignitez, concessions de Justices, Foires ou Marchez, sera payé par chacun impétrant, cent livres, ci   100 l.

XI.

Pour chacune quittance du droit d'amortissement dû par les gens de main-morte, & pour chacune quittance du droit d'Indemnité dû aux Seigneurs.

Pour les biens de valeur de cinq cens livres & au dessous, dix livres, ci   10 l.

De cinq cens livres à deux mille livres, vingt livres, ci   20 l.

De deux mille livres à quatre mille livres, quarante livres, ci   40 l.

De quatre mille livres à six mille livres, soixante livres, ci   60 l.

De six mille livres à dix mille livres, quatre-vingt livres, ci   80 l.

De dix mille livres & au dessus, cent livres, ci   100 l.

Lorsque la quittance d'Amortissement aura été insinuée, & le droit payé, les Lettres d'Amortissement seront insinuées gratis.

XII.

Renonciation à succession, le droit sera payé pour chacun des renonçans, suivant la qualité des personnes décédées.

SÇAVOIR,

Par les personnes dénommées dans la premiere classe de l'article IV. du présent Tarif, en y comprenant les Ecclésiastiques possedans Benefices ou Dignitez, six livres, ci   6 l.

Par celles dénommées dans la deuxiéme en y comprenant les simples Ecclésiastiques, trois livres, ci 3 l.

Et par celles dénommées dans la troisiéme, une livre, ci   1 l.

XIII.

Renonciation à communauté entre mari & femme, le droit sera payé suivant la qualité du mari.

SÇAVOIR,

Par les personnes dénommées dans la premiere classe de l'article IV. du présent Tarif, six liv. ci 6 l.

Par celles dénommées dans la deuxiéme, trois livres, ci   3 l.

Et par celles dénommées dans la troisiéme, une livre, ci   1 l.

XIV.

Pour toutes lettres de benefice d'âge, lettres & actes d'émancipation, lettres de benefice d'inventaire, ou pour l'inventaire dans les pays où le benefice d'inventaire a lieu, sans qu'il soit besoin d'obtenir de lettres, actes d'acceptations ou jugemens qui permettront de se porter héritiers beneficiaires, sera payé pour chacun des impétrans, émancipez, acceptans, ou héritiers par rapport à la qualité de la personne de la succession de laquelle il s'agit.

SÇAVOIR,

Par les personnes dénommées dans la premiere claſſe de l'article IV. du préſent Tarif, en y comprenant les Eccléſiaſtiques poſſedans Benefices ou Dignitez, quinze livres, ci   15 l.

Par celles dénommées dans la ſeconde, en y comprenant les ſimples Eccléſiaſtiques, ſix livres, ci   6 l.

Et par celles dénommées dans la troiſiéme, trois livres, ci   3 l.

X V.

Pour chacune nomination de Curateur aux ſucceſſions vacantes, à ſubſtitutions, aux interdits, aux mineurs & autres, ſoit par acte judiciaire ou volontaire, pour quelque cauſe que ce ſoit, les droits en ſeront payez pour chaque ſucceſſion, & pour chacun des interdits, mineurs & autres, compris dans un même Acte ou Sentence, par rapport à la qualité de la perſonne de la ſucceſſion de laquelle il s'agit.

SÇAVOIR,

Par ceux dénommez dans la premiere claſſe de l'article IV. du préſent Tarif, en y comprenant les Eccléſiaſtiques poſſedans Benefices ou Dignitez, ſix livres, ci   6 l.

Par ceux dénommez dans la deuxiéme, en y comprenant les ſimples Eccléſiaſtiques, trois livres, ci 3 l.

Et par ceux dénommez dans la troiſiéme, une livre, ci   1

X V I.

Contrats d'union ou de direction de créanciers, ceux d'artermoyement, ou abandonnement de biens, pourvû que l'abandonnement ſoit fait par le débiteur à ſes créanciers, pour être vendus en direction, ſera payé dix livres, ci   10 l.

Et lorſque l'abandonnement ne ſera pas fait par le débiteur à ſes créanciers, pour être les biens vendus en direction, le droit de centiéme denier en ſera payé comme des ventes pures & ſimples.

XVII.

Pour chacune Lettre de répi , Arrêts , Jugemens , Sentences portant surséance generale, soit qu'ils soient accordez par Sa Majesté , ou par les Cours & autres Jurisdictions , vingt livres, cl   20 li.

XVIII.

Pour la recherche sur les Registres, lorsque les Juges auront permis d'en délivrer des extraits, ne sera payé que dix sols, si on indique l'année dans laquelle l'insinuation aura été faite ; mais lorsque les Commis seront obligez d'en faire la recherche sur plusieurs années, il sera payé dix sols pour chacune année , à compter du jour de la passation de l'Acte, jusqu'à celui de l'insinuation seulement : & lorsqu'il ne sera délivré que de simples extraits, sera payé dix sols pour chacun desdits extraits ; mais s'il est requis copie entiere de l'enregistrement des Actes, sera payé par Rolle de Grosses , même droit qui se paye pour les expéditions en papier, aux Greffes des Siéges Royaux près lesquels lesdites Insinuations seront établies.

XIX. & dernier.

Tous lesquels droits, ensemble les quatre sols pour livre pendant le tems que la levée en doit être faite au profit de Sa Majesté , seront payez par toutes sortes de personnes , exemptes & non exemptes, privilegiées & non privilegiées, sans aucune exception, pour quelque cause & sous quelque prétexte que ce soit ou puisse être , nonobstant tous Edits, Déclarations, Arrêts, Reglemens & Usages à ce contraires, sans que les Fermiers desdits droits , leurs Commis & Préposez, puissent faire remise ou modération des droits en faveur de qui que ce soit, ni à eux-mêmes pour les Actes qui les concerneront , à peine de restitution du quadruple & de trois cens livres d'amende pour chacun acte dont les droits n'auront pas été payez.

Fait & arrêté au Conseil Royal des Finances, tenu à Versailles le vingt neuviéme jour de Septembre mil sept cens vingt-deux. *Signé,* LOUIS. *Et plus bas ,* PHELYPEAUX.

Registré, ouy, & ce requerant le Procureur General du Roi, pour être exécuté selon sa forme & teneur, sans approbation des Reglemens énoncez en ladite Déclaration, autres que ceux portez par les Edits, Déclarations & Lettres Patentes enregistrées en la Cour. Et sera le Roi très-humblement supplié de vouloir bien décharger son Peuple de l'Imposition portée par ladite Déclaration, aussitôt que l'état de ses affaires pourra le permettre : Et seront copies collationnées envoyées aux Bailliages & Sénéchaussées du Ressort, pour y être lûes, publiées & registrées : Enjoint aux Substituts du Procureur General du Roi d'y tenir la main, & d'en certifier la Cour dans un mois, à la charge que le présent enregistrement sera réiteré au lendemain de la Saint Martin, suivant l'Arrêt de ce jour. A Paris en Parlement en Vacations, le huitiéme jour d'Octobre mil sept cens vingt-deux. Signé GILBERT.

EDIT DU ROY,

Portant création de Greffiers des Insinuations Ecclésiastiques, avec le Tarif.

Donné à Versailles au mois de Décembre 1691.

LOUIS, par la grace de Dieu, Roi de France & de Navarre : A tous présens & à venir, Salut. Les fraudes & les abus qui se commettent dans les Actes concernant l'état des personnes Ecclésiastiques & les titres de Benefices, étant d'une dangereuse conséquence dans la Police de l'Eglise, les Rois nos prédécesseurs ont crû être obligez de s'appliquer serieusement à en rechercher la cause pour y apporter ensuite le remede convenable ; & ayant trouvé que le désordre provenoit principalement de la facilité qu'il y avoit d'antidater plusieurs Expéditions Bénéficiales,

de la clandeftinité des Réfignations qui demeurent
fecretes jufqu'à l'extrémité de la vie dès réfignans, du
peu de foin que les Abbez Commendataires, les Patrons & Collateurs particuliers avoient de tenir Regiftre des Préfentations & Collations qu'ils expédioient,
& de ce qu'après leur mort les minutes de leurs préfentations & collations étoient le plus fouvent perduës,
enforte que quand leurs fucceffeurs en avoient befoin
pour juftifier qu'ils étoient en poffeffion d'un Patronage, ils ne pouvoient les trouver. Le Roi Henry II.
auroit fur les remontrances de plufieurs bons & notables Archevêques, Evêques, & autres Prélats du Clergé de France, fait publier en 1553, fon Edit portant
création d'un ou plufieurs Greffes des Infinuations Eccléfiaftiques en chaque Diocefe du Royaume, & permis aux Archevêques & Evêques d'en nommer par
provifion les Greffiers, jufqu'à ce qu'autrement en eût
été ordonné ; mais l'execution de fon Edit ayant été
négligée, les plaintes des malverfations qui fe commettoient dans les Actes concernant les matieres Bénéficiales auroient continué, & le Roy Henry IV.
notre Ayeul de glorieufe mémoire, jugeant qu'il n'y
avoit point de meilleur moyen pour les faire ceffer
que de pourvoir diffinitivement à l'établiffement de
ces Greffes, les auroit érigez par fon Edit de 1595, en
Offices Royaux, féculiers & domaniaux ; & après les
avoir établis, le Clergé auroit obtenu en l'année 1613
du Roi Louis XIII. notre très-honoré Seigneur &
pere, la permiffion de rembourfer ceux qui les avoient
acquis de la finance par eux payée, & qui étoit actuellement entrée en nos coffres, à la charge de comme:s
tre des perfonnes laïques & capables pour les exercer,
en execution de laquelle permiffion plufieurs proprietaires defdits Greffes ayant été rembourfez, les domeftiques de quelques Ordinaires auroient été commis
pour faire la fonction des Greffiers des Infinuations ;
& ayant donné lieu à des plaintes contre leur conduî-
te, ledit Seigneur Roi leur auroit enjoint par l'Or-

donnance de 1629, de se démettre desdits Greffes, & auroit créé par son Edit de 1637, dans les Villes principales du Royaume des Controlleurs de Procurations pour résigner, & des autres actes concernant les Bénéfices ; mais s'étant rencontré plusieurs inconvéniens pour l'execution de ce dernier Edit, nous aurions permis par notre Déclaration de 1646 ; aux Sindics du Clergé de rembourser lesdits Controlleurs, & ordonné moyennant le remboursement, que leur charge seroit faite par les Greffiers des Insinuations des Dioceses, chacun dans son ressort ; & comme nous sommes informez que notredite Déclaration est diversement interpretée & executée dans nos Cours de Parlement, & par notre grand Conseil, les uns voulant suivre ce qui est porté par l'article XIII. de notredite Déclaration, & les autres l'article XIX. de l'Edit du Controlle ; les uns jugeant que les Procurations pour résigner & autres actes ne sont nuls pour défauts d'insinuation, que quand ils sont suspects de fraude ou de faux, & les autres ayant fait des reglemens pour obliger d'insinuer les significations des Indultaires & des Graduez, & les Procurations pour résigner avant l'envoi en Cour de Rome, à peine de nullité, ce qui rend l'insinuation de la plupart des actes arbitraire, les bénéfices litigieux, & fait que l'évenement des complaintes au fond, ne dépend le plus souvent que de l'issue d'un reglement de Juges ; à quoi il est nécessaire de pourvoir, & de faire sur ce une loi générale qui établisse une Jurisprudence uniforme, tant pour regler les actes qu'il est nécessaire d'insinuer, que pour déterminer le tems dans lequel ils doivent être insinuez. A ces causes, & autres à ce nous mouvant, de notre certaine science, pleine puissance & autorité Royale, nous avons par le présent Edit perpetuel & irrévocable, éteint & supprimé, éteignons & supprimons les Offices de Greffiers des Insinuations Ecclésiastiques créez par les Edits des mois de Mars 1553, & Juin 1595, & avons par le présent Edit, créé,

créé, érigé & établi, créons, érigeons & ...blissons
en titre d'Office formé & héréditaire, domanial, Royal
& séculier, des Offices de Greffiers des Insinuations
Ecclésiastiques dans chaque Diocèse de notre Royaume, Pays, Terres & Seigneuries de notre obéissance,
dont le nombre sera fixé par les Rolles qui seront arrêtez en notre Conseil.

I. Voulons qu'en attendant la vente desdits Offices
il soit par nous commis à l'exercice, à l'effet de quoi
seront toutes Commissions expédiées en notre grande
Chancellerie.

II. Ceux qui sont à présent pourvûs ou jouissans
desdits Offices représenteront en notre Conseil les contrats de la premiere vente qui en a été faite, leurs
provisions, quittances de finance, leurs contrats particuliers d'acquisitions & autres titres de propriété en
vertu desquels ils exercent, pour être remboursez sur
le fonds qui sera à cet effet destiné.

III. Voulons que lesdits anciens Greffiers, & tous
autres ayant en leur possession les anciens Registres
des Insinuations Ecclésiastiques, qu'eux & leurs auteurs ont tenus jusqu'à présent, soient contraints de
les remettre entre les mains des nouveaux Titulaires
après leur réception, ou de ceux qui seront par nous
commis, huitaine après le commandement fait à leurs
personnes, ou en leurs domiciles, sous peine de perte
de leurs finances, inventaire préalablement fait desdits Registres par le Lieutenant général du Bailliage
au ressort duquel le Greffe sera établi; & seront tenus
les nouveaux Titulaires, ou ceux par nous commis,
de se charger desdits Registres au pied de l'inventaire.

IV. Ceux qui leveront lesdits Offices seront tenus
de prendre des provisions qui leur seront expédiées
sur les quittances du Trésorier de nos Revenus Casuels, & ils seront ensuite reçus sans frais pardevant
nos Baillis & Sénéchaux du lieu de leur résidence,
après avoir toutefois fait information de leur vie &
mœurs.

V u

V. Nul ne pourra être pourvû defdits Offices, ni commis à l'exercice d'iceux, s'il n'eft laïque, âgé de vingt-cinq ans, non parent de Banquier au degré de pere, fils, oncle, neveu, ou frere, non Officier & domeftique d'aucun Eccléfiaftique. Seront lefdits Greffiers affidus ès Villes & lieux de leur réfidence, pour expédier promptement les parties & fans retardement, auquel effet pourront avoir près d'eux un ou plufieurs Commis pour exercer leurs Charges en leur abfence, maladie ou empêchement légitime ; lefquels Commis prêteront ferment pardevant le Juge Royal de leur réfidence, & feront toutes expéditions & enregiftremens néceffaires ; & en cas de refus ou délayement d'infinuer, permettons aux parties de fommer lefdits Greffiers ou leurs Commis en préfence d'un Notaire Royal & Apoftolique & de deux témoins, d'enregiftrer les actes qui leur feront préfentez ; & s'ils n'y fatisfont, ladite fommation & acte qu'on voudra faire infinuer feront montrez au Lieutenant General, ou en fon abfence au Subftitut de notre Procureur General en ladite Sénéchauffée ou Bailliage de la Ville de la réfidence dudit Greffier ; & où il n'y auroit point de Sénéchauffée ou Bailliage, au Juge Royal en Chef du lieu, & en fon abfence au Subftitut de notre Procureur General, par l'un defquels actes de fommation & refus fera figné, & lui en fera laiffé copie ; moyennant quoi voulons que lefdits actes foient de pareille force que s'ils avoient été infinuez, fans néanmoins que les parties en puiffent abufer, fuppofant des refus ou des retardemens.

VI. Ne pourront lefdits Greffiers & Commis avoir qu'un feul Regiftre en même tems, ni enregiftrer aucune expédition en un nouveau Regiftre, que le précedent ne foit entierement rempli, à peine de punition corporelle contre lefdits Greffiers & Commis, & privation de leurs Charges, & feront obligez de repréfenter leurs Regiftres aux Archevêques & Evêques de leur réfidence, à nos Procureurs Generaux & à leurs

Subftituts, lorfqu'ils en feront par eux requis, pour voir s'ils y ont gardé la forme prefcrite par notre préfent Edit , fans néanmoins que fous ce prétexte ils puiffent être défaifis de leurfdits Regiftres.

VII. Ne pourront auffi lefdits Greffiers ni leurs Commis , inftrumenter comme Notaires Royaux & Apoftoliques , en aucun acte fujet à infinuation dans leurs Regiftres , à peine de nullité de l'acte. Leur défendons de laiffer aucun blanc entre les enregiftremens, à peine d'être procedé contre le Greffier comme fauffaire, & de quinze cens livres d'amende, dommages & interêts des parties.

VIII. Voulons que les Regiftres des Greffiers des Infinuations contiennent au moins trois cens feuillets, & que chaque page foit reglée de lignes droites , tant en haut qu'en bas & aux côtez ; & auparavant que d'écrire & enregiftrer aucune expédition en icelui , ils foient tenus de le préfenter à l'Archevêque ou Evêque Diocefain, & au Lieutenant General de la Sénéchauffée ou Bailliage du lieu , lefquels feront cotter de nombres continus tous les feuillets dudit Regiftre, parapheront & feront parapher chacun d'iceux par leurs Greffiers, & figneront avec eux l'acte qui en fera écrit à la fin du dernier feuillet , contenant le nombre des feuillets d'icelui , le jour qu'il aura été par eux paraphé, & le quantiéme eft ledit Regiftre, le tout à peine contre lefdits Greffiers de faux, de trois mille livres d'amende, dépens, dommages & interêts des parties.

IX. Les Edits faits par les Rois nos prédeceffeurs fur l'infinuation des actes concernant l'état des perfonnes Eccléfiaftiques & les titres des Benefices, feront à l'avenir inviolablement obfervez en ce qui n'y eft point dérogé par notre préfent Edit ; & en les renouvellant en tant que befoin feroit, & y ajoûtant, ordonnons que les Lettres de Tonfure, celles des Quatre-Mineurs, de Soûdiaconat, de Diaconat & de Prêtrife, enfemble les Démiffoires feront infinuez dans le mois au Greffé du Diocefe de l'Evêque qui aura conferé les Ordres ; les Indults pour être promû aux Ordres avant l'âge & hors les Quatre-Tems, les Dispenses fur le défaut de naiffance pour prendre les Ordres, les fignatures d'abfolution *à mala promotione*, celles d'abfolution d'apoftafie avec difpenfe pour les Ordres, les difpenfes fur irrégularitez avec réhabilitation aux Ordres, les proteftations pour reclamer contre les Ordres de Soûdiacre & de Diacre, les Brefs déclaratoires de nullité de la promotion de l'Ordre de Soûdiacre ou de Diacre, les Sentences de fulmination defdites difpenfes & brefs feront infinuées dans le mois de la fulmination, pour celles qui font en forme commiffoire, & dans le mois de la promotion aux Ordres pour celles qui font en forme gratieufe ; finon & en cas de défaut d'infinuation, ne pourront les parties s'en fervir devant nos Juges dans les complaintes beneficiales, ni autres inftances concernant leur état ; faifons défenfes à nos Juges d'y avoir égard.

X. Toutes procurations pour réfigner purement & fimplement en faveur, pour caufe de permutation, de coadjutorie avec future fucceffion, ou en quelque autre façon que ce foit, même pour union entre les mains de notre faint Pere le Pape, de fon Légat, ou de l'Ordinaire, confentir création, ou extinction de penfion, les révocations defdites procurations, les fignifications d'icelles, les provifions de Cour de Rome, de la Légation ou de l'Ordinaire, expédiées fur lefdites réfignations, les requifitions & refus de vifa, les actes de fulmination, les vifa, les procurations pour prendre poffeffion, les prifes de poffeffion, les publications d'icelles, les actes de répudiation ou refus d'accepter une réfignation, feront infinuez dans le tems ci-après déclaré.

XI. Toutes procurations pour réfigner en faveur ou permuter, feront infinuées auparavant d'être envoyées en Cour de Rome, ès Greffes des Diocefes dans lefquels les Notaires les auront reçues ; & fi elles avoient été paffées hors les Diocefes où les Benefices réfignez font fituez , les pourvûs defdits Benefices fur icelles feront en outre tenus de les faire regiftrer dans le Greffe des Infinuations du Diocefe au dedans duquel les Benefices feront affis , dans trois mois après l'expédition de leurs provifions, le tout à peine de nullité.

XII. Si les réfignataires ou permutans pourvûs par le Pape ont differé leur prife de poffeffion plus de fix mois, & les pourvûs par démiffion ou permutation en la Légation ou par l'Ordinaire plus d'un mois, ils feront tenus de prendre ladite poffeffion, & icelle faire publier &infinuer conjointement avec la provifion, au plutard deux jours auparavant le décès du réfignant ou compermutant , fans que le jour de la prife de poffeffion, publication & infinuation d'icelles, & celui de la mort du réfignant , foient compris dans ledit tems de deux jours ; & à faute d'avoir pris ladite poffeffion, & icelle fait publier & infinuer deux jours avant ledit décès , voulons lefdits Benefices être déclarez , comme par ce préfent Edit nous les déclarons vacans par la mort du réfignant.

XIII. Déclarons les provifions des Collateurs ordinaires par démiffion ou permutation , nulles & de nul effet & valeur , au cas que par icelles les Indultaires, Graduez, Brevetaires de joyeux avenement & de ferment de fidelité . foient privez de leurs graces expectatives , ou les Patrons de leur droit de préfentation , fi les procurations pour faire les démiffions & permutations, enfemble les provifions expédiées fur icelles par les Ordinaires n'ont été infinuées deux jours francs avant le décès du réfignant ou permutant , le jour de l'infinuation , & celui du décès non compris ; ce que nous voulons être exactement gardé par nos Juges fans y contrevenir , à peine de nullité de leurs jugemens.

XIV. Les préfentations des Patrons Eccléfiaftiques & Laïques, les repréfentations, les provifions des Benefices féculiers & réguliers en Titre ou en Commende par les Collateurs ordinaires, les nouvelles Commendes obtenues à Rome, les Mandemens des Archidiacres pour mettre en possession, les Collations laïques, les provisions de Cour de Rome par mort, ou par dévolut, les requisitions de Visa, les Visa, les actes de refus, les certificats de Banquiers que la grace est accordée par le Pape, les Ordonnances des Juges, les Sentences & Arrêts portant permission de prendre possession civile, les prises de possession, les attestations des Ordinaires pour obtenir Benefices en forme gratieuse, les procurations pour prendre possession, les prises de possession, & autres expéditions, seront insinuées dans le mois de leur date au Greffe du Diocese où les Benefices sont situez ; & si lesdites expéditions ont été datées d'un lieu hors le Diocese, & ne peuvent pas commodément y être insinuées dans ce délai, les parties seront tenues pour en assurer la date, de les faire insinuer dans le mois au Greffe du Diocese où elles auront été faites, & seront en outre obligées de les faire insinuer deux mois après au Greffe du Diocese où les Benefices sont situez : Comme aussi voulons que les provisions des Ordinaires qui contiennent la collation de deux ou plusieurs Benefices assis en divers Dioceses, soient enregistrées en l'un & l'autre desdits Dioceses ; sçavoir, celles de l'Ordinaire dans le mois de leur date au Greffe de l'un desdits Dioceses, & le mois suivant dans le Greffe de l'autre, & celles de Cour de Rome ou de la Légation, au Greffe pareillement de chacun desdits Dioceses, un mois après la prise de possession de chacun desdits Benefices, le tout à peine de nullité.

XV. Seront pareillement sujettes à insinuations dans le mois, à peine de nullité, les provisions de Benefices accordées par les Ordinaires sur notre nomination, les prises de possession desdits Benefices, & de ceux étant à notre collation, à titre, régale, ou à cause de la fondation des Eglises, nonobstant l'article XVI. de notre Déclaration du mois d'Octobre 1646 ; que nous avons révoqué pour ce regard feulement.

XVI. Les Bulles de Cour de Rome contenant provifions d'Archevêchez, d'Evêchez, d'Abbayes, de
Prieurez Conventuels, des premieres Dignitez des
Eglifes Cathédrales & Collégiales, ou d'autres Benefices fituez ès Pays prétendus d'obedience en forme
commiffoire ou gratieufe, celle de Coadjutorie, toutes les difpenfes pour obtenir Benefices, celles pour en
obtenir d'incompatibles & autres, les fulminations
defdites Bulles & Difpenfes, les actes de prife de poffeffion, les fignatures de Cour de Rome & Bulles expediées en la Légation d'Avignon par mort ou dévolut, & generalement tous autres actes faits en execution defdites Bulles & fignatures, feront infinuées dans
le mois après la prife de poffeffion, à peine de nullité.

XVII. Les homologations de Concordats en Cour
de Rome ou à la Légation, les Bulles & fignatures
contenant la création ou l'extinction d'une penfion, &
les procurations pour y prêter confentement, feront
infinuées au Greffe des Diocefes où les Benefices chargez de penfions feront fituez, & ce dans trois mois,
à compter du jour que les Banquiers Expéditionnaires
auront reçu lefdites Expeditions, & à cette fin feront
tenus lefdits Banquiers d'écrire au dos defdites Expeditions le jour qu'ils les auront reçues.

XVIII. Les Lettres de Degrez, les Certificats de
tems d'études, les nominations par les Univerfitez, les
fignifications defdites Lettres, les procurations pour
notifier les noms & furnoms des Graduez en tems de
Carême, les notifications, les fignifications de Lettres
d'Indults accordées aux Officiers de notre Parlement
de Paris, celles des Lettres de joyeux avenement &
de ferment de fidelité, les procurations pour requerir
Benefices, feront infinuées au Greffe du Diocefe dans
lequel feront fituées les Prélatures, Chapitres, Dignitez & autres Benefices de Patrons & Collateurs, aufquels lefdites Lettres feront adreffées, & en fera ladi-

te infinuation faite dans le mois de la date de chacune desdites fignifications ; feront pareillement infinuées
dans le mois de leur date, les requifitions des Benefices faites par lefdits expectans, les préfentations &
collations qui leur feront données, les actes de refus,
les provifions concedées par les executeurs defdites graces expectatives, les actes de prife de poffeffion, & les
decrets d'érection, de fuppreffion & union de Benefices, le tout à peine de nullité.

XIX. Et dautant qu'il paroît fouvent devant nos
Juges des réclamations contre les Profeffions Religieufes fufpectes d'antidate, voulons que les actes de
réclamations dans les cinq années contre la Profeffion
religieufe, enfemble les difpenfes de la publication
d'un ou de deux bans de mariage, foient infinuées
dans le mois de leur date, à peine de nullité ; & feront
pareillement infinuez les actes de Vêture, Noviciat &
Profeffion, les Indults de tranflation d'un Ordre à
un autre, les Brefs déclaratoires de nullité d'une Profeffion religieufe, les Sentences fur lefdits Brefs, les
difpenfes de mariage & les Sentences de fulmination,
autrement les parties ne pourront s'en fervir devant
nos Juges, & feront tenus les Greffiers d'infinuer fans
frais les actes concernant la Profeffion des Religieux
& Religieufes des Ordres Mandians.

XX. Enjoignons à tous pourvûs de Benefices qui
n'ont pas acquis la poffeffion annale paifible, de faire
infinuer dans le mois, à compter du jour de la publication de notre préfent Edit, les titres & actes en vertu defquels ils font entrez en poffeffion de leurs Benefices ; finon & en cas qu'ils y foient troublez, faifons
défenfes à nos Juges d'avoir égard aufdits titres & actes.

XXI. Les Vicariats pour préfenter & conferer
Benefices, même les procurations baillées par les
Chanoines abfens pour nommer aux Benefices qui va-
queront en leur tour, ou les conferer, ne pourront
fortir aucun effet, ni aucunes nominations, préfentations, ou collations être faites en vertu d'iceux, jufqu'à

ce qu'ils ayent été regiftrez au Greffe du Diocefe où eft affis le chef-lieu des Prélatures, Chapitres & Dignitez defquelles dépendent les Benefices; & feront fujettés à femblable infinuation les révocations defdits Vicariats, les provifions d'Official, celles de Vicegerent, de Promoteur, de Subftitut de Promoteur, de Greffier des Officialitez ou Chapitres, & les actes de remercimens faits par les Prélats & Chapitres aufdits Officiers pour en pourvoir d'autres en leur place.

XXII. Enjoignons à nos Cours de Parlement, à notre grand Confeil, & à tous autres Juges de tenir la main à l'éxecution de notre préfent Edit ; leur défendons d'avoir égard aux actes ci-deffus exprimez qui n'auront été infinuez ; & fi aucun Jugement ou Arrêt étoit donné au contraire, nous l'avons dès-à-préfent déclaré de nul effet & valeur.

XXIII. Et pour engager les particuliers qui fe feront pourvoir defdits Offices, à exercer leurs Charges avec affiduité & fans diftraction, voulons qu'outre les droits que nous leur permettons de prendre fuivant le Tarif arrêté en notre Confeil, ils jouiffent encore de quatre cens livres de gages ; de trois quartiers, defquels le fonds fera laiffé dans l'état de nos Domaines de chaque Generalité, pour leur être payez par nos Fermiers ; & afin qu'ils vaquent avec liberté à leurs fonctions, nous leur accordons pareillement l'exemption de logement effectif de gens de guerre, de la collecte des Tailles, Guet & Garde, Tutelle, Curatelle, & autres Charges publiques. SI DONNONS EN MANDEMENT, &c. Donné à Verfailles au mois de Décembre 1691. Regiftré en Parlement le 2. Janvier 1692.

Tarif des Droits que le Roi en son Conseil veut & or-
donne être payez aux Greffiers des Insinuations,
créez par Edit du mois de Décembre 1691.

SÇAVOIR,

POUR l'Insinuation des Bulles d'Archevêché ou Evêché, & la prise de possession, trente liv. ci 30 l.

Pour l'Insinuation des Bulles d'Abbayes, fulmination, & prise de possession, vingt livres, ci 20 l.

Pour l'Insinuation des Bulles de Prieurez Conventuels, de nomination Royale, fulmination & prise de possession, dix-huit livres, ci 18 l.

Pour l'Insinuation des Bulles des premieres Dignitez des Eglises Cathédrales & Prieurez Conventuels, collatifs, fulmination de Bulles, & prise de possession, quinze livres, ci 15 l.

Et s'il n'y a qu'une collation de l'Ordinaire, & une prise de possession, douze livres, ci 12 l.

Pour les Bulles des premieres Dignitez des Eglises Collégiales, fulmination, & prise de possession, neuf livres, ci 9 l.

Et s'il n'y a qu'une collation de l'Ordinaire, & une prise de possession, six livres, ci 6 l.

Pour les signatures des Dignitez, Personats & Offices des Eglises Cathédrales, *Visa*, & prise de possession, huit livres, ci 8 l.

Et s'il n'y a qu'une collation de l'Ordinaire & prise de possession, sept livres, ci 7 l.

Pour les signatures des Dignitez, Personats & Offices des Eglises Collegiales, *Visa*, prise de possession, sept livres, ci 7 l.

S'il n'y a qu'une collation de l'Ordinaire, & prise de possession, six livres, ci 6 l.

Pour les signatures des Prébendes des Eglises Métropolitaines & Cathédrales, *Visa* & prise de possession, & publication, six livres, ci 6 l.

Et s'il n'y a qu'une collation de l'Ordinaire , & prife de poffeffion , cinq livres , ci   5 l.

Pour les fignatures des Prébendes des Eglifes Collegiales, *Vifa*, prife de poffeffion, & publication, cinq livres , ci   5 l.

S'il n'y a qu'une collation de l'Ordinaire, & une prife de poffeffion, quatre livres, ci   4 l.

Pour les prifes de poffeffion des premieres Dignitez des Eglifes Cathedrales en vertu de provifions en Regale, huit livres, ci   8 l.

Prifes de poffeffion des Dignitez, Perfonats & Offices des Eglifes Cathedrales, en vertu des provifions en Regale, quatre livres, ci   4 l.

Prifes de poffeffion des Prébendes des Eglifes Cathédrales & Collegiales, en vertu de provifions en Regale, trois livres, ci   3 l.

Prifes de poffeffion des premieres Dignitez des Eglifes de fondation Royale, quatre livres, ci   4 l.

Prifes de poffeffion des Dignitez, Perfonats & Offices des Eglifes de fondation & collation Royale, trois livres dix fols, ci   3 l. 10 f.

Prifes de poffeffion des Prébendes dans les Chapitres de fondation & collation Royale, deux livres, ci 2 l.

Signature en forme commiffoire, ou gratieufe, *Vifa*, prife de poffeffion des Semi-Prébendes, Chapellenies, Chapelles, & autres Benefices du bas Chœur des Eglifes Cathédrales & Collégiales, quatre livres, ci   4 l.

Et s'il n'y a qu'une collation de l'Ordinaire , & une prife de poffeffion, trois livres, ci   3 l.

Signatures de Prieurez fimples en titre, ou en commende, en forme commiffoire ou gratieufe, *Vifa*, prife de poffeffion & publication, huit livres, ci 8 l.

Et s'il n'y a qu'une collation de l'Ordinaire, & une prife de poffeffion, fix livres, ci   6 l.

Signature en forme commiffoire, ou gratieufe, *Vifa*, & prife de poffeffion d'Offices Clauftraux, trois livres, ci   3 l.

Et s'il n'y a qu'une collation de l'ordinaire, & une prife de poffeffion, deux livres, ci   2 l.

Signature de nouvelle commende, trois liv. ci   3 l.

Signature de Prieuré, Cure, en titre ou en commende, Curez, Vicaires perpétuels, Chapellenies & Chapelles, *Vifa*, prife de poffeffion & publication, cinq livres, ci   5 l.

Et s'il n'y a qu'une collation de l'Ordinaire, & une prife de poffeffion, quatre livres, ci   4 l.

Préfentations, réprésentations, mandemens d'intronifation, requifitions de provifions, ou *Vifa* avec refus ou fans refus, atteftation de vie & mœurs pour faire expédier en forme gracieufe, procuration pour prendre poffeffion, fera payé pour chacun defdits actes dix fols, ci   10 f.

Les Concordats & homologations d'iceux, à Rome ou à la Légation, trois livres, ci   3 l.

Procurations pour réfigner en faveur, purement & fimplement, pour caufe de permutation, ou en quelque autre façon & maniere que ce foit, une livre dix fols, ci   1 l. 10 f.

Révocation de procuration pour réfigner, & fignification d'icelle, une livre dix fols, ci   1 l. 10 f.

Retractation d'une révocation de procuration pour réfigner, & fignification d'icelle, une livre dix fols, ci   1 l. 10 f.

Répudiation d'une réfignation ou autre provifion, une livre, ci   1 l.

Création de penfion fur Archevêchez, Evêchez, Abbayes, Prieurez Conventuels de nomination Royale, huit livres, ci   8 l.

Création de penfion fur autres Benefices, quatre livres, ci   4 l.

Procuration pour confentir la réduction ou extinction d'une penfion, une livre, ci   1 l.

Signature d'extinction de penfion fur Benefice de nomination Royale, fix livres, ci   6 l.

Signature d'extinction de penfion fur autre Benefice, trois livres, ci   3 l.

Signification des Lettres d'Indults, de joyeux avenement, & de ferment de fidelité, procuration pour requerir Benefices, requifitions, fera payé pour chacun defdits actes, une livre, ci   1 l.

Lettres de Degrez, certificats de tems d'étude, nominations par les Univerfitez, fignifications defdites Lettres, procurations, pour notifier le nom & furnom d'un Gradué en tems de Carême, acte de notification, procuration pour requerir Benefices, requifitions, fera payé pour chacun defdits actes, une livre, ci   1 l.

Chaque Lettre d'Ordre, dix fols, ci   10 f.

Démiffoires pour prendre les Ordres, dix fols, ci 10 f.

Indult pour être pourvû aux Ordres hors les quatre-tems, une livre dix fols, ci   1 l. 10 f.

Indult pour être pourvû aux Ordres avant l'âge, & autres difpenfes de Rome, ou de la Légation, fur la promotion, ou réhabilitation aux Ordres, ou abfolution *à mala promotione*, fera payé pour chacun defdits Indults, & difpenfe, quatre livres, ci   4 l.

Proteftation contre la promotion à l'Ordre de Soûdiacre & de Diacre, une livre, ci   1 l.

Bref déclaratoire de nullité de la promotion à l'Ordre de Soûdiacre ou de Diacre, & Sentence de fulmination, quatre livres, ci   4 l.

Les Decrets d'érection, fuppreffion, & union de Benefices, douze livres, ci   12 l.

Difpenfes d'âge fans provifion, pour tenir des Abbayes, Prieurez Conventuels, ou autres Benefices, douze livres, ci   12 l.

Difpenfe fans provifion, fur le défaut de naiffance, pour tenir Benefices, fix livres, ci   6 l.

Bref de dif   t Bigamie, *ad Ordines & Beneficia*, douze li   , ci   12 l.

Difpenfe fi   regularité jugée, & Sentence de fulmination, quatre livres, ci   4 l.

Difpenfe pour Seculiers ou Religieux, fur incompatibilité de Benefice, fix livres, ci   6 l.

Certificat de Banquier, que la grace est accordée, Sentence ou Arrêt portant permission de prendre possession, prise de possession, deux livres, ci   2 l.

Acte de Vêture, Noviciat & Profession dans les Monasteres non mendians, une liv. dix sols, ci 1 l. 10 s.

Indult de translation d'un Ordre à un autre, pour y tenir Benefice, six livres, ci   6 l.

Acte de réclamation d'un Religieux contre sa Profession, une livre, ci   1 l.

Bref déclaratoire de nullité d'une Profession Religieuse, & Sentence de fulmination, quatre livres, ci   4 l.

Dispense de mariage entre pauvres, & Sentence de fulmination, seront regîstrées gratuitement.

Dispense de mariage entre riches sans cause ou avec cause, & Sentence de fulmination, douze livres, ci   12 l.

Dispense d'un ou de deux bans de mariage, trois livres, ci   3 l.

Lettres de Vicariat pour présenter & conferer Benefices dépendant d'une Dignité, cinq livres, ci 5 l.

Procuration d'un Chanoine absent pour nommer aux Benefices vacans en son tour une livre, ci   1 l.

Provisions d'Official ou Vicegerent, cinq livres, ci   5 l.

Provisions de Promoteur, de Substitut de Promoteur, & de Greffier d'Officialité, sera payé pour chacune, trois livres, ci   3 l.

Acte de revocation des Lettres d'un Vicaire general, ou de remerciment fait par les Prélats ou Chapitre, à un Official, Vicegerent, Promoteur, Substitut de Promoteur, & Greffier de l'Officialité, sera payé pour chacun, une livre, ci   1 l.

Fondation à perpetuité d'un Benefice quatre livres, ci   4 l.

Fondation de Prestimonie, Saluts, Processions, & Obits, deux livres, ci   2 l.

Seront payez pour les Bulles & Signatures de la Légation, les mêmes droits que ceux qui sont taxez pour les Bulles, Brefs & Signatures expediées à Rome. Fait Sa Majesté défenses aux Greffiers des Insinuations Ecclésiastiques & à leurs Commis, d'exiger ni recevoir sous quelque pretexte que ce puisse être, plus grande somme que celle contenue au présent Tarif, encore qu'elle leur fût volontairement offerte, à peine de concussion.

Fait & arrêté au Conseil Royal des Finances, tenu à Versailles le onziéme jour de Decembre mil six cens quatre-vingt-onze. Collationné.

Signé, DE LAISTRE, avec paraphe.

ARREST DU CONSEIL D'ETAT DU ROI,

Portant Reglement pour les Fonctions des Notaires ; & pour les reconnoissances des Actes fous feing privé.

Du 21. Juillet 1693.

LE Roi s'étant fait réprésenter en son Conseil son Edit du mois de Mars dernier, concernant l'établissement du Controlle des Actes & Contrats des Notaires, Tabellions, & autres ayant pouvoir d'en passer ; ensemble le Tarif des droits dudit Controlle, arrêté au Conseil le 17. dudit mois de Mars 1693. Et Sa Majesté étant informée, que pour faciliter le commerce & les affaires du Public, les Registres dudit Controlle ont été par son ordre réduits & réformez, de maniere que lesdits Registres ne peuvent donner aucune connoissance des affaires des particuliers, & qu'ils assurent la validité des Contrats & Actes, qui ne peuvent plus recevoir d'atteinte. Et Sa Majesté ayant ci-devant fait examiner plusieurs questions qui avoient été proposées touchant l'execution dudit Edit,

Elle auroit donné des ordres sur icelles aux *Sieurs
Intendans & Commissaires départis dans les Provinces & Generalitez de son Royaume ; de sorte que si
lesdits Notaires & Tabellions faisoient simplement
leurs fonctions, cet établissement se trouveroit sans
difficulté. Mais il a été représenté à Sa Majesté, que
plusieurs Notaires & Tabellions se servent de divers
moyens pour se dispenser de faire controller les Actes
qui se passent entre les particuliers, les uns persuadant
aux parties de faire les Actes sous signature privée,
lesdits Notaires les dressent & les écrivent, les font
signer par les parties, & souvent les signent eux-mêmes comme témoins, & non comme Notaires, & par
ce moyen abusant de la facilité desdites parties, &
sous prétexte de les exempter du payement du droit du
Controlle, il arrive que comme on ne peut donner
croyance à de tels Actes, qui n'acquierent aucun hypotheque ni privilege, lesdites parties sont privées
des suretez & des avantages attribuez aux Actes publics, quand ils sont passez dans la forme ordinaire.
D'autres étant Notaires & Greffiers, font reconnoître
lesdits Actes sous seing privé pardevant les Juges, &
en se faisant remettre les minutes desdits Actes en conséquence des reconnoissances ou condamnations qu'ils
font rendre, en délivrent aux parties les expeditions.
Il y en a même qui reçoivent & passent des Actes
qu'ils délivrent aux parties sans les faire controller ;
& quoique l'usage soit dans plusieurs Provinces, notamment en Languedoc, Provence, Lionnois, Tou-
raine, Normandie, & autres lieux, de tenir par les
Notaires & Tabellions, des Registres où il est fait
mention sommaire des Actes qu'ils passent, ils n'y
enregistrent point à présent lesdits Actes afin d'en
ôter la connoissance. Quelques autres en recevant les
reconnoissances des Actes sous seing privé, prétendent qu'il n'est dû que cinq sols pour le droit de Controlle, comme d'un Acte simple, quoiqu'ils délivrent
les expeditions des Actes entiers, & que les droits en
soient

soient dûs suivant la qualité desdits Actes. Et que la
contravention a été poussée si loin, qu'un Curé de la
Paroisse de Chuppy en Picardie, & Antoine Bloquier
Lieutenant du même lieu, ont reçu & passé comme
des Notaires auroient dû faire, la procuration d'un
particulier donnant pouvoir à un autre d'acquerir
pour lui des maisons situées en la Ville d'Abbeville,
& qui sont autant de contraventions qui aneantiroient
les droits de la Ferme, s'il n'y étoit pourvû. Sa Majesté s'étant aussi fait représenter son Edit du mois de
May mil six cens quatre-vingt-six rendu au sujet des
droits & fonctions des Notaires créez en Normandie
par autre Edit du mois de Juillet mil six cens soixan-
te-dix-sept, par lequel les abus des reconnoissances
qui se faisoient des actes sous seing privé pardevant les
Juges, ont été reprimez; & désirant que ce qui a été
ordonné à cet égard soit executé par tout le Royaume. Ouy le Rapport du Sieur Phelypeaux de Pont-
chartrain Conseiller ordinaire au Conseil Royal,
Controlleur general des Finances : LE ROY EN SON
CONSEIL, a ordonné & ordonne, que son Edit du
mois de Mars dernier, & le Tarif arrêté le dix Avril
suivant en execution dudit Edit, seront executez selon leur forme & teneur ; Et en conséquence, fait sa
Majesté défense à tous Notaires & Tabellions d'écrire
ou signer aucuns Actes & Contrats en qualité de témoins, lorsque lesdits Actes seront passez sous seing
privé par les parties, à peine de deux cens livres d'a-
mende pour chácune contravention, laquelle demeurera encourue en vertu du présent Arrêt. Ordonne sa
Majesté, conformément à son Edit du mois de May
mil six cens quatre-vingt-six concernant les fonctions
des Notaires de Normandie, que les reconnoissances
volontaires des Contrats, Obligations, Cessions, Transports, Echanges, Constitutions de rente, Lots, Partages, Contrats de mariage, & de tous autres Actes
sous signature privée, ne seront faites que pardevant
Notaires; & à l'égard des reconnoissances forcées qui

X x

seront poursuivies en Justice, fait Sa Majesté très-expresses Inhibitions & defenses à tous Juges pardevant lesquels les parties seront assignées pour la reconnoissance desdits Actes, d'en ordonner le dépôt à leurs Greffes, aux Greffiers, Clercs, Commis desdits Greffes, de les recevoir & garder pour minute, ni d'en délivrer des grosses & expéditions, & à tous Huissiers & Sergens de les mettre à execution, à peine contre chacun desdits Juges, Greffiers & Huissiers, de deux cens livres d'amende pour chacune contravention, & de nullité des Grosses & Expéditions desdits Actes, même des Sentences qui en ordonneront le dépôt pour minutes ausdits Greffes. Défend Sa Majesté ausdits Juges de colloquer les particuliers dans les ordres de deniers qui seront à distribuer en vertu des grosses qui pouroient être ci après délivrées par lesdits Greffiers, à peine de pareille amende. Et en cas que le dépôt des Actes dont la reconnoissance sera poursuivie en Justice, soit jugé nécessaire ou requis par les parties, ou que lesdites parties demandent qu'il leur en soit délivré des expeditions, les Juges seront tenus d'en ordonner le dépôt ès mains d'un des Notaires ou Tabellions du lieu de leur Jurisdiction ou de la demeure des parties, qui leur en délivrera les expeditions dont elles auront besoin; & seront lesdits Actes controllez conformément audit Edit du mois de Mars dernier. Enjoint Sa Majesté aux Notaires & Tabellions des Provinces de Languedoc, Provence, Normandie, & Generalité de Lyon, Tours, & autres, où l'usage étoit avant ledit Edit du mois de Mars dernier, de tenir des Registres sommaires des Contrats & Actes par eux reçus, de continuer de tenir lesdits Registres, & d'y enregistrer tous lesdits Contrats & Actes qu'ils recevront, & de les faire controller, & en payer les droits de Controlle, à peine de deux cens livres d'amende pour chacune contravention contre lesdits Notaires & Tabellions. Ordonne Sa Majesté que les droits du Controlle des Actes faits sous signature pri-

vée, & qui feront reconnus pardevant Notaires ou
Tabellions, feront payez pour ladite reconnoiffance,
comme s'ils avoient été originairement paffez pardevant Notaires ou Tabellions. Fait auffi Sa Majefté
défenfes audit Curé de Huppy , & Bloquier Lieutenant dudit lieu, & à tous autres, de recevoir aucun
des Actes ou Contrats qui doivent être reçus & paffez
par les Notaires & Tabellions, à peine de nullité defdits Actes, & de cent livres d'amende. Enjoint Sa
Majefté aux Sieurs Intendans & Commiffaires départis dans les Provinces & Generalitez du Royaume, de
tenir la main à l'execution dudit Edit, & du préfent
Arrêt, qui fera executé nonobftant oppofitions, appellations, & autres empêchemens, pour lefquels ne
fera différé ; & fi aucuns interviennent, Sa Majefté
s'en eft réfervé la connoiffance, & icelle interdite à
toutes fes autres Cours & Juges. FAIT au Confeil
d'Etat du Roi, tenu à Marly le vingt-uniéme jour de
Juillet mil fix cent quatre-vingt-treize.

Signé, RANCHIN. Et à côté, Collationné.

EDIT DU ROY,

Du mois d'Octobre 1705.

Qui ordonne, que les Notaires & Tabellions, tant Royaux que subalternes, les Greffiers & autres qui ont droit de passer des Actes, seront tenus de faire enregistrer & insinuer dans les Bureaux, dans lesquels ils les feront controller, tous les contrats de ventes, d'échanges, Baux à rentes foncieres, rachetables ou non rachetables, Baux amphiteotiques, ventes à faculté de remeré, anticreses, & autres Actes tranflatifs de proprieté, Arrêts, Jugemens, Sentences & autres Actes sujets à Insinuation dans la quinzaine du jour desdits Actes, & en même tems qu'ils les feront controller & sceller.

LOUIS, par la grâce de Dieu, Roi de France & de Navarre : A tous présens & à venir, Salut. Nous aurions par notre Edit du mois de Décembre 1703, créé des Offices de Greffiers des Insinuations Laïques dans l'étendue de notre Royaume, Pays, Terres & Seigneuries de notre obéïssance, pour insinuer & regiftrer les Actes sujets à insinuation : Et par notre Déclaration du 19 Juillet 1704, nous aurions expliqué la forme desdites Insinuations, & reglé les difficultez qui s'étoient présentées dans l'execution dudit Edit : Et par autre notre Edit du mois d'Octobre 1704, nous avons supprimé le titre desdits Offices de Greffiers des Insinuations, & réuni les droits y attribuez à la Ferme generale des Controlles des Actes des Notaires & petits Scels ; de tous lesquels droits nous avons fait un Bail general à Maître Etienne Chaplet pour neuf années confecutives, à commencer la jouissance au premier Janvier dernier, & ordonné que les fonctions desdits Offices de Greffiers des Insinua-

tions feroient faites par les Commis dudit Chaplet,
qui en percevroient les droits conjointement avec ceux
des Controlles des Notaires & petits Scels; mais comme nous ne pouvons tirer l'avantage que nous nous
étions proposé de l'union defdites Fermes, qu'en char-
geant les Notaires, Tabellions, Greffiers & autres
particuliers qui paffent les Actes fujets à infinuations,
de les faire infinuer de même, & ainfi qu'ils font déja
obligez de les faire controller & fceller, & dans les
mêmes délais qui ont été fixez pour le Controlle &
Sceau defdits Actes, ce qui d'un côté fe trouvera
beaucoup plus convenable à la commodité de nos
fujets, & de l'autre diminuera confidérablement les
frais de regie de ladite Ferme. A ces Caufes, & autres à ce nous mouvans, de notre certaine fcience,
pleine puiffance & autorité Royale; Nous avons par
notre préfent Edit perpétuel & irrévocable, dit, fta-
tué & ordonné, difons, ftatuons & ordonnons; voulons & nous plaît.

PREMIEREMENT.

Qu'à l'avenir, à commencer du premier Janvier
prochain, les Notaires & Tabellions, tant Royaux
que fubalternes; les Greffiers des Cours & Jurifdictions Royales & Seigneuriales, & tous autres particuliers qui ont droit de paffer des Actes, foient tenus &
obligez de faire enregiftrer & infinuer dans les Bureaux, dans lefquels ils les feront controller, tous les
contrats de ventes, d'échanges, baux à rentes foncieres, rachetables ou non rachetables, baux amphitéo-
tiques, ventes à faculté de remeré, antichrefes & autres Actes tranflatifs de propriété, Arrêts, Jugemens,
Sentences & autres fujets à infinuation dans la quinzaine du jour & date defdits Actes, & en même tems
qu'ils les feront controller & fceller, leur faifant très-
expreffes inhibitions & défenfes de les délivrer aux parties, qu'après qu'ils auront été infinuez & les droits
payez, à peine de trois cens livres d'amende pour
chacune contravention, laquelle demeurera encourue

X x iij

en vertu du préfent Edit, fans pouvoir être moderée ni furfife par nos Juges à qui la connoiffance defdites Infinuations appartient, à peine d'en répondre en leurs propres & privez noms, à la referve néanmoins des fubftitutions & donations entre vifs, que nous voulons être infinuées à la diligence des parties, conformément à l'Article III. de notre Edit du mois de Décembre 1703, & à l'Article XI. de notre Déclaration du 19 Juillet 1704, dans les délais & fur les peines y portées.

II. N'entendons pareillement rien innover pour ce qui regarde l'Infinuation des contrats de ventes, d'échanges, & autres tranflatifs de proprieté de biens immeubles fituez hors l'étendue des Bureaux de la demeure des Notaires, Tabellions & Greffiers, lefquels attendu la diftance des lieux feront infinuez à la diligence des parties dans les Bureaux où les biens fe trouveront fituez, dans les trois mois, à compter du jour & date d'iceux, au lieu de fix mois portez par nos Edit & Déclaration des mois de Decembre 1703, & 19 Juillet 1704, fous les mêmes peines y portées, fans qu'elles puiffent être réputées comminatoires, moderées ni furfifes. Seront feulement à cet égard tenus les Notaires, Greffiers & autres qui pafferont & expedieront lefdits Actes, Arrêts & Jugemens, d'y faire mention qu'ils font fujets à l'infinuation, pour que les parties n'en prétendent caufe d'ignorance, & fournir des extraits audit Chaplet, fes Procureurs & Commis tous les trois mois, fous les peines portées par ladite Déclaration du 19 Juillet 1704.

III. Voulons que toutes Lettres de répi, d'annobliffement, réhabilitation de nobleffe, de benefice d'âge, d'inventaires, d'émancipations, d'amortiffement, légitimation, naturalité, érections de Terres en Marquifat, Comté, Baronie, ou autres titres de dignité, conceffions de Foires ou Marchez affujetties à l'Infinuation par notredit Edit & Déclaration, foient infinuez, & les droits payez avant l'enregiftrement &

enterinement defdites Lettres, fur peine de nullité defdits enregiftremens & enterinement des procedures qui auront été faites pour y parvenir, & de trois cens livres d'amende contre les Procureurs qui auront occupé.

IV. Voulons pareillement que les Donataires d'effets mobiliaires par un même Acte, ou Légataires de pareils effets, par un même article de teftament ou codiciles, payent chacun à proportion de la valeur de ce qui leur aura été donné ou légué fur le pied du Tarif attaché fous le contre-fcel de notredit Edit du mois de Décembre 1703.

V. Voulons en outre que tous les Actes qui par les Coûtumes & Ufages locau font fujets à l'Infinuation, foient infinuez & regiftrez aufdits Bureaux, & les droits payez fur le pied de ceux dûs pour les Actes de pareille nature & qualité, quoiqu'ils n'ayent pas été dénommez par nofdits Edit & Déclaration.

VI. Déclarons nuls & de nul effet toutes Lettres, Arrêts, Sentences, Jugemens, Contrats & Actes qui n'auront pas été infinuez dans les tems & en la forme prefcrite par notre préfent Edit. Faifons défenfes à tous nos Juges & autres qu'il appartiendra d'y avoir aucun égard.

VII. Voulons en outre que toutes les peines & amendes qui feront payées pour les contraventions qui pourroient être faites au préfent Edit, appartiennent audit Chaplet, comme faifant partie de fon Bail; & au furplus que nos Edits des mois de Décembre 1703, & Octobre 1704, enfemble notre Déclaration du 19 Juillet audit an 1704, foient exécutez felon leur forme & teneur, en ce qui ne fera point contraire à notre préfent Edit. Si donnons en Mandement, &c. Donné à Fontainebleau au mois d'Octobre l'an de grace mil fept cens cinq.

Regiftré en Parlement en Vacations le vingt-quatre Octobre 1705.

EDIT DU ROY,

Du mois d'Août 1706.

Portant que les droits de centiéme denier feront payez à toutes mutations de biens immeubles qui arriveront, foit par ventes, échanges, donations, adjudications par decret ou autres titres tranflatifs de proprieté, foit par fucceffion en ligne collaterale fur le pied entier du prix porté par les contrats ou autres titres où de la valeur des immeubles.

LOUIS, par la grace de Dieu, Roi de France & de Navarre; A tous préfens & à venir, Salut. Par nôtre Edit du mois de Décembre 1703, nous avons créé des Offices de Greffiers des Infinuations Laïques pour enregiftrer tous les Actes énoncez en icelui & les Contrats de vente, Echanges, Decrets & autres titres tranflatifs de proprieté de biens immeubles, lefquels nous aurions affujettis au payement du centiéme denier jufqu'à dix mille livres, & du deux-centiéme denier pour ceux defdits biens immeubles qui échoi-roient par fucceffion en ligne directe, nous avons en-fuite fupprimé lefdits Offices par notre Edit du mois d'Octobre 1704, & réuni à nos Fermes les droits y attribuez, pour être perçûs conjointement avec ceux du Controlle, des Actes des Notaires: Mais comme depuis nous avons été informez que la fixation que nous avons faite du droit de centiéme denier jufqu'à dix mille livres, donnoit lieu tous les jours à des con-teftations entre le Fermier de nos Droits & les rede-vables, particulierement lorfqu'il fe trouvoit differens corps de Terres & Seigneuries comprifes dans les con-trats de vente & autres titres, tranflatifs de proprieté qu'il convenoit faire infinuer, & que d'ailleurs les biens immeubles qui arrivent par fucceffion en ligne directe ne paroissent pas devoir être assujettis à l'insinuation ni au payement du deux-centiéme denier, rien n'étant plus juste que la succession naturelle des peres aux enfans, que la plûpart des Loix & Coûtumes de notre Royaume ont dispensé du payement d'aucunes sortes de droits, nous avons crû devoir y remedier, & en rétablissant cette franchise en faveur des successeurs en ligne directe dans les Provinces où ils n'avoient point payé de droit avant notredit Edit du mois de Décembre 1703, faire en même tems cesser toutes les contestations que le payement du centiéme denier a fait naître jusqu'à présent. A ces Causes, & autres à ce nous mouvans, de notre certaine science, pleine puissance & autorité Royale, nous avons par notre présent Edit perpétuel & irrévocable, dit, statué & ordonné, disons, statuons & ordonnons, voulons & nous plaît.

PREMIEREMENT,

Qu'à l'avenir & à commencer du premier Octobre prochain les Droits de centiéme denier ordonnez être payez par notre Edit du mois de Décembre 1703, soient payez à toutes mutations de biens immeubles qui arriveront, soit par vente, échange, donation, adjudication par decret ou autres titres translatifs de proprieté, soit par succession en ligne collaterale sur le pied entier du prix porté par lesdits contrats ou autres titres, ou de la valeur desdits immeubles suivant l'estimation qui sera faite de gré à gré entre le Fermier de nosdits Droits & les Proprietaires, si faire se peut, sinon sur l'estimation qui en sera faite par Experts qui seront convenus ou nommez d'Office par nos Juges à qui la connoissance en sera ci-après attribuée, dérogeant à cet égard seulement à notre Edit du mois de Décembre 1703, Déclarations, Arrêts & Reglemens rendus en conséquence, lesquels nous voulons au surplus être executez selon leur forme & teneur, & que lesdits Droits de centiéme denier soient payez en entier, sous les peines portées par lesdits Edits, Déclarations, Arrêts & Reglemens, que nous avons à cet effet confirmez & confirmons par notredit Edit.

II. Dispensons & déchargeons du payement des Droits de deux centiéme denier tous les biens immeubles qui écherront ci-après en ligne directe, si ce n'est dans le cas de donations & des legs des pere & mere, ou ayeuls à leurs enfans, lesquels payeront seulement les Droits d'Insinuations desdites donations & legs, suivant le Tarif attaché sous le contrescel de notre Edit du mois de Décembre 1703. Faisons défense à ceux qui seront ci-après Fermiers de nos Droits, d'exiger aucune chose pour raison de ce, à peine de concussion; dérogeant pareillement à cet égard à notre Edit du mois de Décembre 1703. en ce qui n'est point contraire à notre présent Edit.

III. N'entendons néanmoins rien innover à ce qui s'est pratiqué jusqu'à présent à cet égard dans notre Province de Bretagne où les successeurs en ligne directe étoient dans l'usage de payer des Droits aux mutations avant notre Edit du mois de Décembre 1703, lesquels seront payez ainsi qu'ils l'ont été jusqu'à présent, & conformément à notre Edit du mois d'Avril 1704, lequel sera executé selon sa forme & teneur, dans l'étendue de notredite Province. Si donnons en Mandement, &c. DONNE' à Marly au mois d'Août l'an de grace mil sept cent six. Registré à Paris en Parlement en Vacations le dix-huitiéme Septembre mil sept cens six.

DECLARATION DU ROY,

Qui ordonne la publication & l'enregiſtrement des Subſtitutions.

Du 18. Janvier 1712.

LOUIS, par la grace de Dieu, Roi de France & de Navarre : A tous ceux qui ces préſentes Lettres verront, Salut. Quoique la neceſſité de la publication des ſubſtitutions ait été ordonnée expreſſement par l'Article IV. de l'Edit du mois de May 1553, par l'Article LVII. de l'Ordonnance de Moulins du mois de Février 1566, & par une Déclaration donnée en conſequence le 10 Juillet de la même année, & que nous ayons marqué par notre Déclaration du 17 Novembre 1690, la maniere dont nous voulons que ces Ordonnances fuſſent executées, ſoit pour le tems dans lequel les ſubſtitutions doivent être publiées, ſoit pour les perſonnes auſquelles le défaut de publication pouvoit être oppoſé ; Nous avons appris neanmoins qu'on ne fait pas de difficulté dans quelques-uns de nos Parlemens de donner aux ſubſtitutions tout leur effet contre les créanciers & les tiers détempteurs, nonobſtant qu'elles n'ayent pas été publiées, & que l'Ordonnance de Moulins y ait été regiſtrée : ce qui oblige pluſieurs créanciers à ſe pourvoir en caſſation en notre Conſeil contre les Arrêts rendus dans ces Compagnies, ſur le fondement d'un uſage auſſi abuſif. Nous avons appris en même tems que ſous prétexte que l'Ordonnance de Moulins ne marque pas à la diligence de qui les publications doivent être faites, & qu'elle prononce indiſtinctement la nullité des ſubſtitutions qui n'auront pas été publiées, Il ſe forme de fréquentes conteſtations dans pluſieurs de nos Cours, pour ſçavoir ceux qui ſont

chargez de faire publier les fubftitutions, & fi les héritiers, foit *ab inteftat*, foit inftituez, & les donataires & légataires peuvent oppofer aux fubftituez le défaut de publication, ou s'il n'y a que les créanciers
& les tiers-detempteurs qui puiffent s'en prévaloir.
Nous avons auffi été informez, que l'ufage qui s'eft
introduit dans la plupart des Sieges, de mettre les publications des fubftitutions fur de fimples feuilles vo-
lantes, caufe de grands inconvéniens, foit par la facilité que l'on trouve par là à les changer, foit parce
que ces feuilles peuvent s'égarer aifément, nous avons
réfolu de remedier à cet abus & de prévenir autant
qu'il eft en nous toutes conteftations fur l'execution
des Edits & Déclarations donnez jufqu'à préfent concernant la publication & l'enregiftrement defdites
fubftitutions. A ces Caufes, & autres à ce nous mouvans, de notre certaine fcience, pleine puiffance &
autorité Royale, nous avons par ces Préfentes fignées
de notre main, dit, déclaré & ordonné, difons, déclarons & ordonnons, voulons & nous plaît, que toutes les fubftitutions faites par actes entre vifs, ou par
teftament, foient publiées en Jugement, l'Audience tenant, tant en la Juftice Royale du domicile de celui
qui les aura faites, qu'en celle de la fituation des biens
fubftituez, & que lefdites publications & fubftitutions
foient enregiftrées en même tems au Greffe defd. Juftices Royales, à la diligence des héritiers, foit inftituez,
foit *ab inteftat*, donataires ou légataires univerfels, ou
même particuliers, lorfque leurs donations ou leurs legs
feront chargez de fubftitutions ; & en cas de minorité
à la diligence de leurs Tuteurs ou Curateurs, qui demeureront refponfables du défaut defdites publications & d'enregiftrement, à peine de nullité, tant des
fubftitutions qui ont été précedemment faites, que de
celles qui feront faites à l'avenir. Voulons que lefdites
publications & enregiftremens foient faits dans les fix
mois, à compter du jour des actes ; fi les fubftitutions
font faites par des difpofitions entre vifs & du jour du

décès des Testateurs ; si elles sont faites par des dispositions à cause de mort, ordonnons que lesdites substitutions & publications soient registrées dans un Registre destiné à cet effet, qui sera paraphé à chaque
page par le principal Juge des Sieges Royaux où les
substitutions doivent être publiées. Voulons que les
substitutions qui sont faites ou qui le seront à l'avenir,
qui n'auront pas été publiées ni enregistrées dans ledit
tems de six mois, ne puissent être opposées aux créanciers ni aux tiers-acquereurs, & que celles qui auront
été publiées & enregistrées après les six mois, ne
puissent leur être opposées que du jour desdites publications & enregistrement : ce que nous voulons
avoir lieu à l'égard des mineurs, sans qu'ils puissent
prétendre être relevez de ce défaut de publication &
d'enregistrement, même en cas d'insolvabilité de leurs
Tuteurs. Ne pourra le défaut de publication & d'enregistrement être opposé en aucun cas aux substituez
par les héritiers instituez ou *ab intestat*, donataires,
ou légataires universels ou particuliers, ni par leurs
successeurs à l'égard desquels les substitutions auront
leur effet, comme si elles avoient été publiées & enregistrées ; & seront lesdites publications & enregi-
stremens faits sans préjudice de l'insinuation desdites
substitutions, ordonnée par notre Edit du mois de
Décembre 1703, qui sera executé selon sa forme &
teneur. N'entendons néanmoins que sur le fondement
ou défaut de publication & d'enregistrement, l'on
puisse donner atteinte aux substitutions qui ont été
ou qui seront faites jusqu'au jour de l'enregistrement
des Présentes, dans le ressort des Parlemens & Cours
Superieures où l'Ordonnance de Moulins, ni les Edits
& Déclarations qui ont ordonné la publication des
substitutions, n'ont pas été registrez jusqu'à présent, &
où il n'y a aucune autre Loy qui y établisse la nécessité de la publication des substitutions ; Voulons seulement que notre présente Déclaration y soit executée
pour les substitutions qui y seront faites à l'avenir, du

jour qu'elle y aura été régiftrée. Si donnons en Mandement, &c. Donné à Versailles le dix-huitiéme jour de Janvier, l'an de grace mil fept cent douze. Regiftré en Parlement le fix Février mil fept cent douze.

EDIT DU ROY,

Concernant les formalitez qui doivent être obfervées dans les Mariages.

Du mois de Mars 1697.

LOUIS, par la grace de Dieu, Roi de France & de Navarre : A tous préfens & à venir, Salut. Les faints Conciles ayant prefcrit comme une des folemnitez effentielles au Sacrement de Mariage, la préfence du propre Curé de céux qui contractent, les Rois nos Prédéceffeurs ont autorifé par plufieurs Ordonnances l'execution d'un Reglement fi fage, & qui pouvoit contribuer auffi utilement à empêcher ces conjonctions malheureufes qui troublent le repos & flétriffent l'honneur de plufieurs familles, par des alliances fouvent encore plus honteufes par la corruption des mœurs que par l'inégalité de la naiffance ; mais comme nous voyons avec beaucoup de déplaifir que la Juftice de ces Loix & le refpect qui eft dû aux deux puiffances qui les ont fait, n'ont pas été capables d'arrêter la violence des paffions qui engagent dans les mariages de cette nature, & qu'un interêt fordide fait trouver trop aifément des témoins, & même des Prêtres qui proftituent leur miniftere, auffi-bien que leur foy pour prophaner de concert ce qu'il y a de plus facré dans la Religion & dans la Societé Civile, Nous avons eftimé néceffaire d'établir plus expreffément que l'on n'avoit fait jufqu'à cette heure, la qualité du domicile, tel qu'il eft néceffaire pour contrac-

ter un mariage en qualité d'habitant d'une Paroisse, &
de prescrire des peines dont la juste severité pût empêcher à l'avenir les surprises que des personnes sup-
posées & des témoins corrompus ont osé faire pour la
concession des dispenses & pour la célebration des mariages, & contenir dans leur devoir les Curez & les
autres Prêtres, tant Seculiers que Réguliers, lesquels
oubliant la dignité & les obligations de leur caractere,
violent eux-mêmes les Regles que l'Eglise leur a prescrites, & la sainteté d'un Sacrement dont ils sont encore plus obligez d'inspirer le respect par leurs exemples que par leurs paroles. Et comme nous avons été
informez en même tems qu'il s'étoit présenté quelques cas en nos Cours ausquels n'ayant pas été pourvû
par les Ordonnances qui ont été faites sur le fait des
mariages, nos Juges n'avoient pas pû apporter les remedes qu'ils auroient estimez nécessaires pour l'ordre
& la police publique. A ces Causes, après avoir fait
mettre cette affaire en délibération en notre Conseil,
de l'avis d'icelui & de notre certaine science, pleine
puissance & autorité Royale, nous avons par notre
présent Edit, statué & ordonné, statuons & ordonnons, voulons & nous plaît.

Que les dispositions des saints Canons, & les Ordonnances des Rois nos Prédécesseurs, concernant la
célebration des mariages, & notamment celles qui regardent la nécessité de la présence du propre Curé de
ceux qui contractent, soient exactement observées; &
en execution d'iceux, défendons à tous Curez & Prêtres, tant Séculiers que Réguliers, de conjoindre en
mariage autres personnes que ceux qui sont leurs vrais
& ordinaires Paroissiens, demeurans actuellement &
publiquement dans leurs Paroisses, au moins depuis
six mois à l'égard de ceux qui demeuroient auparavant
dans une autre Paroisse de la même Ville, ou dans le
même Diocese; & depuis un an pour ceux qui demeuroient dans un autre Diocese, si ce n'est qu'ils en
ayent une permission spéciale & par écrit du Curé

des parties qui contractent ; où de l'Archevêque ou
Evêque Diocesain.

Enjoignons à cet effet à tous Curez & autres Prêtres qu doivent célebrer des mariages , de s'informer
soigneusement avant d'en commencer les ceremonies ;
& en présence de ceux qui y assistent, par le témoignage de quatre témoins dignes de foy , domiciliez, &
qui sçachent signer leurs noms, s'il s'en peut aisement
trouver autant dans le lieu où l'on célebrera le mariage, du domicile aussi-bien que de l'âge & de la qualité de ceux qui le contractent,& particulierement s'ils
sont enfans de famille, ou en la puissance d'autruy ;
afin d'avoir en ce cas les consentemens de leurs peres,
meres, tuteurs ou curateurs , & d'avertir lesdits témoins des peines portées par notre présent Edit contre ceux qui certifient en ce cas des faits qui ne sont
pas veritables, & de leur en faire signer après la célebration du mariage les actes qui en seront écrits sur
le Registre, lequel en sera tenu en la forme prescrite
par les Articles VII. VIII. IX. & X. du titre 20.
de notre Ordonnance du mois d'Avril 1667.

Voulons que si aucuns desdits Curez ou Prêtres ,
tant Seculiers que Reguliers,célebrent ci-après sciem-
ment & avec connoissance de cause des mariages entre
des personnes qui ne sont pas effectivement de leurs
Paroisses, sans en avoir la permission par écrit des Curez de ceux qui les contractent , ou de l'Archevêque
ou Evêque Diocesain, il soit procedé contre eux ex-
traordinairement ; & qu'outre les peines Canoniques
que les Juges d'Eglise pourront prononcer contre eux,
lesdits Curez & autres Prêtres, tant Seculiers que Reguliers qui auront des Benefices, soient privez pour la
premiere fois de la jouissance de tous les revenus de
leurs Cures & Benefices pendant trois ans, à la reserve de ce qui est absolument nécessaire pour leur sub-
sistance, ce qui ne pourra exceder la somme de six
cens livres dans les plus grandes Villes, & celle de
trois cens livres par tout ailleurs ; & que le surplus
desdits

defdits revenus foit faifi à la diligence de nos Procureurs, & diftribué en œuvres pies par l'ordre de l'Archevêque ou Evêque Diocefain. Qu'en cas d'une feconde contravention, ils foient bannis pendant le tems de neuf ans des lieux que nos Juges eftimeront à propos. Que les Prêtres Seculiers qui n'auront point de Curés & de Benefices, foient condamnez pour la premiere fois au banniffement pendant trois ans ; & en cas de recidive, pendant neuf ans. Et qu'à l'égard des Prêtres Reguliers, ils foient envoyez dans un Couvent de leur Ordre, tel que le Superieur leur affignera hors des Provinces qui feront marquées par les Arrêts de nos Cours, ou les Sentences de nos Juges, pour y demeurer renfermez pendant le tems qui fera marqué par lefdits Jugemens, fans y avoir aucune Charge, fonction, ni voix active & paffive. Et que lefdits Curez & Prêtres puiffent en cas de rapt fait avec violence, être condamnez à plus grandes peines lorfqu'ils prêteront leur miniftere pour célebrer des mariages en cet état.

Voulons pareillement que le procès foit fait à tous ceux qui auront fuppofé être les peres, meres, tuteurs ou curateurs des mineurs pour l'obtention des permiffions de célebrer des mariages, des difpenfes de bans & des mainlevées des oppofitions formées à la célebration defdits mariages : Comme auffi aux témoins qui auront certifié des faits qui fe trouveront faux à l'égard de l'âge, qualité & domicile de ceux qui contractent, foit pardevant les Archevêques & Evêques Diocefains, foit pardevant lefdits Curez & Prêtres, lors de la célebration defdits mariages : Et que ceux qui feront trouvez coupables defdites fuppofitions & faux témoignages, foient condamnez ; fçavoir, les hommes à faire amende honorable & aux Galeres pour le tems que nos Juges eftimeront jufte, & au banniffement s'ils ne font pas en état de fubir ladite peine des Galeres; & les femmes à faire pareillement amende honorable,& au banniffement qui ne pourra être moins de neuf ans. Y y

Déclarons que le domicile des fils & filles de famille mineurs de vingt-cinq ans, pour la célebration de leurs mariages, eſt celui de leurs peres, meres ou de leurs tuteurs & curateurs, après la mort de leurſdits peres & meres ; & en cas qu'ils ayent un autre domicile de fait, ordonnons que les bans ſeront publiez dans les Paroiſſes où ils demeurent, & dans celles de leurs peres, meres, tuteurs & curateurs.

Ajoûtant à l'Ordonnance de l'an 1556, & l'article II. de celle de l'an 1639, permettons aux peres & aux meres d'exhereder leurs filles veuves, même majeures de vingt-cinq ans, leſquelles ſe marieront ſans avoir requis par écrit leurs avis & conſeils.

Déclarons leſdites veuves & les fils & filles majeures, même de vingt-cinq & de trente ans, leſquelles demeurant actuellement avec leurs peres & meres, contractant à leur inſçû (des mariages, comme habitans d'une autre Paroiſſe, ſous prétexte de quelque logement qu'ils y ont pris peu de tems auparavant leurs mariages, privez & déchûs par leur ſeul fait, enſemble les enfans qui en naîtront, des ſucceſſions de leurſdits peres, meres, ayeuls & ayeules, & de tous autres avantages qui pourroient leur être acquis en quelque maniere que ce puiſſe être, même du droit de légitime.

Voulons que l'article VI. de L'Ordonnance de 1639, au ſujet des mariages que l'on contracte à l'extremité de la vie, ait lieu tant à l'égard des femmes qu'à celui des hommes ; & que les enfans qui ſont nez de leurs débauches avant leſdits mariages, ou qui pourront naître après leſdits mariages contractez en cet état, ſoient auſſi-bien que leur poſterité, déclarez incapables de toutes ſucceſſions.

Si donnons en Mandement, &c. Donné à Verſailles au mois de Mars l'an de grace mil ſix cens quatre-vingt-dix-ſept. Regiſtré en Parlement le onziéme Mars mil ſix cens quatre-vingt-dix-ſept.

DECLARATION DU ROY,

Du 15. Juin 1697.

Concernant les mariages faits par d'autres Prêtres que les Curez des contractans.

LOUIS, par la grace de Dieu, Roi de France & de Navarre : A tous ceux qui ces Préfentes verront, Salut. Quelques Archevêques & Evêques nous ont repréfenté qu'ils trouvent dedans leurs Diocefes un nombre confidérable de perfonnes qui vivent comme dans des mariages véritables, fous la foi de ceux qu'ils prétendent avoir contractez devant des Prêtres, autres que leurs propres Curez : Et quelques autres qui s'imaginent que des Actes que des Notaires ont eu la témérité de leur donner de leurs confentemens réciproques, leur ont pû conferer la grace du Sacrement de Mariage, & fuppléer à la bénédiction des Prêtres, que l'Eglife a obfervée fi religieufement depuis les premiers fiécles de fon établiffement ; Qu'ils efperent que l'Edit que nous avons eu la bonté de faire au mois de Mars dernier, pourra empêcher à l'avenir la plus grande partie du premier de ces défordres; mais que nos Procureurs ayant eu peu d'attention jufqu'à cette heure, à obliger ceux qui les commettent de les réparer, lorfque les parens ou quelques autres perfonnes intereffées n'ont point porté les affaires de cette nature dans les Tribunaux ordinaires de la Juftice, ces prophanations demeurent impunies ; & ceux qui les ont commis s'y endurciffant par le tems, au préjudice de leur confcience, & de l'état des enfans qu'ils peuvent avoir, Que fans défirer aucune extenfion de la Jurifdiction de laquelle ils jouiffent fous notre protection, & fans avoir d'autre vûe que celle

Y y ij

de faire rendre le respect qui est dû à l'un des Sacremens de l'Eglise, & de procurer le salut de ceux dont
il a plû à Dieu de leur confier la conduite, ils esti-
ment que s'ils étoient dans une plus grande liberté d'a-
gir à cet égard, ils pourroient contribuer efficacement
de leur part à empêcher des scandales de cette nature,
sans troubler le repos des familles, dans les tems où
ils ne peuvent, sans un trop grand éclat, recevoir des
remedes que dans le Tribunal de la Pénitence : Qu'à
l'égard des conjonctions qui n'ont d'autre fondement
que des Actes délivrez par des Notaires, qui tendent
à réduire le Sacrement de Mariage dans l'état où il
étoit parmi les Païens, d'un simple contrat civil, l'Art.
XLIV. de l'Ordonnance de Blois, & les Arrêts que
nos Cours de Parlement ont rendu dans les occasions
qui s'en sont présentées, n'ayant pû abolir entierement
un si grand désordre, ils ne peuvent se dispenser de
nous supplier, comme ils le font, d'en arrêter le cours
par les moyens que nous estimerons les plus convenables & les plus efficaces. A ces Causes, & considerant que toutes les Puissances qu'il a plû à Dieu d'établir dans le monde, ne doivent avoir d'autre objet que
celui de concourir à sa gloire & à son service, & ré-
connoissant incessamment l'obligation encore plus particuliere dans laquelle nous sommes d'employer à cette fin celle que nous avons reçue de sa bonté avec
tant d'étendue, Nous, de l'avis de notre Conseil, & de
notre certaine science, pleine puissance & autorité
Royale, avons dit, déclaré & ordonné, disons, déclarons & ordonnons par ces Présentes signées de notre main, voulons & nous plaît, que notre Edit du
mois de Mars dernier sera executé selon sa forme &
teneur. Enjoignons à nos Cours de Parlement, & autres nos Juges & Officiers, d'y tenir la main, & lorsqu'ils jugeront des causes ou des procès dans lesquels
il s'agira des mariages célebrez pardevant des Prêtres
autres que les propres Curez des contractans, sans en
avoir obtenu les Dispenses nécessaires, & même sur

les pourſuites que nos Procureurs en pourront faire
d'Office, dans la premiere année de la célebration
deſdits prétendus mariages, d'obliger ceux qui prétendent avoir contracté des mariages de cette maniere, de ſe retirer pardevers leur Archevêque ou Evêque, pour les réhabiliter, ſuivant les formes preſcrites par les ſaints Canons, & par nos Ordonnances,
après avoir accompli la pénitence ſalutaire qui leur
ſera par eux impoſée, telle qu'ils l'eſtimeront à propos. Permettons auſſi aux Promoteurs deſdits Archevêques & Evêques, lorſque nos Procureurs, ou des
parties intereſſées ne feront aucunes procedures pardevant nos Juges, de faire aſſigner devant leſdits Archevêques & Evêques, dans le terme ci-deſſus, & après
en avoir obtenu d'eux une permiſſion expreſſe, les
perſonnes qui demeurent & vivent enſemble, & qui
n'ont point été mariées par les Curez des Paroiſſes dans
leſquelles ils demeurent, & qui n'ont point obtenu
diſpenſes pour être mariez par d'autres Prêtres, aux
fins de repréſenter auſdits Prélats dans un tems convenable, les actes de célebration de leurs mariages :
Voulons qu'en cas que les Archevêques & Evêques
trouvent que leſdits mariages n'ayent pas été célebrez
par les propres Curez des contractans, & qu'il n', ait
d'ailleurs aucun autre empêchement légitime, ils puiſſent leur enjoindre de les réhabiliter dans les formes
preſcrites par les ſaints Canons, & par nos Ordonnances, après avoir accompli la pénitence ſalutaire
qui leur ſera par eux impoſée, & même de ſe ſéparer
pendant un certain tems, s'ils jugent que cela puiſſe
être fait ſans un trop grand éclat, ce que nous laiſ-
ſons à leur prudence : & en cas que ceux qui auront
été aſſignez ne rapportent pas les actes de célebration
de leurs mariages auſdits Archevêques & Evêques dans
le tems qui leur aura été marqué : Enjoignons à nos
Officiers dans le Reſſort deſquels ils demeurent, ſur
l'avis que leſdits Archevêques ou Evêques leur en
donneront, de les obliger de ſe ſéparer par des con-

damnations d'amende & autres peines plus grandes s'il est nécessaire, & sans préjudice aux Archevêques & Evêques de les exclure de la participation aux saints Sacremens de l'Eglise, après les monitions convenables s'ils persistent dans leur désordre. Enjoignons à nos Cours de Parlement de tenir la main à ce que nosdits Officiers fassent ponctuellement executer les Ordonnances desdits Archevêques & Evêques, à cet égard; & de donner ausdits Prélats toute l'aide & le secours qui dépend de l'autorité que nous leur avons confiée; déclarons que les conjonctions des personnes lesquelles se prétendront mariées, & vivront ensemble, en conséquence des actes qu'ils auront obtenu du consentement réciproque avec lequel ils se seront pris pour maris & pour femmes, n'emporteron ni communauté ni douaire, ni aucuns autres effets civils, de quelque nature qu'ils puissent être, en faveur des prétendus conjoints, & des enfans qui en peuvent naître, lesquels nous voulons être privez de toutes successions, tant directes que collaterales. Défendons à tous Juges à peine d'interdiction, & même de privation de leurs Charges, si nos Cours le trouvent ainsi à propos, par les circonstances des faits, d'ordonner aux Notaires de délivrer des actes de cette nature; & à tous Notaires de les expedier sous quelque prétexte que ce puisse être, à peine de privation de leurs Charges, & d'être déclarez incapables d'en tenir aucunes autres de Justice dans la suite. Si donnons en Mandement, &c. Donné à Versailles le quinziéme jour de Juin, l'an de grace mil six cens quatre-vingt dix-sept. Registré en Parlement le vingt-deux Juin mil six cens quatre-vingt-dix-sept.

Edit portant création de Notaires Royaux & Apostoliques.

Du mois de Décembre 1691.

LOUIS, par la grace de Dieu, Roi de France & de Navarre : A tous présens & à venir, Salut. Le Roi Henry II. ayant été informé par les remontrances du Clergé des abus que les Notaires Apostoliques commettoient dans l'exercice de leurs Charges, & que le désordre provenoit de la trop grande facilité qu'il y avoit à s'en faire pourvoir, il ordonna par son Edit du mois de Septembre 1547. à nos Baillifs & Sénéchaux d'en réduire le nombre à celui qui seroit estimé suffisant pour le service du public ; & la réduction en ayant été faite, il voulut par son Edit du mois de Juin 1550, qu'ils fussent examinez & reçus par les Archevêques & Evêques, chacun dans leur Diocese; qu'ils fissent enregistrer leurs noms, surnoms & demeures aux Greffes des Présidiaux de leur résidence, & ne pussent instrumenter qu'en un Diocese. Ces Reglemens n'ayant pas été capables de contenir lesdits Notaires dans leur devoir, le feu Roi notre très-honoré Seigneur & pere fut obligé de leur défendre par son Edit du mois de Novembre 1637. à peine de faux, de délivrer aux parties les minutes des procurations pour résigner, & des autres Actes qu'ils passoient en matiere Beneficiale. Nous leur avons réitéré les mêmes défenses par notre Déclaration du mois d'Octobre 1646. Mais nous sommes avertis que nonobstant les défenses réiterées ils se désaisissent encore des minutes des révocations de Procurations pour résigner, & rendent par ce moyen les titres des Benefices tellement incertains entre le résignant & le résignataire, qu'ils ne peuvent vacquer par la mort de l'un ni de l'autre, & sont toujours conservez au

Y y iiij

plus vivant, ce qui cause plusieurs procès & fait préjudice aux droits des Patrons, Collateurs, Ordinaires & expectans. A quoi désirant pourvoir, nous nous sommes fait représenter nos anciennes Ordonnances sur le pouvoir des Notaires Apostoliques, & avons considéré que les Obligations & Contrats qu'ils reçoivent ne portant point hypotheque, & n'étant point executoires sous le sceau de la Jurisdiction Ecclesiastique, c'étoient des Actes imparfaits que nos Notaires, Huissiers & ceux des Seigneurs expediant la plupart des Actes de leur compétence concurremment avec eux, leur emploi n'étoit pas suffisant pour leur donner moyen de subsister en faisant leur charge avec honneur & conscience, que n'étant point Officiers en titre, ils n'avoient point de successeurs obligez à conserver leurs minutes ; & pour remedier à ces inconveniens & desordres, il n'y avoit point de meilleur moyen que de regler leurs fonctions avec celle de nos Notaires & Huissiers, & de les revêtir pour cela d'un Office en titre. A ces Causes, & autres considerations à ce nous mouvant, de notre certaine science, pleine puissance & autorité Royale, Nous avons par le présent Edit perpétuel & irrévocable, créé & érigé en titre d'Office formé & héreditaire en chacun Archevêché & Evêché de notre Royaume, Terres & Pays de notre obéissance, des Offices de Notaires Royaux pour être tenus & exercez par les Notaires Apostoliques qui seront établis dans les Villes & lieux qu'il sera jugé nécessaire pour la commodité de nos sujets ; & dont le nombre sera fixé par les états qui seront arrêtez en notre Conseil, suivant les avis des Archevêques & Evêques chacun dans leur Diocese.

I. Auxquels Notaires Royaux & Apostoliques nous avons attribué & attribuons par notre présent Edit le pouvoir & faculté de faire seuls, & privativement à tous nos autres Notaires & Tabellions, à ceux des Seigneurs, & à tous nos Huissiers & Sergens, les

Procurations pour résigner Benefices purement &
simplement, en faveur, avec reserve de pension,
pour cause d'union, d'érection, permutation, coadjutorerie avec future succession, ou en quelqu'autre
façon que ce soit, entre les mains de notre saint Pere
le Pape, de son Légat, ou de l'Ordinaire, retroceder lesdits Benefices, consentir création ou extinction
de pension, les révocations desdites procurations, les
significations d'icelles, les rétractations desdites révocations, les significations d'icelles, les procurations
pour se démettre des Ministreries de l'Ordre de la
Trinité, dit des Mathurins, des Commanderies des
Ordres Militaires & autres Séculiers ou Réguliers,
des Provisoreries, Principalitez, Chapelles, Bourses,
& Charges de Colleges & des Universitez, & generalement toutes les démissions d'Archevêchez, Evêchez, Abbayes, Prieurez Conventuels, sociaux ou
simples Dignitez, Personnats, Offices, Administra-
tions, Canonicats, Prébende, Semiprébendes, Cures, Vicaireries perpétuelles, Chapelles, Servitore-
ries, Marguilleries, Superioritez, Prestimonies, &
autres Charges Ecclésiastiques.

II. Passeront lesdits Notaires les procurations pour
prendre possession, les prises de possession, les oppo-
sitions à icelles, les actes de refus d'ouvrir les portes
pour prendre possession de tous lesdits Benefices,
Commanderies, Ministreries, Charges de Colléges,
& Superioritez; & en cas que sur le refus fait en
Cour de Rome ou par l'Ordinaire d'expedier Bulles,
Provisions ou Visa, il soit permis par Arrêt ou par
Ordonnance de nos Juges de prendre possession sur les
lieux, ou en une Chapelle, à la charge de la réite-
rer; voulons que l'acte en soit aussi reçu par lesdits
Notaires.

III. N'entendons toutefois empêcher que les Greffiers des Eglises Cathédrales, Collégiales & Conventuelles, qui ont coûtume d'expedier les actes de réception de ceux qui sont pourvûs de Benefices dépen-

dans desdites Eglises, ne continuent de le faire conformément à l'article 13. de l'Edit du mois de Juin 1550, que nous voulons être executé ; & si les Chapitres refusent de mettre les pourvûs desdits Benefices en possession, & lesdits Greffiers d'en bailler acte, pourront les pourvûs en faire dresser procès verbal par un des Notaires Royaux & Apostoliques du Diocese, en présence de deux témoins pour le moins ; lequel procès verbal sera de tel effet, que celui qui leur auroit été délivré par le Greffier du Chapitre.

IV. Feront pareillement lesdits Notaires les publications des prises de possession dans l'assemblée des habitans & Marguilliers des Paroisses, ou par notifications aux Patrons & Collateurs ordinaires des provisions des résignataires & de leurs prises de possession, ou les requisitions aux Curez de publier lesdites prises de possession au Prône de la Messe Paroissiale ; & en cas de refus, ils en feront la publication à l'issue de ladite Messe, en présence des habitans, dont ils seront tenus de nommer pour le moins quatre des principaux, & de les faire signer, s'ils sçavent signer, sinon feront mention de leur réponse, à peine de nullité de l'acte.

V. Expedieront lesdits Notaires les présentations des Patrons Ecclésiastiques & Laïques, les représentations, les provisions données par les Abbez, Abbesses & autres Beneficiers; celles accordées par les Collateurs Laïques, les Commissions des Archidiacres pour desservir une Cure pendant le déport ; les Lettres d'Intronisation, les procès verbaux d'élection à une Dignité, les actes d'acceptation, les requisitions d'une confirmation, celles de Visa ou de fulmination des Bulles, celles d'être admis à prendre l'Habit, faire Noviciat & Profession, pour satisfaire au decret d'une provision de Benefice regulier, les representations de provisions, les significations extrajudiciaires de Brefs & Rescrits Apostoliques, celles de Lettres d'Indults, de joyeux avenement; serment de fidelité, celles des

Degrez, attestations de tems d'étude, & nomination des Graduez, les procurations pour notifier les noms, & surnoms des Graduez en tems de Carême, les notifications, les procurations pour requerir Benefices, les requisitions, les collations accordées par les executeurs de l'Indult du Parlement, celles données par les Chanceliers de l'Eglise de Paris & de l'Université à ceux qui sont par nous nommez pour jouir de nos Brevets de joyeux avenement & de serment de fidelité, & generalement toutes les sommations, oppositions & interpellations que les parties desireront faire pour la conservation de leurs droits aux Patrons, aux Elisans, aux Collateurs & Collatrices de notre Royaume.

VI. Feront lesdits Notaires les informations de l'âge, vie & mœurs, & conversation Catholique de ceux qui seront par nous nommez à notre saint Pere le Pape, aux Archevêchez & Evêchez, les procès verbaux de benedictions d'Abbez & d'Abbesses, de consecrations d'Eglises, de benedictions de Chapelles, les donations de Reliques, les cessions & don. ions sous notre bon plaisir d'Indult des Officiers de notre Parlement de Paris, les cessions & échanges de Patronages d'Eglises, les Actes de Vêtures, de Noviciat & Profession dans les Monasteres qui n'ont point coûtume d'en tenir Registre, les Concordats sur procès mûs & à mouvoir pour raison du possessoire des Benefices, payement, réduction & extinction de pensions créées ou à créer en Cour de Rome, remboursement de frais, les transactions entre les Curez primitifs & les Vicaires perpétuels sur la célebration de l'Office divin à certains jours de l'année, perception des oblations, honneurs & prérogatives, celles pour la retribution & nomination des Prédicateurs pour l'Avent, le Carême, l'Octave & Fêtes, celles sur les refections, réparations, réédifications & entretenemens des Eglises Cathédrales, Chœur & Cancel des Eglises Paroissiales, fourniture d'ornemens & livres d'Egli-

fe ; celles entre les Curez, Religieux & Religieufes
fur l'enterrement des féculiers qui élifent leur fepul-
ture dans un Monaftere, les procurations pour compromettre, les compromis & l'expedition des Sentences arbitrales entre perfonnes Eccléfiaftiques, pour
raifon des droits appartenans à leurs Eglifes, les contrats de partages entre les Abbez & les Religieux de
leurs Menfes Abbatiales & Conventuelles, les transa-
&tions pour fupplement de lots, augmentation de
penfion, acquit des Charges Clauftrales, de Sacriftie,
Hofpitalité, gages de Medecin, Apoticaire & Chirurgien, Aumônes, Décimes ordinaires & extraordinaires, taxe pour le don gratuit, réparations & autres charges des Monafteres, les tranfactions fur portions congrues, penfions de Vicaires, groffes nova-
les, vertes & menues dixmes ou exemptions d'icelles,
& generalement toutes les tranfactions, contrats &
actes qui feront paffez entre perfonnes Eccléfiaftiques
pour raifon de la celebration des Offices divins, droits
de vifite, privilege, d'exception de la Jurifdiction ordinaire, exercice de Jurifdiction Eccléfiaftique, rang
& prééminences, conduite & difcipline de l'Eglife,
foit qu'il y ait procès au petitoire dans les Officialitez, ou au poffeffoire devant nos Juges, ou par appel comme d'abus en nos Cours.

VII. Les Ordinaires n'adrefferont plus leurs provifions aux Prêtres pour mettre les particuliers en
poffeffion des Benefices qu'ils auront conferé : Nous
les admoneftons, & néanmoins enjoignons d'en faire
l'adreffe aux Notaires Royaux & Apoftoliques pour
les executer. Défendons à tous nos autres Notaires,
Tabellions, Huiffiers & Sergens, de s'entremettre
pour paffer ou faire aucuns des actes ci-deffus exprimez, à peine de nullité defdits actes, d'interdiction
pour fix mois, de mille livres d'amende, & de tous
dépens, dommages & interêts des parties : pourront
néanmoins les parties au cas que les Notaires Royaux
& Apoftoliques refufent & dilayent de faire les re-

quisitions de provisions, Institutions, Visa, fulminations de Bulles & Refcrits, les faire faire par nos
autres Notaires & Tabellions.

VIII. Pourront en tout lesdits Notaires faire concurremment avec nos autres Notaires & Tabellions,
les Titres Sacerdotaux, les fondations de Benefices,
de Monasteres, d'Obits, Prestimonies, Saluts, Processions, ou autre Office divin, les donations au profit des Communautez Ecclésiastiques Seculieres ou
Regulieres, Fabriques, Confreries & Hôpitaux,
baux à ferme, & soûbaux des biens Ecclésiastiques,
les devis & marchez des constructions nouvelles, refections & réparations de bâtimens appartenans à l'E-
glise, les quittances des ouvriers, les contrats de
pension viagere promise à un Couvent lors de l'entrée
d'une fille en Religion, les testamens de gens d'E-
glise, & l'inventaire des meubles trouvez après le décès des Ecclésiastiques ; & lorsque le Curé de la Paroisse du Testateur, ou son Vicaire auront reçu un
testament, nous leur enjoignons d'en déposer la minute huit jours après le décès du Testateur, dans l'E-
tude de l'un des Notaires Royaux & Apostoliques du
Diocese, pour la grosse en être expédiée par lesdits
Notaires.

IX. Et pour retrancher les suppressions d'Actes
& autres abus qui procedent de la facilité des Notaires à délivrer aux Parties les minutes des Concordats
en matiére Beneficiale, des Procurations pour résigner
en quelque façon & pour quelque cause que ce soit,
des révocations desdites procurations, & significations
d'icelles, des retractations desdites revocations & significations d'icelles, des provisions, prises de possession, refus d'accepter, & autres actes concernant le
titre des Benefices, nous défendons ausdits Notaires
Royaux & Apostoliques de se défaisir d'aucune desdites minutes ; nonobstant qu'ils en soient requis par
l'une & l'autre des parties ; leur enjoignons de les
garder soigneusement, à peine d'interdiction & de mil

le livres d'amende ; & si aucune étoit délivrée, nous en déclarons l'acte nul, de nul effet & valeur ; faisons défenses aux parties de s'en servir, tant au respect des tierces personnes, qu'au regard de ceux entre lesquels il a été fait.

X. Ne pourra doresnavant aucun Notaire Apostolique en exercer la fonction, s'il n'est revêtu de l'un des Offices de Notaire Royal, créé par le présent Edit. Défendons à tous ceux qui en ont prêté serment pardevant les Archevêques, Evêques ou leurs Officiaux, de plus instrumenter en ladite qualité six semaines après la publication de notre présent Edit, à peine de faux, de nullité des actes, & de cinq cens livres d'amende.

XI. Voulons que les contrats de fondation & donation au profit des Eglises, obligations, transactions, & autres actes passez par lesdits Notaires Royaux & Apostoliques, portent hypotheque, pourvû qu'ils soient signez de deux desdits Notaires, ou de l'un d'eux & de deux témoins, & revêtus des autres solemnitez requises par nos Ordonnances : & afin que lesdits contrats soient à l'avenir executoires sans permission de nos Juges, nous avons uni & unissons ausdits Offices de Notaires Royaux & Apostoliques la fonction de Garde de notre petit Scel, & leur donnons pouvoir de sceller les contrats par eux reçus d'un scel gravé de nos Armes en placard de cire rouge.

XII. Seront tenus lesdits Notaires de faire bon & loyal Registre des Actes qui seront par eux reçus, & d'écrire à la marge, ou au pied de la minute de chaque procuration, pour résigner, le tems auquel ils en auront délivré la grosse, combien de fois, & à quelles personnes.

XIII. Ne pourront lesdits Notaires exercer leur fonction qu'en un Diocese, sur peine de faux, & de nullité des actes qui seront par eux passez hors le Diocese auquel ils auront été reçus, & ne sera foi ajoutée aux instrumens par eux expediez, s'il n'y est fait mention de leur qualité, demeure, & Jurisdiction en laquelle leurs provisions auront été registrées.

XIV. Seront les Notaires Royaux & Apostoliques reçus sans aucuns frais, après information de leur âge, vie, mœurs & Religion Catholique par nos Baillis & Sénéchaux ou Juges Royaux dans la Jurisdiction desquels ils seront établis ; & après qu'ils auront prêté serment devant nos Juges, nous leur enjoignons de présenter leurs Lettres de Notaires Apostoliques aux Archevêques & Evêques, leurs Vicaires generaux ou Officiaux ; & de faire le serment entre leurs mains de bien & fidellement faire leurs Charges, sans néanmoins qu'ils soient obligez de faire aucune nouvelle information de vie & mœurs, ni de subir aucun nouvel examen.

XV. N'entendons que les Archevêques, Evêques, leurs Vicaires generaux ou Officiaux puissent en vertu de ce serment, ni autrement, s'attribuer la connoissance de l'execution des actes qui seront passez par les Notaires Royaux & Apostoliques, ni prétendre autre Jurisdiction que celle qui leur appartient de droit suivant nos Ordonnances.

XVI. Nous donnons pouvoir aux Notaires Royaux & Apostoliques de postuler dans les Officialitez & Cours Ecclésiastiques ; défendons aux Procureurs de nos Bailliages & Sénéchaussées, & de nos autres Sieges, même à ceux des Jurisdictions des Seigneurs, de plus y occuper, plaider ni écrire, six semaines après la publication du présent Edit, à peine de faux, de nullité des procedures, mille livres d'amende, dépens, dommages & interêts des parties : pourront néanmoins ceux qui exercent actuellement la Charge de Procureurs ésdites Officialitez, en vertu de provisions qu'ils ont ci-devant obtenues des Archevêques & Evêques étant en possession d'en donner, continuer d'y en faire la fonction.

XVII. Voulons que les Notaires Apostoliques.

reçus avant notre préfent Edit foient preferez dans l'acquifition defdits Offices & reçus fans nouvel examen ; feront toutefois obligez de prêter ferment entre les mains de nos Juges chacun dans fon Reffort ; & de faire regiftrer leurs provifions en leurs Greffes , pour lequel enregiftrement les Greffiers ne pourront prendre que quarante fols.

XVIII. Et pour donner moyen aufdits Notaires de vivre honnêtement de leur emploi ; & de fe maintenir en l'honneur & l'égalité requis en leurs Charges , ordonnons que tant pour leurs minutes , groffes en parchemin , expeditions en papier , que pour leur droit de fcel & cire , ils jouiffent en qualité de Notaires Royaux & Apoftoliques , pour leurs falaires & vacations hors leur Etude , dans la Ville , & hors la Ville de leur réfidence , des mêmes droits , profits , émolumens, honneurs & rangs qui fe trouveront attribuez par les Reglemens aux Notaires Royaux & Gardes de nos petits Scels des Bailliages & Sieges Royaux dans lefquels ils feront reçus & immatriculez ; & en qualité de Procureurs des Officialitez , ils auront & prendront les mêmes droits & falaires qui feront perçus par les Procureurs des Bailliages ou Sieges Royaux , au Reffort defquels l'Officialité dans laquelle ils poftuleront fera fituée.

XIX. Et pour donner moyen aux pourvûs defdits Offices de les exercer avec affiduité, nous les avons déchargez & déchargeons de logement effectif de gens de guerre, de la collecte des tailles , tutelle , curatelle , guet & garde , & de toutes autres Charges publiques. Si donnons en Mandement , &c. DONNE à Verfailles au mois de Décembre , l'an de grace mil fix cent quatre-vingt-onze. Regiftré à Paris en Parlement le deuxiéme Janvier 1692.

EDIT DU ROY,

*Portant réunion des Notaires Apostoliques
aux Notaires du Châtelet.*

LOUIS, par la grace de Dieu, Roi de France
& de Navarre : A tous présens & à venir, Salut.
Par notre Edit du mois de Décembre 1691, Nous
avons créé & érigé en titre d'Offices formez & héréditaires, des Offices de Notaires Royaux Apostoliques, pour être établis dans les Dioceses de notre
Royaume, Pays, Terres & Seigneuries de notre
obéïssance, & y faire les fonctions portées par ledit
Edit en vûe d'empêcher les abus qui s'étoient glissez
parmi ceux qui faisoient ces fonctions, & de pourvoir
au préjudice que la perte des minutes des differens
actes qu'ils recevoient, causoit très-souvent à nos Sujets ; prévenir une infinité de procès ausquels ils donnoient lieu, conserver les droits des Patrons & Collateurs des Benefices ; en assurer & affermir la possession. Mais parce que la maniere dont les fonctions
attribuées ausdits Offices sont reglées par cet Edit,
elles se trouvent avoir une très-grande connexité avec
celles de nos autres Notaires, & même qu'elles les re-
tranchent & diminuent notablement en plusieurs
choses ; nos cent treize Conseillers Notaires Gardenotes au Châtelet de Paris, nous auroient très-humblement supplié de faire considération sur le préjudice qu'ils recevroient de l'établissement de ces nouveaux
Officiers dans notre bonne Ville & Diocese de Paris,
qui causeroit dans la suite de très-fréquentes contestations entre eux & lesdits Notaires Royaux & Apostoliques, par la confusion & concurrence d'une partie de leurs fonctions, que cet Edit rend communes,
quoiqu'ils ayent toujours été dans la possession immémoriale de toutes celles qu'ils pratiquent journelle-

Z z

ment, dans lesquelles nous les avons encore confirmez par notre Edit du mois d'Août 1673. C'est pourquoi nous avons estimé que sans blesser l'interêt public, auquel nous avions voulu pourvoir par cette
création, nous pouvons supprimer le titre desdits Offices de Notaires Royaux & Apostoliques dans notre
bonne Ville & Diocese de Paris, & en réunir les attri-
butions & les fonctions à celles desdits cent treize nos
Conseillers Notaires au Châtelet de Paris ; & nous
nous y sommes portez d'autant plus volontiers, que
par ce moyen nous empêchons tous les procès & differends qui ne manqueroient pas d'arriver entre eux
& lesdits Officiers de nouvelle création ; ce qui même
est cause que presque tous ceux qui jusques à présent
avoient désiré de lever lesdits Offices, s'en sont ab-
stenus ; & trouvant occasion de témoigner ausdits
cent treize Notaires au Châtelet la satisfaction que
nous avons de leur affection & de leur zele dans
les choses de leur exercice, lesquelles ont rapport à
notre service, en recevant néanmoins d'eux les mêmes secours que nous nous étions promis de cette
création. A ces Causes, & autres à ce nous mouvant,
& de notre certaine science, pleine puissance & autorité Royale, nous avons par notre présent Edit
perpétuel & irrévocable, éteint & supprimé, éteignons
& supprimons le titre des Offices de Notaires Royaux
Apostoliques, créez par notre Edit du mois de Décembre 1691, qui auroient pû être établis en execution d'icelui en notre bonne Ville, & dans ledit Diocese de Paris, sans qu'à l'avenir ils puissent être rétablis pour quelque cause & occasion que ce soit, & en
rétablissant lesdits cent treize Notaires du Châtelet
de Paris, dans celles de leurs anciennes fonctions, qui
leur avoient été retranchées par notredit Edit du
mois de Décembre 1691, par l'attribution qui en avoit
été donnée à leur exclusion ausdits Offices de Notaires Royaux Apostoliques, ou qui avoient été dimi-
nuées par la concurrence qui leur étoit accordée en

plufieurs articles avec lefdits Notaires du Châtelet de Paris. Nous avons encore attribué, uni & incorporé, attribuons, uniffons & incorporons les fonctions deftinées aux Offices de Notaires Royaux & Apoftoliques créez par notre Edit du mois de Décembre 1691, pour être établis en notre bonne Ville & Diocefe de Paris, à celles de nos cent treize Confeillers Notaires au Châtelet de Paris, & à chacun d'eux & leurs fuc. ceffeurs aufdits Offices à perpétuité, pour par eux les faire exercer ainfi & de même que toutes les autres fonctions dont ils font en pleine, actuelle & immémoriale poffeffion dans toute leur étendue, comme elles ont été faites par le paffé, tant par eux que par ceux qui étoient prépofez pour les fonctions de Notaires Apoftoliques, & tout ainfi qu'auroient fait & pû faire ceux qui ont été & auroient pû être pourvûs par nous defdits Offices de Notaires Royaux & Apoftoliques, créez par notredit Edit du mois de Décembre 1691 ; à l'effet & exécution duquel en tout fon contenu, nous avons fubrogé & fubrogeons par le préfent lefdits cent treize nos Confeillers Notaires au Châtelet de Paris, & chacun d'eux pour eux & leurfdits fucceffeurs à perpétuité : Voulons & entendons qu'ils faffent toutes lefdites fonctions fpecifiées en notredit Edit du mois de Décembre 1691, fans exception, & que leur miniftere y foit employé, fans que les Prélats, Abbez, Patrons, Collateurs, Beneficiers, ni autres perfonnes puiffent fe fervir d'autres en quelques cas & pour quelques caufes que ce foit, déclarant dès-à-préfent nuls & de nul effet, tous Contrats, Actes, Lettres de Collateurs, Préfentation & Provifion, & autres inftrumens dépendans defdites fonctions, & concernant les matieres Eccléfiaftiques & Beneficiales, fuivant ledit Edit du mois de Décembre 1691, qui n'auroient été faits & expédiez par lefdits Notaires du Châtelet ; & défendons à toutes nos Cours & Juges d'y avoir égard, fors & excepté pour les Réfignations des Benefices feulement, lefquelles

pourront être reçues par tous Notaires Royaux chacun dans son district, dans les lieux situez à quatre
lieues de Paris, & au-delà pour les personnes qui s'y
trouveront domiciliées comme auparavant notredit
Edit du mois de Décembre mil six cens quatre-vingt-
onze, sans néanmoins que lesdits cent treize Notaires du Châtelet de Paris, soient tenus de prendre nouvelles Lettres de Provision de nous, attache, commission ni expedition de qui que ce soit, que le présent Edit, & la Quittance du Receveur de nos Revenus Casuels, de la somme de quatre-vingt-dix mille
neuf cens livres, outre les deux sols pour livre, à laquelle toute la Communauté desdits cent treize Notaires en Corps a été taxée en notre Conseil pour ladite union & attribution, & sans que pour raison d'i-
celle, l'évaluation, droit annuel, droits de résignation & marc d'or de leurs Offices puissent être aug-
mentez ni mis à plus haut prix que ce qu'ils en payent
à présent, dont nous les avons dispensez & dispensons par notre présent Edit. Permettons ausdits cent
treize nos Conseillers Notaires du Châtelet de Paris,
en cas que ci-après ils ne jugeassent pas à propos de
faire chacun en particulier le tout ou partie desdites
fonctions mentionées en notre Edit du mois de Décembre 1691, lesquelles leur sont unies & attribuées
par le présent Edit, de choisir tels d'entre eux que
bon leur semblera pour recevoir les actes que les Notaires Apostoliques établis avant notredit Edit, avoient
accoûtumé de passer : Comme aussi de nommer telles
personnes capables qu'ils aviseront, pour postuler
dans l'Officialité & Cour Ecclésiastique de l'Archevêché de Paris : Voulant que sur la nomination &
présentation qui nous sera faite par la Communauté
desdits cent treize Notaires du Châtelet, de sujets
capables & expérimentez pour ladite postulation, il
soit expedié à ceux qui auront été par eux nommez
& choisis, toutes Lettres de commission nécessaires
en notre grande Chancellerie, pour le Sceau desquel-

les ne fera payé que la fomme de vingt livres : lefquels Commis pour la poftulation préfenteront nos
Lettres de Commiffion à notre très-cher & amé Coufin l'Archevêque de Paris, & à fes fucceffeurs,
leurs Vicaires Generaux & Officiaux, & feront le
ferment entre leurs mains de bien & fidellement proceder dans ladite poftulation. Pourront néanmoins
ceux qui font à préfent cette fonction dans l'Officialité de Paris, en vertu des provifions de notredit Coufin continuer pendant leur vie, conformément à l'art.
XVI. de notredit Edit. Et dautant que les Sieurs
Jouffe & le Brun ont été déja pourvûs de deux defdits Offices de Notaires Royaux & Apoftoliques en
notre bonne Ville & Diocefe de Paris, depuis & en
conféquence dudit Edit du mois de Décembre 1691,
Nous voulons & ordonnons que lefdits Jouffe & le
Brun rapportent inceffamment à Maître Antoine
Gatte que nous avons chargé de la vente defdits Offices, les Quittances de finance & de Marc-d'Or, enfemble les Lettres de provifion qui leur en ont été
expediées & délivrées, pour en être lefdites Quittances déchargées du Controlle & rendues par ledit
Gatte aux Tréforiers qui les ont fignées ; & feront les
fommes contenues en icelles rendues & reftituées audit Gatte, enfemble les droits du Sceau defdites Lettres de provifion par ceux qui les auront reçus, pour
être payées & rembourfées aufdits Jouffe & le Brun
par ledit Gatte, même tous les frais qu'ils auront faits
& débourfez pour leur reception efdits Offices ; &
en conféquence défendons aufdits Jouffe & le Brun,
& à tous autres qui ont ci-devant fait ou font encore à préfent en notre Ville & Diocefe de Paris, les
fonctions de Notaires Apoftoliques, foit en vertu de
nos Lettres de commiffion, foit à quelqu'autre titre
que ce puiffe être, d'y plus inftrumenter, ni poftu-
ler en ladite qualité de Notaire Apoftolique huit jours
après la publication de notre préfent Edit, à peine
de faux, de nullité des Actes & procedures, & de

cinq cens livres d'amende. Voulons en outre que lefdits cent treize nos Conseillers Notaires Gardenotes du Châtelet de Paris, continuent la possession immémoriale qu'ils ont, & en laquelle nous les avons d'abondant, en tant que besoin, confirmez & confirmons par le présent Edit, de recevoir, faire & passer tous Contrats & Inventaires, & autres Actes dans l'étendue de notre Royaume, & qu'ils jouissent des fonctions, droits, privileges, honneurs & prérogatives qui leur ont été ci-devant accordez, soit par les Rois nos Prédécesseurs, ou par Nous, dans lesquels nous les avons aussi à cet effet confirmé & confirmons par notre présent Edit ; même en l'exemption de logement de gens de guerre, tutelle & curatelle, conformément à celui susdit du mois d'Août 1673, & celui du mois de Décembre 1691, & à l'Arrêt de notre Conseil du 2. Septembre 1692, rendu en faveur desdits Notaires Royaux & Apostoliques : Et voulant encore en cette occasion témoigner à la Communauté desdits cent treize Notaires Gardenotes du Châtelet de Paris, l'estime que nous faisons de la conduite qu'ils tiennent en l'exercice de leurs Offices, en leur donnant quelque Privilege dont ils puissent jouir chacun successivement, après avoir vieilli dans leurs Offices, nous avons donné & attribué par notre présent Edit perpétuel & irrévocable à toujours aux douze plus anciens d'entre eux en reception de leurs Offices, le droit & privilege de *Committimus* au petit Sceau, aux Requêtes du Palais à Paris, en toutes demandes, actions, causes & instances de quelque nature qu'elles soient, sans aucunes exceptions ni réserves : duquel droit & privilege de *Committimus* jouiront à toujours ceux qui sont actuellement & qui seront après eux successivement & à leur tour les douze plus anciens en reception, tant & si longuement qu'ils seront pourvûs & jouissans de leursdits Offices de Notaires. Si DONNONS en Mandement à nos amez & feaux Conseillers les Gens tenans notre Cour

de Parlement, que ces Préſentes ils ayent à faire lire,
publier & regiſtrer, & du contenu en icelles jouïr
& uſer les cent treize Notaires du Châtelet de Paris,
pleinement, paiſiblement & perpétuellement, nonobſtant tous Edits, Déclarations, Ordonnances, & autres choſes à ce contraires, auſquelles nous avons
dérogé & dérogeons par ces Préſentes; CAR tel eſt
notre plaiſir. Et afin que ce ſoit choſe ferme & ſta-
ble à toujours, nous y avons fait mettre notre Scel.
DONNE à Verſailles au mois de Février, l'an de
grace mil ſix cens quatre-vingt-treize, & de notre
Regne le cinquantiéme. Signé, LOUIS. *Viſa,*
BOUCHERAT. *Et plus bas,* Par le Roi, PHELYPEAUX.
Vû au Conſeil, PHELYPEAUX. Et ſcellé du grand
Sceau de cire verte.

Regiſtrées, ouy, & ce requerant le Procureur General
du Roi, pour être executées ſelon leur forme & teneur,
& copies collationnées envoyées au Siége du Châtelet
de cette Ville de Paris, pour y être lûes, publiées &
regiſtrées; Enjoint au Subſtitut du Procureur General
d'y tenir la main, & d'en certifier la Cour dans huitai-
ne, ſuivant l'Arrêt de ce jour. A Paris en Parle-
ment le treiziéme jour de Février mil ſix quatre-vingt-
treize. Signé, DU TILLET.

FIN.

TABLE ALPHABETIQUE

des Matieres & des Formules d'Actes contenus
en ce Livre.

A

B

D

E

F

G

N

O

Office

P

A a

A a ij

S

T

Déclaration

V

Fin de la Table.

APPROBATION.

J'AI examiné par l'ordre de Monseigneur le Garde des Sceaux ce Livre intitulé *Le nouveau & parfait Notaire, &c.* & je n'y ai rien trouvé qui puisse en empêcher l'Impression. Fait à Paris ce 10. Septembre 1718. RASSICOD.

Bb ij

Imprimeurs de Paris, & ce dans trois mois de la date
d'icelles ; que l'impression de ce livre sera faite dans
notre Royaume & non ailleurs en bon papier & en
beaux caracteres, conformément aux Reglemens de
la Librairie ; & qu'avant de l'exposer en vente, le ma-
nuscrit ou imprimé qui aura servi de copie pour l'impression dudit livre, sera remis dans le même état où
l'Approbation y aura été donnée ès mains de notre
très cher & féal Chevalier Garde des Sceaux de France le Sieur de Voyer de Paulmy Marquis d'Argen-
son ; & qu'il en sera ensuite remis deux Exemplaires
dans notre Bibliotheque publique, un dans celle de
notre Château du Louvre, & un dans celle de notredit
très cher & féal Chevalier Garde des Sceaux de France le Sieur de Voyer de Paulmy, Marquis d'Argen-
son ; le tout à peine de nullité des Présentes ; du contenu desquelles vous mandons & enjoignons de faire
jouir l'Exposant ou ses ayans cause, pleinement & paisiblement, sans souffrir qu'il leur soit fait aucun trou-
ble ou empêchement : Voulons que la copie desdites
Présentes qui sera imprimée au commencement ou à
la fin dudit livre, soit tenue pour düement signifiée,
& qu'aux copies collationnées par l'un de nos amez &
féaux Conseillers & Secretaires, foi soit ajoûtée comme à l'Original. Commandons au premier notre Huissier ou Sergent, de faire pour l'execution d'icelles
tous Actes requis & nécessaires, sans demander autre
Permission, & nonobstant clameur de Haro, Charte
Normande & Lettres à ce contraires ; C a r tel est
notre plaisir. Donne' à Paris le vingt-neuviéme jour
du mois de Septembre, l'an de grace mil sept cens
dix-huit, & de notre Regne le quatriéme. Par le
Roi en son Conseil. Signé, NOBLET.

Regiſtré ſur le Regiſtre IV. de la Communauté des
Libraires & Imprimeurs de Paris page 383. Nº 411.
conformément aux Reglemens, & notamment à l'Arrêt
du Conſeil, du 13. Aouſt 1703. A Paris le 3. Octobre
1718. Signé DELAULNE, Syndic.